O que é
BIOMECÂNICA

Estátua atribuída a Poseidon ou Zeus, do Museu Arqueológico de Atenas. Obra de um escultor desconhecido da Grécia Antiga, datada do século V a.C. Encontrada no Mar Egeu, berço da civilização ocidental, no Cabo Artemísia. Ela simboliza toda a nobreza do ser humano, concentrada em um deus. Provavelmente a mais bela estátua do mundo, por sua representação do poder dominado. Ela nos transmite uma mensagem de humanismo.

O que é
BIOMECÂNICA

882 desenhos do autor
dentre mais de 1.200 ilustrações

Adalbert I. Kapandji

Ex-adjunto dos Hôpitaux de Paris
Membro honorário da Sociedade Francesa de Ortopedia e Traumatologia
Membro honorário e ex-presidente da Sociedade Francesa de Cirurgia da Mão (GEM)
Membro da Sociedade Norte-Americana de Cirurgia da Mão (ASSH)
Membro da Sociedade Italiana de Cirurgia da Mão (SICM)
Pioneiro da cirurgia da mão (IFSSH, Sidney 2007)

Originalmente publicado em francês pela Sauramps Medical, França, sob o título *Qu'est ce que la biomécanique?*
Copyright © 2011 Sauramps Medical.

Este livro contempla as regras do Novo Acordo Ortográfico da Língua Portuguesa.

Editor gestor: Walter Luiz Coutinho
Editora de traduções: Denise Yumi Chinem
Produção editorial: Paula Bauab Jorge e Priscila Mota

Tradução: Lais Andrade (parte pré-textual, caps. 1-36, seção de palavras-chave e índice remissivo)
       Graduada em medicina pela Universidade Federal do Rio de Janeiro (UFRJ)
       Fernanda Silva Rando (caps. 37-48)
       Sonia Frederico Augusto (caps. 49-55 e seção de notas biográficas sobre os autores citados)

Revisão científica: Ricardo da Silveira Chaves
           Professor de Biomecânica e Atletismo da Universidade Federal Rural do Rio de Janeiro – RJ
           Mestre em Educação e Saúde pelo Centro Universitário de Volta Redonda – RJ
           Especialista em Formação de Docentes para o Ensino Superior pelo Centro Universitário de Volta Redonda – RJ
           Graduado em Educação Física pelo Centro Universitário de Volta Redonda – RJ

Revisão: Depto. editorial da Editora Manole

Diagramação: Luargraf Serviços Gráficos Ltda. – ME
Capa: Depto. de Arte da Editora Manole

Dados Internacionais de Catalogação na Publicação (CIP)
(Câmara Brasileira do Livro, SP, Brasil)

Kapandji, Adalbert I.
   O que é biomecânica / Adalbert I. Kapandji [tradução Lais
Andrade, Fernanda Silva Rando e Sonia Frederico Augusto] ; --
Barueri, SP : Manole, 2013.

   Título original: Qu'est-ce que la biomécanique?
   Bibliografia.
   ISBN 978-85-204-3524-3

   1. Biomecânica 2. Movimento humano I. Título.

		CDD-612.76
13-06176		NLM-WE 103

Índices para catálogo sistemático:

1. Biomecânica : Sistema musculoesquelético :
Movimento humano : Ciências médicas 612.76

Durante o processo de edição desta obra, foram tomados todos os cuidados para assegurar a publicação de informações precisas e de práticas geralmente aceitas. Os autores e os editores eximem-se da responsabilidade por quaisquer erros ou omissões ou por quaisquer consequências decorrentes da aplicação das informações presentes nesta obra. É responsabilidade do profissional, com base em sua experiência e conhecimento, determinar a aplicabilidade das informações em cada situação.

Todos os direitos reservados.
Nenhuma parte deste livro poderá ser reproduzida, por qualquer
processo, sem a permissão expressa dos editores.
É proibida a reprodução por xerox.
A Editora Manole é filiada à ABDR – Associação Brasileira de Direitos Reprográficos.

Edição brasileira – 2013

Direitos em língua portuguesa adquiridos pela:
Editora Manole Ltda.
Av. Ceci, 672 – Tamboré
06460-120 – Barueri – SP – Brasil
Tel.: (11) 4196-6000 – Fax: (11) 4196-6021
www.manole.com.br
info@manole.com.br

Impresso no Brasil
Printed in Brazil

Para minha esposa,
meu ideal feminino, que me inspirou muitos desenhos.

Para minha mãe, artista plástica,
que me transmitiu seu gosto pela arte do desenho.

Para meu pai, cirurgião,
que me transmitiu a paixão pela pesquisa científica.

Para meu avô materno, mecânico,
que me inoculou com o vírus da mecânica.

Para meus filhos e netos,
minha herança imaterial.

Para os grandes nomes da ortopedia francesa,
Robert Merle d'Aubigné,
Raoul Tubiana,
que me prestaram reconhecimento, embora eu não tenha sido
um de seus alunos.

Para todos os meus amigos,
que me impulsionaram quando eu me sentia desencorajado.

Para todos os meus grandes ancestrais, filósofos e matemáticos
que me inspiraram, em especial Pitágoras, que dizia:
"Tudo está em harmonia na natureza".

Sumário

Sobre o autor *ix*

Prefácio, de Levon Doursounian *x*

1   Se alguém me falasse sobre biomecânica... *1*

2   Introdução: a biomecânica *3*

3   Utilidade do sistema musculoesquelético *5*

4   Diferenças fundamentais entre mecânica e biomecânica *7*

5   Diferenças estruturais entre as duas mecânicas *8*

6   Inserção no tempo *11*

7   Nós somos seres quadridimensionais *14*

8   Reprodutibilidade do sistema musculoesquelético *22*

9   O protótipo dos vertebrados *24*

10 Leis da biomecânica *32*

11 O corpo humano no espaço *34*

12 Princípio da economia *46*

13 Desenvolvimento embriológico *48*

14 Esqueleto e estrutura: a opção entre exoesqueleto e endoesqueleto *58*

15 Os diferentes tipos de ossos que formam o esqueleto *61*

16 Os diferentes tipos de articulações *68*

17 Autoconformação das superfícies articulares *82*

18 Articulações sinoviais uniaxiais *89*

19 Articulações sinoviais biaxiais *114*

20 Explicações sobre o cardã *125*

21 Articulações sinoviais triaxiais *130*

22 Explicação do paradoxo de Codman *148*

23 Articulações sem eixo definido *154*

24 As articulações cartilagíneas *159*

25 O papel dinâmico dos ligamentos *167*

26 Os músculos – constituição *180*

27 Os músculos – propriedades *198*

28 Os músculos – mecanismo de ação *215*

29 O que é a relação de antagonismo-sinergia *228*

30 Teoria da alavanca *234*

31 Os tendões *240*

32 Papel do tecido conjuntivo *261*

33 Nasce uma nova ciência: a tensegridade *272*

O que é biomecânica

34 A coluna como um todo   *279*

35 Características próprias da região lombar da coluna vertebral   *294*

36 Características próprias da região torácica da coluna vertebral   *308*

37 Características próprias da região cervical da coluna vertebral   *315*

38 Modelo mecânico da região cervical   *338*

39 Cíngulo do membro inferior   *342*

40 Cíngulo do membro superior   *356*

41 Biomecânica do carpo   *371*

42 Tarso, cardã assimétrico   *394*

43 As grandes funções do sistema musculoesquelético   *397*

44 Exame hipocrático do sistema musculoesquelético   *415*

45 Por que o zeugopódio apresenta dois ossos?   *439*

46 Por que a mão apresenta cinco dedos?   *449*

47 Esquema corporal   *455*

48 A autorreparação do sistema musculoesquelético   *474*

49 O que são os fractais?   *492*

50 O centro de gravidade   *497*

51 O balanço dos membros superiores na marcha e na corrida   *507*

52 Rotinas e algoritmos   *517*

53 Os grandes precursores   *524*

54 O lugar da vida no mundo físico   *529*

55 A vida no universo   *531*

56 Apresentação de novas ideias   *537*

Bibliografia   **539**

Notas biográficas sobre os autores citados   **544**

Palavras-chave   **565**

Índice remissivo   **579**

Sobre o autor

O dr. Adalbert Kapandji é mundialmente conhecido não só nos meios da Cirurgia Ortopédica e da Cinesioterapia como também da Biomecânica. Após uma longa carreira como cirurgião ortopedista e cirurgião da mão, membro de diversas Sociedades Internacionais, tendo sido reconhecido como "Pioneiro da Cirurgia da Mão" pela Federação Internacional de Sociedades de Cirurgia da Mão, ele se consagrou em definitivo após publicar seus três livros sobre fisiologia articular, e agora com a publicação de seu quarto livro: *O que é Biomecânica*. Como de costume, ele próprio criou as ilustrações coloridas, e mergulhou na história dos grandes ancestrais que, desde a Antiguidade, são fascinados pelo funcionamento do nosso aparelho locomotor. Hoje ele apresenta a seus fiéis leitores, nesta sua nova obra, a soma de suas reflexões sobre este assunto apaixonante; sua visão original decerto os encantará.

Prefácio

O que torna a obra do dr. Adalbert Kapandji excepcional é que ele soube trazer os preceitos da biomecânica aos médicos de seu tempo. Com uma linguagem simples e desenhos enriquecedores, ele revela, a todos aqueles que buscam compreender a mecânica osteoarticular humana, os princípios e normas que regem as estruturas do ser vivo. Por isso, várias gerações de estudantes, em particular da área médica, consideram-no uma referência indiscutível.

No entanto, no final da carreira, em vez de usufruir dos prazeres de uma aposentadoria mais que merecida, parece que o dr. Kapandji foi pego de assalto por uma dúvida e se perguntou: "E se eu tiver confundido meus leitores em vez de esclarecer suas mentes? Teria eu, involuntariamente, nivelado a mecânica humana à das juntas de uma marionete?".

E, para conjurar essa inquietação funesta, ele mergulhou na realização de uma nova obra, na qual retoma parte das suas sínteses biomecânicas, desta vez acompanhadas de reflexões filosóficas sobre as ciências e, em particular, sobre o ser vivo.

Assim, ele nos lembra, ao longo do texto, que sua concepção de biomecânica faz parte de um universo "encantado", onde a ordem reina sobre o caos, e que os seres vivos são constituídos de uma substância misteriosa: o tempo.

Professor Levon Doursounian
Hôpital Saint Antoine – Paris

1

Se alguém me falasse sobre biomecânica...

Muitos daqueles que lidam com o corpo humano, como médicos, cirurgiões e cinesioterapeutas, podem se perguntar: "O que é biomecânica?" A resposta parece simples: é a ciência que descreve o funcionamento mecânico dos organismos vivos e, no nosso caso específico, o funcionamento do sistema musculoesquelético do corpo humano.

Essa definição, que parece genial, na verdade é uma simplificação, porque é impossível retirar o sistema musculoesquelético de seu contexto, ou seja, do restante do organismo, que o contém, e mesmo do mundo, no qual ele evolui.

Há um método ao alcance de qualquer pessoa que queira conhecer a biomecânica: observar seu próprio corpo. "Observa-te a ti mesmo" poderia se tornar uma máxima, comparável à "Conhece-te a ti mesmo", de Sócrates. Diariamente, nos mínimos gestos, em qualquer comportamento, todos podemos fazer descobertas.

Além disso, na biomecânica existe "bio", que significa "vida", e essa característica, por si só, modifica profundamente a natureza da biomecânica, que é fundamentalmente diferente da mecânica pura e simples, em particular da mecânica industrial, embora seja essa a origem de seus teoremas fundamentais. A biomecânica é, definitivamente, uma ciência autônoma, e os cirurgiões ortopédicos que projetam próteses articulares não podem esquecer essas diferenças.

A natureza viva dessa mecânica confere ao sistema musculoesquelético inúmeros aspectos maravilhosos, sobre os quais devemos insistir, porque, em nosso mundo que perdeu a noção do maravilhoso, faz bem reintroduzir certa dose de encantamento que nos permita compreender melhor o funcionamento do sistema musculoesquelético humano e nos situar melhor dentro do cosmo.

Sem dúvida, este livro trata de biomecânica, mas ele é diferente dos outros porque descreve uma biomecânica simples e acessível a todos, com o mínimo de fórmulas matemáticas e nomogramas, usando uma perspectiva nova, muito pouco convencional. Ele apresenta o assunto de modo simples, acessível e útil a todos os que lidam, diariamente, com o sistema musculoesquelético. Ele busca dar respostas às evidências. *Não faz parte do escopo falar das propriedades mecânicas dos materiais biológicos.* Este livro não substitui a obra *Anatomia funcional*, escrita por mim e dedicada ao estudo completo de cada uma das articulações do nosso sistema musculoesquelético: ela continua indispensável para todos os que praticam a arte da medicina.

Este livro não pretende ser exaustivo como a maioria sobre o tema. Durante a leitura, alguns dirão que se trata de uma obra ingênua ou pedante, por suas sugestões filosóficas. Outros dirão que o autor, por vezes, fala de coisas já bastante discutidas, e eles têm toda razão. Mas essa discussão busca trazer uma nova perspectiva sobre aspectos tão extraordinários e maravilhosos da biomecânica.

O leitor que me perdoe, mas só tentei compartilhar com ele meu próprio encantamento. É um encantamento real e permanente e espero que, assim explicada, a biomecânica se transforme em uma ciência apaixonante para todos.

Este livro terá alcançado seu objetivo se o leitor for capaz de vivenciar uma emoção estética diante do corpo humano em ação, seja o de um atleta, uma patinadora no gelo, um solista de concerto, ou simplesmente de uma pessoa caminhando na praia.

Os que se perguntam sobre a minha trajetória profissional podem obter informações na revista *Maîtrise Orthopédique*, periódico de alto gabarito dedicado à cirurgia, ao qual eu concedi, há 18 anos, uma entrevista que continua válida até hoje. Para ler a entrevista, acesse: http://www.maitrise-orthop.com/viewPage. do?id=290 [em francês]

2
Introdução: a biomecânica

A biomecânica trata do funcionamento do sistema musculoesquelético dos seres humanos e de todos os animais que possuem um esqueleto.

Ela tem muitas semelhanças com a mecânica industrial: basta citar como exemplo as alavancas rígidas articuladas entre si e comandadas por motores (Fig. 2.1); o princípio das forças associadas ou decompostas em vetores; os problemas de resistência, de equilíbrio, de inércia; e as noções de centros de gravidade, equilíbrio entre duas forças, torque de rotação e momento de ação. A biomecânica deve todas essas noções à mecânica clássica ensinada nas universidades e aplicada pelos engenheiros nos projetos e na construção das máquinas que estão à nossa volta e das quais nos servimos.

No entanto, o que diferencia a biomecânica é que, como o nome indica, ela diz respeito a estruturas vivas (Fig. 2.2). Por isso, não devemos esperar encon-

Figura 2.2

Figura 2.1

trar linhas retas, planos verdadeiramente perfeitos, circunferências ou superfícies de revolução perfeitas, pois, na biomecânica, tudo é curvo. Não devemos nos esquecer de que as diferentes partes do sistema musculoesquelético são vivas, e não peças inertes. Sua estrutura interna não é modular, composta por partes pré-fabricadas e diferentes, mas, sim, *celular*: cada peça se constitui de unidades elementares, as células. A consequência, como veremos, é uma diferença fundamental na evolução dos sistemas biomecânicos.

Outra diferença: o *jogo mecânico*, indesejado na mecânica industrial por ser um fator de desgaste, na biomecânica é, ao contrário, uma vantagem, pois é compensado permanentemente e confere *graus de liberdade suplementares*. As articulações vivas, embora guardem semelhanças com aquelas da mecânica industrial, não são formadas, no senso estrito do termo, por superfícies de revolução. Elas não possuem *eixos materializados* e fixos, mas, sim, *virtuais, instantâneos e evolutivos*.

Todas essas características que parecem típicas do amadorismo, dos arranjos "caseiros" e da imprecisão poderiam dar a ideia de uma mecânica "frouxa" e "bamba", ou mesmo de uma "mecânica de batata"*, se pensarmos em um rolamento – uma mecânica que carece de regularidade –, como uma batata que rola sobre a mesa (Fig. 2.3). Enquanto um cilindro perfeito rola uniformemente sobre um plano, com seu eixo sempre paralelo a si mesmo e ao plano, o eixo da batata muda constantemente de direção e de distância em relação ao plano. Nem por isso a batata deixa de rolar**, mas ela o faz de modo totalmente imprevisível. Na verdade, essa mecânica que parece aceitar o "mais ou menos" é *totalmente previsível*, porém segundo *outras leis*, e sobretudo muito *engenhosa*, justamente por conta dessa aparente imprecisão.

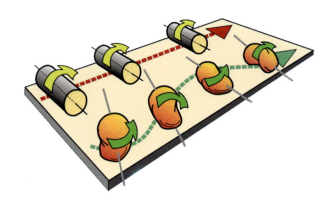

Figura 2.3

Enquanto as estruturas que formam as máquinas estão condenadas ao desgaste e à destruição, nosso sistema musculoesquelético, pelo menos durante a maior parte de nossas vidas, é capaz de operar em *autorregeneração* e automanutenção, e resiste bravamente – melhor do que as máquinas – à destruição.

Definitivamente, podemos dizer que a mecânica industrial e a biomecânica, *embora não sejam exatamente irmãs, são primas*. Está tudo em família!

---

* N.T.: No original, o termo utilizado é *mécanique patate*, que significa "mecânica tola", alusão bem-humorada a eventuais críticas à ciência da biomecânica.
***"Eppure si muove"* ("apesar de tudo, ela gira", diria Galileu).

3
Utilidade do sistema musculoesquelético

O sistema musculoesquelético funciona graças à biomecânica. *Portanto, ele pode ser considerado uma máquina.*

Nos animais, em particular no homem, a máquina do sistema musculoesquelético é apenas um dos elementos de um *sistema integrado*, totalmente dependente do componente principal do conjunto que é o *sistema nervoso central*, comandado pelo *cérebro*. Com efeito, é o encéfalo que representa a essência do indivíduo, pois *abriga sua personalidade*. Todo o restante – sistema digestório, sistema circulatório, glândulas endócrinas, sistema musculoesquelético – depende do cérebro para *garantir sua logística*, ou seja, as melhores condições para seu funcionamento. Essas relações funcionais estão representadas no organograma da Figura 3.1.

Nesse conjunto complexo, o papel do sistema musculoesquelético é garantir a *ligação física com o meio ambiente, para que a sobrevivência da pessoa seja possível*, por meio de alimentação, proteção contra os perigos e defesa contra agressões. No homem, esse aparelho permite também modificações do ambiente, visando à sobrevivência não apenas da pessoa, mas de toda a espécie. *O homem age sobre a natureza em seu interesse próprio*, o que, como sabemos hoje, pode ter certas consequências.

Nesse ponto, constatamos que o próprio cérebro está sujeito ao sistema fundamental, ou seja, o aparelho reprodutor, as *gônadas*, que contém o *futuro da espécie*.

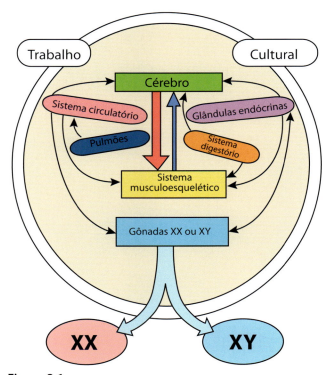

Figura 3.1

Em sua função primária, portanto, o cérebro existe para *sustentar e proteger as gônadas*, até que elas tenham cumprido sua missão. Todo o conjunto está organizado para um único fim: a *reprodução do organismo individual para garantir a sobrevivência da espécie. A finalidade de cada indivíduo da espécie é, portanto, reproduzir-se, dando origem a outros indivíduos* que, por

O que é biomecânica

sua vez, terão o mesmo papel. Quem pode explicar o mistério dessa tautologia?

Parece que se trata de um grande jogo, de uma imensa loteria, já que, por meio do viés da reprodução sexuada em *grande número*, os indivíduos criados são todos diferentes uns dos outros, o que os torna sujeitos à evolução. Mas evolução com que objetivo? Também não temos essa resposta.

Seja como for, o sistema musculoesquelético desempenha seu papel nesse desígnio até que, na velhice, ele se degenere para então parar de funcionar, na morte.

4
Diferenças fundamentais entre mecânica e biomecânica

São *seis* as diferenças essenciais.

1. **Diferenças estruturais**
   - Na mecânica industrial, a estrutura é *modular*, enquanto, na biomecânica, a estrutura é *celular*.
   - A célula contém o *plano* e a *vontade*.
   - A célula é um *hólon* do organismo inteiro.
2. **Inserção no tempo**
   - Nós somos seres *quadridimensionais*.
   - O tempo é relativo à idade da vida.
3. **Reprodutibilidade do sistema musculoesquelético**
   - Nenhuma máquina construída pela mão do homem é capaz de se reproduzir.
   - A parábola do robô humanoide autorreprodutor demonstra que somente os seres vivos são capazes de se reproduzirem.
   - Por isso, a fêmea – na espécie humana, a mulher – é o *indivíduo alfa*.
4. **O lugar da vida no mundo físico**
   - Os processos da vida estão em luta permanente contra o caos e a tendência à entropia. Nesse sentido, podemos caracterizar a vida como a *neguentropia*.
5. **A vida em equilíbrio entre as duas grandes leis da natureza**
   - A *lei da profusão universal*, baseada nos grandes números e no desperdício aparente, que preside os mecanismos de *reprodução*.
   - A *lei da economia universal*, que realiza o máximo de função com o mínimo de matéria e de estrutura.

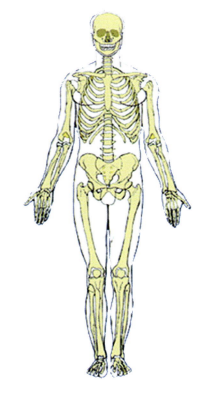

Figura 4.1

6. **A pressão do funcionamento ininterrupto do sistema musculoesquelético**
   - Toda parada prolongada provoca seu bloqueio e sua degradação.

Todas essas noções serão desenvolvidas nos próximos capítulos.

5
Diferenças estruturais entre as duas mecânicas

Todos sabemos que as máquinas construídas pela mão do homem se constituem de peças de metal ou de outras substâncias. Essas peças são *inertes* e apenas reagem à força aplicada sobre elas, mas são *incapazes de se adaptar a pressões* suplementares e, sobretudo, estão *fadadas ao desgaste* relativamente rápido de suas superfícies de atrito; além disso, são suscetíveis a fraturas "por fadiga" depois de um período muito longo de funcionamento repetitivo.

As diferentes partes do sistema musculoesquelético, por outro lado, são *estruturas vivas*, o que significa que são *capazes de responder* a estímulos, fortalecendo-se nos pontos que trabalham mais, capazes de se reconstruir e de *compensar o desgaste* no nível articular. Tudo isso faz a diferença entre peças mecânicas inertes, fadadas à destruição relativamente rápida, e estruturas vivas, capazes de resistir ativamente às pressões.

É fácil comparar um automóvel com um ser humano: um automóvel trafega, em média, 100.000 km e dura 15 anos, enquanto a vida do ser humano dura mais de 75 anos, durante os quais seu coração bate pelo menos 3 bilhões de vezes. A máquina humana é, na verdade, muito mais sólida que as melhores máquinas produzidas pelo próprio homem. E isso se deve ao fato de ela ser uma *máquina viva*.

A vida que ela encerra tem relação com sua *estrutura celular*, não modular. Em uma máquina, o motor do automóvel, por exemplo, ou em uma prótese articular do quadril (Fig. 5.1), quando uma das peças se

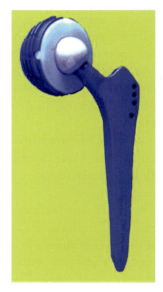

Figura 5.1

desgasta, é preciso trocá-la: isso é próprio das **estruturas modulares**.

Na máquina humana, particularmente no sistema musculoesquelético, os elementos constitutivos são formados por unidades elementares e microscópicas, as células. É isso que caracteriza as **estruturas celulares**. Quando uma célula desaparece, ela é imediatamente *substituída por uma célula semelhante*, o que mantém a estrutura. Melhor ainda, as células são capazes de se multiplicar sob o efeito de uma pressão mecânica para *reforçar essa estrutura*. É o que ocorre nos ossos e nos músculos. Essa multiplicação celular também permite *reparar os desgastes*, cicatrizar o osso pela formação do calo e pela reconstrução das trabéculas ósseas, reconstituir um músculo que se rompeu ou reparar uma perda de substância cutânea. É graças a essa reparação automática, a essa cicatrização, que o sistema musculoesquelético pode manter sua integridade estrutural e sua função.

A unidade de toda estrutura viva, *a célula*, possui *duas características* fundamentais: o **plano** e a **vontade**.

Hoje sabemos como o *plano* de todo o organismo está inserido em cada uma de suas células, por menores que elas sejam: é pelo *genoma*, contido essencialmente no núcleo da célula. Graças à *dupla hélice* dos aminoácidos dos cromossomos (Fig. 5.2), o plano pode se expressar e reconstituir o organismo ao qual pertence. É como se cada um dos tijolos das Torres Gêmeas contivesse o plano do edifício como um todo, permitindo que ele fosse inteiramente reconstruído após sua destruição. Aliás, hoje em dia, já sabemos recriar várias espécies de animais a partir de uma célula qualquer (Fig. 5.3): essas cópias idênticas, que a natureza já produzia sob a forma de gêmeos *homozigotos*,

Figura 5.3

chamam-se *clones*. O homem ainda não ousou produzir clones humanos, que são teoricamente possíveis, por uma questão de ética.

A segunda característica é a *vontade*, isto é, a vontade de se reproduzir e de continuar existindo imperturbavelmente, quaisquer que sejam as condições. Essa característica é o que separa o ser vivo do mundo mineral. É fácil constatar essa **obstinação da natureza** em se perpetuar: quando decepamos uma árvore pela base, ela reconstrói o tronco e os galhos. As ervas daninhas crescem sem parar, assim como as ervas "boas". O mesmo ocorre com organismos animais, como vemos no lagarto, cuja cauda "rebrota" depois de cortada. Se isolarmos uma célula e a colocarmos em um meio de cultura, ela irá se dividir, se multiplicar e reconstituir o tecido de onde foi extraída. Em poucas palavras, **a natureza é teimosa**: chova ou faça sol, a vontade, inerente a cada ser vivo, inserida em suas células, sempre tentará *reconstituir o que existia antes*.

Essa vontade, essa *obstinação em prosseguir*, por mais que seja uma característica essencial dos seres vivos, ainda não teve sua origem explicada por nenhum biólogo. Estaria ela **dentro da própria célula**, em uma de suas múltiplas *organelas*, ou **viria do meio exterior**? Aqui, entramos no terreno da metafísica.

A célula é, portanto, a unidade básica de todo ser vivo: *ela representa, sozinha, a totalidade do ser* que é capaz de se reproduzir. Por isso, podemos dizer que

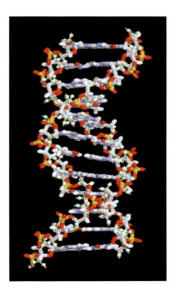

Figura 5.2

ela é um *hólon* desse ser. O termo vem do grego *holos*, que significa "o todo". Uma única célula de uma pessoa *representa, portanto, essa pessoa como um todo*. Do mesmo modo, podemos dizer que o *homem é um hólon* da humanidade. Quem já viu um *holograma*, uma fotografia em relevo de um objeto em torno da qual podemos nos deslocar, sabe que cada ponto do negativo representa o objeto, mas é necessário que haja um mínimo de pontos sobre o negativo para poder formar uma imagem nítida e precisa. Recorrendo a uma comparação oposta, se tomarmos um mosaico (Fig. 5.4), um pequeno quadradinho dessa obra representa apenas um ponto colorido, como um *pixel* na linguagem da informática, e não a totalidade da imagem, como seria um *hólon*.

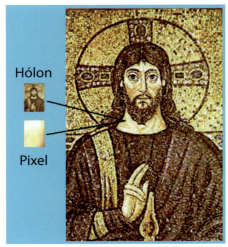

Figura 5.4

6
Inserção no tempo

Todo ser vivo está **inserido no tempo**: a evolução de cada uma das nossas células é a prova disso. Desde o nascimento até a morte, somos transportados pela "esteira rolante do tempo" (Fig. 6.1).

Nós somos, portanto, *seres quadridimensionais*: três dimensões espaciais e uma temporal. Einstein nos explicou como essa concepção liga de modo absoluto o espaço e o tempo no Universo. De fato, não é possível haver movimento sem tempo. *O tempo é o movimento e é também a vida*!

Somos seres quadridimensionais e podemos nos imaginar como *grandes serpentes que se ondulam* e se agitam no espaço-tempo (a forma *alongada* representaria nosso *estiramento na dimensão temporal*), do princípio ao fim, e, em cada momento da nossa existência, somos *um corte tridimensional do nosso ser quadridimensional*. Essa imagem de ficção científica nos permite compreender em que ponto estamos subordinados ao tempo, *nosso bem mais precioso*, que não se pode vender nem comprar. Por outro lado, ele pode nos ser *roubado* ou podemos *gastá*-lo com futilidades. Não nos esqueçamos de que, na mitologia grega, Cronos, pai de todos os deuses, devorava seus filhos. Algumas pessoas acham que o tempo não é uma dimensão, mas, na verdade, **nosso universo não poderia existir sem o tempo, indispensável para que haja movimento e evolução, e mesmo para que exista a história**. Aqueles que se dedicam a "matar o tempo" não se dão conta de que *é o tempo que os está matando*!

O tempo que vivemos, contudo, não tem o mesmo valor nas diferentes fases da nossa vida. *Nosso tempo é relativo*, mas não se trata, nesse caso, de uma relatividade einsteiniana, ligada à velocidade, mas, sim, a uma *relatividade biológica*, ligada à rapidez dos nos-

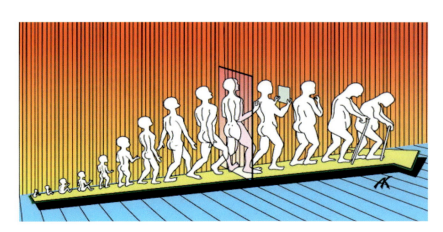

Figura 6.1

sos processos biológicos, variável segundo as etapas da vida. Usando uma imagem, o motor biológico gira mais rapidamente nos jovens e nos muito jovens do que nos indivíduos idosos. Essa *relatividade do tempo biológico* é bem simbolizada pela imagem dos *relógios fundidos* de Salvador Dalí (Fig. 6.2).

Na prática, as fraturas da criança se consolidam três vezes mais rapidamente do que em indivíduos na terceira idade (Fig. 6.3). Esse fenômeno também faz parte da psicologia: os idosos acham que os anos passam cada vez mais rapidamente e, assim, tomam consciência da brevidade da vida com o avanço da idade.

Por fim, os cirurgiões ortopédicos devem se conscientizar de que estão praticando, sem saber, a **cronocirurgia** quando, por exemplo, corrigem deformidades ósseas na infância com sucessivos aparelhos gessados ou quando aplicam um bloqueio das cartilagens de conjugação (epifisiodese) para restabelecer a igualdade dos membros inferiores. *Todo ato cirúrgico se insere no tempo*, já que necessita, no mínimo, da reparação dos tecidos modificados pelo cirurgião. Da mesma forma, a ablação de um órgão duplo, como o rim, ou uma ressecção parcial do fígado induz uma hipertrofia com-

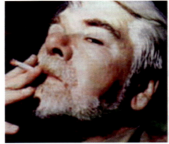

Figura 6.3

pensatória do órgão remanescente, a qual também se insere no tempo.

Nosso ser evolui constantemente, do nascimento até a morte, que é a nossa *saída do tempo*, para dar lugar aos nossos descendentes. Essa eliminação dos "modelos antigos" é indispensável para o surgimento de modelos mais aperfeiçoados: é a evolução. O mesmo processo se deu com a evolução dos modelos de automóveis, desde o venerável ancestral, o Fardier da Cugnot (1770) (Fig. 6.4), que não andava mais que 30 metros, até o mais moderno carro esportivo (Fig. 6.5).

A morte é obrigatória e necessária para a evolução.

Esse processo também permite a "recuperação" dos nossos elementos constituintes biológicos, pois a Terra é uma "nave espacial" que funciona como uma "autarquia". O grande Lavoisier, guilhotinado no período do Terror da Revolução Francesa sob o pretexto de que "a Revolução não precisava de sá-

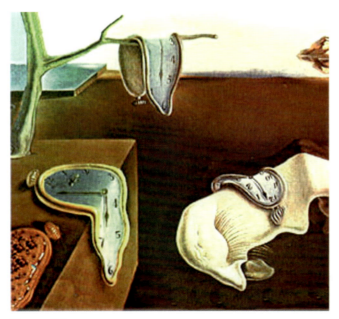

Figura 6.2

Figura 6.4

Figura 6.5

bios", já havia compreendido que "nada se cria, nada se perde, tudo se transforma". Esse mecanismo de recuperação é também uma aplicação da *lei da economia universal*, também chamada de "Navalha de Ockham" (ver adiante).

Em suma, nosso organismo contém átomos que já foram usados pelos diplódocos, estão sendo usados por nós e serão usados por nossos descendentes.

7
Nós somos seres quadridimensionais

Tal afirmativa remete a ficção científica, mas **é a realidade,** tangível e palpável, que talvez exija *uma explicação sobre o* **significado da palavra "dimensão".**

Um ponto não tem dimensão 0d, mas precisa ser teórico e infinitesimal (Fig. 7.1: um plano que contém um ponto e uma reta). Uma **linha** é uma entidade geométrica de **dimensão 1d**, com duas pontas, duas extremidades. Se a cortarmos, haverá duas linhas, mas cada uma delas sempre com duas extremidades.

Um **quadrado** ou um **círculo** (Fig. 7.2: um plano que contém um quadrado e um círculo) são figuras geométricas de **duas dimensões**, porque estão inseridas em um plano que também comporta duas dimensões **2d**: *comprimento e largura*. O círculo é uma linha sem extremidade, que contém uma superfície. Toda linha fechada e formada por segmentos de reta, como um quadrado ou um retângulo é, assim como o círculo, uma figura bidimensional. Trata-se de **polígonos**: o primeiro polígono é o triângulo. Se ele for equilátero, será o primeiro dos polígonos regulares, cujo número é infinito: *se multiplicarmos o número de lados, chegaremos ao círculo*, como demonstrou **Arquimedes.** Temos duas maneiras de *penetrar no interior de um círculo* (Fig. 7.3: como "entrar" em um círculo) ou de um polígono: pode ser no próprio plano do papel, caso em que será inevitável *atravessar a linha exterior* do círculo, ou pode-se *utilizar a terceira dimensão*, entrando no círculo *por sobre o plano do papel*, sem interromper a linha. Isso se chama *passar por uma dimensão de ordem superior*. Em um célebre romance de ficção científica*, um quadrado, um ser bidimensional, do-

---
* *Planolândia – Um romance de muitas dimensões*, escrito em 1884 pelo professor Edwin A. Abbott (1838-1926): leitura apaixonante.

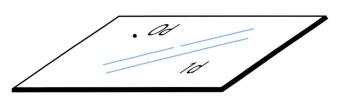

Figura 7.1

Figura 7.2

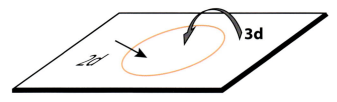

Figura 7.3

tado de razão, imagina que seu espaço bidimensional possa estar *contido em um espaço tridimensional* e que alguns seres do seu mundo, um círculo, por exemplo, possam ser fragmentos de seres tridimensionais, como uma *esfera*, que atravessa seu universo bidimensional: nessa travessia, a esfera é, primeiramente, um ponto, depois um círculo que aumenta até seu tamanho máximo e, depois, diminui até voltar a ser um ponto, até que desaparece. Logicamente, o quadrado é considerado louco pelos sábios de seu próprio universo. Bela alegoria científico-cultural!

No plano, a simetria de uma figura se dá por rotação em torno de um eixo chamado "eixo de simetria". A superposição necessita de *uma rotação na terceira dimensão*.

A **simetria espacial** é mais complexa: as duas mãos de um homem são simétricas no espaço. Elas se chamam **enantiomorfas**: só podem ser superpostas se forem "viradas" no espaço, o que só pode acontecer com **luvas**, mas nesse caso o interior se torna o exterior. É impossível "virar um homem ao contrário". Em uma popular canção infantil francesa, narra-se que o bom rei Dagoberto vestiu as calças do avesso e se deu conta de que, para virá-las do lado certo, precisaria *girá-las três vezes* no espaço. É o que chamo **teorema de Dagoberto** (ver Cap. 11, Figs. 11.3 a 11.5).

Finalmente, um **cubo** (Fig. 7.4: um cubo e uma esfera) é um *sólido geométrico* **tridimensional**, ou seja, tem volume porque está inserido em um espaço de três dimensões. Ele tem seis faces planas, que limitam esse volume e, por isso, é chamado de hexaedro. O cubo faz parte dos **poliedros regulares**.

Desde **Pitágoras**, plagiado por Platão, sabemos que existem *cinco*, e *apenas cinco*, poliedros regulares, ou seja, limitados por *faces iguais, poligonais e regulares*:

- o **tetraedro** (Fig. 7.5), uma pirâmide de **quatro faces** triangulares (equiláteras). Não pode haver nenhum sólido abaixo do tetraedro, ou seja, **não pode haver um volume com três faces**, porque, se retirarmos um dos lados do triângulo, ele se reduzirá a uma linha, sem superfície, e, portanto, será incapaz de conter volume;
- o **hexaedro** (Fig. 7.6), conhecido como cubo, que tem **seis faces quadradas**, iguais entre si. Todos os seus ângulos são retos. Não pode haver volume abaixo do hexaedro, porque, se retirarmos uma das faces, ele não será mais um sólido;
- o **octaedro** (Fig. 7.7), que tem **oito faces triangulares** equiláteras, é formado por duas pirâmides unidas pela base quadrada. Com as faces triangulares equiláteras, ainda é possível conseguir um terceiro e último sólido de faces triangulares, que é o icosaedro;

Figura 7.5

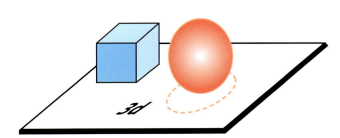

Figura 7.4

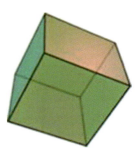

Figura 7.6

Figura 7.7

- o **icosaedro** (Fig. 7.8), sólido convexo formado por **vinte faces** triangulares equiláteras. Esse é o sólido regular que comporta o maior número de faces triangulares. Não é possível construir volume com números de 8 a 21 faces triangulares;
- o **dodecaedro** (Fig. 7.9), sólido regular formado por **doze faces pentagonais**. Ele se encontra em diversas obras de pintores, sobretudo de **Salvador Dalí**.

É impossível conceber e construir outros poliedros regulares de grau superior.

Por outro lado, esses cinco sólidos podem se associar, formando **três famílias**, uma vez que podem se circunscrever, ou seja, **encaixarem-se uns nos outros**, de modo regular.

O **icosaedro** circunscreve exatamente o **dodecaedro** (Fig. 7.10) porque cada vértice desse ocupa o centro de uma face do icosaedro. É possível encaixá-los infinitamente, nos dois sentidos, porque o *dodecaedro circunscreve o icosaedro da mesma forma*.

O **tetraedro** (Fig. 7.11) *circunscreve a si mesmo até o infinito*.

Finalmente, o **hexaedro** circunscreve o **octaedro** (Fig. 7.12), também até o infinito.

Sabe-se que existe uma infinidade de poliedros **mais ou menos regulares**, cujos exemplos magníficos podem ser vistos pela cristalografia.

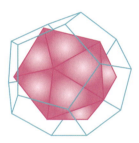

Figura 7.10

Figura 7.8

Figura 7.11

Figura 7.9

Figura 7.12

Se soprarmos com um canudo no interior de um copo que contenha *água com sabão* até a metade, criaremos uma **infinidade de poliedros irregulares e contíguos**, que preencherão perfeitamente o espaço. Eles representam uma bela imagem dos alvéolos pulmonares.

É fácil constatar que podemos justapor três hexágonos no plano. Com efeito, cada ângulo de um hexágono tem 120° e, se unirmos três desses ângulos, teremos 360°. Podemos, então, preencher todo o plano com hexágonos, como em um piso de cozinha feito de placas hexagonais.

No entanto, um arquiteto americano, Richard Buckminster Fuller (1940), conseguiu curvar esse plano deformando as bordas dos hexágonos e as tornando ligeiramente côncavas, o que permitiu construir superfícies esféricas, as **cúpulas geodésicas** (Fig. 7.13).

Podemos até mesmo inscrever poliedros regulares, como o icosaedro, no interior de uma cúpula geodésica de facetas hexagonais (Fig. 7.14): esse é apenas um exemplo dentre múltiplas possibilidades.

A geometria espacial ou tridimensional é verdadeiramente impressionante: é possível criar cúpulas geodésicas, sólidos regulares compostos formados pela associação de poliedros regulares cujos lados sejam hexágonos e pentágonos (assim são formadas as bolas de futebol) ou hexágonos e quadrados, ou, ainda, quadrados e triângulos equiláteros, octógonos, hexágonos e quadrados etc. (Fig. 7.15).

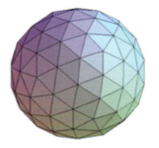

Figura 7.13

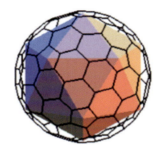

Figura 7.14

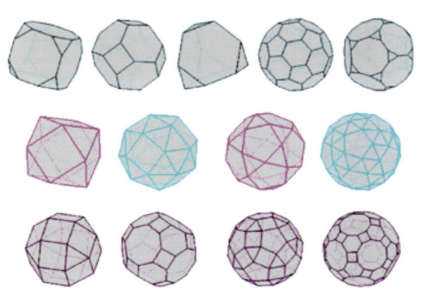

Figura 7.15

Até aqui, falamos dos sólidos limitados por faces, mas também existem volumes de **três dimensões sem faces ou arestas**: são os sólidos **ovoides**, cujo exemplo mais perfeito é a **esfera** (Fig. 7.16), uma **superfície sem borda** na qual cada ponto da superfície é o centro da superfície. É fácil compreender por que ela era considerada, na Antiguidade, o *símbolo da perfeição*. A esfera é uma representação do princípio da economia universal: máximo de volume com mínimo de superfície (ver "Navalha de Ockham", na seção Palavras-chave).

Pela mesma razão de "economia", os pássaros põem **ovos** (Fig. 7.17), volumes ovoides que são os mais próximos da forma da esfera.

Também existem volumes "truncados", como o *toro* (Fig. 7.18), que lembra uma *câmara de ar* e que é gerado pela *rotação de um círculo em torno de um* **eixo situado fora dele**.

Essa superfície apresenta **áreas de dois tipos**: superfície com **curvatura positiva** na periferia e com

Figura 7.18

curvatura negativa na região axial, ou seja, cujas curvaturas são *opostas*.

Assim como no caso dos poliedros ou dos círculos, podemos nos perguntar como entramos nesse volume, por exemplo, em um cubo ou uma esfera. No espaço tridimensional, não há outro modo a não ser **atravessando uma das faces**. Isso é bem difícil e arriscado quando se trata de uma bolha de sabão. É possível que alguns cirurgiões pensem em operar algo no interior do corpo do paciente sem atravessar a pele, portanto, sem deixar cicatriz, mas, para isso, seria preciso que eles atuassem a partir de **um ponto com quatro dimensões espaciais** (Fig. 7.19: representação de um triedro de referência no qual se busca, em vão, colocar uma quarta perpendicular), o que continuará sendo impossível.

Eles precisam se contentar com a **cirurgia endoscópica**, que vem avançando muito nos últimos tempos; ela é feita por *microincisões* que deixam cicatrizes quase invisíveis. É uma **boa saída**, na falta da *cirurgia pela quarta dimensão*.

Entretanto, as dimensões supranumerárias do espaço existem **para os matemáticos**. Para os reles mortais, é impossível imaginar uma quarta dimensão: seria preciso representar uma perpendicular às três perpendiculares possíveis do nosso espaço tridimensional.

Os matemáticos, porém, com todos os seus recursos, imaginaram que forma teria um **hipercubo, com quatro dimensões espaciais**, se o projetássemos no espaço tridimensional, exatamente como se desenhássemos no plano bidimensional uma pirâmide tridimensional.

O resultado dessa operação puramente intelectual é muito interessante, porque se obtém o que chamam

Figura 7.16

Figura 7.17

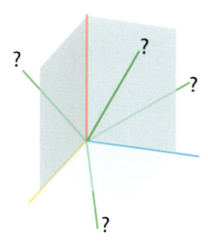

Figura 7.19

Figura 7.21

de **tesserato** (Fig. 7.20: vista por transparência de um tesserato): se contarmos os volumes visíveis nessa figura, veremos que existem seis, tantos quanto são as faces de um cubo. Isso é normal, pois, em um mundo de espaço quadridimensional, *as faces se tornam volumes*.

Pois bem, essa operação puramente intelectual inspirou os arquitetos, e a construção denominada **Arco de la Défense**, em Paris (Fig. 7.21: analogia evidente com a figura anterior), é nada menos que um tesserato.

Ao inventar os **fractais**, um matemático franco-americano, Benoit Mandelbrot, nos levou ao universo das **dimensões intermediárias**, que são de grande interesse para a biologia. Os **fractais** estão **por toda parte na natureza** e na biologia – seus exemplos são as *vilosidades intestinais*, os *alvéolos pulmonares*, as *circunvoluções cerebrais* (ver Cap. 49) – e até mesmo no sistema musculoesquelético, representados pelos alvéolos da *medula óssea*, o *tecido conjuntivo que permite o deslizamento dos tendões* e o *tecido subcutâneo*.

A quarta dimensão: o tempo

O *tempo* não é uma dimensão espacial, e sim, especificamente, uma **dimensão cronológica**. Usamos essa dimensão com tanta frequência no cotidiano que ela se tornou **implícita** para nós. Ela está praticamente escondida, mas, ainda assim, é graças a ela que existimos. Foi preciso esperar por **Albert Einstein** para reconhecermos que *essa quarta dimensão não é independente, mas, sim, ligada ao espaço*. Graças a ele, hoje nos referimos ao **espaço-tempo**.

Em nosso Universo, todos os fenômenos, a começar pela vida, são função do tempo; com justa razão, os *gregos*, em sua mitologia, definiram como iniciador do Universo o **deus Cronos**, ou seja, o Tempo, que devora seus próprios filhos, conforme representado nesse quadro assustador de Goya (Fig. 7.22).

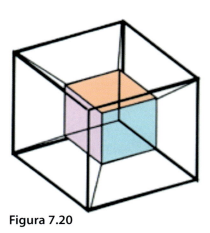

Figura 7.20

Figura 7.22

segundo princípio de termodinâmica de Carnot. Essa noção pode ser facilmente compreendida com base em um **experimento de física elementar**: quando misturamos uma tinta de cor em um copo d'água, as partículas do corante se difundem uniformemente entre as moléculas de água e *nenhuma operação* **efetuada no tempo** nos permitirá voltar ao estado anterior, em que a água e a tinta estavam separadas, exceto se pudéssemos *retroceder o filme*, mas essa seria *uma imagem*, e não a realidade.

Se esse retorno fosse possível, **a relação de causalidade seria destruída**, o que representaria a **total desorganização do nosso Universo**.

O sistema musculoesquelético, portanto, não pode existir senão em um Universo quadridimensional e, sendo assim, **nós somos seres quadridimensionais. Isso não é ficção científica, é a realidade.**

O primeiro a evidenciar essa dimensão de "tempo" no funcionamento do sistema musculoesquelético foi o médico francês **Étienne Jules Marey** (1830-1904) (Fig. 7.23). Ele inventou a *primeira câmera*, que batizou com o nome de **fuzil fotográfico** (Fig. 7.24). Graças a essa invenção *genial*, cujo princípio serviu de base a todas as câmeras cinematográficas que existem no mundo, foi possível fixar, sobre um filme fotográ-

É fato: o tempo nos devora e nos mata, mas é também a **origem da vida**.

Por que o tempo está ligado, indissoluvelmente, ao espaço? Porque o **movimento**, que se efetua no espaço, **é função do tempo**.

Sem o tempo, não há movimento possível. Quando viajamos de carro, estamos nos deslocando não somente no espaço, mas também no tempo: *o automóvel é também uma máquina do tempo*, mas, infelizmente (ou felizmente), ele se desloca sempre no mesmo sentido: seguindo **o vetor tempo, orientado do passado para o futuro**. Um universo sem a dimensão de tempo seria um **universo eternamente imobilizado**, morto: **o tempo é a vida e a morte**.

O **retorno sobre o eixo temporal**, ou seja, a volta ao passado, tão cara aos autores de ficção científica, que adoram os paradoxos temporais, é **proibido pelo**

Figura 7.23

Figura 7.24

fico, todo tipo de atividade humana, como a marcha e o salto (Fig. 7.25: cronofotografia de um salto com vara). Mas o inventor se interessava também pelo voo dos pássaros, pelo galope dos cavalos e, graças a isso, percebemos que, até então, os pintores não haviam representado corretamente o galope de um cavalo. Seus estudos sobre o tema desenvolveram-se paralelamente aos do fotógrafo inglês **Eadweard Muybridge** (1830-1904).

Figura 7.25

8
Reprodutibilidade do sistema musculoesquelético

Como parte integrante de todo ser vivo, particularmente do ser humano, o sistema musculoesquelético possui a faculdade de se reproduzir. Esse fato que parece tão óbvio representa, quando o examinamos com atenção, um *fenômeno maravilhoso*.

A título de exemplo, se colocarmos duas motos em uma garagem (Fig. 8.1), elas serão sempre duas, mas, se deixarmos no curral um jumento e uma jumenta (Fig. 8.2), depois de algum tempo eles serão três. A equação já não será 1 + 1 = 2, mas sim 1 + 1 = 3, o que contradiz a lógica matemática!

Para compreender a maravilha dessa constatação, lançaremos mão de uma parábola: a parábola do "robô humanoide autorreprodutor".

O homem, em sua ambição prometeica, busca recriar a si mesmo, idealizando e construindo para tanto "robôs humanoides". A técnica evoluiu rapidamente e certos países já conseguem construir "humanoides"

Figura 8.2

bastante apresentáveis, dotados até mesmo da forma e da expressão facial humanas.

As pesquisas atuais estão voltadas para a programação de uma "inteligência artificial". Imaginemos, porém, por um instante, que um engenheiro de computação consiga integrar, no humanoide ginoide, que chamaremos de "X" (Fig. 8.3), uma *microlinha de montagem* capaz de construir um humanoide em miniatura. Imaginemos também outro tipo de humanoide, um androide que chamaremos de "Y" (Fig. 8.4), que não contenha essa microlinha de montagem interna. Ele é programado para ser atraído pelos modelos X e, ao se encontrar com a "charmosa" X, ele conecta sua extensão USB a uma porta especial da ginoide X e lhe comunica seu "programa". Imediatamente, uma sequência de eventos tem lugar dentro do computador de X, e um novo programa é criado, com elementos de X e Y (Fig. 8.5). Então, a microlinha de montagem integrada na "charmosa" X co-

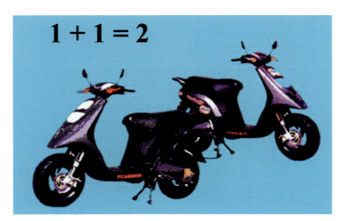

Figura 8.1

8 Reprodutibilidade do sistema musculoesquelético

Figura 8.3

Figura 8.4

Figura 8.5

Figura 8.6

lar, e não celular, **o que torna totalmente impossível o crescimento de um componente mecânico**.

No entanto, a parábola tem a vantagem, pelo menos, de nos fazer compreender *o caráter verdadeiramente maravilhoso da reprodução dos seres vivos*: eles não precisam de fábricas, pois *se reproduzem a partir de si mesmos e dentro de si mesmos*.

A outra conclusão é que *sempre haverá fábricas para construir robôs*, mesmo que os próprios robôs, dotados de "inteligência artificial", sejam capazes de projetar essas fábricas.

Se chegarmos a esse ponto, a humanidade do futuro só estará *protegida dos robôs humanoides* se implantar, no programa de informática desses robôs, o "módulo Asimov", que consiste na aplicação das três "leis da robótica" de **Isaac Asimov** (1920-1992). Mas isso já é uma outra história...

meça a construir um micro-humanoide que, depois de quatro meses, torna-se um *mini-humanoide* e é extraído de X por uma espécie de zíper ou abertura na parte anterior. E esse pequeno robô, depois de sair do robô ginoide, começa a crescer até chegar a seu tamanho adulto.

Essa parábola (Fig. 8.6), que poderíamos intitular, parafraseando La Fontaine, "Dois robôs apaixonados", ilustra a equação 1 + 1 = 3, quando ela ocorre na máquina. Todos sabemos que isso sempre será impossível, pois as máquinas têm uma estrutura modu-

9
O protótipo dos vertebrados

Todos os vertebrados que habitam o mar, a terra e o ar são estruturados segundo o **mesmo protótipo**, que *deriva, por sua vez, dos peixes, já que foi da água que veio a vida*.

Com efeito, a grande história dos vertebrados começa no mar, há centenas de milhões de anos, quando as **primeiras células autônomas** dotadas de vida começaram a sobreviver e se multiplicar nesse meio líquido.

Uma simples **ameba** (Fig. 9.1) podia se deslocar graças a seus pseudópodes, com os quais ela "se arrastava", mas que também lhe permitiam englobar suas presas e assimilá-las pelo processo de "fagocitose".

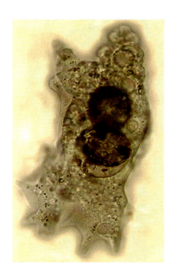

Figura 9.1

Mas o **paramécio** (Fig. 9.2) também podia se deslocar no meio líquido graças a seus cílios vibráteis.

Seguindo o princípio de que a "união faz a força", as células isoladas logo se agruparam para formar um organismo pluricelular primitivo, a **mórula** (Fig. 9.3), que permitiu também a especialização. À medida que o conjunto de células se tornou mais pesado, os deslocamentos já não eram possíveis senão com a ajuda das correntes.

Esses agrupamentos globulares de células começaram a se achatar em um dos polos, significando o **início da gastrulação** (Fig. 9.4). Ao final, cria-se uma espécie de saco chamado **gástrula** (Fig. 9.5), cavidade digestiva que se assemelha a um *copo*, com uma única abertura que serve ao mesmo tempo de entrada para os alimentos e de saída para os resíduos.

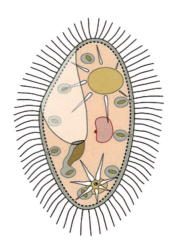

Figura 9.2

24

9 O protótipo dos vertebrados

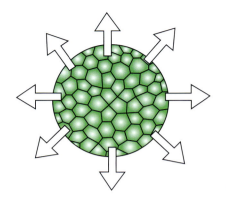

Figura 9.3

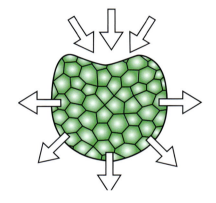

Figura 9.4

A sequência lógica desse dispositivo é sua transformação em **tubo**, que tem uma entrada e uma saída. É importante ressaltar que esse tubo é, na realidade, um **cilindro** (Fig. 9.6) cujas paredes são duplas: uma parede exterior e uma interior, que limitam, entre si, o *verdadeiro espaço* **interior**, já que a cavidade do tubo ainda é o meio *exterior*.

A partir do momento em que existe um tubo com duas aberturas, é lógico que haja uma entrada e uma saída, por uma simples questão de eficácia.

Também por razões lógicas, como se trata da entrada de alimentos, essa extremidade é *voltada para o alimento*, ou seja, **para a frente**. Isso implica o *movimento* de procura pelo alimento: surge, assim, uma **polaridade craniocaudal** (Fig. 9.7) que será reforçada nas etapas seguintes, já que o movimento não pode ser criado por um tubo inerte.

Na extremidade superior do tubo, começa a se escavar, no ectoderma, a **goteira neural** (Fig. 9.8), esboço do eixo nervoso que será destinado a coordenar os movimentos. Nesse esquema, a goteira já está se fechando, formando um tubo, o futuro tubo neural.

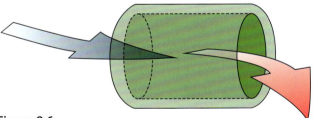

Figura 9.6

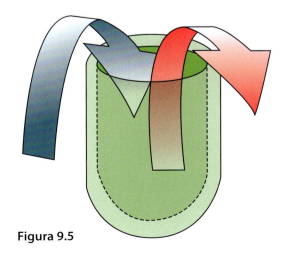

Figura 9.5

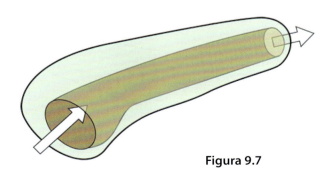

Figura 9.7

25

A localização dorsal do tubo neural estabelece uma segunda polaridade, a **polaridade dorsoventral** (Fig. 9.9), que cria, dessa forma, a *simetria bilateral*, própria de todos os descendentes desse protótipo, que são, por definição, seres **bilaterais**.

A partir do tubo, vemos, portanto, estabelecer-se uma **dupla polaridade**: a polaridade anteroposterior, que cria *a cabeça e a cauda*, e a **simetria bilateral**; simultaneamente, em razão da **força da gravidade**, cria-se uma **polaridade vertical**, ou seja, *uma extremidade superior e outra inferior*: um **dorso** e um **ventre**.

Uma vez constituído, esse tubo neural se dilata no polo cefálico, formando o *esboço do cérebro*: é o começo da **cefalização** (Fig. 9.10), ou seja, da **especialização funcional da cabeça**.

Simultaneamente, surge e evolui o processo de **metamerização** (Fig. 9.11): trata-se do aparecimento de uma **segmentação transversal** do indivíduo, produzida pela criação, de cada lado do eixo nervoso e do tubo digestivo, de *compartimentos* ocupados por fibras musculares, os **miômeros**, que dão mobilidade a esse protótipo.

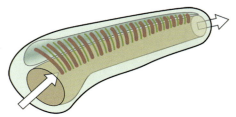

Figura 9.10

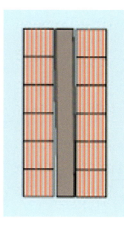

Figura 9.11

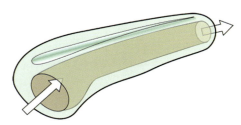

Figura 9.8

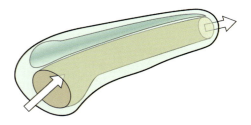

Figura 9.9

Eis como se constituem esses músculos, dispostos de cada lado da corda neural, segundo uma estrutura muito particular: dentro de pequenos compartimentos praticamente cúbicos, chamados *miômeros* (Fig. 9.12: miômeros dispostos de ambos os lados da corda neural). Esses compartimentos musculares, dispostos regularmente ao longo de toda a corda neural, darão origem à *segmentação metamérica* transversal do animal. Com efeito, a contração alternada desses pequenos blocos musculares resultará na formação de fissuras laterais na corda neural decorrentes de sua diferença de forças durante os movimentos. Logo, cada uma das fissuras (Fig. 9.13: formação de fissuras na corda neural) alcançará a fissura do lado oposto, de tal modo que a corda neural será segmentada em *protovértebras*.

Esses segmentos transversais, ou **metâmeros**, conferem a todos os vertebrados a mesma **estrutura metamérica**, que pode ser comparada aos **andares de um prédio**, superpostos ao longo das vias de *circulação verticais*, como escadas, elevadores e dutos de água e

9 O protótipo dos vertebrados

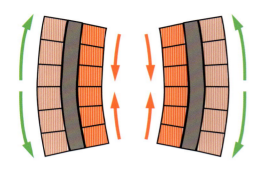

Figura 9.12

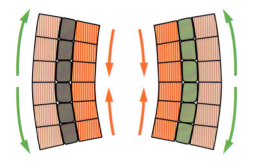

Figura 9.13

esgoto. Assim, o comprimento do corpo dos animais depende do **número de metâmeros** empilhados uns sobre os outros, assim como a *altura dos arranha-céus* depende do número de andares que eles têm. No centro de cada um deles, há um segmento de **eixo nervoso** e, de cada lado, **músculos motores**; em torno do eixo nervoso, forma-se o esqueleto a partir da **notocorda**.

O metâmero, portanto, é a **unidade estrutural** dos vertebrados, como peças de um brinquedo de montar casas. É a **invenção fundamental**.

Dentro dessa *estrutura metamérica*, ocorre o processo de **cefalização**, por meio da criação, no **polo cefálico**, de órgãos de **captação sensorial** (Fig. 9.14), aqui representados pelos olhos, que são *prolongamentos do cérebro*. A cefalização é acompanhada por *transformações consideráveis dos primeiros metâmeros*.

O aparecimento do eixo esquelético se faz a partir da **corda dorsal**, que surge primeiramente no **anfioxo** (Fig. 9.15), espécie de verme aquático de 6 a 8 centímetros de comprimento.

Esse *verdadeiro fóssil* ainda vive nas águas escuras dos oceanos temperados e tropicais. Suas características notáveis são:

- a **notocorda**, espécie de **haste** cilíndrica flexível, de origem mesodérmica, *localizada na parte dorsal* do corpo, garante sua *sustentação*; ela se situa entre o **tubo neural dorsal**, ainda oco, e o **tubo intestinal**, que percorre todo o comprimento do animal;
- de cada lado, músculos longitudinais dispostos em "V", os **miômeros**, separados por divisórias de tecido conjuntivo, provocam *ondulações* que permitem ao verme **nadar** ou se esconder na areia do fundo do mar;

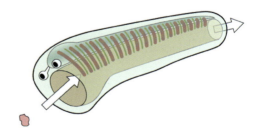

Figura 9.14

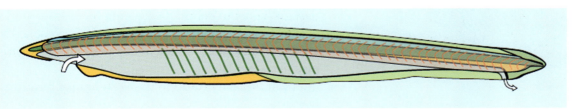

Figura 9.15

27

- **fendas faríngeas** ciliadas criam uma corrente de água que penetra pela boca, filtrando as partículas que são, em seguida, conduzidas ao tubo digestivo;
- as fendas branquiais são sustentadas pelos **arcos branquiais**, que contêm **vasos** cuja função é garantir a **hematose**, ou seja, o *transporte do oxigênio* até os tecidos que não são mais alimentados diretamente pelo contato com a água;
- esse animal, portanto, é dotado de um **sistema circulatório**, justamente para transporte do sangue oxigenado;
- esse animal primitivo possui **gônadas**, o que significa que tem reprodução sexuada;
- a localização das presas se faz por meio dos palpos, **órgãos sensoriais** dispostos em torno da boca;
- esse **precursor dos vertebrados**, nosso ancestral muito distante, já é portanto **perfeitamente equipado**.

Em seguida, a contração separada e independente dos miômeros cria tensões localizadas na corda neural, que acabam por **segmentá-la** em **protovértebras**.

Alguns milhões de anos mais tarde, a evolução, que não para nunca, levará ao aparecimento do primeiro vertebrado, o **peixe** (Fig. 9.16). O peixe de esqueleto ósseo foi precedido pelo peixe de esqueleto cartilagíneo, como o tubarão, que pratica um engenhoso método de reprodução, a **ovoviviparidade**: em vez de serem deixados dispersos no meio aquático, sujeitos a todas as ameaças, seus ovos são *incubados* no **oviduto da fêmea**, de onde nascem pequenos tubarões já independentes.

O **peixe de esqueleto ósseo** possui um esqueleto formado por um eixo vertebral, com um crânio ósseo.

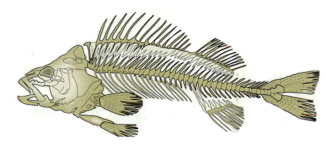

Figura 9.16

Ele já possui **quatro nadadeiras** principais: um par dianteiro, as nadadeiras *peitorais*, e um par traseiro, as nadadeiras *pélvicas*, mas **sem cintura óssea**. Essas nadadeiras são o *esboço* das futuras patas e membros dos quadrúpedes terrestres e dos seres humanos.

Há 300 milhões de anos, no período devoniano, um grupo de pioneiros se lança à conquista da terra firme. É difícil, *levará muito tempo*. Eles precisarão aprender a respirar o ar, e não mais a água, mas nada os detém. Uma espécie de peixe, em particular, conseguiu sair do mar graças a seu *duplo sistema respiratório*, que compreende brânquias e pulmões. Essa espécie de transição se chama **dipnoica**. Esses peixes apresentam outra característica: as nadadeiras são ligadas ao restante do esqueleto, prontas para se transformar em patas.

E assim vemos surgir os conquistadores da terra, os **tetrápodes**, que irão transformar suas nadadeiras peitorais em patas dianteiras e suas nadadeiras pélvicas em patas traseiras.

Esse ancestral terrestre dos vertebrados é conhecido como **ictiostega** (Fig. 9.17): *ele se parece com nossos lagartos atuais* ou, melhor, com os famosos *dragões-de-komodo*, exclusivamente carnívoros, de aspecto não muito simpático e, sobretudo, muito desajeitados. Mas cuidado: dizem que eles sabem correr muito rápido!

As patas desses ancestrais tetrápodes funcionavam afastando-se do tronco, não no plano paralelo ao eixo do corpo. Eles caminhavam sobre a terra exatamente **como os crocodilos**.

Depois dos ancestrais tetrápodes, a Terra foi colonizada pelos grandes **répteis do Terciário**, que duraram muito tempo até desaparecerem por completo e serem substituídos pelas **aves**, que conseguem a gestação externa cobrindo seus ovos e, depois, pelos **mamíferos**. Estes representam um enorme progresso, pois apresentam gestação interna, graças à *placenta*, e o fato de seus recém-nascidos não completarem todo o seu desenvolvimento dentro da placenta será compensado pela fase de amamentação, possível pela existência das glândulas mamárias: uma leiteria em domicílio – simplesmente genial.

Em suma, o **protótipo dos vertebrados** terrestres possui:

9 O protótipo dos vertebrados

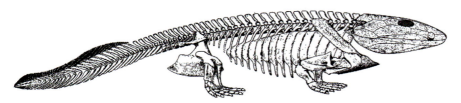

Figura 9.17

- um **eixo raquidiano**, formado por um **número variável de vértebras**, empilhadas umas sobre as outras (nas cobras, esse número é muito grande);
- na parte dianteira, uma **caixa craniana** que contém o elemento mais precioso, o **cérebro**, a central de comando, o **computador** que envia suas ordens por intermédio do tubo neural, a medula espinal;
- na parte dianteira, a entrada do tubo digestivo, a **boca**;
- na parte traseira, o **ânus** (a saída) e uma cauda mais ou menos longa, que poderá se desenvolver ou regredir conforme a necessidade;
- ligando as patas dianteiras à coluna vertebral, a **cintura escapular**;
- a **cintura pélvica**, assim chamada em razão do anel pélvico (que criará problemas para a expulsão do feto), ligando as patas traseiras à coluna vertebral;
- os membros derivam das múltiplas **raias de nadadeiras** e compreendem **três segmentos**:
  - um *segmento proximal*, o **estilopódio**, formado por **um único osso**, ligado por uma articulação de três eixos à *cintura escapular*, para orientar o membro;
  - um *segmento intermediário*, o **zeugópode**, formado por **dois raios**, que originam dois ossos (ver adiante a importância *desse detalhe*), ligado ao segmento proximal por uma articulação de **um só eixo** que permite regular o **comprimento do membro**;
  - um *segmento terminal*, o **autópode**, muito complexo e que compreende, por sua vez, o **basipódio** (carpo ou tarso), o **metapódio** (palma ou planta) e o **acropódio** (dedos ou artelhos), estes últimos conservando **cinco raios articulados**; o segmento terminal é ligado ao segmento intermediário por articulações complexas que possuem, no total, três graus de liberdade;

– dependendo da necessidade, é o segmento distal que sofre o *maior número de* **variações**, já que é ele o *segmento* **efetor**, o que estará em contato direto com o ambiente. Nos primatas e, particularmente, no homem, eles se transformarão nas **mãos** e nos **pés**.

Todos esses arranjos podem ser encontrados em todos os vertebrados do planeta, *exceto nas* **cobras**, *que perderam suas patas* para se esconder onde menos se espera, e por isso mesmo elas têm tão má reputação.

Em cada espécie de vertebrado, os elementos do esqueleto podem sofrer transformações consideráveis, mas eles **persistem**, *mesmo que não tenham uma utilidade evidente*. A criação de uma espécie original pressupõe apenas uma **modificação do plano básico**: nada se "joga fora", afinal, tudo poderá ser útil mais tarde!

O **chimpanzé** (Fig. 9.18), mamífero mais próximo do homem, já que compartilha com este 98% de seu genoma, só é bípede **ocasionalmente**: ele ainda utiliza seus membros dianteiros para caminhar, mas **tem mãos** e faz o movimento de **oposição do polegar**

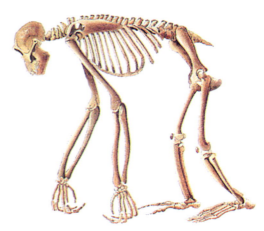

Figura 9.18

29

que, ao contrário do que se pensa, não é "exclusivo do homem"; o riso também não é, pois *o chimpanzé também ri*.

O **homem** (Fig. 9.19), portanto, é o único mamífero **permanentemente bípede**, o que pode, aliás – se lembrarmos do enigma da esfinge –, acarretar problemas. As duas diferenças fundamentais são o *desenvolvimento do cérebro* e *a fala*.

Os mamíferos foram muito bem-sucedidos em toda a sua trajetória, até o macaco, mas então chegou o homem, que se tornou bípede, liberando, assim, as mãos, e que, acima de tudo, tem um *computador pessoal* claramente mais desenvolvido. Mas quem sabe? Talvez existam no universo, em outros planetas, seres mais inteligentes que o homem: essa era a convicção de **Giordano Bruno**, que, por defendê-la, foi executado em 1660 por um carrasco da Inquisição, na Piazza del Campo dei Fiori, em Roma. Outro grande ancestral merece ser homenageado aqui: **Charles Darwin**, cuja teoria da evolução ainda é combatida em alguns meios. Felizmente, ele não foi executado e, hoje, a partir de **Henri Bergson**, a ideia predominante é a da evolução criadora, ou seja, a *criação permanente*. A *evolução continua ocorrendo sob as nossas vistas*, sem ser percebida, o que coloca o problema: o homem continua evoluindo? **Pierre Teillhard de Chardin** propôs uma resposta a essa pergunta em sua obra *Fenômeno Humano* (1926): segundo ele, essa evolução não é anatômica, mas intelectual e até espiritual, pela formação de uma "esfera do espírito", que ele chama de "noosfera" e que, na verdade, se manifesta, hoje em dia, bem à nossa frente, na rede mundial, a internet.

Se recapitularmos as **invenções sucessivas** da natureza, desde os *aminoácidos livres em solução no meio aquático*, a lista é **impressionante**:

- A **história da vida** é uma longa história que começa na Terra há mais de 3,5 bilhões de anos, com o **aparecimento das primeiras moléculas de aminoácidos** dissolvidas na "sopa primordial".
- A partir dos aminoácidos livres no meio aquático, deu-se a **revolução celular**: a **primeira célula**, organismo autônomo.
- As células se agrupam em "conglomerados coerentes": o agrupamento das células permite que elas resistam melhor ao ambiente. É a **revolução do conjunto**. O ser vivo se torna uma **sociedade pluricelular**.
- A transformação do saco em tubo: é a **distinção fundamental entre o meio externo e o meio interno**, mesmo que o meio externo penetre no interno.
- A **polarização craniocaudal** do tubo é a **distinção entre o dianteiro e o traseiro**.
- A **bilateralização** por polarização dorsoventral é o **aparecimento da simetria** em relação ao **plano sagital mediano**.
- A **metamerização** pela criação dos somitos, base da organização segmentar repetitiva metamérica, é o **jogo da construção** por adição ou supressão de "andares".
- O **eixo nervoso** que permite a coordenação motora e a adaptação ao ambiente é a **coordenação das partes do todo**.

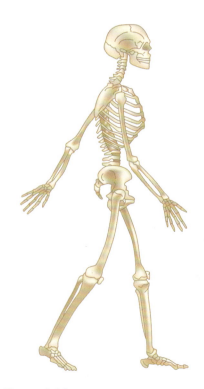

Figura 9.19

- A cefalização, que congrega no polo anterior o computador-cérebro e os elementos de captação sensorial é a **criação de uma autoridade central**, sede da vontade e da personalidade.
- A especialização dos **captores sensoriais** é a **criação de um serviço de informação** sobre as condições do ambiente.
- O esqueleto cartilagíneo dos peixes e, depois, o **esqueleto ósseo**: sem um arcabouço ósseo sólido, não há movimento possível fora da água.
- O aparecimento dos **dois pares de nadadeiras: criação dos propulsores**.
- O aparecimento das **cinturas escapular e pélvica** é a condição necessária para uma **melhor ligação entre o arcabouço do tronco e os propulsores**.
- O aparecimento dos **quatro membros que se articulam nas cinturas** representa a **saída do mar**.
- O aparecimento das costelas e sua especialização, formando a **caixa torácica**, para permitir a **respiração aérea**, é a **saída para a terra**.
- O zeugópode **tem dois ossos**, que servirão para a **pronossupinação** e para a **torção das asas**.
- A sexualidade binária é o **começo da grande loteria da evolução**, baseada na lei da **profusão universal** e na **lei** dos grandes números – *é também o começo da literatura*, há muito tempo.

- A **melhoria da segurança da gestação**, do ovo livre no ambiente, passando pelo ovo chocado, pelo incubado, e chegando-se ao ovo placentário, verdadeiro "parasita" do organismo materno, é a **revolução placentária** – *redução do desperdício* – e a aplicação do **princípio da economia**.
- A **revolução dos mamíferos** (250 milhões de anos: os "répteis mamíferos" esquecidos): os mamíferos que se desenvolvem depois do desaparecimento dos dinossauros. A invenção da **alimentação mamária** permite a *expulsão do embrião antes do término* do seu ciclo de desenvolvimento, particularmente cerebral, e a continuidade do "**suprimento alimentar**" pelo *organismo materno*.
- A irresistível "**subida do cérebro**" com a *linguagem*, a *consciência*, o uso das *mãos*, a *escrita* e a *fala*.

É realmente fantástico!

O termo "invenção" quer dizer, simplesmente, a introdução de uma **novidade** em uma estrutura ou em uma função. **Ele não prejulga nem o inventor nem o determinismo da inovação**.

As explicações de cunho "metafísico" são da alçada de cada leitor.

10
Leis da biomecânica

A biomecânica se diferencia da mecânica geral e, em particular, da mecânica industrial, e possui leis que lhe são *próprias*, que justamente especificam suas particularidades e suas diferenças em relação à sua prima, a mecânica, com a qual, no entanto, compartilha as *leis fundamentais* sobre forças, movimentos, inércia etc.

Eis como essas características podem ser evocadas.

No sistema musculoesquelético dos vertebrados e, em particular, do homem, a natureza podia escolher entre o *exoesqueleto*, caracterizado por uma estrutura rígida em torno dos músculos, e uma **estrutura integrada no interior** de conjuntos anatômicos, que caracteriza o **endoesqueleto**, típico dos vertebrados.

Na **geometria do sistema musculoesquelético**, a geometria comum (Fig. 10.1) não tem vez, já que não existe nenhuma linha reta e todas as linhas são **curvas**. Não há nenhum *círculo* **perfeito**, nenhum plano e nenhuma superfície de revolução no senso estrito do termo. As superfícies são tortas: as **superfícies articulares**, que deveriam ser superfícies de revolução, apresentam deformações, mesmo as que parecem ser superfícies de revolução perfeitas, como a *cabeça do fêmur*.

As **alavancas** do nosso endoesqueleto são ossos, cujas *formas e estruturas* são bem diferentes dependendo do seu papel mecânico.

Os eixos das articulações que apoiam essas alavancas *não são materializados nem fixos*. Não há plataformas de suporte para os eixos como na mecânica industrial.

Os eixos são **virtuais e evolutivos** (Fig. 10.2): a tróclea do cotovelo não é uma superfície de revolução porque seu colo é uma espiral no espaço. Por isso, seu

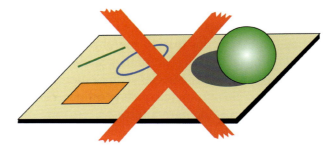

Figura 10.1

eixo de flexão-extensão evolui entre duas posições extremas, $X1$ e $X2$.

Existe um **jogo articular** na estrutura, enquanto, na mecânica industrial, o jogo mecânico (Fig. 10.3), por definição, deve ser evitado a todo custo. Na biomecânica, o jogo é um aliado, não um inimigo.

As alavancas ósseas são móveis umas em relação às outras, graças às **articulações de tipos muito variados**, que podem ser classificadas segundo sua mobilidade e sua estrutura. As articulações mais móveis são as *articulações sinoviais*, ou seja, as que são envoltas por uma cápsula articular.

A *entrada em ação dos motores musculares* segue padrões totalmente originais, em razão de seu arranjo no interior do sistema mecânico.

Os motores musculares podem atuar em *sinergia*, em *antagonismo* e também em **antagonismo-sinergia**, caso em que a ação muscular resultante depende do "deslocamento" do "equilíbrio dinâmico" entre os dois grupos musculares.

10 Leis da biomecânica

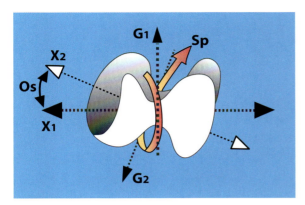

Figura 10.2

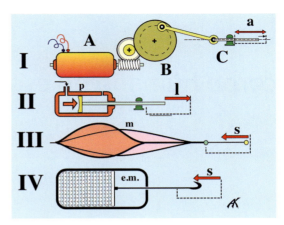

Figura 10.4

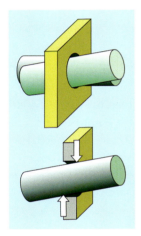

Figura 10.3

Nesse sistema, os motores são do **tipo linear**, o que os diferencia fundamentalmente dos motores rotativos criados pelo homem (Fig. 10.4): o motor elétrico **A** (**I**) necessita de um redutor **B** e um conjunto de bielas **C** para conseguir um movimento linear. No caso do motor pneumático **II**, o movimento é naturalmente linear, nos dois sentidos. Somente o motor muscular **III** tem as qualidades necessárias (ver adiante) para mobilizar os elementos do esqueleto. O motor linear bioelétrico **IV** certamente dará o Prêmio Nobel a seu inventor.

Nenhuma rotação ultrapassa 180°. Portanto, **não existe motor rotativo** em biomecânica.

Por isso, os movimentos articulares só podem ser **alternativos** e necessitam de um *tipo específico de lubrificação articular*: a lubrificação por **camada-limite** (ver adiante).

O jogo das alavancas e dos músculos para obter movimentos precisos provoca *modificações permanentes da forma do corpo*, que deslocam os **centros de gravidade segmentares** e o **centro de gravidade global**, ou seja, do corpo como um todo, situado na pelve, na chamada "posição de sentido".

Essa modificação da forma do corpo faz parte do **esquema corporal**, que é a *consciência permanente da posição do corpo no espaço*.

O **esquema corporal estendido** integra funcionalmente as ferramentas ou os instrumentos utilizados.

Assim constituído, o sistema musculoesquelético seria totalmente inerte sem o comando do *sistema nervoso central*, dominado pelo *computador central, o cérebro* (Fig. 10.5), de onde se originam todas as ações voluntárias e de *adaptação do esquema corporal ao ambiente, mapeado por nosso aparelho sensorial*.

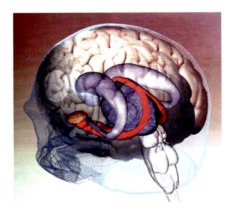

Figura 10.5

33

11
O corpo humano no espaço

Enquanto vivemos, nosso corpo ocupa uma fração do espaço tridimensional e, consequentemente, certo **volume**, muito fácil de ser medido por **imersão total** em uma banheira cheia de água até a borda: recolhendo-se e pesando-se a água que transborda, teremos o volume de água deslocado e, portanto, o volume do corpo. Foi **Arquimedes** (Fig. 11.1: veja como a banheira transborda) quem primeiro enunciou esse princípio, com sua bem conhecida exclamação: "Eureca!". Suponhamos que você seja imerso integralmente nessa banheira: se estabelecermos uma relação entre o peso da água que transbordou e o peso do seu corpo, poderemos calcular o **peso específico do seu corpo**.

Figura 11.1

Número de células

O número de células do nosso corpo não é infinito, como se poderia pensar, mas **finito e estatístico**, representando o equilíbrio entre a **apoptose** e a **regeneração celular**. Esse número varia ao longo da nossa existência, mas ainda não conseguimos estimá-lo com exatidão. A partir de certa idade, já não temos nenhuma das nossas células originais.

Simetria

Nosso corpo apresenta uma **simetria bilateral** (Fig. 11.2: simetria bilateral do corpo humano) em relação ao plano sagital, que o divide em duas partes iguais, mas *não superponíveis ponto por ponto*.

Tomemos como exemplo as duas mãos, que são **simétricas no espaço**: dizemos que elas são **enantiomorfas**, mas não superponíveis. Isso fica mais evidente nesta escultura chamada *Mãos postas*, de **Dürer** (Fig. 11.3: reprodução em bronze): as mãos se tocam por suas palmas, mas é impossível fazer com que se correspondam ponto por ponto. Para conseguir a superposição, seria preciso **invertê-las no espaço**, o que é impossível, já que não se pode inverter um ser vivo, pois isso significaria passar o interior para seu exterior e vice-versa.

11 O corpo humano no espaço

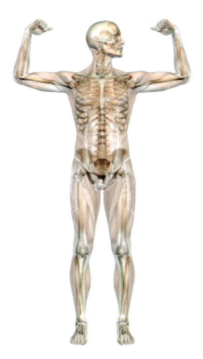

Figura 11.2

Figura 11.3

Figura 11.4

Por outro lado, pode-se fazer isso com **luvas** (Fig. 11.4). Para *superpor as luvas* ponto por ponto, é preciso inverter uma delas no espaço: o interior passa a ser o exterior e vemos, assim, o lado avesso (à esquerda da figura). *Teoricamente*, pode-se introduzir uma luva na outra, *fazendo-as, assim, coincidir* **ponto por ponto**.

Para inverter uma vestimenta no espaço, uma *cueca*, por exemplo, bastam **três rotações elementares**. É o que poderíamos chamar de "**teorema de Dagoberto**", um rei da França que, segundo uma cantiga infantil, vestiu sua cueca virada pelo avesso.

A **inversão da cueca** (Fig. 11.5: as três rotações) se faz como descrito a seguir, partindo do desenho *de baixo, à esquerda*, no qual a cueca está invertida (o amarelo é a cor da parte de dentro). No primeiro movimento, a cueca é virada de baixo para cima (**1**), o que faz surgir a cor azul da parte de fora, mas não se pode vestir a cueca nessa posição. Ainda é preciso aplicar uma rotação de 180° em torno de um *eixo vertical* (**2**), depois outra rotação de 180° em torno de um *eixo horizontal* (**3**), para se chegar ao desenho de baixo, à direita, no qual a cueca volta a ficar do lado certo. Portanto, foram ao todo *três rotações no espaço*.

O *avesso é o simétrico, no espaço, do direito*, mas a expressão "minha vida virou do avesso" não deve ser tomada ao pé da letra, pois ela não corresponde a uma experiência física, e sim a um processo psicológico de alguém que perdeu suas referências. Definitivamente, a expressão "trocar o direito pelo avesso" é falaciosa.

Nossa **simetria exterior** não é perfeita: nas pessoas destras, o lado direito é sempre ligeiramente *mais desenvolvido do que o esquerdo*. Essa "assimetria na simetria" é notável nos caranguejos (Fig. 11.6), cuja *pinça direita é sempre claramente maior* que a esquer-

35

O que é biomecânica

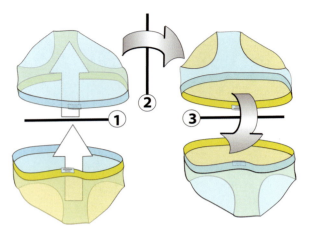

Figura 11.5

Figura 11.6

da. Voltando ao ser humano, nenhum rosto é totalmente simétrico, nem os mais belos rostos femininos ou masculinos (Fig. 11.7). Para se convencer, basta que você faça a *experiência do espelho*: colocando a borda de um espelho *exatamente* sobre a linha mediana de uma foto tirada de frente, pode-se observar a "verdadeira simetria" do lado direito e, depois, do lado esquerdo. O rosto que se forma assim é totalmente diferente do rosto real. Podemos ver que as duas metades do rosto não são do mesmo tamanho e, assim, o rosto formado pela simetria do lado direito é mais estreito que o rosto formado pela simetria do lado esquerdo. A mesma operação pode ser realizada com a ajuda da informática.

Os monumentos arquitetônicos também costumam ter uma falsa simetria, como é o caso da **Catedral de Amiens** (Fig. 11.8), cujas torres são claramente diferentes por terem sido construídas uma depois da outra.

Contudo, esse problema de simetria é muito mais profundo. Foi **Pasteur** (1822-1895) (Fig. 11.9) quem primeiro chamou a atenção para as **simetrias ocultas**. Seus estudos sobre cristais mostraram que eles podem assumir duas formas.

São elas: uma forma *levogira*, ou seja, que desvia a luz polarizada para a *esquerda*, e uma forma *dextrogira*, que desvia a luz para a *direita*. Ao microscópio, esses **cristais** (Fig. 11.10: cristais dextrogiros e levogiros) são simétricos no espaço: dizemos que

Duas metades direitas

Normal

Duas metades esquerdas

Figura 11.7

11 O corpo humano no espaço

Figura 11.8

Figura 11.9

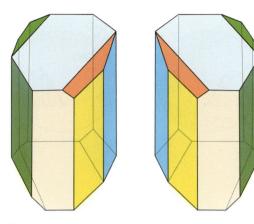

Figura 11.10

biológicos são *levogiras*, ou seja, as moléculas da vida são *voltadas para a esquerda*.

Descendo um pouco mais na escala das dimensões, os físicos sabem que os **elétrons** (Fig. 11.12: dois elétrons com *spins* opostos) são dotados de um movimento de rotação em torno de seu eixo, parecido com o movimento da Terra, e que essa rotação, evidentemente, pode ocorrer em um sentido ou no outro. O *spin* dos elétrons, que caracteriza sua simetria, é quantificado como +1 e -1.

Nosso **interior não é, de modo algum, simétrico** (Fig. 11.13: as vísceras abdominais) – exceto pelo cérebro, pelos órgãos pares, como os pulmões e os rins, e pelo aparelho genital. O coração, como se sabe, é voltado para a esquerda; o fígado e o baço são órgãos únicos lateralizados; quanto ao tubo digestivo,

eles são isômeros; essa simetria espacial também é chamada "quiral", por analogia às mãos (*keiros*, em grego).

Depois dos cristais, descobriu-se que as *moléculas* também podem ser simétricas no espaço e, portanto, podem ser levogiras e dextrogiras: vemos aqui **duas moléculas simétricas** (Fig. 11.11) espelhadas; hoje sabemos que as moléculas que participam dos processos

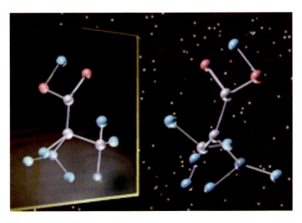

Figura 11.11

37

O que é biomecânica

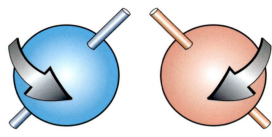

Figura 11.12

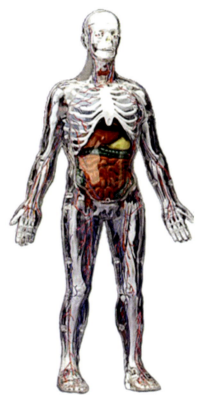

Figura 11.13

ele é, sem dúvida alguma, assimétrico. Até mesmo do nariz, nem sempre se pode dizer que está contido no plano de simetria.

Em suma, a natureza nos fez simétricos externamente, *na aparência*, mas *totalmente assimétricos* internamente.

Por outro lado, **nosso sistema musculoesquelético é simétrico**, sem sombra de dúvida.

Planos de referência

Para localizar as diferentes partes do corpo e sua orientação, é preciso utilizar planos de referência situados nas *três dimensões espaciais* e *perpendiculares entre si*.

No **indivíduo em pé** na **posição anatômica** (Fig. 11.13), semelhante à chamada "posição de sentido" – membros inferiores alinhados, membros superiores ao longo do corpo, palmas voltadas para a frente –, esses três planos ficam localizados da seguinte maneira:

1. O **plano sagital** (**S**), do qual já falamos, é único, mas podemos traçar *planos parassagitais*, ou seja, uma infinidade de planos paralelos ao sagital e progressivamente afastados dele.
2. O **plano horizontal** (**H**), perpendicular ao plano sagital, portanto horizontal, corta o corpo ao meio. Ele não é único: existe uma infinidade desses planos, paralelos, dispostos do topo do crânio à planta dos pés.
3. O **plano frontal** (**F**), também chamado de plano "coronal", perpendicular aos dois planos precedentes, é *paralelo ao plano dorsal*: supondo que o indivíduo apoie suas *costas na parede*, o plano frontal seria paralelo a essa parede e tangencial à fronte. De passagem, podemos reconhecer um plano coronal exatamente no nível onde se coloca uma *coroa* sobre a testa. Também existe uma infinidade de planos frontais, entre o plano dorsal e o verdadeiro plano frontal.

Esses três planos de referência delimitam, no espaço, **oito setores** dentro dos quais os membros podem se deslocar.

Em um **indivíduo deitado** sobre uma mesa de dissecção, por exemplo, encontramos os mesmos planos. Na verdade, esses planos de referência foram definidos pelos primeiros anatomistas, ao dissecarem os *cadáveres* que conseguiam para seus experimentos, *tomando como base a mesa* na qual os corpos ficavam deitados.

O **ponto de interseção dos três planos** pode ser voluntária e deliberadamente situado no centro de uma articulação, por exemplo, o ombro ou o quadril, como mostra a Figura 11.14, em que o plano **S** é parassagital

11 O corpo humano no espaço

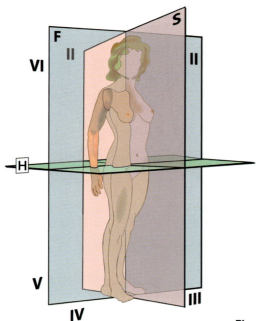

Figura 11.14

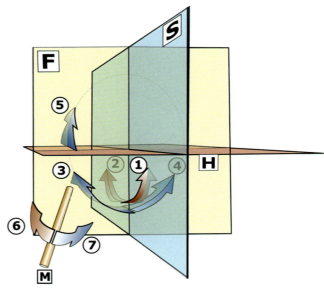

Figura 11.15

e os planos de referência são agora usados para definir os movimentos elementares da articulação em questão.

Direção dos movimentos

O sistema de referência é constituído pelos **três planos retangulares de referência**.

Para definir os **principais movimentos** (Fig. 11.15: movimentos em relação ao plano de referência), podemos nos contentar com o plano *sagital* (**S**).

O deslocamento **para a frente** é sagital e consiste na **flexão** (1).

O deslocamento **para trás**, no plano sagital, consiste na **extensão** (2).

O deslocamento transversal **para fora**, isto é, **afastando-se do plano sagital**, no **plano frontal** (**F**), chama-se **abdução** (3).

O deslocamento inverso, **para dentro**, consiste na **adução** (4), mas, se esse movimento for realizado a partir de um ponto situado fora do plano sagital, ele não poderá ultrapassá-lo.

Um caso particular do membro superior quando ele passa acima da horizontal: *esse movimento continua sendo uma abdução* (5), embora se aproxime do plano sagital.

A rotação de um **membro** (**M**) se diz **rotação medial** ou **interna** (7) quando o membro se volta para o plano sagital.

O movimento é chamado de **rotação lateral**, ou **externa** (8), quando o membro gira no sentido inverso.

Quando um segmento do membro *se dobra sobre si mesmo*, trata-se de uma **flexão**. Quando se *alonga*, realiza uma **extensão**.

O deslocamento em direção ao centro do corpo ou à raiz do membro é chamado de *proximal* ou **centrípeto**; o inverso é denominado *distal* ou **centrífugo**.

No membro superior, observamos a *flexão dos dedos*, do *punho* e do *cotovelo*. Inversamente, observamos a extensão dos dedos, do punho e do cotovelo.

A flexão do ombro leva o *membro superior para a frente*, mas não a região do deltoide. Define-se, assim, um tipo de movimento suplementar chamado **antepulsão ou retropulsão** (Fig. 11.16: vista superior), que diz respeito *unicamente* à região do músculo deltoide.

- A **antepulsão** (**A**) consiste no deslocamento da região do deltoide para a frente, resultante da migração da escápula para fora.

39

O que é biomecânica

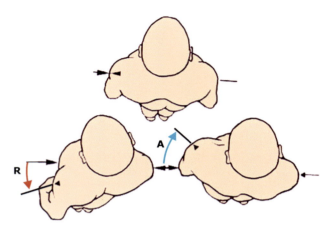

Figura 11.16

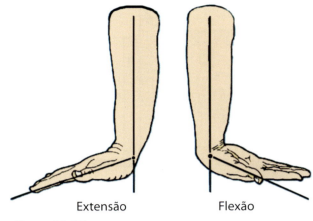

Figura 11.17

- A **retropulsão** (R) movimento inverso, leva a região do deltoide para trás. Ela resulta do deslocamento da escápula para dentro, ou seja, para a linha dos processos espinhosos das vértebras.

Definição incorreta de certos movimentos

Quanto ao **punho** (Fig. 11.17: vista de perfil), não faz sentido falar em flexão *dorsal*, pois isso representaria uma *contradição dos termos*; além disso, esse movimento é realizado pelos músculos *extensores* do punho. A extensão do **ombro** leva o membro superior para trás, mas é preciso não confundi-la com a retropulsão, descrita acima.

No **membro inferior**, temos a mesma contradição no nível do **tornozelo**: a extensão do tornozelo é o movimento que tende a alinhar o pé com a perna; por isso, é *incorreto* dizer *flexão plantar*, já que ela também é produzida pelos *extensores* do tornozelo. Por outro lado, é incorreto dizer flexão *dorsal* do tornozelo. Qualificar esse movimento como dorsal é *redundância*, porque a flexão é justamente o movimento que encurta o membro inferior, trazendo o dorso do pé em direção à perna.

No caso dos **deslocamentos laterais** (Fig. 11.18: punho visto de frente), a referência é o *plano sagital*.

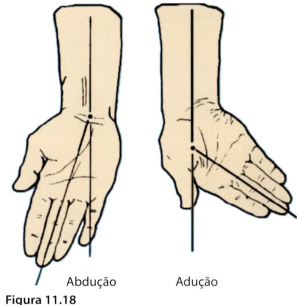

Figura 11.18

Um movimento que se afasta do plano de simetria do corpo é chamado de **abdução**, movimento de lateralidade externa ou desvio lateral.

Ao contrário, um movimento que se aproxima do plano de simetria do corpo é chamado de **adução**, movimento de lateralidade interna ou desvio medial.

O plano de referência sagital tem duas exceções: a mão e o pé.

Na **mão**, o plano de referência *para os dedos* passa pelo *eixo do terceiro metacarpal*. No **pé**, esse plano passa pelo *eixo do segundo metatarsal*.

Para o **punho**, a orientação já é outra (Fig. 11.18):

- A **abdução** afasta o eixo da mão para fora e também pode ser chamada de desvio radial.
- A **adução**, que é o movimento inverso, também pode ser chamada de desvio ulnar.

Para maior simplicidade, recomenda-se usar os termos tradicionais **abdução** e **adução**.

Os movimentos de rotação do ombro se dividem em duas categorias:

- **rotação lateral**, quando o antebraço, que está dirigido para a frente, se orienta para fora;
- **rotação medial**, movimento inverso, quando o antebraço, que está dirigido para a frente, se orienta para dentro.

Essas definições são válidas para o membro superior como um todo, mas não para o antebraço, que conduz a mão, onde esses movimentos são chamados de **supinação**, equivalente à rotação lateral, e **pronação**, equivalente ao movimento oposto.

Método especial para medir a oposição

A oposição do polegar é o movimento que *leva a polpa do polegar ao encontro da polpa dos outros dedos*: é o movimento essencial para o uso da mão porque permite a **preensão** e a **pinça**. Esse movimento complexo combina três componentes: anteposição da diáfise do polegar, rotação longitudinal em pronação e adução. Um método de aferição internacionalmente reconhecido, o **teste de oposição total** (Fig. 11.19: teste de oposição do polegar), ou **TOT**, permite agora avaliar o movimento atribuindo-lhe uma nota de **0** a **10**.

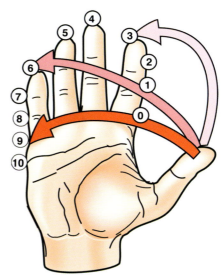

Figura 11.19

A circundação

O movimento de circundução é aquele descrito pelo segmento móvel das *articulações que têm dois ou três graus de liberdade* nas *amplitudes extremas*. Ele não existe, portanto, nas articulações com um só grau de liberdade, do tipo gínglimo.

Nas **articulações com dois graus de liberdade**, como o punho ou, principalmente, a articulação carpometacarpal do polegar, da base desse dedo, a conjugação dos dois componentes do movimento *cria, automaticamente, um terceiro movimento de rotação do segmento móvel sobre seu eixo longitudinal*, denominado **rotação conjunta** por Mac Conaill.

Essa rotação automática é pouco importante no punho, mas *essencial no polegar*, pois constitui um dos componentes indispensáveis do movimento de oposição: a **rotação da diáfise do polegar** sobre seu eixo longitudinal.

É fácil evidenciá-la por meio do **experimento de Sterling Bunnell** (Fig. 11.20), que pode ser realizado pela própria pessoa: primeiro, é preciso fixar um *fósforo* sobre a unha do polegar, para marcar *o plano*

O que é biomecânica

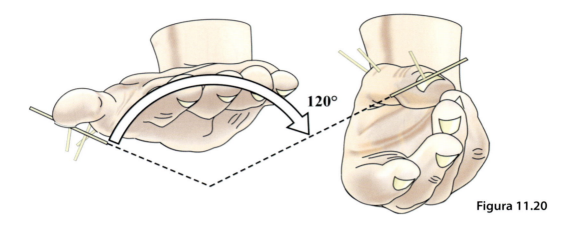

Figura 11.20

da unha; em seguida, *diante do espelho*, colocar a mão *aberta, em posição de supinação, dirigida para o espelho* (à esquerda). Constataremos, assim, que o fósforo fica em posição quase horizontal. Na sequência, se fizermos um movimento de **oposição** do polegar em direção ao dedo mínimo (à direita), poderemos constatar, graças ao fósforo, que houve uma **rotação de 90° a 120°**, o que confirma e mede a *rotação conjunta* da diáfise do polegar.

Nas **articulações com três graus de liberdade**, como o quadril e, sobretudo, o ombro, o **cone de circundução** (Fig. 11.21: cone de circundução do ombro) é deformado pela presença do tronco. A circundução pode ocorrer *sem rotação conjunta*, pois pode ser eliminada pelo terceiro grau de liberdade, a **rotação adjunta de Mac Conaill**. Dadas as amplitudes relativamente limitadas dos movimentos do quadril se comparados aos do ombro, não existe um equivalente do paradoxo de Codman nessa articulação.

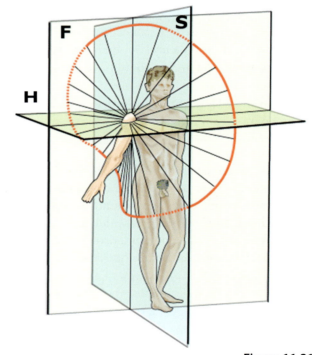

Figura 11.21

A pele

A **pele** é o envoltório do corpo, **cujo volume ela contém** (Fig. 11.22: nu feminino de Guy Brunet). Ela é um **verdadeiro órgão** com diversos pontos de vista, uma vestimenta muito bem ajustada, que valoriza os contornos de nossa anatomia: é a **fronteira** entre o interior e o ambiente externo, que encerra nosso EU.

A **superfície** da pele mede de 1,26 a 2 m² e varia conforme a idade, o sexo e o peso.

O cálculo dessa superfície pode ser feito de modo *aproximado*, com a ajuda de uma fórmula que integra esses parâmetros, ou ela pode ser medida *com precisão* graças a procedimentos fotográficos aliados ao cálculo informatizado (programa SELS).

11 O corpo humano no espaço

Existe uma *relação ideal entre o peso e a superfície corporal* com a qual as perdas térmicas são mínimas.

O tegumento cutâneo protege nosso meio interior de todo tipo de agressões:

- **Mecânicas**: choques de intensidade moderada, graças à sua plasticidade, sua elasticidade e sua mobilidade nos planos profundos. Ela é uma barreira *sólida*, nos locais onde é espessa, como no dorso. O homem constrói couraças para si com o couro dos animais.
- **Químicas**: desde que as substâncias químicas estejam *relativamente diluídas*.
- **Térmicas**: ela regula nossas trocas térmicas com o ambiente:
  – o **frio**, por exemplo, desencadeia uma *vasoconstrição* e o reflexo de *arrepio*, que consiste no eriçamento dos pelos, o "cobertor" de nossos ancestrais;
  – o **calor**, por sua vez, desencadeia uma vasodilatação e nos mantém protegidos dentro de certos limites, contra objetos quentes e raios de sol, ao menos temporariamente.

A função de **termorregulação** da pele é exercida por meio da eliminação das calorias supérfluas por *irradiação*, como demonstra esta **termografia do corpo inteiro** (Fig. 11.23: vista de frente), na qual as zonas quentes são representadas pela cor vermelha, e pela *evaporação* do suor que resulta, entre outras coisas, em *perda de sódio*.

- **Microbianas**: é aqui que podemos falar de fronteira, porque qualquer penetração de um organismo estranho, como um micróbio, através de uma lesão, por menor que seja, desencadeia uma reação de defesa adaptada. A pele, no entanto, é a sede de um **ecossistema** que favorece, graças à sua temperatura e umidade, a proliferação de parasitas, como os ácaros (*Demodex folliculorum*), e outros germes diversos e numerosos. Foram identificadas 400 espécies diferentes de bactérias. A *densidade bacteriana* pode variar de 314 bactérias por cm² sobre a pele do dorso até cerca de 2,5 milhões por cm² *nas regiões mais úmidas*, como **virilhas, axilas e pregas cutâneas**, por exemplo, nas pessoas que têm gordura abdomi-

Figura 11.22

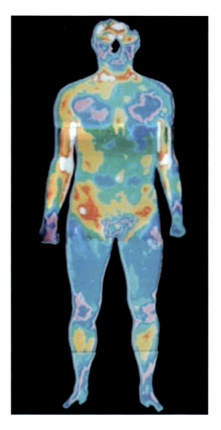

Figura 11.23

nal. A maioria dessas bactérias é inofensiva, exceto uma delas, o *Staphylococcus aureus*, que pode causar infecções graves, sobretudo por ter adquirido a capacidade de resistir aos antibióticos. É evidente que esses germes só esperam uma oportunidade de penetrar no organismo por uma lesão ou um *arranhão da pele*. Esse é exatamente o problema da contaminação dos *atos cirúrgicos*, em particular dos que lidam com o sistema musculoesquelético, e que se enquadram no conceito de **infecções hospitalares**, porque o osso é muito vulnerável a infecções. Os cirurgiões devem levar esse aspecto em conta antes de operar essas regiões do corpo.

Entre as funções da pele estão:

- **Função metabólica**: pela síntese de vitamina D.
- **Função sensorial**: a pele é um órgão sensorial: os numerosos **terminais sensitivos** detectam as mínimas agressões mecânicas ou térmicas e desencadeiam os reflexos de retirada. Neste corte (Fig. 11.24), podemos ver:
    1. as **fibras anexas aos folículos pilosos**, responsáveis pela sensibilidade ao contato;
    2. os **corpúsculos de Pacini**, sensíveis ao contato e às vibrações;
    3. os **corpúsculos de Ruffini**, sensíveis à pressão lenta e ao estiramento;
    4. os **corpúsculos de Meissner**, sensíveis às rápidas variações de pressão e às vibrações;
    5. os **discos de Merkel**, sensíveis à pressão localizada;
    6. as **terminações livres**, que atravessam a membrana basal e são sensíveis ao contato (mecanorreceptores), ao calor (termorreceptores) e à dor (receptores nociceptivos).

A pele é, portanto, o **órgão do tato**. Tato, no sentido de contato com o outro (como uma **carícia**, que desempenha um importante papel na afetividade) e no sentido de *percepção dos* **contatos externos**, que podem ser recebidos como **agressões**, desencadeando um reflexo de retirada.

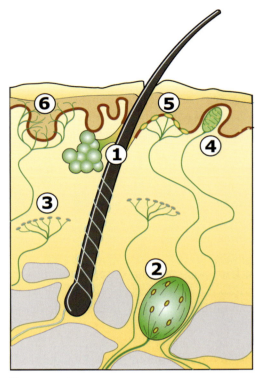

Figura 11.24

Estrutura

A pele é o órgão *mais pesado do corpo*: de 3 a 7 kg, ou seja, 15% da massa corporal. Ela é constituída de **quatro camadas** (Fig. 11.25), que são, da mais superficial à mais profunda:

- **camada córnea** (espessura em torno de 0,02 mm), constituída de células que se esfoliam permanentemente;
- **epiderme** (espessura de 0,06 mm);
- **derme**; *camada papilar* (espessura de 0,1 mm) e; *camada reticular* (espessura de 1,1 mm);
- e, por fim, **hipoderme**, situada logo acima do *tecido conjuntivo*, que garante a mobilidade elástica da pele em relação aos planos profundos.

11 O corpo humano no espaço

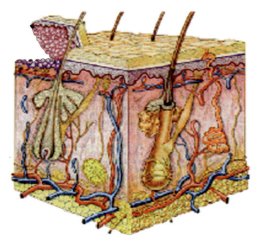

Figura 11.25

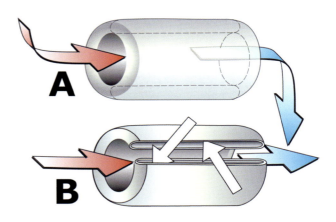

Figura 11.26

A pele é perfurada por numerosos **orifícios** que servem para trocas de ordem nutricional e sensorial com o meio externo.

A **face** compreende:

- a **boca**, porta de entrada do tubo digestivo;
- as **narinas**, porta de entrada das vias respiratórias;
- os **olhos** e as **orelhas**.

O **períneo** inclui:

- o **ânus**, saída do tubo digestivo;
- o **óstio externo da uretra**, saída direta na mulher, próxima à **vulva**, que é a saída da **vagina**, e localizado na extremidade do **pênis**, no homem.

O interior e o exterior

A pele representa o exterior do volume corporal, mas o que é o interior?

Poderíamos crer que o interior é constituído por tudo que se encontra dentro do volume do corpo. Na realidade, no plano topológico, **todo o tubo digestivo**, da entrada (a boca) à saída (o ânus), **ainda é o exterior**, como se vê no diagrama A (Fig. 11.26: um tubo de paredes duplas).

É fácil compreender se lembrarmos da embriologia, com seus três folhetos:

- *ectoderma*, que forma a parede externa, o tegumento;
- *endoderma*, que forma o tubo digestivo, a parede interna que se continua com a parede externa, como no tubo **B**;
- *mesoderma*, que se situa entre os *dois folhetos* (setas brancas) e é o verdadeiro **espaço interior**, defendido contra as agressões microbianas pelos leucócitos, macrófagos e pelo sistema imune – são como a polícia de fronteira, a polícia nacional e a guarda municipal.

Portanto, o tubo digestivo *ainda é o exterior*, com todas as populações microbianas exaltadas ao máximo pelas condições favoráveis de temperatura e umidade. Tanto que, quando uma cirurgia busca acesso ao tubo digestivo atravessando o espaço interior, isto é, a cavidade peritoneal, ele *é inevitavelmente contaminado* pelos germes do tubo digestivo, que pertencem, na realidade, ao espaço exterior.

Encerrados em nosso envoltório exterior, poderíamos dizer mesmo que, prisioneiros de nossos corpos, ocupamos no espaço um volume que se *deforma*, que *evolui* e se desloca no ambiente: esse volume corresponde, em nosso cérebro e em nosso *consciente*, ao que chamamos de **esquema corporal**, assunto de um outro capítulo.

45

12
Princípio da economia

A natureza oscila entre dois extremos, segundo dois grandes princípios:

- o princípio da economia;
- o princípio da profusão universal.

O primeiro, também chamado de **princípio da parcimônia**, é conhecido como "navalha de Ockham", em homenagem a seu criador, **Guilherme de Ockham (1288-1348)**, monge franciscano inglês do século XIV que era filósofo e morreu excomungado.

Esse princípio estipula que "toda demonstração deve se apoiar sobre o mínimo possível de pressupostos", ou seja, "**tudo que é demais é inútil e deve ser eliminado**", daí o nome *navalha de Ockham*. Esse princípio, que se aplica ao raciocínio lógico, encontra diversas aplicações na natureza, particularmente no sistema musculoesquelético.

Na natureza, ele é ilustrado com perfeição pela esfera (Fig. 12.1), que representa o máximo de volume contido no mínimo de superfície. O ovo também é um exemplo de aplicação desse princípio na biologia: o mínimo de casca para proteger o máximo de volume para o embrião. Além disso, a resistência mecânica da esfera ou de uma forma ovoide é máxima se comparada à de outros volumes. A proporção é sempre a mesma, seja em um ovo de perdiz ou de avestruz. Ao fazer bolhas de sabão, as crianças não sabem, mas estão fazendo um experimento sobre a navalha de Ockham!

Em biomecânica, são inúmeros os exemplos, mas podemos citar um deles agora: a **articulação carpome-**

Figura 12.1

tacarpal do polegar (Fig. 12.2). Essa articulação, situada na base do polegar, permite que a diáfise do polegar, como veremos adiante, efetue um movimento de rotação longitudinal no sentido da pronação, durante o movimento de oposição. Essa rotação se faz *automaticamente*, já que se trata de uma articulação com dois eixos e *dois graus de liberdade,* do tipo cardã, na qual a rotação sobre o terceiro eixo se faz de forma automática: é a **rotação conjunta de Mac Conaill**. Portanto, não há necessidade de se recorrer, neste local, a uma articulação de tipo esferóidea, com três graus de liberdade, pois o terceiro grau de rotação longitudinal é supérfluo: lembre-se da navalha de Ockham! Os cirurgiões que conceberam para essa articulação uma prótese esférica, com três graus de liberdade, não aplicaram o princípio de Ockham.

Todavia, existe outro exemplo do princípio da economia universal ainda mais evidente, que é o **crânio**: sua forma esferoidal, ou elíptica, representa a solução para

12 Princípio da economia

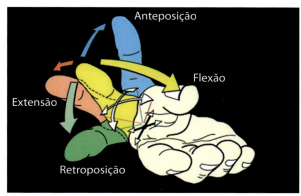

Figura 12.2

- milhares de *filhotes de tartaruga* (Fig. 12.4) eclodem na praia e buscam, desesperadamente, chegar até o mar antes de se tornarem presas de aves predadoras;
- *milhões de espermatozoides* (Fig. 12.5) disputando a entrada no óvulo;
- *cardumes de peixes*, verdadeiras nuvens compactas, que fogem dos seus predadores e vão se fragmentando ao longo do caminho;
- bilhões de grãos de pólen dispersos no vento para chegar a um único pistilo.

Por que esse aparente desperdício? Porque, nesses casos, a seleção precisa jogar na **loteria dos grandes números**, para escolher o mais sortudo ou o mais apto.

A natureza parece cruel, mas obedece a uma lógica implacável.

conter o máximo volume de cérebro dentro de um invólucro com o *mínimo de superfície* e, ao mesmo tempo, o *máximo de resistência* (Fig. 12.3). O próprio cérebro ilustra a teoria dos fractais, que pode ser considerada uma aplicação do princípio da economia inversa: como alojar o máximo de superfície em um mínimo de volume. Graças às circunvoluções cerebrais, que têm dimensão fractal, ou seja, superior a 2, como os corais, o cérebro é um órgão **fractal**. A superfície desenvolvida das circunvoluções representa uma relação fractal entre a superfície disponível no interior da caixa craniana e a necessidade de se dispor da maior superfície cortical possível. Outros exemplos de fractais são as *vilosidades intestinais* e os alvéolos pulmonares.

O segundo princípio, chamado **princípio da profusão universal**, tem aplicação em um domínio totalmente diverso: o dos *grandes números*, típicos da *reprodução e da seleção natural*. Os exemplos falam por si:

Figura 12.4

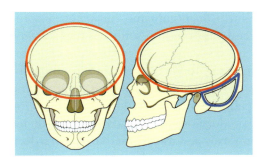

Figura 12.3

Figura 12.5

47

13
Desenvolvimento embriológico

A embriologia é a *fantástica história* da criação e do desenvolvimento de um ser vivo a *partir de uma única célula*, o ovo, que contém todas as potencialidades. O primeiro a se interessar pela embriologia foi Aristóteles (350 a.C.), simplesmente quebrando, todos os dias, um ovo de galinha incubado. Ele disse: "A admiração é o começo da filosofia e também a origem do conhecimento."

Big Bang

Quando, após o ataque à fortaleza, um espermatozoide consegue forçar sua passagem através da barreira do óvulo (Fig. 13.1), a fusão dos gametas masculino e feminino, a fecundação e também a concepção equivalem a um **Big Bang**: uma "explosão lenta", mas ainda assim uma explosão, que, partindo *de uma única célula invisível,* microscópica, acabará por levar à formação de um novo ser humano, um verdadeiro **monumento** se comparado à célula inicial, uma **sociedade de células**, universo composto de bilhões e bilhões de células, como estrelas em uma galáxia. No Universo, estrelas morrem continuamente e são substituídas por outras que continuam nascendo; o mesmo ocorre com as células dos organismos vivos. Essa eliminação sistemática das células superabundantes ou inúteis é indispensável para reconstruir o indivíduo, mas, sobretudo, para evitar que ele se torne um monstro em razão da multiplicação das células em progressão geométrica; portanto, a morte celular está

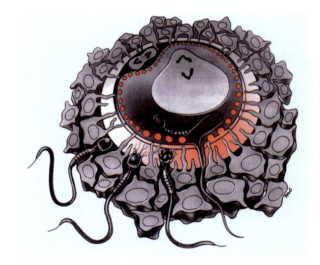

Figura 13.1

intimamente ligada à vida. Essa morte programada das células, chamada **apoptose**, é indispensável ao bom equilíbrio do organismo, mas nós não temos consciência dela. Será que sentimos *compaixão* pela morte das nossas células, de cada célula considerada individualmente? Todos os dias, milhões de glóbulos vermelhos são destruídos pelo baço, aparentemente ao acaso, para serem substituídos por glóbulos "novos em folha", produzidos pela medula vermelha do tecido ósseo esponjoso; a duração média da vida de uma hemácia é de três semanas. A mesma renovação ocorre em todos os tecidos do organismo. *Hoje sabemos* que isso também vale para o **cérebro**. Essa renovação permanente, que decorre da morte programada das células, contrabalançada pela *indomável vontade de persistir* de cada célula, continua durante toda a nossa vida, *em um ritmo que, no entanto, torna-se mais lento com o envelhecimento*. Contudo, infelizmente, um dia tudo sai dos trilhos e é o *fim de um universo*, a morte de um indivíduo, mas, antes disso, *esse universo teve tempo de criar outros*, e esse processo se repete *ad infinitum*.

Evolução em miniatura

Toda essa criação se passa no interior do **útero**. Pensando bem, trata-se de **uma extraordinária máquina de reproduzir seres humanos**. Poderíamos compará-la a uma **linha de montagem interna**, integrada na metade dos seres de uma espécie animal. **Karl Ernest von Baer** demonstrou, em 1828, muito antes de Darwin, que toda a história da evolução das espécies se desenrola em pequena escala. Com efeito, o embrião humano passa por *todos os estágios das espécies que nos precederam*: peixe, anfíbio, réptil, ave e mamífero. É somente a partir de determinado ponto que o embrião se afasta desse caminho e segue sua via específica. Todo esse processo para chegar, finalmente, a um **Homo sapiens**! *O desenvolvimento do Homo sapiens guarda a memória das espécies passadas*.

As duas inovações "geniais"

Os **mamíferos** se beneficiaram de duas inovações "geniais" da natureza:

- A **incubadora placentária**: a embriogênese no útero (Fig. 13.2) é o desenvolvimento, a incubação de um ovo dentro de uma cavidade especializada, que lhe garante proteção e nutrição. Certos peixes, ditos *ovovivíparos*, como os *tubarões*, utilizam um recurso intermediário: incubam os ovos no interior do oviduto da fêmea, mas sem aporte alimentar. Na saída, os pequenos tubarões precisam se virar sozinhos, por isso a perda é tão grande. Os marsupiais, como

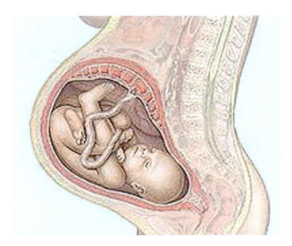

Figura 13.2

os cangurus, representam outra solução mista: bolsa incubadora externa com glândulas mamárias: a perda é menor!

- A **lactação**: a **continuação extrauterina da alimentação**, provida pela mãe, graças a um órgão especial, **as glândulas mamárias**, ou *mamas*, que substituem a placenta. Os mamíferos representam um *grande aperfeiçoamento evolutivo*, porque o desenvolvimento do novo ser pode prosseguir até que ele se torne autônomo. Esse é o caso de praticamente todas as espécies, exceto dos primatas superiores, como os macacos e, sobretudo, o homem, cuja dependência é prolongada porque, antes de se tornar autônomo, é preciso que ele receba sua **educação**, ou seja, é preciso ensinar-lhe as regras de *comportamento em relação ao ambiente natural e social*. Os filhotes de tubarão e de tartaruga não precisam ir à escola!

O princípio

As primeiras etapas da construção são sempre idênticas, qualquer que seja o futuro ser vivo. Ela começa a partir do momento em que um único espermatozoide, felizardo vencedor da competição, entrega sua

mensagem genética para constituir, em combinação à **mensagem genética do óvulo**, *o primeiro núcleo celular* do novo ser vivo. Esse núcleo presente no **ovo**, inicialmente uma única célula com todas as potencialidades do novo indivíduo, começa **imediatamente** a se dividir, segundo uma progressão geométrica, em 2, 4, 8, 16, 32, 64 células, e assim por diante. **Isso tudo se dá muito rapidamente!**

Dessa **multiplicação**, resulta uma "pelota" de células aparentemente idênticas, chamada **mórula**. É a partir dessas poucas dezenas de células que *se formará o todo*. Na verdade, até aqui, essas células só estão adjacentes umas às outras, mas são distintas, e cada uma delas, se extraída do lote, poderia reconstruir um organismo inteiro. No estágio de mórula, ocorre uma **compactação**, caracterizada pelo desaparecimento dos espaços intercelulares e pela *adesão das células entre si*, como bolhas de sabão dentro de um copo. As células da parte central formam a **massa celular interna**, ou **embrioblasto**, e as demais, da periferia, formam a massa celular externa, ou **trofoblasto**, cercada pela membrana pelúcida, que, desde o início, envolvia o ovo.

Por volta do quarto dia, quando há *trinta células*, ocorre um descolamento de um dos lados e o *trofoblasto* se organiza como um sincício e se afasta, dando origem a uma cavidade cheia de líquido, chamada **blastocele**. A massa celular interna, situada no polo proximal dessa cavidade e chamada **blastocisto**, é a origem do embrião.

No quinto dia, o blastocisto, que se separou da zona pelúcida, terminou sua migração pela tuba uterina e pode agora se implantar na mucosa do útero: é a **nidação**, durante a qual se forma um tecido de transição entre o trofoblasto do polo proximal e a mucosa uterina. Essa zona produzirá, no futuro, a placenta.

Antes do começo da implantação, as células do embrioblasto começam a se estratificar em duas camadas, de modo que, no oitavo dia, distinguem-se nitidamente **dois folhetos** (Fig. 13.3):

- o **hipoblasto**, indicado pela cor amarela na figura, que é uma camada de células que limita a *blastocele* (cavidade distal) e representa o **endoderma primário**;

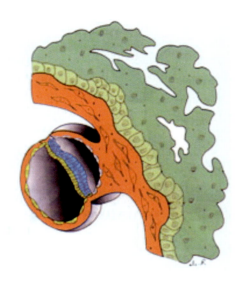

Figura 13.3

- o **epiblasto**, indicado pela cor azul, situado em um plano mais profundo, sob o hipoblasto, que representa o **ectoderma primário**, dentro do qual irá se desenvolver a *cavidade amniótica primitiva* (cavidade proximal); o volume dessa estrutura aumentará consideravelmente, de tal modo que, na *oitava semana*, ela estará envolvendo completamente o embrião.

Começo da montagem

A diferenciação começa por volta da segunda semana, a partir do **disco embrionário didérmico**. Não entraremos no detalhe da expansão do mesoblasto extraembrionário a partir da periferia do epiblasto, formando a cavidade amniótica, tampouco da formação, a partir do mesoderma extraembrionário, do saco vitelino primário, que irá constituir o saco vitelino definitivo, separando-se do excesso do saco primário. Ao término desse processo, o disco embrionário didérmico (endoderma e ectoderma primários), limitado pelo âmnio dorsal e pelo saco vitelino ventral, encontra-se suspenso (Fig. 13.4) na cavidade amniótica por um espesso pedículo embrionário.

13 Desenvolvimento embriológico

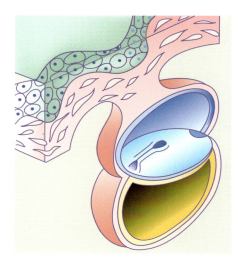

Figura 13.4

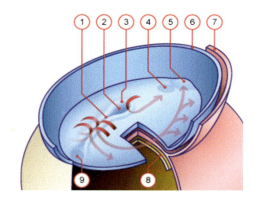

Figura 13.6

Gastrulação

No eixo posterior do ectoderma, surge uma discreta depressão, a *linha primitiva*, que termina, na parte dianteira, em uma depressão mais profunda, de bordas ressaltadas, chamada *nó primitivo*. Do fundo da linha primitiva, destacam-se algumas células (Fig. 13.5) que vão formar o futuro mesoderma, migrando em todas as direções, entre o ectoderma e o endoderma, para formar o terceiro folheto, o mesoderma, e criar, assim, uma **placa tridérmica** (Fig. 13.6). Esse mesoderma ultrapassa a borda da placa embrionária e duplica as paredes dos dois sacos vitelinos, formando, assim, o mesoderma extraembrionário.

Imediatamente abaixo da linha primitiva, um grupo de células constitui a placa pré-cordal, que será ocupada, na sequência, por células que migram do nó primitivo para formar o *processo notocordal*. À medida que essa formação avança no sentido caudal, a linha primitiva desaparece. Simultaneamente, esse processo notocordal é escavado, transformando-se em um tubo que se abre, na extremidade dorsal, na cavidade amniótica. A parede ventral desse tubo adere ao endoderma em sua extremidade caudal, para se abrir no saco vitelino, criando assim uma comunicação provisória entre as duas cavidades (Fig. 13.7), o *canal neuroentérico*. Secundariamente, o orifício ventral migra para a região cefálica, reconstituindo a continuidade do endoderma e preenchendo o canal escavado no processo notocordal, o que dá origem à **notocorda**. Quando o orifício ventral chega ao nível do orifício dorsal, o canal neuroentérico se fecha e a notocorda está totalmente formada no eixo do embrião, entre o ectoderma e o endoderma.

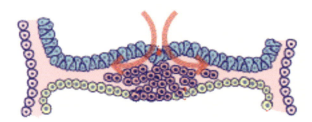

Figura 13.5

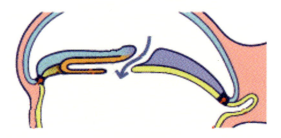

Figura 13.7

51

Neurulação

A gastrulação prossegue por escavamento da goteira neural sobre o ectoderma, em frente à notocorda. A parte anterior, ou cefálica, dessa goteira é muito maior e corresponde ao *futuro encéfalo*.

Ao mesmo tempo que a goteira se aprofunda (Fig. 13.8), *ela se fecha sobre si mesma*. Esse processo, que começa na região lombar, progride até a região cranial, formando o **tubo neural**, futuro eixo cerebrospinal.

Metamerização

Simultaneamente, vai ocorrendo, de cada lado da notocorda, o agrupamento de células mesodérmicas em pequenos conjuntos simétricos, os **somitos** (Fig. 13.9), que representam a parte mais axial do mesoderma, o qual se prolonga para fora, no *mesoderma intermediário*, e, depois, na *lâmina lateral do mesoderma*.

É o começo da organização do embrião em *faixas transversais superpostas*: os **metâmeros**. Fazendo uma analogia, os metâmeros são comparáveis aos *andares de um prédio*, organizados *em torno das vias de circulação verticais*, como escadas, elevadores, dutos de água quente e fria, fios elétricos e fios telefônicos etc.

No começo, cada metâmero contém:

- uma **vértebra** que se forma em torno da *notocorda*;
- um par de **nervos raquidianos**, que emergem do *eixo cerebrospinal*;
- **músculos**, distribuídos no nível do metâmero;

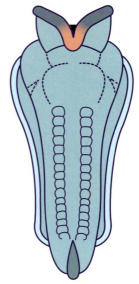

Figura 13.9

- um par de **artérias**, ramos da aorta primitiva, acompanhado de duas veias.

Na região cefálica, o processo de metamerização é mais complexo: a metamerização leva à formação de **sete arcos branquiais** (Fig. 13.10), os mesmos que existem nos **peixes ágnatos** (A), ou seja, sem mandíbula: a água, entrando pela boca, é filtrada pelas brânquias, que retêm o oxigênio e as partículas de alimento, capturadas pelo tubo digestivo. Nos **peixes mandibulados** (B), uma parte do **primeiro arco branquial** forma a mandíbula inferior e, assim, se cria a boca armada de dentes, uma grande vantagem evolutiva que permite a captura de presas vivas.

Depois dos peixes, os outros arcos branquiais vão evoluir para a **formação da cabeça e do pescoço**, além das *vértebras cervicais*. Assim, a título de informação, o primeiro arco origina o maxilar inferior, a bigorna e o martelo (ossículos do ouvido médio), *próprios dos mamíferos*. O **segundo arco** irá formar o aparelho lingual e seu arcabouço ósseo, ou seja, a *parte superior do osso hioide* e a *apófise estiloide*. O **terceiro arco** completa o osso hioide. O **quarto arco** forma a laringe. Quanto aos ossos do crânio, eles se formam em torno de um **condrocrânio** primitivo, situado na

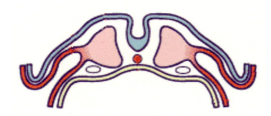

Figura 13.8

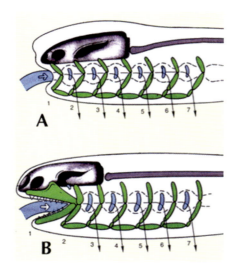

Figura 13.10

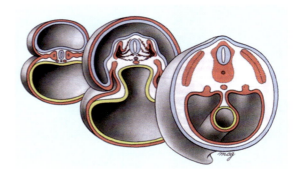

Figura 13.11

extremidade da notocorda e que contém o cérebro nos peixes ágnatos. Em seguida, à medida que cresce o volume do cérebro, ele começa a ser recoberto pelos **ossos membranosos**, resultantes da ossificação direta do mesênquima subectodérmico. Fazem parte dessa categoria de ossos membranosos todos os ossos do crânio, exceto o occipital. Na verdade, o osso **occipital** deriva da *vértebra cervical zero*, que forma sua base.

Formação do esqueleto axial

No decorrer da *quarta semana*, o esqueleto axial se forma em torno da notocorda (Fig. 13.11), cuja formação já abordamos. O processo é simultâneo ao fechamento da goteira neural e sucede a metamerização. Os somitos continuam isolando-se do mesoderma para-axial, progredindo no sentido craniocaudal. Simultaneamente, no mesmo sentido da progressão, eles se dividem em três grupos de células: **miótomos**, **dermátomos** e **esclerótomos**.

Os *esclerótomos* formam as vértebras em torno da notocorda, o arco vertebral em torno do tubo neural e as costelas. Ao final desse processo, as protovértebras estão empilhadas, separadas umas das outras por mesoderma, que se transforma no *disco intervertebral*, no interior do qual permanece um resquício da notocorda, o *núcleo pulposo*. Na altura de cada disco sai um nervo metamérico denominado nervo raquidiano.

O *miótomos* formam os músculos do metâmero. Na região axial, eles se dividem em duas partes:
- uma parte dorsal, ou epímero, que origina os músculos profundos do dorso;
- uma parte ventral, ou hipômero, que dará origem aos músculos das paredes ventral e lateral do tórax e do abdome.

Os músculos localizados no nível dos esboços dos membros *migram em sentido distal* para formar a musculatura destes.

Os dermátomos formam a derme do pescoço, do dorso e das partes ventral e lateral do tronco.

Desenvolvimento dos membros

Os esboços dos membros aparecem ao final de *três semanas*, sob a forma de protuberâncias na parede lateral do corpo (ver exemplo desse processo na galinha, Fig. 13.12), inicialmente no nível da região cervical inferior, depois na região lombar inferior. Na quarta semana, esse "broto" formado por um *revestimento ectodérmico* no qual penetra um *eixo mesodérmico* alonga-se rapidamente. No trigésimo sétimo dia, vemos se formar uma *paleta para a mão e outra*

O que é biomecânica

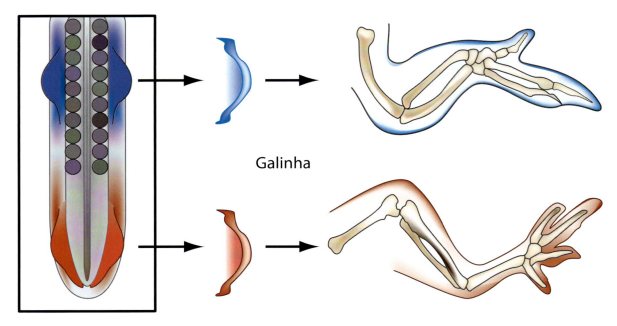

Figura 13.12

para o pé. Muito rapidamente, surgem entalhes na borda de cada palheta, que se aprofundam formando quatro sulcos, e definindo cinco dedos da mão e cinco do pé de cada lado. Essa destruição do tecido para formar os espaços interdigitais é possível graças à **apoptose**, morte celular programada, um mecanismo que promove, por meio de proteínas específicas, uma **verdadeira escultura** da *anatomia definitiva*.

No mesoderma que ocupa o eixo de cada esboço de membro, ocorre uma *transformação condrocitária* que resulta em um **longo esboço cartilagíneo**, o pericôndrio, maquete do futuro esqueleto do membro.

Ossificação endocondral

A matriz cartilagínea do osso, desenvolvida a partir do tecido mesenquimatoso (Fig. 13.13), começa sua ossificação no ponto em que a artéria nutridora penetra na parte média da diáfise, criando um **centro de ossificação diafisário**. Esse processo, no qual *os condrócitos são substituídos por osteoblastos*, ocorre nos dois sentidos, em direção às extremidades do osso, onde surgem, secundariamente, dois **centros de ossificação epifisários**. No limite das frentes de ossificação diafisárias e epifisárias, subsiste uma zona cartilagínea que são as **cartilagens de conjugação**. Paralelamente, o pericôndrio se transforma em **periósteo** e garante o *aumento de espessura do osso*.

Figura 13.13

A ossificação intramembranosa

O processo é diferente nos ossos membranosos, como os do crânio e a clavícula, que se ossificam diretamente a partir do tecido mesenquimatoso, cujas células, no seio da matriz osteoide, conseguem se transformar diretamente em osteoblastos formadores de osso.

Criação das articulações

Nos locais onde devem-se formar as articulações, estas são constituídas no nível das interzonas mesenquimatosas (Fig. 13.14), formadas por fibroblastos.

Na junção com o restante da haste do osso, os condrócitos fabricam cartilagem e, entre duas cartilagens, cria-se uma cavidade sinovial, com feixes de fibroblastos que originam os ligamentos e a cápsula periférica. As matrizes ósseas serão, então, esculpidas pela apoptose, que elimina tudo o que estiver sobrando. Em particular no segmento intermediário dos membros, chamado *zeugópode*, essa morte celular programada determina a separação de dois ossos paralelos. As células que migram a partir dos somitos vão revestir de músculos esse protoesqueleto. No **membro superior**, as massas musculares *dorsais* produzem os extensores e supinadores, enquanto as massas *ventrais* produzem os flexores e pronadores. No **membro inferior**, os esboços musculares *dorsais* produzem os extensores e abdutores, enquanto as massas musculares *ventrais* originam os flexores e adutores.

Existem grupos de células que agem como **estimuladoras de crescimento**: são as **zonas de atividade polarizante (ZAP)**, que atuam por intermédio de *proteínas estimulantes*, codificadas por *genes especializados*. Na raiz do membro, existe uma ZAP que estabelece um **gradiente de desenvolvimento proximodistal**, no lado dorsal do membro, outra ZAP que estabelece um **gradiente dorsoventral**, controlando, por exemplo, a formação do polegar no lado radial, e, por fim, uma ZAP de **gradiente anteroposterior** que controla a diferenciação entre o dorso e a palma da mão.

Organogênese dos outros sistemas

Simultaneamente, os grandes sistemas se desenvolvem e se posicionam:

- O **sistema circulatório** (Fig. 13.15) engloba todos os vasos do corpo, que começam a se desenvolver no 18º dia, e, sobretudo, o **coração**, que começa a bater a partir do 26º dia. Ao mesmo tempo, os **pulmões** se desenvolvem nas extremidades dos brônquios.
- O **sistema digestório**, no qual o intestino primitivo se forma ao final do primeiro mês, quando começa a se aperfeiçoar e ganhar todos os seus órgãos anexos, como o **fígado**, o **pâncreas** etc.
- Os **sistemas urinário e genital**: os brotos surgem a partir do 24º dia e os **rins** se formam na sexta

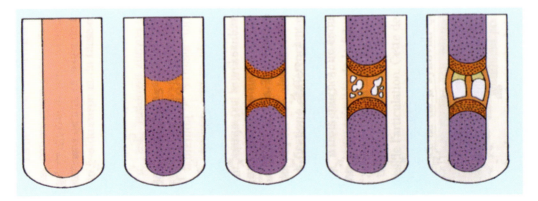

Figura 13.14

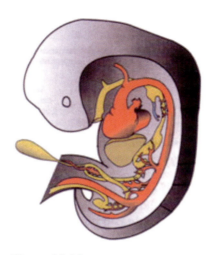

Figura 13.15

semana. Os *órgãos genitais externos* começam a se diferenciar por volta da sexta semana.
- O **sistema nervoso** se forma desde o início, no estágio de *neurulação*, no 21º dia, enquanto a placa neural se fecha sobre si mesma e o eixo nervoso emite os brotos dos **nervos raquidianos**. O **cérebro** passa por um processo de desenvolvimento fantástico: é o órgão com o maior potencial de desenvolvimento, como comprova a **alometria humana** (Fig. 13.16). Paralelamente, os aparelhos sensoriais se posicionam *no crânio*, que encerra **quatro dos cinco sentidos**: **visão**, **audição**, **olfato** e **paladar**. Essa topografia cefálica se explica, em parte, pela *proximidade do cérebro*, o que encurta o tempo de transmissão das informações; outra razão é que a cabeça constitui uma **plataforma móvel**, capaz de se movimentar em várias direções, o que favorece a *vigilância do ambiente*.
- Somente a **sensibilidade e o tato** estão espalhados por *toda a superfície cutânea*, que, no adulto, varia entre 1,25 e 2 m². A sensibilidade a contato, temperatura e dor é a verdadeira *guardiã das fronteiras* do indivíduo, desencadeando reações de **preservação** e de **defesa**. Por outro lado, o **tato**, localizado sobretudo nas *polpas digitais*, é um verdadeiro **órgão sensorial** que permite definir com precisão e completar as informações provenientes do mundo exterior.

Esses capítulos apaixonantes da embriogênese podem ser estudados em obras especializadas. Nosso objetivo aqui foi apenas **abordar, resumidamente, o desenvolvimento embriológico do sistema musculoesquelético**.

Uma vez instalada, essa mecânica é **capaz de funcionar**: os **movimentos intrauterinos**, que a mãe percebe com alegria, **moldam as superfícies articulares**, apenas esboçadas durante o desenvolvimento embriológico.

Produto acabado, a entrega: o parto

Quando a cabeça, ou seja, o cérebro, chega ao *ponto máximo de desenvolvimento* que permita sua passagem pelo **canal de parto**, começa então o trabalho de parto. É a *entrega do produto acabado*. Nem tanto, já

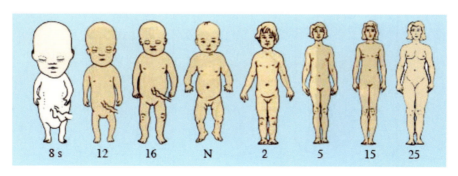

Figura 13.16

13 Desenvolvimento embriológico

que a formação do ser continuará após o nascimento, com a perda da placenta sendo compensada pelo início da **lactação**.

Ao concluirmos este capítulo, *tão educativo*, só podemos mesmo *nos maravilhar* com essa montagem tão caprichosa, feita com precisão matemática, com suas dobras, escavações, revestimentos e, sobretudo, *migrações de células* por trajetos bem precisos, para se colocarem e se transformarem exatamente como *músicos de uma orquestra sinfônica* que se posicionam diante de suas partituras para começar a tocar sob o comando do **maestro**.

E quem é esse maestro? Onde ele fica? Como ele transmite suas ordens? Onde e como é escrita essa partitura? Se uma partitura musical já é complicada, imagine a partitura para construir um "ser humano em miniatura"; só pode ser algo de uma fantástica complexidade.

Talvez não exista *nenhum maestro* e toda a operação esteja gravada **em um rolo perfurado** como o de um realejo, movido pela manivela do princípio ao fim.

Ainda há muitos enigmas não esclarecidos:

- a **diferenciação celular**, que, a partir de uma única célula, cria uma multidão de células diferentes especializadas nas funções de cada órgão ou sistema;
- a **migração celular**, que permite a cada grupo de células alcançar sua posição definitiva, no momento certo, no local certo, seguindo coordenadas tridimensionais;
- a **programação**, que desencadeia cada transformação no momento preciso e oportuno: todos os processos de formação evoluem paralela e simultaneamente, **segundo uma ordem lógica e escalonada**;
- o **crescimento controlado**, que permite a simetria do corpo no plano sagital;
- a **integração** em um conjunto funcional e coerente, cujo resultado, ou seja, a criação de um ser humano, é algo de grande beleza.

Os biólogos e embriologistas, que trabalham incessantemente, ainda têm a percorrer um caminho longo e difícil, embora estimulante, para continuar a desvendar esses mistérios!

14

Esqueleto e estrutura: a opção entre exoesqueleto e endoesqueleto

Na natureza, os modos de locomoção são muito diversificados: os seres monocelulares, que vivem em meio aquático, podem se deslocar usando pseudópodes, flagelos ou cílios vibráteis. No caso dos *seres pluricelulares* que vivem em *meio aquático*, a locomoção pode utilizar *tentáculos* munidos de ventosas, como os do polvo, ou o princípio da *reação*, como é o caso das medusas e das lulas.

No mar, somente os crustáceos são dotados de um esqueleto, que é um **exoesqueleto**.

Na terra, somente os caracóis usam a *reptação*, que não é uma forma muito rápida de se deslocar. Para se deslocarem com rapidez, os animais terrestres utilizam um **sistema musculoesquelético** dotado de partes rígidas, ou seja, de um esqueleto que pode assumir *duas formas*:

- exoesqueleto, o tipo característico dos insetos e dos crustáceos – os insetos representam mais de 80% dos habitantes da Terra;
- endoesqueleto, presente em todos os outros animais, sejam os que vivem na terra, no ar, no mar ou os que *voltaram* ao mar, como os cetáceos e golfinhos.

É interessante avaliar as vantagens e desvantagens desses dois tipos encontrados na natureza.

Exoesqueleto

Formado por uma *sucessão de tubos* articulados entre si. Entre dois tubos, só um tipo de articulação é possível: a *articulação de um só eixo* (Fig. 14.1), dotada, portanto, de um só grau de liberdade que permite flexão e extensão.

Dependendo de o eixo ser perpendicular ou oblíquo aos segmentos do esqueleto, a flexão ocorrerá em

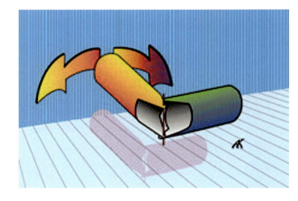

Figura 14.1

um plano perpendicular ao eixo ou sobre a superfície de um cone, acarretando uma rotação automática do segmento móvel sobre seu eixo longitudinal (ver adiante, articulações do tipo gínglimo). A vantagem dessa estrutura é que, para cada articulação, basta *um par de músculos antagonistas* alojados dentro do segmento tubular proximal (Fig. 14.2). Por outro lado, é *impossível introduzir um segundo eixo* na mesma articulação, pois ela ficaria totalmente bloqueada. Dessa limitação decorre que, para obter o equivalente a uma articulação de dois eixos e dois graus de liberdade, é necessário

14 Esqueleto e estrutura: a opção entre exoesqueleto e endoesqueleto

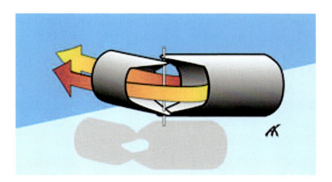

Figura 14.2

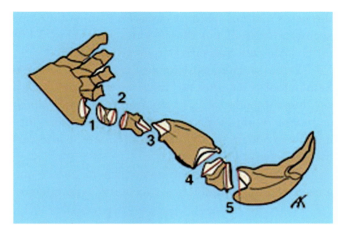

Figura 14.4

associar, **sucessivamente**, duas articulações cujos eixos se cruzem no espaço.

É exatamente o que ocorre nos caranguejos (Fig. 14.3), cuja *pinça comporta cinco articulações de eixos cruzados* entre si (Fig. 14.4), dispostas sucessivamente entre o cefalotórax e a própria pinça, o que permite efetuar o *mesmo movimento* da mão humana, na extremidade do membro superior, ou seja, o "gesto da alimentação" por excelência, já que consiste em apanhar um objeto em pronação e levá-lo à boca em supinação. Os caranguejos se arranjam muito bem com esse sistema exoesquelético. Eles até têm mais possibilidades de locomoção do que o ser humano: podem caminhar nas quatro direções, mas sua progressão *lateral* é a mais rápida de todas. Por outro lado, sua marcha para trás é tão rápida quanto a para a frente! O exoesqueleto oferece uma vantagem defensiva: *as partes moles ficam protegidas* no interior dos tubos. O exoesqueleto também é mais resistente a quedas; por exemplo, uma formiga pode cair de uma grande altura – até mesmo da torre Eiffel – sem se machucar!

O exoesqueleto apresenta, porém, um grande inconveniente: o animal não pode crescer a menos que passe pelo processo de **muda**, ou seja, que *perca provisoriamente a proteção da carapaça*.

Embora apresentando esse inconveniente, o exoesqueleto é uma solução adotada pela natureza para um número considerável de espécies, não apenas para os crustáceos, mas sobretudo para os insetos, que são bem mais numerosos no planeta do que os animais com endoesqueleto, em particular os seres humanos.

Endoesqueleto

A *posição é invertida*: a estrutura sólida, o arcabouço esquelético, se situa no centro do corpo, cercado pelas partes moles, sobretudo os músculos. *A proteção periférica já não existe*; em contrapartida, *o crescimento não é um problema*. As alavancas do esqueleto podem se articular por meio de articulações que possuem *um, dois ou três eixos e um número equivalente de graus de liberdade*. Dessa forma, a organização do esqueleto é simplificada e pode haver tantos músculos em torno

Figura 14.3

59

dos ossos quantos forem necessários para mobilizar os segmentos ósseos nas direções desejadas (Fig. 14.5: articulação com dois eixos e quatro músculos).

Por outro lado, os sistemas endoesqueléticos são bem menos resistentes ao choque, e sabemos que um ser humano pode sofrer graves fraturas *mesmo caindo da própria altura*. As partes moles não estão protegidas e também podem sofrer lesões importantes, particularmente os nervos e as artérias.

Na história da vida em nosso planeta, parece que a estrutura endoesquelética sucedeu o exoesqueleto.

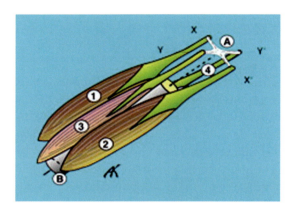

Figura 14.5

Trata-se de uma mutação radical, de uma mudança fundamental na organização das estruturas vivas.

Em que momento e sob que pressão evolutiva essa mudança teria ocorrido?

A exemplo dos autores de ficção científica, poderíamos imaginar um planeta inteiramente povoado por artrópodes. Se isso tivesse ocorrido na Terra, os insetos teriam alcançado um tamanho considerável, o que nos causaria um frio na espinha!

Talvez as duas formas tenham evoluído em paralelo a partir do advento dos seres pluricelulares, embora em ritmo diferente.

Mas como os vertebrados, dotados de um endoesqueleto, conquistaram o planeta?

Quais são as vantagens que fizeram surgir e predominar o sistema endoesquelético? Será que *ele tem maiores possibilidades evolutivas*?

Nessa mudança tão radical de organização, como podemos imaginar o papel do acaso, que ocupa o lugar do "grande arquiteto"? Mas tudo isso é questão de opinião pessoal. De um lado, o binômio acaso–necessidade, de outro, o "grande arquiteto", que tudo explicaria, até mesmo o inexplicável. A resposta... quem saberá?

15
Os diferentes tipos de ossos que formam o esqueleto

A **estrutura de sustentação do corpo humano** é formada pelo **esqueleto ósseo**, que permite a parada na posição de pé e a marcha, na luta contra a *força da gravidade*. O esqueleto é uma parte essencial do sistema musculoesquelético. Ele comporta **205 peças ósseas**, mas esse número é variável por conta dos ossos inconstantes e supranumerários. Existem ossos de diferentes tamanhos e formas, que dependem do papel que exercem no funcionamento dessa "máquina".

Habitualmente, os ossos são classificados em *três categorias*: ossos longos, ossos curtos e ossos planos.

Ossos longos

Os **ossos longos** constituem, em geral, o esqueleto dos membros, como o úmero, o **fêmur** (Fig. 15.1), o rádio e também os metacarpais e as falanges. Esses ossos são compostos por:
- A *parte média*, ou **diáfise**, de forma tubular, constituída de um tipo de osso duro, compacto, muito resistente, chamado *osso cortical*, por se situar na periferia. A **estrutura tubular** (Fig. 15.2) é totalmente lógica, pois ela combina o *máximo de resistência com o mínimo de massa óssea* utilizada. Com efeito, engenheiros já calcularam que a parte central de uma haste cilíndrica *maciça* sofre pouca ou nenhuma pressão mecânica. *Só trabalham as partes periféricas,* seja em alongamento, seja em compressão. O centro do cilindro é formado por matéria,

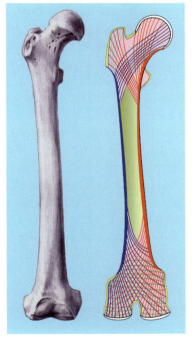

Figura 15.1

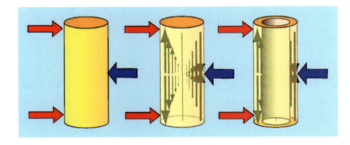

Figura 15.2

portanto é um peso inútil, exemplo do *princípio da economia* de Ockham (ver adiante). A parte axial da diáfise, portanto, não contém osso, mas é preenchida por *medula gordurosa*;
- duas *extremidades*, geralmente dilatadas, chamadas **epífises**, contêm as *superfícies articulares* e garantem a ligação com o osso vizinho. Essas epífises costumam apresentar saliências chamadas tuberosidades, apófises que recebem as inserções musculares. A estrutura das epífises é totalmente diferente da estrutura da diáfise: na periferia, elas têm uma camada de osso *cortical* delgado que envolve uma parte central chamada *esponjosa*, por ser constituída de lâminas ósseas que delimitam pequenas cavidades nas quais se encontra a *medula vermelha*. As lâminas ósseas estão organizadas em traves, respondendo às forças mecânicas. Esse é também um sistema de alívio da pressão sobre as estruturas, coerente com o **princípio da economia**. Certas traves trabalham em compressão, outras em alongamento. Elas se agrupam como um sistema, muitas vezes sob a forma de leque, tendo origem nas camadas corticais diafisárias. A medula, contida nos pequenos compartimentos formados pelas traves ósseas, é a medula vermelha, diferentemente da medula gordurosa, que é amarela.

Existem, portanto, **três tipos de medula** cujos nomes não devem ser confundidos:
- a **medula espinal**, contida no canal vertebral, tecido nervoso formado por feixes de axônios e núcleos de células do sistema nervoso;
- a **medula óssea amarela** (**diafisária**), gordurosa, que preenche a haste dos ossos longos. Trata-se de uma reserva lipídica. Na culinária, essa medula é o que chamamos "mocotó";
- a **medula óssea vermelha** (**epifisária**), *hematopoiética*, ou seja, produtora de glóbulos vermelhos.

Do *ponto de vista mecânico*, as forças laterais, ou seja, de flexão, aplicam-se sobre a diáfise. Ela é cercada, por todos os lados, de músculos cujo tônus, ou seja, a tensão mínima permanente, se aplica em suas duas extremidades e, produzindo uma "pré-tensão", alivia o osso de uma parte da força de tração no lado convexo de sua deformação. Além disso, esses músculos adaptam seu tônus em função das forças de tração: o osso cercado pelos músculos constitui, então, o que chamamos "**viga composta**" (Fig. 15.3), estrutura que, por suas reações passivas e ativas, mostra maior resistência às forças de flexão e de tração.

Ossos planos

Os **ossos planos** constituem, geralmente, o esqueleto dos **cíngulos** e do **crânio** (Fig. 15.4). Os cíngulos são o **cíngulo do membro superior,** que engloba a *clavícula* e a *escápula* (Fig. 15.5, em secção), osso plano por excelência, e o cíngulo do membro inferior, que inclui dois ossos planos, os ossos ílios. No que diz respeito à sua estrutura, o osso plano é composto por *três partes*, como vemos em secção:
- **duas corticais**, formadas por osso denso e duro. Essa é a parte resistente do osso, que pode apresentar zonas delgadas e zonas mais espessas, dependendo das forças mecânicas que suportam (a ilustração mostra um corte da escápula). Esse aspecto também é bem visível no osso ílio, que tem uma zona de espessamento bem maciça no nível do esporão ciático. Essas superfícies ósseas suportam grandes inserções de fibras musculares, constituindo os *músculos da raiz dos membros,*

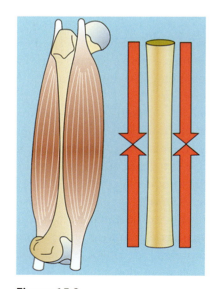

Figura 15.3

15 Os diferentes tipos de ossos que formam o esqueleto

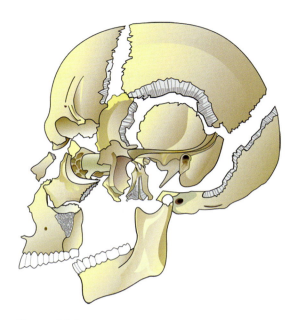

Figura 15.4

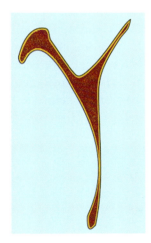

Figura 15.5

do osso esponjoso nos casos de cirurgias ortopédicas para enxerto ósseo ou nos casos de extração de medula para transplante de medula óssea. Os ossos da norma vertical, como o osso parietal, são ossos tipicamente planos e formam as partes abauladas do contorno do crânio; eles se articulam com os ossos vizinhos por meio de articulações fixas, ou sinostoses, que veremos adiante.

Os ossos planos dos cíngulos possuem, obrigatoriamente, **zonas articulares**, para estabelecerem uma ligação com os ossos vizinhos e, sobretudo, com os ossos longos dos membros.

Um caso particular é o dos ossos da base do crânio, que possuem zonas de cortical delgada, como as asas do esfenoide, e partes mais volumosas que não contêm osso esponjoso, mas um espaço vazio, preenchido por ar. Esses espaços são os **seios**, que podem ser encontrados nos ossos esfenoide, etmoide, maxila e frontal: são as **câmaras de ar**, que os engenheiros de hoje conhecem bem.

Os ossos planos dos cíngulos também podem ter tuberosidades e apófises, que recebem as inserções musculares: por exemplo, o processo coracoide e acrômio da escápula.

Ossos curtos

Os **ossos curtos**, como as **vértebras** (Fig. 15.6), situam-se essencialmente no nível da coluna vertebral e das extremidades dos membros, tornozelos e punhos. São estruturas corticoesponjosas, como os ossos planos, com dimensões aproximadamente iguais entre si, o que faz deles ossos maciços, mas não obrigatoriamente grandes. Existem os ossos pequenos do **carpo**, e os mais volumosos, do **tarso**, como o calcâneo. Nesses ossos encontram-se as estruturas trabeculares orientadas segundo as linhas de força das pressões mecânicas (Fig. 15.7).

Esse é também o caso dos corpos vertebrais: ossos essencialmente curtos, já que se inscrevem em um paralelepípedo retângular. Empilhadas umas sobre as outras, as vértebras formam um arcabouço resistente e, ao mesmo tempo, flexível, graças ao seu sistema de interligação, formado pelos discos intervertebrais. As

cuja potência tem relação com a importância dos braços da alavanca que eles movimentam;
- **tecido esponjoso** intercalado, formado por traves ósseas dispostas segundo as linhas de forças mecânicas e que delimitam os pequenos compartimentos onde se encontra a medula óssea hematopoiética. Essa é uma verdadeira esponja óssea, cuja estrutura alveolar é bem visível no osso seco. A crista ilíaca é o local preferencial para a punção

O que é biomecânica

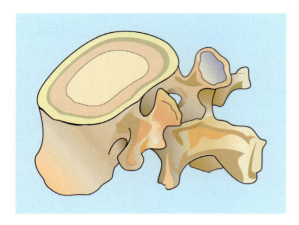

Figura 15.6

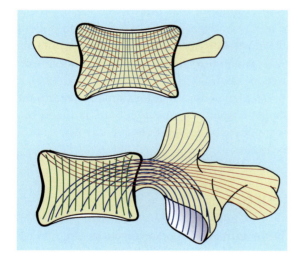

Figura 15.7

importantes pressões exercidas sobre elas se traduzem na sua estrutura trabecular, sob a forma de linhas de força materializadas por *lamelas ósseas*, que formam o que se chama de *traves de osso esponjoso*.

A própria forma dos corpos vertebrais lhes permite uma melhor resistência à compressão. De fato, se comprimimos um cilindro de borracha, ele tomará a forma de um barrilete: a morfologia côncava da periferia dos corpos vertebrais lhes permite resistir melhor ao esmagamento.

As **cartilagens de conjugação** intervêm em certos pontos da cadeia óssea, sobretudo na altura do tórax, onde elas constituem a junção entre a extremidade anterior da costela óssea propriamente dita e o esterno, que une as dez primeiras costelas entre si. A maleabilidade dessas cartilagens interpostas permite a deformação do volume torácico. Além disso, graças à sua elasticidade, elas funcionam como reparos do tipo chamado, em mecânica, "barras de torção". Assim, durante a inspiração, elas se torcem sobre seu eixo longitudinal, e o relaxamento dos músculos da inspiração lhes permite trazer o tórax de volta à sua posição inicial (Fig. 15.8). Portanto, a inspiração normal é, *em grande parte, passiva*, graças às cartilagens intercostais.

Distribuição dos ossos no esqueleto

Depois desse rápido inventário dos diferentes tipos de ossos que compõem o sistema musculoesquelético, vejamos sua **distribuição no esqueleto**:

- O eixo do tronco é formado pela **coluna**, empilhamento de vértebras apoiado sobre o **sacro**, osso ímpar, mediano, constituído pela fusão de *cinco vértebras sacras*. Ao sacro está preso o cóccix, formado por três ou quatro resíduos de vértebras, resquício da cauda que ainda persiste nos grandes símios.

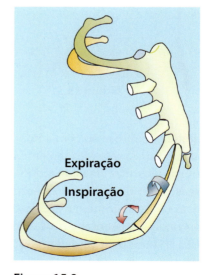

Figura 15.8

15 Os diferentes tipos de ossos que formam o esqueleto

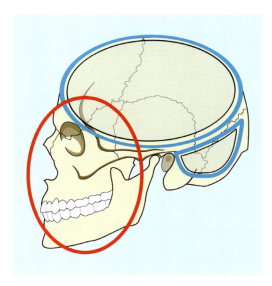

Figura 15.9

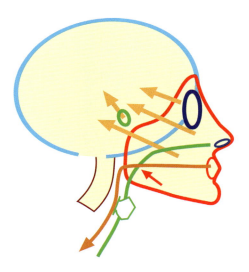

Figura 15.10

- No topo do edifício raquidiano encontra-se o **crânio**, que inclui duas partes (Fig. 15.9):
  - a **norma vertical**, volume *oval* extremamente sólido, formado pela associação de ossos planos ligados por suturas, e que contém o órgão mais precioso do homem, seu *computador pessoal*, seu **cérebro**;
  - a **norma frontal** (Fig. 15.10), unida à parte anteroinferior da norma vertical, formada por ossos planos que contêm espaços vazios, ou *seios*, e, sobretudo, cavidades que alojam os órgãos sensoriais mais importantes, responsáveis pela **visão**, pela **audição** e pelo **olfato**. A cabeça, que se situa na parte frontal do organismo inicialmente horizontal, inclui a entrada do tubo digestivo, a boca, dotada de um *aparelho triturador* de alimentos, o **sistema mastigatório**, formado pela maxila que é fixa, e pela mandíbula, móvel em razão das articulações temporomandibulares. A *boca*, graças à **língua**, possui outro sistema sensorial – o do **paladar** – que, juntamente ao olfato, exerce um *controle* antes da ingestão de alimentos.

    Outro orifício importante é a entrada das vias respiratórias superiores, ou seja, o *nariz,* que possui um sistema de filtragem e aquecimento do ar inspirado, e que também exerce a função do **olfato**.

- O eixo raquidiano, em sua porção superior, dorsal, serve de apoio ao **tórax**, uma verdadeira "gaiola" formada por doze costelas de cada lado, ossos planos que apresentam uma curvatura semicircular, as dez primeiras ligadas ao esterno, na parte anterior, que também é um osso plano. A caixa torácica assim formada contém o **pulmão** e o **coração**.
- Ligadas ao eixo raquidiano encontram-se **dois cíngulos** que servem de apoio aos membros:
  - o **cíngulo do membro superior**, também composto de ossos planos, como a clavícula e a escápula, articulados entre si, mas ligados ao restante do esqueleto *unicamente pela extremidade interna da clavícula, que se articula com o esterno*. No conjunto, o cíngulo do membro superior está simplesmente suspenso em relação à coluna, tendo como intermediário a caixa torácica. A escápula se articula com o membro superior, no úmero, por meio da **articulação do ombro**;
  - o **cíngulo do membro inferior** (Fig. 15.11), estreitamente ligado à base da coluna na altura do sacro. Ele é formado por ossos planos, muito sólidos, os *ossos ílios*, que formam um *anel completo*, graças à sua junção na *sínfise púbica*. Esse cíngulo se articula com os membros inferiores pela **articulação do quadril** e, assim, sustenta todo o conjunto do tronco. A parte baixa desse cíngulo é

65

O que é biomecânica

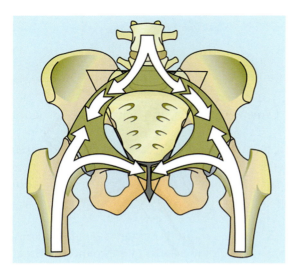

Figura 15.11

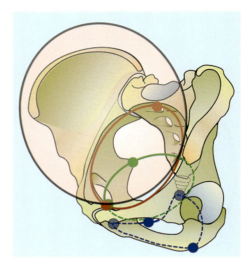

Figura 15.12

fechada por um diafragma muscular que sustenta o conjunto dos órgãos abdominais, que estão, por sua vez, separados do tórax pelo diafragma torácico. É por esse **anel do cíngulo do membro inferior** (Fig. 15.12: os três estreitos são ilustrados abaixo do volume do útero grávido) que, na mulher, o bebê é expulso durante o parto. Ao contrário do cíngulo do membro superior, que é muito móvel em relação ao tronco, o cíngulo do membro inferior representa a parte fixa, estável e sólida do arcabouço do corpo.

- Ligados ao tronco pelos cíngulos, encontram-se os membros, sustentados essencialmente por ossos longos:
  - Os **membros superiores**, derivados das patas dianteiras dos quadrúpedes, nos bípedes deixaram de ser membros de sustentação ou de locomoção: passaram a ficar suspensos ao **cíngulo do membro superior** (Fig. 15.13) e *se especializaram na preensão*. Esses membros têm *três segmentos*:
    • um segmento *proximal*, o estilopódio dos embriologistas, representado pelo braço, cujo esqueleto é o *úmero*, articulado com o tronco no ombro que, por sua mobilidade extrema, oferece muitas possibilidades de orientação;
    • um segmento *intermediário*, o zeugópode, que é representado pelo antebraço. Ele contém dois ossos, dispostos lado a lado: o *rádio* na parte externa e a *ulna* na parte interna, que se articulam ao úmero no **cotovelo**, articulação que permite a flexão e a extensão;
    • um segmento *distal*, o autópode, representado pela **mão**, ligada ao antebraço pelo *punho*, articulação complexa que compreende o **carpo**, ou seja, o *basípodo*, formado por oito pequenos ossos curtos. O punho efetua movimentos de flexão-extensão e de abdução-adução, além de pronação-supinação, graças aos dois ossos do antebraço. O metacarpo, que representa o *metapódio*, é formado por cinco ossos longos e os dedos, ou seja, o acropódio, comportam, cada um, três falanges, exceto o polegar, que tem apenas duas. A **mão**, especializada na função de **preensão**, contém cinco raias de ossos longos, que formam os dedos, dos quais um, mais curto, é o **polegar**, que consegue se *opor* aos outros quadro dedos, ditos "longos".
  - Os **membros inferiores**, que nos quadrúpedes servem para sustentação e locomoção, conservaram essas funções. Assim como os membros superiores, os membros inferiores comportam *três segmentos*:
    • um segmento *proximal*, a coxa, cujo esqueleto é o **fêmur**, osso mais longo do corpo, que se

15 Os diferentes tipos de ossos que formam o esqueleto

articula com o cíngulo do membro inferior no quadril, na chamada *articulação do quadril*, menos móvel que o ombro, porém mais estável;
- um segmento *intermediário*, a perna, que, assim como o antebraço, possui dois ossos dispostos lado a lado: a **tíbia** na parte de dentro e a **fíbula** na parte de fora. Esse esqueleto da perna se articula com a coxa no *joelho*, articulação complexa de flexão-extensão, perfeitamente estável quando em extensão completa, mas que permite a rotação axial da perna em flexão;
- um segmento *distal*, o **pé**, articulado com a perna pela articulação do *tornozelo* e que contém um sistema articular complexo, o **tarso**, formado por ossos curtos, como o *calcâneo*, osso curto mais volumoso do corpo. As articulações do tarso permitem a *orientação do pé* em resposta às irregularidades do chão. O pé, que contém essencialmente ossos longos (os metatarsais e as falanges), é totalmente adaptado às suas funções, que são suportar o peso do corpo em qualquer tipo de terreno e executar a locomoção.

A passagem para a posição bípede

A passagem de quadrúpedes a **bípedes** (Fig. 15.14) mudou completamente a utilização dos membros e as forças mecânicas que incidem sobre eles.

O membro inferior, que continuou exercendo a função de *sustentação*, passou a arcar com todo o peso do corpo, portanto, ele trabalha **sob forças de compressão**. O membro superior não tem mais a função de sustentar o corpo. Ele passou a ser dedicado à **preensão** e não suporta mais qualquer peso. Na verdade, ele *é suspenso* e está submetido, como um todo, às **forças de alongamento**.

Esse fato é muito importante no plano cirúrgico, porque as osteossínteses do membro inferior precisam suportar forças mais acentuadas, e a marcha necessita da igualdade dos membros inferiores para evitar um desequilíbrio que teria repercussão na coluna.

Por outro lado, no membro superior, as osteossínteses são submetidas a forças bem menos acentuadas e que não são mais forças de compressão, mas sim de *alongamento*, o que tende a alinhar os fragmentos ósseos, e não a empilhá-los.

Os cirurgiões do sistema musculoesquelético devem, em suas indicações e técnicas, *levar em conta essas condições totalmente diferentes* entre o membro superior e o membro inferior.

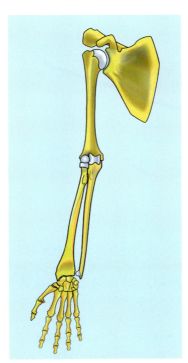

Figura 15.13

Figura 15.14

16
Os diferentes tipos de articulações

As articulações são estruturas anatômicas que ligam entre si as diferentes partes do esqueleto, permitindo *maior ou menor mobilidade*.

Dependendo do grau de mobilidade, os anatomistas distinguem **três tipos de articulação**:

1. As **fibrosas** ligam ossos planos, como os da calota e da base do crânio, sem permitir qualquer mobilidade. Elas são chamadas de suturas cranianas, e sua forma denteada e imbricada exclui, *a priori*, qualquer possibilidade de movimento. Os osteopatas, no entanto, discordam dessa *mobilidade nula*, embora não haja qualquer dado científico a esse respeito. Em um *quebra-cabeça* (Fig. 16.1), a linha de encaixe muito imbricada impede o deslocamento lateral, pois o *plano de corte é perpendicular*. Pode-se, contudo, imaginar *certo grau de mobilidade*, com base no fato de que algumas dessas linhas de sutura estão contidas em um *plano oblíquo* (Fig. 16.2), o que se evidencia na escama do osso temporal. Nessas condições, seria possível haver pequenos movimentos de deslizamento, semelhantes aos das placas tectônicas, mas *ainda seria necessário comprová-lo* por meio de exames tomodensitométricos em crânios com e sem compressão. Para o leitor interessado, esse poderia ser um bom tema para uma tese!
2. As **cartilagíneas**, também chamadas de sínfises, são articulações *semimóveis*, especialmente em determinadas circunstâncias. Um exemplo é a **sínfise púbica** (Fig. 16.3: A, vista anterior; F, corte frontal; T, corte transversal), que completa, na parte da frente, o anel pélvico, e que será objeto de um capítulo à parte.

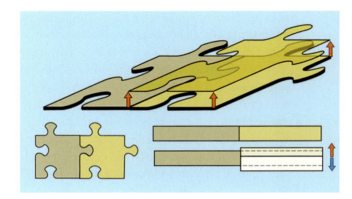

Figura 16.1

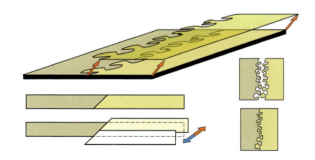

Figura 16.2

Essa articulação pouco móvel funciona por afastamento-aproximação e desempenha um papel importante no momento do parto: ao *se deixar distender*, o efeito é o *aumento do diâmetro da pelve*, o que facilita a passagem do bebê pelo canal vaginal. Em certas espécies animais, esse afastamento dos dois ossos púbicos pode desempenhar papel mais importante do que para

16 Os diferentes tipos de articulações

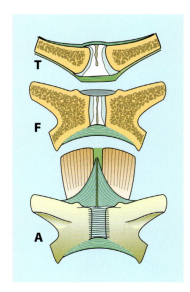

Figura 16.3

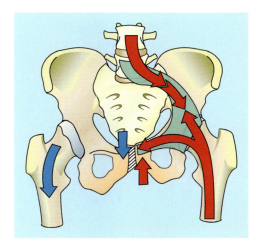

Figura 16.4

a mulher, cujos fatores hormonais influenciam favoravelmente o relaxamento da sínfise.

Em uma situação normal, a sínfise, muito cerrada, é *solicitada permanentemente durante a marcha*. Com efeito, durante o apoio unipedal (Fig. 16.4: o esquema mostra um cisalhamento exagerado), ela deve resistir às *forças de cisalhamento verticais alternadas*. Essa é uma articulação da qual não nos lembramos até que seja lesionada, mas, quando isso acontece, a vítima de luxação da sínfise púbica sofre a cada passo. Essas forças de cisalhamento não se manifestam somente na *marcha*, mas também, e principalmente, na *corrida* e no *salto*.

Também pertencem à categoria das sínfises os **discos intervertebrais**, cuja estrutura detalharemos adiante e que formam entre os corpos vertebrais uma espécie de **amortecedor elástico** dotado de mobilidade em seis direções, como as articulações planas.

3. As **sinoviais** são articulações muito móveis por sua estrutura muito particular.

Articulações sinoviais

Por sua *mobilidade*, essas articulações são de um interesse todo especial no que diz respeito ao funcionamento do sistema musculoesquelético. Todas elas obedecem ao *mesmo modelo*: possuem uma cavidade interposta entre duas extremidades ósseas chamada *espaço sinovial*.

Antes de descrevermos os diferentes tipos de articulações sinoviais, é preciso esclarecer a *constituição esquemática* de uma articulação sinovial típica.

Articulação sinovial típica

Coloca frente a frente *duas extremidades ósseas*, as **epífises**, cuja forma é adaptada à função, dependendo do **tipo de articulação** (Fig. 16.5). Em geral, as epífises são mais volumosas do que a parte média do osso, a diáfise. As superfícies destinadas a entrar em contato uma com a outra são recobertas por um tecido especial que facilita seu deslizamento, a *cartilagem hialina*. As superfícies articulares, bem como uma parte das epífises, estão contidas no interior de um *envoltório fibroso*, de aspecto relativamente cilíndrico, chamado **cápsula articular**, cujas bordas se inserem no osso epifisial próximo às superfícies articulares. Essa cápsula é *reforçada por feixes fibrosos* que se estendem de uma epífise à outra: são os **ligamentos articulares**, cujo papel é *conduzir e limitar os movimentos da articulação*. Assim sendo, eles desempenham um papel importante e sua ruptura, que caracteriza uma *entorse grave*, permite a ocorrência de movimentos anormais. Uma membrana especial, a *membrana sinovial*, forra

O que é biomecânica

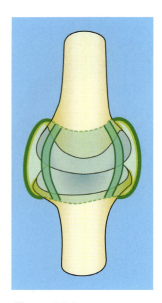

Figura 16.5

Cartilagem hialina

O elemento essencial das articulações sinoviais é a **cartilagem hialina**, tecido levemente depressível e *elástico* que amortece os choques, distribui as pressões e protege, assim, o osso subcondral. A cartilagem aumenta de espessura à medida que aumentam as pressões que incidem sobre ela; por isso, ela é mais espessa no centro das superfícies do que em sua periferia.

Sua superfície é perfeitamente lisa, de modo que seu coeficiente de atrito é muito baixo.

Sua estrutura e suas propriedades físico-químicas são características da lubrificação das articulações vivas. Ela é constituída por **três elementos principais**: uma rede de *fibras colágenas*; uma substância fundamental ou matriz, que consiste em um gel à base de *proteoglicanas* hidrofílicas; e *condrócitos*.

- As **fibras** são formadas por colágeno de vários tipos: tipo II e, na superfície, tipo IX. Há também os tipos V, VI e XI.
- As **proteoglicanas** são proteínas que contêm cadeias de glicosaminoglicana com ligações de ácido hialurônico, e que desempenham um importante papel trófico. O mesmo ocorre com o **ácido condroitinossulfúrico**, cujo papel é essencial. Essas estruturas proteicas são extremamente hidrofílicas, já que 70 a 75% da cartilagem compõe-se de água. Essa **água estrutural** desempenha um papel fundamental para as propriedades mecânicas da cartilagem, já que é capaz de migrar para os tecidos vizinhos sob pressões permanentes e de reintegrar o substrato, se a compressão não for muito duradoura. Essa é uma das razões por que as *articulações precisam trabalhar de forma permanente* e por que uma **imobilização prolongada é um fator de degradação**.
- Os **condrócitos**, células específicas, são responsáveis pela síntese da matriz, substância sólida, mas porosa, que contém ácido condroitinossulfúrico, responsável por suas propriedades elásticas.

Ao microscópio, observam-se **quatro camadas sucessivas** (Fig. 16.6):

a face profunda da cápsula, como se fosse a dobra interna da manga de um casaco. Ela se insere no osso epifisial exatamente no limite da cartilagem articular, com a qual estabelece uma ligação de *continuidade estanque*. Assim se forma a cavidade articular, ou espaço sinovial, que normalmente é *"virtual"*, e que contém apenas uma pequena quantidade do líquido secretado pela membrana, chamado *líquido sinovial* ou *sinóvia*. Esse líquido tem *propriedades nutritivas* para a cartilagem e, em virtude de sua composição química, *atua sobretudo como lubrificante*. Em caso de inflamação articular, o líquido sinovial passa a ser secretado de maneira abundante, o que provoca o chamado *derrame articular* ou *"derrame sinovial"*. A cavidade articular deixa então de ser "virtual" e passa a se desenhar sob a pele: é a chamada **hidrartrose**. Depois de um traumatismo, como uma fratura articular, certa quantidade de sangue extravasa para dentro da cavidade articular e se torna rapidamente incoagulável. Esse quadro se denomina **hemartrose**. Esses dois tipos de derrame, em razão de seu volume, provocam uma diminuição da amplitude de movimento da articulação. Quando o derrame intra-articular se torna infectado, ele se transforma em *pus*, o que constitui uma **piartrose**.

16 Os diferentes tipos de articulações

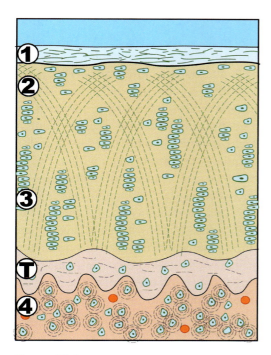

Figura 16.6

1. A *camada superficial*, muito delgada – 5% da espessura – formada por fibras colágenas paralelas à superfície, orientadas na direção do movimento. Ela contém raros condrócitos achatados.
2. A *camada média*, mais espessa – 5 a 40% – contém fibras colágenas oblíquas. O substrato, mais rico em proteoglicanas do que a camada superficial, contém numerosos condrócitos.
3. A *camada profunda* segue-se à precedente sem uma linha de transição nítida. É a camada mais espessa – até 90%. Os condrócitos se encontram empilhados perpendicularmente à superfície e cercados por fibras elásticas dispostas em arcos, inseridas nas duas extremidades do osso. Por vezes, os condrócitos são cercados por "aventais fibrosos", constituindo uma unidade estrutural da cartilagem. Graças a essa estrutura fibrilar, as camadas de células são capazes de resistir elasticamente à *compressão* e também às *forças tangenciais* de cisalhamento, que ameaçam causar fissuras.
4. A *camada basal*, zona calcificada pouco espessa – 2 a 3% –, é separada da camada profunda por uma "linha de calcificação" ondulada e irregular que ga-

rante a ancoragem da cartilagem no osso subcondral. Essa zona de transição é chamada, em inglês, de *tide mark*. A camada basal, que também contém condrócitos derivados dos condroblastos, é a única que contém vasos capilares, os quais partem da medula óssea subjacente e terminam em fundo de saco logo abaixo da transição.

Trofismo da cartilagem

A cartilagem, portanto, é suprida em profundidade pelos vasos sanguíneos que provêm do osso esponjoso e, sobretudo na superfície, pelo *líquido sinovial*, que tem uma função nutritiva essencial.

A regeneração da cartilagem é objeto de controvérsias. Alguns autores acreditam que as possibilidades de regeneração não vão além de lesões de 2 milímetros. No caso de lesões maiores, a cicatrização produziria uma fibrocartilagem cujas propriedades mecânicas seriam inferiores às da cartilagem normal.

No entanto, pode-se considerar que *a cartilagem não escapa à regra* de todos os tecidos do organismo, pois *se renova constantemente* e, nesse processo, o movimento tem um papel fundamental. **Na ausência de movimento, a cartilagem se degenera irremediavelmente**.

O desgaste e o desaparecimento da cartilagem podem estar ligados a certas doenças reumáticas, mas o fator de desgaste mais importante é o **envelhecimento**. A cartilagem deixa de se renovar em profundidade, fica mais delgada, sofre fissuras, torna-se quebradiça pela perda de elasticidade e solta placas, deixando transparecer o osso subcondral. É assim que surge a **artrose degenerativa** do idoso.

Lubrificação por "camadas-limite" – papel do líquido sinovial

Os problemas de lubrificação em biomecânica são completamente diferentes dos problemas da mecânica industrial.

Antes de tudo, é preciso saber que, por mais homogêneas que sejam, *as superfícies nunca são verdadeiramente lisas*. Para usar uma imagem, a lubrificação

71

consiste em fazer deslizar, uma sobre a outra, superfícies revestidas por uma lixa ou um papel abrasivo, como se tivéssemos de deslocar cadeias de montanhas que tivessem sido invertidas e colocadas umas sobre as outras.

A solução (Fig. 16.7) consiste em *interpor entre essas superfícies uma camada de líquido* suficientemente espessa para afastar os cumes, de modo que eles não mais entrem em contato uns com os outros. *As superfícies "flutuam" uma sobre a outra.*

Em **mecânica industrial**, as articulações são constituídas por eixos cilíndricos que giram dentro de mancais. A lubrificação utiliza óleos de certa viscosidade cujas moléculas são *arrastadas pela rápida rotação* do eixo sobre o mancal. Assim, o eixo em rotação flutua sobre um coxim formado pelo líquido oleoso: é a chamada lubrificação "**hidrodinâmica**"! (Embora consagrado, o termo "hidro" não é exatamente ideal, já que se trata de óleo, mas ele evoca, de qualquer forma, o mecanismo de "aquaplanagem".)

Em **biomecânica**, nada disso é possível nas articulações vivas, pela simples razão de que, *em biomecânica, todo movimento de rotação superior a 180° é impossível,* proibido. Adiante, veremos as razões dessa impossibilidade.

Portanto, é preciso "se contentar" com **movimentos de rotação alternativos, inferiores a 180°** (Fig. 16.8).

Conforme demonstrou o célebre cirurgião ortopédico inglês *sir **John Charnley**,* pioneiro em cirurgias do quadril, o líquido sinovial, que contém ácido hialurônico, desempenha um papel essencial. Estudos físico-químicos mostraram que algumas dessas moléculas possuem dupla polaridade: um dos polos se liga à superfície cartilagínea, formando uma *camada monomolecular*, uma verdadeira película, que permite a ancoragem de outras moléculas, por meio do polo oposto. Dessa forma, as irregularidades das duas superfícies são "apagadas", ficando como que emborrachadas, mesmo quando o movimento relativo é alternativo. No final, o "coeficiente de atrito" de uma superfície cartilagínea em relação à outra é comparável ao do gelo sobre gelo. *Portanto, o líquido sinovial é, ao mesmo tempo, um elemento nutridor e um lubrificante.*

A forma das superfícies articulares

Dependendo de sua funcionalidade, as superfícies articulares adotam **uma forma semelhante à de um sólido de revolução**.

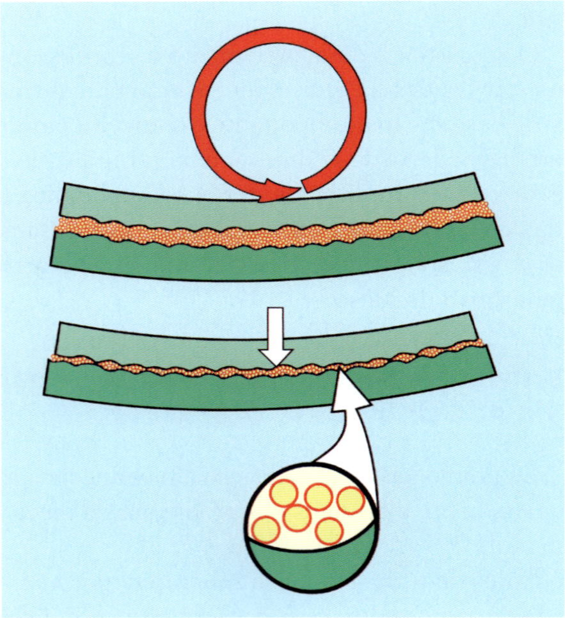

Figura 16.7

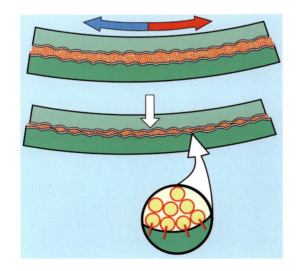

Figura 16.8

Em geometria, denomina-se superfície de revolução a superfície gerada pela *rotação de uma linha*, dita *geratriz*, em torno de um eixo, o *eixo de revolução*.

Podemos criar qualquer superfície de revolução tomando qualquer linha como geratriz. Na indústria e na marcenaria, as superfícies de revolução podem ser produzidas com a ajuda de um **torno**.

No entanto, como veremos adiante, em anatomia, **não existem superfícies de revolução perfeitas**, o que é demonstrado por estudos aprofundados. Essas diferenças em relação à geometria estrita geram movimentos "parasitas", ou acessórios, que são típicos da biomecânica; por isso, **ela pode ser qualificada como "frouxa"** em relação à mecânica industrial.

Em biomecânica, podemos considerar **três tipos de superfícies de revolução**.

Uma **superfície cilíndrica** (Fig. 16.9), gerada pela rotação de uma linha reta paralela ao eixo de revolução. Dois cilindros encaixados um dentro do outro constituem uma *articulação com um eixo e um grau de liberdade*. No entanto, o cilindro maciço pode deslizar no interior do cilindro oco na direção do eixo, como um *pistão*. Para evitar esse movimento parasita, basta modificar a forma da geratriz.

Se a reta geratriz se transformar em uma *curva convexa* em relação ao eixo de rotação, a superfície gerada será semelhante à de uma *polia* ou de um **diabolô** (Fig. 16.10), uma forma que, em anatomia, é chamada de **tróclea**. O movimento parasita de deslizamento desaparece e *só resta a possibilidade de uma rotação* em torno do eixo de revolução.

Se a reta geratriz se transformar em uma *curva côncava* em relação ao eixo de rotação, a superfície gerada será semelhante à de um *barrilete* (Fig. 16.11), uma forma que, em anatomia, é chamada de **trocóidea** ou **gínglimo**. O movimento parasita de deslizamento desaparece, mas torna-se possível um movimento de *oscilação* B do plano de rotação em relação ao eixo de revolução A.

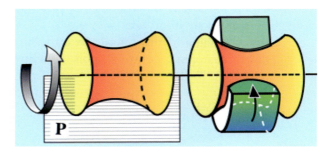

Figura 16.10

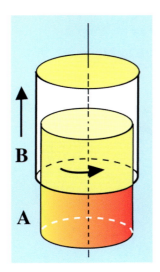

Figura 16.9

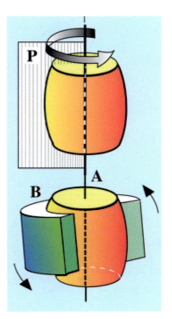

Figura 16.11

Uma **superfície tórica** (Fig. 16.12) é produzida pela *rotação de um círculo* em torno do eixo de revolução, desde que esse círculo esteja *separado* do eixo de revolução. Essa superfície é perfeitamente comparável à da *câmara de ar* de um pneu: é um *cilindro enrolado em círculo sobre si mesmo*. Essa superfície tem a particularidade de apresentar duas regiões com curvaturas diferentes.

Uma é a *região periférica* (Fig. 16.13), que poderia ser qualificada como *convexo-convexa*, cujas *curvaturas são diferentes*, mas no mesmo sentido, daí seu nome de *superfícies de curvatura positiva*. Em anatomia, essa superfície se chama **côndilo**; ela tem dois eixos, que correspondem às duas curvaturas, ambos situados no mesmo lado da superfície. As articulações desse tipo possuem **dois graus de liberdade**.

A outra é a região central, onde as curvaturas são diferentes, mas opostas entre si, pois os centros das curvaturas estão situados *de um lado e de outro da superfície* (Fig. 16.12); diz-se que tais superfícies têm *curvatura negativa*. Em anatomia, esta é chamada **superfície selar** (Fig. 16.14), pois lembra uma sela de cavalo. As articulações desse tipo também possuem *dois graus de liberdade*, em torno de dois eixos perpendiculares entre si, mas *não concorrentes*, já que estão situados de um lado e do outro da superfície. Em geometria, diz-se que eles são ortogonais.

O *modelo mecânico* desses dois tipos de articulações é o **cardã** (ver adiante).

Uma **esfera** é determinada pela *rotação de um círculo em torno de um eixo de revolução que passa pelo seu centro* (Fig. 16.15). As curvaturas dessa superfície são iguais entre si e centradas sobre o mesmo ponto, que é o centro da esfera. Esse tipo de superfície possui *três*

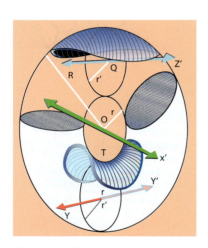

Figura 16.12

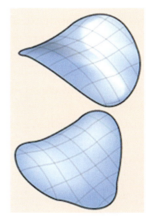

Figura 16.14

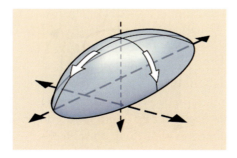

Figura 16.13

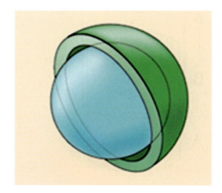

Figura 16.15

eixos principais, perpendiculares entre si e concorrentes. São as articulações que chamamos **esferoidais** (ou enartroses), dotadas de *três graus de liberdade*.

O modelo mecânico desse tipo de articulação é a **rótula**, conforme a nomenclatura mecânica, *que não deve ser confundida com a rótula anatômica (patela)*.

O determinismo das superfícies articulares

As superfícies articulares são determinadas por **dois fatores**:

- o código genético;
- o movimento.

O **código genético**, contido no *genoma*, é um determinante de primeiro grau: é ele que, no decorrer do desenvolvimento embriológico, define a formação de uma tróclea, de um côndilo, de uma cabeça esférica, embora a superfície ainda esteja *longe da sua forma definitiva*. Para que isso ocorra, é preciso um segundo fator, o movimento.

O **movimento** de uma peça óssea em relação à peça vizinha cria a *superfície definitiva*. O primeiro a intuir esse fenômeno foi o matemático e fisiologista alemão, **Adolphe E. Fick** (1829-1910), que conduziu um experimento rigorosamente conclusivo.

O **experimento de Fick** (Fig. 16.16) consiste em mobilizar duas peças de madeira cujo contato se dá por intermédio de *peças de giz* fixadas sobre cada uma delas. A mobilização é feita com a ajuda de cordões, que representam os músculos, fixados próximos ou distantes da articulação. Depois de um grande número de movimentos sucessivos e alternados, o desgaste das peças de giz *friáveis* dá origem a uma *autoconformação*, com **curvaturas conjugadas** em ambas as extremidades. A descoberta reveladora foi que, quando o ponto de fixação dos "pseudomúsculos" está *próximo à articulação*, a superfície de giz do segmento mobilizado é **côncava** e corresponde a uma superfície **convexa do outro lado**. Já quando o ponto de fixação dos "pseudomúsculos" está distante da articulação, a superfície de giz do segmento mobilizado é **convexa** e corresponde a uma superfície **côncava do outro lado**.

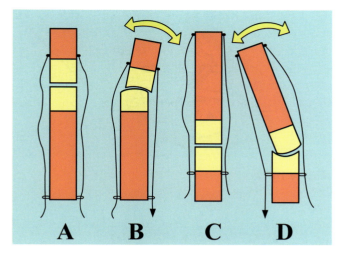

Figura 16.16

Um **segundo experimento** foi realizado em 1966 pelo autor.

Com base na constatação de **Strasser** de que os ligamentos cruzados dos joelhos permaneceriam *igualmente tensos em todas as posições do joelho*, construí um *modelo em cartolina* (Fig. 16.17) que representa os ligamentos cruzados, bem como os ligamentos patelares, articulados sobre um suporte e ligados a peças que simulam a patela e a face articular superior da tíbia. Quando mobilizamos esse modelo, as sucessivas posições da face articular superior da tíbia e da patela *literalmente desenham* as curvas dos côndilos, atrás, e da tróclea, na frente. Esse modelo é de fácil realização, e a comprovação é imediata. Assim, esse perfil tróclec-condilar nada mais é do que a "curva envolvente" das posições sucessivas da patela e da face articular superior da tíbia, dependentes da geometria dos ligamentos. Podemos também dizer que o perfil tróclec-condilar é o "**lugar geométrico**" (Fig. 16.18) das posições sucessivas da patela e da face articular superior da tíbia. Ninguém duvida que os matemáticos possam derivar uma equação desses fenômenos.

Dessa experiência, assim como do experimento de Fick, podemos tirar **duas conclusões**.

A primeira é que a **forma definitiva** das superfícies articulares é **determinada pelo movimento**.

75

O que é biomecânica

Figura 16.17

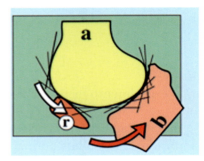

Figura 16.18

A outra é que cada articulação, em particular o joelho, é uma **articulação específica**, que depende da geometria dos ligamentos e das inserções musculares, variáveis de um indivíduo para o outro.

Isso confirma uma noção implícita, mas raramente expressa, a de que há uma **estreita relação dialética entre estrutura e função**.

Jogo mecânico na "construção" das articulações

Antes de tudo, algumas **definições**:

- **Jogo mecânico** é a leve discordância que sempre existe entre duas peças em movimento, apesar de todos os cuidados que se tomem para estabelecer uma concordância perfeita.
- **Congruência** é um encaixe perfeito.
- **Concordância** é a igualdade dos raios de curvatura.

Certas articulações são:

- congruentes e concordantes, como o quadril;
- concordantes sem congruência, como as interfalângicas;
- nem concordantes, nem congruentes, como o joelho.

Em **mecânica industrial**, as articulações são ajustadas para ter o mínimo de jogo (Fig. 16.19: o afastamento define o *jogo*). Nos primórdios da era mecânica, os construtores "aceitavam" um jogo da ordem de 1 milímetro, mas logo perceberam que esse jogo provocava **desgaste** em virtude da **não concordância entre as superfícies de contato** (Fig. 16.20), o que cria **zonas de hiperpressão**, ou seja, um fator de desgaste (setas brancas). Portanto, é preciso reduzir o jogo ao máximo no contexto da "construção", e os *"ajustadores"* são especializados exatamente nisto, em reduzir o jogo a um décimo ou menos desse grau – é o que se chama *tolerância*.

Em **biomecânica**, a situação é totalmente diferente, porque o **jogo mecânico faz parte do próprio funcionamento** das articulações. Poderíamos chamá-lo de "jogo inato".

Exceto no caso muito especial do quadril, a concordância entre as superfícies de contato nunca é perfeita. Na verdade, esse jogo mecânico "desejável" permite os *movimentos acessórios*, que, na mecânica industrial, são considerados *parasitas*. Eles acrescentam *mais suavidade e liberdade aos movimentos*. Essa é uma **noção da maior importância**, e representa uma **diferença fundamental** em relação à mecânica industrial.

Vale ressaltar que esse jogo mecânico, que seria *intolerável na mecânica industrial* em razão do desgaste que produz, também causa desgaste das superfícies articulares, em virtude das zonas de hiperpressão (Fig. 16.21), mas sabemos que **a cartilagem se reconstrói permanentemente**, até o início da senescência. Essa reconstrução permanente da cartilagem *transforma o jogo mecânico articular de inimigo em aliado* até o momento em que as células deixam de se renovar. *A partir desse momento, o jogo mecânico se torna um inimigo, pois causa a* **artrose degenerativa**.

16 Os diferentes tipos de articulações

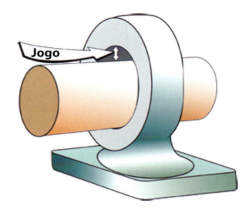

Figura 16.19

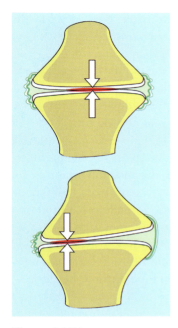

Figura 16.21

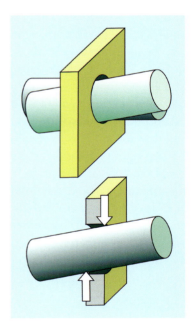

Figura 16.20

Em certas articulações, essa **incongruência** das superfícies articulares pode ser compensada por uma **borda** ou por **meniscos** (Fig. 16.22), que funcionam como uma espécie de calço; semelhantes aos que se usam em mecânica industrial, eles são formados por anéis fibrocartilagíneos. Adiante, voltaremos a falar de cada um deles.

Certas articulações, como a talocalcânea, só são *congruentes em uma única posição*; em todas as demais posições, o jogo mecânico se manifesta sob a forma de *divergência entre as superfícies articulares*.

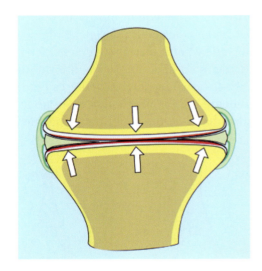

Figura 16.22

Coaptação articular: os ligamentos

A manutenção do contato ponto a ponto entre as superfícies articulares se chama *coaptação articular*. Quem garante essa coaptação não é a cápsula articular, geralmente frouxa demais para permitir a amplitude dos movimentos, mas sim *os ligamentos articulares e os músculos*.

77

Os **ligamentos**, graças à sua disposição (Fig. 16.23), garantem o *contato permanente* entre as superfícies. Por exemplo, no *cotovelo,* os ligamentos colaterais garantem, ao mesmo tempo, a **coaptação** e a **estabilidade lateral** da articulação, como se vê neste modelo mecânico. O ponto de ancoragem no osso proximal situa-se próximo ao eixo de rotação do movimento, mas essa regra pode não se verificar quando a articulação comporta vários eixos. Os ligamentos sofrem *importantes pressões* durante movimentos **forçados**, sejam eles normais – no sentido da mobilidade habitual – ou anormais – fora do padrão habitual de movimento da articulação. Nesses casos, eles podem se romper, caracterizando uma **entorse grave**, ou ser apenas estirados, distendidos, com rupturas internas, intrafasciculares, o que caracteriza uma **entorse benigna**.

Os **músculos** *desempenham um papel essencial na coaptação* de articulações que têm grande amplitude de movimentos, porque os ligamentos, se tiverem o comprimento adequado, servem justamente para permitir movimentos amplos. Voltaremos a abordar detalhadamente, em cada articulação, o papel da **coaptação muscular**, que é particularmente essencial no ombro.

A **luxação** da articulação resulta de um *movimento forçado:* as superfícies articulares perdem permanentemente o contato. Essa luxação pode ou não ser acompanhada de uma ruptura de ligamentos. Às vezes, a luxação é incompleta; nesse caso, dizemos que houve **subluxação**. Também existem casos em que a articulação, por sua conformação, apresenta uma *tendência constante à luxação*, percebida pelo próprio paciente; dizemos que se trata de uma **articulação instável**.

Encaixe entre as superfícies articulares

Esse problema da instabilidade nos leva a pensar em um importante fator de coaptação articular: o **encaixe**.

Se considerarmos o que, em mecânica, chamamos rótula (Fig. 16.24), ou seja, uma *esfera maciça contida em uma esfera oca*, constataremos que existe uma **relação inversa** *entre a amplitude de movimentos e a estabilidade do conjunto*. Quanto mais completo for o encaixe, maior é a estabilidade e menor a mobilidade, até que, *quando o encaixe alcança 100%*, **a mobilidade é nula e a estabilidade é absoluta** (I). No sistema musculoesquelético dos animais, o encaixe ósseo *nunca ultrapassa 50%* (II). Por isso, os esqueletos fósseis são sempre "peças soltas".

No corpo humano, a articulação **mais encaixada** é a do quadril (III). Por isso, ela é a mais estável. Seu encaixe ósseo, que alcança 50%, é reforçado pelo rebordo cotiloide, solução engenhosa porque, graças à *deformabilidade* desse anel fibrocartilagíneo, as amplitudes praticamente não são reduzidas.

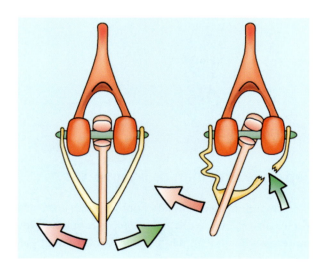

Figura 16.23

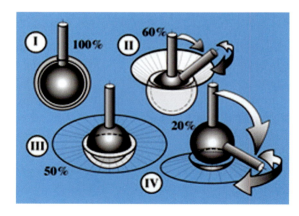

Figura 16.24

Outras articulações são **pouco encaixadas**, como é o caso da articulação do *ombro* (**IV**), na qual o encaixe do úmero na cavidade glenoidal não passa de 20%. O *rebordo glenoidal*, estrutura frágil e muito exposta a lesões, aumenta muito pouco o encaixe, de modo que *as luxações do ombro estão entre as mais frequentes*, apesar da coaptação proporcionada pelos músculos periarticulares.

Por fim, certas articulações do tipo plana não têm qualquer encaixe e só se mantêm por causa dos ligamentos. Esse é o caso, em particular, da articulação **acromioclavicular**, dentre todas, a mais suscetível a luxações.

Ausência de eixos reais e fixos

Em *mecânica industrial,* quando falamos do eixo de uma articulação, trata-se de um *eixo real*, sob a forma de uma haste cilíndrica que integra uma peça móvel capaz de girar em torno desse eixo, o qual, por sua vez, apoia-se sobre uma plataforma.

Em *biomecânica,* não há eixos reais: todos os eixos são virtuais, não materializados, simples linhas imaginárias em torno das quais uma peça do esqueleto descreve sua rotação.

Além disso, em biomecânica, esse eixo nunca é fixo, pois também se movimenta com o movimento da articulação, como se pode constatar na tróclea da **articulação do cotovelo** (Fig. 16.25). A cada posição do osso em rotação corresponde uma única posição do eixo, diferente das posições desse mesmo eixo para as posições vizinhas do osso em movimento. Assim, fala-se de um **eixo momentâneo** que, durante o movimento, se comporta como um **eixo evolutivo**.

Para ilustrar (Fig. 16.26), quando *rolamos um cilindro*, como um rolo de pastel, sobre uma mesa, o eixo do cilindro permanece *paralelo a si mesmo*, sempre na *mesma direção* e sempre à *mesma distância da mesa*.

Por outro lado, se *rolarmos uma batata* sobre a mesa, seu eixo de rotação irá variar constantemente, em direção e distância relativamente ao plano. "No entanto, ela gira", como diria Galileu. É por isso que algumas pessoas chamam a biomecânica de "mecânica de batata".*

O que vale para os eixos também vale para os **centros de rotação**. Poderíamos pensar que, sendo uma porção de uma esfera, a cabeça do úmero giraria em torno de um centro, o centro da esfera, mas isso não acontece. Na verdade, **radiografias** feitas em sucessivas posições do ombro (**PL Fischer**) permitiram localizar o **centro de rotação real de cada posição** (Fig. 16.27). Constata-se, então, que, em vez de coincidir com o centro da cabeça do úmero, os **centros momentâneos** de rotação se agrupam em dois conjuntos, chamados "**nuvens**" e separados por uma posição cujo centro momentâneo se situa fora e longe dessas nuvens, denominada *posição de descontinuidade*.

---

* Ver nota do Capítulo 2.

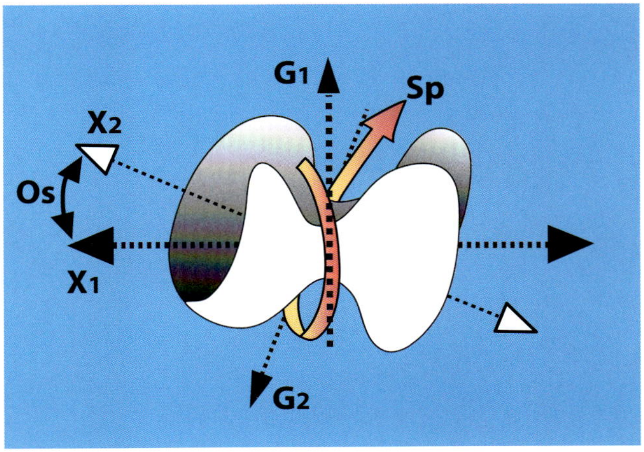

Figura 16.25

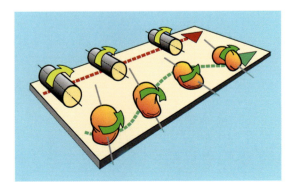

Figura 16.26

O que é biomecânica

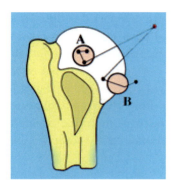

Figura 16.27

Deformação das superfícies articulares

Pelo menos em uma articulação, **a superfície articular se deforma** no decorrer do próprio movimento. É o caso da superfície articular proximal do carpo, ou **côndilo do carpo**. Sabemos que, na verdade, o maciço do carpo é formado por oito pequenos ossos, que se movimentam um em relação aos outros, como *nozes em um saco*. O estudo fisiológico fino dos movimentos de abdução e adução do punho mostrou que o conjunto do carpo muda de forma durante o movimento, de modo que hoje se fala em "**geometria variável do carpo**" (Fig. 16.28), o que significa que a forma da superfície do côndilo do carpo se modifica, de fato, durante os movimentos de adução-abdução.

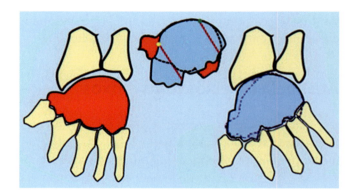

Figura 16.28

Classificação das articulações

As articulações podem ser sinoviais ou não sinoviais.

Articulações sinoviais

Elas se classificam, segundo sua *funcionalidade,* em **quatro grupos** de acordo com os graus de liberdade. Em mecânica, chamamos **grau de liberdade** a possibilidade de um movimento em torno de um eixo ou em uma determinada direção, e geralmente dentro de um plano.

Assim, o movimento de **flexão-extensão** representa **1 grau de liberdade,** em torno de *um único eixo.*

Portanto, segundo o número de eixos e seus graus de liberdade, podemos distinguir:

1. Articulações de **UM eixo e 1 grau de liberdade**, que se dividem em dois tipos:
Gínglimos (trocleares), que são as *dobradiças.*
Trocóideas, que são os *pivôs* ou plataformas.

2. Articulações de **DOIS eixos e 2 graus de liberdade**, que também podem ser de dois tipos:
Condilares (ou condilianas), também chamadas "**elipsóideas**".
Selares, assim chamadas por sua superfície em forma de sela (os anatomistas clássicos as chamavam de articulações de "encaixe recíproco", o que não significa nada, porque todas as articulações são assim).

3. Articulações de **TRÊS eixos e 3 graus de liberdade**, que são de um único tipo, as **esferóideas** (enartroses) e suas equivalentes.

4. Articulações **SEM eixo definido, dotadas de 6 graus de liberdade**, que são as **articulações planas** (artrodias).
Elas só se movimentam *graças ao jogo mecânico* e são *inconcebíveis em mecânica industrial,* onde estariam condenadas a um rápido desgaste.

Articulações não sinoviais

As **sincondroses** (sinostoses e sinartroses), como as suturas cranianas.

As **sínfises** (também chamadas anfiartroses), como a sínfise púbica.

Os **planos de deslizamento**, também chamados "**sissarcoses**", são *falsas articulações* no sentido anatômico do termo, porque não têm ossos nem cartilagens, como é o caso da *articulação escapulotorácica,* que descreveremos adiante.

17
Autoconformação das superfícies articulares

A forma das superfícies articulares tem estreita correspondência com sua função, mas poderíamos nos perguntar do que depende essa forma.

Ela é resultante de um *duplo determinismo*.

O **código genético**, que representa *o plano do organismo como um todo*, contido no **genoma** de cada célula, determina por meio dos complexos processos de desenvolvimento embrionário a construção de cada uma das articulações do sistema musculoesquelético, desde as primeiras semanas de gestação.

No **esboço cartilagíneo** do osso longo, vemos se formar progressivamente – exatamente no local das futuras articulações – **grupos de células mesenquimatosas** (Fig. 17.1: formação embrionária de uma articulação dentro de um segmento ósseo) que irão se diferenciar em fibroblastos. Sobre as duas bordas dessa zona intermediária desenvolvem-se os *condrócitos*, que fabricam **cartilagem**. Entre as duas cartilagens surge uma **cavidade sinovial** que possui, na periferia, feixes de *fibroblastos* que constituirão os futuros *ligamentos* e a *cápsula*. A **apoptose** retira tudo o que estiver sobrando e, literalmente, **esculpe** as maquetes ósseas para formar as articulações definitivas. Todos esses processos evoluem de acordo com um programa complexo e ainda não totalmente elucidado, por intermédio de fatores desencadeantes, *estimuladores* e *inibidores*, emissários dos genes e dedicados, cada um deles, a uma ação muito precisa.

Como os esboços musculares se desenvolvem simultaneamente, não é impossível que o *movimento intervenha* **desde as fases mais precoces**, de maneira a modelar as articulações.

O **papel do movimento** parece, de fato, essencial para "lapidar" a forma definitiva das articulações. Duas experiências corroboram esse conceito.

A experiência de Fick

R. Fick foi o primeiro cientista a se interessar, em 1904, pelo *determinismo mecânico* das superfí-

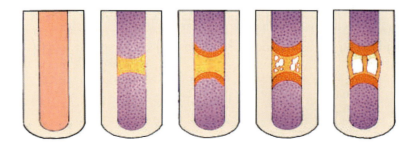

Figura 17.1

cies articulares, realizando sua **célebre experiência** (Fig. 17.2), frequentemente citada na literatura, de caráter ao mesmo tempo simples e engenhoso.

Ele concebeu "modelos mecânicos de articulações em formação" (Fig. 17.1).

Em uma das extremidades de uma *haste de madeira*, ele colou uma peça de material friável, como um *giz*. Com um material flexível, articulou os dois elementos, giz contra giz. Em seguida, instalou um cordão de tração, que passou dentro de uma ranhura da peça proximal e, depois, fixou sobre a peça distal.

Na **primeira experiência** (A), os dois cordões foram fixados *próximo* ao ponto de junção do segmento distal.

Após certo número de oscilações, ele constatou que as superfícies de giz em contato se haviam desgastado (B), porém, de modo assimétrico: no lado da inserção proximal dos cordões, a superfície havia se tornado côncava, enquanto, do outro lado, estava convexa.

O primeiro ponto importante é que **o movimento determinou a conformação das superfícies "articulares"**.

O segundo ponto, igualmente importante, é que a **superfície se torna côncava** quando as forças de movimento são aplicadas próximo à **pseudoarticulação**.

Em uma **segunda experiência** (C), os cordões passam próximo à pseudoarticulação, na peça proximal, e são fixados *à distância* sobre a peça distal.

Os movimentos sucessivos, também nesse caso, esculpem os blocos de giz, mas agora a superfície côncava está situada no lado proximal (D).

Na verdade, o lado côncavo está *sempre situado* na extremidade onde a fixação dos cordões é *a mais próxima*.

No plano teórico, essa experiência é instrutiva, pois **permite simular todos os tipos de articulações**:

1. Modelo de **um só eixo**, do tipo "**dobradiça**" (Fig. 17.3), equipado com um único par de cordões, no mesmo plano, com um ponto de fixação (**F**) próximo à articulação, e uma ranhura (**C**) distante.
2. Modelo de **dois eixos**, mobilizado por **dois pares de cordões**, de *dois tipos*:
   – do tipo **condilar** (Fig. 17.4), convexo-convexo, mas com curvaturas desiguais em decorrência dos dois pares de cordões segundo o esquema **B**, e com fi-

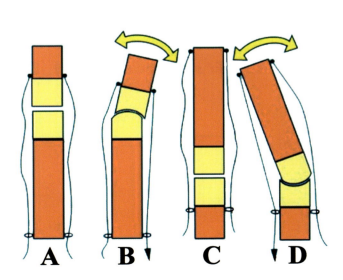

Figura 17.2

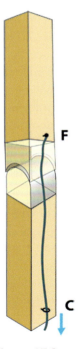

Figura 17.3

O que é biomecânica

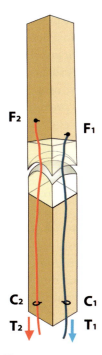

Figura 17.4

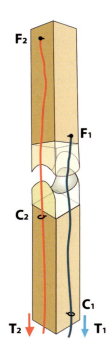

Figura 17.5

xações F1 e F2 defasadas, um par mais próximo da interlinha que o outro, para induzir uma diferença de curvatura, e ranhuras C1 e C2 à distância;
– do tipo **selar**, ou *"cardã"* (Fig. 17.5), com curvaturas invertidas côncavo-convexa, com um par de cordões disposto conforme o esquema B e o segundo par, conforme o esquema D. Nesse caso, a fixação de um dos pares de cordões F1 é próxima à articulação e a ranhura C1 fica distante, enquanto, no outro par, F2 fica distante e C2, próxima.
3. Por fim, um modelo **esferóideo**, do tipo **enartrose** (Fig. 17.6), convexo-convexa com curvaturas iguais, dispondo-se os dois pares de cordões conforme o esquema B, fixados em pontos situados à mesma distância da interlinha, F1 e F2 estão próximos e à mesma distância da articulação, enquanto as ranhuras C1 e C2 estão distantes.

Enfim, essa experiência permite simular os quatro tipos de articulações sinoviais por meio de um simples

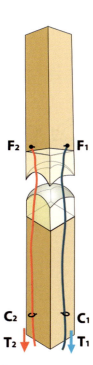

Figura 17.6

84

movimento graças às "inserções" fixadas de modo preciso e lógico, mas diferentes em cada caso.

Experiência dos ligamentos do joelho

Essa experiência me foi sugerida pela constatação de **Hans Strasser** (1852-1927), de que os ligamentos cruzados do joelho são **constantemente tracionados em todas as posições da articulação**.

Seria lógico, portanto, conceber um **modelo mecânico** do joelho em *duas dimensões*, levando-se em conta o *comprimento relativo e a disposição dos ligamentos cruzados* em relação a uma base fixa (triângulo verde), que representa a *diáfise femoral distal*, e uma parte móvel, que representa a *face articular superior da tíbia*.

Recomendo que o leitor construa o modelo com suas próprias mãos, para atingir perfeita compreensão de seu funcionamento (Fig. 17.7: princípio do modelo).

Com um pouco de paciência e cuidado, a **montagem** (Fig. 17.8: montagem do modelo) permite fazê-lo funcionar e descobrir o importante papel dos ligamentos na conformação das superfícies articulares.

Esse experimento já foi objeto de um artigo publicado em uma revista de língua inglesa pouco conhecida, *Medical and Biological Illustration* (17.26-32, Londres, 1966). O artigo passou totalmente despercebido e esta é uma oportunidade, para mim, de demonstrar seu interesse.

Este **modelo montado** (Fig. 17.9: funcionamento do modelo) permite deslocar, sobre a cartolina que constitui a base, a *face articular superior da tíbia* (em verde), articulada pelas duas faixas vermelhas, que representam os *ligamentos cruzados*. A *patela*, por sua vez, está ligada ao fêmur pela faixa verde, que representa os *tendões laterais*, e também à face articular superior da tíbia pelo *ligamento patelar*. Desse modo, quando deslocamos a face articular superior da tíbia sobre a base, *a patela é tracionada* e descreve sua *trajetória própria*.

O que é importante nesse modelo é reconstituir os pontos de fixação dos ligamentos cruzados e do tendão patelar no fêmur: eles formam o *triângulo* verde. Sobre a cartolina que serve de base, só estão representados os contornos da parte baixa da diáfise: o perfil do côndilo e da tróclea serão *desenhados pelo próprio experimento*.

A experiência em si consiste em deslocar a face articular superior da tíbia sobre a base, para *tantas posições quantas forem desejadas* e, em cada uma delas, *traçar com um lápis* o contorno superior da peça que representa a face articular superior da tíbia e o contorno posterior da que representa a patela.

Então, temos a surpresa de constatar que esses traços sucessivos do lápis **desenham**, literalmente, o contorno do côndilo e também da tróclea, e que *essas duas curvas se juntam* (Fig. 17.10).

Figura 17.7

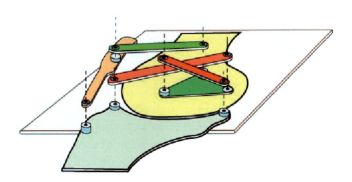

Figura 17.8

O que é biomecânica

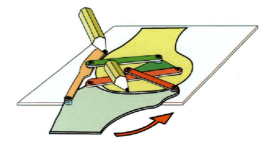

Figura 17.9

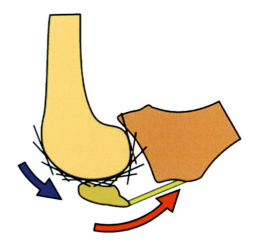

Figura 17.10

A *linha tangencial* a todas essas posições se chama, em matemática, **envolvente**, com relação às *posições sucessivas* da patela e da face articular superior da tíbia.

Essa experiência feita com um simples modelo de cartolina é **fundamental**, pois dela podemos tirar duas conclusões:

- Primeiramente, as superfícies articulares do joelho são **determinadas pelo jogo dos ligamentos**. Podemos concluir, então, que as superfícies articulares do sistema musculoesquelético se desenvolvem em dois estágios: a princípio, a construção se dá sob o comando do genoma; em seguida, o acabamento – ou, poderíamos dizer, o "teste de rodagem", como nos motores dos carros antigos, a forma definitiva e "funcional" – é definido pelos movimentos dentro do útero, que tanta alegria proporcionam aos pais, mas que, sobretudo, "forjam" as articulações da futura criança. Definitivamente, existe uma **relação dialética** entre a forma e o movimento, *cada um servindo de determinante para o outro*.

- Em seguida, a conclusão que salta aos olhos é que **cada joelho é "personalizado"**, em razão de suas *características geométricas próprias*. Bastaria uma pequena modificação quanto a comprimento ou ponto de inserção de um ou dois ligamentos, *e teríamos um joelho completamente diferente*. É o que faz o cirurgião ortopédico ao realizar uma artroplastia ou instalar uma prótese dos ligamentos cruzados; na realidade, ele *impõe* ao joelho, já traumatizado, *novas condições de funcionamento* que não mais correspondem à sua constituição original. Além disso, quando esse cirurgião implanta uma *prótese-padrão de joelho*, embora ela seja do tamanho certo, pode-se ter certeza de que essa nova articulação não corresponderá ao funcionamento natural do "joelho original"! Mas que preço teria uma prótese "personalizada", fabricada sob medida para o paciente?

Ao retomar essa experiência que já tem *mais de 40 anos*, pareceu-nos interessante **reproduzi-la geometricamente**, com o auxílio de régua e compasso.

Em um **primeiro momento**, conseguimos "construir" a **curvatura condilar** (Fig. 17.11).

Basta traçar dois círculos que representam os possíveis movimentos dos ligamentos cruzados em torno de sua inserção tibial:

- o círculo **p**, com centro **I**, de comprimento igual ao do ligamento cruzado posterointerno (amarelo);
- o círculo **a**, com centro **E**, de comprimento igual ao do ligamento cruzado anteroexterno (verde).

Tomando, então, um ponto **p** sobre o círculo amarelo **P**, traçamos um círculo de comprimento igual ao da face articular superior da tíbia. Esse círculo **T** (pontilhado) corta o círculo **a** no ponto **A**: a reta **AP** repre-

17 Autoconformação das superfícies articulares

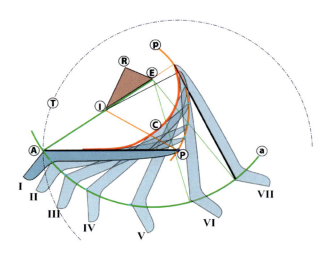

Figura 17.11

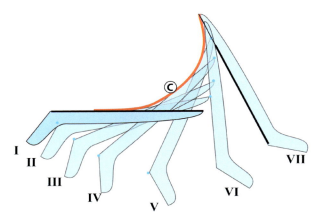

Figura 17.12

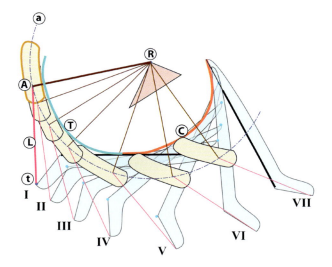

Figura 17.13

senta, então, a posição **I** da face articular superior da tíbia. Podemos extrapolar ainda mais esse experimento.

Ao repetirmos o processo para tantos pontos quantos quisermos sobre o círculo amarelo **p**, poderemos obter posições sucessivas da face articular superior da tíbia, nesse caso, de **I** a **VI**. Torna-se assim evidente que todas essas posições são tangentes a uma curva que vem ao encontro delas: em matemática, é a "envolvente", em relação às posições sucessivas da face articular superior da tíbia. Essa curva **C** (em vermelho) desenha o perfil condilar, da posição de extensão **I** à posição de flexão extrema **VII**. Isso fica ainda mais evidente quando **suprimimos todas as linhas de construção** (Fig. 17.12): este desenho mostra apenas as posições sucessivas da face articular superior da tíbia, construídas com grande precisão sobre o esquema anterior.

Em um **segundo momento**, é possível construir o mesmo desenho para a **curvatura troclear** (Fig. 17.13). Nesse caso é preciso, de início, traçar o círculo **a** (pontilhado) com centro **R**, definido pela inserção do tendão patelar **AR** na patela. Com o auxílio do compasso, aberto no comprimento **L** do *ligamento patelar*, determina-se, a partir do ponto **t**, que representa a *tuberosidade anterior da tíbia*, a interseção de **L** com o círculo **a** para cada posição da face articular superior. Esse ponto **A** permite *decalcar o contorno da patela*. Depois de aplicar essa técnica à posição **I** da face articular superior da tíbia, podemos repeti-la sucessivamente para cada uma das posições, de **II** a **VII**, o que nos permite *decalcar todas as posições da patela, da extensão à flexão completas*.

Novamente, constatamos que todas essas posições da patela são tangentes a uma **curvatura T** (em azul) que vem a seu encontro: é a "envolvente" das *posições sucessivas da patela*. A curvatura verde **T** desenha o **perfil troclear** da posição de extensão **I** à posição de flexão extrema **VII**. Tudo fica ainda mais evidente após

87

O que é biomecânica

a supressão das linhas de construção (Fig. 17.14): a linha verde traça o perfil troclear e, fato notável, **junta-se perfeitamente** à linha vermelha C do perfil condilar. Assim, reconstituímos por inteiro, por *desenho geométrico*, o perfil trócleo-condilar, com o *ponto de transição* entre as duas articulações: a trócleo-patelar, na frente, e a tibiocondilar, atrás.

Com certeza, um matemático seria capaz de definir a equação dessas duas curvas, o que corrigiria a concepção das curvas do tipo "espiral de espiral", que ainda prevalece.

Esse trabalho, que se originou de uma constatação de Strasser e foi realizado, inicialmente, em um simples modelo mecânico, poderia **servir de base para uma reflexão** *sobre as próteses de joelho*.

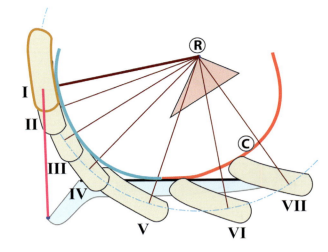

Figura 17.14

18

Articulações sinoviais uniaxiais

Essas articulações só possuem **um grau de liberdade** em torno de seu único eixo de rotação. Suas superfícies derivam da superfície do cilindro.

Um cilindro maciço dentro de um cilindro oco permite rotação, mas há um movimento parasita de deslizamento de acordo com o eixo do cilindro maciço no interior do oco, que pode ser eliminado se modificarmos a curvatura da geratriz (ver capítulo anterior):

- se a geratriz for côncava do lado do eixo de rotação, a superfície obtida será uma **tróclea**;
- se a geratriz for convexa do lado do eixo de rotação, a superfície obtida será uma **trocoide**.

Dependendo da direção e da forma do eixo, as articulações poderão ter um de dois tipos:

- **gínglimos**, que são *articulações trocleares* cujo *eixo é cruzado, mais frequentemente perpendicular*, ao eixo longitudinal do segmento móvel;
- **trocóideas** *ou pivôs*, que são articulações cujo *eixo é paralelo ao eixo longitudinal* do segmento móvel.

Para ver a descrição anatômica das articulações, sugerimos consultar os livros de fisiologia articular do mesmo autor, que contêm mais esquemas.

Gínglimos

Seu movimento leva o segmento móvel a se *dobrar* em direção ao segmento proximal fixo. As articulações do tipo gínglimo têm duas funções do ponto de vista mecânico:

- por um lado, **nos membros**, servem para regular seu comprimento por meio da *flexão, que encurta, e da extensão, que alonga*;
- por outro, **nos dedos**, sua função é adaptar o comprimento e a forma para permitir *envolver* e *segurar objetos*. Nos *dedos dos pés*, sua função é menos importante: servem para que o indivíduo se agarre ao solo por meio da flexão e permitem a evolução das passadas quando em extensão.

Essas articulações se dividem em *duas categorias*, dependendo de o eixo ser perpendicular ou oblíquo *à direção do eixo longitudinal do segmento fixo*.

- Quando o **eixo é perpendicular** (Fig. 18.1), o deslocamento do segmento móvel se dá em um plano perpendicular ao eixo, e o segmento móvel, que inicialmente se situa no prolongamento do segmento fixo, passa a ocupar, pelo movimento dito de **flexão**, uma posição **exatamente à frente** *do segmento fixo*. O movimento inverso é a **extensão**.
- Quando o **eixo de flexão-extensão é oblíquo** em relação ao eixo longitudinal do segmento fixo (Fig. 18.2), o segmento móvel já não mais se desloca sobre um plano, mas, sim, **sobre a superfície de um cone** cujo eixo geométrico é o eixo de flexão-extensão e cujo vértice se encontra no centro da articulação. A trajetória do segmento móvel em fle-

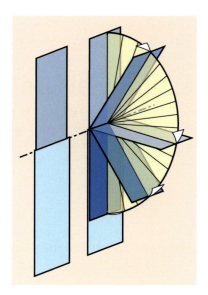

Figura 18.1

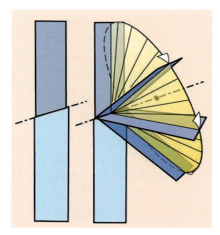

Figura 18.2

xão se desloca sobre a superfície do cone e o *traz para uma posição deslocada* e oblíqua em relação ao segmento fixo; por isso, o movimento se chama **flexão oblíqua**.

Essas articulações possuem uma superfície articular em forma de polia, denominada **tróclea** – superfície de revolução que apresenta um colo circular entre *duas faces convexas, os côndilos*. A superfície oposta, no segmento móvel, é, como um *negativo* da primeira, constituída de uma *crista baixa situada entre duas concavidades* nos dois sentidos. A articulação se mantém unida – ou coaptada – pelos ligamentos laterais, que impedem qualquer movimento de lateralidade.

Essas **articulações gínglimos** são numerosas no sistema musculoesquelético.

Elas se situam entre as falanges dos dedos das mãos e dos pés, formando as articulações **interfalângicas proximais** (IFP), entre a primeira e a segunda falange, e as **interfalângicas distais** (IFD), entre a segunda e a terceira falange.

As **interfalângicas da mão** apresentam justamente as diferenças de orientação do eixo que acabamos de explicar e que determinam o aparecimento de um componente de lateralidade durante a flexão dos dedos. É fácil fazer uma experiência com uma **tira de papel** (Fig. 18.3): percebemos, então, várias flexões oblíquas sucessivas.

Se, partindo da posição em que a **mão é vista de frente** (Fig. 18.4), com os dedos estendidos e encostados uns nos outros, efetuarmos um movimento de flexão total e simultânea dos dedos, poderemos constatar que o indicador se flexiona *em linha reta*, ao passo que os demais dedos se flexionam cada vez mais obliquamente à medida que se afastam do indicador. O dedo mínimo se flexiona claramente em *direção oblí-*

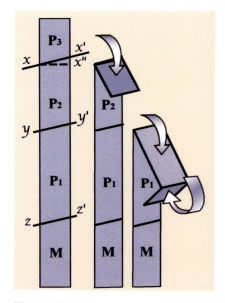

Figura 18.3

18 Articulações sinoviais uniaxiais

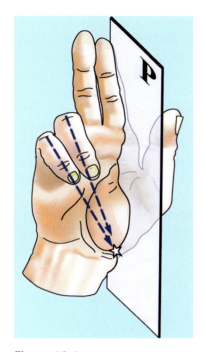

Figura 18.4

qua, voltado para a base do polegar. Esse é um exemplo de flexão oblíqua devida a uma *assimetria dos côndilos das trócleas e dos ligamentos laterais*. Esse movimento se deve também a uma *assimetria da cabeça do metacarpal* nas articulações metacarpofalângicas, como veremos adiante.

O interesse da flexão oblíqua dos dedos ulnares é realizar uma **oposição simétrica** *à do polegar* para permitir o contato entre as polpas dos dedos mínimo e polegar.

Vale um destaque especial para a articulação **interfalângica do polegar**. Essa articulação é um gínglimo, assim como as demais articulações interfalângicas, mas ela desempenha um papel especial na fisiologia da oposição do polegar. Durante sua flexão, a interfalângica do polegar efetua uma *rotação longitudinal automática de 5° a 10° no sentido da pronação*. Esse movimento pode ser muito facilmente demonstrado por meio da experiência que eu mesmo executei em uma **preparação cadavérica** (Fig. 18.5). Primeiramente, espetam-se na articulação em extensão *dois pinos transversais e paralelos*, um na cabeça da primeira falange e outro

na base da segunda; em seguida, produz-se o máximo possível de flexão na interfalângica do polegar e então veremos que os pinos já não estão mais paralelos, mas formam um ângulo de 5° a 10°. Em virtude da assimetria dos côndilos e dos ligamentos, esse movimento de pronação se integra na *rotação global em pronação da coluna do polegar* durante o movimento de oposição.

Há, ainda, outras três articulações do tipo gínglimo que precisamos descrever: o cotovelo, o tornozelo e o joelho.

O cotovelo é um sistema articular complexo que *inclui duas articulações em uma única cavidade sinovial*. Só abordaremos aqui a articulação troclear que executa a flexão-extensão. É dessa forma que o cotovelo *regula o comprimento do membro superior*, e a flexão que leva a mão à boca é um movimento indispensável à *função alimentar*. Para aproximar a extremidade do membro superior de sua raiz, a primeira solução mecânica que nos vem à mente é o **deslizamento telescópico** (Fig. 18.6): o segmento distal "penetraria" no proximal, mas, ainda assim, restaria o comprimento do segmento proximal separando a mão da boca. Além disso, tal procedimento não é viável em biomecânica! Quanto ao

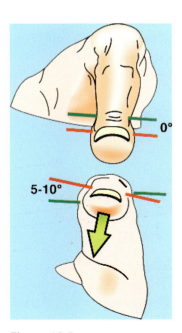

Figura 18.5

91

sistema telescópico, que poderíamos chamar de "infinitesimal", o do *caracol*, que entra totalmente dentro de si mesmo, ele pode ser interessante, mas não suporta cargas.

A única solução mecânica viável em biomecânica é a do **compasso** (Fig. 18.7), cujos "braços" se aproximam até quase se tocarem, mediante a flexão do cotovelo. A distância que resta entre o punho e a boca é coberta pelo comprimento da mão, o que constitui um teste. Graças à completa flexão do cotovelo, a mão pode chegar até a boca.

No cotovelo, a *parte medial* é uma **articulação gínglimo** que consiste no encontro da *tróclea do úmero*, sustentada pela *haste umeral* e projetada para a frente em 45°, e, no lado distal, pela *grande incisura troclear da ulna*, também orientada para a frente em 45°.

A superfície ulnar termina em *duas saliências* acuminadas, o *processo coronoide*, abaixo e à frente, e o *olécrano*, acima e atrás. Essa orientação das superfícies articulares tem um papel muito importante na amplitude de movimentos do cotovelo. Supondo-se que as superfícies articulares fossem **orientadas perpendicularmente às extremidades ósseas** (Fig. 18.8), a flexão seria limitada a 90°, já que o processo coronoide encostaria no úmero.

No entanto, com as superfície orientadas a 45°, sobretudo se **projetadas para a frente** (Fig. 18.9), a flexão ultrapassa em muito o ângulo reto e deixa um *espaço livre* entre os dois ossos, onde podem se alojar as massas musculares anteriores no momento da flexão total. A projeção para a frente das superfícies articulares do úmero, sustentadas pela haste umeral, *precisa necessariamente ser restabelecida* nos casos de redução de fraturas da epífise inferior do rádio a fim de evitar a limitação da flexão.

O cotovelo possui, de cada lado, fortes *ligamentos colaterais*, em avental, que garantem sua estabilidade lateral (ver Fig. 16.23).

Essa articulação troclear tem como particularidade o fato de *seu colo não estar contido em um plano sagital perpendicular ao eixo de flexão-extensão*, mas sim *torcido* **em espiral** (Fig. 18.10), ultrapassando esse plano de um lado e de outro.

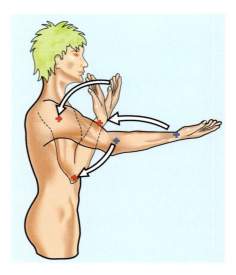

Figura 18.7

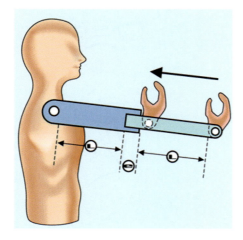

Figura 18.6

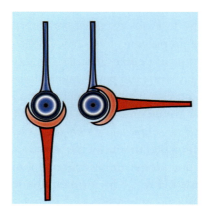

Figura 18.8

18 Articulações sinoviais uniaxiais

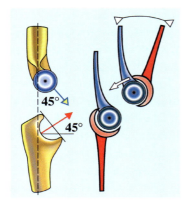

Figura 18.9

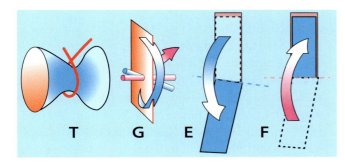

Figura 18.10

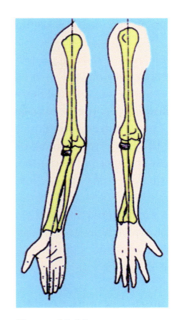

Figura 18.11

de liberdade – é, no entanto, de um tipo particular, em razão de sua conformação **dinâmica em "soquete e pilão"** (Fig. 18.12: modelo mecânico).

A direção do colo é variável na frente, mas atrás ele é *sempre oblíquo para baixo e para fora*, de modo que, em extensão total, a ulna forma um ângulo obtuso com o úmero aberto para fora, chamado *cubitus valgus*, cuja importância veremos quando falarmos em pronação-supinação.

Com efeito, a *pronação* (Fig. 18.11) traz o antebraço de volta para o eixo do braço. Na frente, a obliquidade do colo troclear é variável, de modo que a ulna pode, em flexão, vir se colocar diretamente diante do úmero, que é o caso mais frequente, ou então, raras vezes, um pouco para fora, ou mesmo um pouco para dentro, situação ainda mais rara. Temos, portanto, uma articulação gínglimo que permite uma *flexão de obliquidade diferente dependendo da pessoa*.

O tornozelo – cuja articulação, denominada **talocrural**, é um **gínglimo** que possui um eixo e um grau

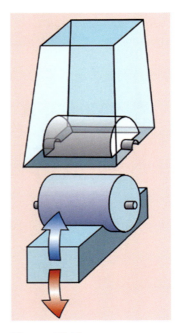

Figura 18.12

93

Ele consiste no encontro dos seguintes elementos:

- uma superfície articular distal, a "**polia**" **do tálus** – antigamente chamado *astrágalo* –, em forma de cabeça de *soquete*, que se encaixa no elemento seguinte;
- a cavidade do *pilão*, a "**pinça bimaleolar**" formada pela *ligação frouxa* entre as extremidades inferiores da tíbia e da fíbula, permitindo *regular o afastamento entre os dois maléolos* para adaptação à geometria da polia em qualquer posição de flexão-extensão.

Trata-se de um sistema articular *aperfeiçoado*, que possui várias características engenhosas. A descrição das superfícies nos permite compreender seu funcionamento.

1. A **polia do tálus** (Fig. 18.13: vista superior) comporta, na realidade, três superfícies: uma superior e duas laterais, chamadas "faces".
- A **superfície superior** é troclear e possui um colo mediano flanqueado por duas saliências convexas nos dois sentidos. Essa superfície troclear, na vista superior, é muito especial por *três motivos*:
  – o eixo do colo não é sagital, mas *desviado em 20° para a frente e para fora*;
  – a superfície é *maior na frente do que atrás*, formando um trapézio;
  – as margens laterais são *dessemelhantes*: a margem medial é sagital e retilínea, enquanto a margem lateral é côncava e voltada para a frente e para fora (**r**). Na vista lateral, a superfície superior é *convexa para cima*, formando um **arco de círculo de 140°**.
- A **face maleolar medial** é plana e situada em um *plano sagital*. Ela tem a forma de uma vírgula convexa e é contínua com a margem medial da polia.
- A **face maleolar lateral** é triangular, com o vértice para baixo e a base para cima, que é convexa e em continuidade com a margem lateral da polia. Sua *curvatura é côncava* de cima para baixo e também ligeiramente côncava de trás para a frente. A cartilagem dessas três superfícies é contínua.

2. A **pinça bimaleolar** (Fig. 18.14: vista posteroexterna da articulação aberta) é formada por **dois ossos**: na parte de dentro, a epífise inferior da tíbia, também chamada de "pilão tibial", que se prolonga para dentro pelo **maléolo medial**; na parte de fora, a epífise inferior da fíbula, ou seja, o **maléolo lateral**. Esses dois ossos são ligados por uma *articulação não sinovial*, chamada sindesmose: é a articulação **tibiofibular distal**.
- O **pilão tibial** engloba duas superfícies cujas cartilagens são contínuas:

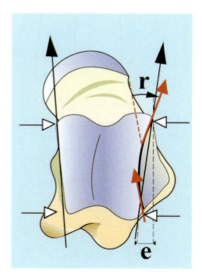

Figura 18.13

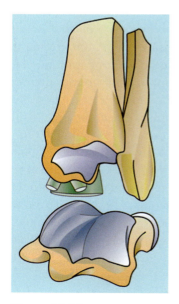

Figura 18.14

- a face inferior da epífise tibial, cuja superfície articular tem conformação inversa à da parte superior da polia do tálus, ou seja, ela possui uma crista baixa mediana que separa duas goteiras pouco profundas; de perfil, essa superfície é côncava para baixo, formando um arco de círculo de 70°;
- a face externa do **maléolo medial**, o qual consiste em uma saliência óssea que se prolonga para baixo na margem medial da tíbia. Ele é achatado transversalmente e sua face *externa* contém uma face cartilagínea plana, que se articula com a face interna da polia do tálus.
- O **maléolo lateral** (Fig. 18.15: vista anterointerna da articulação aberta) representa a *epífise inferior da fíbula*, alargada nesse ponto e achatada transversalmente. Na face medial, esse maléolo possui uma superfície cartilagínea oval, ligeiramente convexa nos dois sentidos, que se articula com a face lateral da polia do tálus.
- A **articulação tibiofibular distal** é uma *sindesmose* que não permite *qualquer contato* entre os dois ossos. A face medial do maléolo lateral fica distante de uma goteira pouco profunda na tíbia, e o espaço é preenchido por uma *bainha sinovial*.

Como o maléolo lateral fica em posição mais posterior que o medial, o resultado é que o eixo de flexão-extensão do tornozelo torna-se ligeiramente oblíquo para trás, o que explica a *direção ligeiramente oblíqua para a frente e para fora do eixo do pé*.

A ligação é feita por **dois ligamentos tibiofibulares**, um anterior (Fig. 18.16: vista anterior) e outro posterior. Eles são oblíquos para baixo e para fora, o que permite certo afastamento da fíbula.

3. Funcionamento da articulação talocrural

- Na **vista de perfil**, a polia do tálus gira em torno do centro de curvatura comum à sua face superior e à face articular inferior da tíbia. A amplitude do movimento é de:
  - 30° em **flexão**, movimento que aproxima o dorso do pé da face anterior da perna – não é correto dizer flexão "dorsal", pois seria redundância;
  - 40° em **extensão** do tornozelo. Não tem lógica chamar esse movimento de "flexão plantar", pois ele alonga, na verdade, o membro inferior, caracterizando uma extensão, e é realizado pelos músculos "extensores"; portanto, *trata-se de uma* verdadeira **extensão**.

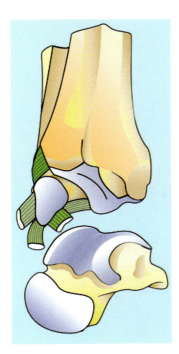

Figura 18.15

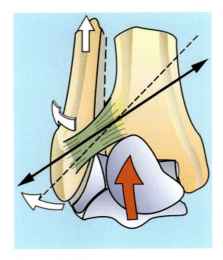

Figura 18.16

- Na **vista superior**, como a tróclea é maior na frente do que na parte de trás, *os maléolos se afastam durante a flexão* e se aproximam durante a extensão.
- Os movimentos do maléolo lateral: o maléolo lateral é submetido a um movimento triplo durante a flexão do tornozelo, como demonstrou **Pol Lecoeur**:
  – um **afastamento** para fora;
  – uma **rotação lateral** sobre seu eixo longitudinal para seguir a curvatura da face externa da polia;
  – um **movimento de ascensão** devido ao jogo dos ligamentos oblíquos: o afastamento do maléolo os torna mais horizontais, o que provoca a ascensão de sua inserção inferior. *A extensão produz* **movimentos inversos** (Fig. 18.17).

Esses movimentos ocorrem na articulação tibiofibular distal, que é, portanto, *mecanicamente ligada* à articulação talocrural. Eles repercutem na articulação tibiofibular proximal, uma articulação plana entre a cabeça da fíbula e a face articular superior da tíbia. Esses movimentos explicam a perenidade da articulação tibiofibular proximal que, sem eles, teria desaparecido.

4. Por que a perna tem dois ossos?

Nesse estágio da explicação do funcionamento da articulação talocrural, poderíamos nos perguntar por que tamanha complicação, com dois ossos móveis para conter a polia do tálus.

Como também é necessário explicar a presença de dois ossos no antebraço, convidamos o leitor a consultar o Capítulo 45: "Por que o zeugopódio apresenta dois ossos"?

O **joelho** é, paradoxalmente, uma **articulação gínglimo**, já que, assim como o cotovelo no membro superior, garante *a variação de comprimento do membro inferior*, indispensável à marcha, à corrida e ao salto. Em princípio, o joelho é, na verdade, uma **articulação gínglimo modificada** para permitir, além de flexão-extensão, a **rotação longitudinal** da perna em relação à coxa, mas *somente quando o joelho está flexionado*.

Parece aberrante considerar o joelho um gínglimo, mas, quando construímos a *superfície teórica* que contém os dois côndilos femorais e a tróclea, do lado *proximal*, e, do lado distal, *a superfície que contém* **as glenas tibiais e a patela** (Fig. 18.18), constatamos que, de fato, elas *sugerem uma articulação gínglimo*.

A **epífise femoral inferior** comporta os **dois côndilos femorais**, cujas superfícies articulares convexo-convexas são separadas por um sulco profundo, a **fossa intercondilar**, que se prolonga, à fren-

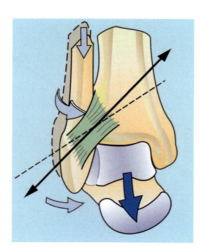

Figura 18.17

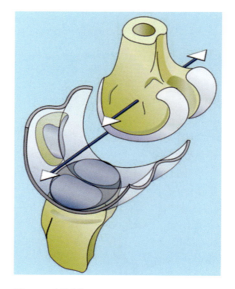

Figura 18.18

te, pela **tróclea** femoral. Esse conjunto engloba, portanto, duas superfícies convexo-convexas, separadas por um sulco, presente na parte da frente e ausente atrás, cuja silhueta descreve uma espécie de *chapa ondulada* encurvada.

A epífise tibial superior e a patela possuem *curvaturas inversas*, as concavidades das glenas tibiais e as faces da patela que formam, de modo contínuo, duas goteiras paralelas, separadas por uma *crista mediana* na qual se situam as *maciças* **espinhas tibiais**, separando as glenas e, na frente, pela **crista mediana da patela**.

Nessa conformação, as duas superfícies, semelhantes a "chapas onduladas", **só podem deslizar** (Fig. 18.19) uma sobre a outra em um movimento de flexão-extensão, como é próprio da articulação troclear.

Contudo, **duas modificações importantes** permitirão o movimento de rotação longitudinal da perna:

1. primeiramente, a **dissociação entre a patela e a tíbia**, o que permite movimentos de lateralidade desta, ou seja, *não existe um olécrano no joelho*;
2. em segundo lugar, **em torno do pivô central das espinhas tibiais**, a abrasão das duas partes, anterior e posterior, da **crista virtual** (Fig. 18.20) que separa as duas glenas.

Assim, a tíbia pode realizar sua rotação longitudinal, sob os côndilos, em torno do **pivô central das espinhas tibiais**, que vai se alojar na fossa intercondilar, conforme demonstra este **modelo mecânico** (Fig. 18.21).

Desse modo, a articulação troclear do joelho adquiriu **um grau de liberdade suplementar**: a *rotação da perna sobre seu eixo longitudinal!* Essa rotação só pode ocorrer quando os ligamentos colaterais estão distendidos, ou seja, em **flexão**.

Tudo isso, porém, não é suficiente para descrever o joelho, que representa a articulação mais complexa, *mais aperfeiçoada* (alguns diriam, erroneamente, *sofisticada*, o que sugere um componente *enganoso*), menos encaixada e mais "astuta" do sistema musculoesquelético.

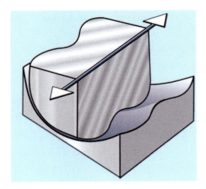

Figura 18.19

Figura 18.20

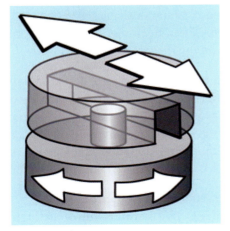

Figura 18.21

O que é biomecânica

Ainda precisamos abordar as seguintes questões:

1. Deslocamento dos côndilos sobre as glenas: rolamento-deslizamento

Em todas as articulações, a rotação de uma superfície em relação à outra é feita por deslizamento: o joelho é a única em que os côndilos *rolam e deslizam simultaneamente* (Fig. 18.22). Como a conformação do perfil condilar é superior ao semidiâmetro da glena, é indispensável que, durante a flexão, o côndilo seja *trazido para a frente* pelo ligamento cruzado posterior.

Na figura, vemos três comprimentos:

- o comprimento r, que corresponde ao simples *rolamento* do côndilo sobre a face articular superior da tíbia nos primeiros 15° de flexão;
- o comprimento R-G, que corresponde ao *deslizamento associado ao rolamento* do côndilo, no final da flexão;
- o comprimento R, que **corresponderia** *ao rolamento puro* do côndilo, materializado pela linha vermelha que se estende sobre o côndilo, entre o triângulo e o losango azuis. Constatamos que, se o côndilo apenas rolasse sobre a tíbia, ele "sairia" da face articular superior da tíbia no ponto marcado pelo losango azul-claro. Durante a flexão, o ponto de contato dos côndilos com as glenas se desloca para trás, duas vezes mais no caso do côndilo lateral, que percorre a superfície ligeiramente convexa da glena lateral, do que no caso do côndilo medial, que se mantém na concavidade da glena medial. Durante a extensão, produz-se um deslocamento inverso. Esse deslizamento diferencial dos côndilos determina uma *rotação automática da tíbia sob o fêmur*.

Na flexão, os côndilos, ao se deslocarem sobre a face articular superior da tíbia, permanecem em **estreito contato com as glenas** (Fig. 18.23) porque, como demonstrou **Strasser**, *os ligamentos cruzados permanecem* **igual e constantemente tensionados**, qualquer que seja o grau de flexão (**F**), de extensão (**E**) ou de hiperextensão (**H**).

2. Papel e fisiologia dos meniscos

Os meniscos são **anéis fibrocartilagíneos** cuja função é *repartir as pressões na* **periferia das superfícies articulares** (Fig. 18.24). Graças a seu *perfil triangular*, eles, na verdade, restabelecem a congruência entre côndilos e glenas. Vistos de frente, têm a forma de cres-

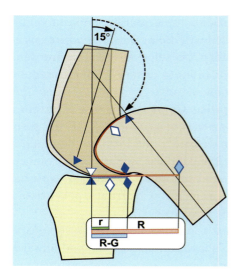

Figura 18.22

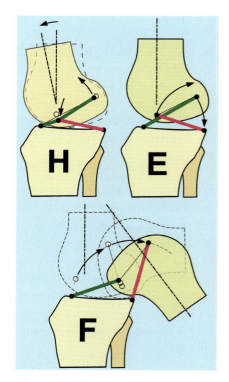

Figura 18.23

centes, sendo o lateral mais fechado que o medial. Sua parte periférica adere à cápsula e somente os cornos são fixados à tíbia para seguir o deslocamento dos côndilos. Os ligamentos menisco-patelares (em verde) trazem os meniscos para a frente durante a extensão. As conexões posteriores os puxam para trás durante a flexão.

Assim, os meniscos podem se deslocar sobre as glenas tibiais:

- seja **no mesmo sentido, durante movimentos de flexão-extensão** (Fig. 18.25):
  - para trás na flexão (**F**);
  - para a frente na extensão (**E**);
- seja **no sentido inverso, durante movimentos de rotação** (Fig. 18.26):
  - na rotação medial, o menisco lateral desliza para trás e o medial para a frente;
  - na rotação lateral, os movimentos fazem o inverso.

Durante esses movimentos, os meniscos se deformam.

3. **A riqueza de ligamentos do joelho e o funcionamento desses ligamentos** garantem a estabilidade absoluta do joelho em extensão.

A coaptação do joelho é garantida **por quatro ligamentos potentes**: dois **ligamentos cruzados** e dois **ligamento colaterais**.

Os **ligamentos cruzados**, graças à forma como ficam dispostos, lembram os **brasões dos cavaleiros medievais** (Fig. 18.27):

- *o ligamento cruzado posterior* (em vermelho) adota uma posição próxima da horizontal;
- *o ligamento cruzado anterior* (azul) fica quase na vertical.

Os **ligamentos colaterais**, faixas fibrosas muito sólidas, **unem o fêmur à tíbia** (Fig. 18.28: vista lateral à direita, medial à esquerda).

Eles **se cruzam** do ponto de vista espacial: o tibial é oblíquo para baixo e para a frente, o fibular é oblíquo para baixo e para trás. Além disso, eles também são

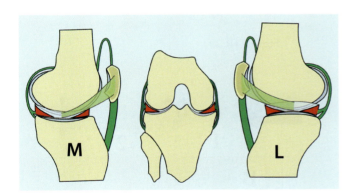

Figura 18.24

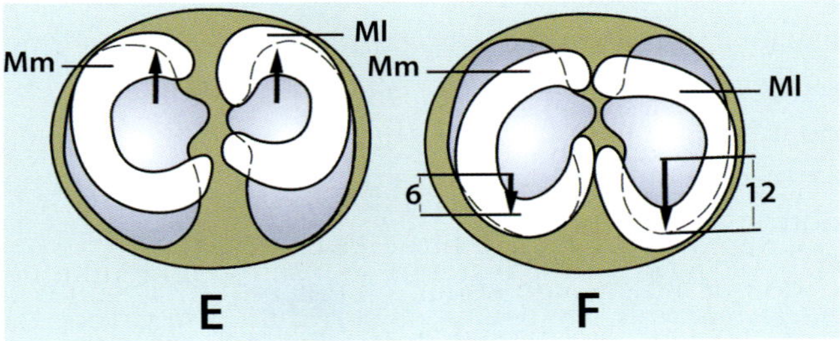

Figura 18.25

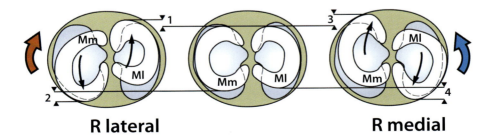

R lateral   **R medial**

Figura 18.26

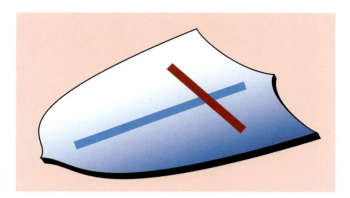

Figura 18.27

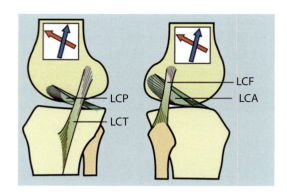

Figura 18.28

cruzados com o ligamento cruzado homolateral, ou seja, o ligamento colateral tibial é cruzado com o ligamento cruzado posterior e o ligamento colateral fibular é cruzado com o ligamento cruzado anterior.

Neste **esquema dos quatro ligamentos** (Fig. 18.29), pode-se constatar que os ligamentos principais são cruzados alternadamente, do ponto de vista espacial, um em relação ao outro. Isso explica por que os *ligamentos colaterais se opõem à* **rotação medial**, enquanto a rotação lateral é *limitada pelos* **ligamentos cruzados**, cuja tendência é a de se enroscarem um no outro (ver Capítulo 25).

Os ligamentos colaterais se inserem no fêmur, no *interior da linha dos centros de curvatura*. Em virtude da curvatura dessa linha, a parte anterior dos côndilos é mais espessa do que a parte posterior. Nessas condições, quando ocorre a extensão do joelho, os ligamentos colaterais são tensionados pelo "**efeito esquina**", o que provoca um verdadeiro *bloqueio do joelho*, impedindo qualquer movimento de lateralidade. Um **modelo mecânico** (Fig. 18.30) ilustra esse mecanismo: quando a esquina 1 se posiciona sob o ligamento **ab**, até a posição 2, o comprimento deste aumenta passivamente da extensão **e**, o que significa que o ligamento fica **mais tenso**.

4. Geometria e determinismo do perfil dos côndilos

Os ligamentos cruzados, situados na fossa intercondilar, ou seja, dentro do *eixo da articulação*, efetuam,

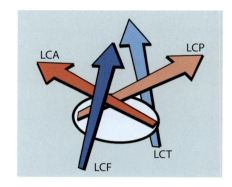

Figura 18.29

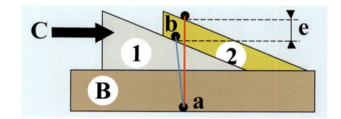

Figura 18.30

graças a seu cruzamento, o *equivalente a um eixo de flexão-extensão* **não materializado**. Esse efeito pode ser demonstrado por meio de um **pequeno modelo** (Fig. 18.31) de fácil construção: duas plaquetas retangulares, representando a face articular superior da tíbia, abaixo, e o maciço condilar, acima, são ligadas por três tiras de papel coladas na largura das plaquetas, sendo duas tiras laterais no mesmo sentido e uma central, em sentido inverso. O experimento consiste em mobilizar as plaquetas em rotação em torno de um eixo paralelo à sua largura, mantendo-as sempre afastadas.

Se as tiras forem exatamente do mesmo comprimento das plaquetas, estas não poderão ser afastadas e descreverão sua rotação sobre o eixo dos dois lados da sua largura. É fácil constatar a impossibilidade de mobilizar as plaquetas no sentido do comprimento, exatamente como os ligamentos cruzados, que garantem a estabilidade anteroposterior do joelho.

Se as tiras forem ligeiramente mais longas, as plaquetas poderão ser afastadas uma da outra e descreverão sua rotação à distância, em torno de um eixo virtual e instantâneo. Esse é o perfil dos côndilos, que, na realidade, garante o afastamento constante das peças móveis.

Por meio de um *modelo mecânico* que eu mesmo construí (ver Cap. 16), é possível demonstrar como se determina o **perfil dos côndilos**: a curva é a **expressão geométrica** das posições sucessivas da glena; dizemos também que se trata de uma *curva envolvente* das posições sucessivas da face articular superior da tíbia. No conceito *clássico*, o perfil dos côndilos era considerado uma *espiral construída sobre uma linha central também espiral*. Esse mesmo modelo demonstra que a questão é mais complexa, mas que continua sendo matemática. Ele também permite traçar o *perfil da* **tróclea**, que também é uma espiral de espiral.

Esses dois perfis **se unem perfeitamente**, o que demonstra a continuidade das duas partes da articulação do joelho: a *parte anterior*, femoropatelar, e a *parte posterior*, femorotibial.

5. Movimentos da patela em relação ao fêmur e à tíbia

Durante a flexão, *a patela desliza de cima para baixo sobre a* **tróclea femoral** (Fig. 18.32), inicialmente em posição de extensão, em contato por toda a sua superfície cartilagínea, em seguida no decorrer da flexão, progressivamente em contato com sua parte superior, e, depois, com sua margem superior.

Fortemente aplicada sobre a tróclea pelo efeito de coaptação do quadríceps, a patela desliza como se es-

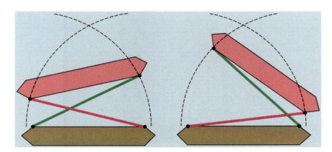

Figura 18.31

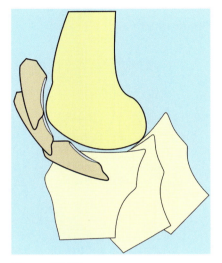

Figura 18.32

tivesse em um trilho, na fossa intercondilar, **em forma de polia** (Fig. 18.33).

Uma vez que a patela não faz parte da tíbia, como é o caso do olécrano, embora esteja ligada a ela por um tendão flexível, o **ligamento patelar**, ela pode se deslocar em relação à tíbia. Ela é submetida a dois tipos de deslocamento:

- **Durante a flexão** (Fig. 18.34), *a patela se desloca da frente para trás*, descrevendo um arco de círculo centrado na tuberosidade tibial anterior. No decorrer desse movimento, a patela sofre uma rotação em torno de um eixo transversal que, por sua vez, desloca-se seguindo a patela para trás.
- **Durante a rotação da tíbia** sobre seu eixo longitudinal (Fig. 18.35), *a patela se desloca em relação à tíbia*

101

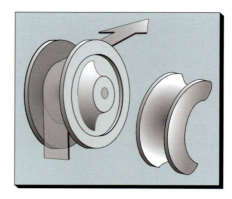

Figura 18.33

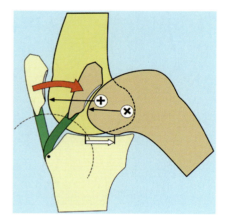

Figura 18.34

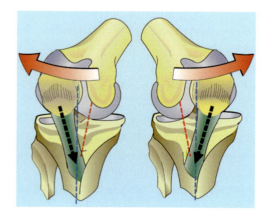

Figura 18.35

no sentido lateral para fora durante a rotação medial e, inversamente, para dentro, durante a rotação lateral, ao mesmo tempo que sofre rotação em torno de um eixo anteroposterior perpendicular a si mesma.

Esses dois tipos de deslocamento explicam *por que não existe um "olécrano patelar"*.

6. Fatores que bloqueiam a extensão do joelho na falta de obstáculo ósseo

Se *não há um olécrano servindo de obstáculo ósseo*, como é limitada a extensão? *Por que não ocorre uma hiperextensão considerável?* São simplesmente os **elementos capsulares**, **ligamentares** e **musculares posteriores** (Fig. 18.36) que limitam a extensão do joelho. A *cápsula* é reforçada, na face posterior dos côndilos, pelos **epicôndilos**, que são tensionados durante a extensão, assim como os **ligamentos posteriores**, os *ligamentos poplíteos oblíquos e os arqueados*. Os **ligamentos colaterais e cruzados**, sobretudo o *posterior*, são tensionados na extensão completa. Os músculos flexores do joelho só intervêm secundariamente. O joelho pode chegar a 5° a 10° de **hiperextensão** (Fig. 18.37), posição em que ele é **estável sem contração muscular**. Ao passar para uma flexão mínima, a contração do quadríceps se torna indispensável para impedir a flexão total e a queda.

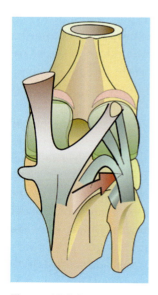

Figura 18.36

18 Articulações sinoviais uniaxiais

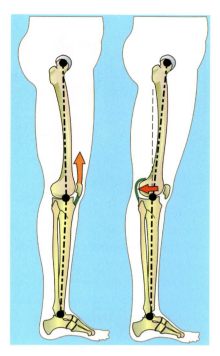

Figura 18.37

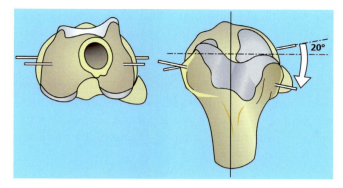

Figura 18.38

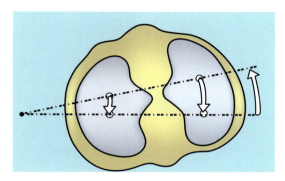

Figura 18.39

7. O mecanismo de rotação lateral automática em extensão

Na passagem da extensão completa à flexão, a perna efetua uma rotação lateral automática de 10° a 15°, de modo que o pé que vai chegar ao solo se coloque em *ligeira rotação lateral*.

Por outro lado, quando a pessoa se agacha com os joelhos fletidos, o pé fica em rotação medial. Essa rotação pode ser demonstrada sobre uma **peça anatômica** (Fig. 18.38: vista superior): primeiramente, dois pinos paralelos são introduzidos nas extremidades do fêmur e da tíbia, com o joelho em extensão; quando o joelho é flexionado, constatamos, na vista superior, que os pinos agora formam um ângulo de 20° a 30°.

Essa rotação automática se deve à desigualdade dos **deslocamentos dos côndilos sobre as glenas** (Fig. 18.39) e às tensões ligamentares. Nesta vista superior da face articular superior da tíbia foram marcados os pontos de contato dos côndilos em extensão e em flexão. Parece que o caminho percorrido pelo côndilo lateral é duas vezes maior que o do côndilo medial.

Trocóideas ou pivôs

Existem três articulações desse tipo no sistema musculoesquelético humano:

- as **duas articulações radiulnares**, associadas à pronação-supinação;
- a **articulação atlantoaxial**, que participa do complexo articular suboccipital.

Articulações radiulnares

Situadas nas duas extremidades do antebraço, distinguimos:

- a **articulação radiulnar proximal**, que faz parte do cotovelo e se situa na mesma cápsula articular que a articulação **umeroulnar**, no lado externo;

O que é biomecânica

- a **articulação radiulnar distal**, situada no *complexo articular do punho*, acima e para dentro da articulação **radiocarpal**, com a qual se comunica.

Essas articulações unem o rádio à ulna e funcionam simultaneamente: são **ligadas do ponto de vista mecânico**; são *articulações destinadas à pronação-supinação*, movimento de rotação do antebraço sobre seu eixo longitudinal.

Pronação-supinação

Antes de descrevermos o funcionamento dessas articulações, é importante apresentar a exata definição e o mecanismo de pronação-supinação.

Primeiramente, a **definição**: é importante compreender que a pronação-supinação diz respeito apenas à rotação do antebraço, e não à rotação de todo o membro superior. Portanto, para **medir a pronação-supinação** (Fig. 18.40), é indispensável flexionar o cotovelo em ângulo reto, o que elimina a rotação do úmero sobre seu eixo longitudinal, movimento realizado no nível do ombro.

Com o cotovelo flexionado em ângulo reto, a **posição de referência**, ou *posição zero* da pronação-supinação, se estabelece quando a mão está situada no **plano sagital**, com o polegar **para cima** (Fig. 18.41).

É a partir dessa posição de referência que se deve medir as amplitudes da pronação e da supinação.

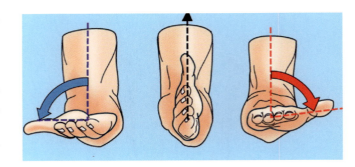

Figura 18.41

Se virarmos a mão de modo que o polegar fique voltado *para fora* (*seta azul*) e a palma voltada *para cima*, teremos um movimento de **supinação** de 90° de amplitude.

Se, ao contrário, virarmos a mão de modo que o polegar fique voltado *para dentro* (*seta vermelha*) e a palma voltada para baixo, teremos um movimento de **pronação** de 85° a 90° de amplitude.

Essa rotação da mão e do punho é possível graças à *rotação do rádio em torno da ulna*, pelo **jogo das articulações radiulnares** (Fig. 18.42). O rádio, que em supinação estava situado ao lado e para fora da ulna, gira sobre si mesmo, descrevendo, no espaço, uma superfície cônica virtual, e cruza pela frente a ulna – diz-se que houve um "encavalamento" – até que

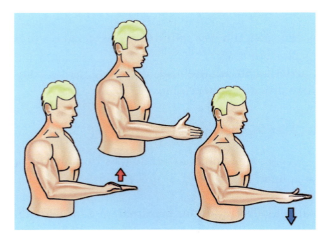

Figura 18.40

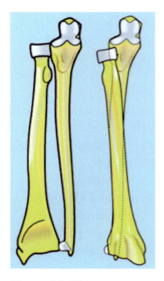

Figura 18.42

sua epífise inferior esteja dentro da cabeça da ulna. O **sobrecruzamento da ulna pelo rádio** (Fig. 18.43) é favorecido pela *curvatura do rádio, de concavidade anterior*, que representa uma condição indispensável para a amplitude completa da pronação.

A rotação do antebraço sobre seu eixo longitudinal *transforma o punho em uma articulação com três graus de liberdade,* **equivalente a uma esferóidea,** como o ombro.

Articulação radiulnar proximal

Situada fora da articulação troclear, mas na mesma cavidade sinovial, ela é constituída de duas superfícies (Fig. 18.44): a *cabeça do rádio e o anel osteofibroso* que lhe serve de receptáculo.

A **cabeça do rádio,** sustentada pelo colo do rádio, é um cilindro cujo eixo vertical se encontra dentro do prolongamento do eixo do colo do rádio. Sua face periférica e sua face superior, a **cúpula radial,** são recobertas por cartilagem. Esse cilindro, ligeiramente abaulado, como um barril, está contido em um receptáculo em parte ósseo, a **incisura radial,** em par-

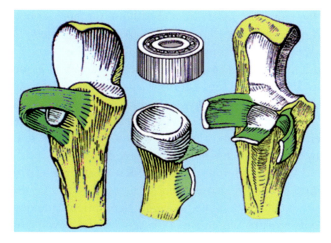

Figura 18.44

te ligamentar, o **ligamento anular do rádio,** cuja face interior é cartilagínea e cujas extremidades estão presas às faces anterior e posterior da pequena incisura radial. Esse ligamento, que envolve firmemente a **periferia da cabeça do rádio** (Fig. 18.45), pressiona a cabeça do rádio contra a pequena incisura radial e representa, em essência, o **meio de contenção dessa articulação.** O aspecto que é muito particular da biomecânica é o caráter deformável do receptáculo, de constituição em parte óssea e em parte ligamentar. Com efeito, a cabeça do rádio *não é totalmente cilíndrica* e, **portanto, não constitui uma superfície de revolução.** Ela

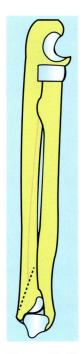

Figura 18.43

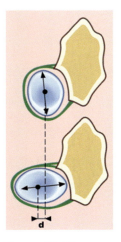

Figura 18.45

é ligeiramente ovoide ao corte, o que também se nota no perímetro da cúpula radial. O *formato ovalado da cabeça do rádio* é importante porque ele afasta em 1,5 ou 2 mm o eixo de rotação da cabeça, afastando, assim, o rádio da ulna (Fig. 18.46). Graças a essa condição, a tuberosidade do rádio – na qual se insere o bíceps – pode "passar" pela fossa supinadora da ulna (seta vermelha) durante a pronação (seta verde). Eis mais um dispositivo engenhoso da biomecânica.

O funcionamento da articulação radiulnar proximal é o de uma **trocóidea**.

A cabeça do rádio pode girar sem dificuldade dentro do receptáculo, que não é ósseo, indeformável, mas, sim, constituído, em dois terços, pelo *ligamento anular*.

Na borda inferior da pequena incisura radial, está fixado o **ligamento quadrado** (Fig. 18.47), que se fixa no colo do rádio, abaixo da cartilagem da cabeça. Ele mantém a cabeça do rádio pressionada contra a ulna, limitando a amplitude da pronação-supinação.

A **cúpula radial** (Fig. 18.48: relações morfológicas e dinâmicas entre a cabeça do rádio e o côndilo umeral), de forma côncavo-côncava, uma calota esférica, articula-se com o **capítulo do úmero**, relevo hemisférico recoberto por cartilagem situado imediatamente fora da tróclea, na face anterior da palheta umeral. Durante a flexão do cotovelo, a cúpula radial percorre

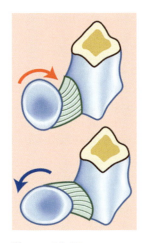

Figura 18.47

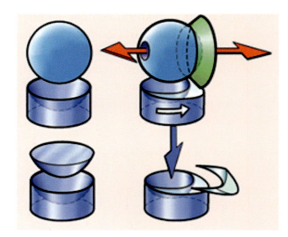

Figura 18.48

verticalmente o capítulo do úmero, mas continua sendo capaz de efetuar uma rotação sobre o eixo da cabeça do rádio. Essa articulação capítulo-radial é, portanto, dotada de dois graus de liberdade, o que permite a pronação-supinação em todas as posições do cotovelo. Durante a rotação da cúpula radial, seu perímetro, que apresenta um segmento plano, articula-se com a **zona capítulo-troclear**, que forma uma face de transição cônica entre essas duas superfícies.

Globalmente, o cotovelo comporta, portanto, dois graus de liberdade: a **flexão-extensão**, graças à *ulna*, antigamente chamada cúbito (termo derivado do latim

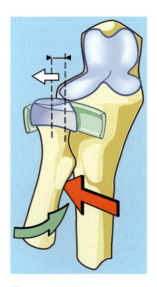

Figura 18.46

que designa "osso do cotovelo") e a *rotação longitudinal*, graças ao *rádio*.

Articulação radiulnar distal

Situa-se dentro da epífise distal do rádio (Fig. 18.49: articulação aberta) e é formada por duas superfícies aproximadamente cilíndricas:

- uma superfície radial, a **incisura ulnar**, situada em um plano sagital à face interna de sua epífise inferior, orientada para dentro e côncava nas direções vertical e horizontal;
- a **face periférica articular da cabeça da ulna**, orientada para fora e ligeiramente para a frente, de superfície cilíndrica ou ligeiramente cônica, com vértice inferior e curvatura vertical ligeiramente convexa. Ela assume a forma de *crescente*, com um corno anterior e um posterior. Dispõe-se em torno do perímetro da cabeça da ulna e sua cartilagem é contínua com a da **face articular carpal** (Fig. 18.50: vista inferomedial), horizontal, plana ou ligeiramente convexa.

A ligação dessa articulação é feita:

- pelos **ligamentos radiulnares anterior e posterior**, de pouca importância mecânica (não mostrados aqui);
- sobretudo pelo **complexo triangular**, como é chamado pelos autores de língua inglesa, cujo

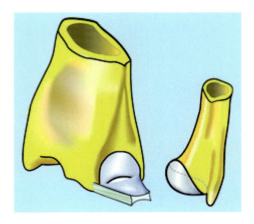

Figura 18.49

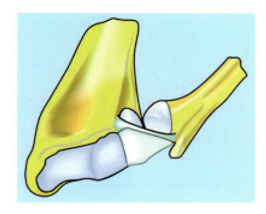

Figura 18.50

elemento essencial é o **disco articular** (ligamento triangular). Com efeito, ele é o meio essencial de ligação da articulação radiulnar distal (Fig. 18.50: vista inferomedial): sua base se fixa sobre a margem inferior da incisura ulnar do rádio, sobre a crista que a separa da glena radial. As fibras convergem para a inserção ulnar, zona estreita situada na face articular carpal, entre a base do processo estiloide da ulna e a superfície articular inferior da cabeça ulnar. Suas margens anterior e posterior são *mais espessas*, de modo que a lâmina fibrosa do ligamento é *bicôncava* ao corte e tem suas duas faces recobertas por cartilagem; sua face superior faz contato *com a face inferior da cabeça da ulna*. Pode haver uma perfuração central no ponto mais delgado, estabelecendo uma comunicação entre as duas articulações, normalmente separadas por esse "**menisco suspenso**": a radiulnar distal acima e a radiocarpal abaixo.

A articulação comporta uma **cápsula articular** e uma membrana sinovial próprias, que se inserem nas duas margens do disco articular. Durante a pronação-supinação, o disco articular "varre" a face inferior da cabeça do rádio (Fig. 18.51), como se fosse um "limpador de para-brisa". Ele é *mais tensionado em posição intermediária*, em razão de sua inserção descentralizada sobre a cabeça da ulna, em relação a seu centro de rotação. Portanto, *em pronação ele se encontra relaxa-*

O que é biomecânica

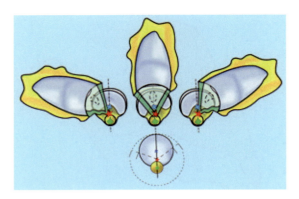

Figura 18.51

do, enquanto agora é o ligamento radiulnar inferior e *posterior* que se encontra tensionado. Por outro lado, em supinação, é a vez do ligamento radiulnar inferior e *anterior* ser tensionado, compensando o relativo relaxamento do disco articular.

A estabilidade da articulação radiulnar inferior depende de outros dois elementos que fazem parte do **complexo triangular** (Fig. 18.52):

- A expansão interna que o ligamento anular dorsal envia para a face palmar do punho e que a cruza obliquamente por dentro.

- O tendão do extensor ulnar do carpo (EUC), que, em sua **bainha fibrosa** muito resistente, desliza na face posterior do processo estiloide da ulna. O tendão do EUC, com sua *bainha*, é um elemento estabilizador muito importante para a cabeça da ulna.

O funcionamento da articulação radiulnar **distal** se assemelha ao da sua irmã gêmea, a articulação radiulnar proximal: enquanto o rádio gira em torno da ulna (Fig. 18.53: vista de frente), sobre uma superfície cônica cujo eixo é a reta (tracejado vermelho) que liga o centro das duas articulações radiulnares, o receptáculo, a incisura ulnar, gira em torno da cabeça da ulna, a qual supostamente permanece fixa, já que a epífise radial efetua uma rotação dentro de um movimento de translação circunferencial em torno da cabeça da ulna. Se a cabeça da ulna permanecer fixa, o eixo do movimento passará pelo dedo mínimo no nível da mão.

Entretanto, na prática, *o eixo desse movimento passa pelo eixo da mão*, ou seja, pelo *terceiro raio*, representado pelo dedo médio (Fig. 18.54: vista inferior sobreposta das duas posições extremas). Isso implica, então, que a cabeça da ulna, embora permaneça pa-

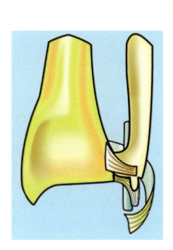

Figura 18.52

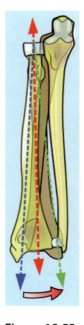

Figura 18.53

108

18 Articulações sinoviais uniaxiais

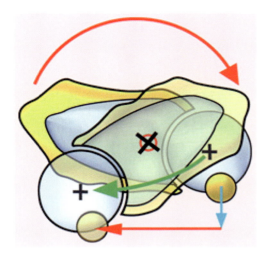

Figura 18.54

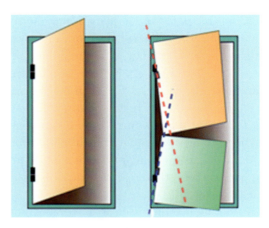

Figura 18.55

ralela a si mesma, desloca-se descrevendo uma trajetória em arco (*seta verde*), graças a uma leve extensão do cotovelo combinada a uma também leve rotação lateral do úmero, já que a articulação úmero-ulnar, muito congruente, não permite qualquer movimento de lateralidade. Ao mesmo tempo, a epífise radial efetua uma **translação circunferencial** (*seta vermelha curva*), um verdadeiro "passo de balé" em torno da cabeça da ulna.

Para que a pronação-supinação se realize normalmente, é indispensável que os eixos de cada uma das articulações radiulnares estejam *em correspondência exata*, ou seja, **alinhados** (Fig. 18.55: as duas portas). Fazendo uma analogia, uma porta só se abre facilmente se os eixos de suas dobradiças estiverem perfeitamente alinhados. Se essa condição não for preenchida, a porta não poderá ser aberta, exceto se for serrada ao meio para que suas dobradiças se movam independentemente. O mesmo ocorre nas articulações radiulnares: se uma fratura de um dos ossos romper o alinhamento recíproco dos eixos dessas articulações, a amplitude da pronação-supinação ficará comprometida. Por isso, essas duas articulações devem ser **rigorosamente coaxiais**, o que pode representar um problema para a redução de fraturas.

Membrana interóssea do antebraço

Entre o rádio e a ulna, estende-se uma membrana fibrosa cujo papel essencial na solidariedade entre esses ossos vai ficando cada vez mais claro, a **membrana interóssea do antebraço** (Fig. 18.56: vista anterior à esquerda e posterior à direita), formada por *duas camadas fibrosas* de obliquidade cruzada: uma camada anterior cujas fibras são oblíquas para baixo e para dentro, e uma camada posterior cujas fibras são oblí-

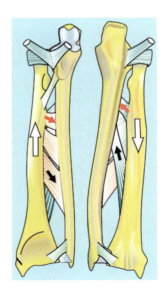

Figura 18.56

quas para baixo e para fora. Essa membrana forma uma verdadeira **dobradiça flexível** entre os dois ossos; ela é tensionada durante a pronação, o que amortece o movimento. Acima de tudo, ela limita os **deslocamentos verticais do rádio** (Fig. 18.57: diagrama normal, em tração e compressão) em relação à ulna: deslocamento *para baixo* por tensionamento da camada anterior e *para cima* por tensionamento das fibras posteriores.

Quando a *cabeça do rádio é achatada* por uma fratura ou quando foi retirada, a contenção exercida pelo rádio desaparece.

Se a membrana interóssea do antebraço for incapaz de se opor a esse deslocamento, haverá um *deslocamento secundário da articulação radiulnar inferior* que causará problemas; essa é a **síndrome de Essex-Lopresti**.

A **inserção dos músculos flexores profundos** (**m**) (Fig. 18.58: corte transversal) na face anterior da membrana desempenha um papel importante na coaptação das articulações radiulnares. De fato, quando esses músculos se contraem, a tração sobre a membrana busca a *reaproximação recíproca* da ulna e do rádio.

Podemos nos perguntar por que as fibras que formam a membrana interóssea não formam uma única camada de fibras transversais, o que, aparentemente, seria muito mais simples.

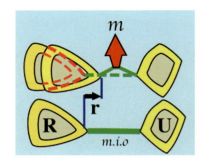

Figura 18.58

Refletindo, vemos que duas camadas de fibras com obliquidades cruzadas são mais *imediatamente eficazes* (Fig. 18.59: diagrama da ação das fibras transversais ou oblíquas) do que fibras tensionadas diretamente de um osso a outro. Em um esquema simples, compreende-se perfeitamente que, para que uma fibra horizontal comece a limitar o movimento, é preciso um deslocamento relativamente importante, ao passo que *uma fibra oblíqua limita quase de imediato o movimento no sentido de sua obliquidade*; é por isso que são necessárias duas camadas de fibras com obliquidades cruzadas. Além disso, o deslocamento em um sentido ou no outro aproxima os dois ossos.

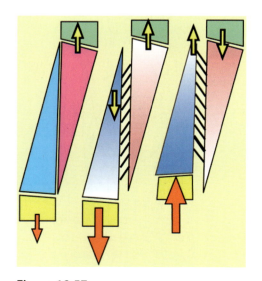

Figura 18.57

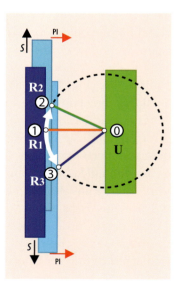

Figura 18.59

Por que o antebraço tem dois ossos?

Essa pergunta parece legítima no plano lógico: por que essa complicação aparente de dois ossos no antebraço, assim como na perna?

Para responder a essa pergunta, é preciso usar o raciocínio do absurdo e criar a *ficção biomecânica*. Por isso a resposta é abordada especialmente no Capítulo 45, intitulado "Por que o zeugopódio apresenta dois ossos?".

Articulação atlantoaxial mediana

Mais uma articulação *bem peculiar*: ela faz parte da **articulação atlantoaxial**, onde está *associada* a *duas articulações planas*, que descreveremos a seguir, no nível das faces laterais dessas duas vértebras cervicais. Essas três articulações estão **ligadas entre si do ponto de vista mecânico**. Nesta **representação esquemática da vértebra axial** (Fig. 18.60: vista posterossuperior), distinguimos perfeitamente o dente, semelhante a um cilindro, e as duas faces cartilagíneas laterais.

A articulação atlantoaxial mediana é o **pivô de rotação** do atlas sobre o áxis, portanto, da cabeça sobre o pescoço. Essa articulação atlantoaxial (Fig. 18.61) garante, ao mesmo tempo, a rotação do atlas sobre o áxis e seus movimentos de báscula em flexão-extensão.

A articulação atlantoaxial mediana é do tipo **trocoide**, isto é, cilíndrica, e seu eixo é vertical.

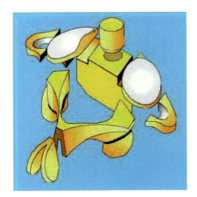

Figura 18.60

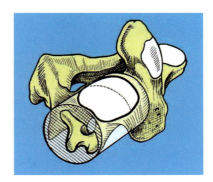

Figura 18.61

Ela é composta por:

- arco anterior do atlas;
- ligamento transverso do atlas;
- dente do áxis, contido em um *receptáculo* formado pelas duas estruturas mencionadas.

1. O **dente do áxis**, assim chamado em razão de sua forma, é implantado sobre a face superior do corpo do áxis. Ele se inscreve em um cilindro, mas sua forma se aproxima mais da forma de um *barril* com a *extremidade superior pontiaguda*. Na verdade:
   - sua face **anterior**, *convexa nos dois sentidos*, é ocupada por uma face cartilagínea;
   - sua face **posterior**, que tem a mesma forma, é marcada na parte baixa por um *profundo sulco transversal*.

   A base de implantação do dente é ligeiramente estreitada, como um colo.

2. O **receptáculo** (Fig. 18.62: vista superior do atlas contendo o dente no seu receptáculo) é uma cavidade osteoligamentar.
   - A **parte óssea** é formada, lateralmente, pelas *duas massas laterais* do atlas e, à frente, pelo *arco anterior* que as une. A face posterior do arco apresenta uma *face cartilagínea* que se articula com a face anterior do dente.
   - O **ligamento transverso**, que se estende na parte posterior das massas laterais, completa o anel osteofibroso, que envolve o dente e vai se alojar no *sulco transversal*. Assim, ele fica preso à parte baixa do dente.

111

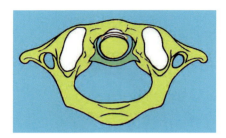

Figura 18.62

3. O atlas, graças a essa articulação do tipo cilíndrico, *gira facilmente* em torno do pivô que forma seu dente.

A **articulação atlantoaxial mediana** completa esse dispositivo, e as duas planas articulam as massas laterais do atlas com as do áxis.

- As *faces do áxis* (Fig. 18.61) estão contidas, cada uma, em um plano oblíquo para cima e para dentro. Sua forma é convexa da frente para trás e retilínea de dentro para fora. Elas se assemelham a *ombreiras* apoiadas nas massas laterais do áxis.
- As *faces do atlas* estão situadas na face inferior das massas laterais dessa vértebra e apresentam a mesma obliquidade que as do áxis. Assim como as do áxis, elas são *convexas da frente para trás* e retilíneas transversalmente.
- Empilhadas umas sobre as outras, em posição de rotação nula, elas estão em contato sobre uma única linha transversal, como dois cilindros em contato um com o outro.

Os *movimentos* dessas duas planas, muito pouco concordantes, são de dois tipos:

- movimentos de **flexão-extensão** (Fig. 18.63: vista lateral do atlas cortado sagitalmente sobre o áxis, em flexão-extensão): a superfície cilíndrica das faces superiores literalmente rola sobre a superfície cilíndrica das faces inferiores. A flexão acarreta o afastamento do arco posterior de cada uma das vértebras, enquanto a extensão as aproxima. Veremos adiante o que ocorre no nível da articulação atlantoaxial mediana;
- movimentos de **rotação em torno do eixo vertical do dente** (Fig. 18.64: vista lateral em corte do atlas sobre o áxis): acarretam um **deslizamento diferencial** de uma face do atlas para a frente, enquanto a outra desliza para trás. Como as faces do

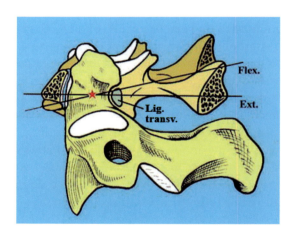

Figura 18.63

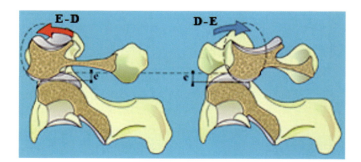

Figura 18.64

áxis são convexas no plano sagital, as massas laterais do atlas "descem" ligeiramente com relação à sua posição em rotação neutra. Elas descrevem, assim, sobre um curto trajeto, uma trajetória helicoidal. Essa ligeira oscilação vertical não causa problema à articulação atlantoaxial mediana.

Por outro lado, fatos importantes acontecem com esta última articulação durante a flexão-extensão:
- durante a **extensão** (Fig. 18.65: vista lateral em corte do atlas sobre o áxis), a face do arco anterior do atlas se desloca *para cima* sobre a face anterior do dente (seta), enquanto o ligamento transverso se tensiona, descendo ligeiramente. De todo modo, essa flexão será limitada mecanicamente pelo *contato do arco posterior do atlas com o do áxis*;
- durante a **flexão** (Fig. 18.66: vista lateral em corte do atlas sobre o áxis), a face do arco anterior do atlas se desloca *para baixo* sobre a face anterior do dente (seta), mas o mais importante é o que acontece no nível do ligamento transverso: ele fica tensionado, ao mesmo tempo que sofre uma angulação com o vértice inferior, já que se mantém *dentro da ranhura posterior do dente*. O afastamento dos arcos posteriores tensiona o ligamento interespinal, mas é o **ligamento transverso que suporta o máximo de pressão**.

É somente ele que impede a **luxação do atlas para a frente**, situação que seria *catastrófica*. Com efeito, na Figura 18.67 vemos que o deslizamento do atlas para a frente (*seta vermelha*) determina uma compressão do eixo nervoso (*seta preta*), no nível do **bulbo raquidiano** (o eixo nervoso é representado em branco), causando uma **morte imediata e fulminante**. É o mesmo mecanismo da *decapitação*.

Agora compreendemos porque esse ligamento transverso pode ser chamado de *"ligamento de vida ou morte"*.

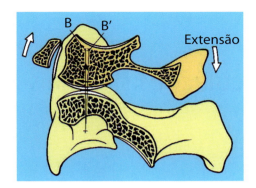

Figura 18.65

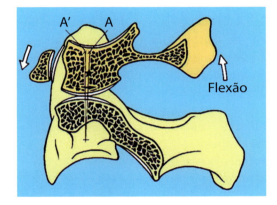

Figura 18.66

Figura 18.67

19

Articulações sinoviais biaxiais

Essas articulações têm **dois graus de liberdade** em torno de *dois eixos de rotação cruzados no espaço*, muitas vezes ortogonais. Segundo sua *conformação geométrica*, que determina a posição dos eixos, elas são classificadas em dois tipos:

- **condilares**, cuja superfície é convexo-convexa, de forma *elíptica*;
- **selares**, cuja superfície é côncavo-convexa, em forma de *sela*.

Do ponto de vista geométrico, as superfícies dessas articulações biaxiais são "recortadas" do mesmo tipo de superfície, *a superfície de um* **toro** (Fig. 19.1), sólido gerado pela rotação no espaço de um círculo em torno de um eixo *situado fora do círculo* (se o eixo de rotação estivesse situado no centro do círculo, o sólido gerado seria uma esfera). A forma, muito simples, é a de uma *câmara de ar de pneu de automóvel*, ou a de uma *boia de salvamento*.

- Se cortarmos um **segmento da superfície da periferia** dessa superfície tórica, obteremos uma **superfície condilar**, cujas duas curvaturas têm o mesmo sentido. Os matemáticos dizem que essa superfície tem uma **curvatura positiva**, pois é suscetível a se fechar sobre si mesma. Os dois eixos estão situados *do mesmo lado da superfície*:
  - o que corresponde à *grande curvatura* é o eixo do toro, o *eixo da roda*, perpendicular ao plano do toro;

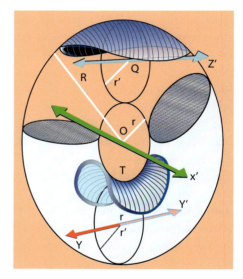

Figura 19.1

  - o que corresponde à *pequena curvatura* é o eixo que passa pelo *centro do tubo*. Ele está contido no tubo e é ortogonal ao primeiro, ou seja, perpendicular no espaço.
- Se cortarmos um **segmento do interior dessa superfície**, ou seja, do *centro da boia de salvamento*, obteremos uma *superfície selar*, cujas duas curvaturas são opostas. Essa superfície tem uma **curvatura negativa**, pois nunca pode se fechar sobre si mesma. Os eixos estão situados *de cada lado da superfície* e são ortogonais:

– o que corresponde à *curvatura côncava* é o eixo do toro, *o eixo da roda*, perpendicular ao plano do toro;
– o que corresponde à *curvatura convexa* é o eixo que passa pelo *centro do tubo*. Ele está contido no tubo e é ortogonal ao primeiro, ou seja, perpendicular no espaço.

Articulações condilares*

A articulação condilar típica é representada pela **articulação radiocarpal**, que é uma das duas articulações do *complexo articular do punho*; a outra é a articulação *mediocarpal*, que será estudada, assim como o funcionamento do punho, quando abordarmos as articulações "planas". Para descrever a articulação radiocarpal, ficaremos inicialmente com a *concepção monolítica* do carpo, hoje abandonada, mas que facilita, *em uma primeira abordagem*, a compreensão do funcionamento dessa articulação. *O conceito moderno será detalhado adiante.*

A **articulação radiocarpal** (Fig. 19.2: vista esquemática de frente) é o encontro de duas superfícies articulares:

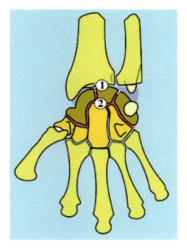

Figura 19.2

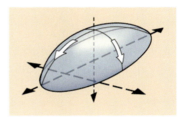

Figura 19.3

■ O **côndilo do carpo** é a superfície *distal*: ele é aqui considerado como um conjunto, embora seja constituído de *três pequenos ossos*, que são, de fora para dentro, o **escafoide**, o **semilunar** e o **piramidal**. Eles são unidos por *ligamentos interósseos*, e o conjunto dos ossos e ligamentos é recoberto por uma *cartilagem* **contínua**. Do ponto de vista geométrico, trata-se de uma superfície convexo-convexa (Fig. 19.3: o côndilo do carpo e suas duas curvaturas) cujos raios de curvatura são desiguais (ao contrário da esfera). Sua forma é *ovoide*, com duas curvaturas de raios diferentes.
– Uma **curvatura transversal** *convexa* situada no *plano frontal*, cujo raio é o maior e corresponde a um *eixo sagital* em torno do qual se realizam os *movimentos de lateralidade:*

• lateralidade interna ou inclinação medial, também chamada de **adução** ou desvio ulnar;
• lateralidade externa ou inclinação lateral, também chamada de **abdução** ou desvio radial.
– Uma **curvatura sagital** *convexa*, no *plano sagital*, cujo raio é o menor e corresponde a um *eixo transversal* em torno do qual se realizam os movimentos de flexão-extensão:
• **flexão**, movimento do carpo *para a frente*, aproximando a face anterior da mão da face anterior do antebraço;
• **extensão**, movimento inverso, para trás, que *a lógica proíbe* chamar de "flexão dorsal", porque isso seria uma contradição, já que o movimento é realizado pelos *músculos extensores* (e não por flexores dorsais).
– A glena **antebraquial** (Fig. 19.4: articulação aberta na frente) (importante: o prefixo é *ante*, que significa *à frente*, não anti, que significa *con-*

---

* A literatura apresenta as articulações *radiocarpais* como *elipsóideas*, e as *metacarpofalângicas* como *bicondilares*.

O que é biomecânica

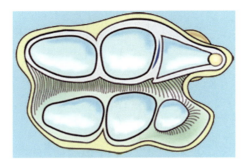

Figura 19.4

tra), superfície *proximal* da articulação, de formação mista, óssea e ligamentar:
- **Por fora**, a parte *óssea*, a **face articular carpal**, que é a *face inferior da epífise radial*, superfície recoberta por cartilagem, côncavo-côncava, concordando com as curvaturas do côndilo. Ela é orientada para baixo, para dentro e ligeiramente para a frente. Ela é subdividida em duas por uma crista baixa anteroposterior:
  • no lado de fora, a *faceta para o escafoide*;
  • no lado de dentro, a *faceta para o semilunar*.
- **No lado de dentro**, a superfície óssea se prolonga com o ligamento anular do rádio, que se estende da margem interna da glena radial até a face inferior da cabeça do rádio, com algumas de suas fibras sendo contínuas com o ligamento colateral interno da articulação radiocarpal. É sua face inferior, côncavo-côncava, que está em continuidade, para dentro, com a superfície da glena radial. Ele separa as articulações radiocarpal e radiulnar distal.

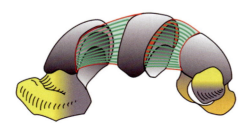

Figura 19.5

O **côndilo do carpo** (Fig. 19.5: os três ossos afastados um do outro são ligados por seus ligamentos), que vem se encaixar na glena antebraquial, é formado por três dos ossos do carpo, que são, de fora para dentro, o **escafoide**, o **semilunar** e o **piramidal**.

■ O *pisiforme não participa do côndilo do carpo*.

Os ossos são conectados por dois *ligamentos interósseos*, que desempenham um papel muito importante no funcionamento do punho:

■ ligamento escafossemilunar;
■ ligamento semilunar-piramidal.

Suas faces superiores são recobertas por cartilagem *que está em continuidade* com a dos três ossos, de modo que *a superfície articular se torna contínua*. Isso não impede movimentos relativos entre os ossos, o que permite a modificação e a adaptação dessa superfície articular. Assim, não se pode mais considerar que o carpo seja um conjunto monobloco: a concepção atual é a do "**carpo de geometria variável**" (ver Cap. 41).

Essa articulação se liga, mecanicamente, à articulação mediocarpal, e sua fisiologia muito complexa não pode ser dissociada da fisiologia do conjunto do carpo, que será estudada adiante.

Outras articulações condilares são as **metacarpofalângicas**.

As **articulações metacarpofalângicas** (Fig. 19.6: vista lateral), assim como as **metatarsofalângicas**, são articulações do tipo condilar e possuem duas superfícies:

■ a **superfície proximal**, sustentada pelo colo do metacarpal ou do metatarsal, é ovalada, convexo-convexa, com um raio de curvatura mais curto no plano frontal do que no sagital. Essa superfície metacarpal se prolonga em direção à face palmar por meio de duas pequenas protuberâncias no colo. No caso dos metatarsais, a disposição é a mesma em direção à face plantar;
■ a **superfície distal**, sustentada pela base da primeira falange, é côncava nos dois sentidos, com curva-

19 Articulações sinoviais biaxiais

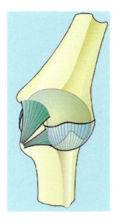

Figura 19.6

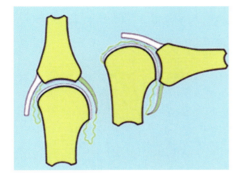

Figura 19.7

turas adaptadas às da cabeça do metacarpal. Uma característica típica dessas articulações é que, na margem anterior da base da falange, insere-se uma *lingueta* em forma de semicircunferência, a **fibrocartilagem glenoidal** (Fig. 19.7: vista lateral esquemática em extensão e em flexão), que melhora a congruência da articulação. A face profunda dessa formação é recoberta por uma cartilagem *contínua* com a da base da falange, que ela prolonga para a frente. A maleabilidade dessa lâmina lhe permite se elevar durante a flexão e aderir à cabeça do côndilo em extensão.

O **sistema ligamentar** desse tipo de articulação é muito peculiar, porque os ligamentos colaterais que unem a base da falange à cabeça do metacarpal são formados por dois feixes (Fig. 19.6):

- um **feixe metacarpoglenoidiano**, que liga as bordas da fibrocartilagem à cabeça do metacarpo, mantendo-o, assim, em contato com a cabeça do metacarpal em todas as posições;
- um **feixe metacarpofalângico**, cuja inserção metacarpal se situa ligeiramente atrás do centro de rotação. Consequentemente, eles são *tensionados em flexão* e *relaxados em extensão*. Por isso, é obrigatório *imobilizar essas articulações* **em flexão** a fim de evitar a retração dos ligamentos.

Essa disposição ligamentar permite que essa articulação funcione de um modo bem peculiar:

- um **movimento de flexão** de 90° a partir da posição reta, cuja amplitude aumenta ligeiramente em direção aos dedos ulnares – é de se notar uma discreta hiperextensão passiva;
- um **movimento de lateralidade bilateral** (Fig. 19.8: vistas esquemáticas de frente), sob a ação dos músculos interósseos, que só é possível em *extensão*, graças ao relaxamento dos ligamentos laterais. Por outro lado, em flexão, o movimento de lateralidade é impossível.

No que diz respeito às articulações **metatarsofalângicas**, o funcionamento é o mesmo, mas com uma diferença importante: *a amplitude da hiperexten-*

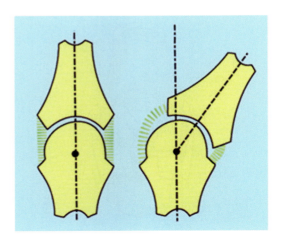

Figura 19.8

117

são passiva é claramente maior, o que permite a *progressão do andar*.

Vamos descrever separadamente a **articulação metacarpofalângica do polegar** (Fig. 19.9: vista esquemática de frente), cujo funcionamento é um pouco mais complexo.

Sua estrutura anatômica é a mesma de outras articulações metacarpofalângicas, exceto pelo detalhe de que sua fibrocartilagem glenoidiana contém, inclusos na espessura, *dois pequenos ossos* chamados "**sesamoides**" porque têm o tamanho e a forma de sementes de sésamo (gergelim). Eles servem de inserção aos músculos curtos do polegar, alojados na eminência tenar e chamados de **músculos tenares**, que se dividem em dois grupos segundo seu ponto de ligação, daí se denominarem músculos *sesamoides externos e internos*. Por isso, eles têm ações diferentes.

A articulação metacarpofalângica do polegar (Fig. 19.10: vista esquemática de perfil) funciona *mais como uma esferóidea*, pois pode realizar *movimentos que incluem uma rotação sobre o eixo longitudinal* da primeira falange. Esses movimentos englobam três modos:

1. um movimento de **flexão direta** (Fig. 19.11: vista de perfil em flexão) em torno de um eixo *transversal* com relação ao eixo do primeiro metacarpal, resultante da *atuação equilibrada dos sesamoides externos e internos*;

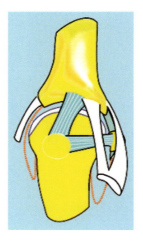

Figura 19.10

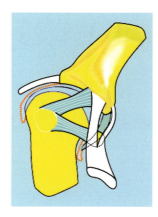

Figura 19.11

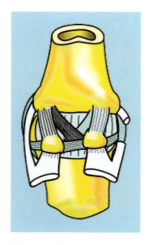

Figura 19.9

2. um movimento de **flexão associado a uma inclinação ulnar** e a uma leve rotação longitudinal no sentido da **supinação**, graças à ação predominante dos *sesamoides internos*, em torno de um eixo oblíquo em relação ao eixo do metacarpal;

3. um movimento de **flexão associado a uma inclinação radial** e a uma rotação longitudinal mais significativa no sentido da **pronação**, em torno de um eixo de obliquidade cruzada em relação ao precedente, graças à ação predominante dos músculos *sesamoides externos* (Fig. 19.12: mão com transparência, permitindo visualizar os sesamoides externos). Esse último movimento é importante porque, durante a

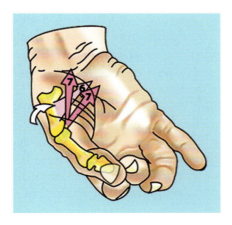

Figura 19.12

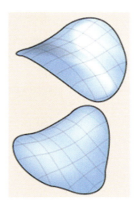

Figura 19.13

oposição do polegar, *se integra no movimento global de rotação em pronação da coluna do polegar*.

As **articulações temporomandibulares** são articulações condilares cujo funcionamento será descrito quando falarmos sobre a mastigação.

Articulações selares

São também articulações *biaxiais, com dois graus de liberdade*, mas os eixos estão *situados de um lado e de outro da articulação* e a superfície tem *curvatura negativa*.

A **articulação carpometacarpal do polegar (CM)** é o exemplo mais típico dessa categoria. Situada *na base do polegar, ela orienta toda a coluna óssea* do polegar durante a oposição.

Ela possui **duas superfícies opostas em forma de sela** (Fig. 19.13, segundo **Caroli**: as duas selas são afastadas uma da outra), que se encaixam uma sobre a outra, condicionadas a um giro de 90° uma em relação à outra; por isso, essa articulação tem o nome genérico de *encaixe recíproco* segundo os clássicos, o que não quer dizer nada, pois esse é o mecanismo de todas as articulações. Seria melhor chamá-las *selares* ou **toroidais**.

Muito já se discutiu para saber **a que superfície de revolução** (Fig. 19.14: três tipos de superfícies possíveis) essa superfície selar poderia ser comparada:

- hiperboloide de revolução **I**;
- parábola de revolução **II**;
- ou, simplesmente, superfície tórica **III** interior ou axial.

Também há questionamentos sobre se essa superfície é simétrica em relação ao plano, que contém os grandes círculos do toro, ou se é *ligeiramente desviada para fora do plano de simetria*, o que explicaria o encurvamento da "linha de crista", como menciona Kuczynski.

Alguns autores, como A. Caroli, determinaram o contorno topográfico com grande precisão, demonstrando que essa superfície *não é* uma superfície de

Figura 19.14

revolução, o que é fato, mas isso não significa que ela não possa ser comparada, *na sua forma geral,* a uma **superfície toroidal negativa** (Fig. 19.15: superfície selar "recortada" sobre a superfície axial de um toro).

Toda essa discussão a propósito do **movimento de rotação longitudinal do primeiro metacarpal**!

Vale ressaltar que, como todas as articulações biaxiais, a carpometacarpal do polegar pode ser comparada ao modelo mecânico do cardã (Fig. 19.16: modelo esquemático do cardã), que os autores de língua inglesa denominam *universal joint* (junta universal).

Essa articulação, inventada por um matemático italiano do Renascimento, **Gerolamo Cardano**, foi usada inicialmente para *sustentar as bússolas* nos navios, evitando que elas sofressem influência dos movimentos de oscilação e balanço. Hoje, ela é amplamente utilizada em mecânica industrial, em particular para *transmitir uma rotação* **entre dois eixos não alinhados** e cujo ângulo pode variar, como ocorre nas rodas dianteiras dos automóveis quando são, ao mesmo tempo, diretrizes e motrizes.

A prática mostra que, quando se mobiliza o segmento distal em torno dos dois eixos, ele sofre uma *rotação automática proporcional à importância da rotação aplicada a cada um dos dois eixos*: esse fenômeno já foi, inclusive, objeto de uma demonstração matemática (ver Cap. 20). Essa rotação automática, **por si só**, pode explicar a rotação *do primeiro metacarpal sobre seu eixo longitudinal*. Mac Conaill denomina essa rotação, que é *automática* nas articulações biaxiais, **rotação conjunta**, e chama de **rotação adjunta** a rotação *voluntária* produzida em torno do *terceiro eixo* das enartroses. Adiante, veremos a importância dessas noções ao abordarmos o paradoxo de Codman.

De qualquer forma, a explicação para a **rotação global em pronação da coluna do polegar durante a oposição** é demonstrada pela **experiência de Sterling Bunnell** (Fig. 19.17), que pode ser realizada facilmente na própria pessoa: depois de colar um fósforo transversalmente sobre a unha do polegar para marcar seu plano, a pessoa se coloca de frente para um espelho, com a mão apontando para ele. Em seguida, coloca o polegar em adução e retroposição, ou seja, coloca a mão na posição mais plana possível, e *realiza um movimento de oposição* na direção da polpa do dedo mínimo. É fácil, então, constatar que a direção final do fósforo será um ângulo de 90° a 120° em relação

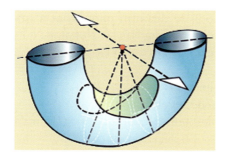

Figura 19.15

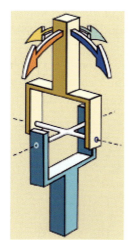

Figura 19.16

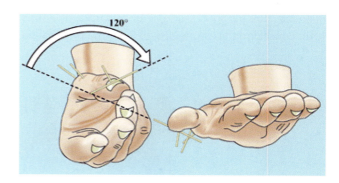

Figura 19.17

à posição inicial, *o que traduz a rotação do polegar sobre seu eixo longitudinal*. Essa rotação já foi objeto de muito estudos:

- A *primeira explicação* citada é a *curvatura da crista mediana* sobre a superfície do trapézio, conforme sugerido por **Kuczynski** com seu **cavalo escoliótico**, que certamente entrará para a posteridade. Contudo, também se pode mencionar por analogia que, quando um veículo atravessa um estreito entre duas montanhas, sua orientação é modificada pelo ambiente.
- A *segunda explicação* é o **jogo mecânico** em uma articulação cujas superfícies *não são perfeitamente congruentes*, o que permite a ação do componente rotatório da oponente e dos músculos sesamoides externos.
- A *terceira explicação*, por fim, é a **tensão diferencial dos ligamentos dessa articulação**.

Com efeito, segundo a **descrição dos ligamentos apresentada por J-Y. de la Caffinière** (Fig. 19.18: vistas axial, posterior e anterior), que é a mais simples e mais funcional, existem quatro ligamentos nessa articulação:

- ligamento intermetacarpal (LIM);
- ligamento oblíquo posterior interno (LOPI);
- ligamento oblíquo anterior interno (LOAI);
- ligamento reto anterior externo (LRAE).

Na posição de **contraoposição**, alguns estão tensionados, por exemplo o LOAI, que determina uma rotação em supinação.

Na posição de **oposição**, a tensão do LOPI determina uma rotação em *pronação*.

Muito já se discutiu, também, sobre *como* **medir as amplitudes** dessa articulação. J. Duparc e J-Y. de la Caffinière as definem por dois ângulos:

- ângulo de afastamento;
- ângulo de rotação espacial, o que configura uma tautologia, porque toda rotação se realiza, por definição, no espaço.

O inconveniente dessa definição é que ela não considera o fato de que os eixos reais dessa articulação não estão contidos nos planos de referência frontal, sagital ou transversal, mas, sim, são oblíquos em relação a eles: isso implica que **os movimentos não estão contidos em qualquer desses planos**.

Se levarmos em conta essa obliquidade, será preciso adotar uma definição dos movimentos totalmente diferente. Tanto é que as amplitudes reais dessa articulação só podem ser medidas com exatidão em **radiografias feitas com incidências específicas**.

Na **radiografia de perfil estrito da CM** (Fig. 19.19: esquema da radiografia em flexão e extensão),

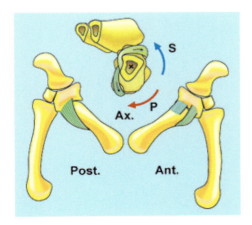

Figura 19.18

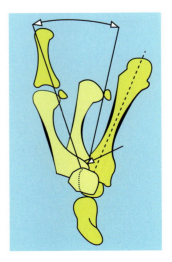

Figura 19.19

pode-se medir a amplitude dos movimentos em torno do eixo, que corresponde à curvatura convexa da superfície do trapézio: movimento de *flexão*, para a frente, e de *extensão*, para trás. O movimento se realiza em um plano perpendicular a esse eixo, que, por sua vez, é *perpendicular ao plano da unha do polegar*.

A **amplitude total de flexão-extensão** é de 17° ± 8 com variações segundo o sexo, sendo de 15° ± 7 em homens e de 19° ± 8 em mulheres.

Na **radiografia de frente da CM** (Fig. 19.20: esquema da radiografia em abdução e adução), pode-se medir as amplitudes dos movimentos em torno do segundo eixo, perpendicular ao anterior e que corresponde à curvatura côncava da superfície metacarpal. A articulação faz movimentos de *antepulsão* e *retropulsão*, em um plano perpendicular a esse eixo e *paralelo ao plano da unha do polegar*.

A **amplitude total de anterretropulsão** é de 21° ± 9 com variações segundo o sexo, sendo de 19° ± 8 em homens e de 24° ± 10 em mulheres.

Esses são os movimentos elementares da articulação carpometacarpal do polegar, que só podem ser visualizados pela projeção sobre planos de referência, portanto, **na radiografia**.

Medição funcional

Foi por isso que propusemos um método de medição mais funcional da oposição do polegar, hoje reconhecido na *nomenclatura internacional* como **teste de oposição total** (TOT). Na **vista de frente da mão** (Fig. 19.21: esquema dessa medição), podemos medir a amplitude dos movimentos ou fazer o TOT (Fig. 19.22: esquema dos estágios finais dessa medição). Definiremos esse teste adiante, ao falarmos sobre a oposição no Capítulo 43.

Assim como é possível medir a oposição por um teste global, a **contraoposição** pode ser avaliada seguindo o mesmo princípio. É o **teste da contrao-**

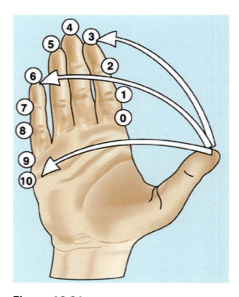

Figura 19.21

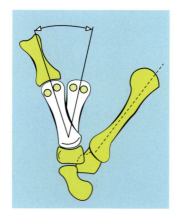

Figura 19.20

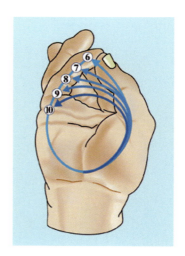

Figura 19.22

posição (**TCO**) (Fig. 19.23: esquema da medição da contraoposição).

A **articulação esternoclavicular** é a segunda articulação do tipo selar que encontramos no sistema musculoesquelético humano. Ela também é **biaxial** (Fig. 19.24: os dois eixos da articulação esternoclavicular).

Situada entre a extremidade interna da clavícula e o manúbrio esternal, ela possui dois graus de liberdade, associados a um terceiro, de rotação da clavícula sobre seu eixo longitudinal, movimento mais passivo do que ativo. Suas **duas superfícies** (Fig. 19.25: articulação aberta na frente) são do tipo selar e estão assim localizadas:

- uma na margem *lateral do manúbrio do esterno*, prolongando-se sobre a *face superior da primeira cartilagem costal*;

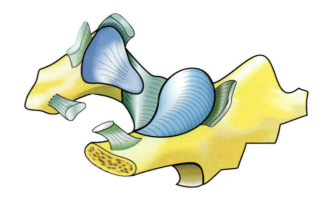

Figura 19.25

- outra na extremidade interna da clavícula, prolongando-se para uma *apófise posterointerna* que lhe serve de anteparo.

Sua **coaptação** é garantida pelos *ligamentos esternoclaviculares anterior e posterior* e, sobretudo, pelo **ligamento costoclavicular**, situado na face inferior da extremidade interna da clavícula e reforçado pelo *músculo subclávio*.

Seu **funcionamento** integra *três tipos de movimentos* (Fig. 19.26: os três tipos de movimento):

- movimentos no **plano horizontal** (setas verdes) em torno do eixo que corresponde à curvatura convexa da superfície proximal:

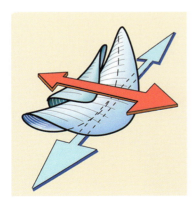

Figura 19.23

Figura 19.24

Figura 19.26

123

O que é biomecânica

- avanço da extremidade externa da clavícula com 10 cm de amplitude;
- recuo da extremidade externa da clavícula com 3 cm de amplitude;
■ movimentos no **plano vertical** (setas azuis) em torno do eixo que corresponde à curvatura convexa da superfície distal:
- elevação da extremidade externa da clavícula com 10 cm de amplitude;
- rebaixamento da extremidade externa da clavícula com 3 cm de amplitude;

■ movimentos de **rotação sobre o eixo longitudinal** da clavícula (seta vermelha dupla):
- 30° gerados pelos movimentos de rotação da escápula e realizados pelo jogo mecânico da articulação esternoclavicular.

Essa articulação é muito solicitada do ponto de vista mecânico, pois garante a junção do cíngulo do membro superior com o tórax. As luxações dessa articulação são relativamente raras, mas de *difícil tratamento*.

20
Explicações sobre o cardã

Entre os diferentes tipos de articulações, existem aquelas que possuem **dois eixos e dois graus de liberdade**. Essa articulação biológica pode ser **modelada** por uma articulação conhecida em mecânica sob o nome de **articulação do tipo cardã** ou, na terminologia norte-americana, "junta universal", embora não esteja claro para nós por que elas, e somente elas, deveriam ser chamadas de articulações universais. Sem dúvida, isso tem relação com o fato de os norte-americanos não estarem tão próximos de nossas raízes latinas, sobretudo das italianas, porque os italianos desempenharam, a partir do Renascimento, um papel preponderante do ponto de vista científico e, sobretudo, artístico, este talvez mais conhecido.

A articulação em questão foi inventada por **Gerolamo Cardano** (1501-1576) (Fig. 20.1), contemporâneo dos últimos anos de vida de Leonardo da Vinci. Ele era médico e matemático – nesta última profissão, fez importantes descobertas, como a **solução das equações de terceiro grau** e a invenção dos **números imaginários**. Foi preso pela Inquisição por ter descrito o horóscopo de Cristo.

Sua mais famosa invenção foi a **junta de Cardã**, articulação de **dois eixos** inspirada no sistema de suspensão das bússolas marinhas, que evita as perturbações causadas pelos movimentos de oscilação e balanço. Esse dispositivo continua sendo utilizado, como se vê na suspensão do tipo cardã que sustenta a *bússola no convés do porta-aviões norte-americano Intrepid* (Fig. 20.2), hoje um **museu** flutuante ancorado no porto de Nova York: os dois eixos foram *destacados*, na figura, em amarelo e verde.

Figura 20.1

Figura 20.2

Contudo, esse está longe de ser o uso mais importante desse dispositivo mecânico. Na prática, a articulação do tipo cardã serve para *transmitir um torque de rotação entre* **dois eixos convergentes**, *mas* **não colineares**: eles devem, no entanto, formar um ângulo inferior a 90° entre si. O que chamamos "junta do tipo cardã" é muito utilizado para *transmitir o* **torque motor** *às rodas dianteiras do automóvel*, que são, portanto, *ao mesmo tempo* **diretrizes e motrizes**. A mudança de orientação da roda não deve impedir a transmissão da força do motor. Os mecânicos a chamam simplesmente de **cardã**.

O princípio do **cardã** (Fig. 20.3, representação esquemática) é simples: cada um dos eixos leva uma **forquilha**, uma espécie de *suporte em* **U**, que sustenta, em cada ramo, uma plataforma para receber um dos eixos.

Essas *forquilhas* estão *dispostas em planos perpendiculares entre si*.

Os eixos da *cruzeta*, que formam a peça rígida intermediária, têm ângulo de 90° entre si no caso de um cardã simétrico. Cada um desses eixos se articula com a forquilha de um dos eixos, primário ou secundário.

Quando o eixo primário gira, ele arrasta a cruzeta, que transmite o torque ao eixo secundário, *mesmo se não forem colineares*. Entretanto, essa transmissão só será perfeita e regular se os dois eixos, primário e secundário, estiverem alinhados. Com o aumento do ângulo formado entre esses dois eixos, surgem "abalos" na transmissão do torque motor. Podemos encontrar esse problema **quando erguemos um toldo** (Fig. 20.4: o cardã do toldo): a manivela que transmite a rotação se articula com o eixo do toldo por um cardã; em certos momentos da rotação, podemos sentir que a força aplicada na manivela precisa ser maior. A partir de 90°, o movimento se torna impossível (as engrenagens cônicas passam a ser preferíveis nesse caso). *Portanto, esse tipo de cardã não é perfeitamente* **homocinético**.

Os engenheiros conceberam, com base no mesmo princípio do **cardã homocinético**, a **junta homocinética** de **Alfred Rzeppa** (Fig. 20.5, mostrando um modelo), que resolveu o problema. Duas esferas encaixadas, que apresentam quatro ranhuras meridianas, nas quais deslizam bilhas, permitem o encadeamento de *quatro eixos sucessivos que executam a transmissão homocinética*, ou seja, **sem falhas**.

Na realidade, o problema que nos preocupa nas articulações biaxiais com dois graus de liberdade é a **mudança de orientação do segmento móvel** em relação ao segmento fixo, quando a articulação é mobilizada sucessiva ou simultaneamente em torno dos dois eixos. Nestes **esquemas que representam um cardã** (Fig. 20.6) em posição **retilínea** (à esquerda) e após uma **rotação em torno dos seus dois eixos** (à direita), constatamos que a orientação do segmento móvel, representado pela seta verde, *mudou claramente*: a nova seta (vermelha) está orientada para a frente, enquanto a verde está voltada para o lado.

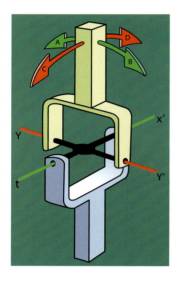

Figura 20.3

Figura 20.4

20 Explicações sobre o cardã

Figura 20.5

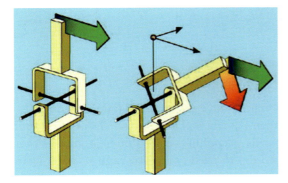

Figura 20.6

Essa **rotação sobre o eixo longitudinal**, absolutamente **automática**, é induzida pela rotação sucessiva ou simultânea em torno dos dois eixos do cardã. M. A. Mac Conaill (1904-1987) denomina essa rotação *diadocal* ou, simplesmente, **rotação conjunta**, já que ela é inevitável, e chama de **rotação adjunta** a rotação *voluntária* que só é possível nas articulações com três eixos e três graus de liberdade.

Por meio de uma **construção geométrica** (Fig. 20.7), fica fácil medi-la: chamemos a o ângulo complementar à rotação **flex** em torno do primeiro eixo YY' do segmento móvel **1** para alcançar a posição **2**. Se chamarmos b o ângulo de rotação (seta verde) do segmento **2** para a posição **3**, em torno do segundo eixo XX', e c a mudança de orientação do segmento móvel, representado pelos segmentos DC e AC, a **fórmula** que permite calcular essa **rotação conjunta** é:

$$\text{seno } C/2 = \text{seno } B/2 \cdot \text{cosseno } A$$

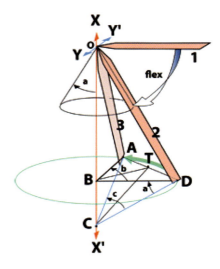

Figura 20.7

Essa demonstração é extremamente *importante* porque ajuda a compreender que essa mudança de orientação, essa rotação do segmento móvel em torno do seu eixo longitudinal, é **totalmente automática** e decorre de um processo puramente mecânico.

Essa rotação conjunta *nem sempre é compreendida* pelos cirurgiões, em particular no que diz respeito à *rotação da coluna do polegar sobre seu eixo longitudinal*, como demonstra a **experiência de Sterling Bunnell** (Fig. 20.8: mão vista em perspectiva, como a sua própria mão no espelho). Vemos neste esquema a **rotação conjunta** (seta vermelha) do **primeiro metacarpal**, que aparece no nível da articulação da base do polegar, a **articulação carpometacarpal do polegar**, do tipo

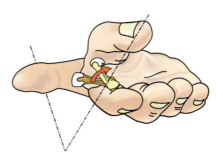

Figura 20.8

127

cardã, e que representa a **maior** *parte da rotação total da coluna do polegar*.

Além dessa, existem no sistema musculoesquelético outras duas articulações desse tipo. Primeiramente, a **articulação radiocarpal** (Fig. 20.9: vista em perspectiva do punho, na posição de flexão-adução): este esquema mostra a posição na qual a **rotação conjunta** pode surgir no nível do punho, pois é uma **posição preferencial** por causa da orientação oblíqua da cavidade glenoidal radial. A mudança de orientação da palma é mostrada em relação aos dois planos de referência, o plano sagital (amarelo) e o plano frontal (azul): a *seta pequena* indica claramente que a palma é orientada para dentro em relação ao plano sagital, indicado pela *seta grande*. No Capítulo 41, vimos que o punho não apenas assegura a orientação da mão segundo os dois eixos do cardã, mas também a **transmissão do torque de pronação-supinação**.

A terceira articulação do tipo cardã é a **esternoclavicular**. Assim como no caso da articulação carpometacarpal do polegar, as superfícies são do tipo selar e, portanto, têm curvaturas invertidas. A rotação da clavícula sobre seu eixo longitudinal (Fig. 20.10: esquema em perspectiva anterior direita em três posições da clavícula) é, assim, uma rotação conjunta, ou seja, automática, quando a articulação é mobilizada em torno de seus dois eixos principais.

É entre as duas posições extremas do ombro, a flexão-abdução completa (1) e a extensão-adução completa (2), que a rotação da clavícula em torno de seu

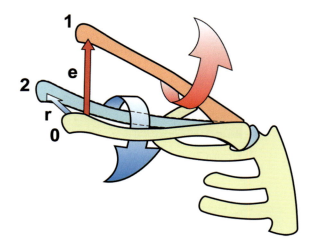

Figura 20.10

eixo longitudinal é máxima. Na figura, vemos que, para alcançar a posição **1**, é preciso *elevar a extremidade externa* da clavícula (seta **e**), ou seja, mobilizar a articulação em torno de seu **eixo sagital** (não mostrado), o que, a partir da posição 0, produz uma *rotação longitudinal* **para cima** (seta vermelha); e, para alcançar a posição **2**, é preciso levar a extremidade externa da clavícula para trás (seta **r**), efetuando uma rotação em torno de seu eixo vertical (não mostrado), o que produz uma *rotação longitudinal* **para baixo** (seta azul). Essa rotação conjunta da clavícula *não representa a totalidade da rotação da escápula* entre essas duas posições extremas. É preciso acrescentar a ela o **jogo mecânico** *da articulação* **esternoclavicular** e, sobretudo, o movimento muito importante produzido pelo **jogo mecânico** da articulação **acromioclavicular**.

Além desses cardãs "simétricos", cujos eixos da cruzeta são perpendiculares, existe uma articulação do tipo **cardã assimétrico** (ver Cap. 42): é o **tornozelo** (Fig. 20.11: vistas esquemáticas anteriores externas, em posição reta I e invertida II). Nesse caso, os eixos intermediários, ou seja, os da "cruzeta virtual", não são **nem ortogonais nem convergentes**, mas representam as *arestas opostas XX' e ZZ'* de um **tetraedro irregular**. Essa ausência de simetria introduz, no funcionamento desse cardã, **setores preferenciais nos movimentos do pé** em relação à perna.

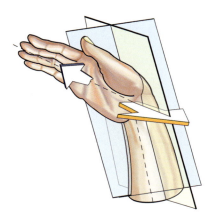

Figura 20.9

No que diz respeito ao complexo articular do tornozelo e do tarso, o *setor preferencial* é o da **inversão do pé** (esquema **II**): a extensão simultânea em torno dos dois eixos do cardã, o eixo do tornozelo XX' (seta amarela) e o eixo de **Henke** YY' do tarso posterior (seta verde), altera completamente a orientação da planta do pé, que, voltada *diretamente para baixo* (seta azul), na **posição de referência I**, orienta-se na **inversão II** para baixo, mas, sobretudo, para trás e **para dentro** (seta vermelha).

É importante conhecer as *particularidades mecânicas* dessas quatro articulações que se originam de um tipo especial de junta, o **cardã**, cujo princípio básico nem sempre é bem compreendido.

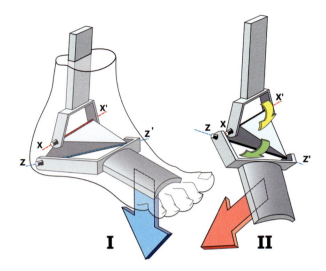

Figura 20.11

21
Articulações sinoviais triaxiais

Essas articulações dispõem de três graus de liberdade em torno de três eixos que convergem no espaço e são perpendiculares entre si. Essas articulações são de *um único tipo*:

- **esferóideas**, cuja superfície se *assemelha* a uma *esfera*;
- existe, no entanto, no nível da *coluna cervical suboccipital*, um sistema articular que se comporta de modo *equivalente a uma esferóidea*.

Geometricamente, as esferóideas possuem uma superfície **quase esférica**. Esse sólido é formado pela rotação espacial de um círculo em torno de um eixo situado *no centro do círculo*. Essa superfície de revolução está longe de ser perfeita nas articulações reais.

O modelo mecânico desse tipo de articulação é o que se chama, em mecânica, de uma **rótula** (Fig. 21.1). As esferóideas verdadeiras se situam na **raiz dos membros** e permitem, dessa forma, sua **orientação em todas as direções** no espaço; elas possuem três graus de liberdade:

- **rotação lateral-medial** (setas azuis) em torno de um eixo vertical (não mostrado);
- **abdução-adução** (setas vermelhas) em torno de um eixo sagital;
- **flexão-extensão** (seta verde circular) em torno de um eixo transversal.

Figura 21.1

Quadril

Situado na raiz do membro inferior, ele articula o *fêmur* com o *osso ílio*, na chamada **articulação do quadril**.

No plano teórico, é a articulação **mais simples** do aparelho locomotor humano. É a **mais estável**, a mais exigida e a que mais sofre *desgaste mecânico*, pois, a cada passo, *sustenta todo o peso do tronco e dos membros superiores*.

Ela transmite essa carga aos membros inferiores e as forças que incidem sobre ela são representadas pelas **traves de sustentação ósseas** (Fig. 21.2: esquema de frente mostrando a transmissão de forças através da articulação do quadril), que, partindo do sacro, percorrem o osso ílio, atravessam a articulação do quadril e prosseguem pelo fêmur. Essa arquitetura óssea traduz as **linhas de força**.

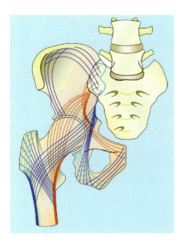

Figura 21.2

Os únicos **problemas estruturais** dessa articulação são devidos aos *defeitos de orientação de suas superfícies articulares* (como "defeitos de fabricação"):

- abertura exagerada do ângulo cérvico-diafisário e *anteversão do colo do fêmur* muito acentuada, criando a *coxa valga*;
- orientação do acetábulo muito voltada para fora, o que cria um *"defeito de cobertura da cabeça do fêmur"* pelo teto do acetábulo.

Esses defeitos podem ser explicados pela passagem à condição bípede. Com efeito, a articulação do quadril é *perfeitamente congruente em flexão*, o que corresponde ao hábito quadrúpede. É a transição para o hábito bípede que pode provocar o aparecimento desses defeitos estruturais, próprios dos quadris ditos **displásicos**, particularmente expostos ao surgimento de uma **coxartrose precoce**.

Superfícies articulares

Essa articulação é *simples* em termos de princípio básico: ela contém *duas superfícies articulares esféricas*, uma encaixada na outra:

1. A **superfície distal**, a **cabeça do fêmur**:
   - A **cabeça do fêmur** (Fig. 21.3: vista inferior medial) representa os dois terços de uma esfera de 40 a 50 mm de diâmetro, recoberta por uma cartilagem mais espessa na superfície de contato superior e somente interrompida pela *fóvea, local de inserção do ligamento da cabeça do fêmur*, situada próximo ao centro, no quadrante posteroinferior. Embora estatisticamente a cabeça do fêmur seja quase sempre esférica, é possível haver variações anatômicas: forma ovalada ou fálica, revelando um defeito do contorno esférico da cabeça do fêmur, que nem sempre é uma verdadeira superfície de revolução.
   - Sustentada pelo **colo do fêmur**, que forma um ângulo de inclinação de 130° com a diáfise do fêmur e um ângulo de declinação de 30° com o plano frontal, a cabeça do fêmur é orientada *para dentro, para cima e para a frente*.
2. A **superfície proximal** (Fig. 21.4: vista lateral da cavidade de recepção), constituída de duas partes:
   - O **acetábulo**, cavidade hemisférica orientada *para fora, para baixo e ligeiramente para frente*, que se situa na junção das três partes que formam o osso do quadril: o *ílio*, o *ísquio* e o *púbis*.
     - Somente a porção periférica é articular, recoberta por cartilagem; é a **face semilunar do acetábulo**, que possui um corno anterior e um posterior. Seu contorno periférico se chama **lábio do acetábulo**. Seu contorno central delimita uma depressão não cartilagínea.

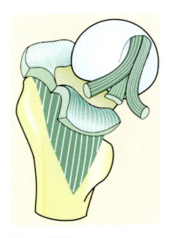

Figura 21.3

O que é biomecânica

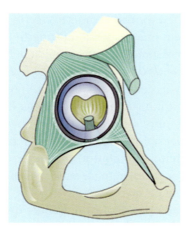

Figura 21.4

- **A fossa do acetábulo**, formada por uma lâmina óssea relativamente delgada, corresponde à superfície quadrilátera do lado endopélvico do osso. Essa depressão aloja o **ligamento da cabeça do fêmur**.
– **A borda do acetábulo** (Fig. 21.5), *anel fibrocartilagíneo* fixado sobre o lábio do acetábulo e, no nível do sulco do acetábulo, sobre o **ligamento transverso** do *acetábulo*, que se estende entre suas duas margens. Ao corte, esse anel é *triangular*: sua face medial adere ao lábio, sobre a parte proximal de sua face periférica se insere a cápsula, e sua face axial é recoberta por cartilagem contínua com a da face semilunar do acetábulo.

Coaptação da articulação do quadril
(Fig. 21.6: vista anterior em corte)

O quadril é uma articulação per*feitamente congruente, muito encaixada e, portanto,* **estável**: somente um traumatismo significativo pode causar sua luxação. Seus meios de contenção são muitos e poderosos:

- o **encaixe** que ultrapassa 50%, *graças à borda do acetábulo* que, no entanto, pode se deformar em caso de movimento extremo;
- a **pressão atmosférica**, pois a cavidade articular é estanque: por experiência, podemos constatar que, mesmo depois de seccionadas todas as conexões capsulares e ligamentares, ainda é necessário abrir um orifício para entrada de ar no fundo do acetábulo para poder deslocar a cabeça do fêmur;
- a **cápsula articular** (Fig. 21.7: vista anterior da articulação "desmontada"), que forma um *cilindro fibroso* de paredes muito espessas inserido, do lado interno, na periferia do acetábulo e do lado externo, na junção colo-diáfise. Ela é mais estreita na porção média, correspondente ao colo do fêmur, que ela envolve como se fosse um colar.

Os **ligamentos da articulação do quadril** pertencem a duas categorias:

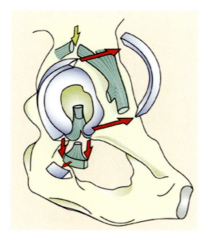

Figura 21.5

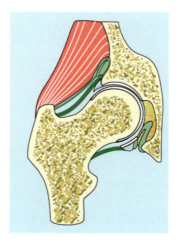

Figura 21.6

Figura 21.7

- **Ligamento da cabeça do fêmur**. Ligamento **intra-articular**, alojado no fundo do acetábulo (ver Fig. 21.5), sob uma *tenda sinovial* cuja base se fixa na margem axial da face semilunar do acetábulo. Durante os movimentos da cabeça do fêmur dentro do acetábulo, sua inserção na cabeça percorre todo o fundo da cavidade. Seu papel não é mecânico, mas, sim, **nutritivo**: ele contém *a artéria do ligamento da cabeça do fêmur*, que garante a vascularização da cabeça do fêmur. Sua ruptura no momento de uma luxação pode levar à necrose *asséptica* da cabeça do fêmur, que é a *morte biológica por falta de suprimento sanguíneo*.
- **Ligamentos anexos à cápsula** (Fig. 21.8: vista anterior à esquerda e posterior à direita):
  - **ligamentos anteriores**, três *cordões fibrosos resistentes* dispostos em forma de **Z**:
    • no alto, o **ligamento iliofemoral**, ou ligamento de Bertin, com seus dois feixes que se afastam da espinha ilíaca anteroinferior;

  • embaixo, o **ligamento pubofemoral**.
  - o **ligamento posterior**:
    • o **ligamento isquiofemoral** é nitidamente menos robusto.

Músculos do quadril

Como se trata de uma articulação com três graus de liberdade, podemos distinguir, segundo sua função, seis grupos musculares, aqui apresentados aos pares.

1. Flexão-extensão
- Os **flexores** (Fig. 21.9: vista anterolateral esquerda):
  - O **iliopsoas** (antigamente chamado de psoas-ilíaco) é o principal músculo da flexão. Ele é, ao mesmo tempo, um rotador lateral e, graças a suas inserções na região lombar da coluna, desempenha um importante papel no controle da lordose lombar.
  - O **sartório**, além de sua ação de flexão sobre o quadril associada a uma abdução-rotação lateral,

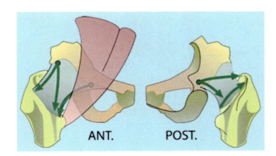

Figura 21.8

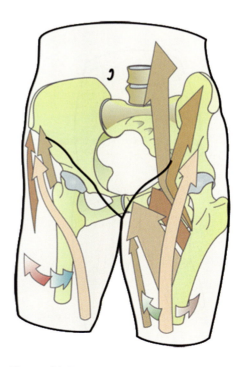

Figura 21.9

produz a flexão-rotação medial sobre o joelho, pois é um músculo biarticular.
- O **reto femoral**, porção mais anterior do quadríceps, é um flexor potente do quadril, mas sua eficácia é diretamente proporcional à flexão do joelho, pois ele também é biarticular.
- Outros músculos podem contribuir para a flexão do quadril, mas essa não é sua ação principal. São eles:
  * **pectíneo**;
  * **adutor longo** (antigamente chamado de adutor médio);
  * **grácil** (antigamente chamado de reto interno);
  * **glúteo mínimo e médio** por seus feixes mais anteriores.
■ Os **extensores** (Fig. 21.10: vista posterolateral direita), que se dividem em dois grandes grupos:
- O **glúteo máximo**, músculo mais volumoso e potente do corpo, é auxiliado pelos feixes posteriores dos *glúteos mínimo e médio*. Esses músculos também são rotadores laterais. O glúteo máximo intervém pouco na marcha normal; ele entra em ação sobretudo durante a corrida, a subida de ladeiras e de escadas.

- Os **isquiotibiais**, que se estendem da tuberosidade isquiática até a parte superior do esqueleto da perna, constituem um grupo de três músculos:
  * **bíceps femoral**;
  * **semitendíneo**;
  * **semimembranáceo**, que se acrescenta acessoriamente aos demais;
  * **adutor magno**.

Os músculos isquiotibiais são mais eficazes quando o quadril está mais fletido, pois, assim, ficam sob tensão, já que são músculos biarticulares.

2. Abdução-adução
■ Os **abdutores** (Fig. 21.11: vista posterolateral esquerda):
- O **glúteo médio** (1) é o principal músculo da abdução. Ele é auxiliado, nesse movimento, pelos seguintes músculos:
- o **glúteo mínimo** (2), três vezes menos potente;
- o **tensor da fáscia lata** (3), que alcança a metade da potência do glúteo médio;
- o **glúteo máximo** (4), unicamente por suas fibras mais superiores;
- o **piriforme** (5) (antigamente chamado piramidal) da pelve é, muito acessoriamente, abdutor.
■ Os **adutores** (Fig. 21.12: vista anterolateral direita, e Fig. 21.13: vista posterior):
- O **terceiro adutor** – antigamente chamado de grande adutor – é o mais potente. Ele é enrolado

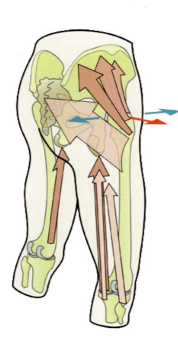

Figura 21.10

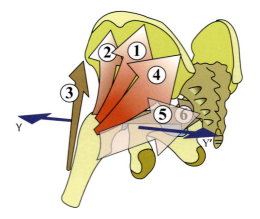

Figura 21.11

Figura 21.12

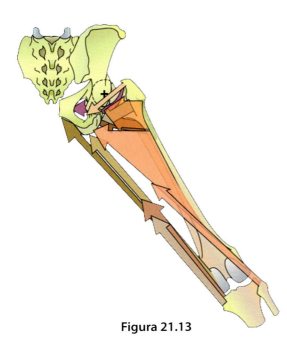

Figura 21.13

sobre si mesmo, pois suas fibras se inserem mais internamente no *ramo isquiopúbico* e terminam na parte mais alta da linha do fêmur, e vice-versa. Essa disposição confere ao músculo uma forma de goteira, em cuja concavidade se aloja:

– o **terceiro feixe do adutor**, que consiste em um corpo muscular fusiforme, distinto do precedente. A ele se associam:
– o **grácil** (antigamente chamado de reto interno);
– o **semimembranáceo**;
– o **semitendíneo**;
– o **glúteo máximo**, em sua parte inferior e, acessoriamente:
– o **quadrado femoral**;
– o **pectíneo**;
– os dois **obturadores, interno e externo**.

3. Rotação lateral-medial

■ Os **rotadores laterais** (Fig. 21.14: vista superior seccionada) são muito numerosos, músculos essencialmente pelvicotrocanterianos, que podem ser vistos perfeitamente na secção horizontal:
– o **piriforme** – antigo piramidal –, que sai da pelve pela incisura isquiática maior;
– o **obturador interno**, que também sai da pelve abaixo da espinha isquiática;
– o **obturador externo**.

Alguns músculos adutores também são rotadores laterais:
- o **quadrado femoral**;
- o **pectíneo**;
- o **glúteo médio**, por seus feixes mais posteriores;
- o **glúteo máximo** em sua totalidade.

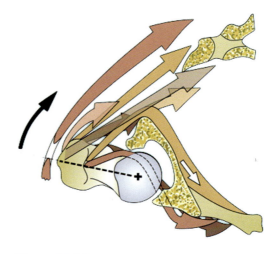

Figura 21.14

- Os **rotadores mediais** (Fig. 21.15: vista superior seccionada) são menos numerosos e menos potentes que os rotadores laterais. Na secção horizontal, vemos a direção desses músculos:
  - o **tensor da fáscia lata** tem um componente de rotação medial;
  - o **glúteo mínimo** é um rotador medial em sua quase totalidade;
  - o **glúteo médio**, somente por seus feixes anteriores.

Funcionamento da articulação do quadril

A cabeça do fêmur desliza dentro do acetábulo, *girando em torno do centro* comum de duas esferas *perfeitamente encaixadas*: é uma *articulação de forma esférica* **quase** *perfeita, sem qualquer jogo*.

No entanto, estudos recentes mostram que a cabeça do fêmur não é perfeitamente esférica.

- **Amplitudes**:
  - *Flexão-extensão*. Flexão: 145°. Extensão: 30°.
  - *Abdução-adução*. Abdução: 45°. Adução (combinada a uma flexão ou extensão): 20° a 30°.
  - *Rotação lateral-medial*. Rotação medial: 30° a 40°. Rotação lateral: 60°.
- **Fatores que limitam os movimentos**:
  - A flexão é limitada pelo *obstáculo mecânico do colo do fêmur* no lábio do acetábulo por intermédio da borda do acetábulo, que se deforma.
  - A extensão é limitada pela *tensão dos ligamentos anteriores*.
  - A abdução é limitada pelo *ligamento pubofemoral* e pela tensão dos músculos adutores.
  - A adução é limitada pelo *feixe superior do ligamento iliofemoral* e pela compressão das partes moles entre o fêmur e o ramo isquiopúbico.
  - A rotação lateral é limitada pela tensão dos *ligamentos anteriores*, iliofemoral e pubofemoral.
  - A rotação medial, pelo *obstáculo mecânico* do colo do fêmur no lábio do acetábulo.

A Figura 21.16 mostra a curva das amplitudes máximas do **cone de circundução** deformado pela presença do outro membro inferior. Seu eixo é oblíquo para baixo, para a frente e para fora na posição de congruência máxima da articulação. A linha vermelha representa a trajetória extrema do tornozelo.

Ombro

O que designamos pelo nome de articulação do ombro é, na realidade, um **complexo articular** (Fig.

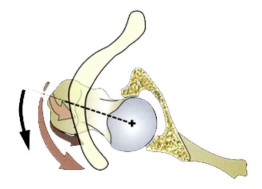

Figura 21.15

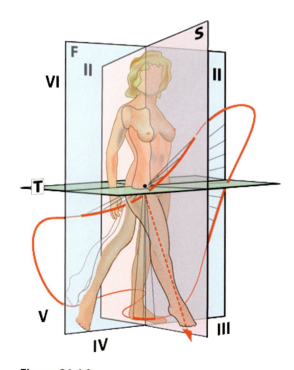

Figura 21.16

21.17: vista lateral) que engloba todo o cíngulo do membro superior e garante a mobilidade e a orientação do membro superior a partir de sua raiz. Ela é sustentada pelo cíngulo do membro superior, ligada ao tronco por uma única articulação, muito móvel e pouco estável, enquanto o cíngulo do membro inferior, que sustenta o quadril, é um sólido anel esquelético fechado, que representa a base do tronco.

Esse conjunto compreende **cinco articulações**, das quais somente três são *sinoviais*: a articulação do ombro (**1**), a acromioclavicular (**4**) e a esternoclavicular (**5**); outras duas são simples *planos de deslizamento*: a escapulotorácica (**3**) e a subdeltoidiana (**2**).

Articulações não sinoviais

São simples planos de deslizamento formados por *tecido conjuntivo frouxo* interposto entre superfícies musculares.

Escapulotorácica

Essa falsa articulação (Fig. 21.18: vista em secção) permite o deslocamento da escápula sobre o volume torácico. A escápula não se situa no plano frontal, pois sua "escama" (corpo da escápula) forma um ângulo de 30° com o plano frontal. Adiante, veremos a importância dessa posição.

A articulação consiste, na verdade, em **dois planos de deslizamento fibrocelulares**, situados de cada lado do músculo **serrátil anterior**, antigamente chamado de grande dentado. Trata-se de uma ampla

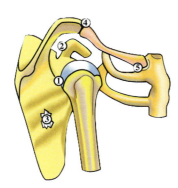

Figura 21.17

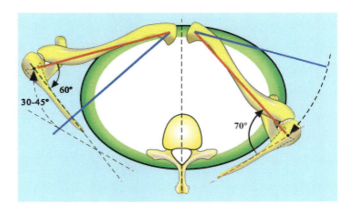

Figura 21.18

capa muscular que se fixa sobre a margem espinal da escápula e na caixa torácica. São eles:

- o **espaço toracosserrático**, entre o serrátil e o tórax;
- o **espaço escapulosserrático**, entre o serrátil e a escápula.

Como funciona essa ligação escapulotorácica?

A escápula, ligada ao esterno pelo contraforte da clavícula, pode efetuar, sobre a parede posterolateral do tórax, movimentos no *sentido vertical* e no *sentido transversal*, mas sempre mais ou menos combinados aos movimentos de rotação em torno de um eixo perpendicular ao plano da escápula, chamados **movimentos de sineta** (Fig. 21.19: vista posterior).

Esses movimentos se integram na biomecânica do cíngulo do membro superior e produzem uma *mudança de orientação da cavidade glenoidal da escápula* que aumenta a amplitude da articulação do ombro.

O ângulo de 30° que o plano do corpo da escápula forma com o plano frontal determina a **orientação da cavidade glenoidal** da escápula para a frente. Essa orientação é fundamental por duas razões:

- Primeiramente, determina o plano de *abdução fisiológica*, que não ocorre no plano frontal, mas, sim, no plano que faz um ângulo de 60° para a frente.
- Além disso, *a orientação da cavidade glenoidal para a frente* determina a orientação dos membros superiores para a frente. Essa posição tem duas vantagens:

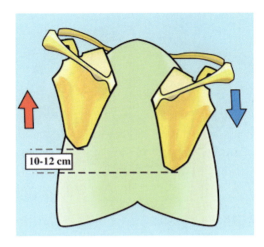

Figura 21.19

- manter as mãos sob o controle dos olhos no contexto da **visão estereoscópica** (Fig. 21.20: vista superior), o que lhes permite trabalhar com maior eficácia no espaço;
- permitir que a mulher aproxime o bebê do seio, facilitando o **aleitamento**.

Subdeltoidiana

É também um plano de deslizamento fibrocelular situado entre a extremidade superior do úmero, na qual se vêm fixar os músculos do **manguito rotador** e a porção profunda do músculo deltoide, que forma o contorno arredondado do ombro.

Esse plano anatômico (Fig. 21.21: espaço subdeltoidiano aberto por secção do músculo deltoide) é classicamente ocupado por uma bolsa serosa (1), que facilita o deslizamento das superfícies musculares.

Alguns pensavam que os casos de bloqueio do ombro eram devidos à aderência entre os dois folhetos dessa bolsa, mas essa teoria já foi *abandonada*.

Os movimentos consistem em um deslizamento relativo do manguito rotador sob a porção profunda do deltoide.

Houve um tempo em que se atribuía grande importância à integridade dessa bolsa serosa, supondo-se que a coalescência dos folhetos levaria a uma limitação dolorosa dos movimentos de abdução. Hoje, considera-se que essa patologia faz parte da **síndrome do manguito rotador**, na qual a *ruptura do músculo supraespinal* desempenha um papel essencial.

Articulações sinoviais

Articulação acromioclavicular

É uma articulação **plana** (Fig. 21.22: vista posterior e seccionada) que une a extremidade lateral da clavícula à escápula, no nível de uma de suas apófises, o acrômio.

Suas superfícies articulares são *pequenas, planas ou ligeiramente convexas*. Seus movimentos, que po-

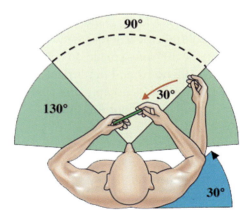

Figura 21.20

Figura 21.21

dem se assemelhar aos de um **mangual**, serão estudados quando tratarmos dos movimentos do cíngulo do membro superior como um todo. Sua estrutura é estudada no Capítulo 23.

Articulação esternoclavicular

É uma articulação do **tipo selar** (Fig. 21.23: vista anterior), que foi estudada em detalhes no capítulo sobre as articulações biaxiais com dois graus de liberdade.

Seus movimentos integram-se nos movimentos do conjunto do cíngulo do membro superior.

É a única articulação que verdadeiramente liga o cíngulo do membro superior ao tronco.

Articulação do ombro

É a *principal articulação da parte livre do membro superior*.

Superfícies articulares

Na superfície distal, observa-se a **cabeça do úmero** (Fig. 21.24: vista anterior dos eixos de orientação); é uma superfície que representa em torno de dois terços de uma esfera de 30 mm de diâmetro recoberta por cartilagem, sustentada pelo colo do úmero e orientada para dentro, para cima e para a frente.

Não é exatamente uma superfície de revolução. Estudos precisos mostram que seu contorno é ligeiramente aplanado.

Por outro lado, estudos radiográficos de **L. Fischer** revelam que os centros instantâneos de rotação da cabeça do úmero só excepcionalmente se situam no seu centro geométrico.

Por exemplo, durante os movimentos de abdução-adução, esses **centros instantâneos** (Fig. 21.25) se agrupam em *duas nuvens*, separadas por uma zona de *descontinuidade*. A nuvem C1 corresponde às amplitudes de abdução de 0° a 50°, e a nuvem C2, às amplitudes de 50° a 90°. A descontinuidade se produz a 50° e corresponde, sem dúvida, a um ressalto da cabeça dentro da cavidade glenoidal.

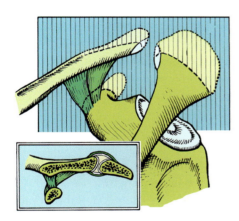

Figura 21.22

Figura 21.23

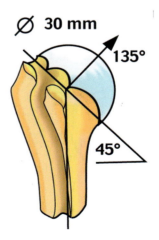

Figura 21.24

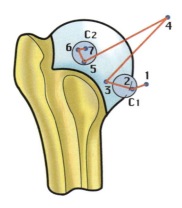

Figura 21.25

Na superfície proximal, observa-se **cavidade glenoidal** (Fig. 21.26: vista anterior); é uma superfície côncava nos dois sentidos que pode ser comparada a *um terço de esfera*, mas está longe de ser regular, já que sua parte inferior é mais côncava que a superior. Ela envolve muito pouco a cabeça do úmero. É limitada por um espessamento ósseo, o *rebordo glenoidal*.

Lábio glenoidal

É um anel fibrocartilagíneo, triangular ao corte, inserido no rebordo glenoidal por sua face medial, o que aumenta um pouco a superfície e a profundidade da cavidade glenoidal. Sua face lateral é recoberta por cartilagem contínua com a da cavidade glenoidal. Sua face periférica recebe a inserção da cápsula articular.

Meios de união

Trata-se de uma articulação muito pouco "encaixada" – seu coeficiente de encaixe é fraco –; por conseguinte, é muito instável e exposta a luxações, pois seus meios de união capsuloligamentares são frouxos e permitem grande amplitude de movimento.

Cápsula

É um *envoltório fibroso* (Fig. 21.27: vista anterior), aproximadamente cilíndrico, que, do lado interno, se insere no colo da escápula e no lábio glenoidal, e, do lado externo, no colo do úmero e, em parte, nos tubérculos maior e menor. Existe um hiato capsular no nível do sulco intertubercular.

Ligamentos (Fig. 21.27)

São cordões fibrosos, espessamentos da cápsula, no caso do ligamento glenoumeral, e distintos dela, no caso do ligamento coracoumeral.

O *ligamento glenoumeral* (Fig. 21.28) possui três feixes:

- o **feixe superior**, dito glenossupraumeral;
- o **feixe intermediário**, supraglenoidal pré-umeral, oblíquo para baixo e para fora;
- o **feixe inferior**, pré-glenoidal subumeral, que envolve a margem inferior da articulação.

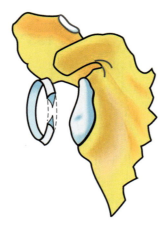

Figura 21.26

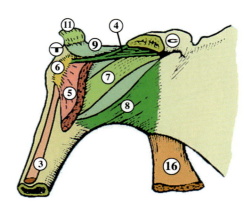

Figura 21.27

Esses três cordões formam um Z na face anterior da articulação, com duas zonas menos espessas, que são pontos fracos, por assim dizer, chamados:

- forame de Rouvière, acima;
- forame de Weitbrecht, abaixo.

Os três feixes são tensionados durante a rotação lateral (Fig. 21.28) e relaxam na rotação medial.

Os dois feixes inferiores são tensionados na abdução (Fig. 21.29).

O *ligamento coracoumeral* se liga, acima, ao processo coracoide, desce e caminha para fora, reforçando a parte superior da cápsula e terminando com duas inserções na margem superior do tubérculo maior e do tubérculo menor. Assim se completa, com o sulco intertubercular, o orifício de entrada intra-articular do tendão do bíceps.

Esse ligamento mantém suspensa a cabeça do úmero e é tensionado na flexão e na extensão (Fig. 21.30: vista lateral).

A face posterior da articulação não possui um ligamento claramente individualizado.

Esse sistema capsuloligamentar é suficientemente frouxo para permitir, no cadáver, um afastamento de 1 a 2 cm.

Músculos

Quando falamos sobre os músculos do ombro, precisamos distinguir os motores do cíngulo do membro superior dos motores da articulação do ombro.

Músculos do cíngulo do membro superior

Se inserem na clavícula e, sobretudo, na escápula; eles têm, essencialmente, dois tipos de ações: abai-

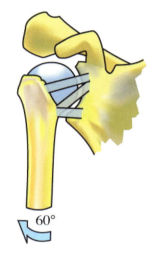

Figura 21.28

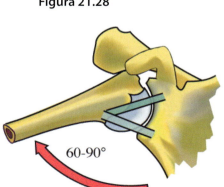

Figura 21.29

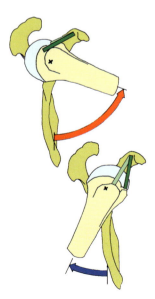

Figura 21.30

xamento da clavícula (Fig. 21.31: lado esquerdo, vista anterior) e elevação da clavícula (Fig. 21.31: lado direito, vista posterior).

- O **subclávio** se estende da clavícula à primeira costela. Ele abaixa a clavícula, da mesma forma que o **peitoral maior**, por sua parte clavicular.
- O **trapézio** e o **esternocleidomastóideo** elevam a clavícula com seus feixes claviculares.

Os músculos que se inserem na escápula são muito potentes e se inserem na coluna e no tórax:

- O **peitoral menor**, cujas origens estão no tórax, é o único que se insere na frente, sobre o processo coracoide da escápula, que ele traciona para baixo, para a frente e para dentro.
- O **levantador da escápula** – antigo *angular* – eleva esse osso por seu ângulo superior. Os outros músculos têm uma componente de rotação, contribuindo para o chamado "movimento de sineta" da escápula.
- O **romboide** (13), ao mesmo tempo que eleva a escápula, provoca seu giro no sentido horário (no caso da escápula direita), ou seja, orienta a cavidade glenoidal para baixo. Além disso, desempenha um papel estabilizador (Fig. 21.32: vista posterior do par romboide-redondo maior), impedindo que o ângulo da escápula se desvie para fora pela contração do redondo maior (20) durante a adução.

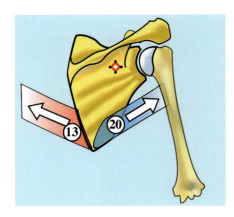

Figura 21.32

- O **trapézio** (Fig. 21.33: vista lateral direita), músculo muito extenso no nível de suas inserções proximais, termina em três partes sobre a escápula:
  - parte descendente (seta vermelha ascendente, à direita), acromial, que a eleva;
  - parte transversa, supraespinal (seta vermelha ascendente, à esquerda), que a atrai para dentro;
  - **parte ascendente, infraespinal** (seta laranja), que a abaixa.

Essas três partes, atuando simultaneamente, aproximam a escápula da linha mediana, linha dos processos espinhosos, fazendo-a girar no sentido anti-horário (no caso da escápula direita), *orientando a cavidade glenoidal mais diretamente para cima.*

Figura 21.31

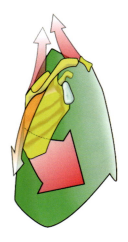

Figura 21.33

- O **serrátil anterior** (seta vermelha grande) é outro músculo amplo, que se insere na parte posterolateral do tórax. Ele se insinua entre os corpos da escápula e a caixa torácica e vai se inserir na metade inferior da margem medial, ou espinal, da escápula. Ele atrai a escápula para fora, afastando-a da linha dos processos espinhosos e, ao mesmo tempo, também a fazendo girar no sentido anti-horário.

Músculos da articulação do ombro

Podem ser subdivididos em dois grupos, segundo sua direção geral:
- *músculos com direção transversal* (Fig. 21.34: vista superior dos músculos do manguito), que são coaptadores, ou seja, aplicam as superfícies articulares uma contra a outra, favorecendo, assim, sua estabilidade;
- *músculos longitudinais*, que suspendem o membro superior e, portanto, impedem a luxação da articulação do ombro para baixo, mas podem, em algumas circunstâncias, favorecer sua luxação para cima.

Músculos com direção transversal

Têm suas inserções em posição proximal na escápula (Fig. 21.35: vista posterior dos músculos inseridos na escápula). Eles costumam ser chamados **músculos do manguito rotador** do ombro, pois envolvem a extremidade superior do úmero:
- O **supraespinal** (1) é o mais importante deles, em razão da disposição de suas fibras acima da articu-

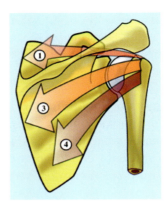

Figura 21.35

lação. Com sua inserção na *fossa supraespinal* da escápula, ele se fixa sobre a faceta superior do tubérculo maior do úmero. Situado totalmente acima da articulação, ele é, com o deltoide, o *músculo essencial da abdução*.
- O **infraespinal** (3) e o **redondo menor** (4) se inserem na fossa infraespinal, terminando, respectivamente, nas faces média e inferior do tubérculo maior. Eles são coaptadores e rotadores laterais.
- O **subescapular** (2) (Fig. 21.36: vista anterior), músculo grande e espesso, insere-se em toda a face anterior da escápula e termina no tubérculo menor do úmero. Ele é coaptador e rotador medial.
- O **redondo maior** (Fig. 21.32) se fixa sobre a parte baixa da fossa infraespinal, próximo ao ângulo

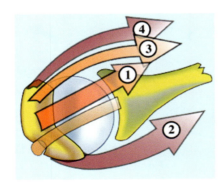

Figura 21.34

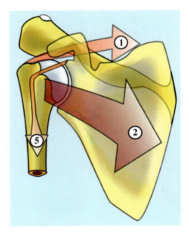

Figura 21.36

inferior da escápula. Ele passa sob a articulação e vem se fixar na margem medial da goteira bicipital, escavada na parte superior da diáfise umeral até o sulco intertubercular. Esse músculo é *adutor* e *rotador medial*.

- O **latíssimo do dorso** (**LD**) (Fig. 21.37: vista posterior) possui a mesma inserção terminal sobre a margem medial da goteira bicipital, à frente do músculo citado anteriormente. Esse músculo, que, por meio de uma forte aponeurose, tem grandes inserções na linha dos processos espinhosos, desde a parte inferior da coluna dorsal até a crista do sacro, termina em um forte tendão, torcido sobre si mesmo, que contorna por baixo o tendão do redondo maior. Ele é um rotador medial e um adutor muito potente.
- O **peitoral maior** (**PM**) tem grandes inserções na face anterior do tórax e nos dois terços mediais da margem anterior da clavícula, e termina na margem lateral da goteira do bíceps, com um tendão torcido sobre si mesmo. Na verdade, as fibras cuja origem é alta terminam mais para baixo, e vice-versa. Esse músculo muito potente forma, na parte frontal do tórax, o relevo peitoral; ele é rotador medial e adutor, assim como o latíssimo do dorso.

Músculos com direção longitudinal

Se inserem na parte superior do cíngulo do membro superior:

- O **deltoide** (**D**) (Fig. 21.38: vista em secção transversal) é monoarticular e volumoso; ele forma o grande contorno arredondado do ombro. É o *músculo essencial da abdução do ombro*. Suas inserções superiores são na espinha da escápula, no acrômio e no terço lateral da clavícula, o que permite distinguir **três partes**, de estrutura multipenada, que terminam juntas na face lateral da porção média da diáfise umeral. Essa zona de inserção se chama **V deltoide** e sua extremidade inferior fica imediatamente abaixo da pele. Suas três partes são (Fig. 21.39: vista posterior):
  – a parte espinal (8'), assim chamada em razão do seu local de inserção, efetua uma abdução para trás, isto é, combinada com uma extensão do ombro;
  – a parte acromial (8), que é diretamente abdutora;
  – a parte clavicular (7), que é ao mesmo tempo abdutora e flexora.

Com suas três partes, o deltoide sustenta o membro superior e *impede a luxação* da articulação do ombro para baixo.

- O **músculo coracobraquial** (6) (Fig. 21.40: vista anterior), é também um músculo monoarticular. De sua inserção superior no processo coracoide da es-

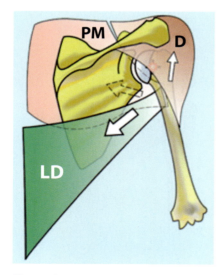

Figura 21.37

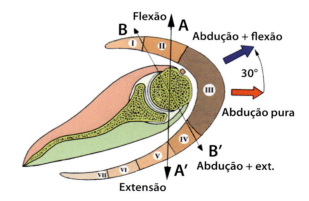

Figura 21.38

21 Articulações sinoviais triaxiais

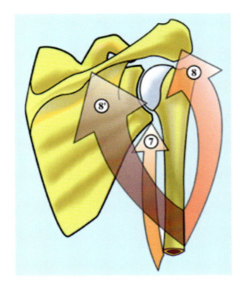

Figura 21.39

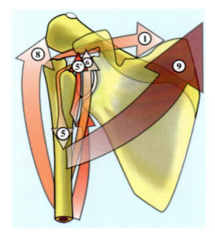

Figura 21.40

cápula, ele se dirige diretamente para baixo, indo se fixar na face medial da diáfise umeral. Ele é flexor do ombro e suspensor do membro superior.

Os demais músculos são *biarticulares*, englobando entre suas inserções, ao mesmo tempo, o ombro e o cotovelo. São eles:
- A **cabeça longa do tríceps braquial** (7), que se fixa sobre o tubérculo subglenoidal da escápula e, com duas outras cabeças, medial e curta, no olecrânio. O tríceps é o extensor do cotovelo e sua cabeça lon-

ga tem a função de suspender o membro superior; ele se opõe, portanto, à luxação para baixo da articulação do ombro.

Pela frente (Fig. 21.40: vista anterior):

- O **bíceps braquial** é o flexor mais potente do cotovelo, ao mesmo tempo que atua como supinador. Contudo, é um *coaptador muito eficaz* da articulação do ombro, *por meio de suas duas partes,* que se fixam sobre a escápula:
  – sua **cabeça curta** (5'), que se insere no processo coracoide e tem a mesma função de suspensão que o músculo coracobraquial;
  – sua **cabeça longa** (5), que exerce a função de coaptação, graças ao seu tendão longo.

Com efeito, ele executa a:

- **suspensão** do membro superior, com sua cabeça curta;
- mas, sobretudo, graças ao seu trajeto intra-articular e à sua inserção sobre o tubérculo supraglenoidal, ele atua fazendo a **coaptação transversal** da articulação do ombro.

Esse trajeto muito peculiar da cabeça longa do bíceps faz dele um músculo **abdutor** *eficaz*, ao mesmo tempo que atua como coaptador da articulação.

Coaptação do ombro

É fácil compreender que, como o membro superior está suspenso, ao contrário do membro inferior, que sustenta o peso do corpo, a articulação do ombro tem uma tendência natural à luxação para baixo, pelo efeito de seu próprio peso e das cargas que ela pode ter de suportar. A coaptação dessa articulação pouco encaixada depende, portanto, da eficácia dos músculos transversais que mantêm a cabeça do úmero encaixada na cavidade glenoidal da escápula. Os músculos longitudinais, por seu tônus, também têm tendência a trazer a cabeça do rádio para cima, contra a cavidade glenoidal (Fig. 21.41: vista posterior – antagonismo-sinergia entre o latíssimo do dorso e o tríceps). No entanto, esses músculos podem exceder sua função e empurrar exageradamente a cabeça do úmero para cima, o que pode, a longo prazo, lesionar o tendão do supraespinal, que faz atrito com a face inferior do acrômio.

Portanto, é indispensável uma boa coordenação das ações dos coaptadores transversais e longitudinais, levando-se em conta também o fato de que as componentes que tendem a luxação e a coaptação desses grupos musculares variam consideravelmente dependendo da posição do ombro (Fig. 21.42: vista posterolateral): em abdução, todos os músculos se tornam coaptadores.

A posição de referência, com o cotovelo rente ao corpo, é aquela em que os músculos longitudinais têm maior tendência a provocar luxação para cima. É nesse momento que os músculos transversais se fazem essenciais para restabelecer a congruência da articulação. O latíssimo do dorso também se opõe à ascensão da cabeça do úmero.

Movimentos do cíngulo do membro superior como um todo

O **teste do ponto triplo** permite avaliar não apenas a situação funcional do ombro, mas também o valor associado das articulações do membro. É um teste global baseado na constatação de que a mão pode alcançar um ponto situado sobre a escápula oposta por três caminhos diferentes, por isso o nome "teste do ponto triplo". Existem, portanto, **três caminhos** (Fig. 21.43) para alcançar esse ponto:

- Pela frente do tronco:
  – diretamente, passando pelo mesmo lado da cabeça: é a **via homolateral** – essa manobra permite avaliar a rotação lateral máxima;
  – indiretamente, passando pelo lado oposto da cabeça: é a **via contralateral** – essa manobra permite avaliar a adução ou a flexão horizontal máxima.

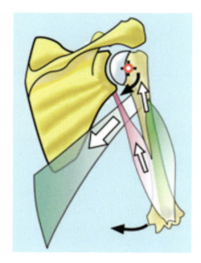

Figura 21.41

Figura 21.42

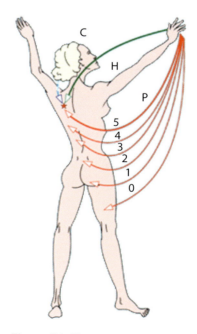

Figura 21.43

- Por trás, elevando-se no dorso até a escápula oposta: é a **via posterior** – essa manobra permite avaliar a rotação medial máxima. Por outro lado, seus dois primeiros estágios são muito importantes para os movimentos de **higiene do períneo posterior**, que fazem parte da autonomia pessoal. O que diferencia o homem dos animais, exceto dos símios superiores, é que o homem pode, graças à sua mão, sustentada pelo **apoio logístico** do membro superior, *alcançar todos os pontos do seu corpo* e realizar, assim, **sua higiene pessoal**.

Cada uma dessas três vias é escalonada em *cinco etapas* de dificuldade crescente, de modo que, no total, o teste pode alcançar a pontuação máxima de **15**.

Há mais detalhes a esse respeito no Capítulo 44.

Paradoxo de Codman

Chamamos assim uma manobra do ombro que faz surgir um movimento de rotação longitudinal do braço que não foi explicado, inicialmente, pelo autor que lhe deu o nome. Essa manobra, bem como sua explicação, será exposta no Capítulo 22.

Complexo articular suboccipital

A *região cervical superior da coluna vertebral* ou suboccipital (1) é constituída por:

- articulação atlantoccipital;
- articulação atlantoaxial, que forma, do ponto de vista funcional, um **equivalente de esferóidea** (Fig. 21.44: divisão funcional da região cervical da coluna em duas partes).

O funcionamento da *região cervical inferior* (2) é totalmente diferente.

A fisiologia desse complexo suboccipital é explicada em mais detalhes no Capítulo 37.

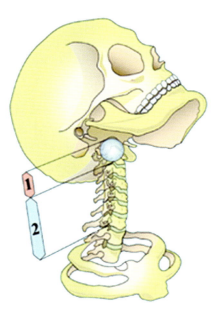

Figura 21.44

22
Explicação do paradoxo de Codman

Ao pesquisar sobre esse famoso paradoxo, me deparei com a personalidade fora do comum de **Ernest Amory Codman** (1869-1940) (Fig. 22.1), cirurgião norte-americano que trabalhou durante grande parte de sua vida em Boston, no **Massachusetts Hospital**, e que ficou célebre nos Estados Unidos por seus trabalhos sobre *osteossarcoma* e sobre a *cirurgia do ombro*. Ele foi o primeiro a realizar, em 1912, uma cirurgia de *reparo de uma ruptura do supraespinal*, e foi em seu livro *The shoulder*, publicado em 1925, que abordou seu famoso paradoxo. Nessa época, Mac Conaill ainda não havia publicado seus estudos sobre o movimento diadocal (ver Cap. 20). No entanto, o cardã propriamente dito, que é o mecanismo explicativo, havia sido inventado muito antes, por **Gerolamo Cardano** (ver Cap. 20).

Figura 22.1

Em que consiste o paradoxo de Codman?

Chamamos assim uma manobra do ombro que provoca um movimento de rotação longitudinal do braço que não foi explicado, inicialmente, pelo autor que lhe deu o nome. Vamos comprovar que se trata de um *pseudoparadoxo*.

A *manobra de Codman* é simples, em seu princípio (Fig. 22.2: tempos sucessivos da manobra de Codman).

- Parte-se da **posição de referência** do membro superior, pendendo verticalmente ao longo do corpo, com a palma da mão voltada para a coxa e **o polegar voltado para a frente** (seta vermelha pequena, A).
- Inicialmente, com o membro superior estendido (Fig. 22.3: vista em perspectiva anterior da manobra de Codman), executa-se uma abdução de 180° (Fig. 22.2, seta vermelha grande) no *plano frontal*, levando o membro até a vertical.
- Em seguida, a partir dessa posição, o membro é levado para baixo novamente, no *plano sagital*, isto é, **para a frente** (Figs. 22.2 e 22.3, duas setas vermelhas), executando uma extensão relativa de 180°.
- O membro superior se encontra agora novamente na posição inicial, mas o importante é que a palma está voltada para fora e o **polegar está voltado para trás** (seta P).

22 Explicação do paradoxo de Codman

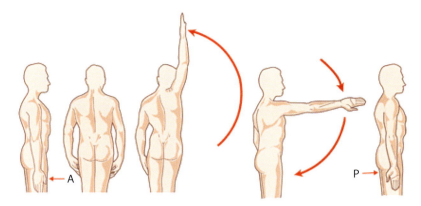

Figura 22.2

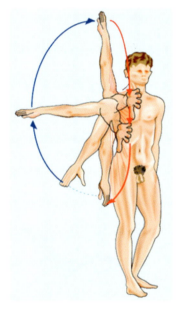

Figura 22.3

- Assim se produziu, sem que se tenha consciência, uma **rotação medial de 180°** do membro superior sobre seu eixo longitudinal: é isso que, segundo Codman, constitui o paradoxo!
- Se partirmos da posição com o polegar voltado para a frente e tentarmos fazer o percurso inverso: inicialmente flexão de 180° para a frente, depois descida sobre o lado do corpo no plano frontal, não poderemos voltar com o polegar para trás por **insuficiência de rotação lateral**.

- Por outro lado, é possível começar com o polegar voltado para trás, primeiro em flexão, e depois descer até voltar à posição inicial, com o polegar voltado para a frente: é o movimento inverso ao que foi descrito em primeiro lugar.
- É impossível começar uma abdução se o polegar estiver voltado para trás.

Codman *não soube explicar esse fenômeno*, e é por isso que este foi chamado de **paradoxo**, mas é perfeitamente possível explicá-lo recorrendo à *geometria curva*, ou seja, à **geometria não euclidiana,** tal como descrita e desenvolvida por Gauss, Riemann e Lobatchevski.

E é bem simples compreendê-la.

- É conhecimento geral que, **em um plano**, a soma dos ângulos de um triângulo é igual a *duas retas*, isto é, 180°.
- Isso já não é verdade em um espaço curvo, **sobre uma esfera** (Fig. 22.4: esfera da qual ressecamos um setor espacial cuja base é um triângulo retângulo), por exemplo.
- Sobre o globo terrestre (Fig. 22.5), podemos traçar dois meridianos, que partem do Equador em direção ao Polo Norte, por exemplo, o **meridiano 0**, ou "de Greenwich", e o **meridiano +90°,** que passa por Rangoon.
- Esses dois meridianos são, por definição, perpendiculares à Linha do Equador e, portanto, paralelos entre si, *no início*.

149

O que é biomecânica

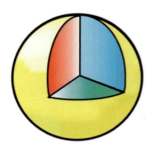

Figura 22.4

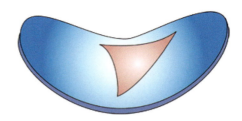

Figura 22.6

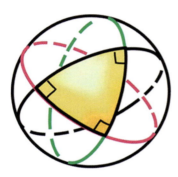

Figura 22.5

Suponhamos que um homem parta do Polo Sul para o Polo Norte sobre o **meridiano +90°**.

Quando, depois de muito esforço, ele chega ao Polo Norte, a viagem não acabou.

Vamos pedir a ele que *retorne ao Polo Sul*, mas com duas condições: a primeira é que ele deverá seguir o **meridiano 0°**.

A segunda, e mais importante – e é por isso que esta só pode ser uma experiência "mental" –, é que ele deverá fazer o caminho *sem virar 90°* para andar de frente: ele terá de caminhar de lado, como um **caranguejo**, avançando pela *esquerda*.

- Contudo, em um espaço curvo, não euclidiano, *não existem paralelos*; por isso, esses dois meridianos **se encontram no polo norte**, onde formam um ângulo de 90° entre si.
- Podemos fazer a mesma experiência em casa, com uma laranja ou um melão: corta-se um pedaço equivalente a 1/8 de esfera, cuja base é um triângulo retângulo: a soma de seus ângulos ultrapassa em 90° a soma dos ângulos de um triângulo no plano. Esse é o caso de todas as superfícies de *curvatura positiva*, como a *esfera*, mas, nas *superfícies com curvatura negativa* (Fig. 22.6: triângulo desenhado sobre uma superfície com curvatura negativa), como uma sela, onde as curvaturas são invertidas, a soma dos ângulos de um triângulo é inferior a duas retas.

Uma experiência "*mental*" (Fig. 22.7: experiência do viajante dos dois polos): Einstein fez várias dessas experiências, e esta nos permitirá explicar, de modo intuitivo, esse fenômeno de rotação inconsciente.

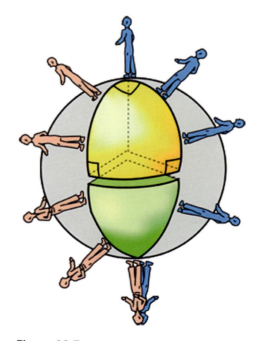

Figura 22.7

150

Quando, depois desse percurso tão penoso, ele chegará ao Polo Sul, ele estará **de costas para sua posição de partida**. Portanto, sem se dar conta, ele terá **girado 180° sobre si mesmo**!

Podemos, de modo mais simples, fazer a mesma experiência com três garfos espetados em um melão: o primeiro plantado no polo sul, o segundo no polo norte ao final do caminho reto sobre o meridiano +90°, e o terceiro, deslocando-se de lado, sobre o meridiano 0°. Os dois garfos do polo sul devem ficar **colados um ao outro**.

Somando os ângulos de dois triângulos retângulos, obtemos uma soma de 6 × 90 = 540°, que **ultrapassa em 180° os 360°** admitidos no plano.

Nessa experiência "mental", o ponto importante é que o homem, ao chegar ao Polo Norte, *não gire 90°* para voltar ao Polo Sul caminhando de frente.

Na manobra de Codman, ocorre o mesmo: a articulação do ombro foi utilizada, portanto, como uma **articulação biaxial** com **dois graus de liberdade**.

Retomamos, aqui, as definições estabelecidas por **Mac Conaill**.

Nas articulações com *dois graus de liberdade*, a rotação longitudinal sobre o terceiro eixo é automática e, portanto, involuntária. Mac Conaill a chama de **rotação conjunta**. É o movimento que se observa na articulação carpometacarpal do polegar e que resulta da composição de movimentos em torno de dois eixos. É assim que funcionam as articulações do tipo cardã (ver Cap. 20).

O ciclo ergonômico

Já vimos que, se quisermos repetir o movimento do paradoxo, o ombro será bloqueado por falta de possibilidade de rotação.

Eis a razão:

- Se, depois de ter efetuado a manobra de Codman, você tentar repeti-la **sem girar o polegar para a frente**, o movimento de abdução será imediatamente bloqueado a 45 a 60°, salvo se for executada uma rotação lateral.
- Isso quer dizer que, na posição de chegada da manobra de Codman, o ombro praticamente esgotou sua rotação medial.

- Para poder efetuar um movimento repetitivo, como na natação, é indispensável utilizar o **terceiro grau de liberdade** do ombro, ou seja, a rotação sobre o eixo longitudinal.

Chamamos de **ciclos ergonômicos** os **ciclos sucessivos** de movimentos repetidos do membro superior, efetuados a partir do ombro, como os movimentos da natação (Fig. 22.8).

Os ciclos ergonômicos necessitam, obrigatoriamente, de **três graus de liberdade** em uma articulação para poderem, a todo momento, anular a rotação conjunta automática, descrita por Mac Conaill nas articulações de dois graus de liberdade, por meio da **rotação adjunta**, voluntária.

Assim, compreendemos por que as duas articulações do nosso sistema musculoesquelético que têm três graus de liberdade ficam situadas **na raiz dos membros**: é para podermos não somente orientar o membro em todas as direções, mas também para permitir movimentos repetitivos sem que haja bloqueio.

Até aqui, vimos as articulações esferóideas, que, por conta da geometria, funcionam em torno de três eixos, com três graus de liberdade.

Todavia, esse tipo de funcionamento não pode ser gerado por uma única articulação, e sim, por *várias articulações associadas,* formando um **complexo articular**.

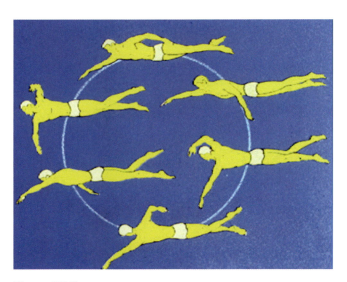

Figura 22.8

O que é biomecânica

Encontramos o mesmo fenômeno no **globo ocular**. Os **movimentos do globo ocular**, particularmente os movimentos oblíquos, podem ser explicados por esse mecanismo, embora os olhos não façam parte do sistema musculoesquelético.

Com efeito, o globo ocular, em sua órbita, constitui uma **enartrose perfeita** (Fig. 22.9: globo ocular direito em perspectiva, com seus músculos). O globo ocular é uma esfera móvel com três eixos principais: vertical (**v**), horizontal (**h**) e sagital (**s**). Os movimentos em torno desses eixos são executados por **três pares de músculos pequenos**, os chamados músculos extrínsecos do bulbo do olho: reto superior do bulbo do olho (**1**), reto inferior do bulbo do olho (**2**), reto lateral do bulbo do olho (**3**), reto medial do bulbo do olho (**4**), oblíquo superior do bulbo do olho (**OS**) e oblíquo inferior do bulbo do olho (**OI**). Os dois últimos produzem rotação em torno do eixo sagital (**s**).

Normalmente, essa articulação não pode, em qualquer circunstância, funcionar como uma articulação com dois eixos, o que é possível no caso do ombro. Portanto, para o globo ocular, não existe paradoxo de Codman, salvo se os músculos oblíquos do bulbo do olho forem ineficazes. Nesse caso, podem surgir problemas nos "olhares oblíquos", como os de súplica ou desdém.

No **olhar de súplica** (Fig. 22.10: ilustração a partir de *O filho pródigo*, de Greuze), os olhos se dirigem para cima e para fora.

No esquema dos dois olhos (Fig. 22.11), supondo-se que os *músculos oblíquos do olho direito estejam*

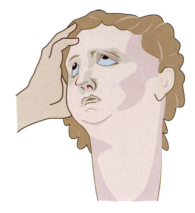

Figura 22.10

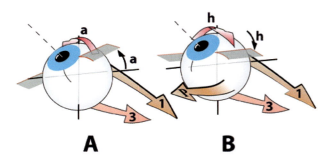

Figura 22.11

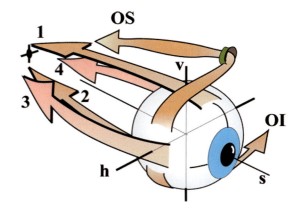

Figura 22.9

paralisados (**A**), a contração do *reto superior* (**1**) gira o globo ocular para cima, e a do *reto lateral* (**3**) para fora. Essa rotação em torno de dois eixos apenas determina uma rotação automática no *sentido anti-horário* (**a**), no caso do olho direito: as linhas horizontais do olho direito **não mais coincidirão** com as do olho esquerdo (as "aletas" sombreadas de cinza não são mais paralelas), o que é muito incômodo para quem dirige automóvel ou pilota aviões.

Por outro lado, se os *músculos oblíquos do bulbo do olho* forem eficazes (**B**), a contração associada e automática do oblíquo inferior (**P**) criará uma rotação do globo em sentido *horário* que corrige perfeitamente o movimento parasita constatado em A.

O problema é semelhante no caso do **olhar de desdém** (Fig. 22.12: ilustração a partir de *A boêmia*, de Franz Hals), que é oblíquo para baixo e para o lado.

22 Explicação do paradoxo de Codman

Figura 22.12

No esquema dos dois olhos (Fig. 22.13), supondo-se que os músculos oblíquos do bulbo do olho direito estejam paralisados (**C**), a contração do *reto inferior do bulbo do olho* (**2**) e do *reto medial do bulbo do olho* (**4**) provocará uma rotação automática no *sentido horário* (**h**) no olho direito, levando a uma rotação em torno do eixo horizontal (**h**) e, portanto, não haverá coincidência da linha do horizonte vista pelos dois olhos.

Por outro lado, se os músculos oblíquos do bulbo do olho forem eficazes (**D**), a contração associada e automática do oblíquo inferior (**G**) criará uma rotação *anti-horária* do globo que corrige o movimento parasita constatado em **C**.

O músculo oblíquo *superior* é comandado pelo quarto par craniano, o chamado **nervo troclear**, e o músculo oblíquo inferior pelo *terceiro* par craniano, o nervo **oculomotor**.

Uma paralisia de qualquer um desses nervos provoca uma **diplopia horizontal**, isto é, a *não coincidência do olhar horizontal*: ela é **pura** no caso da paralisia do nervo troclear, que só comanda esse músculo, mas é **associada a uma diplopia lateral** no caso da paralisia do **oculomotor**.

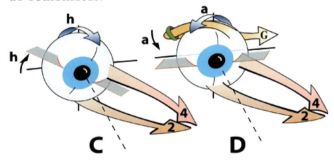

Figura 22.13

153

23

Articulações sem eixo definido

Em biomecânica, existe um tipo de articulação **sem eixo definido** cujo funcionamento se baseia no **jogo mecânico** e que por isso **não existe na mecânica industrial**, pois, como fator de desgaste, o jogo mecânico é o inimigo, mas as articulações vivas, por sua vez, podem se reconstruir.

Essas articulações se chamam **planas**; apesar da nomenclatura, raramente elas possuem uma forma totalmente plana. Elas são muito comuns no sistema musculoesquelético: com efeito, são dotadas de grandes possibilidades de mobilidade, embora seus movimentos sejam de pouca amplitude.

Definição

As articulações planas são formadas por duas faces articulares em contato uma com a outra. Essas faces são geralmente pequenas, planas ou ligeiramente convexas ou côncavas. Muitas têm forma ovalada, mas algumas delas podem, como veremos, ser mais extensas e apresentar formas mais complexas.

Sua principal característica é que elas só funcionam graças ao **jogo mecânico**, isto é, à **não concordância de suas superfícies**. Esse jogo é viabilizado pela frouxidão da cápsula e dos ligamentos dessas articulações e se torna aceitável, e até vantajoso, nas articulações vivas graças à **permanente reconstrução** das superfícies cartilagíneas, *que compensa o desgaste* provocado pelo jogo, o que não ocorre na mecânica

industrial. Entretanto, se por qualquer razão patológica ou em razão do envelhecimento, essa reconstrução não ocorrer, o desgaste predominará e a articulação sofrerá uma **artrose degenerativa.**

Funcionamento

Considerando duas pequenas superfícies em contato uma com a outra (Fig. 23.1), podemos executar com elas **seis tipos de movimentos**:

1. afastamento, aproximação;
2. deslizamento em um sentido;
3. deslizamento no sentido perpendicular;
4. rotação de uma sobre a outra, em torno de um eixo perpendicular;
5. abertura nos dois sentidos, em torno de um eixo mediano;
6. abertura nos dois sentidos, em torno de um eixo perpendicular.

No total, essas articulações possuem **seis graus de liberdade**; em contrapartida, seus movimentos são de baixa amplitude, pois, do contrário, elas poderiam sofrer deslocamento.

Entretanto, a sucessão de uma série de articulações planas "em cadeia", como na coluna vertebral, pode permitir movimentos de *grandes amplitudes*, ou muito importantes.

23 Articulações sem eixo definido

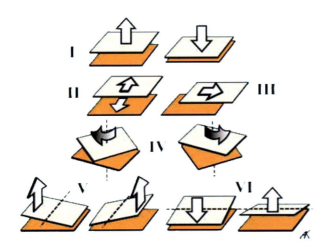

Figura 23.1

Articulações planas no sistema musculoesquelético

Articulação acromioclavicular

Essa articulação (Fig. 23.2: vista posterior e secção), já descrita quando foi abordado o complexo articular do ombro, pode servir como exemplo típico de uma articulação plana.

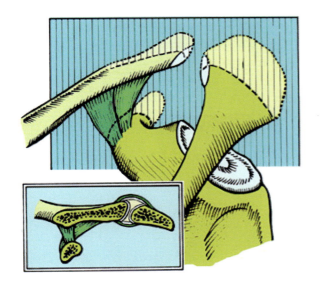

Figura 23.2

Superfícies articulares

Na Figura 23.2, acompanhada de secção no plano frontal, as características da articulação acromioclavicular são perfeitamente visíveis. Suas superfícies correspondem, de fato, exatamente ao que entendemos por uma articulação plana:

- superfície pequena;
- contorno ovalado;
- superfície plana ou ligeiramente abaulada, recoberta por cartilagem mais espessa no centro;
- um *menisco* muito comum que serve de "junta de compensação" do jogo da articulação (visto em secção).

Meios de ligação

A cápsula é suficientemente frouxa para permitir movimentos de pouca amplitude. Ela é reforçada por:

- um ligamento acromioclavicular, no ponto de contato da face anterior, bem frágil;
- **ligamentos à distância**, que se estendem entre o processo coracoide da escápula e a clavícula e que são, na realidade, verdadeiros meios de ligação dessa articulação, a qual é *muito instável*, pois *não é encaixada*. São três:

    – o ligamento conoide;
    – o ligamento trapezoide;
    – o ligamento coracoclavicular, também chamado de ligamento bicórneo ou de Caldani (não mostrado na figura).

Funcionamento

A articulação acromioclavicular é dotada de três graus de liberdade graças ao jogo mecânico entre suas superfícies. A melhor comparação é com a articulação de uma antiga ferramenta agrícola chamada **mangual**, uma espécie de chicote usado para "bater o trigo" (Fig. 23.3: trigo sendo batido com a ajuda desse instrumento). O mangual tinha um cabo articulado com uma fita de couro longa e achatada que se batia nas espigas de

155

O que é biomecânica

Figura 23.3

trigo para extrair seus grãos. A peça móvel podia girar em todas as direções em torno do seu eixo de articulação com o cabo, como mostra o esquema (Fig. 23.4: diagrama dos movimentos de um mangual).

A escápula, que fica literalmente **suspensa** na extremidade lateral da clavícula, assim como o mangual é suspenso pelo cabo, pode realizar movimentos em torno de três eixos:

- um eixo **vertical**: nesse movimento, o ângulo formado pelo plano da escápula se "abre", o que traciona os ligamentos conoide e trapezoide, ou se "fecha", o que relaxa esses ligamentos;
- um eixo **transversal**, que leva o plano da escápula a se dirigir para baixo, o que traciona os ligamentos, ou para cima, o que os relaxa;
- um eixo **sagital** em torno do qual a escápula efetua movimentos de rotação, chamados movimentos de "sineta" (Fig. 23.5), o que traciona os ligamentos quando a ponta da escápula se volta para o exterior (seta vermelha).

Todos esses movimentos, de amplitude relativamente pequena, serão estudados no capítulo sobre o cíngulo do membro superior.

Dada sua estrutura, a **articulação acromioclavicular** é a mais instável do corpo humano: a luxação acromioclavicular é a mais frequente.

Articulações do carpo

O carpo é formado por **oito ossículos** (Fig. 23.6: vista anterior) articulados entre si por articulações planas. Eles estão dispostos em *duas fileiras*:

- a **fileira proximal**, composta, de fora para dentro, pelos ossos escafoide, semilunar, piramidal e pisiforme, o qual se articula com a face anterior do piramidal;
- a **fileira distal**, que inclui, de fora para dentro, o trapézio, o trapezoide, o capitato e o hamato.

A fileira proximal se articula com a glena antebraquial pela **articulação radiocarpal** (em azul).

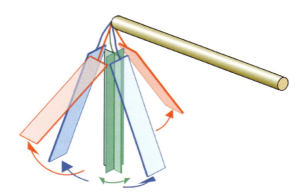

Figura 23.4

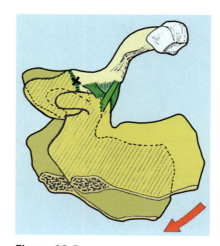

Figura 23.5

23 Articulações sem eixo definido

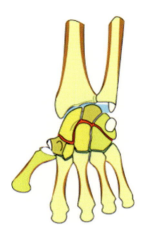

Figura 23.6

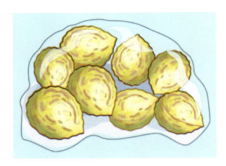

Figura 23.7

Entre as duas fileiras, há uma linha intermediária sinuosa (em vermelho) que forma a **articulação mediocarpal**.

A fileira distal se articula com a base dos metacarpais pela **articulação carpometacarpal** (em verde), que contém, na parte de fora, uma articulação distinta, a *articulação carpometacarpal do polegar*, já descrita.

Durante muito tempo, o carpo foi considerado um conjunto ósseo *monolítico*. Na verdade, se esse fosse o caso, há muito tempo as articulações entre esses oito ossos já teriam desaparecido. Precisamos considerar o "maciço do carpo" como um "saco de nozes" (Fig. 23.7) deformável sob as pressões que sofre, o que nos leva ao conceito do **carpo de geometria variável**, cujos detalhes serão estudados no Capítulo 40.

As planas, que articulam esses ossos entre si, são típicas entre os ossos de uma mesma fileira, como as articulações escafossemilunar, semilunar-piramidal, pisiforme-piramidal, trapézio-trapezoide, capitato-trapezoide e capitato-hamato.

A mediocarpal, por outro lado, é uma articulação do tipo plana, mas complexa demais em seu funcionamento para ser equiparada a uma simples plana. Ela será estudada no capítulo sobre a fisiologia do carpo como um todo.

Quanto à articulação carpometacarpal, ela é uma sucessão de planas.

Articulações do tarso

O tarso é formado por **seis ossos**, articulados entre si por *planas*. Esses ossos são o **tálus** (antigamente chamado de astrágalo), o **calcâneo** (articulado pela articulação **talocalcânea**, antigamente chamada de subastragalina), os quais formam o tarso posterior, situado atrás do tarso anterior, formado, na parte de dentro, pelo **navicular**, articulado à frente pela **articulação transversa do tarso** com os três **cuneiformes** e, na parte lateral, pelo **cuboide**, que se articula com o navicular pela articulação *cuboideonavicular*. Os cuneiformes e o cuboide se articulam com a base dos metatarsais pela **articulação tarsometatarsal**.

As formas das articulações são, em alguns casos, muito complexas e somente algumas delas correspondem à definição de planas, por exemplo: a articulação cuboideonavicular, as faces articulares entre o navicular e os cuneiformes, as intercuneiformes e a cuneocubóidea, como mostra a Figura 23.8.

A articulação talocalcânea e a transversa do tarso, cujas superfícies são complexas, serão estudadas no Capítulo 42, dedicado ao tarso.

Assim como no carpo, no nível do punho, trata-se de uma estrutura adaptativa, que funciona como um **cardã heterocinético**, garantindo a orientação do arco plantar em relação aos acidentes do terreno.

O que é biomecânica

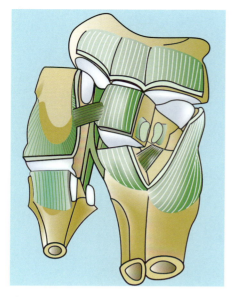

Figura 23.8

Articulações da coluna vertebral

A coluna vertebral é um empilhamento de 33 vértebras (Fig. 23.9) diferentes dependendo do segmento onde estão dentre os cinco que formam a coluna. Esses elementos ósseos são ligados entre si por dois tipos de articulações: na frente, pelo **disco intervertebral**, uma cartilagínea, estudada separadamente, e, atrás, pelas **articulações dos processos articulares**. São as planas, quatro por vértebra, que unem os arcos vertebrais, no nível dos processos articulares, ancoradas no arco vertebral posterior. Elas se assemelham a todas as planas:

- algumas são quase planas, na altura da região cervical da coluna;
- outras são ligeiramente cilíndricas, na altura dos segmentos dorsal e lombar (Fig. 23.10);

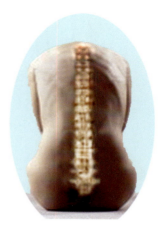

Figura 23.9

- na região dorsal da coluna, também existem planas típicas na altura das articulações costovertebrais e costotransversárias.

Como todas as planas, essas articulações só funcionam graças ao jogo mecânico, com características diferentes dependendo da região da coluna.

A coluna vertebral constitui um conjunto funcional que será estudado nos Capítulos 34 a 37, onde serão abordadas as características específicas das planas.

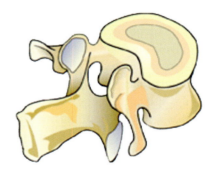

Figura 23.10

24
As articulações cartilagíneas

A **sínfise púbica** (Fig. 24.1) foi estudada no capítulo sobre os diferentes tipos de articulações.

Seu papel durante a marcha e, sobretudo, durante o parto será novamente destacado quando estudarmos o cíngulo do membro inferior, no Capítulo 39.

O **disco intervertebral** (Fig. 24.2) possui uma estrutura binária totalmente original. Ele garante a ligação entre os corpos de duas vértebras adjacentes, e seu papel, portanto, é duplo, como *articulação* e como *amortecedor*, pois ele trabalha sob **compressão**. Ele fica situado entre duas faces intervertebrais, planas ou muito ligeiramente côncavas, ou seja, a superfície inferior da vértebra de cima e a superfície superior da vértebra de baixo. Essas superfícies são recobertas por cartilagem no centro e, na periferia, apresentam um rebordo ósseo chamado de *filete marginal*.

O disco propriamente dito é constituído de uma parte periférica, o *anel fibroso*, e de uma parte central, o *núcleo pulposo* (Fig. 24.3).

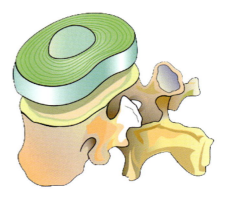

Figura 24.2

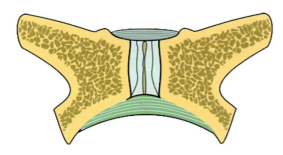

Figura 24.1

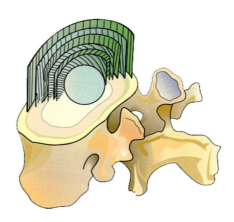

Figura 24.3

- **Anel fibroso**: como o nome indica, é uma estrutura fibrosa em forma de anel disposta da periferia ao centro do disco. É formado por fibras conjuntivas que se estendem de uma face intervertebral à outra, dispostas em camadas concêntricas. Quanto à direção, as fibras são longitudinais na periferia e cada vez mais oblíquas à medida que se aproximam do centro, com as camadas sucessivas apresentando obliquidade cruzada.
- **Núcleo pulposo**: substância *gelatinosa*, eminentemente *hidrofílica*, resíduo de um elemento embrionário, a *notocorda*, muito rica em água; o núcleo pulposo é contido sob pressão no interior da pequena região central cercada pelo anel fibroso, no espaço entre duas faces intervertebrais. Na Figura 24.2, que representa o disco, o núcleo está saindo, o que significa que ele estava sob pressão quando foi feita a secção.

Função do disco

Os dois componentes do disco formam um sistema funcional indissociável que suporta as pressões de todo tipo impostas às faces intervertebrais.

Como **modelo mecânico** (Fig. 24.4), podemos considerar uma bola de borracha interposta entre duas chapas planas. Esse dispositivo é instável, e a chapa superior tende a inclinar-se para um lado ou para o outro sobre essa bola.

Suponhamos que seja aplicada uma carga e que a força que empurra a chapa para baixo seja dirigida ligeiramente para a frente, no sentido da flexão (Fig. 24.5). Veremos a chapa superior não apenas *se inclinar* para a frente, mas também *deslizar* ligeiramente no mesmo sentido.

Se, agora, a força for dirigida ligeiramente para trás, ocorrerá o inverso, no sentido da extensão (Fig. 24.6), ou seja, *inclinação e deslizamento* da chapa superior para trás.

Na rotação (Fig. 24.7) da chapa superior em relação à inferior, o topo da bola serve apenas como pivô.

Na realidade, se considerarmos o anel fibroso, e não somente o núcleo pulposo, os fenômenos são *um pouco mais complexos*, mas é preciso deixar claro, desde já, que o núcleo e o anel formam um todo funcional *indissociável*. O núcleo não pode atuar sem o anel, e vice-versa.

Sob uma **pressão longitudinal** (Fig. 24.8: ao centro, disco em repouso):

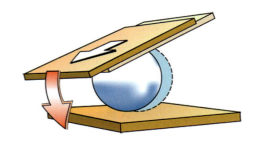

Figura 24.5

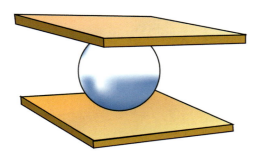

Figura 24.4

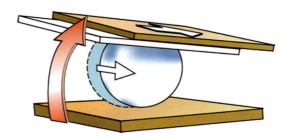

Figura 24.6

24 As articulações cartilagíneas

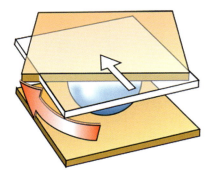

Figura 24.7

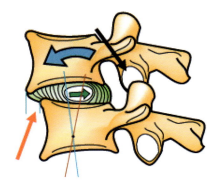

Figura 24.9

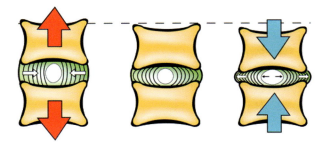

Figura 24.8

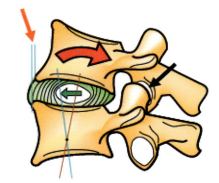

Figura 24.10

- **Afastamento** das faces (esquema da esquerda): a tensão das fibras aumenta e a pressão no núcleo aumenta em razão da aproximação das fibras que se verticalizam.
- **Aproximação** das faces (esquema da direita): a pressão no núcleo aumenta e se transmite lateralmente às fibras do anel, cuja tensão aumenta.
- **Inclinação** de uma face em relação à outra, na flexão ou na extensão:
  – Na **flexão** (Fig. 24.9: vista lateral), em razão do pinçamento e do deslocamento da face superior para a frente (seta azul), o núcleo é comprimido na frente, sendo empurrado para o lado mais amplo, ou seja, *para trás*, segundo o mecanismo do "caroço de cereja". A pressão intranuclear aumentada é aplicada sobre as fibras do lado maior, portanto, sobre a parte *posterior* do anel. Simultaneamente, a face superior se desloca ligeiramente para a frente (seta vermelha) e os processos articulares inferiores da vértebra de cima se "desprendem" dos processos articulares superiores da vértebra de baixo (seta preta).
  – Na **extensão** (Fig. 24.10: vista lateral), ocorre o inverso: a face superior recua (seta vermelha) e o disco é comprimido na parte de trás, o que o empurra para a frente e tensiona as fibras anteriores do anel. A margem anterior da face superior recua ligeiramente (pequena seta vermelha) e os processos articulares inferiores da vértebra de cima "mergulham" entre os processos articulares superiores da vértebra de baixo (seta preta).
- Na **inclinação lateral** (Fig. 24.11), sob uma pressão lateral (seta azul), os movimentos são idênticos: o núcleo é empurrado para o lado convexo da curvatura vertebral, lado em que as faces se afastam e as fibras do anel ficam tensionadas.

161

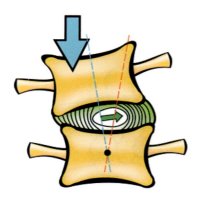

Figura 24.11

- Na **rotação** de uma face em relação à outra (Fig. 24.12: vista anterior): a face superior se desloca ligeiramente para o lado da rotação (seta vermelha), enquanto as fibras, descrevendo uma trajetória helicoidal, encerram o núcleo em seu compartimento (duas setas brancas pequenas), o que leva ao aumento das pressões. Quanto mais forem oblíquas as fibras, maior é sua tensão e mais próximas elas ficam do centro, o que contribui para *comprimir o núcleo* ao máximo.

Em todos esses casos, a pressão do núcleo aumenta e se transmite às fibras, que também ficam mais tensas. Podemos dizer que a pressão no interior do núcleo e a tensão das fibras do anel evoluem de modo **proporcional**.

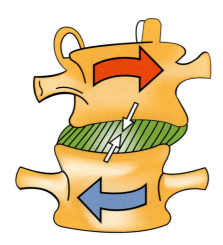

Figura 24.12

Conceito de protensão

Esse sistema só pode funcionar se o núcleo estiver, desde o começo, sob pressão: esse estado se chama *protensão*. Essa noção, muito importante em biomecânica, pode ser ilustrada por um exemplo tirado da arquitetura.

Os engenheiros civis descobriram e utilizam essa noção para reforçar a resistência das vigas de sustentação (Fig. 24.13: viga sem pressão à esquerda e em protensão à direita).

Quando se aplica uma carga (**C**) sobre uma viga normal (esquerda), ela se deforma para baixo e toma uma forma convexa, que chamamos de *flecha* (**F**) (embora na realidade seja um arco).

Por outro lado, se criarmos, na parte inferior de uma viga, uma tensão **prévia** (**t**), que comprima as duas extremidades uma contra a outra graças a um sistema de tração (setas vermelhas), essa viga, que agora está protendida (**P**), irá se deformar muito menos; sua flecha (**f**) poderá, por exemplo, reduzir-se à metade. Esse mecanismo será detalhado no Capítulo 33.

A pressão intranuclear, a protensão, portanto, depende da **hidrofilia** do núcleo, que é considerável no indivíduo jovem: se a água deixar de ser atraída para o núcleo, por exemplo, em razão do *envelhecimento*, a protensão desaparecerá e o disco não mais funcionará corretamente. O mesmo ocorre quando o núcleo escapa por uma fissura no anel, resultando na chamada hérnia de disco (ver Cap. 34).

Existe uma **migração permanente de água** entre o núcleo pulposo e o corpo vertebral através da face intervertebral (Fig. 24.14).

Quando o disco é **pressionado** (lado esquerdo da figura), a água migra do núcleo para o corpo vertebral e o disco fica achatado.

No estado de repouso alongado (lado direito da figura), durante a noite, o disco é **liberado** e a água *volta a reintegrá-lo* pelo caminho inverso. O disco recupera, então, sua espessura, de modo que somos ligeiramente mais altos pela manhã do que à noite. Com a idade, no entanto, essa recuperação é cada vez menos completa, e a coluna como um todo diminui de comprimento: na idade avançada, nossa altura é cada vez menor do que a registrada em nossos prontuários médicos do passado.

24 As articulações cartilagíneas

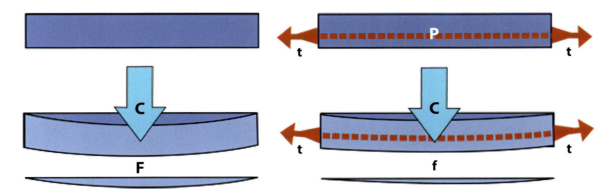

Figura 24.13

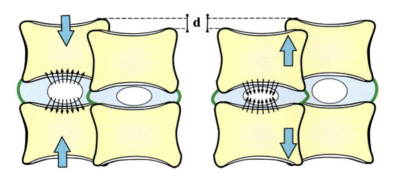

Figura 24.14

A protensão, portanto, é o **elemento essencial da autoestabilidade da coluna vertebral,** e podemos dizer que um disco intervertebral em boas condições se comporta como um perfeito amortecedor de todas as pressões que incidem sobre os corpos vertebrais. A perda da protensão com o avanço da idade explica perfeitamente a perda de maleabilidade da coluna vertebral do idoso.

Como atua a protensão? É fácil compreender o mecanismo da protensão quando a carga é axial e tende a aproximar as faces em paralelo (Fig. 24.14). Por outro lado, o mecanismo é mais engenhoso quando a carga é assimétrica (Fig. 24.15) e determina uma inclinação da face superior para o lado menos pressionado. A espessura do disco diminui desse lado e aumenta do outro, o que tensiona a fibra AB' para AB. Assim, porém, o núcleo, que foi empurrado para esse lado, aumenta sua pressão sobre as fibras com uma força (f), que comprime a fibra AB, trazendo-a de volta para a posição AB', recolocando a face superior na sua posição inicial. Compreende-se, assim, por que a protensão do núcleo pulposo é um fator essencial para o funcionamento normal do disco e, portanto, da coluna vertebral.

Os discos intervertebrais, como vimos, suportam **cargas cada vez mais fortes** (Fig. 24.16) à medida que nos aproximamos da base da coluna, que é o sacro. Os discos lombares e, sobretudo, o mais inferior deles (**L5**), sustentam o peso do corpo acima deles (**P**), acrescido do tônus dos músculos paravertebrais (*M1* e *M2*), além das sobrecargas ocasionais devidas aos esforços (*S*) e, finalmente, as cargas suportadas pelos ombros ou pelos membros superiores, como no caso dos halterofilistas, tudo isso constituindo a carga total (*E*), que incide sobre L5-S1 e pode ser significativa.

163

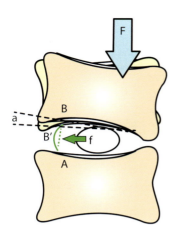

Figura 24.15

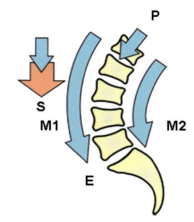

Figura 24.16

Ao sofrer uma compressão axial (Fig. 24.17: à esquerda, disco sadio *não pressionado*), o disco mais fortemente pressionado, por exemplo, por uma carga de 100 kg (no meio), perde **1,4 mm** de sua espessura, se estiver saudável. Por conta dessa diferença nas cargas suportadas, os discos não têm a mesma espessura em cada uma das regiões da coluna.

Se estiver patológico (à direita), isto é, se a substância do núcleo já tiver começado a se infiltrar entre as camadas fibrosas do anel, o achatamento será mais importante, **2 mm** ou mais, e o achatamento do disco irá se tornar permanente, já que o núcleo perdeu sua protensão.

Em razão das cargas que suportam e de sua mobilidade, os discos intervertebrais não têm sempre a mesma espessura: ela varia de acordo com a região da coluna (Fig. 24.18: discos em três níveis da coluna).

É na região *lombar* (**L**) que os discos são *mais espessos,* pois sua espessura representa **um terço** da altura dos corpos vertebrais.

Na região *dorsal da coluna* (**D**), por sua vez, onde as amplitudes de movimento são relativamente menores, a proporção é de apenas **um quinto**.

Todavia, na região *cervical da coluna* (**C**), que é o segmento *mais móvel* da coluna, essa proporção é de **dois quintos**.

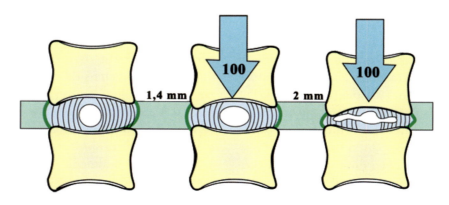

Figura 24.17

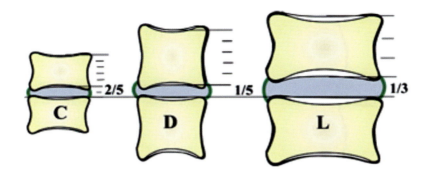

Figura 24.18

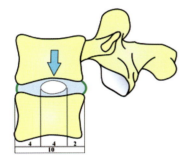

Figura 24.19

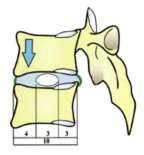

Figura 24.20

A carga e, sobretudo, a mobilidade dos discos condicionam a importância e a posição do núcleo do disco.

É na **região lombar** (Fig. 24.19: vista de perfil) que o núcleo é mais volumoso, o que tem lógica, já que ele sofre, nesse local, as maiores pressões: ele representa, aí, 4/10 do diâmetro anteroposterior do disco. Ele fica situado mais próximo da margem posterior que da anterior, o que também é lógico, já que as cargas são aplicadas, sobretudo, *na parte de trás* dos corpos vertebrais.

Na **região dorsal** (Fig. 24.20: vista de perfil), a carga diminui e o núcleo representa apenas 3/10 do diâmetro anteroposterior. Ele fica situado um pouco *mais para a frente,* porque uma parte da carga é repartida com a caixa torácica.

Finalmente, na **região cervical** (Fig. 24.21: vista de perfil), onde a carga é moderada, a proporção do núcleo também é de 3/10, e ele ocupa uma posição *mais próxima do centro do disco.*

Figura 24.21

A pressão exercida sobre um disco lombar é, como vimos, considerável, e o núcleo, já sob pressão dentro do seu compartimento, tende a escapar. Ele tem duas opções: escapar na vertical ou na horizontal.

A migração vertical ocorre por afundamento limitado das faces intervertebrais, o que constitui as chamadas **hérnias intraesponjosas** ou **hérnias de Schmorl** (Fig. 24.22), sem consequências patológicas.

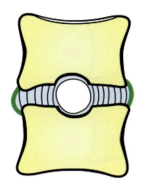

Figura 24.22

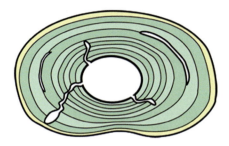

Figura 24.23

No plano horizontal (Fig. 24.23: vista em primeiro plano), a fuga do líquido nuclear só pode ocorrer se houver **fissuras nas fibras do anel**, causadas por pressões mecânicas que já descrevemos, favorecidas pela degeneração do tecido fibroso lamelar, que pode se desenvolver muito precocemente, *desde os 25 anos de idade*. Esses escapes do líquido gelatinoso do núcleo ocorrem geralmente para trás, acarretando o risco de *hérnia discal posterior*, que comprime as raízes nervosas que saem pelo forame de conjugação. Esse fenômeno será detalhado no Capítulo 34, dedicado à coluna vertebral, pois o sistema do disco intervertebral está, na realidade, acoplado ao segundo elemento da articulação entre duas vértebras – o *arco posterior*, que sustenta os processos articulares posteriores.

Os movimentos elementares que se produzem nas articulações intervertebrais, mesmo os de pouca amplitude, se **somam** para resultar, no conjunto da coluna, em movimentos de amplitude *muito importante*. Esses movimentos serão estudados no Capítulo 34.

25
O papel dinâmico dos ligamentos

Toda articulação contém ligamentos que desempenham um papel essencial nos seguintes aspectos:

- **coaptação das superfícies articulares**, isto é, manutenção do contato entre as superfícies, pois eles se inserem de um lado e do outro da interlinha articular;
- **condução do movimento** nas direções preferenciais;
- **interdição de movimentos anormais** nas direções não fisiológicas;
- **limitação da amplitude** quando ela não é contida por obstáculos ósseos.

Estrutura microscópica

Os ligamentos são constituídos de **tecido fibroso denso** (Fig. 25.1: corte microscópico), formando uma rede tridimensional composta de **fibroblastos** (20% do volume total), organizados em redes orientadas, e de uma **matriz extracelular** que os cerca, composta de água (60 a 80% do peso líquido), colágeno (70% do peso seco), elastina, glicosaminoglicanos (GAGs) e, em menor quantidade, proteoglicanos. O conjunto de células e matriz extracelular forma uma estrutura tridimensional complexa, onde encontramos os seguintes elementos:

- **Tecido conjuntivo denso** e regular, com arranjo longitudinal.
- **Fibras colágenas**. O colágeno é uma proteína fibrosa secretada no líquido intersticial, constituído de colágenos dos tipos I, III e V, e, em menor quantidade, de colágenos dos tipos XI, XII e XIV. As fibras, também longitudinais, são mais resistentes que o osso sobre o qual se fixam e que fios de aço do mesmo calibre.
- **Fibras elásticas**. Elas são compostas de uma proteína, a **elastina**, disposta em fibras *helicoidais*, que permitem um alongamento do dobro do comprimento inicial. Elas têm uma coloração amarela, são mais abundantes nos ligamentos vertebrais, por exemplo, no **ligamento amarelo** (Fig. 25.2: vista em secção).

Figura 25.1

Os ligamentos são ricos em vasos e nervos.

As fibrilas de colágeno se agrupam em **feixes primários** (Fig. 25.3: vista em perspectiva), depois secundários que, por sua vez, formam um ligamento envolvido por tecido conjuntivo frouxo.

Os ligamentos são, quase sempre, *espessamentos* da **cápsula articular**, mas podem, em certos casos, se individualizar em **cordões fibrosos distintos.**

Propriedades mecânicas dos ligamentos

Os ligamentos têm grande resistência, mais à tração que à torção. Flexíveis e maleáveis, eles são pouco extensíveis e pouco elásticos, exceto o ligamento amarelo.

Nas **curvas de resistência à tração** (Fig. 25.4: a abscissa, C, é o comprimento de estiramento; a ordenada, F, é a força aplicada), distinguem-se *quatro fases*.

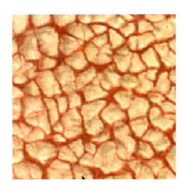

Figura 25.2

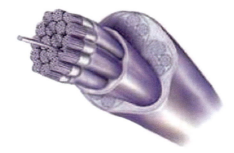

Figura 25.3

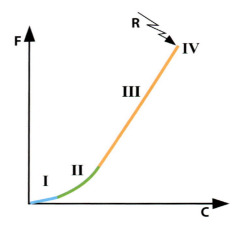

Figura 25.4

A **primeira fase** (linha azul) é a de posicionamento e *orientação das fibras.*

A **segunda fase** (linha verde), chamada *deformação elástica,* é bem longa e variável dependendo do ligamento.

A **terceira fase** (linha laranja) tem lugar sobre uma certa tensão, chamada *limitante elástica.* A entorse com alongamento é classificada como **entorse benigna.** Ela é acompanhada de uma deformação plástica *irreversível* e muito curta antes da fase seguinte.

A **quarta fase** é a da *ruptura* ligamentar (R), qualificada como **entorse grave.**

Diversas medidas já foram feitas e indicam que a limitante elástica dos **ligamentos cruzados do joelho,** no homem, é de 400 a 500 newtons, com limite de ruptura de 500 a 600 newtons.

O **alongamento elástico máximo** é de aproximadamente **25%,** ao passo que o **alongamento plástico máximo** é de aproximadamente **30%.** Um ligamento estirado não retorna **jamais** ao seu comprimento inicial. Isso significa que uma entorse com estiramento ligamentar tem o mesmo significado mecânico que uma ruptura verdadeira.

Para os ligamentos cruzados de 22 a 25 mm de comprimento, a deformação elástica não ultrapassa 4 a 5 mm.

Em suma, se os ligamentos tiverem, inicialmente, uma forte resistência física, eles terão, na verdade, sob pressões exageradas, uma **fraca resistência fisiológica.**

Isso pode ser confirmado pelo fato de uma imobilização prolongada enfraquecer os ligamentos por perda de fibras colágenas: em oito semanas, 40% da resistência está perdida e essa perda dura um longo tempo. Será necessário quase um ano para recuperar a resistência inicial.

O **treinamento esportivo** reforça os ligamentos. Com a idade, sua resistência diminui e, na mulher, eles são mais fracos, sobretudo pela influência dos estrogênios.

Características anatômicas dos ligamentos

Os ligamentos articulares formam feixes de fibras longitudinais segundo dois processos que determinam se serão ou espessamentos da cápsula articular ou ligamentos distintos da cápsula.

Espessamento da cápsula articular

É o caso mais frequente: esse tipo de ligamento forma feixes que reforçam a cápsula (Fig. 25.5: articulação teórica). O esquema apresentado no figura mostra as superfícies articulares cartilagíneas em contato através de uma cápsula articular supostamente transparente. A cápsula forma um *envoltório fibroso* inserido por seus dois orifícios nas extremidades ósseas, próximo aos limites da cartilagem. Os ligamentos são dispostos segundo as necessidades mecânicas.

Esse tipo de ligamento é encontrado em todas as articulações, das maiores – como o quadril, o ombro, o punho e o joelho – até as menores, como as interfalângicas.

Ligamentos distintos da cápsula

Os ligamentos podem ser intra-articulares ou extra-articulares, e sua disposição varia em função disso.

Ligamentos extra-articulares

Ombro

- **Ligamento coracoumeral** (Fig. 25.6: vista lateral): é o suspensor do úmero, e sua função é de se opor à luxação da articulação do ombro para baixo sob influência do peso do membro superior e das cargas a que ele está submetido.
- **Articulação acromioclavicular** (Fig. 25.7: vista anterior):
  – **Ligamentos conoide** (7) e **trapezoide** (8): ligando o processo coracoide (6) e, portanto, a escápula, à clavícula (4), eles desempenham um papel essen-

Figura 25.5

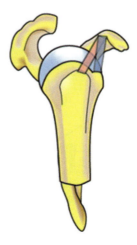

Figura 25.6

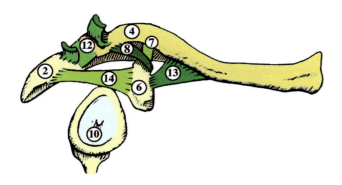

Figura 25.7

cial na coaptação da articulação acromioclavicular. Repará-los é indispensável para o tratamento da luxação da articulação acromioclavicular.
– **Ligamento coracoclavicular (13)**: menos potente que os anteriores, ele desempenha o mesmo papel.
– **Ligamento coracoacromial (14)**: reúne duas partes da escápula e não tem nenhum papel na articulação. Por outro lado, limita, acima, o túnel de passagem sobre o músculo supraespinal e tem um papel na *síndrome do manguito rotador*.
■ **Articulação esternoclavicular** (Fig. 25.8: vista anterior). O ligamento **costoclavicular** (seta preta), apesar de totalmente distinto dessa articulação, desempenha um importante papel em sua coaptação e na limitação dos seus movimentos.

Coluna vertebral (Fig. 25.9: secção sagital)

■ **Ligamentos interespinais** e **supraespinais**: esses ligamentos limitam o afastamento posterior das vértebras e, portanto, sua flexão. Neste esquema, podemos distinguir também o **ligamento longitudinal anterior** e o **ligamento longitudinal posterior** à frente e atrás dos corpos vertebrais.
■ **Ligamentos intertransversários** (Fig. 25.10: vista anterior do arco posterior, separado dos corpos vertebrais após secção dos pedículos): esses ligamentos limitam o afastamento lateral das vértebras e, portanto, sua inclinação do lado oposto. Neste esquema, distinguimos também o ligamento amarelo.
■ **Ligamento alar** (Fig. 25.11: vista em perspectiva posterior esquerda, com secção frontal do occipital e do atlas): esse ligamento disposto simetricamente (só um aparece na figura), do ápice do dente do áxis à face intracraniana do occipital, um pouco à frente do forame occipital, liga diretamente o occipital à vértebra áxis. Durante a rotação do occipital sobre o atlas, ele é **tensionado torcendo-se** de modo a inclinar ligeiramente o occipital (seta vermelha) para o lado oposto ao da rotação (ver Cap. 37).

Joelho

■ **Ligamentos colaterais fibular e tibial** (Fig. 25.12: vista medial, **A**, e lateral, **B**): dispostos na face lateral e na face medial da articulação, eles se confundem com a cápsula na parte superior, mas se distinguem dela nas proximidades de suas inser-

Figura 25.8

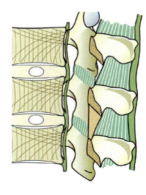

Figura 25.9

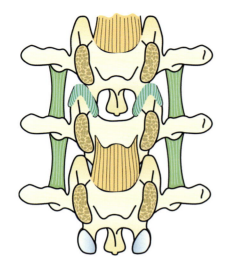

Figura 25.10

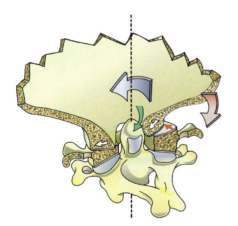

Figura 25.11

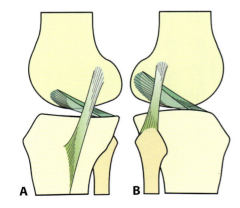

Figura 25.12

ções distais. Nestes esquemas, podemos ver que o **ligamento colateral tibial** (A) se cruza, no espaço, com o *ligamento cruzado posterior* e que o **ligamento colateral fibular** (B) se cruza, no espaço, com o *ligamento cruzado anterior*.

Agora, se considerarmos os quatro ligamentos (Fig. 25.13: vista em perspectiva posterior lateral), constataremos que os dois ligamentos colaterais são **cruzados no espaço**, e que o mesmo ocorre com os ligamentos cruzados, de modo que esses quatro ligamentos se cruzam **alternadamente.**

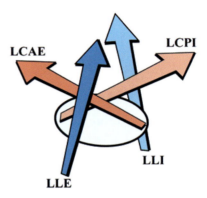

Figura 25.13

- **Ligamento da patela**: é totalmente distinto da cápsula articular e constitui uma ligação frouxa entre a patela e a tuberosidade da tíbia, permitindo **dois tipos de movimentos**:
  - **deslocamento anteroposterior** da patela **durante a flexão-extensão** (Fig. 25.14: vista lateral): neste esquema, podemos notar o deslocamento para trás (seta azul) do ponto de contato entre os côndilos e a face articular superior da tíbia;
  - seu **deslocamento transversal** (Fig. 25.15: vista anterior) durante a **rotação da tíbia** sob o fêmur quando o joelho está flexionado.

No esquema da Figura 25.15, são mostradas as três posições da patela: a posição **intermediária**, que corresponde à rotação nula, com o fêmur nessa posição; a posição **lateral** (seta vermelha), que corresponde à rotação medial da tíbia sob o fêmur; e a posição

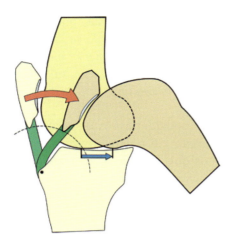

Figura 25.14

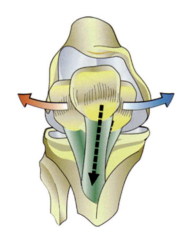

Figura 25.15

medial (seta azul), que corresponde à rotação lateral da tíbia sob o fêmur.

Em consequência, a patela **perde sua função** de "olécrano do joelho", ou seja, de *limitante da extensão*, que passa a ser limitada somente pelos **ligamentos posteriores**.

Ligamentos intra-articulares

- **Ligamentos intercarpais** (Fig. 25.16: vista anterior da fileira inferior): o carpo e o tarso contêm vários ligamentos interarticulares que garantem sua coesão. Neste esquema da *fileira distal* do carpo, com os ossos artificialmente afastados, os quatro ossos são mantidos juntos por *três curtos* **ligamentos interósseos** e formam um **bloco** de pouca mobilidade.
- **Ligamento da cabeça do fêmur** (Fig. 25.17: vista anterior e medial da cabeça do fêmur direito), que se estende do fundo posterior do acetábulo até o vértice da cabeça do fêmur, não tem *nenhuma função mecânica*. Por outro lado, é uma **bainha vascular** que desempenha um papel essencial na **vascularização da cabeça do fêmur**. Sua ruptura pode provocar **necrose asséptica** da cabeça do fêmur, ou seja, a morte do tecido ósseo por falta de suprimento sanguíneo.
- **Ligamento interósseo talocalcâneo** (Fig. 25.18: vista anterolateral do lado direito), que ainda é chamado de *barreira anatômica* (**H**), no nível da articulação talocalcânea, em torno do qual se realizam movimentos de **torção do calcâneo sobre o tálus**.

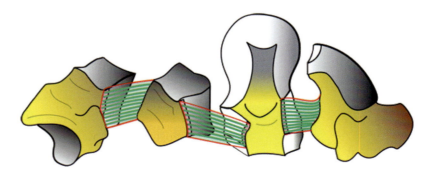

Figura 25.16

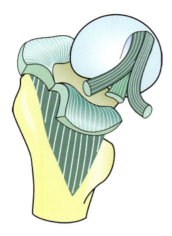

Figura 25.17

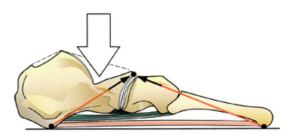

Figura 25.19

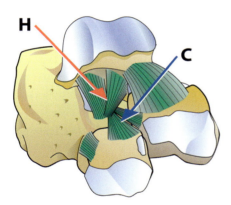

Figura 25.18

de sustentação do arco plantar, pois reúne quase todos os ossos do tarso e do metatarso em sua face inferior, garantindo, assim, sua coaptação. É constituído por um *feixe profundo* e um *feixe superficial* (em verde). Com os **músculos plantares** (em rosa), luta contra o achatamento do arco lateral, que sustenta o peso do corpo (seta branca).

Ligamentos que formam a superfície articular

- O **ligamento transverso do atlas** (Fig. 25.20: vista superior do atlas sobre o áxis) se estende transversalmente entre as duas asas laterais do atlas e completa a **cavidade de recepção** do dente do áxis, na articulação atlantoaxial mediana, que serve de pivô entre as duas vértebras cervicais. Sua face anterior vem se encaixar dentro de um *sulco transversal* escavado na face posterior do dente, formando, assim, uma pseudoarticulação de deslizamento entre um

É composto por dois feixes em dois planos diferentes e sofre pressões em torção, mas também por alongamento, pois é o meio de união mais potente entre esses dois ossos.
- O **ligamento bifurcado** (Fig. 25.18, **C**) liga o calcâneo aos ossos cuboide e navicular. É formado por *dois feixes*, que se inserem em planos perpendiculares. Serve de eixo de rotação nos movimentos de torção dessa articulação, sendo o ponto de referência nos casos de amputação nesse nível. Na verdade, ele é o elemento essencial de coaptação dessa articulação.
- O **ligamento plantar longo** (Fig. 25.19: vista lateral do esqueleto do pé) é o elemento essencial

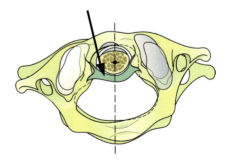

Figura 25.20

osso e um ligamento; o restante da articulação é formado por *duas faces cartilagíneas* articuladas, uma na face posterior do arco anterior do atlas e outra na face anterior do dente do áxis. A integridade desse ligamento é vital, pois sua **ruptura** (Fig. 25.21: mesma vista, mas com uma ruptura do ligamento marcada pela seta preta) permite a luxação anterior do atlas, que causa morte imediata por *compressão do bulbo pelo dente do áxis*.

- O **ligamento anular** (indicado pelo número 16 na Fig. 25.22, vista anterior) completa a **cavidade de recepção** da cabeça da ulna na **articulação radiulnar proximal**, formada também pela incisura radial (20). Ele tem a forma de uma cinta presa pelas extremidades por meio de suas inserções nas margens anterior e posterior da incisura radial. A face profunda do ligamento anular é recoberta por uma cartilagem contínua com a da *pequena incisura radial*, em contato com a cartilagem da face periférica da cabeça do rádio (14-15). Essa **incisura de recepção semideformável** permite a rotação da cabeça do rádio, que não é circular, e sim *oval*. Esse dispositivo engenhoso condiciona o afastamento da extremidade superior do rádio em relação à ulna, o que permite que a tuberosidade bicipital do rádio se aloje na fossa supinadora da ulna durante a pronação.

- Os **ligamentos escafossemilunar** e **semilunar-piramidal** (Fig. 25.23: vista em perspectiva anterossuperior, com os três ossos afastados), que conectam os três ossos da fileira proximal do carpo, ou seja, de fora para dentro, o *escafoide* (**E**), o *semilunar* (**SL**) e o *piramidal* (**P**), são, ao mesmo tempo, *meios de união* indispensáveis à coesão do carpo e *superfícies articulares*. Para tanto, suas faces superiores são recobertas por uma cartilagem em continuidade com a dos ossos que mantém unidos. A ruptura de um desses ligamentos, sendo a mais frequente a do *ligamento escafossemilunar* (**ESL**), provoca um grave distúrbio do funcionamento do carpo. A ruptura do *ligamento semilunar-piramidal* (**SLP**) é bem mais rara (ver Cap. 41).

- O **ligamento calcaneonavicular**, dito **glenoidal** (**G**) (Fig. 25.24: vista superior), que se estende da margem anterior da tuberosidade do *calcâneo* à margem inferior do *navicular*, forma uma parte da *cavidade de recepção* da cabeça do tálus. A cartilagem que reveste a face superior tem continuidade com a cartilagem da face posterior do navicular.

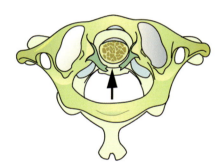

Figura 25.21

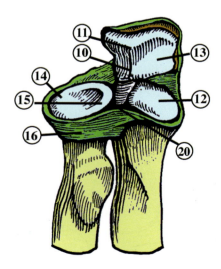

Figura 25.22

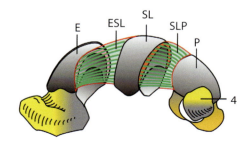

Figura 25.23

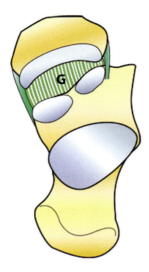

Figura 25.24

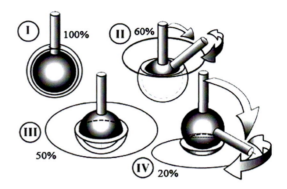

Figura 25.25

Encaixe das articulações

Para compreender o papel dos ligamentos, é preciso voltar à noção de encaixe das superfícies articulares, determinante de sua **estabilidade** e **mobilidade**.

Todas as peças do esqueleto são *desmontáveis*, o que significa que, no esqueleto puro, os ossos podem ser todos dissociados uns dos outros. É assim que os arqueólogos e antropólogos encontram esqueletos, cabendo a esses cientistas reconstituí-los, o que nem sempre é fácil, já que os elementos podem estar dispersos.

Existem diferentes tipos de **encaixe** (Fig. 25.25: quatro tipos de encaixe):

No encaixe **I**, de 100%, a mobilidade é nula, mas a estabilidade é absoluta.

No encaixe **II**, compreendido entre 100 e 51% (p. ex., de 60%), a estabilidade continua sendo absoluta, e a mobilidade aumenta. Em todos esses casos, os ligamentos são totalmente inúteis. Não existem encaixes desse tipo nos seres vivos.

No encaixe **III**, de 50%, caso do **quadril**, o desencaixe é *possível*, por isso os ligamentos são indispensáveis. A articulação é **móvel** e **estável**, e, para que ocorra luxação (o que é raro), é necessário um **traumatismo violento**.

No encaixe **IV**, de 20%, caso da **articulação do ombro**, a mobilidade é excelente, mas a estabilidade é fraca, o que explica a frequência das luxações do ombro e a importância dos ligamentos, mas, sobretudo, dos músculos.

Certas articulações, como a acromioclavicular, não são nem um pouco encaixadas e são muito instáveis, ou seja, sofrem luxação com frequência.

Funções dos ligamentos

Coaptação e condução do movimento

Essa função é evidente nas articulações com **um grau de liberdade**:

- Os **ligamentos colaterais do cotovelo** (Fig. 25.26: vista anterior esquemática) formam anteparos laterais que garantem a perfeita e permanente coaptação, impedindo qualquer movimento anormal, ou seja, de lateralidade. A ilustração mostra, esquematicamente, a articulação do cotovelo (**a**) com seus dois ligamentos colaterais, formando **tirantes** (em amarelo) que impedem movimentos de lateralidade.
- As outras **articulações trocleares**, como as **interfalângicas**, possuem ligamentos colaterais que exercem a mesma função.
- Na articulação **talocrural**, os ligamentos colaterais garantem o máximo de coaptação e de estabilidade em todas as posições.

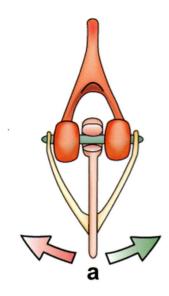

Figura 25.26

No caso das articulações com **dois graus de liberdade**, essa função de estabilização dos ligamentos depende do *grau de flexão-extensão* da articulação.

- Nas **metacarpofalângicas**, em razão do contorno da cabeça do metacarpal e do ponto de inserção metacarpal dos ligamentos colaterais, a coaptação e a estabilidade são *máximas* em **extensão**, o que tensiona esses ligamentos.
- No **joelho**, os *ligamentos colaterais*, em razão do contorno do côndilo, garantem que a coaptação e a estabilidade sejam *máximas* em **extensão**, que é a **posição de bloqueio**, na qual todo movimento de lateralidade é impedido. Esse travamento exercido pelos ligamentos colaterais também impede a hiperextensão do joelho, já que não há obstáculo ósseo a esse movimento, como ocorre no cotovelo, bloqueado pelo olécrano; no joelho, essa função é exercida pelos ligamentos posteriores, particularmente pelos **ligamentos cruzados**.

No caso das articulações com **três graus de liberdade**, o papel dos ligamentos varia dependendo do *grau de encaixe*:

- O **quadril**, articulação muito encaixada, é bastante estável: os ligamentos têm importância, sobretudo, na **limitação** *de movimentos* de:
  – limitação da rotação lateral do membro inferior e de sua abdução pelo ligamento pubofemoral;
  – mais importante ainda, limitação da extensão do membro inferior ou, inversamente, **limitação da retroversão** da pelve pela tensão do **ligamento iliofemoral** (Fig. 25.27: vista lateral em anteversão, A, e em retroversão, B).
- Quando esse ligamento é *curto* (A), a retroversão da pelve é insuficiente e a *lordose lombar* é muito acentuada (seta azul), o que repercute nas demais curvaturas da coluna, que também ficam acentuadas.
- Quando o ligamento é *mais longo* (B), a retroversão da pelve atinge o máximo, e a lordose lombar (seta azul) é **retificada**, o que se traduz em uma *coluna vertebral quase retilínea*.
- Esse fator é importante no endireitamento típico da posição bípede: se o sacro permanecer horizontal, a lordose lombar será acentuada.

Posições de máxima estabilidade

No conjunto, a *coaptação articular* é mais ou menos acentuada dependendo da posição. Para Mac Conaill, existe, para cada articulação, uma posição de **coaptação máxima**, que ele chama de *closed packed position* e que corresponde à posição na qual a função requer a estabilidade máxima.

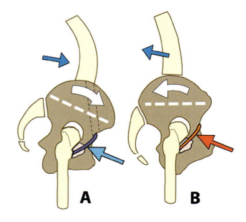

Figura 25.27

No **joelho**, por exemplo, é a *extensão completa*; na articulação **carpometacarpal do polegar**, é a posição de *oposição máxima*.

Tensão diferencial das fibras ligamentares

Falta abordar um ponto importante relativo à mecânica: as fibras de um ligamento são todas tensionadas simultaneamente?

Seria possível pensar que sim, quando *todas as fibras têm o mesmo comprimento*, no caso dos ligamentos em forma de cinta.

Certamente, porém, esse não é o caso dos ligamentos de **forma trapezoide** e *torcidos sobre si mesmos*, como os *ligamentos cruzados do joelho,* que merecem uma menção especial.

- Os **ligamentos cruzados do joelho** têm uma fisiologia particular. Eles desempenham um papel essencial no funcionamento dessa articulação.
- **No plano anatômico,** inicialmente: sua posição, *no centro do joelho,* faz deles, ao mesmo tempo, ligamentos *intra-articulares*, quanto à localização, e *extracapsulares*, podendo mesmo ser considerados espessamentos da cápsula.

Eles se inserem aproximadamente no plano sagital e **se cruzam** nesse plano (Fig. 25.28: vista esquemática de perfil dos dois ligamentos cruzados).

Eles também se cruzam no plano frontal (Fig. 25.29: vista de frente dos dois ligamentos cruzados).

Eles asseguram a coaptação das superfícies articulares, qualquer que seja o grau de flexão-extensão do joelho. Strasser demonstrou que eles permanecem sempre tensionados, qualquer que seja a posição de flexão-extensão do joelho. Esse aspecto tem grande importância funcional, pois, graças a essa *tensão permanente*, **eles impedem movimentos anormais, chamados movimentos em gaveta**:
– seja o movimento de "gaveta anterior", com desencaixe *para a frente;*
– seja o movimento de "gaveta posterior", com desencaixe *para trás.*

Além disso, esses ligamentos conduzem o movimento de flexão-extensão. Com efeito, normalmente os côndilos "deveriam" rolar sobre as faces articulares superiores das tíbias, mas, se isso de fato ocorresse, eles "sairiam" das faces articulares, para trás. Portanto, é preciso que o rolamento dos côndilos nas faces articulares das tíbias seja acompanhado de um *deslizamento*. Esse movimento se deve à ação dos *ligamentos cruzados*:

- durante a **flexão**, os côndilos são trazidos *para a frente* pela tensão do **ligamento cruzado anterior** (Fig. 25.30: vista lateral esquemática);
- durante a **extensão**, ao contrário, os côndilos são levados *para trás*, pela tensão do **ligamento cruzado posterior** (Fig. 25.31: vista lateral esquemática). Esse movimento é automático e regulado com grande precisão.

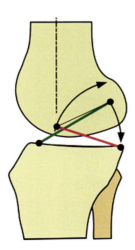

Figura 25.28

Figura 25.29

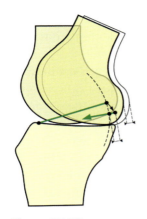

Figura 25.30

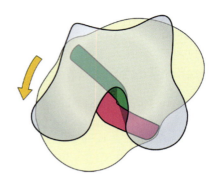

Figura 25.32

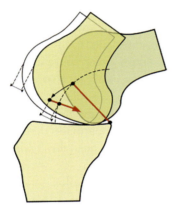

Figura 25.31

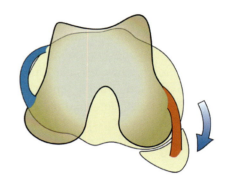

Figura 25.33

Esses ligamentos determinam a forma definitiva dos côndilos femorais (ver Cap. 17).

Eles asseguram a estabilidade rotatória do joelho, agindo em combinação com os ligamentos colaterais.

De fato, graças aos seu estreito contato no centro do joelho, os ligamentos cruzados são diretamente afetados pelos movimentos de rotação da tíbia sob o fêmur.

Durante a **rotação medial da tíbia sob o fêmur** (Fig. 25.32: vista superior com transparência), os ligamentos cruzados tendem a sofrer **torção um em torno do outro**, o que os tensiona. Essa tensão aproxima a tíbia do fêmur, bloqueando o movimento.

A **rotação lateral da tíbia sob o fêmur** (Fig. 25.33) produz um efeito inverso: ela destorce os ligamentos cruzados e permite o *afastamento* das superfícies articulares, mas, agora, são os ligamentos colaterais que são tensionados, em virtude da *rotação lateral*, bloqueando o movimento.

Podemos dizer, portanto, que os ligamentos cruzados e os ligamentos colaterais dividem o trabalho de manter a estabilidade rotatória do joelho, **graças à sua obliquidade inversa**: os ligamento cruzados bloqueiam a rotação medial, enquanto os ligamentos colaterais bloqueiam a rotação lateral.

Sua estrutura muito particular nos leva a questionar como seria o tensionamento de suas fibras.

Tomando como exemplo o ligamento cruzado posterior (Fig. 25.34: vista esquemática), constata-se uma **torção sobre ele mesmo** e observa-se que as fibras são de **comprimentos diferentes**, o que sugere que, durante o movimento, elas sejam tensionadas *sucessivamente*, como as teclas de um piano.

No esquema de perfil do joelho em flexão completa (Fig. 25.35), os ligamentos cruzados foram desenhados com indicadores de tensão (−) ou (+). Constata-se, assim, que somente algumas fibras são tensionadas (+), enquanto as outras são distendidas (−).

Essa tensão individualizada e harmoniosa das fibras do ligamento normal explica a dificuldade de se criar próteses ligamentares que reproduzam o funcionamento normal do joelho.

Figura 25.34

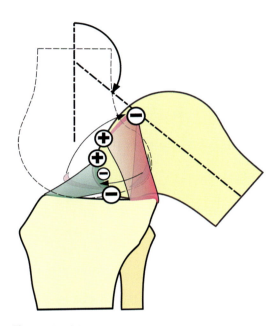

Figura 25.35

26
Os músculos – constituição

Os **músculos**, em total de 640, constituem os motores do sistema osteoarticular e representam 40% do peso do corpo.

Em sua **teoria das alavancas**, Arquimedes compreendeu muito bem que, para montar uma alavanca ativa, eram necessários *quatro elementos*, dispostos diferentemente em cada um dos **três tipos** de alavancas (ver Cap. 30):

- a **alavanca** (Fig. 26.1: alavanca mecânica do tipo "pé de cabra") propriamente dita, que, no caso do sistema musculoesquelético, é um *elemento esquelético*;

- um **fulcro** que, no caso do sistema musculoesquelético, é a *articulação*;
- um ponto onde se aplica a **resistência**, que é sempre, no mínimo, o *baricentro* do segmento de membro a ser mobilizado, ou uma *carga* a ser sustentada ou mobilizada;
- a **potência**, ponto onde se aplica a *força* capaz de mobilizar o osso. No sistema musculoesquelético, essa força é representada por **um ou mais músculos** (Fig. 26.2: vista anterior da musculatura do corpo humano), que se fixam sobre esses elementos esqueléticos.

Existem, no entanto, músculos que não têm inserção óssea – são os chamados **músculos cutâneos**, como os *orbiculares*, *esfincterianos* e da *expressão facial*.

É graças aos músculos que podemos existir na *quarta dimensão*, pois eles são *produtores de movimento*, que é, por sua vez, uma função do tempo. Como todos os elementos da biomecânica, eles são *evolutivos*, ou seja, estão em **permanente reconstrução** em função dos esforços que lhes são exigidos.

Existem **três tipos de músculos**:

- O **músculo liso**, de cor branca, que forma a *parede das vísceras ocas e dos vasos* e que não tem interesse para o nosso estudo porque não faz parte do sistema musculoesquelético.

Figura 26.1

26 Os músculos – constituição

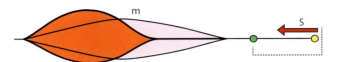

Figura 26.3

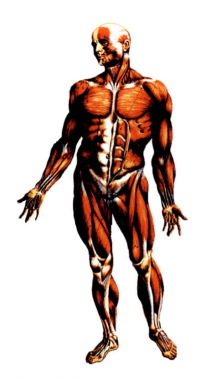

Figura 26.2

- O **músculo cardíaco,** de estrutura totalmente peculiar, porque, embora seja estriado ao microscópio, é dotado de um sistema próprio de contração automática e não tetanizável, que escapa ao controle voluntário. Suas fibras são anastomosadas, constituindo um *sincício* que permite sua contração em três dimensões. Esse tipo de músculo é o que constitui o *miocárdio*, que assegura o funcionamento ininterrupto da bomba cardíaca, sem descanso, do nascimento até a morte.
- O **músculo estriado,** chamado também de **músculo esquelético,** de cor vermelha, que movimenta as alavancas ósseas – é o único que nos interessa aqui. Nosso sistema musculoesquelético contém 640 desses músculos, número que varia segundo os autores.

Os músculos são **motores lineares** que agem por **encurtamento** (Fig. 26.3: músculo se encurtando); portanto, são muito diferentes dos motores rotativos inventados pelo homem porque, como foi dito, toda rotação superior a 180° é excluída do sistema musculoesquelético. Assim, a natureza, no tocante às macroestruturas, como o sistema musculoesquelético, só conhece o motor linear. Por outro lado, no nível celular, existem vários **motores rotativos**, por exemplo, nos *cílios* e, sobretudo, nos *flagelos*. Falaremos sobre eles no final deste capítulo.

O motor linear apresenta muitas vantagens em relação ao motor rotativo usado na indústria:

- O motor muscular desenvolve sua potência máxima **desde a partida**, e ela é maior quanto mais estirado o músculo estiver, enquanto o motor rotativo possui um torque baixo na partida.
- O músculo é capaz de desenvolver trabalho *isométrico*, ou seja, de desenvolver potência sem precisar "dar a partida".
- O *rendimento máximo* do trabalho muscular se situa no *meio da excursão*, diminuindo claramente no final.
- Ele não precisa de pinhões, de *redutor de velocidade* (**B**) – o **motor elétrico** (**A**) só desenvolve potência total em alta velocidade –, *nem de biela e excêntrico* (**C**) (Fig. 26.4: dispositivo mecânico que permite utilizar um motor elétrico para produzir um movimento alternativo).

No caso dos **motores de pistão** (Fig. 26.5: esquema de um motor de pistão), para obter um deslo-

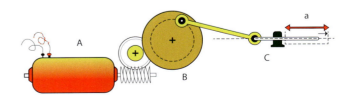

Figura 26.4

181

O que é biomecânica

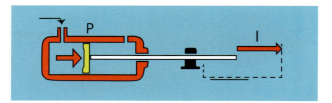

Figura 26.5

camento linear de seu ponto de aplicação, eles o fazem diretamente, o que melhora consideravelmente seu rendimento mecânico.

O homem também inventou o *motor linear*, com o **pistão** que se desloca dentro de um cilindro de acordo com um ciclo alternativo. Esse motor de pistão é utilizado em duas aplicações:

- **Pneumático** ou **a vapor**, como nas antigas locomotivas: a pressão que empurra o pistão pode ser aplicada sobre *suas duas faces*, portanto, há *dois tempos motores*, pois o motor pode agir em encurtamento e em alongamento.
- No **motor "a explosão"** (Fig. 26.6: esquema de um motor a explosão), o impulso motor, em virtude da explosão de uma mistura gasosa detonadora, só ocorre *de um lado do pistão*, por isso ele tem apenas *um tempo motor*. Para desenvolver potência, o motor à explosão precisa da **ignição**: ele não tem *nenhuma potência na partida*.

Em ambos os casos, como praticamente todas as máquinas criadas pelo homem são do tipo rotativo, o movimento linear alternativo do pistão se transforma em rotação por um sistema de *embielagem*. Somente o motor elétrico é **rotativo** desde sua concepção.

Ainda não foi inventado o **músculo artificial** (Fig. 26.7: esquema do princípio de um motor linear artificial), motor linear que funcionaria de acordo com os três modos do músculo biológico, com encurtamento, em frenagem de alongamento e em resistência por manutenção do comprimento, para bloquear a postura. Esse músculo artificial deverá poder ser comandado eletricamente, obtendo energia da corrente elétrica. Não há dúvidas de que seu inventor ganhará o Prêmio Nobel.

Músculo estriado

O músculo é um **motor linear** que desenvolve sua potência unicamente no sentido do **encurtamento**.

Estrutura do músculo estriado

Esse tipo de músculo tem uma organização interna **fascicular**, bem visível ao corte (Fig. 26.8: músculo seccionado).

- Cada músculo é envolvido por uma **aponeurose**, envoltório inextensível que forma um "estojo" capaz de se adaptar às suas variações de volume. Quando existe uma fenda ou abertura nessa aponeurose, ocorre uma *hérnia muscular*, que pode ser bastante incômoda.
- O corpo do músculo propriamente dito é envolvido (Fig. 26.9: os envoltórios musculares) por teci-

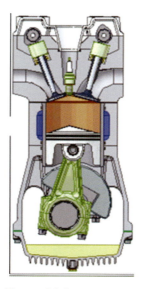

Figura 26.6

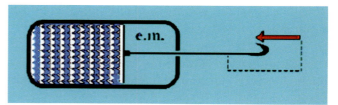

Figura 26.7

26 Os músculos – constituição

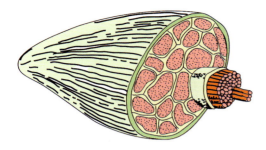

Figura 26.8

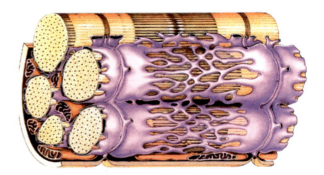

Figura 26.10

O sarcoplasma

As miofibrilas ficam em suspensão dentro de uma *matriz*, o **sarcoplasma**, líquido intercelular que contém grandes quantidades de **potássio, magnésio, fosfato e enzimas proteicas**. Nele se encontram também numerosas **mitocôndrias**, dispostas paralelamente às miofibrilas, além de inclusões de **glicogênio** e de **lipídios**, que refletem a intensa atividade metabólica da fibra.

A ultraestrutura: o sarcômero

Na Figura 26.11 pode-se observar o esquema de uma miofibrila mostrando um sarcômero.

Ao microscópio e após o estudo de seus constituintes químicos, é possível representar uma miofibrila como uma sucessão de uma grande quantidade de unidades contráteis, os sarcômeros.

Na imagem aumentada de uma miofibrila (Fig. 26.11), distinguimos a *unidade contrátil elementar*, o **sarcômero**, que é o espaço compreendido **entre duas estrias (Z)**. Esse compartimento, o sarcômero, possui em

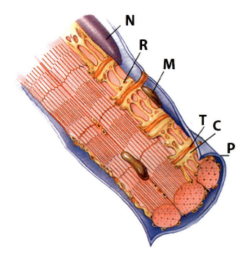

Figura 26.9

do conjuntivo frouxo, chamado **perimísio (P)**, que contém os **núcleos (N)** e as **mitocôndrias (M)**.
- O interior desse volume é ocupado por vários **feixes musculares**, separados por redes conjuntivas, com um sistema de **túbulos (T)** que desembocam em uma **cisterna (C)**, formando um **retículo (R)**.
- No feixe, por sua vez, agrupam-se os **fascículos**. Estes são constituídos de *feixes de miofibrilas*, unidades funcionais do músculo, que ficam imersos no *sarcoplasma*.

A unidade elementar: a miofibrila

Todos os músculos estriados são constituídos de fibras musculares (Fig. 26.10: esquema de uma fibra muscular), formadas, por sua vez, por agrupamentos de unidades elementares, as *miofibrilas*.

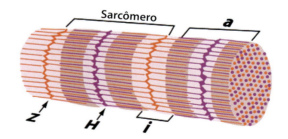

Figura 26.11

183

seu centro a banda **H**, mais clara, que apresenta uma estria central e é ladeada por duas bandas mais escuras, que determinam o aspecto estriado transversal do músculo.

A faixa clara entre duas bandas escuras se chama área **i** e contém a estria **Z**. A área ou disco (**a**) compreende as duas bandas escuras, formadas por filamentos grossos de miosina agrupados em feixes. Essa área, por sua vez, contém em seu centro a banda **H**.

Agora, ao se considerar a **ultraestrutura de um sarcômero** (Fig. 26.12: esquema ultramicroscópico), pode-se constatar uma alternância de filamentos finos, constituídos de actina e unidos pela linha Z, e filamentos grossos, constituídos de **miosina**, ligados entre si de quatro em quatro, e a outra linha fina e clara, que contém a estria **H**. A disposição é simétrica em relação à estria **H**, o que significa que, entre duas linhas Z, portanto dentro de um sarcômero, contam-se quatro filamentos finos, entre os quais se situam três filamentos espessos.

Na secção transversal (Fig. 26.13), os **filamentos espessos de miosina** (em marrom, na figura) apresentam uma disposição hexagonal; no centro de cada três deles há um **filamento fino de actina** (em rosa, na figura), que guarda relação com os filamentos espessos.

Na verdade, esses sarcômeros podem ser considerados eletroímãs duplos (dois ímãs opostos em relação à linha M). Pode-se comparar o sarcômero a um modelo mecânico constituído pelo que se chama, em eletricidade, de **eletroímã de pistão**.

Como funciona esse "eletropistão"?

Um **eletroímã** (Fig. 26.14: esquema de um eletroímã de pistão) é formado por uma bobina de fio

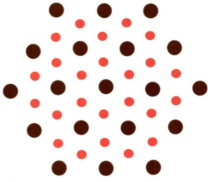

Figura 26.13

elétrico, chamada **solenoide**, que deixa um espaço cilíndrico em seu interior. Essa bobina está ligada a uma fonte de corrente elétrica contínua, por exemplo, uma bateria. No estado normal, nenhum campo magnético se manifesta em torno do solenoide (lado esquerdo).

No entanto, caso se faça passar pelo solenoide uma corrente elétrica contínua (lado direito), surgirá um campo magnético cuja polaridade dependerá do sentido da corrente. Uma barra de ferro suspensa por uma mola no eixo do solenoide será atraída e, literalmente, mergulhará no interior da bobina como um pistão.

Quando a corrente é interrompida, o campo magnético desaparece e o núcleo de ferro suspenso pela mola retorna à sua posição inicial. Trata-se de um fenômeno de atração ligado à criação de um campo magnético.

Pode-se imaginar um modelo de sarcômero unicamente baseado em eletroímãs de pistão (Fig. 26.15) colando-se dois sistemas, de costas um para o outro, sobre um plano que representa a estria **H** e barras de ferro que ultrapassam, de um lado e de outro, um plano que contém a estria **Z**.

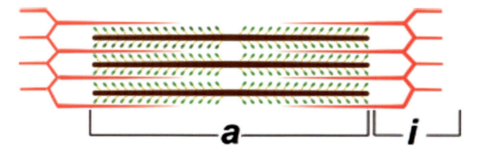

Figura 26.12

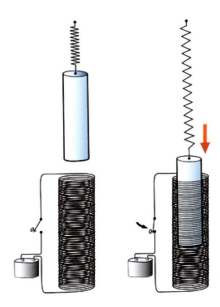

Figura 26.14

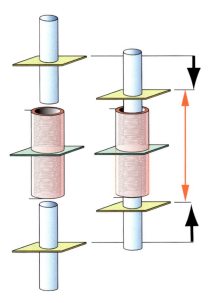

Figura 26.15

No esquema da esquerda (Fig. 26.15), o sistema está em repouso, mas, logo que se faz passar a corrente dentro dos dois solenoides (esquema da direita), os núcleos de ferro "mergulham" nas bobinas (setas pretas), o que determina um encurtamento do espaço **ZZ**, ou seja, um encurtamento do pseudossarcômero (seta vermelha dupla).

Com um pouco de imaginação, pode-se até mesmo representar um *agrupamento* desses pseudossarcômeros em um **sistema hexagonal** (Fig. 26.16).

A associação no plano horizontal hexagonal permite uma montagem **em paralelo** cujo efeito é aumentar a potência sem aumentar a amplitude, mas é possível associar esses modelos em linhas verticais, isto é, **em série**, o que aumenta a amplitude.

Esse modelo de pseudossarcômeros revela toda a engenhosidade da natureza, que compensa o pequeno deslocamento elementar de um sarcômero agrupando-os **nas três dimensões espaciais.**

É maravilhoso!

Depois dessas experiências de física lúdica com eletroímãs, pode-se perguntar: e que relação isso tem com os sarcômeros dos músculos?

O princípio é semelhante, mas o mecanismo é diferente: no caso do sarcômero, ou seja, do músculo

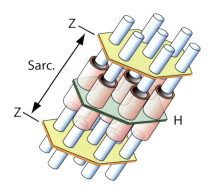

Figura 26.16

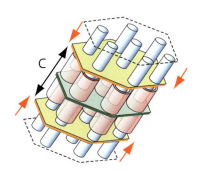

vivo, a atração não é proveniente de um campo magnético, e sim de um **campo eletrostático**.

Em razão da despolarização das moléculas contidas nos filamentos finos de actina, cada filamento espesso de miosina "se agarra e sobe os degraus" do filamento fino de actina. Assim, ele se esgueira entre dois filamentos finos. O que ocorre, então, em escala microscópica, é o mesmo fenômeno da atração do núcleo de ferro pelo eletroímã, mas a energia necessária para a despolarização é *química,* em vez de elétrica.

Para compreender esse fenômeno, é preciso examinar a **estrutura molecular**:

- Os **filamentos finos** (Fig. 26.17) são formados pelo enrolamento em espiral de duas cadeias de **actina** (**Ac**) com uma cadeia de **tropomiosina** (**Tm**). Sobre essa espiral se aplicam, sobre a tropomiosina entre os dois filamentos da hélice e de modo alternado, cadeias curtas de **troponina** (**Tn**), que é a miosina com uma molécula de troponina em cada extremidade. Uma cadeia de tropomiosina termina no nível em que, do outro lado, começa a cadeia seguinte. Assim se formam os "degraus" da escala do filamento fino, comparáveis aos "**nós**" feitos ao longo de uma corda.
- Os **filamentos espessos** (Fig. 26.18) são formados por um feixe de várias centenas de moléculas de miosina que, a intervalos regulares, se articulam em **dobradiça**, formando um braço curto que se dirige obliquamente para os filamentos grossos. Na extremidade desse braço, existe um segmento alargado, a **cabeça de miosina**, que tem papel ativo no processo de deslizamento dos filamentos grossos entre os finos. A cabeça de miosina se articula com o filamento grosso por meio de *duas do-*

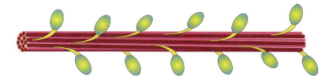

Figura 26.18

bradiças, uma na base do braço e outra na junção com a cabeça.
- Antes da contração (Fig. 26.19), os filamentos estão separados uns dos outros. Os filamentos grossos, particularmente, estão apenas encaixados no intervalo entre dois filamentos finos.
- No momento da **contração muscular** (Fig. 26.20), esses alargamentos chamados de cabeças de miosina se lançam à distância, como cabeças de serpente, sobre os filamentos finos, formando pontes de ligação e, graças à sua elasticidade, tracionam o filamento fino de actina para dentro dos espaços entre os filamentos grossos, provocando o encurtamento das duas metades do sarcômero e, consequentemente, do sarcômero como um todo.
- Ao final do encurtamento (Fig. 26.21), graças ao encaixe progressivo das cabeças de miosina sobre os "degraus da escada" do filamento fino, o filamento grosso penetrou totalmente no espaço entre os dois filamentos vizinhos de actina. É o equivalente ao "mergulho" do núcleo central na bobina do eletro-

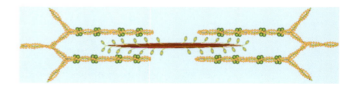

Figura 26.19

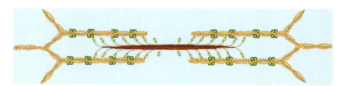

Figura 26.20

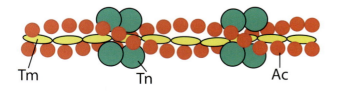

Figura 26.17

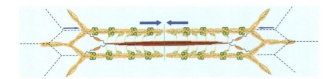

Figura 26.21

ímã. O que é fantástico nessa contração muscular é que esses milhões de pequenos ímãs se contraem *simultaneamente*, em *perfeita sincronia*, sem qualquer inércia, e respondem a *estímulos repetidos* com grande rapidez, como podemos constatar ao assistir a um solo de piano durante um concerto.

Os **fenômenos físico-químicos** da contração muscular são muito complexos e não serão abordados em todos os detalhes. Basta saber que:

- O **cálcio** é um fator indispensável à contração muscular: os íons cálcio liberados pelo potencial de ação (**PA**) proveniente da placa motora determinam a atração entre os filamentos de actina e miosina. Com efeito, os sítios ativos dos filamentos de actina são normalmente inibidos pelos pares troponina-tropomiosina. E é o cálcio que inibe esse complexo troponina-tropomiosina e cria as forças de atração entre os filamentos de actina e de miosina na origem do deslizamento, para prender-se aos "degraus" do filamento de actina. Portanto, sem cálcio, não há contração muscular. Os íons cálcio são armazenados (Fig. 26.22: microestrutura), na fase de repouso, no túbulo T (**Tub. T**) e na cisterna terminal (**Cist. term.**), que formam a *tríade* situada no nível da zona **i**. O **PA** libera os íons no retículo que irriga a zona **a** (ver Figs. 26.11 e 26.12), repartindo-os pelas miofibrilas. A recuperação dos íons cálcio pela cisterna terminal, em uma fração de segundo, desencadeia a **descontração**, reativando o par inibidor troponina-tropomiosina: as cabeças de miosina "se soltam dos degraus da escada" e o filamento grosso se solta dos filamentos finos.

- O **ácido adenosina-trifosfórico** (**ATP**) é o motor que fornece energia para uso local, liberando-a em

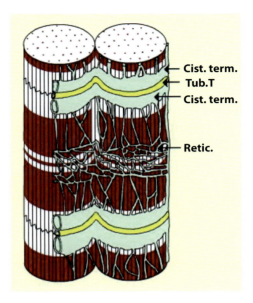

Figura 26.22

pequenos "pacotes", ao perder um radical fosfato por hidrólise, transformando-se em ADP. É o chamado *sistema fosfágeno*. Essa liberação de energia é o que permite a **articulação das dobradiças** do braço que sustenta a cabeça de miosina. É esse mecanismo que "puxa" o filamento grosso entre os dois filamentos finos.

Modelo do deslizamento do filamento grosso entre os filamentos finos

O encurtamento do sarcômero, fenômeno de base da contração muscular, é determinado pela progressão do filamento grosso de miosina em direção à linha **Z**, entre os filamentos finos de actina.

Os filamentos de actina contêm, a intervalos regulares, moléculas de troponina, que são como nós ao longo de uma corda. Nesses nós se prendem as cabeças de miosina do filamento grosso, para que possam ser tracionadas para o fundo do espaço entre dois filamentos finos, a linha **Z**.

Em suma, é preciso entender a progressão do filamento grosso de miosina sobre o filamento fino de actina como um alpinista que se eleva galgando os nós de uma corda.

Os tempos sucessivos dessa ascensão podem ser representados por uma série de esquemas:

1. A cabeça de miosina (Fig. 26.23), presa por seu braço articulado ao filamento grosso, situa-se de frente para o filamento fino de actina, como o alpinista que sobe pelos nós da corda. O sinal ainda não foi dado.
2. O sinal é dado pela chegada maciça de íons cálcio (Fig. 26.24), cuja liberação foi desencadeada pelo potencial de ação, disparado, por sua vez, pela chegada do impulso nervoso na placa motora. Esses íons cálcio, que estavam armazenados na cisterna terminal, inundam o sarcômero através do retículo. A partir desse momento, o alpinista "vê" a corda com os nós: a cabeça de miosina, que traz uma molécula de **ATP**, fixa-se, então, sobre o nó bem à sua frente.
3. A molécula de ATP, sob a ação de uma enzima, a ATPase, dissocia-se em dois fragmentos (Fig. 26.25): uma molécula de ADP e um íon fosfato inorgânico (**Pi**), que se destacam da cabeça de miosina. Essa reação química de hidrólise libera um quantum de energia que será utilizado para assegurar a fixação ao nó do filamento fino e, sobretudo para modificar o braço de miosina, conforme explicado a seguir.
4. Para modificar a estrutura do braço de miosina que sustenta a cabeça de miosina (Fig. 26.26): as duas

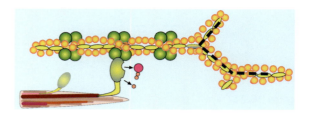

Figura 26.25

dobradiças se articulam na base do filamento grosso. Voltando à imagem do alpinista, agora ele começa a galgar os nós da corda.
5. A tração da cabeça de miosina sobre o filamento fino (Fig. 26.27) continua e traz a estria **Z** na direção da estria simétrica, o que encurta o sarcômero.
6. Contudo a tração só avançou um nó (Fig. 26.28), e logo os fragmentos de **ADP** e o fosfato **Pi** retornam para junto da cabeça de miosina.
7. Eles voltam a se combinar formando ATP, sob a ação de uma fosforilase (Fig. 26.29), graças à energia fornecida pela degradação da **glicos**e, verdadeiro combustível do músculo.
8. A reintegração da molécula de ATP à cabeça de miosina (Fig. 26.30) provoca a **desconexão** da cabeça de miosina do nó do filamento de actina. No entanto, o alpinista não terminou sua subida! Um nó após o outro: agora ele precisa galgar o próximo.

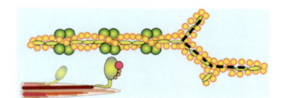

Figura 26.23

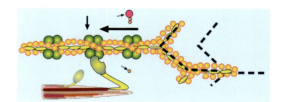

Figura 26.26

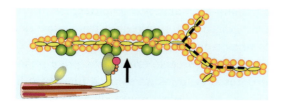

Figura 26.24

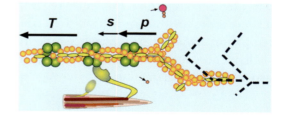

Figura 26.27

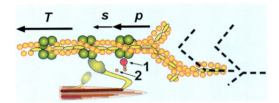

Figura 26.28

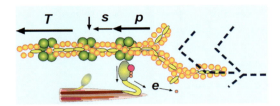

Figura 26.31

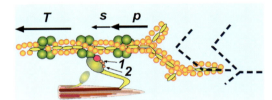

Figura 26.29

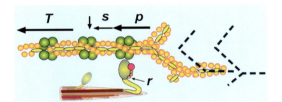

Figura 26.32

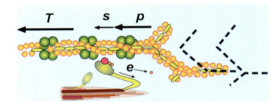

Figura 26.30

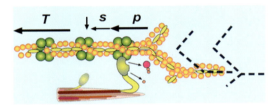

Figura 26.33

9. Para alcançar o nível do próximo nó (Fig. 26.31), as duas dobradiças do braço que ligam a cabeça ao filamento grosso se desdobram (Fig. 26.32), o que a leva a alcançar a estria **Z**.
10. Quando o ATP se fixa novamente sobre a cabeça de miosina (Fig. 26.33), esta se afasta do filamento fino e se coloca à frente do próximo nó.
11. E o ciclo recomeça, fazendo avançar o filamento grosso até o próximo nó.

Para resumir o mecanismo de ação da cabeça de miosina, que é, de fato, o elemento motor da contração muscular, podemos dizer que ele engloba três tempos:

1. **Projeção** da cabeça de miosina na direção do nó de troponina por atração iônica.
2. **Fixação** da cabeça sobre o nó, por *ligação de valências* no nível molecular.

3. **Contração** e **encurtamento** do filamento que liga a cabeça ao filamento grosso, novamente por *rearranjo de estruturas moleculares* sob a ação de fatores eletroquímicos.

Eis a maravilhosa micromecânica que explica a contração muscular e determina todos os movimentos humanos.

Se o leitor alguma vez já subiu em uma corda de alpinista, sabe que, para largar o nó que está segurando com as mãos, é preciso *firmar os pés* em outro nó, situado mais abaixo, para não despencar no chão.

Essa parada de progressão por *entalhes sucessivos* lembra o mecanismo da **catraca** (Fig. 26.34), usado, por exemplo, nas correias de poço para impedir que o balde desça de volta para o fundo. Se a pessoa que está operando a manivela soltá-la inadvertidamente, o balde voltará para o fundo e o *rebote da* *manivela* poderá causar um traumatismo na pessoa. Somente o encaixe nos dentes da catraca (**C**), com a ajuda de uma mola, pode impedir esse movimento de retorno.

Existe um mecanismo semelhante, mas *linear*, que é chamado **cremalheira** (Fig. 26.35): cada tentativa de recuo da barra é bloqueada pelo encaixe nos *dentes da cremalheira*; a cremalheira só se desloca em um sentido.

Essa aparente digressão sobre a catraca e a cremalheira serve para esclarecer a questão do *encurtamento contínuo do sarcômero*.

No sarcômero existe, de fato, um **mecanismo de catraca** (Fig. 26.36), como se pode ver nos esquemas a seguir, que mostram, na **posição de repouso** (**0**), o filamento fino na forma de cremalheira, sobre o filamento grosso que possui as cabeças de miosina, simbolizadas pelas pequenas setas de três cores diferentes.

No primeiro tempo (**A**), as cabeças *vermelhas*, com movimentos de báscula e alongamento (**a**), vão se prender a um **nó de troponina**, simbolizado aqui por um dente de cremalheira (**a**).

No segundo tempo (**B**), o **braço** que sustenta a cabeça se encurta (**b**), o que determina o deslocamento da cremalheira no sentido do encurtamento.

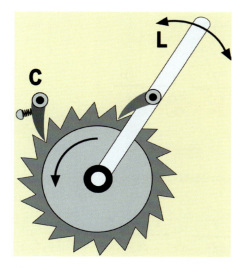

Figura 26.34

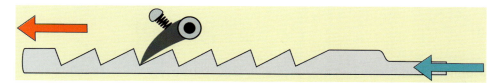

Figura 26.35

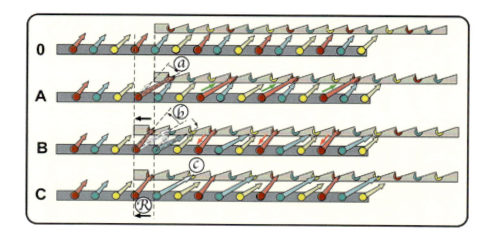

Figura 26.36

26 Os músculos – constituição

No terceiro tempo (**C**), antes que a cabeça se solte, outra série de cabeças, as *azuis*, se lançam para agarrar outro nó (**C**), como um pino que se encaixa nos dentes da cremalheira.

A cabeça vermelha pode agora se soltar sem risco de recuo da contração, e o ciclo prossegue, com a entrada em ação, sucessivamente, dos outros dois grupos de cabeças, as *verdes* e as *amarelas* (Fig. 26.37): nestes esquemas que continuam os da série anterior, os tempos intermediários correspondentes a **B** e **C** da primeira série foram eliminados para fins de simplificação.

Sucedendo a primeira série, o tempo seguinte (**D**) consiste no **relaxamento** da cabeça vermelha.

Ele é seguido (**F**) pelo **encurtamento** da cabeça verde.

Em seguida, na terceira fase (**H**), há o **encurtamento** da cabeça amarela, que é seguido imediatamente (**I**) pela **fixação** da cabeça vermelha, o que fecha o ciclo de três tempos, resultando em um encurtamento total (**T**) constituído da adição de três encurtamentos elementares **vermelho + verde + amarelo** resultantes da ação de cada uma das séries de cabeças, sem qualquer risco de recuo, graças ao mecanismo de catraca.

Nesse exemplo, três séries de cabeças entraram em ação, mas, na realidade, várias séries de cabeças ativadas sucessivamente garantem uma contração regular, sem "sobressaltos".

O *relaxamento da fibra* é determinado pela "soltura" maciça ou sucessiva das cabeças, dependendo do término da contração ser *brusco* ou *gradual*.

Assim, torna-se evidente o quão fantástico é o funcionamento dos músculos, sobretudo se nos conscientizarmos de que só descrevemos aqui o que se passa em *uma* fibra muscular, mas é preciso lembrar que esse processo se repete de modo coordenado nos *milhões de unidades motoras* que formam um único músculo!

- A **glicose** e o **oxigênio** fornecem a energia para reconstituir o **ATP** a partir do **ADP** e de um íon fosfato, designado pela sigla **Pi**. Esses dois elementos, glicose e oxigênio, são verdadeiramente indispensáveis à vida: um é combustível, o outro comburente.
- O **glicogênio muscular** é a forma de armazenamento primário da glicose liberada pela glicólise anaeróbica, da qual participa o *ácido pirúvico* por meio

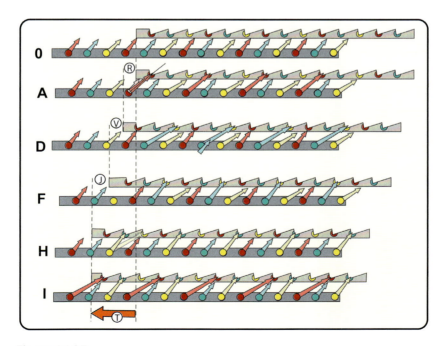

Figura 26.37

191

do *ciclo de Krebs*, que tem lugar nas **mitocôndrias** (pequenas usinas de energia das células). Os produtos de degradação, além da energia, são a água (H_2O) e o CO_2 (sim, nós contribuímos, com nossa respiração, para o efeito estufa). O **glicogênio hepático**, reserva geral do organismo (Fig. 26.38: o fígado, usina química do organismo), também contribui nesse processo.

- A chegada da **glicose** pelo sangue renova os depósitos tanto de **glicogênio muscular** quanto de glicogênio hepático. O **fígado**, portanto, contribui secundariamente para o esforço muscular, sobretudo quando esse esforço é sustentado, daí a importância dos **açúcares lentos** na alimentação dos atletas.
- O **ácido láctico** (ao qual se atribuem as cãibras de exercício) é um produto de degradação da glicose, na glicólise anaeróbica que ocorre no sarcoplasma. No final do período de esforço, o ácido láctico é lentamente reconvertido em glicose.
- Quanto ao **oxigênio**, suas reservas estão na hemoglobina muscular, a **mioglobina**, responsável pela cor vermelha do músculo, alimentado permanentemente pela **hemoglobina**, transportada pelos glóbulos vermelhos do sangue. A mioglobina, por sua vez, transporta o oxigênio até as mitocôndrias. A contração muscular requer, portanto, um **aumento importante do aporte de sangue.** As artérias musculares, que formam uma densa rede no próprio músculo, podem adaptar ativamente seu calibre ao esforço exigido do músculo. Quando a *arterite periférica* reduz o calibre de uma artéria muscular, a falta de suprimento sanguíneo desencadeia uma espécie de *cãibra periódica nas pernas* chamada, em medicina, de *claudicação intermitente*; o mesmo processo, ao afetar as artérias coronárias, compromete a irrigação do miocárdio e desencadeia a dor no peito denominada *angina*.
- Após um esforço curto e intenso (Fig. 26.39), por exemplo, uma corrida de 100 m, instala-se um **déficit de oxigênio**, que se deve à insuficiência relativa do aporte de sangue e leva mais ou menos tempo para se corrigir. O déficit é de 2 litros de oxigênio. Além disso, são necessários mais 9 litros de oxigênio para reconstituir o sistema fosfágeno e para a degradação do ácido láctico. O déficit total a ser corrigido após esse esforço é, portanto, de **11 litros de oxigênio**. Esse déficit é a causa da **hiperventilação** ou polipneia, bem como da aceleração dos batimentos cardíacos, ou **taquicardia**. O ritmo cardíaco só retorna ao normal depois de corrigido o déficit de oxigênio.

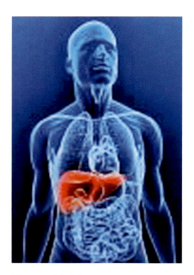

Figura 26.38

Figura 26.39

- Existem fontes complementares de energia disponíveis para os músculos: os **ácidos graxos**, provenientes dos *triglicerídios*, e os **aminoácidos**, cuja transformação produz glicose e ureia, resíduo a ser eliminado pelo rim.
- Esse motor funciona com muito bom rendimento: pouca perda de calorias que, em ambiente frio, são recuperadas pela termogênese. O rendimento é bem melhor que o das máquinas concebidas pelo homem, e esse motor ainda tem uma grande vantagem: funciona com baixo consumo de energia. Imagine a potência muscular desenvolvida por um halterofilista que faz o levantamento de uma barra de 130 kg... Verdadeiramente fabuloso!

Tipos de fibras musculares

As fibras musculares são de dois tipos (Fig. 26.40), dependendo de sua velocidade de contração:

- **Fibras lentas:** *escuras* na figura (tipo I ou *vermelho*), particularmente ricas em mioglobina – por isso são vermelhas – e em mitocôndrias, mais eficazes em condições aeróbicas (ou seja, quando há oxigênio). Elas têm baixa reserva de glicogênio, mas altas reservas de triglicerídios. Os músculos de reação **lenta**, mas de **contração prolongada**, são compostos, essencialmente, por fibras lentas. As fibras lentas são resistentes à fadiga, portanto adaptadas a uma atividade muscular prolongada, como a manutenção de uma posição contra a força da gravidade, ou movimentos atléticos prolongados e contínuos: esportes de resistência como ciclismo ou maratona.

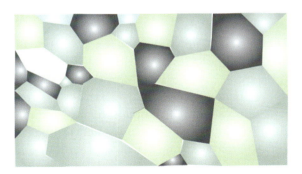

Figura 26.40

- **Fibras rápidas:** em cor *clara* na figura (tipo IIa). São rosadas e seu diâmetro é maior que o das fibras lentas; elas contêm menos mioglobina e menos mitocôndrias, são especializadas em impulsões curtas, mas potentes, pois sua reserva de glicogênio é maior. São mais sensíveis à fadiga, mais eficazes em regime anaeróbico (i. e., sem oxigênio). Sua proporção predomina sobre a das fibras lentas nos *músculos de resposta rápida*. Morfologicamente, elas são mais grossas que as fibras lentas e são muito desenvolvidas nos atletas de salto, velocistas e fisiculturistas.
- **Fibras intermediárias** (IIb) que, dependendo da genética ou do treinamento, podem se transformar em uma ou outra das categorias descritas.

Dentro de uma mesma unidade motora, as fibras musculares não são reagrupadas, mas, sim, repartidas no músculo, sob a forma de microfeixes de 3 a 15 fibras.

Os músculos são constituídos de uma mistura **de unidades motoras com fibras lentas e rápidas**, e a proporção entre elas varia de um músculo para outro e, dentro de cada músculo, de uma pessoa para outra.

Todas essas células provêm de elementos precursores, os *mioblastos*, que se transformarão em células musculares, ou *miócitos*, passando pelos *miotubos*, células longas e polinucleadas, que sintetizam as proteínas contráteis: actina e miosina.

Impulso nervoso
Placa motora

O nervo motor termina no músculo comandado por ele, no nível da **placa motora** (Fig. 26.41), que transmite às miofibrilas o sinal de ação por intermédio de fenômenos físico-químicos. Um **axônio motor** termina em uma placa motora que comanda uma **unidade motora** (Fig. 26.42). Não é o caso, aqui, de entrarmos em detalhes sobre as numerosas reações químicas e mecanismos complexos que dão conta da transmissão do impulso nervoso, por meio do influxo nervoso e da excitação da contração muscular. Caso o leitor se interesse pelo assunto, existem artigos especializados que abordam detalhadamente todos esses mecanismos.

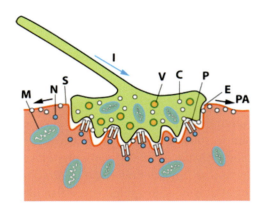

Figura 26.41

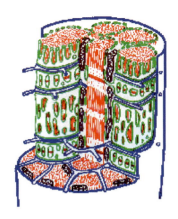

Figura 26.43

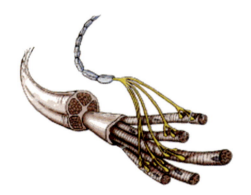

Figura 26.42

Serão descritos aqui somente os mecanismos elementares, lançando mão desse esquema simplificado da placa motora (Fig. 26.41). Quando o influxo nervoso (I) chega à placa motora, ele desencadeia a migração de vesículas secretoras de acetilcolina, neurotransmissor específico das sinapses. Essas vesículas atravessam a membrana pré-sináptica e liberam a acetilcolina na **fenda sináptica** (E), provocando, assim, a abertura dos **canais de sódio**, que são como portas (P) existentes no **sarcolema** (S) e que permitem a entrada de íons Na+ nas fibras musculares, a fim de prepará-las para a contração. O **potencial de ação** (PA) se desloca de um ponto para outro, a partir da placa motora, e produz a excitação.

Observando também a representação esquemática de uma miofibrila na Figura 26.43, podemos distinguir os núcleos (N) e as **mitocôndrias** (M), que desempenham importante papel no metabolismo da glicose. O retículo sarcoplasmático comporta os túbulos e as **cisternas terminais** (C), que, com o túbulo transversal, formam uma tríade: essa rede de canais é muito importante para a circulação dos íons Ca++. Com efeito, esses íons cálcio Ca++ se deslocam ao longo da membrana da fibra muscular, despolarizando a membrana e penetrando profundamente na fibra muscular por meio dessa rede, também chamada de **sistema T**. Esse **aparelho sarcotubular** penetra profundamente nos espaços interfibrilares, o que permite a rápida circulação dos íons Ca++ e a consequente sincronização da contração das miofibrilas, pois é a chegada dos íons que desencadeia a força de atração entre os filamentos de actina e miosina. Eles são responsáveis pelo deslizamento dos filamentos uns sobre os outros, que ocorre no momento da contração muscular.

O excesso de íons Ca++ na fenda sináptica, chamado de **hiperpolarização,** é absorvido pelas **células de Schwann.**

Na falta de um novo influxo, a contração muscular para, pois os íons cálcio que haviam penetrado nos sarcômeros são recaptados para dentro do retículo sarcoplasmático em uma fração de segundo e ficam disponíveis nesse local até a chegada de um novo potencial de ação.

Micromotor rotativo

Embora não exista em escala macroscópica, o motor rotativo funciona perfeitamente no nível tecidual, como ocorre nos flagelos e cílios vibráteis.

O *menor motor rotativo* foi criado pela natureza, desde o começo da vida em nosso planeta, *para os seres unicelulares*: ele está presente *no flagelo de um micróbio* muito conhecido, a *Escherichia coli*.

O **flagelo**, ou seja, o aparelho propulsor desse micróbio, representa o único exemplo de peça *completamente autônoma*, já que é capaz de girar sem qualquer limitação – os físicos diriam a 2 kπ, onde k pode ser ilimitado. Portanto, não parece haver problema de *alimentação* entre essa peça móvel e o corpo celular do micróbio. Como isso funciona? Provavelmente, por impregnação a partir da célula ou do meio externo. O que é ainda mais impressionante é a capacidade que esse motor tem de funcionar nos dois sentidos, *para a frente e em marcha a ré*! Graças à forma helicoidal do flagelo, esse movimento pode fazer o micróbio avançar ou recuar no meio aquoso.

O **micromotor molecular** se situa na própria base do flagelo. No final do século XIX, Zénobe Théophile Gramme (1826-1901) inventou o dínamo e o motor elétrico, que são reversíveis: o dínamo não apenas pode produzir uma corrente elétrica, mas também pode se comportar como motor se for alimentado por uma fonte de eletricidade. O *motor vivo*, inventado pela natureza nos primórdios da vida na Terra, também comporta, como o motor elétrico, um **rotor** que gira sem limitação no interior do **estator**. Os biólogos o chamam de **bomba de prótons**, pois é a migração de íons positivos, representados pelos **prótons**, que fornece energia a esse motor extremamente econômico, que funciona à base da fonte habitual de energia dos seres vivos, o **ADP-ATP**, que não vamos abordar em detalhes aqui.

Essa **estrutura motora** (Fig. 26.44, representação esquemática) contém diversas proteínas muito específicas, entre as quais a **cinesina**, que possui prolongamentos capazes de se fixar em pontos à distância e "se puxarem" até esses pontos.

Uma **representação teórica** (Fig. 26.45) mostra claramente o rotor (**R**) girando dentro do estator (**E**) e

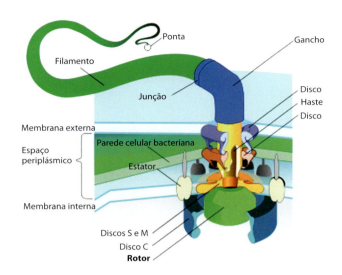

Figura 26.44

o flagelo que atravessa a parede celular apoiado em um sistema de *junta de vedação*.

No bacilo coliforme, esse pequeno motor pode "girar" até 15.000 rotações por minuto, portanto, de modo totalmente invisível ao olho humano. Por isso, os motores rotativos só são possíveis nos seres **monocelulares**, e não nos pluricelulares, pois nestes have-

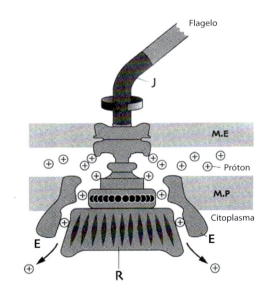

Figura 26.45

O que é biomecânica

ria o problema logístico da nutrição e da inervação do segmento móvel.

Os especialistas em nanotecnologia talvez consigam um dia construir um micromotor assim tão rápido, eficaz e econômico.

Cílios vibráteis

O flagelo dos espermatozoides e os cílios vibráteis funcionam segundo *outro princípio bem diferente*: a **deformação helicoidal**, que lembra o movimento da cauda dos peixes, dotada apenas da capacidade de se deslocar lateralmente.

Essas inflexões laterais são realizadas por um sistema de **microtúbulos** (Fig. 26.46: vista externa e em secção). No centro, encontram-se *dois microtúbulos* ligados por pontes, que servem de *pontos de apoio* para a ação de uma *coroa* de nove pares de microtúbulos periféricos, ligados entre si por pontes.

Cada par de microtúbulos da **coroa periférica** (Fig. 26.47) envia aos microtúbulos do centro prolongamentos munidos de uma "cabeça exploradora".

Seu papel é se fixar no pilar central e, depois, *se encurtar* (Fig. 26.48: vista da conexão entre os microtúbulos central e periférico), o que provoca uma flexão lateral. Esse mecanismo avança em *ondas suces-*

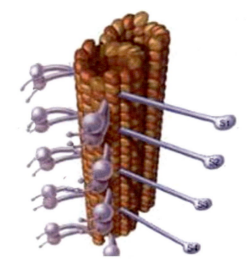

Figura 26.47

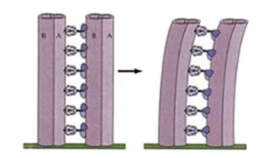

Figura 26.48

sivas, da base à extremidade do cílio ou do flagelo, mas seguindo, no interior da coroa periférica, um trajeto em *espiral*. Assim se forma uma "onda sinusoidal" que progride em espiral da base à extremidade do flagelo e que serve de propulsor do espermatozoide, como se fosse uma hélice.

Portanto, o mecanismo de propulsão do espermatozoide é diferente: seu flagelo descreve uma *espiral*, enquanto o do bacilo coliforme é dotado de *capacidade de rotação*, conferida por um verdadeiro micromotor molecular, presente em sua base.

Em ambos os casos, esses mecanismos são resultantes de fenômenos de atração iônica entre mo-

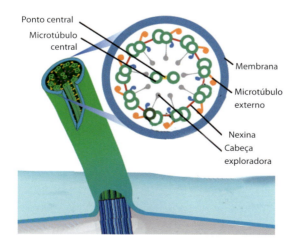

Figura 26.46

léculas proteicas especializadas, sempre alimentadas pela mesma fonte de energia, ou seja, o *reservatório energético* representado pela molécula de trifosfato de adenosina, ou **ATP**, que libera seu *quantum* de energia ao se transformar em **ADP**, e depois ao ser reconstituída novamente em **ATP**, um motor que funciona com baixo consumo de energia.

Essa propagação de uma *onda de contração* por toda a extensão do cílio vibrátil, avançando em *espiral*, produz uma contorção bem peculiar, uma verdadeira "dança em espiral" que transforma o cílio, visivelmente retilíneo em repouso, em uma hélice em rotação. Leonardo da Vinci não teria inventado nada melhor!

Saímos um pouco do tema dos músculos estriados, motores do arcabouço osteoarticular, mas isso valeu a pena: assim pudemos nos maravilhar com a engenhosidade das soluções encontradas pela natureza!

27
Os músculos – propriedades

Características do funcionamento dos músculos

Os músculos estriados têm **quatro propriedades essenciais**, apresentadas nos tópicos a seguir.

Excitabilidade

É a propriedade que o músculo tem de *reagir a estímulos por meio da contração*, durante a qual ocorrem fenômenos elétricos associados a reações bioquímicas. O elemento excitante da fibra muscular pode ser *químico* (um ácido ou uma base) ou *físico*, como choque, pinçamento e elevação de temperatura, mas o estímulo experimental de escolha é a *corrente elétrica*: foi por meio da eletroestimulação (Fig. 27.1) que **Duchenne de Bolonha** conseguiu identificar precisamente a ação elementar de cada um dos músculos do corpo, inclusive os da face. Esse é o *estímulo experimental de escolha*, pois pode ser dosado, ao mesmo tempo, quanto a intensidade, força, duração ou sucessão.

A excitabilidade é, portanto, uma *propriedade fundamental das estruturas vivas*, mas é exacerbada no músculo e também nos nervos.

O estímulo fisiológico do músculo é **o influxo nervoso**, zona de despolarização que avança ao longo do axônio (Fig. 27.2: vista de um axônio com seu corpo celular à direita), protegido dentro da bainha de mielina, até chegar no nível da **placa motora**. Esse influxo não só é capaz de provocar **contração muscular**, mas

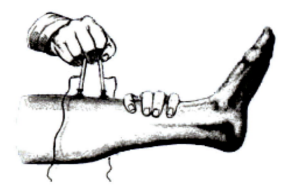

Figura 27.1

também é necessário para a persistência de um nível mínimo de contração permanente, denominado **tônus muscular**, muito importante para a manutenção da postura. Ele é indispensável para o **trofismo muscular**, ou seja, para manter seu estado fisiológico normal; na verdade, quando o nervo que comanda um músculo é seccionado, isso leva à rápida atrofia ou degeneração do músculo, processo denominado **amiotrofia**.

Contratilidade

É a propriedade do tecido muscular de se *encurtar* mediante qualquer estímulo, para mobilizar os elementos ósseos aos quais está ligado; a contração provoca **encurtamento, aumento de volume** e **enrijecimento** do músculo.

Podemos descrever quatro tipos de contração muscular, descritos a seguir.

Contração isotônica com encurtamento

Esse tipo de contração (Fig. 27.3) é também chamado de contração *concêntrica* ou, melhor dizendo, **centrípeta,** pois suas extremidades se aproximam do centro.

Esse tipo de contração com encurtamento é o mais comum e não causa desgaste do músculo. Um exemplo é a flexão do antebraço sobre o braço mediante a ação dos músculos bíceps e braquial anterior. É *a única* **produtora de trabalho,** pois, em física, o trabalho (T) resulta do "deslocamento de uma força (F) sobre um certo comprimento (C)".

$$T = F \times C$$

Podemos distinguir dois modos:
- a contração *progressiva e sustentada,* que produz um movimento lento;
- a contração *balística,* que libera energia por meio de uma breve e potente *impulsão inicial,* a qual determina um movimento rápido, uma vez vencida a inércia do segmento de membro. Esse tipo de contração balística é a que ocorre na largada da corrida, quando os músculos que estavam em *alongamento máximo,* na posição de partida, exibem seu rendimento mais elevado.

Contração isotônica com alongamento

Esse tipo de contração (Fig. 27.4) é também chamado de contração excêntrica ou, melhor dizendo, **centrífuga,** já que as extremidades se afastam do centro.

O papel da contração muscular é de se opor a um alongamento do músculo; portanto, ela é uma **operação de frenagem** que sobrevém em duas circunstâncias:

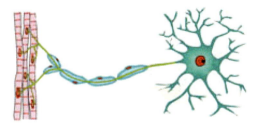

Figura 27.2

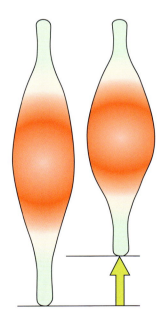

Figura 27.3

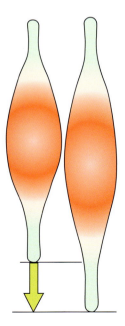

Figura 27.4

- **contra a força da gravidade**: na recepção do salto, a queda é evitada pela *contração com alongamento dos extensores dos membros inferiores*, que são os glúteos, quadríceps e tríceps;
- **contra a inércia**: quando um segmento do membro foi acionado por contração balística, como no arremesso de peso ou no lançamento de dardo, *o movimento é amortecido pela contração dos antagonistas*. Esse amortecimento é variável dependendo da intensidade da contração do músculo que se deixou distender;
- o último caso é **a oposição a um músculo agonista**: a oposição pelo músculo antagonista regula e controla um movimento que resultou de um *deslocamento do equilíbrio dinâmico* entre dois grupos antagonistas.

Esse mecanismo, muito frequente no funcionamento do sistema musculoesquelético, pode ser chamado de **relação de antagonismo-sinergia,** assunto do Capítulo 29.

O modo de funcionamento **em frenagem** é muito eficaz, pois permite desenvolver ao máximo a força muscular em uma situação de prova de força máxima; ele não produz trabalho, mas controla e regula o movimento. Por outro lado, é capaz de destruir as fibras rápidas, cuja recuperação é demorada.

Contração isométrica sem variação de comprimento

Esse tipo de contração (Fig. 27.5) é o movimento dito **estático**, pois não há deslocamento das extremidades do músculo.

Não há variação de comprimento que resista efetivamente a um esforço constante de alongamento, contra a força da gravidade ou contra músculos antagonistas, ao custo de um aumento do esforço *proporcional* ao aumento de tensão. Portanto, não há produção de trabalho, no sentido físico do termo. A tensão oferecida pelo músculo equilibra, a todo momento, a resistência externa, por isso se diz *contração estática*, a qual tem grande importância em *quatro situações*:

- na **fixação de pontos de apoio** por *enrijecimento de uma cadeia articular,* como, por exemplo, na raiz do membro superior para permitir uma ação distal no nível da mão;
- no **bloqueio toracoabdominal**: quando o halterofilista ergue um peso elevado, ele contrai seus músculos expiratórios, particularmente os abdominais, com a glote fechada, o que transforma o volume toracoabdominal em um bloco rígido, uma "viga pneumática";
- na **coaptação articular**: a maioria das articulações, particularmente o tornozelo e o ombro, necessita da ação coordenada e precisa de certos músculos, no momento oportuno, para evitar *entorse ou luxação*. É função da reeducação proprioceptiva restabelecer essa coordenação ideal que protege a articulação;
- no **controle da postura**: a postura ereta do tronco e a posição bípede necessitam do *controle ativo, inconsciente* e *permanente* do tônus postural dos músculos espinais, que trabalham a maior parte do tempo sem encurtamento. Esse controle é realizado pelos núcleos cinzentos centrais e pelo cerebelo, que é o "cérebro da coordenação", sem o qual não poderíamos concretizar qualquer ação eficaz.

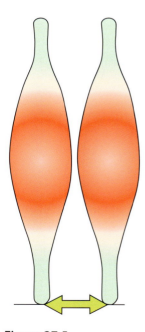

Figura 27.5

Esse gênero de exercícios isométricos é mais adaptado ao início do treinamento. É preciso aumentar progressivamente a duração da isometria, começando por 15 segundos até chegar, finalmente, a 1 minuto.

Contrações pliométricas

Nessas contrações (Fig. 27.6), ditas "encadeadas", a ação muscular é obtida por *alternância de contrações centrípetas e centrífugas*. O músculo é, inicialmente, estirado, resiste e depois se encurta. O encadeamento dessas duas fases sem intervalo permite obter benefício das qualidades elásticas do músculo.

Um exemplo é a **fase de recepção de um salto**, imediatamente seguida de uma retomada de postura em relação ao solo.

O **arrepio** também é um exemplo de contrações encadeadas, sem mudança de comprimento do músculo, que escapa totalmente ao controle consciente e cuja finalidade é, simplesmente, *produzir calor* por gasto de energia muscular. É o "aquecedor" do organismo.

Elasticidade

É a capacidade que o tecido muscular tem de retomar sua forma original quando a contração termina.

É fácil evidenciar essa elasticidade: ao seccionarmos parcial ou totalmente um músculo vivo, vemos *as duas partes separadas se afastarem uma da outra* (Fig. 27.7).

Ela se classifica em cinco tipos:

- Elasticidade constitucional: é a **viscoelasticidade** da fibra elementar, tal como é medida imediatamente *post-mortem*.
- Elasticidade estrutural: é devida à **disposição das fibras**, que não são todas estiradas ao mesmo tempo em certos músculos de fibras desiguais, como o peitoral maior ou o latíssimo do dorso; é o recrutamento elástico progressivo e passivo. Ela também se deve à **elasticidade própria das estruturas fibroaponeuróticas** que envolvem o motor muscular.
- Tônus residual: esse **tônus residual** é o que persiste sob anestesia mais ou menos profunda e desaparece quando o indivíduo é curarizado.

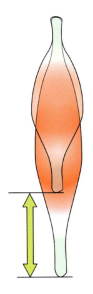

Figura 27.6

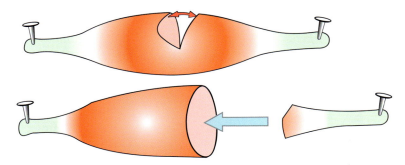

Figura 27.7

- Tônus de alerta: é o **tônus postural** regulado pelos centros subcorticais, indispensável à manutenção da posição ereta. O exemplo mostrado na figura diz respeito à manutenção da cabeça em posição de alerta (Fig. 27.8), o olhar no horizonte, graças ao tônus dos músculos da nuca. Sabe-se que, quando alguém adormece sentado, a cabeça "pende" para a frente em razão do relaxamento progressivo desses músculos. Cuidado para não dormir ao volante!
- Contração ativa voluntária ou reflexa: trabalho muscular de amortecimento de um movimento.

A elasticidade é um fator importante da eficácia muscular, pois ela regulariza a transmissão do esforço desenvolvido pelo músculo e modula as variações da força muscular, qualquer que seja a sua causa.

Tonicidade

É a propriedade do músculo de se manter em um estado de permanente tensão, estado chamado de **tônus muscular.** Trata-se de uma propriedade do músculo vivo com inervação normal. Diminui durante o sono e com a anestesia, particularmente quando se utiliza o curare: nesse caso, persiste um *tônus residual.* É totalmente abolido pela secção do nervo motor que comanda o músculo e em todo o corpo quando ocorre a morte.

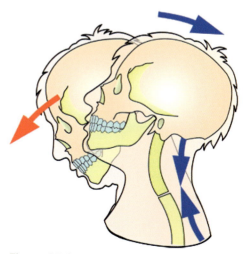

Figura 27.8

O tônus muscular, controlado pelos centros nervosos subcorticais, é indispensável para a **manutenção da postura**: é o tônus postural que combate a ação permanente da *força da gravidade.* Ele diminui nas cápsulas espaciais, e o retorno às condições normais de gravidade da superfície terrestre requer um período de readaptação.

Ele também exerce o papel de freio durante a contração brusca, voluntária ou reflexa de um grupo muscular agonista: a impulsão motora é então amortecida pelo tônus dos músculos do grupo antagonista.

O tônus muscular pode ter muitas variações de natureza patológica: por exemplo, o tônus desaparece em casos de *lesão medular* que cause *paraplegia flácida,* isto é, com perda total do tônus, o que ocorre na *síndrome piramidal,* em que a interrupção do trajeto do feixe piramidal de origem cortical elimina o controle da atividade do neurônio medular. *Hipertonia* é o tônus exagerado observado em diversas doenças neurológicas, por exemplo, nas paraplegias espasmódicas, nas síndromes extrapiramidais de origem central, por comprometimento dos núcleos cinzentos centrais na *doença de Parkinson* e em outras afecções neurológicas.

Os distúrbios do tônus podem ser de origem muscular, como a *miotonia* ou a *tetania.* Eles podem ser resultantes de um *transtorno da transmissão sináptica,* como ocorre no **tétano.**

Feedback

O músculo é capaz de, a todo momento, informar o *grande coordenador* dos movimentos, o **cerebelo**, sobre seu estado de contração. Esse é um dado fundamental para estabelecer "em tempo real", como se diz atualmente, o estado de cada um dos músculos que participam em um movimento, muitas vezes em relação de antagonismo-sinergia, de modo a regular a participação de cada um visando a uma ação final precisa e eficaz.

O estado de tensão dos músculos é medido por sensores situados no interior das miofibrilas, os quais compõem o **fuso neuromuscular** (Fig. 27.9); eles transmitem a informação através das fibras proprioceptivas, que penetram na medula pelo corno posterior. Esse primeiro neurônio proprioceptivo repassa o sinal aos fei-

27 Os músculos – propriedades

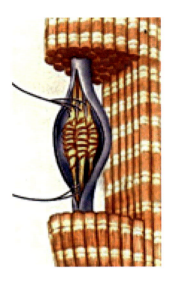

Figura 27.9

xes proprioceptivos da medula. Contudo, ele também participa, no seu próprio nível, da formação de um **arco reflexo curto e medular puro** (Fig. 27.10), composto por apenas dois neurônios: o axônio sensitivo proprioceptivo vem formar uma **sinapse** com o corpo celular do **neurônio motor** alfa localizado no *corno anterior*, e a informação sobre o estiramento das fibras musculares desencadeia diretamente a reação motora por excitação do nervo motor: é o **reflexo miotático**.

Como o músculo diminui de comprimento durante a contração, um dispositivo muito engenhoso permite compensar o estiramento dos fusos neuromusculares. Na realidade, eles ficam suspensos dentro do músculo por **fibras extrafusais**, cuja tensão é comandada pelos **neurônios motores gama** (γ) no nível do corno anterior da medula; eles restabelecem o grau ideal de tensão nos fusos neuromusculares. Assim, eles podem continuar fornecendo informações sobre o grau de alongamento do músculo.

Esse **mecanismo** é ilustrado pelo esquema da Figura 27.11:

- na posição **A**, o músculo está estirado e o *fuso neuromuscular* envia o sinal de estiramento que desencadeia a contração muscular;
- na posição **B**, o músculo está mais curto, o que distende o fuso neuromuscular, tornando-o ineficaz;
- na posição **C**, as *fibras extrafusais* foram tensionadas novamente pelo *neurônio motor* γ, o que devolve a eficácia ao fuso neuromuscular.

No contexto da atividade reflexa, o **reflexo miotático** é um fator de primeira grandeza, pois mantém o tônus postural e, sobretudo, é a base dos **reflexos osteotendíneos**, cujo exemplo mais comum é o **reflexo patelar**.

Com o indivíduo sentado, as pernas pendendo da borda da cadeira, se percutirmos o ligamento da patela com um martelo de exame neurológico, ou simplesmente com a margem interna da mão, desencadearemos, de modo automático e involuntário, a extensão do joelho: o pé se move rapidamente para a frente, como se fosse dar um chute.

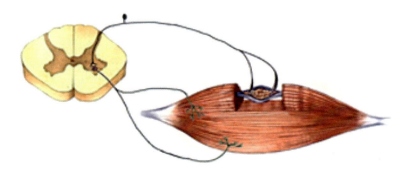

Figura 27.10

203

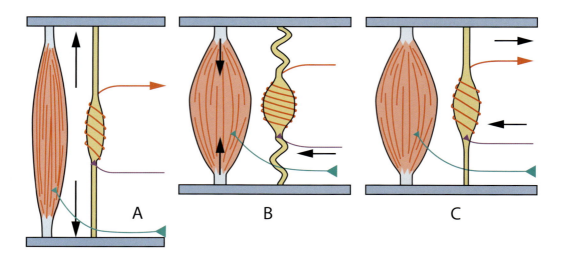

Figura 27.11

Como se explica esse reflexo? O golpe desferido contra o tendão da patela desencadeia um estiramento súbito do músculo quadríceps, o que provoca um reflexo miotático.

Desde que *sir* Charles Sherrington (1857-1952) (Fig. 27.12) recebeu o Prêmio Nobel de Medicina pela descoberta da sinapse nervosa, a explicação é um pouco mais complexa. Ele demonstrou que a contração reflexa do quadríceps é acompanhada de um relaxamento dos músculos flexores do joelho, em decorrência do fenômeno conhecido como inervação recíproca, que produz uma inibição recíproca do grupo muscular antagonista.

Para Sherrington, o mecanismo se situa no **nível metamérico da medula** (Fig. 27.13: esquema do arco reflexo segundo Sherrington): o neurônio sensitivo pro-

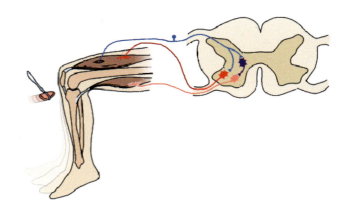

Figura 27.13

prioceptivo que transmite a mensagem dos fusos neuromusculares chega, pela raiz posterior, ao corno posterior da medula. Ele estabelece uma sinapse direta com o *neurônio motor* α, que vai contrair o quadríceps, mas envia também um prolongamento que faz sinapse com um neurônio intermediário, o qual envia um comando de inibição aos neurônios motores que comandam os músculos flexores do joelho. Assim, a ação principal é facilitada, ou seja, a contração do quadríceps em resposta ao estiramento.

Veremos que esse mecanismo pode ser modulado no **fenômeno de antagonismo-sinergia**, que se aplica a várias ações do sistema musculoesquelético e é tratado no Capítulo 29.

Figura 27.12

Características fisiológicas dos músculos

Força muscular

É proporcional à *secção fisiológica* (Strasser); por outro lado, é independente do comprimento. A **secção fisiológica** (Fig. 27.14) é a superfície de secção do plano que corta todas as fibras musculares perpendicularmente ao plano **P,** e não ao plano **T**, que é perpendicular à direção geral do músculo.

O valor unitário dessa força está compreendido entre 30 e 50 N/cm². Essa noção permite classificar os músculos de acordo com sua potência. O músculo estriado mais potente é o *glúteo máximo* e o mais fraco é o *músculo estapédio*.

Excursão muscular

É condicionada pelo *comprimento das fibras* musculares: o **encurtamento fisiológico**, que é a diferença de comprimento do músculo normalmente inserido entre sua contração máxima e seu alongamento máximo, enquanto o **encurtamento máximo** (Fig. 27.15) só é mensurável no músculo desinserido. O encurtamento fisiológico é igual à *metade do comprimento das fibras* musculares (Weber-Fick), e não relativo ao comprimento total do músculo, pois este inclui a parte tendínea. Esse conceito só é válido para os músculos monoarticulares.

A proporção entre comprimento relativo músculo/tendão é determinada pela excursão necessária à ação do músculo: se a excursão é limitada, mas as inserções são distantes, o tendão pode ser muito longo, como no caso do músculo plantar. Esse músculo, que não tem grande utilidade funcional, pode ser utilizado como "banco de tendão".

Trabalho

O trabalho realizado pelo músculo é proporcional ao seu volume, noção comum e bem conhecida pelos esportistas. Essa noção se baseia na seguinte correlação:

$$\text{trabalho} = \text{força} \times \text{deslocamento}$$

que também pode ser representada segundo as duas primeiras proposições, da seguinte maneira:

$$W \text{ (trabalho)} = S \text{ (secção fisiológica)} \times r \text{ (excursão)}$$
$$= \text{volume equivalente}$$

No esquema da Figura 27.16, vemos que o trabalho (*W*, do termo *work*, em inglês) do músculo pode ser simbolizado por um **sólido cilíndrico** cuja base é a secção fisiológica (**S**) do músculo e cuja altura é igual à excursão (*r*) do músculo (*range*, em inglês). Podemos transformar esse cilindro em um paralelepípedo retângulo, desde que sua base seja igual à do cilindro.

Assim, quanto mais volumoso é o músculo, mais pesado e mais potente ele é. A fim de diminuir a inércia dos membros, há uma vantagem física evidente em dispor os músculos mais potentes e, portanto, mais volumosos e mais pesados, *na raiz dos membros*, para *trazer o baricentro do membro para o mais próximo pos-*

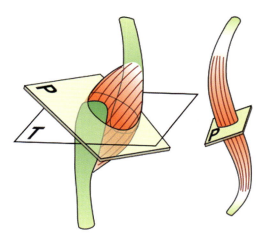

Figura 27.14

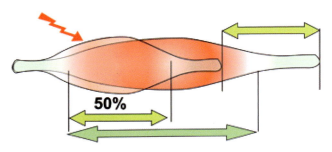

Figura 27.15

O que é biomecânica

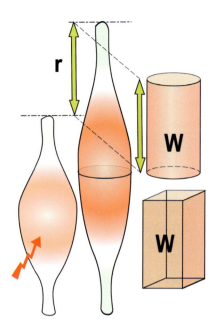

Figura 27.16

sível do corpo: é a solução empregada pela natureza, seguindo o princípio da economia, graças à utilização dos músculos biarticulares, como veremos adiante.

Quando o organismo inteiro se desloca, o trabalho do conjunto de músculos do corpo é calculado multiplicando-se a massa do corpo pela altura à qual ele é levado. É evidente que, para subir dois lances de escada, precisamos aplicar duas vezes mais trabalho muscular do que para subir um só. A subida de degraus serve de teste para avaliarmos a adaptação das funções ventilatória e cardíaca ao esforço.

Potência muscular

É o trabalho desenvolvido na unidade de tempo. Um trabalho realizado na metade do tempo exige uma potência inversamente proporcional ao tempo.

Assim, para que o corpo inteiro suba um lance de escadas em dez segundos, é necessária uma potência duas vezes maior que a necessária para subir em 20 segundos, o que se traduz em maior grau de fadiga.

Portanto, a potência de um músculo depende não apenas de seu volume e de seu peso, mas também da sua **rapidez de contração**. Esta, por sua vez, depende da *rapidez do recrutamento* das fibras musculares, e também do treinamento para o esforço, do estado geral e da fadiga acumulada, todas elas noções que os esportistas conhecem bem.

Aqui também podemos estabelecer uma classificação na qual o quadríceps, considerado como um todo, é o músculo mais "energético", graças à rapidez da sua contração.

Variação da potência muscular em função do comprimento

Um músculo pode desenvolver o máximo da sua potência quando está **estirado**, ou seja, quando está mais longo que em sua posição de repouso. Um exemplo relativo ao bíceps é que a posição de repouso corresponde ao cotovelo semiflexionado quando o tônus dos extensores e dos flexores está equilibrado. Quando o *cotovelo* está em **extensão** (Fig. 27.17), os flexores, incluindo o bíceps, estão estirados: é a partir dessa posição que eles podem desenvolver sua potência máxima. Evidentemente, à medida que eles esgotam sua excursão, esse estiramento diminui, de modo que, em flexão máxima, sua potência é praticamente nula, salvo quando eles resistem a uma extensão forçada, trabalhando, então, em modo centrífugo.

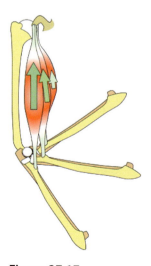

Figura 27.17

Na posição intermediária, com o cotovelo semiflexionado, sua potência é também intermediária. Essa variação da força em função do estiramento dos músculos é representada, no esquema da Figura 27.17, pelas setas verdes.

Velocidade de encurtamento

Ela é mais elevada quando não há uma carga externa (Fig. 27.18). Por outro lado, quando aplicamos cargas, a velocidade de contração diminui progressivamente com o aumento da carga.

Quando a carga externa corresponde à força gerada pelos pontos de ligação entre a actina e a miosina, não ocorre mais movimento: no jargão dos mecânicos de automóveis, "o motor morre". É o que mostra a figura, na qual vemos a velocidade de contração diminuir à medida que a carga aumenta até o momento em que o músculo não pode mais se contrair.

Como a potência é função do tempo, e portanto da velocidade de contração, existe, para cada músculo, **uma carga ideal** com a qual ele é capaz de desenvolver sua potência máxima.

Adaptabilidade muscular

Adaptação do volume em função do treinamento

O volume do músculo é capaz de se modificar ao longo do tempo sob a influência do esforço repetitivo, que favorece o desenvolvimento de novas fibras musculares e aumenta a potência e o volume do músculo. Essa repetição programada do exercício muscular é praticada pelos cinesioterapeutas sob o nome de reeducação, indispensável, por exemplo, após uma cirurgia.

Não se deve confundir reeducação muscular com a musculação praticada pelos *fisiculturistas,* que resulta no chamado *bodybuilding* (Fig. 27.19: um fisiculturista com músculos hiperdesenvolvidos); estes muitas vezes utilizam anabolizantes para obter esse efeito. Não é o mesmo que ocorre no **treinamento** dos atletas com o objetivo de melhorar seu desempenho e quebrar recordes.

O **treinamento** e a **reeducação** não só aumentam o volume e a potência máxima dos músculos, mas também seu *tônus*. No entanto, essas possibilidades se esgotam com a idade, e o envelhecimento se caracte-

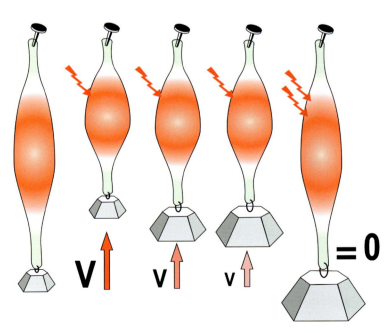

Figura 27.18

O que é biomecânica

Figura 27.19

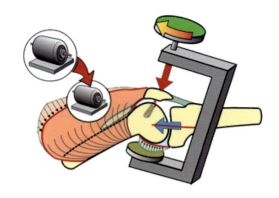

Figura 27.20

riza pela *degradação da massa muscular*, que pode ser combatida pelo exercício físico.

Fazendo uma analogia, é como se o motor de um caminhão ficasse cada vez mais potente à medida que transportasse cargas mais pesadas montanha acima.

No caso do sistema musculoesquelético, a parada da atividade é uma catástrofe.

A inatividade provoca **atrofia** e **atonia** do músculo: essa verdadeira degradação dos músculos, **a amiotrofia**, instala-se rapidamente, sobretudo no quadríceps.

A **força máxima** diminui desde o primeiro dia de imobilização e, dentro de uma semana, já se reduziu a 20%. Em seguida, o processo se torna mais lento, já que a redução da força máxima é de 30 a 40% após seis semanas de imobilização.

A **restrição total ao leito** tem resultado análogo, porém mais lento.

A parada do treinamento determina uma diminuição muito rápida da força máxima. Metade do benefício alcançado pode desaparecer em quatro semanas. Em seguida, a diminuição se torna bem mais lenta.

Retomando a imagem do caminhão, ele não deve ficar muito tempo parado na garagem, porque, ao voltar à estrada, ele não terá mais motor!

Para os cirurgiões, médicos e fisioterapeutas, isso quer dizer que o sistema musculoesquelético se degrada muito rapidamente pelo repouso forçado.

A **degradação do sistema musculoesquelético** está resumida no esquema da Figura 27.20, que mostra, além da perda de potência muscular (o motor que diminui de tamanho), o bloqueio da patela – simbolizado pelo torniquete – devido à retração ligamentar e à sínfise dos fundos de saco sinoviais, que perdem sua faculdade de se desdobrarem.

A lição que fica para os cirurgiões do sistema musculoesquelético é que eles devem prescrever o mínimo possível de imobilização, ou seja, de gesso, particularmente depois de intervenções cirúrgicas. As osteossínteses devem ser, portanto, suficientemente firmes para permitirem a **reeducação imediata**. Nada de gessos "antálgicos", por assim dizer: os medicamentos analgésicos são suficientemente eficazes para suprimir a dor pós-operatória.

Além disso, na mente do paciente, a imobilização eterniza a doença ou, como se diz hoje, a deficiência, termo mais politicamente correto que as expressões invalidez ou incapacidade, reservadas aos veteranos de guerra. Com efeito, o "direito à imobilização", sob a forma do uso de aparelhos gessados, coloca o paciente em um estado de incapacidade. Ademais, os custos de auxílio previdenciário em casos de acidente de trabalho também são muito altos.

Adaptação do comprimento do músculo

Dentro de certos limites, um músculo é capaz de adaptar seu comprimento. Quando o cirurgião realiza uma **transposição muscular**, é indispensável conhecer a força, a excursão e o **comprimento do transplante**, bem como a eventual *sinergia da sua ação*, o que significa que a função do músculo transplantado deve ser próxima daquela do músculo substituído.

Quanto ao *comprimento*, é preferível que ele seja igual ou pouco diferente do comprimento do músculo substituído ou suplementado. Se faltar muito no comprimento, será necessário prolongar o tendão por meio de um enxerto **tendíneo**. Quando o músculo transposto é ligeiramente mais curto, seu estado de tensão prévio favorece a contração e, com o tempo, o músculo se alonga e adota um comprimento fisiológico compatível com sua nova função. Um transplante longo demais representa a situação menos favorável, pois o músculo terá pouca eficácia até que tenha se encurtado espontaneamente para chegar ao comprimento fisiológico.

Um dos transplantes mais comuns em cirurgia da mão é a **transposição do extensor dos dedos** (Fig. 27.21) para compensar uma ruptura do extensor longo do polegar (1), relativamente frequente em casos de fratura da extremidade inferior do rádio. Como existem dois tendões extensores do indicador, o extensor comum dos dedos e o extensor do indicador, corta-se o tendão do *extensor comum* próximo à sua terminação (2) e, em seguida, sutura-se esse músculo (3), sob uma tensão apropriada, à extremidade distal do extensor longo do polegar. Essa transposição funciona particularmente bem após a reeducação, pois a extensão do indicador é, quase sempre, associada à extensão do polegar.

É um conceito maravilhoso esse de que **os músculos se remodelam constantemente para adaptar seu comprimento à contração que é exigida deles.** Como se diz, *"a natureza é sábia!"*

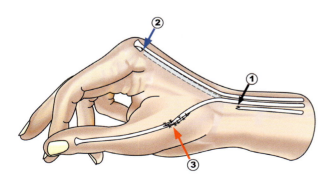

Figura 27.21

Papel da força da gravidade e da inércia

Essas são, juntamente à contração muscular, as forças que movimentam as alavancas ósseas. Essas duas forças podem auxiliar a ação dos músculos, mas, na maioria dos casos, eles devem lutar contra elas.

No que diz respeito à **força da gravidade**, ela pode ajudar os músculos extensores dos membros superiores a se "desdobrarem"; ao contrário, os flexores dos membros superiores estão sempre lutando contra a gravidade, assim como os extensores dos membros inferiores. Desde o advento do *Homo sapiens*, a potência dos músculos se ajustou à *força da gravidade terrestre*, que é de 1 g, mas atualmente o homem sabe que precisará se adaptar a uma gravidade menor, como a da Lua, ou à ausência total de gravidade, como no interior das naves espaciais; esse é um grande problema porque os músculos se atrofiam rapidamente nessas condições, já que não têm mais contra o que lutar. Portanto, será mandatório mantê-los treinados, fazendo-os funcionar em um ambiente sem gravidade; apesar dessas medidas, muitos astronautas, ao retornar à Terra, mal são capazes de se manter de pé. Esse problema será crucial em longos trajetos, como a futura viagem a Marte, por exemplo.

Em todo movimento, é preciso vencer a **inércia** dos segmentos de membro; por isso, é vantajoso aproximar os centros de gravidade, ou baricentros, da raiz dos membros o máximo possível. Na ausência de gravidade, essa é a única força que os músculos precisam vencer.

Sempre que um segmento de membro é "lançado" por uma *contração muscular balística*, é preciso, em dado momento, anular a energia cinética que poderia fazer com que o músculo excedesse a finalidade da ação: esse é o papel dos *músculos antagonistas*.

Essas duas forças estão esquematizadas nesta figura de *Davi em marcha* (Fig. 27.22) – podemos reconhecê-lo porque ele ainda carrega sua funda:

- A **força da gravidade** (seta vermelha) é aplicada ao centro de gravidade geral do corpo, situado na pelve. Ela é desviada para trás pelo vetor de inércia (seta roxa), que se opõe ao vetor de movimento (seta verde-escura).

209

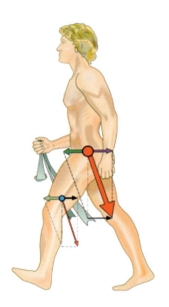

Figura 27.22

- A **inércia** do membro inferior esquerdo (seta preta), que é lançado para a frente pelo *impulso motor dos flexores do quadril* (seta verde-clara), é aplicada sobre o centro de gravidade parcial do membro inferior, situado no terço inferior da coxa. Os flexores do quadril devem também lutar contra o peso do membro inferior. A resultante é a seta vermelha.

Fadiga muscular

Uma *contração* forte e prolongada provoca um estado de fadiga muscular proporcional à taxa de desaparecimento do **glicogênio muscular.**

Além disso, a *transmissão do impulso nervoso* à junção neuromuscular pode diminuir após uma atividade muscular prolongada, o que deprime ainda mais a contração muscular.

A interrupção da circulação sanguínea no músculo em contração provoca fadiga muscular em razão da falta de suprimento de **oxigênio.**

Toda atividade muscular é acompanhada por um aumento de calibre das artérias que suprem os músculos implicados no movimento. Essa adaptação do aporte arterial é indispensável para o esforço muscular e, quando ela não acontece, o músculo, privado de oxigênio, apresenta uma **cãibra dolorosa.** Nos membros inferiores, esse sinal se chama **claudicação intermitente,** típica da *arterite*; no miocárdio, essa cãibra tem o nome de *angina pectoris.*

A arquitetura muscular

O músculo é constituído pelo agrupamento de unidades elementares: as **fibras musculares.** O modo de agrupamento das fibras musculares constitui a arquitetura do músculo.

Os anatomistas classificam os músculos em quatro categorias:

- os *músculos longos, achatados* e *em fitas,* como o sartório;
- os *músculos curtos* e *maciços,* como os intertransversários;
- os *músculos grandes* e *achatados,* que formam grandes *capas musculares,* e cujas funções essenciais são conter e envolver, como é o caso dos músculos largos do abdome: oblíquo interno, oblíquo externo e transverso;
- os *músculos orbiculares,* ou seja, em forma de anel, que ainda são chamados *músculos esfíncteres,* pois fecham orifícios naturais; os exemplos são inúmeros: orbicular da boca (Fig. 27.23), do olho, esfíncter externo do ânus, esfíncter externo da uretra. Eles são como válvulas ou torneiras.

Essas formas podem derivar de dois tipos de arquitetura: o músculo em fita e o músculo peniforme.

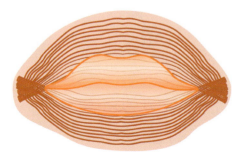

Figura 27.23

Músculos em fita

Suas fibras são **paralelas e longitudinais**; essa estrutura está presente em dois tipos de músculos:
- Os **músculos longos, em forma de fita** (Fig. 27.24), como o sartório, têm relativamente pouca força, pois sua secção fisiológica é fraca (único caso em que ela é representada pelo plano de corte perpendicular ao maior eixo do músculo), mas sua excursão é a mais importante de todos os músculos. No entanto, não se deve classificar entre os músculos longos um músculo cujo corpo seja alongado, mas cuja estrutura seja peniforme axial (ver adiante).
- Os **músculos largos**, verdadeiras capas musculares, se estendem pela parede abdominal, como é o caso, na Figura 27.25, do oblíquo externo. Alguns músculos largos cujas fibras são longitudinais podem sofrer torção sobre si mesmos. Essa estrutura "torta" pode ser vista no adutor magno, que tem a forma aproximada de um funil (Fig. 27.26) ou de uma corneta. O mesmo ocorre com o latíssimo do dorso, cujas fibras superiores terminam em posição mais baixa que a das fibras inferiores.

Figura 27.25

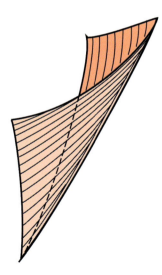

Figura 27.26

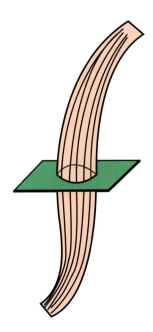

Figura 27.24

Músculos peniformes

Esses músculos são constituídos de **fibras oblíquas**, tensionadas entre um sistema aponeurótico de origem e outro de terminação. Esse modo de inserção das fibras musculares sobre a extensa superfície de uma aponeurose de origem e/ou de término permite concentrar um número bem maior de unidades musculares, aumentando, assim, a potência do músculo, enquanto diminui sua excursão. Esse músculo peniforme (Fig. 27.27) é um interósseo palmar cujas inserções proximais estão diretamente sobre o osso.

Existem quatro tipos de músculos peniformes descritos:

- O **tipo peniforme unilateral,** como o músculo descrito anteriormente e também o *reto femoral* (Fig. 27.28): a origem é formada por uma lâmina de aponeurose que só tem uma face de inserção nas fibras musculares – estas se dirigem obliquamente para a face aponeurótica de terminação que fica "de frente" para a de origem. Esquematicamente, essa estrutura lembra a metade de uma pluma. A secção fisiológica desse tipo de músculo, perpendicular à direção das fibras, é oblíqua em relação ao eixo do corpo do músculo e, portanto, de difícil avaliação; além disso, seu comprimento não corresponde ao do corpo muscular, mas ao comprimento médio das fibras musculares tensionadas entre as duas aponeuroses.
- O **tipo peniforme bilateral,** como os interósseos (Fig. 27.29), é um músculo de estrutura simétrica em relação ao plano da aponeurose de terminação: as fibras musculares se inserem nas faces laterais

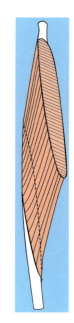

Figura 27.28

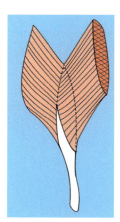

Figura 27.29

adjacentes de dois metacarpais vizinhos e terminam sobre as duas faces da aponeurose terminal, prolongada por um tendão. Esquematicamente, essa estrutura lembra muito uma pluma.

- O **tipo peniforme de simetria axial,** como o palmar longo (Fig. 27.30). É um músculo centralizado não mais sobre as duas faces de uma aponeurose terminal, mas sobre a superfície cônica de um tendão terminal que penetra no eixo do corpo muscular;

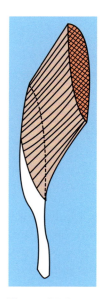

Figura 27.27

27 Os músculos – propriedades

Figura 27.30

ideal para a raiz de um membro, dada a importância do braço de alavanca que ele precisa movimentar.

Agrupamento dos corpos musculares

Os músculos mais comumente encontrados possuem **um único corpo muscular,** mas existem agrupamentos de **vários corpos musculares** cujo resultado é o aumento da força que se aplica sobre um único tendão e o equilíbrio das componentes parasitas de cada um dos corpos musculares.

Quando corpos musculares são agrupados **em paralelo,** dizemos que o músculo é:

as fibras de origem provêm das faces profundas de uma *pirâmide aponeurótica* de inserção que converge para o eixo do corpo muscular, que é cilíndrico-fusiforme. Esquematicamente, essa estrutura lembra a de uma árvore como o choupo, cujo tronco representaria o tendão terminal.
- O **tipo multipeniforme**, ou peniforme justaposto, como o *deltoide* (Fig. 27.31). Trata-se da adição de vários músculos peniformes cujas aponeuroses de origem recebem a inserção das fibras musculares em suas duas faces e cujas lâminas terminais convergem para um tendão terminal único. Essa estrutura resulta em um músculo bem compacto, de excursão limitada, mas de grande potência, o que faz dele o motor

- **Bíceps**: duas cabeças provenientes de origens diferentes que convergem em um só tendão terminal. Existem dois músculos bíceps: o bíceps braquial (Fig. 27.32), no membro superior, e o bíceps femoral, no membro inferior.
- **Tríceps**: agrupamento, em um só tendão terminal, de fibras provenientes de três cabeças de origens diferentes (Fig. 27.33). Só existe um tríceps na perna, por isso ele se chama tríceps *sural*. No membro superior, temos o tríceps braquial.

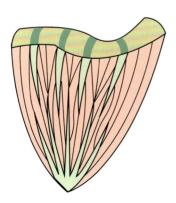

Figura 27.31

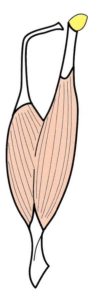

Figura 27.32

O que é biomecânica

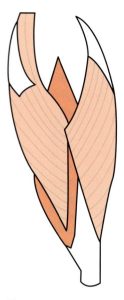

Figura 27.33

Quando os corpos musculares se agrupam **em série**, ou seja, um após o outro, com tendões intermediários, aumenta a excursão total do conjunto. Dizemos que esses músculos são **poligástricos**. Conhecemos:

- O **digástrico** (Fig. 27.35), situado na região cervical, possui dois corpos musculares sucessivos, ligados entre si por um tendão intermediário que desliza dentro de uma goteira do osso hioide. É o suspensor do aparelho tíreo-hióideo e o abaixador da mandíbula.
- O músculo **poligástrico** é o *reto anterior* do abdome (Fig. 27.36), que possui quatro grandes corpos musculares achatados, separados por *interseções tendíneas,* que são como aponeuroses curtas.

- **Quadríceps** (Fig. 27.34): quatro músculos provenientes de origens diferentes, dos quais só um é biarticular, convergindo para formar o potente aparelho extensor que é o quadríceps crural. Só existe um músculo quadríceps: ele se situa na coxa, por isso se chama *quadríceps femoral*.

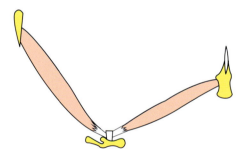

Figura 27.35

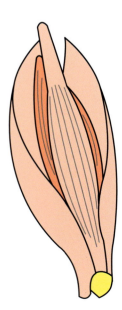

Figura 27.34

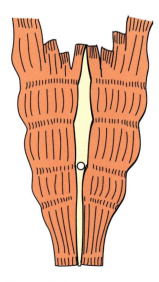

Figura 27.36

214

28

Os músculos – mecanismo de ação

Efeitos dinâmicos dos músculos

A força muscular é aplicada sobre as **alavancas ósseas,** que Arquimedes descreveu em sua teoria (ver Cap. 30). Vamos apenas lembrar aqui que elas são de três tipos:

- alavanca do **primeiro tipo**, chamada interfixa;
- alavanca do **segundo tipo**, chamada inter-resistente;
- alavanca do **terceiro tipo**, chamada interpotente.

O Capítulo 30 é dedicado à teoria da alavanca.

Decomposição de uma força em dois vetores

Antes de falarmos sobre a aplicação de uma força muscular sobre um braço de alavanca óssea, precisamos compreender e demonstrar como se pode decompor um vetor força em duas componentes segundo quaisquer direções. Isso se faz construindo-se um **paralelogramo de forças** (Fig. 28.1).

Tomemos a força F que precisa ser decomposta em dois vetores, paralelos a duas direções dadas x e y (setas pretas). A partir da origem da força F, traçamos duas paralelas às retas x e y.

Partindo do vértice da força F, traçamos outras duas paralelas às retas x e y, que vão cortar as duas precedentes, formando um paralelogramo.

A partir da origem do vetor F, construímos, assim, os dois vetores $f1$ e $f2$, cuja composição mecânica produz o vetor resultante F.

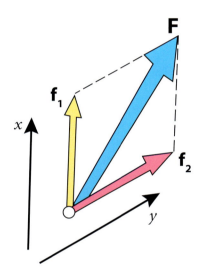

Figura 28.1

Ação da força muscular sobre uma alavanca óssea

O resultado (Fig. 28.2) da aplicação de uma força F sobre uma alavanca **m** depende da **direção da força** em relação ao eixo longitudinal da alavanca, considerado retilíneo.

Na figura, a força F tem direção oblíqua em relação ao braço da alavanca **m**, portanto não o mobiliza totalmente.

Para conhecer a força realmente aplicada, precisamos construir o **paralelogramo de forças**, que irá dissociar a força F em suas **duas componentes**:

215

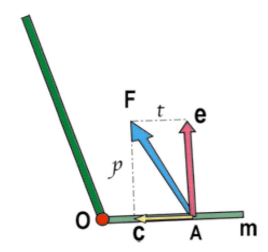

Figura 28.2

- Ao abaixar a força *F* sobre o eixo do braço da alavanca, ou, falando em linguagem geométrica, se *projetarmos* o vetor *F* sobre o braço da alavanca **m**, obteremos o vetor *c*, dirigido ao fulcro **O** da alavanca: é a **componente de coaptação** da força muscular, a que aplica as superfícies articulares uma contra a outra.
- Transpondo a linha *p* sobre a reta perpendicular em *A* ao ponto de aplicação da força *F*, obteremos o vetor *e*, que é a **componente eficaz** da força *F*. O paralelogramo pode ser completado pela linha *t*, paralela ao braço da alavanca **m**, e que une o vértice dos dois vetores *F* e *e*.

Somente a força perpendicular ao braço da alavanca **m**, representada pelo vetor *e*, é eficaz. Portanto, uma parte mais ou menos importante da força *F* é "perdida para movimento", mas contribui para a coaptação da articulação segundo uma proporção variável, que depende da direção da força *F* em relação ao braço da alavanca **m**.

Portanto, quando a força aplicada sobre a alavanca é *perpendicular*, seu efeito é *máximo*: à medida que diminui o ângulo de incidência da força sobre a alavanca, a eficácia tende a zero. A componente eficaz e perpendicular ao braço da alavanca pode, portanto, ser calculada e até representada, como acabamos de ver, pela construção do **paralelogramo de forças**.

Segundo o número de articulações compreendidas entre suas duas extremidades, podemos diferenciar os músculos em **monoarticulares** e **bi- ou poliarticulares**.

Vejamos, inicialmente, os **músculos monoarticulares**. Por definição, seu trajeto cruza apenas **uma articulação**. Existem muitos músculos desse tipo, como o *quadríceps femoral*, o *sóleo* e o mais fácil de ser representado, o **braquial** (Fig. 28.3): trata-se, por assim dizer, de um "músculo limitado", pois ele só sabe executar uma ação, a *flexão do cotovelo*. Essa é sua *ação direta*, mas todo músculo possui também uma *ação indireta* quando se contrai bruscamente: nesse caso, ele não só movimenta o cotovelo em flexão, mas também o ombro em extensão, desde que a mão não esteja fixa (cadeia articular aberta); no caso inverso (cadeia articular fechada), não existe essa ação secundária. Essa ação paradoxal foi estudada experimentalmente por Roud e até calculada por Fischer; sofre intervenção da inércia dos segmentos de membro e, por conseguinte, tem sua expressão máxima na ausência de gravidade.

O interesse dos músculos monoarticulares dentro de um complexo muscular com várias partes, como o quadríceps femoral e o tríceps braquial, é que eles têm a mesma eficácia qualquer que seja a posição da articulação proximal.

Figura 28.3

O **músculo braquial** se situa na face anterior do cotovelo, portanto, como já dissemos, é apenas um flexor do cotovelo. Graças a ele, podemos elucidar várias leis do funcionamento dos músculos, lançando mão dos três esquemas mostrados na Figura 28.4, nos quais sua inserção distal foi artificialmente distanciada do cotovelo (O):

- Em **extensão completa** (esquema da esquerda), a direção da força muscular (F_1) é quase paralela ao braço móvel da alavanca. A componente eficaz (e_1) é fraca, enquanto a componente coaptadora (não mostrada) é máxima. Isso é compensado pelo fato de que o músculo está em extensão máxima e produz sua força máxima (lei de Sherrington).
- Em **semiflexão** (esquema do centro), com o cotovelo em ângulo reto, a força muscular (F_3) diminuiu, mas continua sendo importante, enquanto a componente eficaz (e_3) está no seu máximo e a componente de coaptação (seta amarela) diminui.
- Em **final de flexão** (esquema da direita), a força muscular (F_5) diminui nitidamente, pois o músculo está no final da sua excursão; a componente eficaz (e_5) é perpendicular ao braço da alavanca, portanto igual à força muscular (F_5), e a componente de coaptação (seta amarela) foi anulada.

Assim, durante a contração (Fig. 28.5), dependendo do seu *grau de estiramento* e do seu *ângulo de incidência* sobre o braço da alavanca, o músculo sofre grande variação de intensidade de sua força efetiva; esse fenômeno é particularmente evidente nos músculos monoarticulares.

- Em **extensão completa,** que corresponde à posição **0**, o músculo está sujeito ao seu estiramento máximo. Sendo assim, ele está em condições de desenvolver sua força máxima, porém, sua componente eficaz é praticamente nula.
- Para que ele possa começar a agir, é preciso que, sob a ação de outros músculos, o cotovelo inicie sua flexão (posição **1**).
- A partir de 60° de flexão (posição **2**), a componente efetiva se torna verdadeiramente eficaz.
- Essa eficácia é máxima no caso da flexão de 90° (posição **3**).
- Ela continua máxima até 120° de flexão (posição **4**).
- Depois, em razão do encurtamento muscular, ela diminui em flexão máxima (posição **5**) segundo a lei de Schwan. Mesmo assim, ela ainda é capaz de bloquear o cotovelo nessa posição.

Leis de composição de forças e deslocamentos

E o que acontece quando **vários músculos** atuam sobre o mesmo braço de alavanca? Dois casos são possíveis, dependendo de o ponto de aplicação ser único ou múltiplo. Vejamos as duas possibilidades:

- **Duas forças** de direções e intensidades diferentes são aplicadas **sobre o mesmo ponto** (Fig. 28.6)

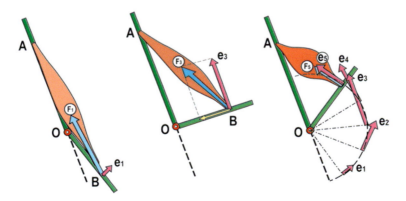

Figura 28.4

O que é biomecânica

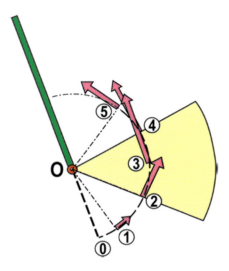

Figura 28.5

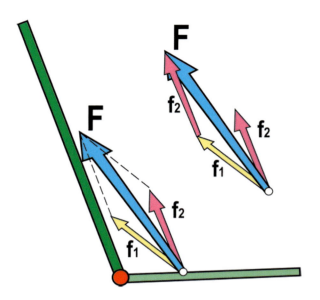

Figura 28.6

ou, pelo menos, em pontos muito próximos. Nessa situação, precisamos calcular a resultante de dois vetores (f_1 e f_2), o que se resolve graças à *construção do paralelogramo de forças,* que nos permite encontrar a resultante F. Ou então, o que é perfeitamente equivalente, pela transposição de f_2 sobre a extremidade de f_1: a resultante F alcança a origem na extremidade de f_2.

- Segunda possibilidade: associação de duas forças de direções e intensidades diferentes aplicadas sobre pontos diferentes (Fig. 28.7) de um braço de alavanca, porém, no mesmo sentido. Neste esquema, o braço da alavanca está submetido a duas forças diferentes (f_1) e (f_2), mas de mesmo sentido e aplicadas em dois pontos diferentes, A e B. Como encontrar, sobre o braço da alavanca, o ponto de aplicação da força resultante F, que será a soma de (f_1) + (f_2)? Como os braços da alavanca são inversamente proporcionais aos vetores de força (ver Cap. 30), é preciso inverter os vetores para encontrar o ponto de aplicação (t). É nesse ponto que podem ser aplicados os dois vetores adicionados (f_1 e f_2) que representam a força F, única.
- Segunda possibilidade *(variação)*: duas forças são aplicadas sobre o braço da alavanca, em **pontos diferentes,** mas com sentidos opostos em relação ao braço da alavanca (Fig. 28.8). A construção é semelhante,

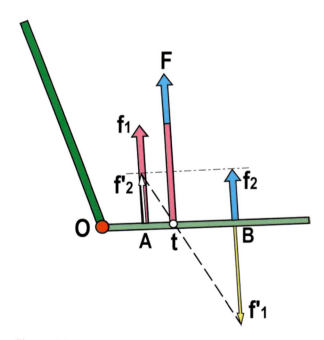

Figura 28.7

apenas com permuta dos vetores de força, mas desta vez aplica-se no ponto t um vetor F que é a diferença entre os dois vetores de força, ou seja, $f_1 - f_2$.

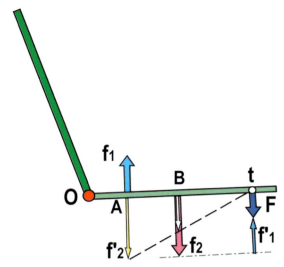

Figura 28.8

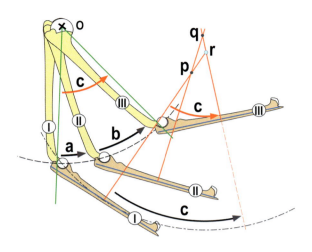

Figura 28.9

Na realidade, os movimentos são quase sempre complexos e apresentam múltiplas possibilidades, dependendo da existência de vários centros de rotação ou da combinação de rotação com translação.

Combinação de duas rotações em torno do mesmo centro

Na Figura 28.9, a partir da posição I, o úmero efetua, sem modificar o ângulo de flexão do cotovelo, duas rotações sucessivas em flexão em torno do centro do ombro O.

- *Primeira flexão,* com ângulo a, até a posição II.
- *Segunda flexão,* com ângulo b, da posição II à posição III.
- O antebraço segue o movimento e ocupa, sucessivamente, as posições I, II e III, efetuando, também, duas rotações.
- Na primeira rotação do antebraço, o centro de rotação se situa na interseção das duas mediatrizes, no ponto p.
- Na segunda rotação do antebraço, o centro de rotação se situa no ponto q.
- Podemos, então, dizer que entre as posições extremas I e III o centro de rotação instantâneo do antebraço migrou de p a q.

- Por outro lado, se considerarmos a rotação total do antebraço, com ângulo $c = a + b$, construiremos, da maneira habitual, um terceiro centro de rotação (r), que representa o **centro de rotação global**.

Teorema: duas rotações sucessivas em torno de um mesmo centro produzem, sobre o segmento distal, uma rotação resultante em torno de um centro global diferente dos centros instantâneos, com ângulo igual à soma algébrica dos dois ângulos.

Combinação de duas rotações em torno de centros diferentes

Na Figura 28.10 estão representadas duas rotações em torno de centros diferentes:

- Uma rotação do braço com ângulo a, em torno do centro do ombro O, que leva o úmero em flexão, da posição I para a posição II.
- Uma segunda rotação em extensão do antebraço em torno do cotovelo, com ângulo b, que leva a ulna da posição II para a posição III.
- Durante a primeira rotação, a ulna, entre a posição I e a posição II, gira em ângulo a, em torno do centro p.
- Durante a extensão do cotovelo, com ângulo b, a ulna passa da posição II à posição III, e o centro de rotação entre as posições I e III da ulna se situa em r.

O que é biomecânica

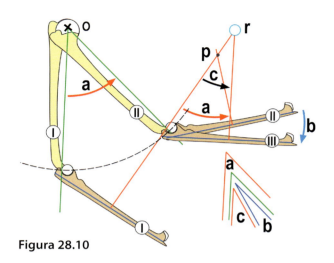

Figura 28.10

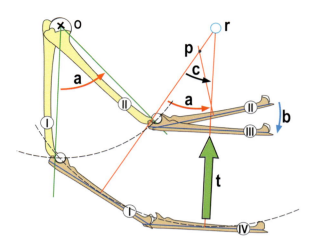

Figura 28.11

- O ângulo total é a soma algébrica dos dois ângulos, já que houve flexão do ombro e extensão do cotovelo.

Teorema: duas rotações sucessivas em torno de dois centros diferentes produzem, sobre o segmento distal, uma rotação resultante em torno de um centro global diferente dos centros de cada um dos segmentos, com ângulo igual à soma algébrica dos dois ângulos.

Quando falamos em rotação da ulna, trata-se do ângulo b, mas, se conservarmos a ulna sobre sua trajetória circular (Fig. 28.11), que a leva à posição *IV*, constataremos que será necessário que ela execute um movimento de translação (t), para chegar à sua posição anatômica (*III*).

Esse aspecto leva ao problema discutido a seguir:

Combinação de uma rotação com uma translação

Retomando o esquema anterior, porém com uma translação inversa (Fig. 28.12), temos o caso de uma rotação associada a uma translação. Vale ressaltar que essa combinação não pode ocorrer no cotovelo, mas, como ela é viável em outras articulações, vamos estudá-la sobre um esquema teórico.

Neste novo esquema (Fig. 28.13), totalmente abstrato, o segmento *I* começa girando com um ângulo c, em torno do centro *O*, para ocupar a posição *II*.

Em seguida, sofre uma translação, segundo um vetor oblíquo t, indo ocupar a posição final (*III*).

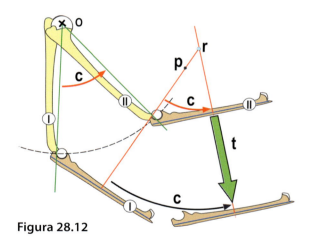

Figura 28.12

Constatamos, então, que entre a posição *I* e a posição *III* interveio uma rotação de ângulo c, igual à rotação inicial, em torno de um centro r totalmente diferente do primeiro centro *O*.

Teorema: a **associação de uma rotação com uma translação** produz uma **rotação de ângulo igual** ao da rotação inicial, mas em torno de um **centro diferente**.

Antagonismo muscular

Os músculos são classificados em *duas categorias*:

- **agonistas**, que produzem determinada ação;
- **antagonistas**, que produzem a ação contrária.

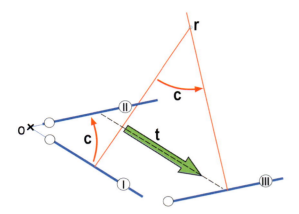

Figura 28.13

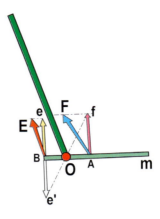

Figura 28.14

Em cada um dos dois grupos, chamamos de *congêneres* os músculos que têm uma ação comum. Assim, cada grupo de agonistas é compensado, contrabalançado e controlado por um ou vários antagonistas.

Músculos monoarticulares

Os músculos monoarticulares têm relações de antagonismo simples, por exemplo, o **músculo braquial** (Fig. 28.14), flexor monoarticular do cotovelo (F), se opõe ao **tríceps braquial,** extensor do cotovelo (E). Podemos facilmente construir um modelo do estado de equilíbrio entre os flexores (F) e os extensores do cotovelo (E). Se representarmos a componente eficaz (f) dos flexores, bastará traçar uma linha que passe pelo centro do cotovelo (O) para obter sua perpendicular ao braço da alavanca, o *vetor simétrico e'* cuja intensidade é oposta à do vetor f. De fato, nos dois triângulos semelhantes, fAO e $e'BO$, opostos pelo vértice, podemos escrever $f/OA = e'/OB$, que define o estado de equilíbrio, desde que o sentido do vetor e' seja invertido do lado oposto ao braço da alavanca, onde, por simetria, ele se torna e. A partir desse vetor e, podemos traçar o vetor E, que representa a força real dos extensores nesse equilíbrio.

Papel do antagonismo muscular

Segundo a **lei de Sherrington**, "a contração dos agonistas determina o relaxamento dos antagonistas". Mas isso só vale para a contração reflexa.

Na realidade, os antagonistas podem se contrair ao mesmo tempo que os agonistas em várias circunstâncias:

- **Frenagem e limitação de movimentos** causadas por agonistas, particularmente no que se convencionou chamar de *contração balística*: é uma contração do tipo explosiva, por excitação breve e intensa, que literalmente arremessa um segmento de membro. O efeito final de frenagem produzido pelos antagonistas protege as articulações envolvidas das hiperamplitudes capazes de provocar desgaste.
- **Bloqueio articular** para manter uma posição de modo rígido. Os dois grupos musculares permanecem, nesse caso, em *contração tônica equilibrada*, como no exemplo precedente.
- **Ação de precisão:** quando um movimento precisa ser lento e controlado com precisão, o que resulta, naturalmente, é um deslocamento *do* **equilíbrio dinâmico** entre agonistas e antagonistas.
- **Antagonismo-sinergia**: esses exemplos mostram que, em biomecânica, é preciso abandonar a lógica estritamente cartesiana, pois os músculos com ações opostas podem agir simultaneamente para executar uma ação bem definida.

Antagonismo-sinergia

Para compreender totalmente essa noção nova, devemos lembrar da **lei da multivalência funcional** dos músculos: na verdade, poucos músculos têm uma só ação: é o caso do músculo braquial, já citado, que é *unicamente* flexor do cotovelo. Na prática, a grande maioria dos músculos produz diversas ações elementares: o exemplo mais evidente é o bíceps braquial que, no cotovelo, é ao mesmo tempo flexor e supinador (Fig. 28.15), sem falar de suas ações no ombro. Sua contração produz, portanto, flexão-supinação do antebraço. Como então executar uma **flexão pura,** sem supinação? É necessário que entrem em cena os **músculos pronadores**, os *pronadores quadrado* e *redondo* (setas vermelhas), antagonistas da supinação: eles eliminarão a componente de supinação do bíceps.

Esse é um exemplo de antagonismo-sinergia no qual dois grupos musculares de ações opostas, graças a um equilíbrio dinâmico modulado, contribuem para uma ação única e preferencial.

Essa **lei do antagonismo-sinergia** se aplica a diversas ações do sistema musculoesquelético. O exemplo do **bíceps braquial** é simples, até mesmo simplista, mas há exemplos que explicam toda a complexidade da noção de antagonismo-sinergia:

- É o caso do músculo **sartório,** que executa quatro ações elementares: flexão do quadril, flexão do joelho, rotação lateral do quadril e rotação medial com joelho flexionado. Quando ele atua sozinho, tende a levar o membro inferior para baixo da pelve. Se o movimento for bilateral, a pessoa se agacha sobre os calcanhares, na clássica "posição do alfaiate", *o que explica o nome desse músculo* (em latim, *sartor* significa alfaiate). O sartório, que executa ações muito complexas, pode realizar isoladamente suas ações elementares, desde que outros músculos eliminem as componentes "indesejadas".
- São inúmeros os exemplos de antagonismo-sinergia:
  – a **flexão-extensão dos dedos**, que depende de um equilíbrio tão delicado entre músculos extrínsecos e intrínsecos, ilustrado aqui pela flexão harmoniosa dos dedos (Fig. 28.16);
  – os movimentos elementares da **região cervical da coluna vertebral**, que utilizam diversos músculos em relação de antagonismo-sinergia.

Em biomecânica, é preciso saber abandonar o raciocínio cartesiano, com suas relações binárias, cujo exemplo é uma balança simples, a oposição entre preto e branco, luz e sombra e até, no limite, entre o bem e o mal, ou seja, o que se chama pensamento maniqueísta. No ser vivo, os equilíbrios são muito mais complexos e sempre evolutivos:

- Equilíbrios **trifatoriais** existem em certas articulações, como no joelho, cuja analogia pode ser feita com o surfista na prancha de windsurfe (Fig. 28.17): *o mar,* para a flutuação, *o vento,* para empurrar a vela, e *o peso* do surfista para restabelecer, a todo instante, o equilíbrio.
- Os *mecanismos da coagulação*, por exemplo, são **multifatoriais**, e incluem diversos fatores antagonistas e sinérgicos cujo equilíbrio geral é sempre

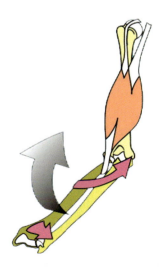

Figura 28.15

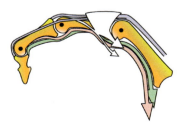

Figura 28.16

Figura 28.17

precário e evolutivo. Podemos comparar esses sistemas ao móbile de Calder (Fig. 28.18), escultor que concebeu arquiteturas de balanças sobrepostas em equilíbrio. Nesse tipo de conjunto, basta modificar um dos fatores para destruir o equilíbrio do todo.

Com base nesse exemplo, pode-se compreender que, graças a diversos equilíbrios multifatoriais que atuam uns sobre os outros, a vida é um milagre permanente.

Músculos biarticulares

Os músculos biarticulares são numerosos. Podemos citar:

- o bíceps braquial;
- o tríceps braquial;
- o reto femoral;
- o gastrocnêmio, etc.

Esses músculos apresentam características funcionais particulares e muito interessantes que explicam certas funcionalidades do sistema musculoesquelético.

Em teoria, eles exercem um efeito sobre cada uma das articulações que atravessam. Na prática, sua ação é preferencial na articulação distal, mas depende, essencialmente, da posição da articulação proximal no momento da contração.

Os **músculos biarticulares** podem ser ilustrados pela **cabeça longa do tríceps** (Fig. 28.19: ombro em flexão e em posição neutra). Ele é biarticular, já que suas inserções se situam aquém do ombro e além do cotovelo. No esquema da Figura 28.19, o músculo é representado pelas linhas vermelhas tracejadas.

Devem ser consideradas duas situações:

- Ombro em *posição neutra*, úmero vertical ao longo do tronco: o tríceps será pouco eficaz para a extensão do cotovelo, porque não estará em posição de estiramento no início da extensão. Por outro lado, as duas cabeças monoarticulares do tríceps (medial e curta) serão eficazes em todas as posições do ombro. Portanto, elas fornecem o essencial da força do tríceps.
- Se o ombro estiver *flexionado a 90°*, o tríceps estará estirado na distância $O'O2$ que representa a diferença entre o círculo 1 centralizado no ombro e o círculo 2 centralizado na inserção escapular do tríceps. Esse estiramento lhe confere toda a sua potência na extensão do cotovelo, segundo a lei de Schwan.

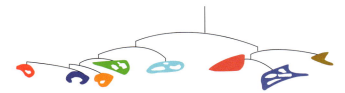

Figura 28.18

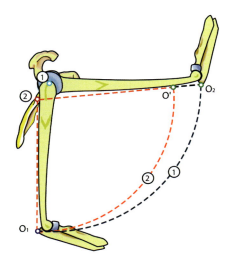

Figura 28.19

223

Esse aumento de potência ocorre durante o movimento de flexão do ombro. Podemos dizer, portanto, que o tríceps é o "músculo do soco".

No sentido inverso, quando o *cotovelo está flexionado* ao máximo e o ombro está em flexão, o tríceps pode exercer toda a sua força para a extensão do ombro: nesse caso, ele será o "músculo da cotovelada".

Vale ressaltar que, na segunda situação, os flexores do cotovelo atuam em *antagonismo-sinergia* com o tríceps: ao fazerem oposição à componente de extensão do tríceps sobre o cotovelo, eles favorecem sua ação de extensão do ombro. Pode-se considerar que, quase sempre, existem relações de antagonismo-sinergia nas articulações proximais.

Um músculo biarticular pode então ser considerado um músculo de potência variável, seja sobre a articulação proximal, seja sobre a distal, e a regulagem é feita no nível da outra articulação.

Esse é o caso, também, dos músculos poliarticulares.

Músculos poliarticulares

Constituem a grande maioria dos músculos. Diferentemente dos monoarticulares, os poliarticulares "englobam" duas ou mais articulações. É como se eles constituíssem uma "ponte" sobre várias articulações, o que significa que atuam sobre elas ou que seus movimentos dependem delas, o que vamos agora esclarecer.

Os músculos poliarticulares podem ser exemplificados claramente pelos flexores profundos dos dedos, que atravessam quatro articulações: o punho, as metacarpofalângicas e as duas interfalângicas. Sua ação principal, de flexão da interfalângica distal, é favorecida ao máximo pela **extensão do punho e da metacarpofalângica** (Fig. 28.20); nessas condições, auxiliados pelos flexores superficiais dos dedos, eles podem formar ganchos muito poderosos, capazes de suportar o peso de um alpinista. Novamente, encontramos aqui uma relação de *antagonismo-sinergia* com os extensores do carpo e os extensores dos dedos, que estendem as articulações metacarpofalângicas.

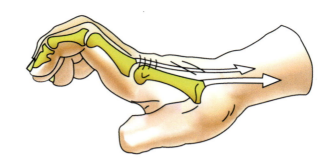

Figura 28.20

Cadeias articulares e musculares

Chamamos de cadeias articulares as ações musculares associadas simultaneamente a diversos segmentos móveis, portanto, a diversas articulações.

Cadeias abertas

Nesse tipo de cadeia, a extremidade proximal dos segmentos articulados é fixa, enquanto a extremidade distal permanece livre e, portanto, **móvel**.

A mobilidade aumenta na razão direta do número de segmentos.

Nas **cadeias em série**, os segmentos articulados se mobilizam no **mesmo sentido** e os músculos utilizados estão do mesmo lado dos eixos de movimento das articulações implicadas. Os músculos parecem suceder uns aos outros, *em série*.

Esse caso é ilustrado pelo **golpe de direita no tênis** (Fig. 28.21), no qual o jogador mobiliza todos os flexores do membro que segura a raquete, ao mesmo tempo que mobiliza os músculos rotadores do tronco do lado oposto. Estamos abstraindo aqui o fantástico cálculo mental da trajetória da bola, sua velocidade, sua força e seu efeito, bem como a força, a direção e a inclinação da raquete necessária para lançar a bola em um ponto onde o oponente teria dificuldade de ir buscá-la.

Em princípio, podemos destacar as características desse tipo de cadeia:

- A trajetória da ponta da cadeia é curvilínea.
- Os ângulos descritos por cada segmento se somam.

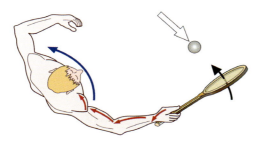

Figura 28.21

- O segmento distal é o que sofre maior deslocamento.
- Esse tipo de cadeia favorece a **amplitude** e a **velocidade** do movimento.

Outro exemplo de cadeia articular aberta, desta vez *com* resistência, é o **arqueiro** (Fig. 28.22) que encurva seu arco ao máximo, o que exige não apenas a manutenção do braço esquerdo rígido, em extensão, para sustentar o arco, mas também o máximo de extensão do ombro direito para tensionar a corda, o que é feito pela parte espinal do deltoide e pelos músculos que aproximam a escápula da linha dos processos espinhosos, particularmente o trapézio e o latíssimo do dorso. Para garantir a precisão do tiro, é indispensável a parada da respiração, o que pressupõe a atuação de *todos* os músculos expiratórios, particularmente os abdominais, sobre a glote fechada. Em biomecânica, considera-se que a cadeia está aberta quando a resistência é inferior a 15% da força muscular máxima.

Cadeias articulares fechadas

É o conjunto dos segmentos articulados cujas duas extremidades são fixas ou móveis, segundo um **ciclo repetitivo**.

Sua característica é a estabilidade, que aumenta com a diminuição do número de segmentos.

O exemplo mais típico é o do ato de **pedalar** (Fig. 28.23): a cadeia articular compreende a pelve, assentada no selim, e os membros inferiores, que atuam sobre o pedal, interposto entre os pés e colocado em rotação pelo movimento alternado dos membros inferiores. No esquema, é o membro inferior direito que confere a **impulsão motora**, sob a ação do glúteo máximo (F), do

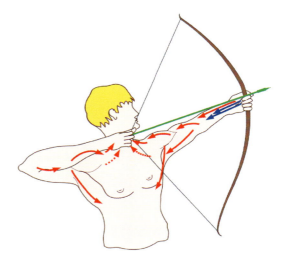

Figura 28.22

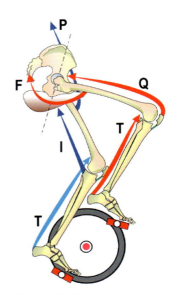

Figura 28.23

quadríceps (Q) e do tríceps (T). O membro inferior esquerdo facilita sua retração sob a ação do psoas (P) e dos isquiotibiais (I); o tríceps (T) permanece em contração centrípeta, ou seja, *em resistência*, para manter o contato com o pedal.

Esse é um exemplo de **cadeias paralelas** nas quais os segmentos se mobilizam alternadamente em sentido inverso um em relação ao outro, com os músculos sen-

O que é biomecânica

do exigidos alternadamente, de um lado e de outro dos eixos de mobilidade das articulações envolvidas.

- Esses músculos estão situados *paralelos* uns aos outros.
- A trajetória da ponta da cadeia tende a ser *retilínea*.
- As forças dos músculos agonistas e antagonistas se somam.

Essa estrutura favorece a potência na extremidade da cadeia à custa da amplitude e da velocidade.

Esse conjunto de músculos entra em jogo sucessivamente, em uma perfeita relação de **antagonismo-sinergia** em *equilíbrio dinâmico permanente,* evoluindo segundo um *ciclo ergonômico,* repetitivo por definição.

Outros exemplos de cadeias articulares fechadas: varrer, rastelar, lixar, limar.

Cadeias articulares semifechadas

É o conjunto de segmentos articulados que têm uma extremidade fixa e outra oposta a uma resistência suficiente para oferecer obstáculo ao movimento.

Este é o caso, por exemplo, do alpinista que escala um paredão rochoso (Fig. 28.24), no qual vemos muito bem os grupos musculares trabalharem em *cadeia semifechada,* de modo alternado e coordenado: tração no membro superior direito, extensão do membro superior esquerdo, superelevação do membro inferior direito, extensão completa e máxima do membro inferior esquerdo.

Pode-se dizer que essa cadeia é semifechada porque o deslocamento do corpo determina o deslocamento dos pontos fixos em relação aos sistemas musculares atuantes.

Finalmente, um exemplo de cadeia articular aberta, com contração diagonal dos músculos extensores, é a **largada de corrida** (Fig. 28.25), instrutiva sob dois aspectos:

- Primeiramente, quanto à utilidade dos músculos biarticulares em sua predisposição ao rendimento máximo: a extensão do quadril pelo glúteo máximo coloca sob tensão prévia o reto femoral, o que aumenta sua eficácia pela extensão do joelho. Esta, por sua vez,

Figura 28.24

favorece a eficácia do tríceps sural para a extensão do pé sobre a perna, ou seja, para a impulsão motora. Fica fácil, assim, compreender que esse sistema de músculos biarticulares dispostos em diagonal *transmite uma parte da potência do glúteo máximo às articulações distais.*

- Em seguida, quanto ao interesse do **posicionamento proximal** dos músculos de potência, portanto músculos pesados, dado seu volume, como é o caso do glúteo máximo. Como acabamos de ver, o sistema diagonal permite transferir a potência à extremidade do membro, tornando-o mais leve, o que traz o

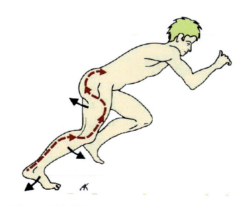

Figura 28.25

centro de gravidade do membro para sua raiz e permite uma economia de potência nos músculos que se situam nessa raiz. Foi Fick quem destacou esse efeito de transferência distal de energia dos músculos potentes e maciços, que não poderiam estar localizados na parte distal, pois isso aumentaria a inércia do membro em movimento.

Esse é mais um exemplo das soluções geniais da biomecânica.

Um "efeito relé" semelhante, que poderíamos chamar de **efeito transistor**, se observa nos músculos lumbricais (Fig. 28.26).

Esses são os únicos músculos que não se inserem nem sobre um osso, nem na pele: eles são o elo de ligação entre dois tendões antagonistas, o tendão do flexor profundo dos dedos (**FCP**) e a bainha dorsal dos dedos, que emana do extensor comum (**EC**)

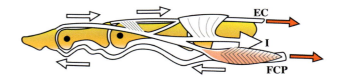

Figura 28.26

e dos interósseos (**I**). Eles constituem, dessa forma, um notável sistema diagonal: ao se contraírem, transferem a força do flexor profundo dos dedos, que eles relaxam na extremidade distal, para o sistema extensor dos dedos, que eles reforçam. Com uma pequena contração do músculo lumbrical, podemos obter um efeito multiplicado sobre o extensor, o que representa bem a transposição do *princípio do transistor*. Eles regulam, assim, a relação de antagonismo-sinergia entre os flexores e os extensores dos dedos.

29
O que é a relação de antagonismo-sinergia

Antes de falarmos sobre uma nova ideia acerca da relação entre antagonismo e sinergia, é importante definirmos o que se entende por esses dois conceitos.

Antes de mais nada, é preciso deixar de lado a **lógica binária**, introduzida por Aristóteles e chamada de **cartesiana** ou do **terço excluído**. Todos já sabemos que, entre o branco e o preto, existe uma infinidade de tons de cinza. É a lógica do **terço incluído**.

Vamos começar definindo os dois termos: antagonismo e sinergia.

Antagonismo significa, etimologicamente, agir em oposição. Podemos dizer, então, que dois músculos que agem de modo oposto são **antagonistas**. Um exemplo que logo vem à mente é o do músculo braquial, flexor do cotovelo, oposto à cabeça medial do tríceps braquial, extensora do cotovelo. A propósito desses músculos, podemos citar a **lei de Sherrington**, que diz que "quando um músculo dito agonista se contrai, aquele com ação oposta, ou seja, seu antagonista, relaxa".

Não há dúvida de que essa lei se aplica à **contração balística** (Fig. 29.1: vista de perfil do cotovelo), contração "explosiva", por exemplo, quando enxotamos uma mosca que pousou no nosso rosto: somente o bíceps se contrai, sem ser freado pelo tríceps (tracejado), no qual a atividade elétrica é nula. Vale notar que a velocidade aumenta.

Todavia, na **contração controlada** ou *dosada* (Fig. 29.2), os músculos antagonistas moderam e limitam a ação do agonista: essa ação antagonista é o que confere precisão ao movimento, como ocorre quando levamos um copo à boca. O movimento é uniforme e preciso, graças à ação moderadora do antagonista, nesse caso o tríceps.

O controle do movimento também pode implicar a **frenagem** ou *parada rápida ou brusca do movimento* (Fig. 29.3: vista de perfil do cotovelo). Nesse caso, a ação antagonista é indispensável para bloquear o movimento.

Esses dois modos de ação são verdadeiros para os músculos monoarticulares, relativamente pouco numerosos e que só têm uma ação – podemos até mesmo chamá-los músculos "bobos" ou limitados. Entretan-

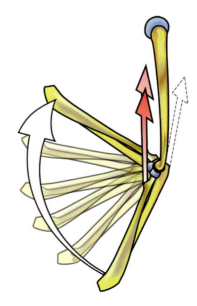

Figura 29.1

29 O que é a relação de antagonismo-sinergia

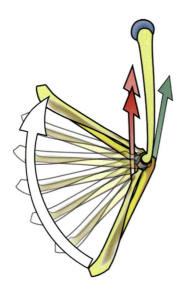

Figura 29.2

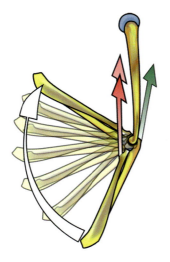

Figura 29.3

to, esse não é o caso da maioria dos outros músculos, que têm várias ações – poderíamos chamá-los de **músculos poliativos** ou, por oposição, de "músculos inteligentes", como veremos adiante. A proposição "o tríceps é o antagonista do bíceps" só é verdadeira para a flexão-extensão, mas não para outras ações desses dois músculos.

Expliquemos, agora, o que se entende por **sinergia**. Etimologicamente, o termo significa "soma de forças": dois músculos sinérgicos atuam simultaneamente para concretizar a mesma ação (Fig. 29.4: músculos sinérgicos na flexão do cotovelo), o que ocorre com o **bíceps** e o **braquial** (A), que são eficazes no início da flexão (A). No final da flexão (B), vem se somar a eles o músculo **braquiorradial** (verde). Esses três músculos flexionam o cotovelo. Há muitos exemplos de sinergia no sistema musculoesquelético, por exemplo:

- os isquiotibiais, o bíceps femoral e o poplíteo são flexores do joelho;
- o tibial anterior, o fibular terceiro e os extensores dos dedos dos pés são flexores do tornozelo;
- o tríceps sural, os fibulares curto e longo, o tibial posterior e os flexores dos dedos dos pés são extensores do tornozelo.

Músculos poliativos

No sistema musculoesquelético, a maior parte dos músculos é poliativa, o que significa que eles executam mais de uma ação. Isso é uma capacidade apenas dos *músculos biarticulares ou poliarticulares*, porque os músculos monoarticulares só exercem uma ação sobre a articulação que eles "englobam".

Podemos citar dois exemplos:

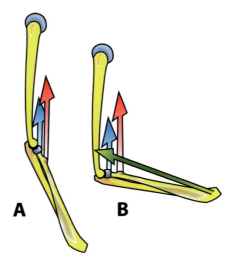

Figura 29.4

229

- O **tríceps braquial** tem uma **cabeça longa** (Fig. 29.5: as duas ações da cabeça longa do tríceps braquial) que "cruza" duas articulações: o ombro e o cotovelo.
  - A ação da cabeça longa do tríceps **sobre o ombro (A)** pode ser evidenciada *quando o cotovelo é bloqueado* (cruz vermelha): nessas condições, a contração do corpo do tríceps determina a extensão do ombro. O braço se desloca para trás.
  - A ação da cabeça longa do tríceps **sobre o cotovelo (B)** pode ser evidenciada *quando o ombro é bloqueado* (cruz vermelha): nessas condições, a contração do corpo do tríceps determina a *extensão do cotovelo*. O antebraço se estende sobre o braço.
- O **bíceps braquial** é o segundo exemplo (Fig. 29.6: as duas ações do bíceps braquial sobre o antebraço): sua ação se aplica sobre a tuberosidade do rádio, articulada com o côndilo umeral por intermédio da articulação umerorradial, que possui dois graus de liberdade.

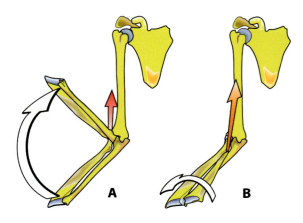

Figura 29.6

A **flexão (A)** se efetua em torno de um eixo transversal: o bíceps aproxima o rádio do úmero e esse movimento pode realizar-se em supinação ou em pronação, dependendo do estado dos músculos pronadores.

A **supinação (B)** se realiza em torno do eixo de pronação-supinação, que é longitudinal. Ela só pode ocorrer se o antebraço estiver, inicialmente, em pronação. O movimento de pronação é puro se a flexão for bloqueada pelo tríceps braquial.

A **relação antagonismo-sinergia** diz respeito, preferivelmente, aos músculos poliativos, porque, entre todas as suas ações, eles podem ter uma que seja de oposição.

Uma nova lógica

Esse conceito se choca com nosso espírito cartesiano impregnado pela lógica binária exclusiva. Na realidade, as situações intermediárias são frequentes, pois a realidade é dinâmica e frequentemente se verifica o **princípio do antagonismo** de Stéphane Lupasco (1900-1988).

É comum ocorrer a contração simultânea de dois grupos musculares que têm ações opostas, o que ilustra esse conceito.

É o que tentaremos explicar agora.

Retomemos o exemplo do bíceps, que tem duas ações no antebraço, exercendo, ao mesmo tempo, a função de *flexor do cotovelo* e de *supinador* potente. Quando ele atua sozinho, podemos considerá-lo o "músculo da alimentação" (Fig. 29.7). Com efeito, ao apanhar uma maçã sobre a mesa, com o cotovelo esten-

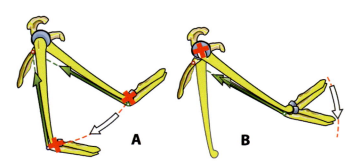

Figura 29.5

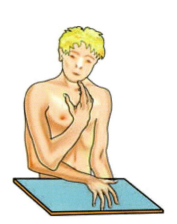

Figura 29.7

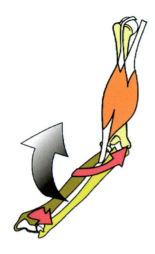

Figura 29.8

dido e a mão em pronação, ele é capaz de levá-la à boca, pelas simples ações de flexão e supinação.

Por outro lado, se quisermos uma *flexão pura*, sem supinação, e uma *supinação pura*, sem flexão do cotovelo, é preciso que haja intervenção de outros músculos, criando uma relação de antagonismo-sinergia:

- Uma **flexão pura**, sem supinação (Fig. 29.8: vista anterior interna), é obtida pela contração simultânea dos músculos pronadores, o *pronador redondo* e o *pronador quadrado*, que anulam a componente supinadora do bíceps.
- Uma **supinação pura**, sem flexão, é obtida pela contração simultânea do músculo extensor do cotovelo, o *tríceps*, que anula a componente de flexão do bíceps.

Podemos citar outro exemplo: a **flexão-extensão dos dedos longos** depende do equilíbrio entre os músculos intrínsecos e extrínsecos, em permanente relação de antagonismo-sinergia. Vamos recordar os músculos envolvidos:

- os **flexores extrínsecos**: o flexor superficial, para a flexão da IFP, e o flexor profundo para a flexão da IFD;
- os **extensores extrínsecos**: o extensor dos dedos, que participa da estrutura da bainha dorsal dos dedos;

- os **intrínsecos**: os interósseos e os lumbricais, que participam da formação da *bainha dorsal* dos dedos.

Esses três grupos participam de modos diversos dos **três modos de flexão** dos dedos longos:

- A **flexão em gancho** (Fig. 29.9), com extensão da MF, sob a ação do extensor dos dedos (**ED**), enquanto o flexor profundo (**FPD**) e o superficial (**FSD**) flexionam, respectivamente, a interfalângica distal e a proximal. Esse é um esquema motor no qual os músculos extrínsecos são predominantes; por isso, se caracteriza como **extrínseco** *plus*. O antagonismo-sinergia se situa no nível da articulação MF, onde o extensor dos dedos anula a componente de flexão dos dois flexores – superficial e profundo.
- A **flexão em abano** (Fig. 29.10), com flexão da MF pelos lumbricais (**L**), que iniciam o movimento, seguidos dos interósseos palmares (**I**), que o completam. A extensão das interfalângicas se deve às expansões dos interósseos sobre os capuzes laterais e mediais do extensor comum. Nesse tipo de flexão, os músculos intrínsecos predominam, por isso ela se caracteriza como **intrínseca** *plus*. O músculo lumbrical, que se insere sobre o flexor profundo, desempenha o papel de um tensor diagonal que, por sua contração, relaxa o flexor profundo e tensiona

O que é biomecânica

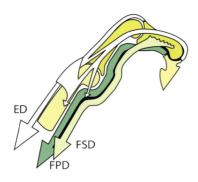

Figura 29.9

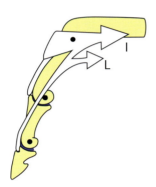

Figura 29.10

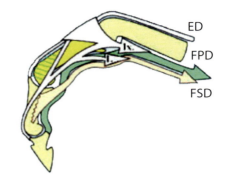

Figura 29.11

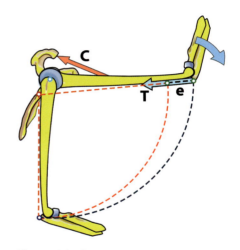

Figura 29.12

o extensor sobre a IFD. Também nesse caso, existe um equilíbrio dinâmico entre os antagonistas.
- A **flexão harmoniosa** (Fig. 29.11), com flexão simultânea da MF e das duas interfalângicas. Esse resultado se obtém graças ao **antagonismo-sinergia equilibrado** dos flexores dos dedos – superficial e profundo – e dos interósseos, sobre o conjunto dos interósseos palmares.

Esses três grupos musculares atuam, portanto, sempre em relação de antagonismo-sinergia, cujo *equilíbrio evolutivo* se desloca para obter um dos três esquemas dinâmicos.

No funcionamento dos músculos biarticulares, é frequente que a contração de um músculo antagonista favoreça a ação de um agonista:

- A **flexão do ombro** (Fig. 29.12) pelos flexores, aqui o coracobraquial (**C**) estirando a cabeça longa do tríceps (**T**) por um comprimento **e**, favorece sua ação de extensão do cotovelo. No entanto, a cabeça longa é também extensora do ombro. Nesse caso, então, existe antagonismo sobre uma ação e sinergia sobre a outra, o que define corretamente a relação de antagonismo-sinergia.
- A **marcha** nada mais é que um encadeamento de situações de antagonismo-sinergia, com relações de equilíbrio dinâmico entre os diferentes grupos musculares. É o mesmo mecanismo que, pela extensão do quadril produzida pelo glúteo máximo, favorece a ação de extensão da coxa sobre o joelho, sob a ação do reto femoral.

- Na **região cervical da coluna**, também podemos observar mecanismos de antagonismo-sinergia entre os músculos da região cervical inferior e os da região suboccipital, e também entre os pequenos músculos da região suboccipital (ver Cap. 38).

Esses mecanismos complexos de equilíbrio dinâmico entre os grupos musculares antagonistas são regulados pelo cerebelo, e fazem parte de esquemas motores adquiridos por aprendizado desde a primeira infância.

A noção de antagonismo-sinergia proporciona, sem dúvida alguma, inúmeras possibilidades para compreendermos o funcionamento do sistema musculoesquelético, sobretudo se migrarmos da ideia de equilíbrio dinâmico bifatorial para a de **equilíbrio dinâmico multifatorial** (Fig. 29.13: equilíbrio trifatorial da prancha de windsurfe), do qual certamente poderemos encontrar vários exemplos no organismo.

Figura 29.13

30
Teoria da alavanca

A **teoria da alavanca** foi introduzida por **Arquimedes** (287-212 a.C.) (Fig. 30.1), grande sábio e **filósofo** grego que viveu em Siracusa no século III a.C. Essa teoria foi uma de suas descobertas, além do famoso princípio que explica por que os corpos flutuam na água, a **rosca sem fim** (Fig. 30.2), as engrenagens, a espiral e tantas outras maravilhas mecânicas e geométricas. Foi ele quem fez o primeiro cálculo do valor de π por um processo que precedeu o *cálculo infinitesimal*.

No que diz respeito à teoria da alavanca, ele tinha tanto orgulho dessa descoberta que, segundo a lenda, teria dito: "Dêem-me um ponto de apoio e eu levantarei o mundo".

Efetivamente, a alavanca é um meio muito útil para levantar cargas pesadas (Fig. 30.3: utilização de uma alavanca para levantar uma carga), e a humanidade utiliza esse recurso desde os primórdios da Antiguidade para erguer blocos de pedra, por exemplo, deslizando um rolamento para baixo de um bloco para poder, assim, movimentá-lo.

Arquimedes definiu que, para compor uma alavanca ativa, seria preciso usar um corpo sólido alongado e indeformável que, inicialmente, era um galho ou tronco, depois uma barra metálica (Fig. 30.4: alavanca do tipo *pé de cabra*). O sistema musculoesquelético é todo constituído de alavancas, que são os ossos.

Sobre esse corpo sólido, aplicam-se três forças, dispostas de modos diferentes dependendo do **tipo de alavanca** (Fig. 30.5: diferentes elementos de uma alavanca):

Figura 30.1

Figura 30.2

30 Teoria da alavanca

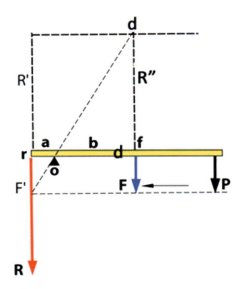

Figura 30.10

Este é um exemplo de alavanca interfixa que condiciona o equilíbrio da cabeça sobre o topo da região cervical da coluna (Fig. 30.12: esquema anatômico), representando o fulcro no nível das articulações suboccipitais, com o peso da cabeça à frente (seta azul) e, atrás, a tensão dos músculos da nuca (seta verde), que equilibra o peso da cabeça.

No **esquema geométrico** (Fig. 30.13), o peso da cabeça, aplicado no nível de seu baricentro segmentar, que representa a resistência (R) e se situa próximo à sela turca, deve ser equilibrado pelos músculos da nuca, que representam a potência (F).

até a alavanca, obteremos o ponto f, em que o vetor F, igual ao vetor do contrapeso P, **equilibra a carga R**. Com efeito, os dois triângulos – roF' e fod – são semelhantes, o que permite escrever a equação $R'''.a = F'.b$, que expressa a igualdade dos momentos. Essa igualdade é equivalente à relação $R''/b = F'/a$, válida nos dois triângulos semelhantes.

Essa transformação se justifica pelo fato de que, em uma relação, *o produto dos extremos é igual ao produto dos meios*.

Esse procedimento de interversão dos vetores pode ser utilizado para construir **todos os tipos de alavancas**, como veremos a seguir.

Para compreender melhor o *caráter inversamente proporcional* da relação forças/ vetores, eis o esquema (Fig. 30.11: falsa relação de equilíbrio) da relação proporcional: esse **raciocínio do absurdo** permite constatar que esse sistema de alavanca é completamente desequilibrado, e que a relação de proporcionalidade é falsa.

No sistema musculoesquelético, ao contrário da balança romana, os braços da alavanca são fixos e determinados, bastando calcular os vetores de força.

Voltemos à **alavanca do primeiro tipo**, dita *interfixa* (Fig. 30.12: sobre fundo azul).

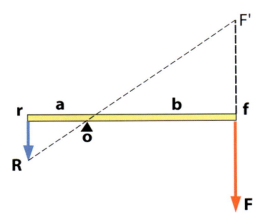

Figura 30.11

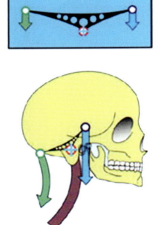

Figura 30.12

237

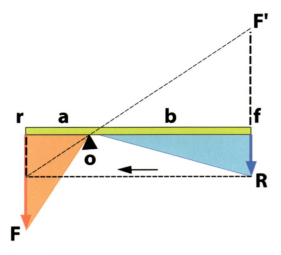

Figura 30.13

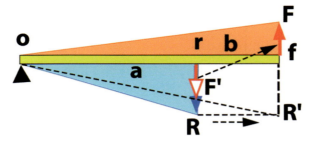

Figura 30.15

Ao construirmos os triângulos semelhantes, após interversão da posição do vetor R no ponto r, é fácil conhecer o vetor F, que é igual a F' e vai equilibrar o vetor R.

Vejamos agora a **alavanca do segundo tipo**, chamada *"inter-resistente"* (Fig. 30.14: sobre fundo azul).

Este é um exemplo de alavanca inter-resistente, que condiciona a impulsão motora dos músculos extensores do tornozelo para se opor ao peso do corpo e transmitir a impulsão ao antepé (Fig. 30.14: esquema anatômico).

Sobre o **esquema geométrico** (Fig. 30.15), após interversão da posição do vetor R, que se torna R' e vai se colocar em f, obtemos, por meio dos triângulos semelhantes ofR' e orF', o vetor F', que agora é projetado em f e se torna F no sentido oposto. Assim, a alavanca está equilibrada, ou seja, os momentos de ação dos braços da alavanca são iguais, $F.b = R.a$, o que se verifica nos triângulos semelhantes pela relação $F'/a = R'/b$.

Na prática, se a força aplicada em f for maior que F, o pé será erguido pela ponta.

Por fim, vejamos o **terceiro tipo de alavanca**, chamado *interpotente* (Fig. 30.16: sobre fundo azul).

Este é um exemplo de alavanca interpotente que executa o **levantamento da mão**, sustentando peso ou não, sob a ação dos músculos flexores do cotovelo. Esse tipo de alavanca ilustra também o **esmagamento de uma amêndoa** entre os dentes sob a ação dos músculos da mastigação.

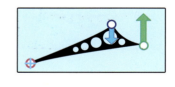

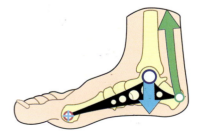

Figura 30.14

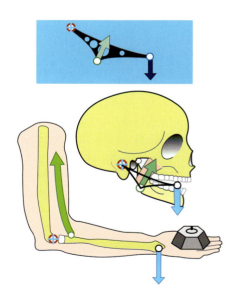

Figura 30.16

30 Teoria da alavanca

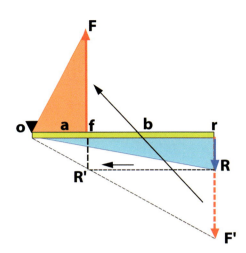

Figura 30.17

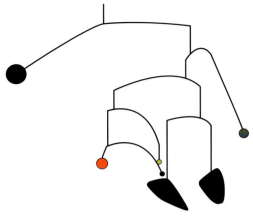

Figura 30.19

Novamente, após interversão da posição do vetor R, transposto para f, a construção dos triângulos semelhantes revela o comprimento (portanto a importância) do vetor F', que, em seguida, é invertido e transposto para f, tornando-se F (Fig. 30.17). Constatamos que tanto os músculos flexores do cotovelo como os músculos da mastigação devem ser potentes para atuar na extremidade de um *braço de alavanca* **curto**.

Essa noção de braço de alavanca é muito conhecida e facilmente assimilada pelas crianças, que estão habituadas a vê-la nos desenhos animados (Fig. 30.18: alavanca do segundo tipo).

O equilíbrio das alavancas também foi usado por um escultor, **Alexander Calder** (1898-1976), para conceber o que ele chamou de "móbile" (Fig. 30.19: um *móbile de Calder*) e que até hoje leva seu nome.

Essa ideia das balanças "em cascata" é um símbolo extremamente fecundo em biologia, pois esses **equilíbrios interdependentes** são muito comuns nesse campo.

Eles se encontram em vários domínios, em particular no **mecanismo da coagulação**, onde dezenas de fatores antagonistas devem equilibrar-se mutuamente (Fig. 30.20) para permitir a coagulação normal. É notável o fato de que basta modificar o peso de um só elemento para desestabilizar todo o sistema. O móbile de Calder é a verdadeira *imagem do equilíbrio instável que rege a vida* e, graças a essa comparação, compreendemos por que ela representa um milagre que se repete todos os dias!

Ele é também a expressão de uma noção muito importante em biologia, e também no funcionamento do sistema musculoesquelético: a noção de "**equilíbrio dinâmico**".

Figura 30.18

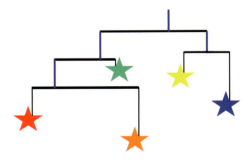

Figura 30.20

31
Os tendões

Na maioria dos casos, os músculos se inserem na **extremidade proximal** por *fixação* **direta** *das fibras musculares* sobre o osso: é o que se chama **inserção carnosa**. Em certos casos, as inserções por fibras carnosas são associadas a inserções em **fibras ou lâminas aponeuróticas**.

Quanto às inserções na **extremidade distal**, raramente elas são diretas, por fibras carnosas; mais comumente elas se fazem por intermédio de **tendões ou aponeuroses**.

Vejamos, na sequência, esses dois tipos de arranjos.

Inserções proximais

Nos ossos dos cíngulos, elas são geralmente extensas, pois as massas musculares importantes devem estar concentradas próximo ao tronco, para *aproximar* os centros de gravidade elementares dos membros do **centro de gravidade geral** do corpo. Nos ossos dos membros, elas geralmente cobrem toda a superfície disponível, deixando poucos trechos sem inserções e diretamente acessíveis.

Elas são de quatro tipos:

1. Por **fibras carnosas**, diretamente nas grandes "fossas" escavadas nos ossos dos cíngulos.
   - Na **escápula**, encontram-se nas fossas supraespinais e subespinais.
   - No **osso ílio**, nas fossas ilíacas internas (músculo ilíaco) e externa (Fig. 31.1: face externa) para os músculos glúteos: mínimo (I), médio (II) e máximo (III).
2. Por **lâminas aponeuróticas**, que imprimem "cristas" na superfície dos ossos, como a linha áspera do fêmur, à qual se ligam as lâminas de inserção dos músculos vasto medial e vasto lateral.
   - Com frequência, essas lâminas recobrem a origem do corpo muscular e, quando vários músculos são contíguos, como os epitrocleares ou os epicondilares, as aponeuroses formam divisórias

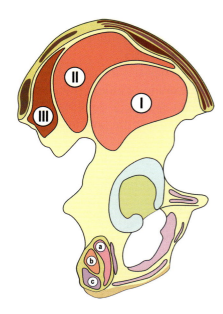

Figura 31.1

intermusculares sobre cujas faces se inserem as fibras carnosas; formam-se, assim, verdadeiras *pirâmides aponeuróticas* dentro das quais se fixam as fibras musculares (Fig. 31.2: o cone de inserção é proximal). Entre os compartimentos musculares dos membros também há *divisórias aponeuróticas* que permitem inserções em suas faces (Fig. 31.3).

Figura 31.2

Figura 31.3

3. Por **fibras carnosas mescladas com fibras aponeuróticas** em vários músculos de inserções amplas.
4. Por **tendões**:
   - Em geral, o tendão é *maciço e curto*, dando origem a vários músculos, como ocorre na *tuberosidade isquiática* (Fig. 31.1), onde se inserem, juntos, o *semimembranáceo* (**a**), o *bíceps femoral* e o *semitendíneo* (**b**) por uma inserção comum, e o *adutor magno* (**c**).
   - Mais raramente, podemos ver um *tendão proximal longo* e de trajeto complexo, como no caso do *bíceps braquial*. Esses tendões de origem, muito potentes, com frequência provocam, no osso, o aparecimento de *tuberosidades* ou *apófises*.

Inserções distais

São sempre por aponeuroses e/ou tendões, pois a força muscular precisa ser transmitida à distância.

Tendões

São a continuação dos músculos. Eles têm origem **no interior** *dos músculos*, sobre as *aponeuroses*, que recebem as inserções carnosas terminais, ou então se lançam sobre uma lâmina *aponeurótica* (Fig. 31.4: trato iliotibial) prolongada pelo tendão terminal: cordões brancos nacarados, mais ou menos longos, que transmitem a força dos músculos às alavancas ósseas. Os tendões que prolongam o corpo muscular são necessários por *duas razões*:

- A primeira é que o percurso de um músculo representa, normalmente, no máximo metade de seu comprimento: se certos músculos se estendessem por todo o comprimento entre suas duas inserções, seu percurso seria grande demais, portanto inútil: eis aí uma aplicação da *lei da economia universal*.
- A segunda razão é a **ação à distância** dos músculos que englobam mais de uma articulação, ou seja, dos músculos poliarticulares. O meio de transmissão da força do músculo consiste em prolongá-lo por uma *espécie de* **cabo**, que lembra os cabos de freio de uma bicicleta.

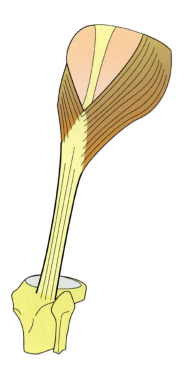

Figura 31.4

Os tendões não são estruturas contráteis, mas simples "cabos" de **transmissão** dotados, em alguns casos, de certa elasticidade, mais ou menos acentuada dependendo do tipo de tendão. Seu papel é transmitir a força muscular com o máximo de eficácia às alavancas do esqueleto.

Os corpos musculares são proximais quando se trata dos membros ou segmentos de membros, enquanto suas ações são, geralmente, distais, motivo pelo qual os **tendões** são necessários: para transmitir a força muscular à distância.

A inserção distal dos músculos também pode ser feita por aponeuroses. Elas costumam ser faixas reforçadas, grossas, como o **trato iliotibial** (Fig. 31.4), antigamente chamado *faixa de Maissiat*. Essa zona espessa é denominada fáscia lata. Trata-se de uma faixa que se estende da crista ilíaca até a tíbia, mas, em seus dois terços superiores, recebe, em um desdobramento de sua margem anterior, as fibras do músculo **tensor da fáscia lata** e, em um desdobramento de sua margem posterior, as fibras do feixe superficial do **glúteo máxi-**

mo. Assim se forma o chamado "**deltoide pélvico**" de **Farabeuf**, por analogia com o deltoide escapular, já que tem a mesma função de abdução global do membro.

Em sua origem dentro do músculo, as aponeuroses terminais formam, às vezes, **sistemas complexos**, como no caso do *tendão do quadríceps* ou do *tendão do calcâneo*. Depois, prolongam-se por um tendão que forma uma **inserção única** onde se concentra toda a força de um músculo com várias cabeças.

O comprimento dos tendões depende, em parte, da *excursão do músculo* e, em parte, da *distância* do ponto de aplicação da força. Seu calibre é proporcional à potência muscular.

Um músculo dotado de **grande excursão**, como o **sartório**, possui um corpo muscular muito longo e um tendão terminal relativamente curto, de modo que a distância entre os dois pontos de inserção é quase toda ocupada pelo próprio músculo.

O **deltoide escapular** termina em lâminas aponeuróticas que confluem para um tendão **curto** e espesso, o qual se insere no úmero, em um relevo ósseo que desenha o "V deltoide" (Fig. 31.5), um dos três pontos imediatamente subcutâneos do úmero.

Em contrapartida, há um músculo, o **plantar**, com um *corpo muscular pequeno* (5 a 6 cm) e, portanto,

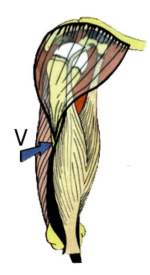

Figura 31.5

de **pequena excursão**, mas prolongado por um tendão longo e fino, já que se estende por todo o comprimento da perna (25 a 30 cm). Ele representa um resquício da evolução da espécie: nos equinos, é um músculo muito importante, mas, no homem, quase não tem utilidade, já que tem muito pouca força. É, portanto, um músculo cujo tendão pode ser retirado sem inconveniente para a função. Sendo assim, representa um excelente "banco de tendões".

A **força eficaz** é determinada por dois fatores:

1. **O comprimento do braço de alavanca** sobre o qual é aplicada: quanto mais distante o ponto de inserção estiver do centro da articulação mobilizada, maior será a excursão. No esquema da Figura 31.6, fica evidente que o músculo 2 (em azul), cuja inserção distal se situa duas vezes mais longe da articulação que a do músculo 1 (em vermelho), precisa ter uma excursão maior da distância (d) do que o músculo 1.

2. **O número de articulações que o músculo cruza**, que representa o número de braços de alavanca mobilizados em sequência: distinguem-se os tendões dos músculos monoarticulares dos tendões dos músculos biarticulares ou poliarticulares.

Se tomarmos como exemplo o **tríceps braquial** (Fig. 31.7), veremos que a excursão exigida de um *músculo biarticular* é duas vezes maior que a de um músculo monoarticular, na mesma situação: aqui, durante a flexão simultânea do ombro e do cotovelo, a inserção terminal do tríceps passa da posição *1* à posição *2*, que corresponde à posição *2'* do tendão "esticado". Quando projetamos essa distância *O2'* sobre a posição de partida do tendão, o comprimento do músculo sob tensão é representado por *O2*, evidenciando a excursão necessária *d*. Esse aspecto é ainda mais verdadeiro no caso dos tendões terminais dos *músculos poliarticulares*, como os músculos dos dedos das mãos e dos pés, que movimentam "cadeias articulares" e têm grandes excursões, tão maiores quanto mais distais são suas inserções.

Por exemplo, vejamos, em centímetros, as excursões de alguns tendões da mão e dos dedos (segundo S. Bunnell e J. Boyes):

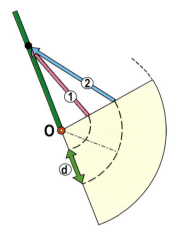

Figura 31.6

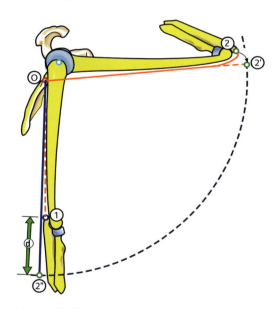

Figura 31.7

- palmar longo – 4;
- flexor superficial dos dedos – 6,4;
- flexor profundo dos dedos – 7;
- extensor dos dedos – 4,5.

Vemos que o FCP, que mobiliza a falange distal, tem uma excursão que é quase o dobro daquela do palmar longo, que só mobiliza o punho. Além disso, os *flexores têm uma excursão maior* que os extensores.

Estrutura dos tendões

Derivados do mesênquima, os tendões são cordões brancos nacarados constituídos por diferentes feixes de **colágeno do tipo I** e de **elastina**, entre os quais estão dispostos os **tenócitos**, células conjuntivas especializadas (Fig. 31.8). Vemos, aqui, um exemplo de tendão com feixes de fibras paralelos.

As **moléculas de colágeno** (Fig. 31.9) têm uma *estrutura espiralada* (seta vermelha) e, como em todos os tipos de estruturas, a espiral (em verde) pode ser *estirada* (em vermelho), o que produz *alongamento* (**a**), mas ela "volta ao normal" quando a tração cessa. Essa elasticidade intrínseca da molécula de colágeno explica a elasticidade dos tendões de *fibras paralelas*.

Certos tendões, como o **tendão do calcâneo** (Fig. 31.10), têm, eles próprios, uma estrutura em espiral, o que os assemelha a um cordame em que diversos filamentos espiralados se associam formando um cabo, também espiralado; em seguida, vários cabos se juntam, também em espiral. Essa estrutura do tendão, duplamente espiralada, confere maior elasticidade em relação aos tendões de fibras paralelas.

Se analisarmos os fenômenos mecânicos que ocorrem dentro dessa estrutura espiralada durante o estiramento, constatamos que, enquanto se dá um passo mais longo – uma ondulação mais ampla – as espiras se aproximam, o que adelgaça ligeiramente o tendão e cria, em seu interior, uma pressão transversal entre as espiras (setas vermelhas). Essa pressão interna é responsável pelo retorno do tendão sobre si mesmo, porque, no momento em que a tração longitudinal diminui, a pressão interna traz as espiras de volta à posição de partida.

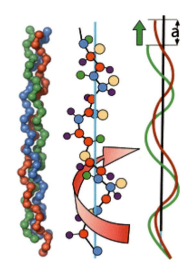

Figura 31.9

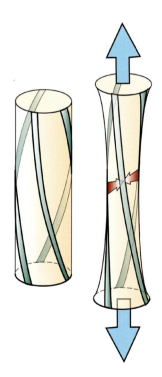

Figura 31.10

Figura 31.8

Assim, o tendão, de *constituição viscoelástica*, é capaz de armazenar energia para restituí-la, secundariamente, e se adaptar no decorrer do exercício físico.

Os tendões são estruturados em **feixes de fibras de colágeno** (Fig. 31.11), incluídos no *endotendão*; cada um dos feixes é envolvido por um *epitendão*.

O agrupamento dos feixes é cercado por um *peritendão* com septos de tecido conjuntivo entre os feixes.

Quando os feixes de fibras se organizam no plano, formando uma espécie de tela com as fibras perpendiculares, isso constitui uma **aponeurose** (Fig. 31.12) que, na realidade, é uma *capa tendínea*.

Os tendões recebem uma vascularização independente, mas escassa. Sua inervação sensitiva, ao contrário, é abundante: ela desempenha um papel indispensável na regulação da contração muscular, sobretudo graças aos **mecanorreceptores de Golgi** do *tipo III*. O receptor propriamente dito (Fig. 31.13) é constituído de uma *cápsula* que engloba várias fibras de colágeno. Uma *fibra nervosa* do tipo **Ib** penetra nesse órgão e, a partir daí, *perde sua bainha de mielina*. Ela lança, então, múltiplas ramificações entre as fibrilas colágenas,

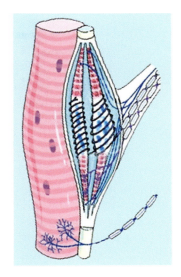

Figura 31.13

com as quais se entrelaça. Quando as fibrilas são tensionadas, as ramificações nervosas desmielinizadas são *comprimidas* e, portanto, excitadas mecanicamente, o que desencadeia o sinal, informando aos centros nervosos, em particular ao cerebelo, que o tendão está sob tensão. O impulso nervoso enviado pelos mecanorreceptores é *proporcional à tensão*. As informações assim transmitidas se enquadram na chamada *sensibilidade proprioceptiva* e são *indispensáveis à regulagem* da contração muscular, à *coordenação* dos grupos musculares entre si e, também, à percepção da *posição dos membros no esquema corporal*. Existem também inúmeros mecanorreceptores dentro dos próprios músculos: as fibras desmielinizadas se entrelaçam, nesse caso, com as fibrilas musculares.

As fibras tendíneas apresentam *duas junções* muito atuantes do ponto de vista mecânico:

- Uma **junção miotendínea** (Fig. 31.14), na qual a fibra muscular continua diretamente com a fibra tendínea por sua extremidade arredondada, recoberta pelo sarcolema, que se aloja em uma cúpula da fibra tendínea. A união se dá por intermédio de um material cimentado que configura a transição do tecido conjuntivo do músculo para o tendão. Essa junção miotendínea

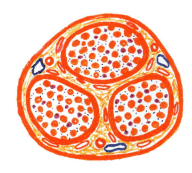

Figura 31.11

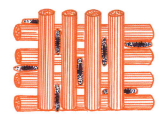

Figura 31.12

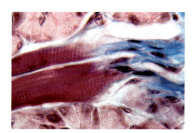

Figura 31.14

representa um ponto fraco que pode se romper, como acontece, às vezes, com o tendão do calcâneo.
- Uma **junção tendíneo-perióstica**: a junção com o braço da alavanca óssea se dá por intermédio do periósteo, graças à interpenetração dos componentes conjuntivos de ambos.

O metabolismo do tendão é fraco, mas pode aumentar sob pressões mecânicas. A mobilização do tendão é capaz de modificar a disposição das fibras de colágeno e, assim, *produzir uma variação nas propriedades mecânicas do tendão*.

Os tendões têm forma variável, possuem vários tipos de anexos e, às vezes, têm *numerosas expansões*, como é o caso do tendão do semimembranáceo. Esse músculo isquiotibial, flexor do joelho, tem um papel importante na estabilidade posterior dessa articulação (Fig. 31.15). Com efeito, seu tendão distal (seta vermelha), inserido na extremidade superior da tíbia, se divide em *quatro contingentes de fibras*: dois feixes principais, na direção do tendão terminal, fixam-se sobre a tíbia, um tendão refletido passa por dentro da margem glenoidal, e um tendão recorrente volta para cima e para fora para se fixar no osso sesamoide da superfície condilar. Esse tendão, graças a suas expansões, participa da formação do *plano fibroso posterior* do joelho, que limita sua extensão.

Em virtude da posição anatômica e da função, os tendões podem ter diferentes propriedades mecânicas: o tendão do músculo tríceps sural tem complacência bem superior à do tendão do músculo tibial anterior, que controla a posição do tornozelo, enquanto o tríceps sural confere a propulsão necessária à marcha.

O **calibre de um tendão**, isto é, a *área de sua secção transversal*, é proporcional à potência do seu músculo. Suas áreas de secção transversal relativas

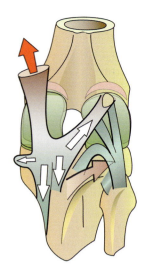

Figura 31.15

(Fig. 31.16: a figura mostra apenas proporções aproximadas) podem variar consideravelmente dependendo da potência do músculo. Como se pode esperar, *os músculos mais fortes têm tendões mais grossos*.

Os tendões que têm pouca elasticidade, suficiente para amortecer as violentas contrações das massas musculares, apresentam, por outro lado, uma resistência considerável à tração.

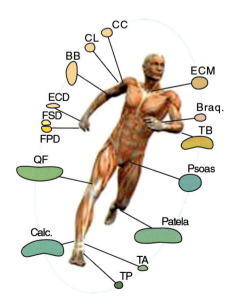

Figura 31.16

- A título de exemplo, o tendão do *plantar*, que pode ser utilizado como *enxerto* e tem apenas alguns milímetros quadrados de secção transversal, pode suportar uma carga de 16 kg sem se romper.
- O *ligamento da patela* tem a maior secção transversal, porque o quadríceps é um dos músculos mais potentes do corpo: 148 cm² de secção, 8 cm de excursão, 42 kgm de potência. Porém, o ligamento da patela mede apenas 2 a 3 cm de comprimento.
- O **tendão do calcâneo** é o mais longo e menos maciço, e sua estrutura espiralada lhe confere uma elasticidade que lhe permite amortecer golpes brutais. As fibras periféricas são *tensionadas antes das profundas*, que, portanto, são comprimidas, ou seja, o centro trabalha em compressão. O *recrutamento das fibras* é **progressivo** e escalonado: quanto mais o tendão é estirado, maior é o número de fibras sob tensão, o que explica o contorno amortecido, *assintótico* da curva, enquanto a curva de elasticidade normal é linear. O tendão do músculo tríceps sural possui, como vimos, uma *complacência* bem superior à do tendão do tibial anterior.
- Os **tendões dos flexores da mão** são *4 a 5 vezes mais grossos* que os dos extensores, porque a preensão, ou **punho fechado**, exige *grande força*, enquanto os extensores só precisam alongar os dedos, sem resistência, para preparar a preensão. Pode ocorrer, às vezes, que os flexores se rompam com o esforço, no caso de alpinistas e jogadores de rúgbi.

Rupturas tendíneas

Essas rupturas não são raras e ocorrem com mais frequência nos tendões particularmente traumatizados ou fragilizados.

Ruptura do tendão do bíceps

Mais adiante, veremos as condições mecânicas que levam à **ruptura do tendão do bíceps braquial** (Fig. 31.17) no sulco intertubercular (**1**). Em termos clínicos, esse é um acidente imprevisível, que sobrevém a pessoas com alguma patologia dos músculos do manguito rotador: durante um esforço de levanta-

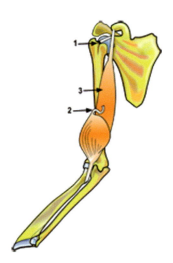

Figura 31.17

mento de peso, mesmo que mínimo, o indivíduo sente uma dor semelhante a um choque, uma chicotada na parte alta do braço, e percebe o aparecimento de um grande abaulamento acima do cotovelo (**2**), uma tumefação que se endurece quando tenta flexionar o cotovelo contra resistência. A cabeça curta permanece intacta (**3**).

O indivíduo não atleta pode suportar esse incômodo, que repercute muito pouco na função do membro. Por outro lado, esportistas e trabalhadores manuais, que necessitam da força normal de flexão do cotovelo, são candidatos à *reinserção cirúrgica* desse tendão.

Ruptura do tendão do extensor dos dedos

Essa ruptura (**R**) ocorre na inserção distal, sobre a face dorsal da **base da falange distal** (Fig. 31.18). Nesse ponto, a extremidade do tendão extensor se alarga, tornando-se, ao mesmo tempo, mais delgada, de modo que um choque brutal no eixo dessa falange, criando um movimento de flexão forçada, pode provocar sua ruptura. A posição do dedo é bem característica: a falange distal é flexionada (**F**) a quase 90° e *não pode ser retificada ativamente*. Essa posição, chamada de *dedo em martelo*, é imediatamente reconhecível. O melhor tratamento é *ortopédico*, com tala em hiperextensão da interfalângica distal por seis semanas.

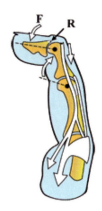

Figura 31.18

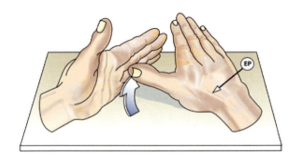

Figura 31.19

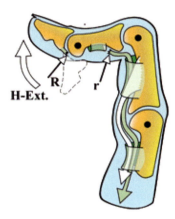

Figura 31.20

Ruptura do tendão do extensor longo do polegar

A ruptura distal sobre sua falange média é excepcional. Por outro lado, ela é relativamente frequente no conduto do tendão, no punho, na face posterior da epífise radial. Ela sobrevém após uma fratura da extremidade inferior do rádio, sugerindo o desgaste do tendão sobre uma saliência óssea. Contudo, pode também ocorrer após uma fratura sem luxação, imobilizada com gesso: nesse caso, ela é explicada por isquemia local do tendão, por lesão da arteríola alimentadora. O diagnóstico é simples, baseado na perda da extensão *ativa* da interfalângica do polegar e na retropulsão da coluna do polegar. O **teste de contraoposição do polegar** (Fig. 31.19) revela que este não pode ser "descolado" do plano da mesa, enquanto, normalmente, consegue se elevar até o nível do dedo médio da outra mão, apoiada em sua margem ulnar, que serve de referência. Geralmente, durante essa manobra, o tendão do extensor longo do polegar (**EP**) se desenha nitidamente sob a pele. O tratamento não é reparador, mas paliativo, por *transposição* do tendão do extensor dos dedos sobre a extremidade distal do extensor do polegar.

Ruptura do tendão do flexor profundo dos dedos

Esse tendão pode se romper em sua **inserção distal** (**R**) (Fig. 31.20), na altura da falange distal, e a extremidade proximal do tendão, se retrai (**r**) dentro do canal digital. Essa ruptura pode ocorrer em duas circunstâncias:

- No *jogador de rúgbi*, que se agarra à camisa do adversário;
- No *alpinista*, que se agarra a uma saliência da rocha com os dedos flexionados em gancho, sobretudo no nível da última falange. O peso do corpo fica suspenso em um tendão e este se rompe. Mais raramente, é uma polia que cede.

Nesses dois casos, a dor é violenta, em "chicotada", e se irradia para o antebraço, podendo causar a queda do alpinista. O diagnóstico é feito pela perda da flexão *ativa* da interfalângica, enquanto as outras articulações ficam em extensão. A interfalângica distal se deixa levar passivamente, sem qualquer resistência, em hiperextensão (**H-Ext.**).

Ruptura do tendão do calcâneo

O **tendão do calcâneo** (Fig. 31.21: vista posterior) é submetido a grandes pressões nas largadas de corridas ou na recepção de um salto, mas, no dia a dia, o que ocorre com mais frequência é a pessoa escorregar na beira da calçada e, de súbito, sentir como se tivesse levado uma forte pancada no calcanhar. O diagnóstico é confirmado por dois sinais:

- Impossibilidade de **se elevar na ponta do pé**. É importante que o examinador não se deixe enganar pela persistência de uma extensão ativa do calcanhar no vazio produzida pelos outros músculos responsáveis por esse movimento, que são os flexores dos dedos dos pés, o tibial posterior e os fibulares.
- A "**ranhura**" transversal percebida com a palpação do tendão. Essa ruptura pode ocorrer em dois níveis:
  – ruptura alta (**1**), na junção miotendínea: pode cicatrizar-se por simples imobilização;
  – ruptura baixa (**2**), no centro do tendão: requer tratamento cirúrgico.

O tendão do plantar (**P**), inconstante, mas muito frequente, pode ser utilizado para reparar essa ruptura.

A **vascularização dos tendões** deve ser abordada sob dois aspectos:
- **Vascularização intrínseca**: A superfície dos tendões é percorrida por **numerosos vasos** (Fig. 31.22) que se afastam dos ramos principais e penetram na espessura do tendão, seguindo os septos conjuntivos interfasciculares. Esse aporte arterial não pode ser dissociado do sistema extrínseco.
- **Vascularização extrínseca**: Depende do sistema de bainhas sinoviais e, sobretudo, da **atmosfera conjuntiva peritendínea**, cuja importância veremos adiante.

Sistemas de deslizamento dos tendões

Para poder transmitir sua força de tração, os tendões devem poder deslizar em relação às estruturas ao redor, mas conservando suas conexões vasculares, indispensáveis a seu trofismo, isto é, a seu bom estado, condição determinante de sua eficácia. Um tendão que adere aos tecidos adjacentes, um tendão que "cola", é perdido do ponto de vista funcional: é essa sínfise que dificulta tanto a cirurgia dos tendões.

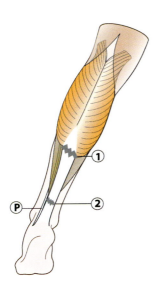

Figura 31.21

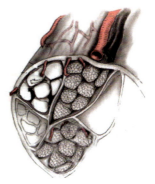

Figura 31.22

Os sistemas de deslizamento são de dois tipos:

- os **condutos osteofibrosos**, que funcionam como **bainhas sinoviais**, como nos tendões dos flexores dos dedos. No plano mecânico, podem ser comparados às bainhas que conduzem os **cabos de freio das bicicletas** (Fig. 31.23) e que só funcionam em conjunto;
- o **tecido conjuntivo de deslizamento**, em todos os demais casos.

Os tendões que caminham de modo retilíneo até sua terminação, cruzando apenas uma articulação, não têm necessidade de um aparelho especial para deslizamento. É o caso, por exemplo, do tendão distal do tríceps braquial, cujo aporte vascular é garantido pelo tecido conjuntivo peritendíneo.

Essa estrutura, frequentemente associada ao sistema de condutos, foi objeto de trabalhos recentes que demonstraram a importância primordial dessa nova concepção de organização. Esse aspecto será descrito no próximo capítulo.

Topografia do trajeto do tendão

Portanto, todos os outros tendões, que possuem um trajeto *convexo ou côncavo*, necessitam de um aparelho de deslizamento.

Trajeto convexo

Em geral, o tendão desliza sobre uma superfície cartilagínea, mas, em seu ponto de **convexidade máxima** (Fig. 31.24), é comum se desenvolver, na espessura do tendão, um **osso sesamoide** cuja superfície de contato com o osso subjacente é recoberta por cartilagem. Reforçado por essa ossificação interna, o tendão não corre o risco de ser lesado durante o deslizamento, que, por sua vez, é muito facilitado; além disso, esse osso sesamoide afasta o tendão do osso, criando um retentor à distância de sua força de tração, como o *cavalete* que afasta as cordas do violino.

A **patela** é, tipicamente, um osso sesamoide com essa função:

- ela é um sesamoide volumoso, *incluso no aparelho extensor* do joelho, entre o tendão do quadríceps, acima, e o ligamento da patela, abaixo, no meio das expansões laterais dos vastos;
- ela desliza sobre a superfície cartilagínea da tróclea femoral, como uma *corda* **em uma polia** (Fig. 31.25);
- graças à sua **espessura** (Fig. 31.26), ela afasta o tendão da tróclea e, por seu efeito tensor, aumenta muito (30 a 40%) a componente de extensão aplicada sobre a tíbia. Com a ajuda de duas decomposições sucessivas de forças, constatamos que a força do quadríceps (Q) é decomposta em uma força centrípeta ($Q1$), que aplica a patela sobre a tróclea, e uma força tangencial ($Q2$), que se aplica sobre a tuberosidade tibial através da patela e do ligamento da patela. Nesse ponto, a segunda decomposição de forças revela uma componente centrípeta ($Q3$), que aplica a tíbia sobre os côndilos femorais, e a **componente eficaz**, tangencial ($Q4$), que realiza efetivamente a extensão da

Figura 31.23

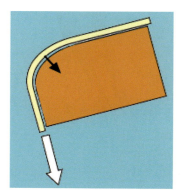

Figura 31.24

Figura 31.25

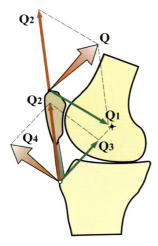

Figura 31.26

tíbia sobre os côndilos. Constatamos que essa força Q4 é praticamente igual à do quadríceps (Q), graças ao papel de *cavalete* da patela;
- durante seu deslizamento vertical, ela é "conduzida" pela "raia" formada pela tróclea, sem a qual sofreria luxação para fora, em virtude da predominância do vasto lateral; essa é a causa da patologia femoropatelar.

Em suma, ela é *indispensável* ao bom funcionamento do joelho.

Os **sesamoides da articulação metacarpofalângica do polegar** (Fig. 31.27), ao mesmo tempo que permitem o deslizamento e o apoio à força dos tendões dos músculos tenares (em verde) sobre a cabeça do metacarpal servem também como inserção tendínea alternativa para vários desses músculos.

Esses dois sesamoides permitem a classificação dos músculos tenares em **sesamoidianos internos**, que são adutores e supinadores da coluna do polegar, ou **sesamoidianos externos**, que são abdutores, flexores e pronadores da coluna do polegar, desempenhando um papel essencial na oposição desse dedo.

Trajeto côncavo

Quando um tendão precisa seguir um **trajeto côncavo** (Fig. 31.28) sobre um elemento do esqueleto, no momento em que é tensionado, ele assume automaticamente a forma de corda do arco esquelético, se não for mantido em contato com o osso.

No caso da mão e dos dedos, os tendões flexores mobilizam cadeias articulares que são mais côncavas quanto mais acentuada for a flexão. Quando o punho está fechado, se os tendões não se mantivessem em contato com o plano esquelético, tomariam o caminho mais curto, ou seja, a corda do arco osteoarticular, formado pelos metacarpais e pelas falanges, o que, por alongamento relativo, os faria perder toda a sua eficácia.

Dois dispositivos anatômicos permitem, de um lado, manter os tendões em contato com as peças do esqueleto e, de outro, facilitar seu deslizamento:

- os condutos osteofibrosos: as **polias fibrosas**;
- as **bainhas sinoviais e as zonas de deslizamento**.

Figura 31.27

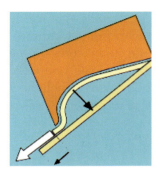

Figura 31.28

Figura 31.29

Os **condutos osteofibrosos** formam um **túnel descontínuo** (Fig. 31.29) que mantém o tendão preso a cada osso da concavidade. Cada porção do túnel é formada por:

- uma parede posterior, que é o próprio **osso**;
- uma parede anterior, formada por uma **polia** de reflexão de *fibras transversais*, tensionadas em arcos de uma margem à outra da goteira óssea; neste esquema, vemos duas polias desse tipo. Na primeira, podemos ver os dois tendões: flexores superficial e profundo. Na segunda, vemos o desdobramento do flexor superficial "perfurado" pelo profundo.

Na articulação, a polia é formada por *fibras diagonais* que permitem o jogo articular.

Do antebraço à falange distal, existem **quatro polias principais**, que são, em sequência:

1. O **túnel do carpo**, no nível do punho (Fig. 31.30), formado, na parte de trás, pelos ossos do carpo, dispostos na *goteira cárpica* de concavidade anterior, completada, à frente, pelo **retináculo dos músculos flexores**, faixa fibrosa espessa, de 3 a 4 mm, inserida nas duas margens dessa goteira. Em razão de sua espessura e da quantidade de tendão que ele sustenta, esse *ligamento* constitui a **polia mais importante do corpo**.

De fato, esse **canal osteofibroso** (Fig. 31.31: seccionado) contém todos os tendões flexores dos dedos, além do **nervo mediano** (**M**). Em um *canal separado*,

Figura 31.30

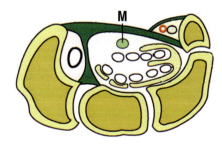

Figura 31.31

desliza o *flexor radial do carpo*, antigamente chamado de grande palmar. Na margem ulnar e à frente do ligamento anular, no *canal de Guyon*, passam o *nervo e a artéria ulnares*. Essa polia tem interesse em patologia, pois o canal é inextensível e, com frequência, o nervo mediano é comprimido pelo edema das bainhas sinoviais. Esse é o quadro da síndrome do túnel do carpo, cujo tratamento cirúrgico consiste em seccionar, pura e simplesmente, o retináculo dos músculos flexores. Essa secção de um ligamento importante pode acarretar um **desequilíbrio na goteira cárpica** (Fig. 31.32) e outros transtornos nos tendões e mesmo no nervo mediano. Por isso, alguns cirurgiões preferem realizar uma *plástica de alongamento* do retináculo dos músculos flexores.

Há três polias no nível do **canal digital** (Fig. 31.33). A parte **A** as mostra posicionadas a partir do metacarpal:

2. A polia **metacarpal** (A1), que prende os dois flexores, fica à frente da epífise distal do metacarpal.
3. A polia da **falange proximal** (A2), situada em sua face anterior, contém também os dois flexores.
4. A polia da **falange média** (A3), ligada à sua face anterior, pela qual corre o flexor profundo, vai se inserir sobre a base da falange distal.

Podemos, também, numerá-las levando em conta as *polias intermediárias*, formadas por *fibras diagonais*, na face anterior das articulações metacarpofalângica e interfalângica proximal. Contamos, assim, cinco polias, de A1 a A5, integrando duas polias intermediárias, A2 e A4, como podemos ver no esquema topográfico das bainhas digitocarpais (Fig. 31.38).

A rigor, uma dessas polias pode ser suprimida, mas a perda de duas delas, sobretudo no dedo, limita sua flexão ativa. Na parte **B** do esquema, estão representadas as consequências catastróficas da *perda de três polias* (Fig. 31.33): o tendão se "descola" do esqueleto, descrevendo uma corda de arco, o que provoca seu relativo alongamento e torna o tendão *ineficaz*.

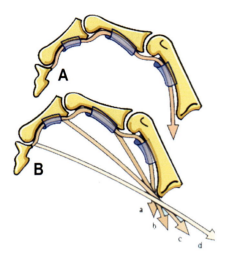

Figura 31.33

Nesse túnel osteofibroso que forma o **canal digital**, os tendões são envolvidos por um aparelho de deslizamento: as **bainhas sinoviais**, que permitem o deslocamento dos tendões, mantendo intacta sua nutrição.

Elas têm a forma de um **manguito**, uma espécie de *tubo de paredes duplas* (Fig. 31.34) que contém uma cavidade cilíndrica central na qual se aloja o tendão (seta branca) e um espaço virtual entre essas duas paredes.

Esse manguito é formado por dois folhetos delgados: um deles forra a superfície do tendão – é o folheto "visceral" – e o outro, a parede interna do conduto – é o folheto

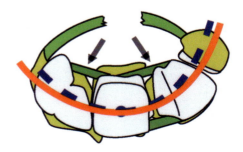

Figura 31.32

Figura 31.34

"parietal", que fica colado às paredes do canal digital. No esquema do **avanço da esteira de um tanque de guerra** (Fig. 31.35), podemos fazer uma analogia entre a parte da esteira que permanece sempre em contato com o solo – o folheto parietal –, enquanto a parte superior se desloca com o veículo – o folheto visceral.

No **corte longitudinal parcial** (Fig. 31.36), podemos constatar que as duas lâminas *são contínuas uma com a outra* em cada extremidade do manguito, formando uma cavidade fechada e virtual (**c**), a *cavidade sinovial*, que contém uma pequena quantidade de líquido sinovial, o que facilita o deslizamento do tendão e garante, em parte, sua nutrição.

O folheto parietal (**b**) e o folheto visceral (**a**) se reúnem nos *fundos de saco proximal e distal* (**d**).

Quando se abre uma bainha em sua porção digital, vemos que o tendão está preso à parede posterior do canal por finas lâminas sinoviais, os **vínculos** (**f**), que envolvem delgadas arteríolas (**e**), que nutrem diretamente o tendão. A cirurgia dos tendões evoluiu no sentido de lidar com esses mesotendões que abrigam vasos sanguíneos, sem os quais as suturas tendíneas estão fadadas ao insucesso. A parte B da Figura 31.36 mostra, em corte transversal, a bainha sinovial com o mesotendão, na parte posterior, que sustenta a arteríola nutriz.

Em cada dedo, a dissecção dos **dois tendões dos flexores** (Fig. 31.37) mostra o flexor profundo "perfurando" o flexor superficial por um desdobramento deste.

Elevando-se ligeiramente os tendões, constatamos que eles estão ligados à parede posterior do canal digital por **quatro vínculos que englobam vasos sanguíneos**, indispensáveis à sua vascularização. Entretanto, particularmente sobre o flexor superficial, existem zonas não tão bem vascularizadas (em verde, no esquema).

Cada dedo possui uma bainha sinovial, e duas delas formam uma bainha de estrutura mais complexa, que se comunica com as que existem no túnel do carpo. Elas são visíveis no esquema seccionado, mas é importante conhecer também sua topografia.

No esquema das **bainhas digitocarpais** mostrado na Figura 31.38, podemos reconhecer:

- *Três bainhas digitais* do indicador (**b.d.2°**), do dedo médio (**b.d.3°**) e do dedo anular (**b.d.4°**) cujo fun-

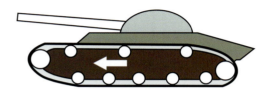

Figura 31.35

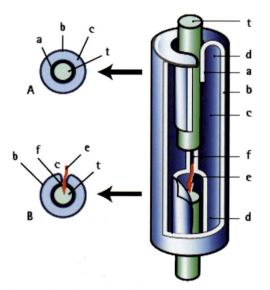

Figura 31.36

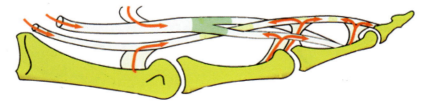

Figura 31.37

31 Os tendões

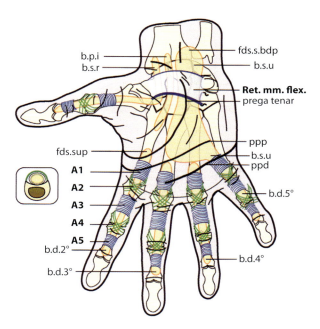

Figura 31.38

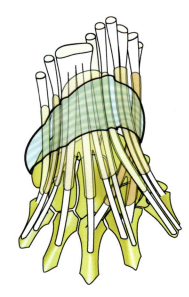

Figura 31.39

do de saco superior se situa na parte inferior da palma (**fds.sup**).
- *Uma bainha digital* do flexor longo do polegar, que o acompanha até o punho, passando pelo túnel do carpo.
- Uma **bainha digitopalmar**, que se prolonga na bainha do dedo mínimo (**b.d.5°**) e envolve de maneira relativamente completa, na palma, os tendões dos quatro dedos longos. Essa bainha permite o deslizamento dos tendões no túnel do carpo e seu fundo de saco proximal (**fds.s.bdp**) se situa na face anterior do punho, acima da margem superior do retináculo dos músculos flexores.

O esquema representa uma secção do canal digital, formado pela falange, na parte posterior, e pela polia, na parte anterior, contendo também o tendão ou tendões envolvidos pela bainha sinovial.

Contudo, existem outros **sulcos tendíneos**, como os **tendões extensores** na face dorsal do punho.

Esses tendões são sustentados pelo **retináculo dos músculos extensores** (Fig. 31.39), antigamente chamado ligamento anular dorsal, grande faixa fibrosa que se estende da margem interna da ulna à margem externa do rádio, abaixo do qual deslizam os tendões, envolvidos em bainhas sinoviais, que ultrapassam os limites do retináculo e se estendem por todo o dorso da mão.

Esse retináculo se prende a pontos sobre a ulna e o rádio por meio de septos, o que cria **seis canais** ou **compartimentos** (Fig. 31.40).

De dentro para fora, esses canais correspondem aos seguintes elementos:

- *extensor ulnar do carpo* (1);
- *extensor do dedo mínimo* (2);
- *extensor dos dedos* (3), ou seja, quatro tendões acompanhados do tendão do extensor do indicador;
- *extensor longo do polegar* (4);

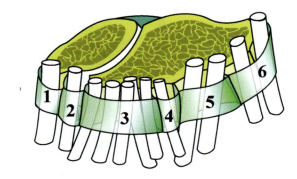

Figura 31.40

- *extensor radial longo do carpo*, acompanhado do *extensor radial curto do carpo* (**5**) (primeiro e segundo radiais);
- *extensor curto do polegar*, acompanhado do *abdutor longo do polegar* (**6**).

Em suma, o punho é uma **zona de passagem de todos os tendões da mão** (Fig. 31.41: secção inferior), acondicionados em condutos que acompanham o esqueleto.

Tendão do bíceps

O sulco intertubercular se situa na face anterior da epífise superior do úmero. O tendão desliza, inicialmente, dentro de uma goteira, a **goteira bicipital** (Fig. 31.42: vista anterior), na qual é mantido pelo tendão terminal do peitoral maior, e que se prolonga, acima, com a goteira intertuberositária, transformada em canal osteofibroso pelo ligamento transverso (em verde) inserido em suas duas margens. O tendão penetra, em seguida, na articulação do ombro e se fixa na escápula, no **tubérculo supraglenoidal**. A mudança de direção para um ângulo reto, que ocorre no momento de sua penetração na articulação, é um *fator de fragilidade*. Com efeito, esse é o *ponto de ruptura* desse tendão nos transtornos degenerativos do ombro.

Tendões dos fibulares curto e longo

Esses dois músculos da região anterolateral da perna (Fig. 31.43), antigamente chamados *peroneais laterais*, situam-se por trás e por fora da fíbula, termi-

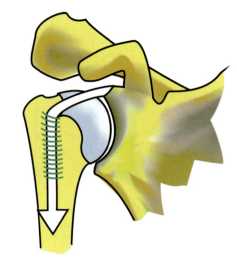

Figura 31.42

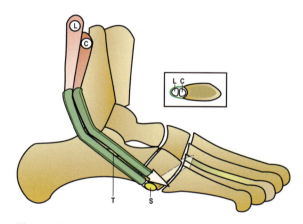

Figura 31.43

nando na base dos metatarsais, após um trajeto complexo: o fibular curto muda uma vez de direção e o fibular longo muda duas vezes de direção.

Na primeira parte do trajeto, os dois tendões deslizam juntos sobre a margem posterior, escavada em forma de sulco maleolar lateral. Em *secção*, vemos que o fibular curto (**C**) situa-se à frente do fibular longo (**L**), em contato com o osso. Os tendões, cada um envolvido em uma das bainhas sinoviais, são mantidos no sulco maleolar por uma polia fibrosa (em verde). Na ponta do maléolo, os tendões, que têm a mesma disposição

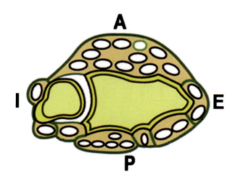

Figura 31.41

e continuam envolvidos por suas bainhas sinoviais, se refletem e mudam de direção, para a frente, de modo a passarem sobre a face externa do calcâneo, onde são mantidos dentro dos seus manguitos, que se fixam no tubérculo lateral (**T**), situado entre os dois tendões.

O **fibular curto** vai se fixar sobre a tuberosidade do quinto metatarsal, na face externa de sua base.

O **fibular longo** muda de direção uma segunda vez, quase em ângulo reto, no momento em que alcança a margem inferior externa do cuboide, que apresenta, nesse ponto, uma *chanfradura*, ponto de partida de um *sulco* que percorre sua face inferior obliquamente para a frente e para dentro. Esse sulco se transforma em *manguito* por meio de diversas expansões tendíneas. Um detalhe importante é que, no ponto em que ele se reflete sobre o cuboide, o tendão do fibular longo contém um **osso sesamoide** que o reforça, evitando, assim, uma ruptura nesse ponto análoga à que pode ocorrer no tendão do bíceps.

O bom funcionamento desses dois músculos depende da integridade do **sulco maleolar lateral**: em caso de traumatismo, essa polia fibrosa pode se romper. Nesse caso, os tendões já não se mantêm atrás do maléolo e sofrem *luxação* para a frente, sobre sua face externa, causando uma sensação de ressalto. Torna-se, então, indispensável *reconstituir uma polia,* a fim de manter os tendões fibulares em sua posição anatômica.

Tendões dos extensores dos dedos e flexores do tornozelo (Fig. 31.44)

Quatro tendões envolvidos por suas bainhas sinoviais (g) são mantidos dentro da concavidade da face anterior do tornozelo pelo **retináculo inferior dos músculos extensores**, antigo ligamento anular anterior do tornozelo. Este contém duas lâminas fibrosas que partem de uma origem comum, inserindo-se no lado externo, sobre o assoalho do seio do tarso, na face superior da grande tuberosidade do calcâneo. Divide-se imediatamente em duas lâminas:

- uma *lâmina inferior* (**Ri**), que se perde na margem interna do pé;

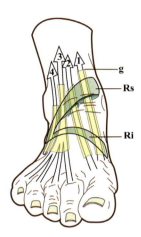

Figura 31.44

- uma *lâmina superior* (**Rs**), oblíqua para cima e para dentro, que termina na crista tibial, próximo ao maléolo interno:
  - internamente, ela é desdobrada pelo tendão do *tibial anterior* (**1**);
  - externamente, ela é dobrada em profundidade pelo **ligamento retinacular**, formando duas alças:
    • a *alça interna*, que se situa no eixo do colo do pé e contém o tendão do *extensor longo do hálux* (**2**);
    • a *alça externa*, que mantém os tendões do *extensor longo dos dedos* (**3**) e o do *fibular terceiro* (**4**), antigo peroneal anterior, cuja bainha sinovial comum remonta um pouco mais acima que os precedentes.

Tendões dos flexores dos dedos dos pés (Fig. 31.45)

- Também estão contidos em um sistema de sulcos e bainhas *semelhante ao dos flexores dos dedos das mãos*. Vamos apenas relembrar o papel mecânico de alguns deles:
- O *tendão do tibial posterior* (**TP**) se reflete sobre a ponta do maléolo medial, de modo semelhante aos músculos fibulares curto e longo, mas é mais estável que eles.

257

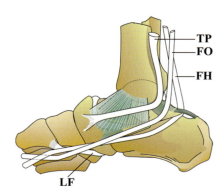

Figura 31.45

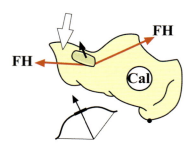

Figura 31.47

- O *tendão do flexor longo dos dedos* (**FO**) passa dentro de um sulco osteofibroso ao longo da margem interna da pequena apófise do calcâneo, sustentada por ele.
- O *tendão do flexor longo do hálux* (**FH**) tem dois efeitos mecânicos importantes:
  - Em razão de sua passagem entre os dois tubérculos posteriores do tálus, durante a contração de seu músculo, ele empurra o tálus para a frente como a corda de um arco (Fig. 31.46) do qual o tálus seria a flecha.
  - Por um mecanismo semelhante, em razão de sua passagem abaixo da pequena apófise do calcâneo, durante sua contração, ele produz um efeito de suspensão elástica (Fig. 31.47) sobre a extremidade anterior do calcâneo.

Em resumo, o **tornozelo** é uma zona de passagem de todos os tendões do pé, mantidos em sulcos ao longo do esqueleto (Fig. 31.48: secção frontal, vista anterior do lado direito).

O deslizamento dos tendões pode ser comprometido por:

- uma **infecção aguda**, uma *sinovite das bainhas*: a sinovite aguda, que pode ocorrer nos tendões dos flexores dos dedos, provoca, de início, uma *sínfise tendínea*, ou seja, a aderência do tendão em sua bainha, o que *impede* qualquer movimento e, posteriormente, a **destruição do tendão**, uma verdadeira *catástrofe funcional*;
- ou uma **inflamação crônica**, uma *tenossinovite*, que provoca a formação de um nódulo tendíneo.

Esses **nódulos tendíneos** são espessamentos patológicos dos tendões dos flexores dos dedos.

Um processo de **tenossinovite** produz um **nódulo tendíneo** (Fig. 31.49: nódulo bloqueado *a jusante* do sulco), que pode dificultar o deslizamento do tendão no momento de sua passagem por uma polia osteofibrosa, *inextensível* por definição. Esses nódulos originam o fenômeno do "**dedo em gatilho**".

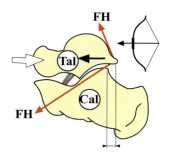

Figura 31.46

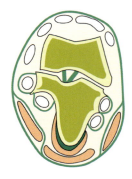

Figura 31.48

Figura 31.49

Figura 31.51

Inicialmente, a *passagem forçada do nódulo pela bainha* cria um fenômeno de "ressalto", percebido como um "clique" após uma sensação de resistência superada. Esse ressalto pode até ser doloroso. Posteriormente, o nódulo fica bloqueado a jusante ou a montante da **polia** (A1) de um dedo, criando uma *rigidez em extensão* ou um *dedo em gancho*. Esse fenômeno acomete, com mais frequência, o dedo anular ou o médio. Mais raramente, podemos observá-lo no polegar, até mesmo em crianças pequenas, que podem apresentar um *polegar em gancho*. Esses "dedos em ressalto" são habitualmente tratados por secção da polia, mas é preferível realizar uma **plástica de aumento** (Fig. 31.50: secção diagonal, **A**; sutura após deslizamento, **B**) porque, graças à secção diagonal da polia e à sua sutura após o deslizamento, sua função pode ser preservada.

Também existe a **tenossinovite da bainha dos tendões do abdutor longo e do extensor curto do polegar** (Fig. 31.51: os dois tendões na dupla bainha). Esses tendões se situam na altura da margem externa do punho, em uma dupla bainha, e essa afecção é também conhecida pelo nome de *doença de* **Quervain**. Ela se caracteriza por um incômodo doloroso na abdução do polegar e pode ser tratada da mesma forma, mas a secção pura e simples da polia, dada a instabilidade dos tendões sobre a convexidade do processo estiloide do rádio, pode provocar distúrbios como a *luxação dos tendões*. Por isso, é mais importante *estabilizar* esses tendões, seja com uma plástica por *enxerto de um retalho* de retináculo, seja por uma simples **plástica de aumento**, como se faz nas polias digitais.

Tecido conjuntivo peritendíneo

Os tendões não deslizam sempre dentro de bainhas sinoviais como as descritas anteriormente. Em várias situações anatômicas, eles deslizam dentro de um **tecido conjuntivo peritendíneo**, que será o tema do próximo capítulo.

Elasticidade dos tendões

O papel da elasticidade dos tendões é o de melhorar o rendimento dos músculos.

Essa elasticidade é de *dois tipos*:

- Física: em razão da **elasticidade própria** de cada fibra tendínea, ela é linear desde que as fibras do tendão sejam todas paralelas e de mesmo comprimento. A cada aumento de tensão igual correspon-

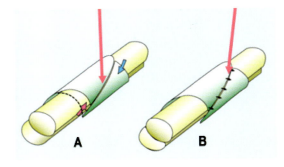

Figura 31.50

de um alongamento igual, até chegar à carga que provoca ruptura.
- Estrutural: ela depende da disposição das fibras, particularmente de seu comprimento desigual. É o caso do **tendão do calcâneo** (Fig. 31.52), no qual as fibras percorrem um trajeto espiralado em relação ao eixo do tendão, do qual já falamos a propósito da estrutura dos tendões.

A elasticidade de estruturas orgânicas depende da viscoelasticidade das fibras de elastina e colágeno. Observa-se, assim, nesse nível, o fenômeno da **histerese**, que significa certa *inércia no retorno ao comprimento inicial*. Na **curva de histerese** (Fig. 31.53), se plotamos o alongamento (L) na abscissa e o tempo (T) na ordenada, é possível evidenciar esse fenômeno.

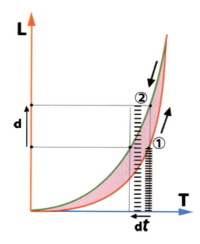

Figura 31.53

Partindo da posição de repouso (O) da fibra elástica, quando ela é estirada até seu comprimento máximo, se tomarmos a posição da fibra em um dado momento (1), ela não voltará, no mesmo tempo, à posição 1, mas à posição 2, um pouco mais longa que no começo, o que significa que houve um alongamento residual (d). Somente depois de certo tempo ($d\,t$) ela volta à posição inicial. Essa curva, chamada **curva de histerese**, se aplica em vários outros domínios, em particular no magnetismo.

Conclusão

As características mecânicas e fisiológicas dos músculos e dos tendões fazem deles um aparelho motor de grande flexibilidade, capaz de se adaptar a ações complexas, esforços e pressões prolongadas vindas do ambiente, em particular no treinamento esportivo. Entretanto, vale ressaltar que, sem um comando nervoso coordenado e corretamente programado pelo aprendizado, esse maravilhoso motor é incapaz de produzir seu rendimento máximo.

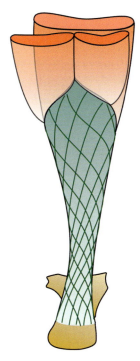

Figura 31.52

32
Papel do tecido conjuntivo

Em embriologia, a **linhagem celular mesenquimatosa** dá origem a todos os demais tecidos do organismo, exceto a epiderme, o tecido nervoso e o tubo digestivo. Dessa linhagem, derivam:

- o tecido ósseo, a medula óssea e a cartilagem;
- as meninges e os ligamentos amarelos, ricos em fibras elásticas;
- o eixo conjuntivo das cordas vocais, a esclerótica e a córnea;
- os vasos sanguíneos e o sangue, que é um tecido conjuntivo líquido;
- o sistema linfático, com seus linfonodos;
- o esqueleto e a medula óssea;
- o arcabouço reticular do fígado, do rim e do baço;
- os músculos e tendões.

Por fim, o **tecido conjuntivo** propriamente dito inclui:

- a derme;
- as fáscias e aponeuroses;
- o paratendão, que nos interessa em especial.

É verdadeiramente o **tecido "faz-tudo"** do organismo.

Constituição

O **tecido conjuntivo propriamente dito** (Fig. 32.1: composição microscópica esquemática) é uma estrutura composta cujo substrato é formado por:

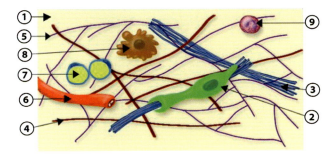

Figura 32.1

- **Substância fundamental** (1), gelatina coloidal amorfa que permite a difusão do oxigênio e das moléculas solúveis em água. Ela contém:
  - proteoglicanos livres, grandes moléculas formadas por uma proteína central e vários glicosaminoglicanos (GAGs) dispostos como os pelos de uma escova em torno da proteína – essas moléculas são muito hidrofílicas;
  - glicoproteínas livres, entre elas o ácido hialurônico, também muito hidrofílico;
  - macromoléculas gigantes;
  - proteínas de ligação que unem os proteoglicanos ao ácido hialurônico.

  Nesse substrato, estão "mergulhados" os **elementos figurados**.
- **Fibroblastos** (2) (Fig. 32.2: célula isolada), células ativas que produzem diferentes fibras e, em estado de repouso, são fibrócitos.
- **Fibras de colágeno** (3) (Fig. 32.3: estrutura molecular), longas cadeias espiraladas das quais conhecemos cerca de vinte tipos.

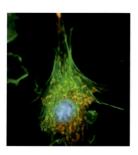

Figura 32.2

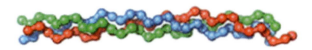

Figura 32.3

- **Fibras de elastina** (4), glicoproteína que se organiza em rede.
- **Fibras reticulares** (5), constituídas de reticulina, colágeno do tipo III que também forma uma rede capaz de se adaptar à pressão.
- **Capilares sanguíneos** (6).
- **Adipócitos** (7), células capazes de acumular reservas de gordura.
- **Macrófagos** (8) ou histiócitos, células migratórias produzidas na medula óssea e capazes de destruir corpos estranhos, bactérias e células degeneradas.
- **Leucócitos granulócitos** (9): dedicados à defesa antimicrobiana.

Papel do tecido conjuntivo

O tecido conjuntivo desempenha um **papel essencial** como constituinte do organismo. Como o nome indica, ele materializa a **unidade anatômica** do corpo.

Com efeito, cada órgão adota uma forma própria em decorrência de sua função. Por conseguinte, o espaço interno do corpo não pode ser preenchido totalmente apenas pelos órgãos justapostos. Uma solução simplista seria preencher os espaços vazios com líquido, uma gelatina amorfa, mas os elementos continuariam desconectados uns dos outros.

Existe, no entanto, uma exceção, que é a suspensão e proteção do sistema nervoso central pelo líquido cerebrospinal, que ocupa o espaço subaracnóideo. Esse é um meio muito engenhoso de proteger dos choques nosso órgão mais precioso, nosso "computador de bordo".

Como regra geral, os espaços existentes entre os órgãos e entre o interior do corpo e a pele são preenchidos por um tecido especializado, o tecido conjuntivo, cuja função principal é a de **preencher espaços com uma estrutura organizada**.

Podemos reconhecer **cinco funções** desse tecido:
- **Preenchimento**: entre órgãos cuja forma é determinada pela função, ele preenche os espaços vazios. Essa é uma função de *enchimento*.
- **Ligação**: esses diferentes órgãos, em decorrência de suas funções, possuem movimento relativo entre si. O tecido conjuntivo permite, portanto, a *união do organismo em um todo*. Essa ligação não deve entravar os movimentos, mas, ao contrário, favorecê-los.
- **Nutrição**: os grandes eixos arteriovenosos seguem, em geral, as grandes "vias" de tecido conjuntivo. Entre os elementos nobres do sistema musculoesquelético, o tecido conjuntivo acompanha os vasos, mas também se pode dizer que os vasos acompanham o tecido conjuntivo. O conjuntivo é o **tecido de sustentação dos vasos**. Isso é particularmente verdadeiro no que diz respeito aos espaços peritendíneos e ao tecido celular subcutâneo.
- **Reserva nutritiva**: o tecido conjuntivo é onde estão nossas reservas energéticas, graças aos *adipócitos* que nele se acumulam, formando o **tecido adiposo** (Fig. 32.4: depósitos de tecido adiposo) localizado em zonas bem definidas do corpo. Trata-se de **reservas estratégicas** que foram muito úteis a nossos ancestrais para atravessar períodos de escassez de alimento. Com efeito, os lipídios contêm o maior teor de calorias por grama e podem, em caso de necessidade, ser reconvertidos em glicídios, imediatamente utilizáveis pelo músculo e pelo cérebro.

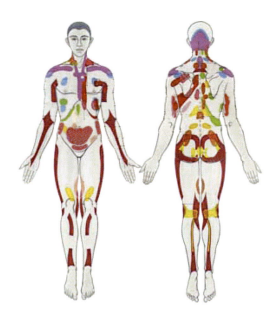

Figura 32.4

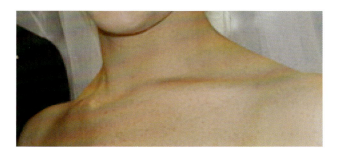

Figura 32.5

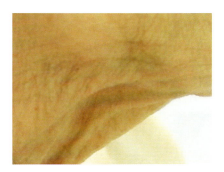

Figura 32.6

Além disso, o tecido adiposo serve como isolante térmico.
- Quinta e última função, a título de mais-valia, *o tecido conjuntivo é a* **graça, a beleza e a vida**:
  - O tecido conjuntivo tem uma evidente função **estética**, pois atenua as saliências ósseas e, sobretudo, preenche as depressões, por exemplo, **os ocos supraclaviculares e subclaviculares** (Fig. 32.5: colo feminino). O aspecto harmonioso do corpo depende de um equilíbrio na distribuição do tecido conjuntivo e do tecido adiposo, e não somente de músculos bem desenvolvidos. Por outro lado, *sem tecido conjuntivo*, teríamos uma "**catástrofe estética**" capaz de provocar uma sensação de aversão.
  - O tecido conjuntivo **é a vida**: uma pele flexível e bem túrgida é sinal de vitalidade e juventude, pois seu trofismo depende do tecido conjuntivo subjacente. Com a idade, esse tecido se atrofia e **a pele se enruga** (Fig. 32.6: queixo enrugado), se dobra e se adelgaça, sinais da chegada e da progressão do envelhecimento. Por tudo isso, precisamos destinar ao tecido conjuntivo o lugar que ele merece, mesmo fora do tema do sistema musculoesquelético.

Nova concepção do tecido conjuntivo

Já vimos que a função principal do tecido conjuntivo é preencher os espaços entre os diferentes órgãos com uma estrutura organizada. As pesquisas recentes do cirurgião plástico **J-C Guimberteau** lançaram uma nova luz sobre essa questão.

O **preenchimento do volume corporal** pode ser examinado sob um prisma teórico se recorrermos a noções de geometria estudadas desde a Antiguidade por matemáticos e filósofos.

Vamos retomar as noções de física sobre *preenchimento do espaço*, mas antes falemos sobre o *preenchimento do plano*, que pode nos ajudar a compreender o do espaço.

O **preenchimento do plano** consiste em ocupar uma superfície por completo, por figuras geométricas ou não, mas iguais entre si, sem deixar qualquer intervalo livre.

O plano pode ser preenchido por polígonos iguais: triângulos equiláteros, quadrados, como no tabuleiro de xadrez, **hexágonos**, todos figuras cuja soma dos ângulos justapostos é igual a 360°. Podemos preencher o plano com **seis triângulos equiláteros** (Fig. 32.7) ou com **três hexágonos** (Fig. 32.8). Por outro lado, é impossível preencher o plano justapondo pentágonos: dois pentágonos justapostos não é suficiente, mas três é demais! A questão é que o ângulo ultrapassa 120°.

É possível preencher o plano com polígonos regulares associados, por exemplo, **hexágonos, quadrados e triângulos** (Fig. 32.9).

Podemos também ocupar o plano com figuras não geométricas que se encaixem perfeitamente, como em um quebra-cabeça.

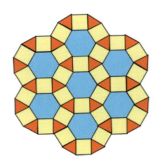

Figura 32.9

Muitos artistas produzem obras nas quais preenchem um plano com figuras não geométricas, em particular para criar motivos para papéis de parede ou tecidos. Quem teve mais sucesso nessa arte foi o pintor e gravurista **holandês M.C. Escher**, autor dos exemplos aqui apresentados.

Ele foi particularmente hábil em combinar **silhuetas de peixes com silhuetas de pássaros** (Fig. 32.10), mas também combinou três silhuetas de lagartos de cores diferentes, dispondo-as em espiral (Fig. 32.11), criando uma figura **fractal**.

O que é interessante no preenchimento do plano é a possibilidade de aplicar **deformações vetoriais**, como se o preenchimento fosse feito sobre uma folha elástica. Vemos as formas geométricas **se deformarem no sentido da tração** (Fig. 32.12) cujo vetor é representado pela seta. Essa orientação sob pressão se manifesta também no preenchimento do espaço.

O **preenchimento do espaço** consiste, da mesma forma, em ocupar completamente o espaço com poliedros, regulares ou não, iguais ou desiguais. O número de possibilidades é considerável.

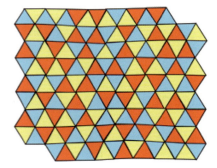

Figura 32.7

Figura 32.8

Figura 32.10

264

32 Papel do tecido conjuntivo

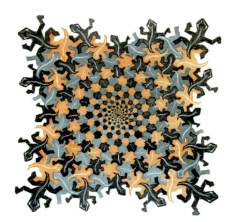

Figura 32.11

Figura 32.13

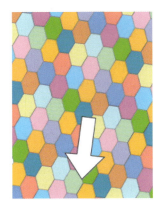

Figura 32.12

Figura 32.14

Se tomarmos como exemplo um dos **cinco sólidos platônicos** (na verdade, quem primeiro os definiu foi **Pitágoras**), o **dodecaedro** (Fig. 32.13), formado por *doze faces pentagonais regulares*, fácil de construir com uma cartolina, veremos que a justaposição de vários desses sólidos *preenche com perfeição o espaço*, formando uma **rede regular e isotrópica** (Fig. 32.14). Essa característica implica que a rede não sofre qualquer tensão geométrica: sua estrutura é idêntica em todas as direções do espaço.

Cada face pentagonal, perfeitamente mesclada à do sólido vizinho, constitui um septo, e o conjunto desses septos delimita uma *célula* ou, ainda, um **alvéolo**. Os septos são delimitados por arestas retilíneas, formadas, aqui, por bastonetes.

Outro bom exemplo de *rede poliédrica* são as **bolhas de sabão** (Fig. 32.15: rede de bolhas de sabão), que se formam quando sopramos um canudo dentro de um copo com água e sabão; forma-se então essa rede, bela e efêmera. Esses pequenos sólidos poliédricos são desiguais entre si. Suas faces são em número variável, de 4 a 15, e formam septos entre si. Eles preenchem perfeitamente o espaço, sem sofrer tensão mecânica: sua estrutura, embora aleatória, não é orientada. É o que se pode chamar de **preenchimento estático**: essa rede não sofre *qualquer pressão externa*; por outro lado, todas as suas estruturas estão submetidas à **tensão superficial** e, quando um dos septos desaparece, verifica-se um **rearranjo imediato** de toda a rede que modifica a *forma das células* e a orientação dos septos, para recuperar um equilíbrio precário, até que outro septo se rompa.

Veremos adiante que existe também um *preenchimento dinâmico*.

265

O que é biomecânica

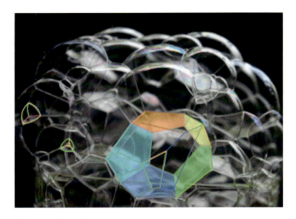

Figura 32.15

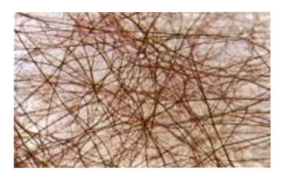

Figura 32.16

Transposição desse sistema de redes à anatomia

Todas as noções a seguir sobre o tecido conjuntivo foram extraídas diretamente dos trabalhos de **J-C Guimberteau**. Esses espaços elementares são delimitados por *fibras de colágeno* que desenham, entre si, os volumes elementares, preenchidos, por sua vez, por uma substância fundamental. Essas fibras formam uma **rede mais ou menos cerrada** (Fig. 32.16: tecido conjuntivo, J-C Guimberteau) segundo a localização anatômica.

Quando as fibras conjuntivas são muito cerradas, formam **fáscias** que envolvem os órgãos como **cápsulas fibroelásticas** bastante flexíveis, capazes de se estirar, como a cápsula fibrosa perivascular do fígado, a cápsula do rim e albugínea do testículo. A cápsula do baço, que o envolve, inclui também células musculares lisas e, por isso, tem propriedades contráteis.

O **epimísio**, que envolve os músculos, e a dura-máter também são de origem conjuntiva.

Os cirurgiões conhecem bem esses espaços celulares, denominados por eles **planos de clivagem**, que permitem separar os órgãos com um simples movimento de tesoura, ainda que tendo o cuidado de não atingir os vasos que atravessam esse ambiente de tecido conjuntivo frouxo. Quando os cirurgiões separam esses órgãos, aproveitando os planos de clivagem, *eles rompem essas ligações flexíveis* interorgânicas, que serão, em seguida, substituídas por **tecido cicatricial** mais ou menos cerrado, capaz de causar problemas em razão de seu modo de *ligação rígido*. Vale ressaltar que um tecido cicatricial não tem as mesmas qualidades do tecido conjuntivo original e não pode substituí-lo funcionalmente.

A **nova concepção do tecido conjuntivo** proposta por **J-C Guimberteau** se baseia em estudos microendoscópicos com aumento de 25× registrados em vídeos *in vivo* em animais e seres humanos. A **rede** (Fig. 32.17: rede conjuntiva vista por endoscopia, J-C Guimberteau), descrita por ele, contém fibrilas ramificadas e anastomosadas que delimitam células de paredes transparentes, as quais contêm a substância fundamental sob pressão. Trata-se de **microvacúolos** cujo volume é poliédrico, com um número variável de faces, como as bolhas de sabão da experiência anterior, e que preenchem o espaço com perfeição. Eles são preenchidos por um gel de **proteoglicanos**, moléculas

Figura 32.17

muito *hidrofílicas* que, por atraírem a água, mantêm uma **pressão positiva** no interior de cada **microvacúolo** (Fig. 32.18: um microvacúolo, J-C Guimberteau): assim se mantém a **protensão em sobrepressão**.

A principal característica dessa rede de microvacúolos é ser orientada pelas pressões, as forças aplicadas sobre esse tecido conjuntivo, provenientes do exterior. Contudo, o aspecto mais notável reside em dois pontos:

- Por um lado, sob pressão, a **rede de fibrilas de colágeno** dos tipos I, III, IV e VI sofre um rearranjo permanente, provocando deslocamento dos pontos de bifurcação (Fig. 32.19: em vídeo, veem-se as ramificações se deslocarem, J-C Guimberteau).

- Por outro lado, em razão da protensão dos vacúolos que acabamos de descrever, o sistema é dotado de **memória de forma** e *volta a seu estado original quando a pressão desaparece*. J-C Guimberteau denominou essa estrutura dinâmica como **sistema de colágeno multimicrovacuolar de absorção dinâmica**, designado em inglês pela sigla **MCDAS**.

Vistas em detalhe, as fibrilas de colágeno são de **tamanhos diferentes** (Fig. 32.20: J-C Guimberteau) de acordo com sua topografia, aparentemente para responder melhor às pressões. Elas são transparentes, nitidamente líquidas e de estrutura tubular como sugere a circulação de finas bolhas em seu interior (seta). Observa-se também a migração de **gotículas** (Fig. 32.21: J-C Guimberteau) ao longo de algumas delas, embora não esteja claro o significado desses fenômenos. Seus pontos de bifurcação se deslocam de maneira inin-

Figura 32.18

Figura 32.20

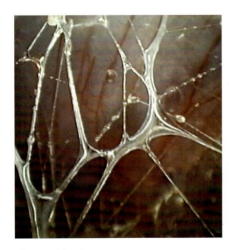
Figura 32.19

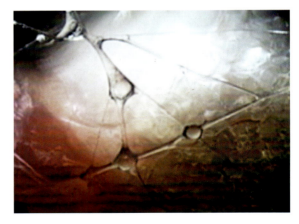
Figura 32.21

terrupta, sem dúvida para equilibrar as tensões, mas, paradoxalmente, essas tensões não se manifestam por uma angulação das fibrilas no ponto de bifurcação: é frequente uma fibrila se ligar em ângulo reto a outra mais grossa, que permanece retilínea. Resta ainda esclarecer a lógica desse sistema.

Seria um erro considerar a estrutura dessa rede caótica: isso é apenas a aparência. Sua estrutura é perfeitamente organizada segundo uma lógica própria. Na realidade, ela é **fractal**, pois realiza uma repetição idêntica à disposição escalonada, que é a própria definição de fractais.

Além da memória de forma, o interesse dessa organização estrutural está no fato de permitir um **percurso sinuoso dos capilares** (Fig. 32.22: percurso dos capilares, J-C Guimberteau), possibilitando a ligação vascular entre a parte fixa e a parte móvel, particularmente importante no caso dos tendões.

Quando a rede é estirada sob pressão em virtude do deslocamento do tendão, vemos **as fibrilas se orientarem** (Fig. 32.23: rede conjuntiva sob tração J-C Guimberteau) no sentido da pressão e os microvasos, que seguem as fibrilas descrevendo um trajeto em zigue-zague, se retificarem para alcançar o tendão.

Vascularização dos tendões

Os tendões são vascularizados em dois compartimentos diferentes:

- no *paratendão*, atmosfera conjuntiva que acompanha os tendões sob a pele;
- nas *bainhas sinoviais*, sobretudo na mão, na altura do canal digital.

O **paratendão** é o tecido conjuntivo especializado que envolve o tendão, garantindo, ao mesmo tempo, seu deslizamento e sua nutrição. Segundo Guimberteau, esse tecido é organizado como uma *estrutura multimicrovacuolar de absorção dinâmica*: o preenchimento do espaço entre as estruturas do ambiente e o próprio tendão é feito por uma rede vacuolar orientada pelo deslizamento do tendão. Na rede **em posição de repouso** (Fig. 32.24: J-C Guimberteau), veem-se os vasos se destacarem da parede fixa e chegarem à superfície do tendão, descrevendo um trajeto em zigue-zague, seguindo as fibras de colágeno.

Quando o tendão desliza, **a rede se deforma** (Fig. 32.25: J-C Guimberteau), reorganizando sua estrutura, mas os tendões, sempre "agarrados" às fibras de co-

Figura 32.22

Figura 32.23

Figura 32.24

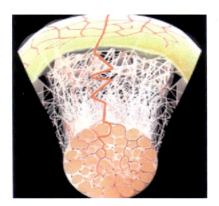

Figura 32.25

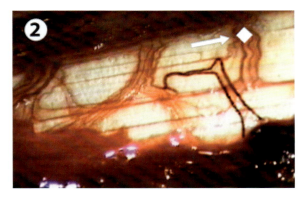

Figura 32.27

lágeno, **se desdobram** para alcançar a rede vascular superficial do tendão. Esse sistema, no qual os microvacúolos estão sob pressão, volta sozinho à posição original tão logo o tendão se relaxa, e os vasos seguem perfeitamente o movimento do tendão.

Na **superfície do tendão** (Fig. 32.26: o peritendão, J-C Guimberteau) situa-se um último nível de deslizamento, evidenciado graças a uma câmera endoscópica de grande aumento (25×). Observando a rede arteriolar antes do deslizamento do tendão (**1**), nota-se um vaso na penúltima camada, cuja forma lembra, segundo Guimberteau, o desenho estilizado de uma *bomba de gasolina* com sua *mangueira*, e que desemboca sobre um círculo peritendíneo, marcado por um losango branco. Depois do **deslizamento do tendão** (**2**) (Fig. 32.27), vê-se muito bem o movimento, nesse caso para a direita, do círculo peritendíneo, sempre marcado pelo losango branco, que passou para

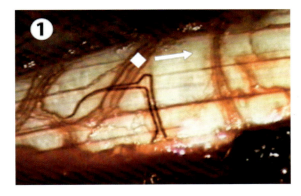

Figura 32.26

o outro lado da "bomba de gasolina" e sobre o qual vem se conectar sua "mangueira". Essa arteríola representa, portanto, a ligação por excelência entre a última e a penúltima camada, para alimentar a rede peritendínea. A rede vascular peritendínea é formada por vasos longitudinais, que seguem os limites interfasciculares, associados a círculos duplos ou triplos, anastomosados entre si por malhagem, como se pode ver nas figuras 1 e 2.

A partir dessa rede peritendínea, os vasos penetram no tendão propriamente dito, seguindo os septos conjuntivos dos espaços perifasciculares. A vascularização intratendínea é real, porque, quando seccionamos um tendão, ele sangra ao se soltar o garrote.

Essa concepção do peritendão conjuntivo explica perfeitamente o papel de preenchimento do espaço, assegurando, ao mesmo tempo, uma ligação flexível e retrátil, acompanhada dos vasos, sem que eles sofram a mínima tensão.

Nas **bainhas sinoviais**, o sistema de microvacúolos sofre importantes transformações que, segundo Guimberteau, se devem às pressões mecânicas. Essas pressões externas acabam por modificar a repartição e, sobretudo, o tamanho dos microvacúolos da estrutura de base, transformando-os em **macrovacúolos** de grandes dimensões localizados em certos pontos do trajeto tendíneo (Fig. 32.28: secção, J-C Guimberteau). A pressão externa produz, em um *primeiro momento* (**1**), um macrovacúolo (vermelho) nas redes de fibrilas colágenas. Em seguida, em um *segundo momento* (**2**), surge um reforço fibroso que se assemelha a uma polia (verde). Por fim, em um

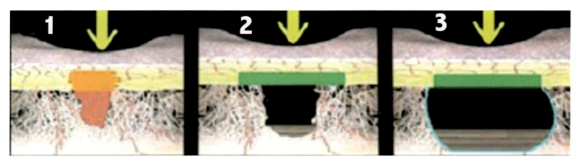

Figura 32.28

terceiro momento (3), o macrovacúolo isola o tendão da parede posterior, enquanto a polia fibrosa se completa.

Essa transformação modifica profundamente o modo de vascularização do tendão em quatro etapas sucessivas (Fig. 32.29: as quatro etapas segundo J-C Guimberteau):

1. Parte-se da atmosfera peritendínea, que garante uma vascularização homogênea do tendão.
2. No primeiro tempo, o macrovacúolo ocupa somente a face superficial do tendão, que continua sendo vascularizado por um peritendão em sua face profunda.
3. Em seguida, o macrovacúolo passa a ocupar quase a totalidade da face profunda do tendão.
4. Por fim, o macrovacúolo circunscreve totalmente o tendão que atravessa uma cavidade virtual desprovida de tecido conjuntivo: a cavidade da bainha sinovial. No entanto, o tendão continua ligado ao tecido conjuntivo peritendíneo a montante, por meio das *faixas de tecido conjuntivo, onde caminham os vasos*, os **mesotendões**, que lhe trazem o suprimento arterial.

Esses **mesotendões, onde se alojam os vasos** (Fig. 32.30: segundo J-C Guimberteau), podem ser vistos no trajeto proximal dos tendões, nas regiões onde existe uma atmosfera conjuntiva peritendínea.

As observações de J-C Guimberteau e sua sistematização em um **sistema de colágeno multimicrovacuolar de absorção dinâmica (MCDAS)** trazem elementos fundamentais para se compreender como os tendões deslizam, mantendo-se, ao mesmo tempo, vascularizados. As implicações cirúrgicas são consideráveis.

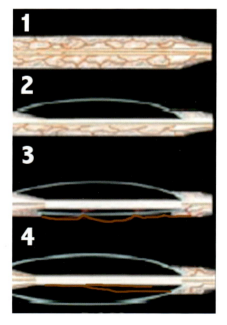

Figura 32.29

Figura 32.30

Como resultado dessa nova concepção da vascularização dos tendões, esse cirurgião desenvolveu técnicas de enxertos tendíneos vascularizados por *transposição do tendão acompanhado de seu peritendão sobre um pedículo arterial* que, como se pode esperar, dão resultados muito melhores que os enxertos de tendões livres em um ou dois tempos. Nunca se perde, portanto, o tempo dedicado à pesquisa anatômica de base.

Ainda é preciso compreender como funciona esse sistema de rede dinâmica.

É provável que uma nova ciência mecânica derivada da atividade de alguns arquitetos, chamada **tensegridade**, traga esclarecimentos úteis para a compreensão do sistema musculoesquelético.

Essa ciência será o tópico do próximo capítulo.

Conclusão

Há quem diga que temos a idade das nossas artérias: isso é verdade quanto ao funcionamento cardíaco, cerebral e muscular, mas, **quanto à aparência exterior, temos a idade do nosso tecido conjuntivo**, pois sua atrofia progressiva resulta em magreza e, sobretudo, a diminuição da espessura e da elasticidade do tecido conjuntivo subdérmico são as causas de uma pele enrugada e flácida, típica do envelhecimento. Poderíamos dizer, a título de brincadeira, que "é preciso salvar nosso tecido conjuntivo"!

As fotografias que ilustram este texto foram extraídas do trabalho de J-C Guimberteau com sua permissão.

33
Nasce uma nova ciência: a tensegridade

Eis um **novo conceito** de grande interesse para compreendermos a estrutura e o funcionamento do sistema musculoesquelético. Descoberto e desenvolvido nos anos 1960 por um arquiteto e um escultor, ambos norte-americanos, **Buckminster Fuller** (1895-1983) e **Kenneth Snelson** (1927), esse conceito teve inúmeras aplicações no campo da arquitetura, mas os mecânicos e biólogos se apropiaram dele e também encontraram muitas aplicações.

Definição

O termo **tensegridade** é um composto de tensão e integridade. Ele foi concebido para o domínio da mecânica, mas também é utilizado em áreas mais gerais, como em técnicas de relaxamento.

Como podemos **definir esse conceito**?

A **tensegridade** diz respeito à concepção e ao funcionamento de **sistemas autoequilibrados** que associam **tensão** e **compressão**, e que, uma vez cessada a pressão externa, *retomam sua forma e seu equilíbrio iniciais*.

É evidente que esse conceito é muito útil em arquitetura, mas, se refletirmos bem, ele esclarece diversos mecanismos do sistema musculoesquelético. Ele está muito próximo do conceito de antagonismo-sinergia, do qual já falamos: é a aplicação desse conceito às estruturas protendidas.

Princípio de funcionamento da estrutura

Nas estruturas submetidas ao *princípio da tensegridade* – a título de exemplo, apresentamos um **modelo de K. Snelson** (Fig. 33.1: bastonetes ligados por elásticos) –, observamos que:

- certo número de elementos trabalha *em compressão:* são as cavidades ou *volumes sob pressão hidráulica interna*, ou então *elementos rígidos* – neste caso, bastonetes *rígidos* –, solicitados em regime de encurtamento ou de compressão. Eles estão ligados, do ponto de vista mecânico, a outros elementos,

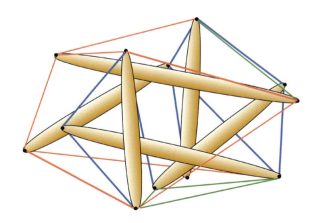

Figura 33.1

que criam uma *tensão permanente* – neste caso, elásticos –, por vezes variável ou evolutiva, e que estabelecem um regime de compressão ou de encurtamento dos elementos precedentes;
- o sistema encontra seu *equilíbrio dinâmico* para cada grau de pressão, repartindo os esforços entre todos os seus elementos;
- quando a pressão deixa de ser aplicada sobre a estrutura, esta *retorna a seu estado inicial*, com o equilíbrio de partida restaurado, o que se chama, atualmente, **memória de forma**.

Neste modelo, se modificamos a tensão de um único elástico, *todo o conjunto será inteiramente reconfigurado*, alcançando um novo equilíbrio e modificando todas as tensões nos demais elásticos. Trata-se, portanto, de uma **estrutura holística**.

Demonstração

A **viga protendida** é o sistema mais simples.

A protensão do concreto foi concebida em 1908 por um engenheiro civil, E. Freyssinet (1879-1962); pode-se dizer que ela representa a *pré-tensegridade*.

A ideia inicial é simples: uma viga de concreto armado (Fig. 33.2: viga simples), apoiada nas duas extremidades, submetida a seu próprio peso (G), é retilínea. Submetida a uma carga (C), ela se encurva a uma flecha (F), pois suas estruturas "inferiores" se deixam distender.

Para se opor a essa deformação, é lógico estabelecer uma tensão prévia nas zonas inferiores, sob a forma de "tirantes de aço" colocados sob tração por parafusos: a viga está, agora, sob uma **protensão** (Fig. 33.3: viga protendida). Sob a carga (C), a viga resiste mais e a flecha (f) é nitidamente menos acentuada. Temos aí uma estrutura de tensegridade com um elemento que trabalha sob tensão na parte inferior da viga e um elemento que trabalha em compressão (setas brancas) na parte superior.

A **roda de bicicleta** é outro exemplo de *pré-tensegridade*. Essa estrutura mecânica contém um elemento que trabalha *em compressão*, o **aro**, que resiste por força centrífuga, e um elemento que trabalha em tração, o conjunto de **raios**. A tensão dos raios foi regulada com grande precisão pelo especialista para obter uma roda perfeitamente centrada e que gira no plano perpendicular ao seu eixo; quando isso não ocorre, é porque a roda está empenada. Existe, portanto, desde o começo, um *equilíbrio entre tração e compressão*.

Tudo muda (Fig. 33.4: roda sob pressão) quando a roda é submetida a uma **carga** (seta azul) aplicada sobre o cubo: somente os raios superiores trabalham em alongamento (setas vermelhas) e seu estado de tensão aumenta mais quanto mais próximos estiverem da vertical. Os raios inferiores são aliviados (setas verdes). Cria-se um novo equilíbrio com o aro, que resiste em compressão de modo que a roda conserve suas características mecânicas.

Deixemos agora a mecânica para voltar à biomecânica.

Um exemplo logo nos vem à mente: o **disco intervertebral** (Fig. 33.5: vista esquemática em perspectiva

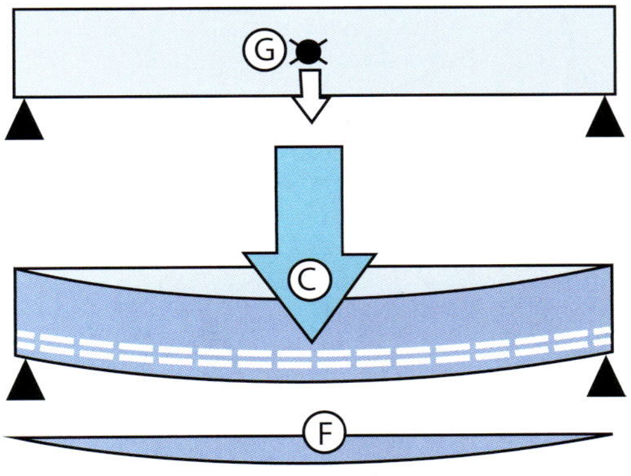

Figura 33.2

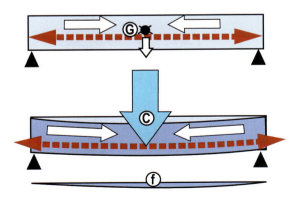

Figura 33.3

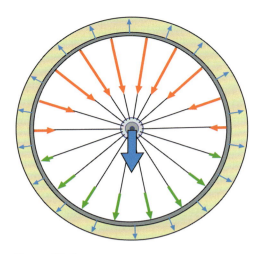

Figura 33.4

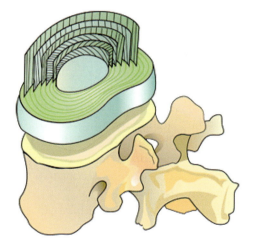

Figura 33.5

de um disco em corte parcial sobre uma vértebra), que estabelece a ligação entre duas faces intervertebrais, e que é composto de duas partes:

- uma parte central, o **núcleo pulposo**, substância gelatinosa contida dentro de um compartimento inextensível formado pelas faces intervertebrais;
- e a parte periférica, o **anel fibroso**, formado por camadas fibrosas concêntricas, com uma particularidade muito importante: as fibras que se estendem entre as duas faces são cada vez mais oblíquas à medida que se aproximam do núcleo; a obliquidade das fibras é cruzada entre as camadas vizinhas.

Neste esquema, a face intervertebral superior foi retirada, mas, na realidade, o núcleo fica bem comprimido entre as duas vértebras e sob uma *forte pressão positiva*, dado o caráter muito **hidrofílico** da gelatina da qual é feito, que atrai as moléculas de água.

Nos **movimentos de flexão-extensão** (Fig. 33.6: vista de perfil) entre duas vértebras adjacentes, a face da vértebra superior se inclina:

- para a frente (**1**) no caso da flexão (**F**), o que provoca a "abertura" do disco para trás;
- para trás (**2**) no caso da extensão (**E**), o que provoca a "abertura" do disco para a frente.

Nesses dois casos, ainda que simetricamente, vemos as fibras serem tensionadas no lado da abertura. Elas são rechaçadas e, portanto, tensionadas do lado

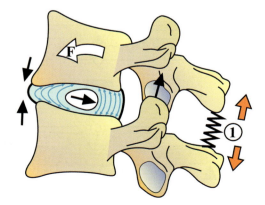 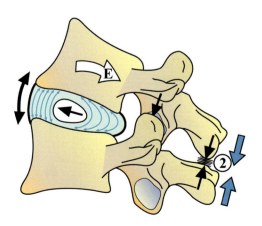

Figura 33.6

do fechamento, ao mesmo tempo que o núcleo é rechaçado para o lado mais aberto.

De todo modo, a tensão das fibras aumenta em paralelo à pressão dentro do núcleo, de modo que a *tendência natural* desse sistema é **voltar ao estado inicial**. O disco intervertebral representa, portanto, um **sistema autoestável** que desempenha perfeitamente seu papel enquanto o núcleo estiver sob pressão e as lamelas fibrosas do anel estiverem intactas.

O conjunto da coluna vertebral fornece inúmeros exemplos de estruturas que funcionam segundo o princípio da tensegridade.

Esse dispositivo de **equilíbrio entre duas vértebras** (Fig. 33.7: vista esquemática de perfil) oscila sobre a articulação dos processos articulares e contém dois elementos elásticos: um que trabalha *em compressão*, o disco intervertebral, e outro que trabalha em alongamento, o ligamento interespinal.

Toda sobrecarga sobre o corpo vertebral superior não só exige o disco *em compressão*, mas também estira o ligamento interespinal *em alongamento*. Também nesse caso, quando a pressão cessa, o sistema retorna a seu estado inicial.

O sistema dos **músculos transversoespinais** (Fig. 33.8: vista esquemática em perspectiva) também nos dá um exemplo de aplicação do princípio da tensegridade: os processos espinhosos das vértebras são

Figura 33.8

conectados por ligamentos elásticos, assim como os processos transversos das vértebras.

Os cordões pretos representam os músculos transversoespinais que, ao se contraírem unilateralmente, provocam a rotação dos corpos vertebrais. Essa contração tensiona os ligamentos, que trazem o sistema de volta à sua posição inicial assim que cessa a contração desses músculos.

Se lembrarmos agora o conjunto da estrutura raquidiana, encontraremos outras aplicações do princípio da tensegridade.

Nesta **vista dorsal da coluna vertebral** (Fig. 33.9: coluna em posição de apoio unipodal esquerdo), notamos que a coluna lembra um mastro de navio. Esse mastro é muito especial, pois não é feito de uma única peça, mas do *empilhamento de várias peças* ligadas entre si por juntas maleáveis, de modo que o conjunto, muito flexível, não apresenta isoladamente qualquer rigidez, sobretudo por estar fixado ao cíngulo do membro inferior, que *oscila* a cada passo.

É graças a um *sistema de tirantes* que esse arcabouço adquire certa rigidez. Tirantes musculares partem da pelve e asseguram o equilíbrio lateral da coluna vertebral nas regiões dorsal e lombar. No entanto, assim como no navio, na parte superior do mastro,

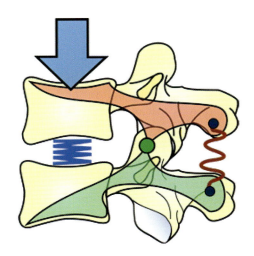

Figura 33.7

275

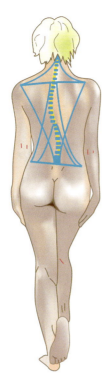

Figura 33.9

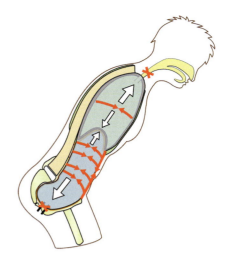

Figura 33.10

prende-se, transversalmente, uma *verga*, no nosso caso, o **cíngulo do membro superior**.

A partir dessa verga, dispõe-se um novo sistema de tirantes para *estabilizar a região cervical da coluna*. Eles se completam por tensores oblíquos que estabilizam o cíngulo do membro superior. No todo, desenha-se um grande losango de metades desiguais que estabiliza, ao mesmo tempo, a região cervical da coluna e o cíngulo do membro superior.

Quando esse sistema está equilibrado, ele é capaz de controlar as oscilações permanentes da pelve durante a marcha, mantendo o crânio em posição estável. Eis uma fantástica aplicação da tensegridade.

Um exemplo no qual o tronco representa, por si só, uma **viga pneumática** (Fig. 33.10: vista do tronco em secção sagital): quando se fazem esforços de soerguimento, como na prática do halterofilismo, é indispensável enrijecer o tronco como um todo para que os membros superiores tenham, no cíngulo do membro superior, um apoio firme. O atleta, ou simplesmente a pessoa que precisa erguer um botijão de gás em casa, executa um **esforço abdominal**.

Depois de fechar a glote e os esfíncteres perineais (X vermelho) para impedir a saída de ar dos pulmões, a pessoa contrai fortemente seus **músculos acessórios da expiração**, os oblíquos e retos do abdome, e os músculos expiratórios torácicos. Dessa forma, todo o conjunto da cavidade abdominotorácica se transforma em um **grande reservatório sob pressão** e fica **rígido**. No entanto, essa situação não pode perdurar, pois o aumento da pressão intratorácica *impede o retorno do sangue venoso da cabeça* e, sobretudo, do cérebro, o que acarreta risco de anóxia.

Tendo reconhecido, no mundo da mecânica macroscópica, as aplicações do conceito de tensegridade, será possível descobrir exemplos desse conceito no universo microscópico, no interior dos seres vivos? Tudo indica que as **novas concepções da estrutura do tecido conjuntivo** (ver Cap. 32), como as descritas nos trabalhos de **J-C Guimberteau**, podem servir de base a uma nova forma de compreendermos o papel desse tecido. Esse autor denominou sua descoberta como **sistema de colágeno multimicrovacuolar de absorção dinâmica**, ou **MCDAS**, sigla do nome em inglês.

Utilizando uma *câmera microendoscópica* capaz de produzir um *aumento de 25 vezes*, esse cirurgião plástico explorou o tecido conjuntivo na maioria das suas localizações, mas, especialmente, no ambiente dos tendões da mão, onde obteve não apenas fotografias de grande beleza, mas também *sequências dinâmicas* até então desconhecidas da estrutura desse tecido.

Ao contrário do que se pensava, as fibras de colágeno formam uma **rede** (Fig. 33.11: vista da rede sob aumento de 25×) e criam, entre si, microvacúolos, **cavidades poliédricas** (Fig. 33.12: uma cavidade poliédrica) delimitadas por paredes transparentes e que contêm uma gelatina muito hidrofílica a qual mantém, em seu âmago, uma *pressão positiva*: a *protensão vacuolar*.

As fibras dessa rede parecem estar, à primeira vista, distribuídas de modo caótico. Na realidade, estão organizadas no sentido da tração e de **modo fractal**, pois as estruturas se repetem segundo uma escala decrescente, o que é uma das características das estruturas fractais.

As sequências de vídeo mostram a deformação da rede sob a **força de tração** (Fig. 33.13): vemos as fibras se reorganizarem e as tensões se equilibrarem graças ao deslocamento dos pontos de bifurcação, e constatamos a *deformação dos microvacúolos*.

E basta que a pressão cesse para que a rede recupere seu estado inicial. É nesse sentido que podemos considerar que esse sistema apresenta as *características*

Figura 33.12

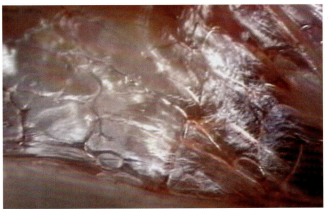

Figura 33.13

funcionais da **tensegridade**: elementos em protensão, ou seja, submetidos a uma pressão prévia, sobre os quais incide uma compressão da rede, que trabalha em tração, permitindo, ao final, o retorno ao estado original.

Essa rede apresenta uma vantagem determinante para os tendões: os vasos, que seguem as fibras em um **trajeto em zigue-zague** (Fig. 33.14), podem se "desdobrar" para alcançar seu destino, em todas as posições.

Figura 33.11

Figura 33.14

Figura 33.15

Ainda nos restam alguns pontos a esclarecer:

1. A estrutura dessas fibrilas, que parecem *tubulares, preenchidas por líquido* que migra em seu interior.
2. O significado dessas **gotas** (Fig. 33.15: gotas migratórias), ligadas às fibrilas como gotas de orvalho e *que se deslocam* sobre elas sem lógica aparente.
3. A lógica dos deslocamentos de bifurcação e, sobretudo essas *ramificações perpendiculares*, que fazem supor que não há *qualquer tração* neste ponto.

Mesmo se tivermos um esboço de explicação, ainda temos **muito que aprender, com a ajuda dos físicos e matemáticos.**

34
A coluna como um todo

A coluna vertebral, ou raque, deve ser considerada um **conjunto funcional**, o que justifica um capítulo distinto para descrevê-la.

Apoiada no cíngulo do membro inferior, sobre a face superior do sacro, a **coluna vertebral** (Fig. 34.1: vista da coluna em perspectiva) representa o **suporte do tronco**, juntamente com a *caixa torácica* e o *cíngulo do membro superior*, e também sustenta o **crânio**.

Ela representa o **pilar central do tronco** (Fig. 34.2: vista em secção sagital): isso é particularmente verdadeiro na região do *segmento lombar*, onde a secção L mostra a coluna situada *no centro do abdome*.

Na região *torácica*, a secção T mostra que a coluna está situada na parte de trás, deixando espaço livre para os *pulmões* e o *coração*.

Na região *cervical*, ela se situa um pouco mais à frente, como se vê na secção C.

Figura 34.1

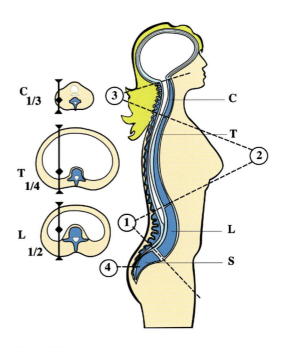

Figura 34.2

Este esquema mostra também as três curvaturas da coluna, no plano sagital.

De baixo para cima, temos:

- a curvatura côncava para trás da **região lombar** (1);
- a curvatura côncava para a frente da **região dorsal** ou **torácica** (2);
- a curvatura côncava para trás da **região cervical** (3);

Essas três curvaturas invertidas *compensam-se harmoniosamente*, de tal modo que a coluna, em seu conjunto, permanece vertical, qualquer que seja a inclinação e a curvatura do **sacro** (4), formado pelas **cinco vértebras sacras**, fundidas, e que se prolonga pelo **cóccix**, resquício da cauda, formado por *4 a 6 vértebras coccígeas* fundidas.

Na *posição em pé*, a *direção do olhar* é, portanto, automaticamente **horizontal**.

Este esquema também mostra que a coluna tem outra função, que é a de conter e proteger o eixo nervoso: no **canal vertebral**, está alojada a **medula espinal**, cercada por seus envoltórios. A coluna é o **estojo ósseo do eixo nervoso**.

Os engenheiros já demonstraram que as curvaturas de uma coluna de sustentação *aumentam sua resistência* de modo proporcional ao **quadrado do número de curvaturas mais 1** (Fig. 34.3: coluna retilínea e coluna vertebral). Logo, a presença de curvaturas **aumenta a resistência da coluna vertebral**: as três curvaturas da coluna aumentam sua resistência aos esforços de compressão axial por um fator de 10 vezes em relação à coluna retilínea.

As curvaturas da coluna vertebral são **mais ou menos acentuadas** (Fig. 34.4: os três tipos de coluna) de uma pessoa para outra, e os trabalhos do prof. A. Delmas, baseados na comparação da altura total da coluna com sua altura desdobrada, isto é, com as curvaturas aplanadas, definiram um **índice** que permite classificar as colunas de acordo com a importância de suas curvaturas.

Assim, uma coluna vertebral com **curvaturas normais** (a) é classificada com um **índice de Delmas igual a 95**.

Uma coluna com **curvaturas acentuadas** (b), terminando em um *sacro horizontal*, possui um índice de

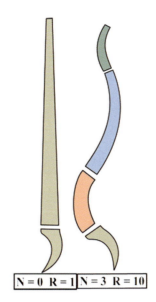

Figura 34.3

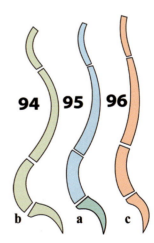

Figura 34.4

Delmas inferior ou igual a **94**. Essa coluna é do tipo **dinâmico**, com *lordose lombar acentuada*.

Uma coluna vertebral com **curvaturas pouco acentuadas** (c), terminada em um *sacro vertical*, possui um índice de Delmas superior ou igual a **96**. Essa coluna vertebral é do tipo **estático** e corresponde a um *dorso plano*.

Como se formaram as curvaturas da coluna vertebral no ser humano?

34 A coluna como um todo

Durante a **filogenia**, ou seja, ao longo da evolução, as espécies que nos precederam eram **quadrúpedes**.

Nessa **posição quadrúpede** (Fig. 34.5), os quatro membros eram *membros de sustentação* (setas azuis) e as curvaturas da coluna eram, no conjunto, *convexas para cima*. O orifício occipital, por onde o eixo medular penetra no canal vertebral, ocupava uma posição muito posterior na base do crânio.

No processo de evolução dos *pré-hominídeos* ao *Homo sapiens*, a passagem do hábito quadrúpede para **o hábito bípede** (Fig. 34.6) induziu um endireitamento seguido de **inversão da curvatura lombar**, inicialmente côncava para a frente; assim surgiu a **lordose lombar**, côncava para trás (pequena seta preta), que se explica por certo *retardo da retroversão da pelve*. Essa lordose lombar varia de pessoa para pessoa, dependendo do grau de anteversão ou retroversão da pelve. Ao mesmo tempo, a coluna vertebral na região cervical, que se articulava com a caixa craniana em sua parte posterior, migrou, gradualmente, para uma posição abaixo do crânio, o que levou à **migração do forame occipital para a base do crânio** (seta preta curva). Paralelamente, o membro posterior se tornou o **único a sustentar o peso** do tronco (seta azul), enquanto o membro anterior, liberado da função de locomoção, se tornou superior e **preensor**. Agora, ele fica **suspenso** *pelo cíngulo do membro superior* (seta vermelha).

Durante a **ontogenia** (Fig. 34.7: coluna vertebral nas várias idades), ou seja, durante o *desenvolvimento do indivíduo*, segundo T. A. Willis, a mesma evolução se verifica na região lombar. Com *1 dia de vida* (último esquema à esquerda), a região lombar da coluna é côncava para a frente. Aos *5 meses*, a curvatura continua sendo ligeiramente côncava para a frente; é somente aos *13 meses* que a região lombar se torna **retilínea**. A partir de *3 anos de idade*, vemos se desenhar uma ligeira lordose lombar, que se torna mais clara aos *8 anos* e, aos *10*, assume sua **curvatura definitiva**, semelhante à do adulto.

Figura 34.6

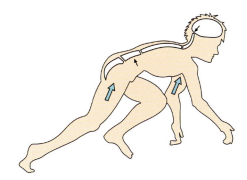

Figura 34.5

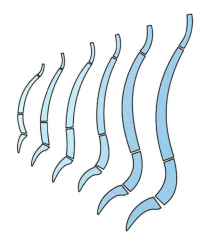

Figura 34.7

O que é biomecânica

A evolução do indivíduo é, portanto, **um espelho da evolução da espécie**.

A coluna vertebral, eixo e sustentáculo do corpo, precisa conciliar dois imperativos mecânicos contraditórios, a **rigidez** e a **flexibilidade**, para se adaptar aos movimentos. Esse objetivo é dificultado pelo fato de a coluna vertebral ser constituída pelo **empilhamento de 24 vértebras**, ossos curtos e maciços que parecem estar sempre prestes a desmoronar.

Como a coluna vertebral pode resolver essa contradição aparentemente insolúvel? Graças a uma **estrutura atirantada** semelhante à que se usa para estabilizar os **mastros de navios**.

Tanto é que, na **posição de pé simétrica** (Fig. 34.8: vista posterior), a coluna como um todo pode ser considerada um mastro de navio. Apoiada sobre a pelve, eleva-se até a cabeça. Na altura dos ombros, sustenta o **cíngulo do membro superior** como se fosse uma grande verga transversal.

Em todos os níveis, existem *tensores ligamentares e musculares* dispostos como **tirantes**, ou seja, cordas que ligam o mastro propriamente dito à sua base de implantação, que é o **convés do navio**, ou, no nosso caso, a **pelve**. Um segundo sistema de tirantes musculares está disposto sobre o cíngulo do membro superior, formando um *losango com um grande eixo vertical* e um pequeno eixo transversal. Na posição simétrica, as *tensões são* **equilibradas** de um lado e do outro, e o mastro fica vertical e retilíneo.

Na **posição em pé com apoio unipodal** (Fig. 34.9: vista posterior), quando o peso total do corpo está apoiado sobre um único membro inferior, **a pelve se inclina** para o lado oposto e a coluna tende a assumir um **trajeto sinuoso**: inicialmente convexa na região lombar com a convexidade voltada para o membro em repouso, depois côncava na região dorsal e, por fim, convexa. Os tensores musculares *ajustam* **automaticamente** sua tensão para restabelecer o equilíbrio, sob influência dos *reflexos medulares* e do sistema nervoso central. Nesse caso, trata-se de uma **adaptação ativa** graças ao ajuste permanente do tônus dos vários músculos posturais pelo sistema extrapiramidal.

A maleabilidade do eixo raquidiano se deve à sua formação por **múltiplas peças superpostas** interconec-

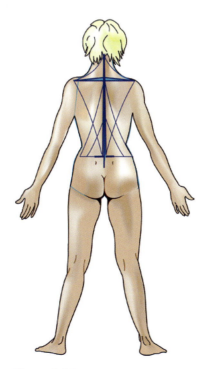

Figura 34.8

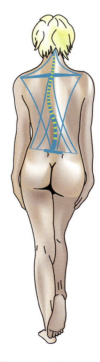

Figura 34.9

tadas por elementos ligamentares e musculares. Essa estrutura pode, portanto, *deformar-se, permanecendo estável graças ao* **ajuste permanente** *dos tensores musculares*.

Como são constituídos esses ossos curtos e maciços, as **vértebras**?

Todas as vértebras, *exceto duas* da coluna cervical, são **construídas segundo o mesmo modelo**, com variações de dimensões e forma.

Por isso, vamos descrever primeiro uma *vértebra típica*.

A **vértebra típica** contém **três partes principais** (Fig. 34.10: vista em perspectiva posterior esquerda):

- Na frente, o **corpo vertebral**, parte mais volumosa da vértebra (**C**): em termos geométricos, trata-se de um paralelepípedo retângulo, alongado transversalmente, em *forma de rim*, com uma cortical óssea periférica, a *parede*, e **duas faces**, a *superior* e a *inferior*, planas ou ligeiramente côncavas, com uma *parte central* recoberta por *cartilagem* articular. Entre duas faces intervertebrais adjacentes, vem se interpor o **disco intervertebral**.
- Atrás e lateralmente, *duas colunatas* (**A** e **B**): são os **maciços das apófises articulares**, cujo diâmetro é menor que o do corpo vertebral. Cada elemento lateral, aproximadamente cilíndrico, possui, nas partes superior e inferior, *faces articulares*. Estas são chamadas de **processos articulares da vértebra**.
- O empilhamento desses elementos forma **três colunas** verticais e paralelas (Fig. 34.11: vista em perspectiva esquemática):

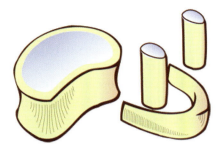

Figura 34.11

- **uma coluna principal**, *na frente*, formada pelos corpos vertebrais, unidos pelos discos intervertebrais. Essa coluna é dita *estática*, pois é submetida a forças de **compressão**;
- **duas colunas acessórias**, *atrás*, a coluna dos processos articulares, unidas por articulações do tipo planas. Essas colunas são mais móveis que a anterior e são ditas *dinâmicas*, pois conduzem os movimentos relativos das vértebras entre si.

Esses três elementos são unidos por um segmento em forma de arco, de concavidade anterior, *o arco vertebral*.

O **arco vertebral** sustenta os processos articulares que estão, por assim dizer, "enfiados" no arco posterior (Fig. 34.12: mesma perspectiva, arco vertebral posterior).

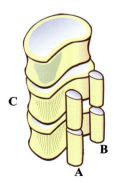

Figura 34.10

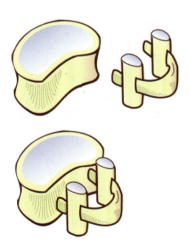

Figura 34.12

283

Esse conjunto do arco posterior, sustentando os processos articulares (Fig. 34.13: mesma perspectiva), vai se fixar na face posterior do corpo vertebral.

A porção do arco posterior (Fig. 34.14) situada à frente do maciço dos processos articulares e que se solda ao corpo vertebral se chama **pedículo do arco vertebral** (seta preta da figura anterior).

Entre a face posterior do corpo vertebral e o arco posterior, existe um orifício: o **canal vertebral** (seta verde da figura anterior), pelo qual desce a medula, envolta em suas meninges.

Por fim, a vértebra se completa por **três processos**, que são descritos a seguir (Fig. 34.14):
- *lateralmente,* os **processos transversos** (T), que se fixam (setas azuis) sobre o maciço dos processos articulares;
- *atrás,* o maciço **processo espinhoso** (E), situado no plano sagital e que se fixa à face posterior do arco posterior.

Estrutura da vértebra típica

Esse osso, de estrutura complexa, é constituído por um envoltório de osso cortical, duro e denso, mas relativamente fino, que envolve o osso esponjoso.

O **corpo vertebral** (Fig. 34.15: secção frontal), de forma *cilíndrica* aplanado na parte posterior, é composto, em suas duas faces, superior e inferior, por um osso

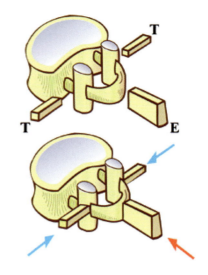

Figura 34.14

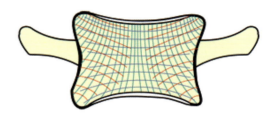

Figura 34.15

compacto, a **face intervertebral**, recoberta por *cartilagem* na parte central. A periferia do corpo vertebral, ligeiramente côncava de cima para baixo, é formada por *osso cortical,* que se chama "parede da vértebra".

O *osso esponjoso,* que preenche esse volume, é organizado em *traves ósseas* que representam as **linhas de força** ou linhas de resistência às *pressões mecânicas* que incidem sobre o corpo vertebral. Podemos distinguir as linhas *verticais*, que formam os pilares entre as duas faces, as linhas *transversais*, que controlam a tendência ao esmagamento, e as linhas *oblíquas*, algumas das quais provêm do arco posterior.

Na secção sagital (Fig. 34.16), o **arco posterior** revela *vários sistemas* de linhas de força que passam pelo pedículo para se repartirem entre as duas faces. Esses sistemas as unem, assim, ao processo espinhoso e aos processos *articulares superior e inferior*, para

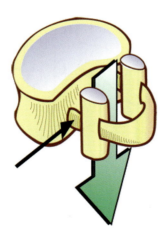

Figura 34.13

34 A coluna como um todo

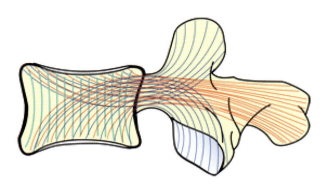

Figura 34.16

transmitir os esforços do arco posterior ao corpo vertebral. O pedículo vertebral se configura, assim, como *o ponto de* **concentração de todas as pressões**.

No **esquema de perfil** (Fig. 34.17: duas vértebras), vemos que a articulação (1) entre os arcos posteriores pode ser considerada um fulcro de uma **balança entre duas forças elásticas**:

- à frente, o *disco intervertebral* (2), sistema elástico que trabalha em **compressão**;
- atrás, o *ligamento interespinal* (3), sistema elástico assistido por todos os *músculos paravertebrais*, que trabalha em **alongamento**.

Essas **microbalanças autorreguladas** existem em *todos os níveis do* arcabouço raquidiano.

A **face intervertebral** (Fig. 34.18: vista em perspectiva posterior esquerda), parte *mais resistente* do corpo vertebral, completa sua ossificação, integrando um núcleo de ossificação de *forma anular*, a **epífise anular** (E) (representada, aqui, destacada da face), que se fixa no final do processo de crescimento sobre a margem da face (F). Esse núcleo é visível nas *radiografias de perfil de crianças* e adolescentes, na margem anterior das duas faces. Ele não deve ser confundido com uma fratura de fadiga.

O corpo vertebral sofre **pressões consideráveis em compressão** (Fig. 34.19: duas vértebras de perfil) durante acidentes que provocam flexão súbita da co-

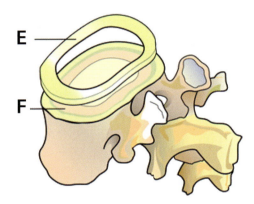

Figura 34.18

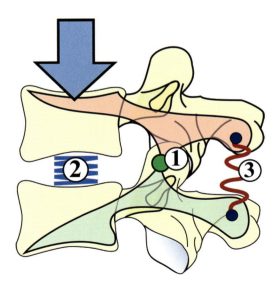

Figura 34.17

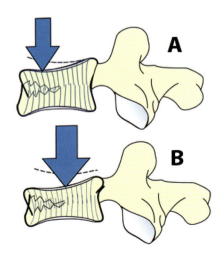

Figura 34.19

285

O que é biomecânica

luna vertebral. O corpo vertebral pode sofrer, nesses casos, dois tipos de **fraturas-esmagamentos**:
- **Fratura cuneiforme**, fratura "de canto", na qual somente a parte anterior do corpo é esmagada *e a parede posterior do corpo fica* **intacta**.
- **Fratura total do corpo vertebral**, na qual a parede posterior propriamente dita é *fraturada* e todo o corpo vertebral é esmagado. A maior gravidade desse tipo de fratura decorre do *risco de* **desvio** *posterior da parede* que pode **comprimir a medula espinal**.

Nessa verdadeira obra de engenharia que é a coluna vertebral, como as vértebras se articulam entre si para *manter o conjunto estável do ponto de vista mecânico*?

As vértebras se articulam por **dois tipos de articulações** (Fig. 34.20: vista de perfil de duas vértebras superpostas):

- entre os corpos vertebrais (**A**), o **disco intervertebral** (**II**) garante a ligação **dos** corpos vertebrais (**I**) adjacentes;
- entre os arcos posteriores (**B**), as **articulações dos processos articulares** (**II**), localizadas em cada nível da coluna.

O **disco intervertebral** (Fig. 34.21: vista em perspectiva de um disco sobre uma vértebra), intercalado entre dois corpos vertebrais adjacentes, formado por duas partes, *o anel fibroso* (**A**) e o *núcleo pulposo* (**N**), é descrito em detalhes no capítulo dedicado às articulações.

As **articulações dos processos articulares** ligam, em cada nível da coluna vertebral, os arcos posteriores. Elas são planas, formadas por **faces** ovaladas, planas ou ligeiramente côncavo-convexas, cuja orientação lhes permite realizar um verdadeiro **engaste** (Fig. 34.22: vista superior) da vértebra suprajacente na subjacente.

Neste esquema, as faces articulares da vértebra subjacente (na parte de baixo do esquema) são *orientadas para trás e para dentro* (setas pretas), enquanto as da vértebra suprajacente (na parte de cima do esquema) são orientadas *para trás e para fora*, de modo que *vêm a se engastar exatamente* entre as faces da vértebra subjacente (seta vermelha).

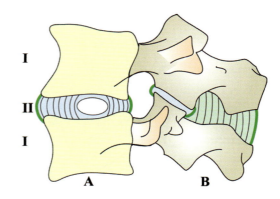

Figura 34.20

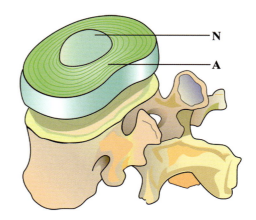

Figura 34.21

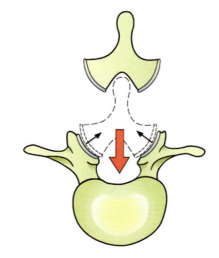

Figura 34.22

286

O empilhamento das vértebras umas sobre as outras é, portanto, **perfeitamente estável lateralmente**.

As articulações dos processos transversos possuem, como todas as articulações sinoviais, um envoltório capsular cujas fibras de união se fixam na periferia das cartilagíneas.

Durante a **flexão** (Fig. 34.23: vista lateral), o corpo da vértebra suprajacente *se inclina para a frente* (grande seta branca), enquanto seu *arco posterior se ergue*, o que faz suas faces articulares (pequena seta branca) *deslizarem* **para cima**: as superiores ultrapassam, por cima, as inferiores, e todos os elementos fibrosos do arco posterior são tensionados, a saber, o *ligamento amarelo* (não mostrado, ver adiante), a *cápsula* da articulação dos processos transversos, o *ligamento interespinal* (não mostrado) e o *ligamento supraespinal*, aqui representado por uma mola que se estira.

Durante a **extensão** da vértebra suprajacente (Fig. 34.24: vista lateral), seu corpo se projeta para cima e *para trás* (grande seta branca), e *seu arco posterior se abaixa* até quase fazer contato com o da vértebra subjacente. Vemos, então, a face articular superior descer e desaparecer no interior da vértebra subjacente. Todos os elementos fibrosos se relaxam, e o **ligamento interespinal**, comprimido, atua como amortecedor elástico.

O **engaste** vertebral é ainda **mais acentuado em extensão do que em flexão**.

Durante a **inclinação** (Fig. 34.25: vista posterior) as faces articulares da vértebra suprajacente se inclinam lateralmente de modo diferencial:

- no lado da convexidade, a face da vértebra suprajacente desliza *para cima* (seta vermelha);
- o inverso se dá do lado da concavidade (seta azul).

Os **ligamentos e elementos fibrosos** são tensionados do lado convexo e se relaxam do lado côncavo.

Esse mecanismo de engaste é *válido para as regiões lombar e dorsal*, mas **não para a região cervical**, o que explica sua **fragilidade**. Essas diferenças serão abordadas quando descrevermos as características próprias de cada segmento da coluna.

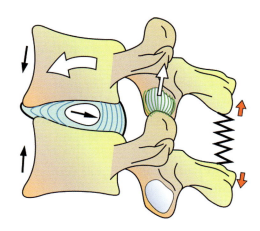

Figura 34.23

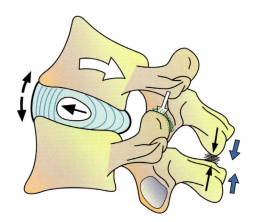

Figura 34.24

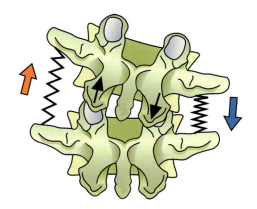

Figura 34.25

Ligações intervertebrais

Esse arcabouço instável é frágil. Ele é reforçado por sólidos ligamentos *degrau a degrau* e **ligamentos longitudinais** que se estendem por todo o comprimento da coluna vertebral.

Esses ligamentos são visíveis em **secção** (Fig. 34.26: vista superior dos ligamentos inseridos em uma vértebra):

- o **disco intervertebral**, que pode ser visto com seus dois constituintes, o *núcleo pulposo*, no centro, e o **anel fibroso**, com suas camadas concêntricas na periferia;
- o **ligamento longitudinal anterior** (1), à frente dos corpos vertebrais;
- o **ligamento longitudinal posterior** (2), atrás dos corpos vertebrais, forrando a parede anterior do canal vertebral;
- o **ligamento amarelo** (3), que une, em cada nível, duas lâminas adjacentes;
- os **ligamentos periarticulares** (4), dois ligamentos para cada uma das articulações dos processos articulares;
- os **ligamentos intertransversários** (5), tensionados, em cada nível, entre os vértices das apófises transversas;
- os **ligamentos interespinais** (6), tensionados, em cada nível, entre as apófises espinhosas;
- o **grande ligamento supraespinal** (7), que une os vértices dos processos espinhosos ao longo de toda a coluna vertebral.

Todos esses ligamentos, exceto os periarticulares, podem ser observados (com suas relações) na vista lateral (Fig. 34.27).

Amplitudes globais e segmentares da coluna vertebral

Elas resultam da adição de movimentos de amplitudes relativamente pequenas em cada nível, mas que acabam permitindo movimentos de grande amplitude graças à multiplicidade de níveis articulares.

Amplitudes da coluna vertebral

A **amplitude de flexão-extensão da coluna vertebral como um todo** (Fig. 34.28: vista lateral) é medi-

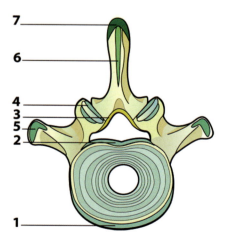

Figura 34.26

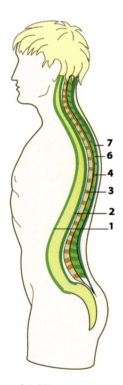

Figura 34.27

34 A coluna como um todo

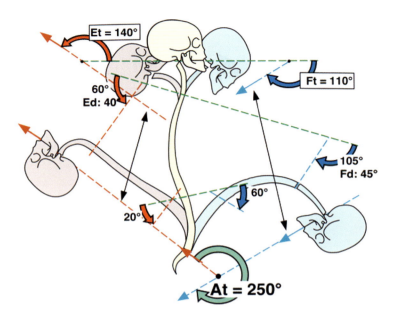

Figura 34.28

da entre *o plano do platô do sacro*, que é a face superior da primeira vértebra do sacro e *o plano da mandíbula*, que pode facilmente ser marcado por uma folha de cartolina presa entre os dentes: essa amplitude é de **250°** e esse valor, já bem importante, pode ser aumentado ainda mais, como acontece com certos acrobatas, chamados contorcionistas, capazes de colocar a cabeça entre as coxas em hiperextensão da coluna.

Esse esquema pode ser complementado pelo das amplitudes da **região cervical** (Fig. 34.29: vista lateral), segmento mais móvel da coluna vertebral, que faz flexão de 40° e extensão de 60°.

Quanto à **inclinação lateral** (Fig. 34.30: vista posterior), ela pode ser avaliada tomando-se como pontos de referência, de um lado, a linha que liga as duas fossetas do sacro na parte baixa da região lombossacral e, do outro, de frente, o plano da mandíbula e, de costas, a linha biauricular.

A **amplitude total de inclinação** é de 75° de cada lado, com uma repartição muito desigual das amplitudes segmentares, sendo o segmento cervical o mais móvel.

Quanto à **amplitude de rotação total** (Fig. 34.31: vista superior) da coluna vertebral, é difícil medi-la cli-

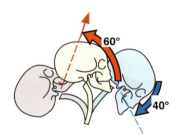

Figura 34.29

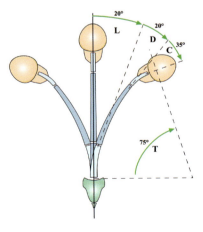

Figura 34.30

289

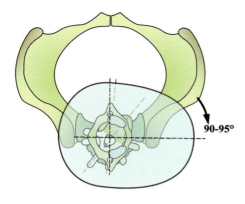

Figura 34.31

Essa posição lembra a dos Kouros (Fig. 34.33: vista de frente) da estatuária grega primitiva, inspirada, por sua vez, nas estátuas egípcias, e que evoca a posição de "sentido" dos militares.

Na **posição em pé em apoio assimétrico** (Fig. 34.34: vista dorsal), dita *posição com quadril torto*, o apoio sobre um único membro inferior, que é o membro de sustentação, provoca uma inclinação da pelve, que é

Figura 34.33

nicamente. Podemos nos basear em pontos de referência do plano sagital da face, o plano do nariz, em relação ao plano frontal da pelve, tangente às espinhas ilíacas anterossuperiores. Não é possível obter medidas segmentares precisas exceto em cortes tomográficos.

Posturas raquidianas

Na **posição de pé com apoio bilateral** (Fig. 34.32: vista posterior e lateral), a coluna vertebral, vista de costas, é retilínea e simétrica, enquanto, de perfil, vemos as curvaturas normais, com um plano posterior paralelo ao plano de apoio virtual.

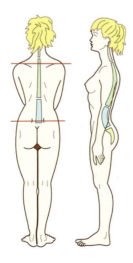

Figura 34.32

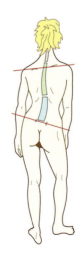

Figura 34.34

atraída para baixo, do lado do membro suspenso. Essa báscula do quadril pode ser constatada pela obliquidade da *linha das fossetas sacrais*. A coluna vertebral na região lombar se adapta a essa báscula pélvica descrevendo uma curvatura convexa para o lado relaxado. Os segmentos suprajacentes compensam fazendo curvaturas opostas que permitem recuperar a posição normal da cabeça. A *linha dos ombros*, que no caso anterior era horizontal, agora apresenta uma *obliquidade oposta à da pelve*. Essa posição, que se assemelha à de "descanso" dos militares, pode ser encontrada na estatuária grega a partir das obras de **Praxíteles**, escultor que "inventou" **a posição praxiteliana** (Fig. 34.35: vista posterior) que confere mais vida e flexibilidade a suas obras, como a que vemos aqui, o *Apolo de Praxíteles*, de costas, no qual encontramos as características que acabamos de descrever.

Essa posição lembra a **postura do violinista** (Fig. 34.36: vista posterior), em que a pelve permanece simétrica, mas muito móvel, dependendo dos apoios alternados, enquanto os ombros adotam, por necessidade, uma *posição assimétrica*, em razão do apoio do violino no ombro esquerdo, mas também da posição da mão direita, muito baixa, na extremidade do arco.

Diferente da posição de "sentido" ou da posição "praxiteliana", podemos observar que existe uma **postura relaxada** ou, ainda, **astênica** (Fig. 34.37: vista lateral), caracterizada por:

- relaxamento abdominal;
- hiperlordose lombar;
- afundamento do peito;
- hipercifose dorsal;
- hiperlordose cervical.

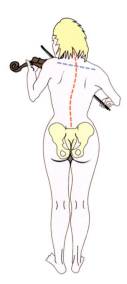

Figura 34.36

Figura 34.35

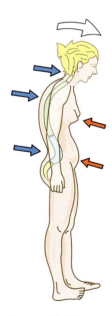

Figura 34.37

Isso faz a cabeça pender para a frente e causa uma perda de estatura. No Capítulo 35, veremos como essa postura astênica pode ser facilmente corrigida.

Na posição sentada

A posição sentada pode ter diversas variantes. A mais comum é a postura da **secretária** (Fig. 34.38: vista lateral), sentada diante da bancada de trabalho para *digitar no teclado*. Muitos estudos foram dedicados a essa posição, que pode causar *doenças ocupacionais*. Com encosto ou sem encosto? Lordose ou não? O mais importante parece ser a altura do assento e a da mesa, que devem ser perfeitamente adaptadas à morfologia da pessoa em questão.

O problema é o mesmo para o **pianista** (Fig. 34.39), mas, nesse caso, somente o assento é regulável e a **hiperlordose**, como representada aqui, deve ser evitada.

Há *duas posições de repouso* sobre um assento. Elas têm um aspecto em comum: *ambas corrigem a lordose lombar.*

- A posição chamada **de relaxamento** (Fig. 34.40: vista de perfil), na qual o corpo escorrega sobre o assento, é uma posição desconfortável, que não pode ser mantida por muito tempo. Por outro lado, existem assentos especialmente moldados para corrigir a lordose lombar que são bem confortáveis.
- A posição dita do **cocheiro** (Fig. 34.41: vista de perfil), que data do tempo em que esse ofício ainda existia: eles apoiavam os cotovelos sobre as coxas

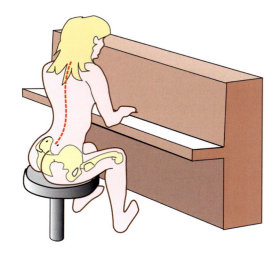

Figura 34.39

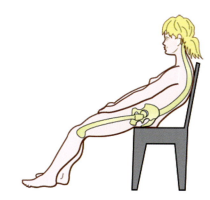

Figura 34.40

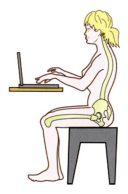

Figura 34.38

Figura 34.41

para *descarregar por completo o peso da parte superior do corpo*, e *aliviar a região lombar*. Os cocheiros podiam até mesmo dormir nessa posição, que pode ser utilizada em outras circunstâncias.

Finalmente, existem posições sentadas assimétricas, como a do **violonista** (Fig. 34.42: vista de costas): a posição própria para segurar o instrumento provoca um *desequilíbrio da pelve*, que preferivelmente repousa sobre a coxa direita, além de uma inclinação da linha dos ombros, porque a mão direita precisa ser baixada para tocar as cordas do violão.

As posições assimétricas dos músicos podem causar, aliás, uma *patologia específica*, que pode ser difícil de tratar.

Em **decúbito dorsal** (Fig. 34.43: vistas laterais), a lordose lombar pode sofrer grandes variações.

Em **decúbito dorsal, com os membros inferiores estendidos** (A), a região lombar fica "escavada" pela **hiperlordose lombar**: podemos até passar a mão entre o plano e a coluna vertebral. Isso se deve à tensão do músculo **psoas**, por extensão dos quadris.

Basta **flexionarmos os quadris e joelhos** (B) para que esse arco desapareça e a região lombar baixe sobre o plano.

O melhor repouso é proporcionado pela **semiflexão dos quadris e joelhos** (C), como ocorre nas poltronas de descanso.

Em **decúbito lateral** (D), a coluna vertebral lombar é convexa em direção ao plano de apoio e a linha da pelve converge com a dos ombros, como na posição "gingada".

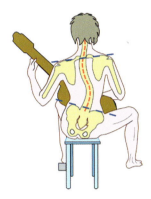

Figura 34.42

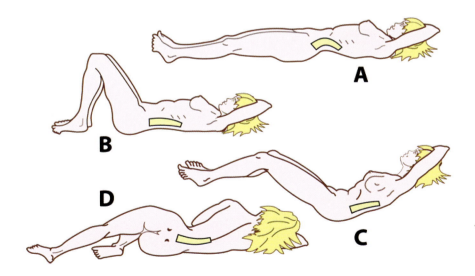

Figura 34.43

35
Características próprias da região lombar da coluna vertebral

Neste e nos próximos capítulos veremos, na sequência, as características:

- da região lombar;
- da região torácica;
- da região cervical.

Região lombar da coluna vertebral

Esse segmento comporta **cinco vértebras** de grande porte, que repousam sobre a face superior do sacro, o platô sacral, e sustentam a coluna dorsal. A **região lombar** (Fig. 35.1: vista anterior) é retilínea, de frente, e simétrica, e vemos se destacarem, em suas laterais, os processos transversos.

Por outro lado, na **vista de perfil** (Fig. 35.2), esse segmento é *côncavo* **para trás** em razão da obliquidade mais ou menos acentuada do sacro. Essa curvatura se chama "lordose lombar", cuja *profundidade* pode ser medida nas radiografias pela **seta** (**f**), e o equilíbrio em relação à vertical, representada pelo fio de prumo, pode ser avaliado pela *inversão posterior*, que é a distância (**r**) que separa a margem posterior da quinta vértebra da vertical traçada a partir da margem posterossuperior da primeira. Os problemas da coluna vertebral lombar são causados pelo fato de ela ter de *sustentar toda a parte superior do tronco, a cabeça e os membros superiores*, e essa situação é particularmente verdadeira no caso do disco L5-S1.

A constituição da **vértebra lombar típica** pode ser compreendida se estudarmos esta **vista "fragmentada"** (Fig. 35.3: perspectiva posterolateral):

- *na frente,* o **corpo vertebral** é maciço e comporta uma face posterior côncava transversalmente, de modo que faces intervertebrais são reniformes, ou seja, têm formato *de rim* ou de feijão;
- o **arco posterior** sustenta os processos *articulares* **superiores**, cuja face cartilagínea é orientada *para dentro*, e os processos articulares **inferiores**, cujas faces são orientadas *para fora*.

A **vértebra reconstituída** (Fig. 35.4: mesma perspectiva) mostra, além disso, a saliência dos *processos*

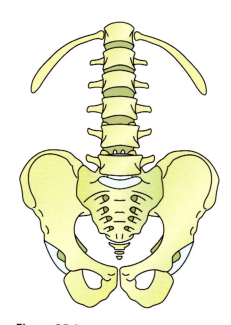

Figura 35.1

35 Características próprias da região lombar da coluna vertebral

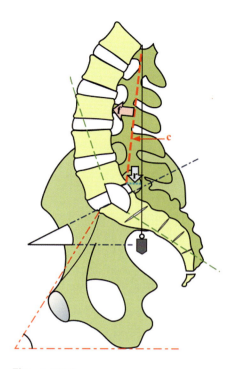

Figura 35.2

Figura 35.3

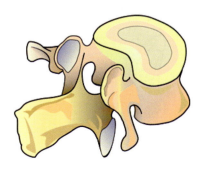

Figura 35.4

transversos, implantados lateralmente na altura do maciço dos processos articulares, e um processo espinhoso, grande e grosso, onde se inserem músculos paravertebrais.

A estabilidade lateral desse segmento da coluna é garantida pelo **engaste** (Fig. 35.5: perspectiva posterior esquerda) dos *processos articulares*.

Neste esquema, os processos articulares inferiores da vértebra suprajacente vêm se alojar no intervalo entre os processos articulares superiores da vértebra subjacente. Esse "engaste" impede qualquer deslocamento lateral do arco posterior, e **a rotação** (Fig. 35.6: vista superior) se dá no *interior* dos processos articulares da vértebra subjacente, que se inscrevem em um arco de círculo.

Esse movimento do arco posterior é acompanhado, obrigatoriamente, de um **deslocamento lateral do corpo vertebral** (Fig. 35.7: vista anterior) que tensiona obliquamente as fibras do **disco intervertebral**, cuja fisiologia foi estudada no Capítulo 24.

As vértebras lombares, que são submetidas a *pressões muito importantes* em virtude de sua posição na base da coluna, são ligadas entre si por **ligamentos potentes** (Fig. 35.8: vista de perfil):

- à frente dos corpos vertebrais, estende-se ao longo de toda a coluna o **ligamento longitudinal anterior**;
- atrás dos corpos vertebrais, encontra-se o **ligamento longitudinal posterior**.

Nesta secção parassagital, distinguimos a *lâmina vertebral* (bege), bem como os *pedículos vertebrais* (do lado direito). Observa-se o **forame de conjugação**, limitado pelos corpos vertebrais à frente, pelos pedículos

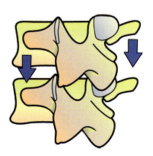

Figura 35.5

295

O que é biomecânica

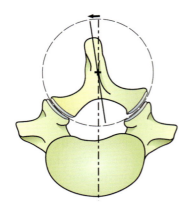

Figura 35.6

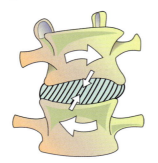

Figura 35.7

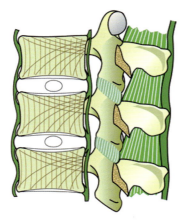

Figura 35.8

que, ao longo de toda a coluna, se insere na extremidade posterior dos processos espinhosos.

Agora, se seccionarmos os pedículos vertebrais e rebatermos lateralmente as duas partes da coluna vertebral, observaremos, na **metade anterior**, a face posterior dos corpos vertebrais, com os pedículos seccionados e o **ligamento longitudinal posterior** (verde-claro), que vemos se alargar em cada degrau, correspondendo aos discos intervertebrais, e assumindo, assim, um aspecto "rendilhado".

Na **metade posterior** (Fig. 35.9: vista anterior), vê-se o **arco posterior**, com os pedículos seccionados. O fragmento destacado, acima dos outros três, mostra o arco posterior em sua totalidade, bem como os processos articulares inferiores, orientados para trás e para fora.

Sobre o bloco dos três arcos posteriores (Fig. 35.10), observamos o seguinte:

- de cada lado, os **ligamentos intratransversários**;
- no centro, o **ligamento amarelo**, que une as lâminas vertebrais e completa o canal vertebral entre as vértebras (ele tem grande importância cirúrgica);
- os **ligamentos das articulações dos processos articulares**.

acima e abaixo, e pelos processos articulares atrás. É por esse orifício que, em cada nível vertebral, saem os **nervos espinais**, que, neste nível, constituem as raízes do **plexo lombar**.

À frente, em verde-claro, estão os **ligamentos interespinais** e, mais atrás, o ligamento **supraespinal**,

Figura 35.9

Os **movimentos de flexão-extensão** (Fig. 35.11) foram descritos anteriormente, quando falamos sobre a vértebra típica. Vamos voltar, no entanto, ao movimento de flexão, que é acompanhado de uma *inclinação para a frente do corpo vertebral* suprajacente. Esse movimento provoca a **migração posterior do núcleo pulposo**, aumentando sua pressão para trás sobre as fibras posteriores do anel fibroso.

Não há qualquer problema nos casos em que essas fibras estão intactas, mas muito precocemente, por volta dos 25 *anos de idade*, certas fibras se degeneram e podem aparecer fissuras no anel, o que permite que a substância gelatinosa do núcleo se infiltre para trás pelo forame de conjugação, onde ela pode sofrer protrusão. Nesse caso, forma-se uma **hérnia de disco** que comprime a raiz nervosa, que sai por esse forame, provocando as *ciatalgias*.

Articulação lombossacral

Chamamos assim a junção entre o sacro e a coluna vertebral lombar, constituída pelo disco L5-S1. Os **ligamentos iliolombares e lombossacrais** (Fig. 35.12: vista frontal) estão representados neste esquema. Eles unem os processos transversos das duas últimas vértebras lombares ao sacro e ao osso ilíaco. Seu jogo é representado aqui na **inclinação lombar direita**.

Durante a **flexão da coluna lombar** (Fig. 35.13: vista de perfil), esses ligamentos são tensionados e *limitam a báscula* das duas últimas vértebras lombares à frente da face superior do sacro, o platô sacral.

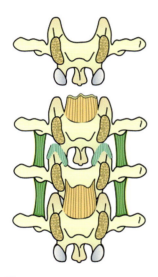

Figura 35.10

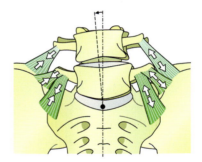

Figura 35.12

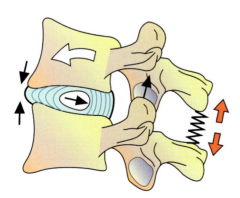

Figura 35.11

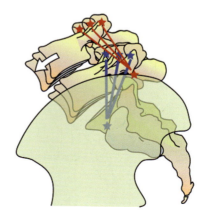

Figura 35.13

297

Esses ligamentos, porém, **não são suficientes** *para impedir* esse **deslizamento** para a frente da quinta vértebra lombar, chamado de **espondilolistese**.

No esquema da **junção lombossacral** (Fig. 35.14: vista de perfil), pode-se ver (**A**) que a quinta vértebra lombar, que sustenta todo o peso do tronco (seta vermelha) tende a *escorregar para a frente* (seta azul). O que impede esse movimento é a **fixação** dos processos articulares inferiores de L5 nas superiores de S1. Toda a força incide sobre o **istmo vertebral**, que reúne os processos articulares inferiores de L5 ao corpo da vértebra. Esse efeito de "cisalhamento" é assinalado pelas duas setas azuis de direções opostas.

Pode ocorrer, por malformação congênita ou, mais raramente, por traumatismo, que o istmo seja incompetente, distendido ou interrompido. Dizemos, então, que existe uma **espondilólise** (**B**) (seta preta). Nesse caso, a quinta vértebra lombar *desliza para a frente* sobre o platô sacral, provocando a **espondilolistese**, cujo deslocamento podemos medir em milímetros em relação à borda anterior do platô sacral.

Essa espondilólise pode ser identificada nas **radiografias oblíquas da coluna vertebral lombar** (Fig. 35.15).

A vértebra (acima) está representada em duas partes: o corpo vertebral, maciço, e o arco posterior (abaixo), que lembra a imagem de um "cachorrinho", cuja anatomia podemos detalhar totalmente. Importante: *o pescoço do cachorro representa o istmo vertebral*. Quando o istmo vertebral está interrompido, vemos uma imagem de **cachorrinho com o pescoço cortado** (figura do meio).

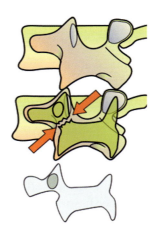

Figura 35.15

Uma **secção transversal do tronco** (Fig. 35.16: secção no nível lombar) permite compreender a disposição dos *músculos paravertebrais, dorsolombares e abdominais*, que são os **motores** desse segmento da coluna. Podemos reconhecer:

- a **vértebra lombar** (L), praticamente central, que faz saliência **na cavidade abdominal** (C), cujas paredes são forradas pelo **peritônio** (P), membrana que também envolve as vísceras abdominais;
- o **espaço retroperitoneal** (R), espaço virtual formado por tecido frouxo, celular e adiposo, que separa a cavidade peritoneal do plano posterior.

Os músculos se organizam em *cinco grupos*:

1. **Músculos paravertebrais** ou músculos das goteiras vertebrais:
   – músculos transversoespinais (**1**);
   – músculo longuíssimo do tórax (**2**);
   – músculo eretor da espinha (**3**);
   – músculo interespinal (**4**).
2. **Músculos dorsais**:
   – músculo serrátil posterior inferior (**5**);
   – músculo latíssimo do dorso (**6**), que recobre com sua aponeurose de origem (**6'**) toda a região lombar.

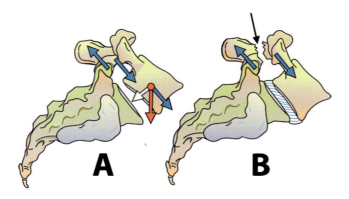

Figura 35.14

35 Características próprias da região lombar da coluna vertebral

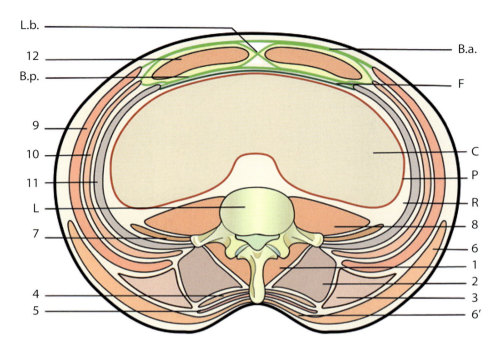

Figura 35.16

3. **Músculos laterais da coluna vertebral:**
   – músculo quadrado do lombo (7);
   – músculo psoas (8).
4. **Músculos largos do abdome**, que são, da superfície para a profundidade:
   – músculo oblíquo externo do abdome (9);
   – músculo oblíquo interno do abdome (10);
   – músculo transverso do abdome (11).
5. **Músculos anteriores**, representados pelos dois músculos longitudinais paralelos e situados de um e outro lado da linha mediana, presos, no plano profundo, a:
   – fáscia transversal (F);
   – reto do abdome (12), contido na bainha do reto do abdome, formada por lâminas aponeuróticas onde terminam os músculos largos.

Esse sistema aponeurótico forma dois folhetos:

- atrás dos músculos retos, a lâmina posterior da bainha (**B.p.**);
- à frente dos músculos retos, a lâmina anterior, ou superficial, da bainha (**B.a.**);

- esses dois folhetos se entrecruzam sobre a linha mediana, formando a chamada linha alba ou linha branca do abdome (**L.b.**).

Os **músculos das goteiras vertebrais** (Fig. 35.17: vista posterior) inserem-se diretamente no ponto de contato do arco posterior com as vértebras. São eles:

- o **transversoespinal** (1), rotador e extensor;
- os **interespinais** (2), formados por pequenos corpos musculares que se estendem de uma apófise espinhosa à apófise vizinha – eles são extensores;
- o **espinal** (3), que só se insere nas duas primeiras vértebras lombares, na altura de seus processos espinhosos.

Um **esquema completo da coluna vertebral** (Fig. 35.18: vista de perfil e posterior) mostra que a *terceira vértebra lombar* (L3) é uma vértebra de transição, pois como demonstram os trabalhos de A. Delmas, ela se situa no limite entre as fibras superiores dos músculos provenientes do sacro e dos ossos ílios, e,

O que é biomecânica

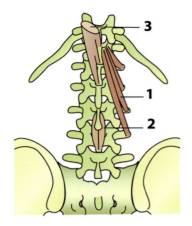

Figura 35.17

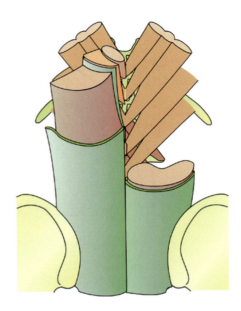

Figura 35.19

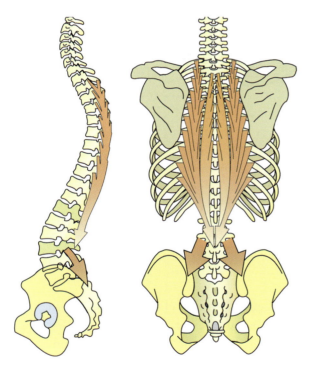

Figura 35.18

acima, as fibras inferiores dos músculos longitudinais das goteiras vertebrais, que vêm da região dorsal. Da mesma forma, podemos destacar o papel da vértebra **D12**, como **ponto de inflexão** entre a cifose dorsal e a lordose lombar.

Os músculos da **massa sacrolombar** (Fig. 35.19: vista posterior) formam a musculatura mais potente da parte baixa das goteiras vertebrais, com os feixes inferiores do músculo **iliocostal**, que vemos aqui seccionado, recobertos pela espessa **aponeurose do latíssimo do dorso**. Do plano profundo para o superficial, distinguimos:

- o serrátil posterior inferior;
- o espinal;
- o longuíssimo do tórax.

A potência desses músculos se explica pelas *pressões* que eles sofrem em razão de *sua posição, na base da coluna*.

Os músculos das goteiras vertebrais constituem *cordas do arco* do segmento lombar (Fig. 35.20: vista de perfil). Sua contração produz, portanto, uma **acentuação da lordose lombar**, bem como uma **extensão** das regiões lombar e dorsal.

Essa acentuação da lordose lombar também pode ser produzida pelo **músculo psoas** (Fig. 35.21: vista de perfil), que traciona a região lombar da coluna para a frente e a flexiona, ao mesmo tempo, em relação ao sacro.

Como se pode controlar a lordose, por vezes exagerada?

35 Características próprias da região lombar da coluna vertebral

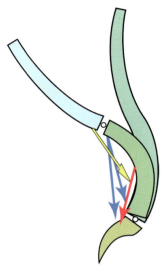

Figura 35.20

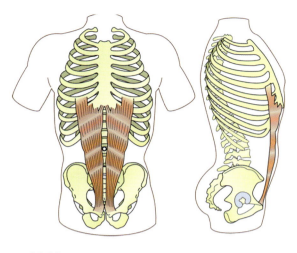

Figura 35.22

Neste **esquema do tronco** (Fig. 35.23: vista de perfil), fica evidente que, graças a seus importantes braços de alavanca, tanto no tórax como na pelve, os músculos **retos abdominais** (seta azul) são os mais eficazes para o endireitamento (seta preta) da lordose lombar.

Em seguida, vêm os músculos **oblíquos internos** (seta verde) e os **oblíquos externos** (seta vermelha).

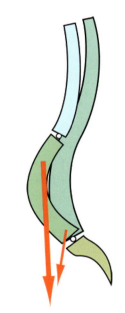

Figura 35.21

Principalmente por meio dos músculos **retos abdominais** (Fig. 35.22: vistas de frente e de perfil): duas grandes *faixas musculares*, interrompidas por várias *interseções tendíneas*, configurando músculos poligástricos. Eles são dispostos simetricamente de um lado e de outro da linha mediana, representada pela **linha alba do abdome.** Eles unem diretamente a parte anterior da base do tórax à pelve, na altura da sínfise púbica.

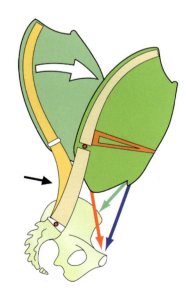

Figura 35.23

301

Esses grupos musculares anteriores funcionam permanentemente, em *relação de* **antagonismo-sinergia** com *os músculos do plano posterior* para garantir o controle da região lombar.

Esse mecanismo é muito importante para corrigir *posições viciosas de* **hiperlordose**.

Os **músculos laterais** (Fig. 35.24: vista de frente) são responsáveis pela *inclinação lateral*.

No lado esquerdo do esquema, o músculo **quadrado do lombo** é representado com seus três grupos de fibras:

- *diretas* (seta branca), que ligam diretamente a última costela à crista ilíaca – a região lombar se inclina para o lado de sua contração;
- *oblíquas para baixo e para dentro*, em direção aos processos transversos, aproximando a última costela da coluna;
- *oblíquas para baixo e para fora*, que partem dos processos transversos, os quais elas atraem para o mesmo lado de sua contração.

No lado direito do esquema, estão as origens do músculo **psoas**: ele inclina a região lombar da coluna para o lado de sua contração, mas também produz outros efeitos.

Este **esquema do tronco** (Fig. 35.25: vista de frente) mostra a inclinação do tórax sob a ação do **mús-**

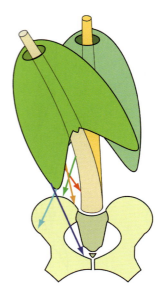

Figura 35.25

culo quadrado do lombo, cujas fibras vemos aqui em *segundo plano*, mas também de grandes músculos: do **oblíquo externo** (seta azul-escuro) e do **oblíquo interno** (seta azul-claro).

Os músculos oblíquos e o quadrado do lombo são *sinérgicos* quanto ao movimento de inclinação do tronco.

A **rotação da região lombar** (Fig. 35.26: vista superior) começa em cada nível sob a ação dos **músculos transversoespinais** (seta vermelha), que tracionam lateralmente o processo espinhoso suprajacente usando como apoio o processo transverso subjacente. No entanto, esse movimento é complementado por músculos mais potentes.

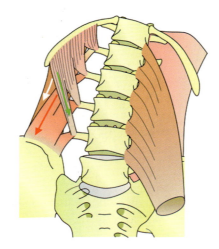

Figura 35.24

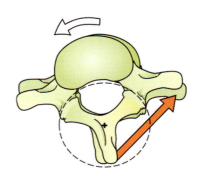

Figura 35.26

35 Características próprias da região lombar da coluna vertebral

Este esquema do tronco (Fig. 35.27: vista de frente) mostra que o **psoas**, ao se apoiar em sua inserção inferior no fêmur, pode ter um componente de rotação do tronco para o lado oposto, que vem se somar à sua ação de flexão da região lombar da coluna e à acentuação da lordose lombar.

O músculo psoas desempenha, portanto, um papel essencial não apenas como flexor e rotador lateral da coxa sobre a pelve, mas também na *estática da região lombar da coluna*.

Os **músculos largos do abdome** desempenham um papel de destaque sob vários pontos de vista. Vamos descrevê-los do plano profundo para o superficial.

O músculo **transverso do abdome** (Fig. 35.28: vista de frente) é mostrado, neste esquema, no *lado esquerdo* do corpo e em relação com os músculos retos abdominais. As fibras do músculo transverso, partindo dos processos espinhosos das vértebras lombares, dirigem-se efetivamente *em sentido transversal para a frente*. A *parte superior* das fibras aponeuróticas terminais passam *por trás* do reto abdominal. Por outro lado, nos dois terços superiores da distância entre o umbigo e o púbis, suas *fibras aponeuróticas terminais inferiores* passam *à frente* do reto abdominal. Este último, portanto, passa através de um *orifício formado pelas fibras aponeuróticas do transverso*.

Os músculos largos do abdome formam a **parede abdominal**, que **contém as vísceras**, e, em razão da direção transversal de suas fibras, os músculos transver-

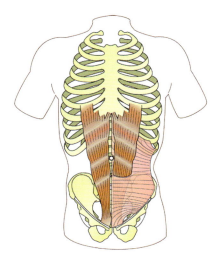

Figura 35.28

sos são *a parte mais importante* da **prensa abdominal**, cujo papel é fundamental para a respiração, para os esforços abdominais e para os mecanismos de expulsão, como a **defecação**, a **micção** e, sobretudo, o **parto**.

A segunda camada é constituída pelo **músculo oblíquo interno** (Fig. 35.29: vista de frente), que aparece, neste esquema, do lado direito do indivíduo. Constata-se que suas fibras se dirigem *obliquamente* **para cima** *e para dentro*, e que suas *fibras aponeuróticas terminais* passam todas *à frente do reto abdominal*, visto por transparência. Do lado direito, encontramos o transverso e o reto.

A terceira camada, a mais superficial, é formada pelo **músculo oblíquo externo** (Fig. 35.30: vista anterior), cujas fibras, do lado direito do indivíduo, recobrem as do oblíquo interno e se dirigem *para baixo* e **para dentro**, do *apêndice xifoide* do esterno até o *púbis*, de tal modo que todas as fibras aponeuróticas terminais passam **pela frente** do reto abdominal.

As fibras aponeuróticas desses três músculos largos constituem a **bainha dos retos** e a **linha alba do abdome**, perfurada pelo umbigo, segundo modalidades que podem ser estudadas em anatomia.

Na **rotação do tronco** (Fig. 35.31: silhueta feminina em rotação), o músculo **oblíquo externo** de um lado (seta vermelha) é sinérgico com o **oblíquo interno** do lado oposto (seta azul) em razão das direções opostas de suas fibras.

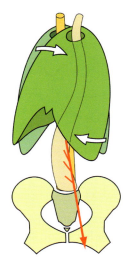

Figura 35.27

303

O que é biomecânica

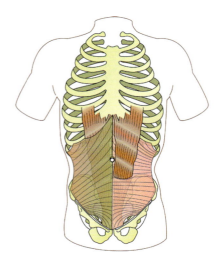

Figura 35.29

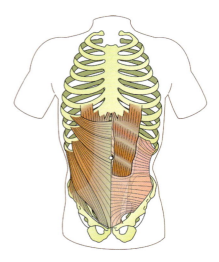

Figura 35.30

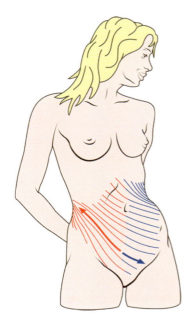

Figura 35.31

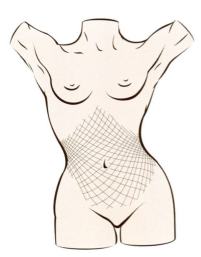

Figura 35.32

A marca da **cintura** (Fig. 35.32: vista de frente), ligeiramente acentuada, é determinada pela direção oblíqua dos músculos **oblíquos interno e externo**. A estrutura oblíqua e cruzada desse sistema muscular controla o volume do abdome, exatamente como uma "cinta", o que justifica a curvatura côncava, nessa altura do tronco, que chamamos de cintura.

Com efeito, eles descrevem um **hiperboloide de revolução** (Fig. 35.33: cilindro à esquerda, hiperboloide à direita).

Eis aí um termo complexo que, no entanto, pode ser facilmente compreendido com uma divertida experiência geométrica descrita a seguir:

- Fios elásticos são tensionados entre as margens de dois círculos, enfileirados ao longo do mesmo eixo rígido, formando, assim, uma "gaiola cilíndrica de barras paralelas" (lado esquerdo).

304

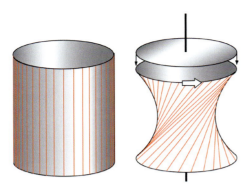

Figura 35.33

- Se *girarmos um dos círculos* em relação ao outro, os fios continuarão tensos, mas desenharão, lateralmente, uma **curva envolvente** que é, em termos geométricos, uma *hipérbole*. O volume que se forma é um **hiperboloide de revolução**.

Ao mesmo tempo, os *círculos se aproximam,* pois a tração sobre os fios aumenta.

Algumas mulheres têm a cintura fina porque seu "hiperboloide de revolução" é bem *cerrado* graças aos músculos oblíquos. São esses os músculos que devem ser exercitados para conservar a silhueta bem marcada.

A musculatura abdominal desempenha um papel essencial na estática raquidiana, inicialmente controlando a lordose lombar, mas também modificando a altura da coluna como um todo. Duas posturas são comparadas neste esquema (Fig. 35.34: vista de perfil):

- do lado esquerdo (A), a postura chamada **astênica** ou "relaxada";
- do lado direito (B), a postura dita **estênica**, semelhante à posição de sentido dos militares.

No primeiro caso (A), ou seja, na **postura astênica**, o relaxamento muscular, particularmente dos músculos **abdominais** (setas azuis), favorece uma *hiperlordose* por anteversão da pelve.

O resultado é um *exagero de todas as curvaturas* e, nas alturas dorsal e cervical, um *descolamento* (**b**) do apoio dorsal em relação ao plano, sobretudo com **perda de altura** (**b**) da coluna como um todo, chegando ao mínimo (**mín.**) de sua altura.

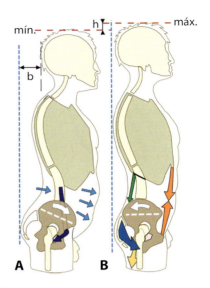

Figura 35.34

Na **postura estênica** (B), tudo se transforma graças à **contração** dos **glúteos** (seta azul) e dos **isquiotibiais** (seta amarela) que endireitam a pelve em **retroversão** (seta branca). A contração dos músculos abdominais, em particular dos **retos** (setas vermelhas) contribui para a retificação da hiperlordose lombar, já corrigida, em parte, pela retroversão da pelve. Por fim, os músculos **espinais** (seta verde) levam a coluna vertebral para trás. Em suma, o dorso e o occipício retomam *contato com o plano de apoio dorsal* e, sobretudo, a diminuição das curvaturas da coluna determina seu *alongamento* (**h**) e um aumento (h) da estatura (**máx.**). Trata-se, portanto, de uma **postura ativa**, que corresponde à posição de "sentido".

Os músculos abdominais, ao se contraírem durante a **manobra de Valsalva** (Fig. 35.35: secção sagital de perfil), podem aliviar consideravelmente as pressões aplicadas sobre a coluna vertebral na região lombar.

Essa manobra, graças à contração dos músculos **retos abdominais** (**R**) e **abdominais**, com a **glote fechada** (**G**) e os **esfíncteres perineais** (**E**) também fechados, transforma o tronco, formado por duas cavidades, a *cavidade abdominal* (**A**) e a *cavidade torácica* (**T**), em uma **viga inflável**, rígida pelo aumento da pressão em seu interior.

Essa viga, por sua posição anterior à coluna vertebral e sua rigidez, *diminui de forma notável os esforços* (**S2**) aplicados sobre a dobradiça lombossacral. Essa ma-

O que é biomecânica

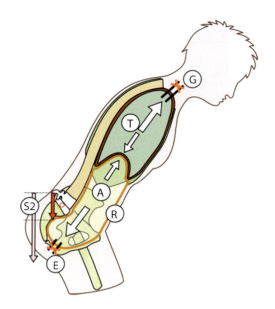

Figura 35.35

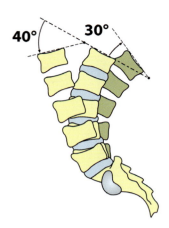

Figura 35.36

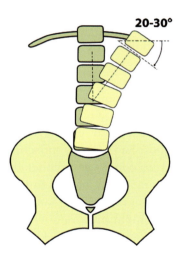

Figura 35.37

nobra é utilizada sempre que é necessário levantar um peso significativo, sobretudo pelos **halterofilistas**. Ela só pode ser *muito passageira,* pois o aumento da pressão intratorácica *prejudica o retorno venoso* do sangue proveniente do cérebro, comprometendo a oxigenação desse órgão. No entanto, protege a região lombar da coluna de sobrecargas, as quais são mais bem distribuídas na pelve. Esse "esforço abdominal" pode ser utilizado no dia a dia, mas necessita de um *perfeito controle* dos **esfíncteres perineais, anal e vesical**. Os mergulhadores utilizam uma variante dessa manobra de Valsalva ao fechar as narinas e deglutir durante o esforço abdominal: dessa forma, o *ar passa pelas tubas auditivas* e chega ao ouvido médio, **equilibrando as pressões** de ambos os lados do tímpano, o que serve de preparo ao mergulho.

Amplitudes da região lombar da coluna

As **amplitudes de flexão-extensão** (Fig. 35.36: vista de perfil) só podem ser medidas com exatidão em radiografias de perfil. Em média, a **extensão** é de **30°** e a **flexão**, de **40°**.

O mesmo ocorre com as **amplitudes de inclinação lateral** (Fig. 35.37: vista de frente). Essa amplitude é, em média, de **20°** a **30°** de um lado e de outro.

Quanto à **rotação**, é quase impossível medi-la clinicamente. Somente os cortes tomográficos permitem sua avaliação.

Por razões anatômicas já mencionadas, a saber, o engaste dos processos articulares, essa rotação é muito limitada, da ordem de **5°** para um lado e para o outro.

Reparos externos da região lombar da coluna

Podemos seguir a **linha dos processos espinhosos** (Fig. 35.38: vista posterior), ao longo de toda a coluna vertebral, a partir da sétima vértebra cervical, pois elas

35 Características próprias da região lombar da coluna vertebral

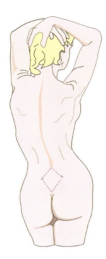

Figura 35.38

Figura 35.39

formam uma saliência sob a pele. Na região lombar, essa linha saliente se transforma em goteira: o **sulco lombar**, concavidade que vai até o sacro, onde a superfície é plana ou ligeiramente abaulada. De cada lado, podem-se ver pequenas depressões, as **fossetas sacrais**. Nesse local, desenha-se o **losango de Michaelis**, perfeitamente regular, delimitado por *quatro pontos*:

- as *duas fossetas sacrais*;
- a *extremidade inferior do sulco lombar*;
- a *extremidade superior da fenda interglútea*.

Esse losango existe tanto no homem como na mulher e, se o leitor tiver o hábito de frequentar museus, poderá observá-lo nas pinturas e esculturas.

Entretanto, esse losango não foi "inventado" por um artista, e sim por um *ginecologista obstetra* alemão, **Gustav Adolf Michaelis**, que clinicava em Kiehl em meados do século XIX. Naquela época, ele não dispunha de radiografias para identificar as *deformidades pélvicas das futuras parturientes*. Graças a seu famoso losango, até hoje usado pelos obstetras e parteiros, ele era capaz de diagnosticar pelves malformadas, chamadas **distócicas**.

Um *estudo radiológico pessoal* (Fig. 35.39: radiografia vista de frente) mostrou, graças aos pesos de chumbo dispostos nos quatro ângulos do losango, que as fossetas correspondem à *parte superior das articulações sacroilíacas*, o *ângulo superior* corresponde a **L4** ou **L4-L5**, e o *ângulo inferior* a **S3**.

Neste **esquema da pelve** (Fig. 35.40: vista posterior por transparência), vê-se a **projeção do losango.** Uma injeção feita na fosseta sacral "cairia" diretamente na articulação sacroilíaca. Podemos também fazer **injeções peridurais** no **primeiro forame sacral** posterior, de fácil identificação: ele se situa dois dedos abaixo da linha que une as cristas ilíacas (pontilhado azul), que passa por **L4-L5**, e dois dedos para fora da linha mediana. O ponto **preto** marca a projeção desse primeiro forame sacral.

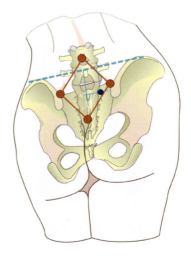

Figura 35.40

307

36
Características próprias da região torácica da coluna vertebral

Região dorsal ou torácica da coluna vertebral

A região dorsal passou a se chamar, atualmente, **região torácica**. Ela é o trecho intermediário entre a região lombar e a cervical.

É formada por **doze vértebras** (Fig. 36.1: vista posterior), que servem de sustentação para a **caixa torácica**, ligada, por sua vez, ao **cíngulo do membro superior** e, portanto, aos membros superiores.

Vista de frente, a região dorsal ou torácica vertebral é *retilínea* e simétrica.

Vista de perfil (Fig. 36.2), ela é côncava para a frente, e essa curvatura, mais ou menos pronunciada dependendo da pessoa, chama-se cifose dorsal.

Constituição de uma vértebra dorsal

A vértebra dorsal típica comporta os mesmos elementos que a vértebra lombar típica, mas com particularidades que podemos ver na **ilustração fragmentada** da Figura 36.3 (vista em perspectiva).

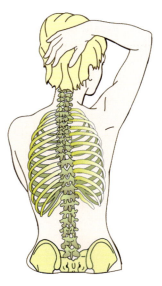

Figura 36.1

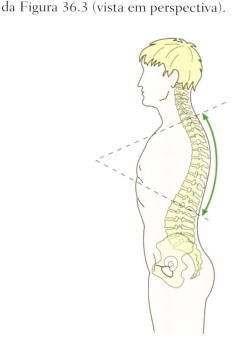

Figura 36.2

36 Características próprias da região torácica da coluna vertebral

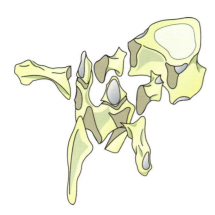

Figura 36.3

- O **corpo vertebral** é menor e mais alto, com uma face posterior muito côncava e, sobretudo, *faces articulares* nos quatro cantos posteriores que formam, com as faces das vértebras adjacentes, uma *cavidade articular* que recebe a *cabeça da costela* correspondente.
- Os **pedículos**, muito delgados, que se ligam a um **arco posterior**, maior na vertical, que praticamente recobre o da vértebra subjacente, o que deixa pouco espaço para o ligamento amarelo, que une as vértebras.
- O **processo espinhoso**, afilado, é bem oblíquo para trás e para baixo.
- Os **processos transversos** sustentam uma face articular para a costela correspondente.
- Os **processos articulares**, como mostra este esquema da **vértebra completa** (Fig. 36.4: mesma perspectiva), sustentam as faces articulares orientadas de modo diferente daquelas das vértebras lombares.

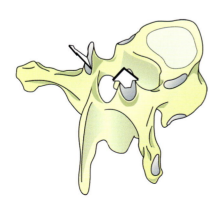

Figura 36.4

Na realidade, as *faces superiores* são orientadas para trás e *ligeiramente para fora* (seta branca). As *faces inferiores* são orientadas inversamente e vêm *recobrir* as faces superiores da vértebra subjacente.

Mobilidade da região dorsal da coluna vertebral

- Na **vista superior** de *duas vértebras dorsais* **superpostas** (Fig. 36.5), constatamos que as superfícies dessas faces se dispõem segundo um *arco de círculo* cujo centro fica aproximadamente no *centro do corpo vertebral*. As faces, portanto, já não são mais "engastadas", como na região lombar, o que possibilita movimentos de **rotação**, ainda que de pouca amplitude, de uma vértebra sobre a outra, em torno desse centro de curvatura das faces.
- A presença da **caixa torácica** (Fig. 36.6: vista em perspectiva anterior esquerda) limita consideravelmente a mobilidade da região dorsal da coluna, que lhe serve de eixo e suporte. Apesar disso, *a região dorsal é mais móvel que a região lombar* em razão de sua maleabilidade e deformabilidade, nos níveis de suas articulações próprias.

Por exemplo, a **maleabilidade torácica** (Fig. 36.7: vista superior de dois arcos costais completos e superpostos) permite a rotação, apesar da presença das costelas, que se deformam de modo assimétrico, pois permanecem solidárias entre si *em razão de sua ligação flexível ao esterno*, visível de frente nesse esquema.

A **flexão-extensão** (Fig. 36.8: duas vértebras superpostas vistas de perfil) se realiza como na região lombar.

Em **flexão** (A), o corpo vertebral se inclina e desliza para a frente. Ele é mantido pelos processos articulares inferiores, que deslizam para cima sobre os da vértebra subjacente. Os ligamentos posteriores, estirados, limitam o movimento, particularmente do processo espinhoso.

Em **extensão** (B), o corpo vertebral se desloca de modo inverso. Os processos articulares deslizam para baixo e se detêm na vértebra subjacente. O processo espinhoso desce e se detém no subjacente.

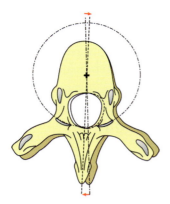

Figura 36.5

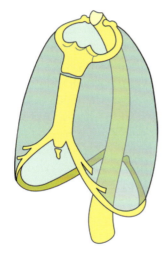

Figura 36.6

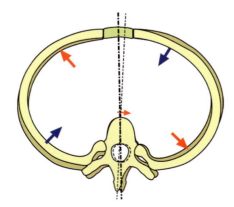

Figura 36.7

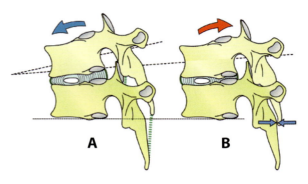

Figura 36.8

Esses movimentos da região dorsal da coluna são acompanhados, *obrigatoriamente,* por deformações no tórax.

Em **flexão** (Fig. 36.9: vista lateral), vemos *se abrir* todos os ângulos do polígono formado pela primeira costela, pelo esterno e pela 12ª costela. Nesse mecanismo, a *elasticidade das cartilagens costais* é de particular importância. Como no processo de envelhecimento as cartilagens perdem sua maleabilidade, as possibilidades de deformação da caixa torácica diminuem.

Em **extensão**, os ângulos do polígono se fecham.

Em **inclinação** (Fig. 36.10: vista posterior de duas vértebras dorsais), a vértebra suprajacente se inclina sobre a subjacente, de tal modo que sua superfície articular inferior, do lado da inclinação, desce sobre a da vértebra subjacente, enquanto, do lado oposto, se eleva. Esse é um movimento de pouca amplitude, em qualquer nível, porque é rapidamente bloqueado pelos obstáculos ósseos e pelo estiramento dos ligamentos.

O *tórax se adapta sofrendo uma ligeira deformação* (Fig. 36.11: vista anterior):

- do lado da inclinação, as costelas se aproximam, o que resulta em ligeira diminuição do volume do hemitórax;
- do lado oposto, as costelas se afastam, resultando em discreto aumento de volume do hemitórax.

Articulações com as costelas

Cada costela se articula com a coluna vertebral em **dois níveis** (Fig. 36.12: vista lateral de três vértebras dorsais e uma costela):

36 Características próprias da região torácica da coluna vertebral

Figura 36.9

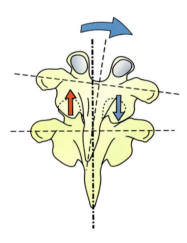

Figura 36.10

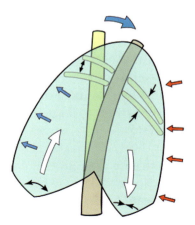

Figura 36.11

- a **cabeça da costela** se articula *diretamente com os corpos vertebrais* pela **articulação costovertebral**;
- o **tubérculo da costela** se articula com o *processo transverso* – antigamente chamado de apófise transversa – pela **articulação costotransversária**.

Essas articulações são detalhadas a seguir, no esquema de perfil.

- A **articulação costovertebral** (**A**), *englobando dois corpos vertebrais adjacentes* com suas duas faces e seu ligamento interósseo, situado entre elas e ligando o disco intervertebral ao vértice da cabeça da costela. Essa articulação é estabilizada por *três ligamentos*, situados à frente da cabeça: o *superior* e o *inferior*, provenientes dos corpos vertebrais, e o *médio*, proveniente do disco intervertebral.
- A **articulação costotransversária** (**B**), também visível na **vista superior** (Fig. 36.13), onde está aberta. Sua cápsula é reforçada por dois ligamentos, o *superior* e o *inferior*. Ela é estabilizada por três ligamentos:
  - o **costotransversário** (1), que une a costela a seu processo transverso;
  - o **costotransversário superior** (3), proveniente do processo transverso suprajacente, bem visível na vista lateral e na **vista em secção** (Fig. 36.14);
  - o **ligamento costotransversário lateral** (2), que une o vértice do processo transverso à sua própria costela.

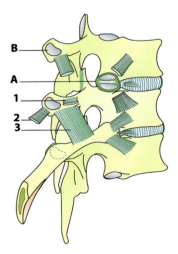

Figura 36.12

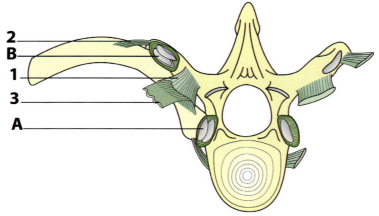

Figura 36.13

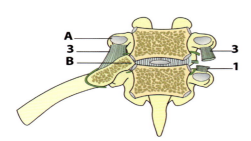

Figura 36.14

Assim, a costela é mantida não apenas pelos ligamentos próprios de suas duas articulações, mas também pelos *dois ligamentos interósseos* provenientes de dois níveis.

Movimentos das costelas

As **duas articulações**, **costovertebral** e **costotransversária** (Fig. 36.15: vista superior em dois níveis), são **ligadas do ponto de vista mecânico** e possuem um eixo **oblíquo** comum, em torno do qual a costela realiza um movimento de rotação. A *direção desse eixo* depende do nível costal e determina a direção do movimento.

- No caso das **costelas superiores** (lado direito do esquema), esse eixo (yy') fica próximo à direção *trans-*

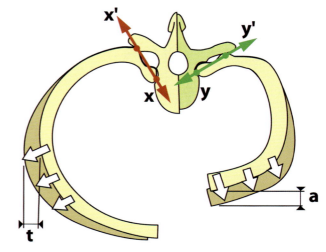

Figura 36.15

versal. O movimento da costela, que é de elevação, irá causar o **avanço** (*a*) de sua extremidade livre.
- No caso das **costelas inferiores** (lado esquerdo do esquema), esse eixo (xx') tende a se tornar *sagital*, de forma que a elevação da costela determina um *deslocamento externo* (*t*) e, portanto, um **aumento** da *base do tórax*.

Na **vista de frente** (Fig. 36.16), esse duplo movimento de elevação (*h*) e afastamento (*t*) das costelas inferiores é perfeitamente visível.

Na **vista lateral** das costelas superiores (Fig. 36.17), constatamos também que a elevação (*h*) da

36 Características próprias da região torácica da coluna vertebral

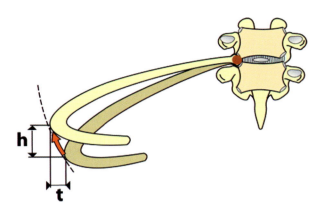

Figura 36.16

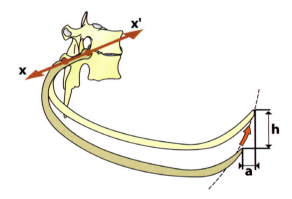

Figura 36.17

pela inclinação da linha dos ombros (vermelha) em relação à horizontal (verde). Ela é de 40°, mas como a inclinação da região lombar é de 20°, por subtração deduzimos que a inclinação própria da região dorsal é de 20° de cada lado e, no total, 40° de um lado ao outro.

- A **rotação própria da região dorsal** só pode ser medida com precisão em **exames tomográficos** (Fig. 36.19: vista superior do sacro a T1).

Sabemos que, por razões anatômicas, a rotação da região lombar é limitada, da ordem de 5° para cada

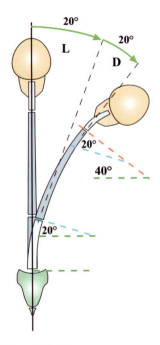

Figura 36.18

extremidade anterior da costela é acompanhada por seu avanço (*a*).

Isso não é suficiente para descrever os movimentos das costelas, que, além disso, estão ligadas ao esterno, fazendo parte da movimentação da caixa torácica.

Esses movimentos serão descritos no Capítulo 43.

Amplitudes da região dorsal da coluna vertebral

As amplitudes próprias da região dorsal são de difícil determinação, pois *a coluna funciona* **globalmente** e não é fácil distinguir, na amplitude total, qual a responsabilidade de cada segmento.

- A **inclinação lateral da região dorsal da coluna vertebral** (Fig. 36.18: vista posterior) pode ser medida

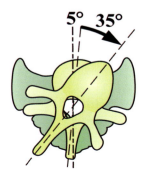

Figura 36.19

313

lado. Por outro lado, apesar da presença do tórax, a rotação da coluna vertebral na região dorsal é claramente mais elevada, já que pode alcançar **35°** para cada lado.

A **flexão-extensão própria da região dorsal da coluna vertebral**, assim como no caso da inclinação, integra-se à **medida da amplitude total** da coluna (Fig. 36.20: vista lateral da coluna toda).

Se tomarmos por base a *face intervertebral superior de* T1, podemos medir, nas radiografias de perfil, uma amplitude de 60° de flexão e 60° de extensão.

Contudo, nessas mesmas radiografias, vemos que a região lombar da coluna vertebral tem a possibilidade de flexão de 60° e a possibilidade de extensão de 20°, ou seja, no total, 80° que precisam ser subtraídos da amplitude total dorsolombar de flexão-extensão para se obter a **amplitude de flexão-extensão segmentar da região dorsal apenas**, que é de **40°**.

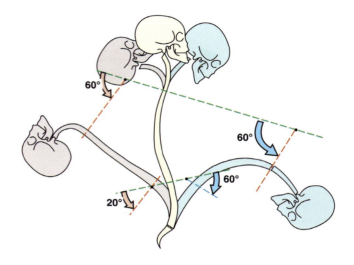

Figura 36.20

37
Características próprias da região cervical da coluna vertebral

Ao contrário dos outros segmentos da coluna, a região cervical não tem uma estrutura homogênea, mas é constituída de **duas partes** (Fig. 37.1: vista de perspectiva anterior externa), cujas vértebras diferem-se estrutural e funcionalmente.

- A **região cervical inferior** (1), formada por **cinco vértebras** cervicais estruturalmente semelhantes à vértebra típica.

- A **região cervical superior** (2), formada somente por **duas vértebras**, de estrutura muito particular, denominadas **atlas** e **áxis**, que fazem a *junção entre a região cervical inferior e o crânio*, com o qual se articulam na altura do occipital.

- O funcionamento da região cervical inferior, embora complementar ao da região superior, é *fundamentalmente* **distinto**. As *duas primeiras* vértebras formam o que poderia ser chamado de **complexo articular suboccipital** (Fig. 37.2: vista de perspectiva anterior externa).

- Essas diferenças de estrutura e de funcionamento são perfeitamente explicadas e justificadas graças a um modelo mecânico descrito em detalhes no próximo capítulo.

As características e o funcionamento dessas duas partes da região cervical serão, por conseguinte, descritos um após o outro.

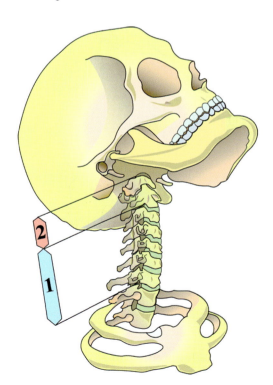

Figura 37.1

Figura 37.2

315

Características da região cervical inferior

Esse segmento da região cervical é constituído por **cinco vértebras cervicais** típicas (Fig. 37.3: vista de uma vértebra cervical *seccionada*), cuja morfologia é muito diferente daquela das outras vértebras.

Primeiramente, essas vértebras são *nitidamente menores* que as outras, até mesmo que as vértebras dorsais superiores. Isso implica uma noção extremamente importante: *a região cervical é a* **parte mais frágil** *da coluna vertebral*. E suas ligações estreitas com o bulbo e a medula espinal explicam *a* **gravidade** *das lesões traumáticas nessa região*.

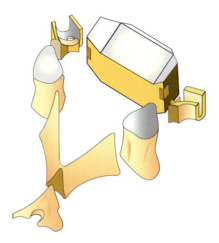

Figura 37.3

- O **corpo vertebral**, situado na frente, tem a forma de um *paralelepípedo retangular* correspondente ao formato de uma caixa de sapatos. Seu grande eixo é *transversal*, e suas duas faces superiores, os planaltos, são bem características:
  - as duas bordas laterais do planalto superior são sobressaídas por causa de uma saliência, **o unco do corpo**, *recoberto* por cartilagem;
  - por outro lado, as duas bordas laterais do planalto inferior são achatadas por uma **face articular**, que também é recoberta de cartilagem, pois forma, com a apófise unciforme da vértebra subjacente, **a articulação uncovertebral**;
  - o centro do planalto vertebral, recoberto de cartilagem, apresenta ligação com um **disco intervertebral**, composto, como nos outros níveis, de um *anel fibroso* periférico e de um *núcleo pulposo* central.

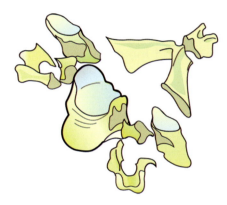

Figura 37.4

- Os detalhes superiores do corpo são perfeitamente visíveis no plano seccionado (Fig. 37.4).
- Este esquema de uma **vértebra cervical completa** (Fig. 37.5: vista de perspectiva posterior esquerda) mostra que, em cada um dos ângulos posteriores e laterais do corpo vertebral, liga-se o **istmo vertebral** que o une ao *maciço articular*, o qual suporta as *faces articulares* do arco posterior. Os processos transversos, muito especiais, encontram-se, ao mesmo tempo, sobre o ângulo posterior e lateral do corpo, e sobre o maciço articular.

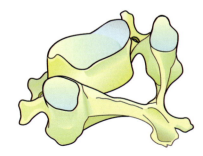

Figura 37.5

- As **faces articulares superiores**, bem visíveis nessa vértebra reconstituída, são orientadas para cima e para trás. Elas ficam acima das **faces articulares**

37 Características próprias da região cervical da coluna vertebral

inferiores da vértebra sobrejacente, orientadas para baixo e para a frente.
- Os **processos transversos** formam uma espécie de canal em relação à concavidade *superior*. Eles têm, portanto, duas bordas *sobressalentes*.
- A orientação de cada um é mostrada neste esquema (Fig. 37.6: vista de perspectiva anterior esquerda). Em relação ao plano sagital, sua direção é *oblíqua para a frente com 60°* e, em relação ao plano horizontal, estão *em declive para a parte exterior com 15°*.
- Última característica: seu fundo apresenta um orifício, o **forame vertebral**, que, como veremos mais adiante, dá passagem à **artéria vertebral**.
- As **lâminas vertebrais**, que completam o arco posterior, são finas e estreitas. Elas se agrupam sobre a linha mediana para dar origem a um **processo espinhoso** curto, achatado, de cima até embaixo, que contém dois tubérculos, motivo pelo qual é chamado de **bituberculado**.

Um plano esquemático de dois corpos vertebrais cervicais (Fig. 37.7: vista de perspectiva anterior direita) permite compreender o funcionamento do disco e das **articulações uncovertebrais**: elas são planas que se mobilizam apenas por meio do jogo mecânico. Deslizam para a frente ou para trás e abrem-se em um sentido ou outro.

Essa segunda vista em perspectiva (Fig. 37.8: vista de perspectiva anterior esquerda) permite constatar que, quando uma articulação uncovertebral se encolhe de um lado, obrigatoriamente ela se abre do outro.

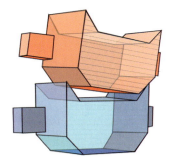

Figura 37.7

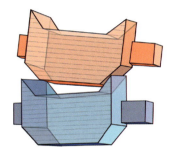

Figura 37.8

Esses processos unciformes **limitam**, portanto, *os movimentos de lateralidade*, e **conduzem** *os movimentos de deslizamento* para a frente ou para trás, no momento da flexão-extensão.

Em um **corte frontal** (Fig. 37.9: vista anterior de uma secção frontal de duas vértebras), vê-se perfeitamente *o jogo dessas duas planas*, cujo *ângulo de divergência* corresponde exatamente ao ângulo de inclinação do corpo vertebral. Pode-se notar, também, o jogo do disco intervertebral, com a *migração do núcleo pulposo* para o lado inverso da inclinação.

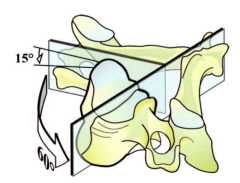

Figura 37.6

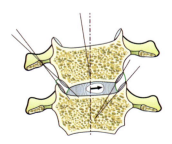

Figura 37.9

O que é biomecânica

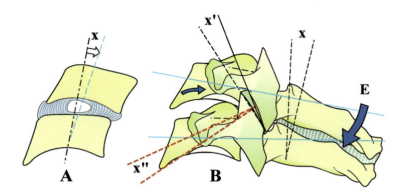

Figura 37.10

Os **movimentos de flexão-extensão** (Fig. 37.10: vista lateral de duas vértebras em extensão) no nível da região cervical inferior consistem em uma translação posterior com báscula da vértebra superior sobre a subjacente.

A **extensão** é ilustrada neste esquema, em que é possível ver a báscula e a translação para trás do **corpo vertebral** (A), com migração do núcleo para a frente. Ao mesmo tempo, o arco posterior (B) aproxima-se daquele da vértebra subjacente, com o qual entra em contato, enquanto a face articular desliza para baixo sobre a face articular subjacente, formando um ângulo de divergência x, igual ao ângulo de extensão.

O mecanismo é o mesmo para a **flexão** (Fig. 37.11: vista lateral de duas vértebras em flexão), com uma inclinação para a frente do corpo vertebral (A), associada a uma báscula para cima do arco posterior (B), o que contrai os ligamentos, e a um deslizamento para cima da face articular, com um ângulo de divergência y' igual ao ângulo de flexão y.

Movimentos de inclinação

São determinados pelo **deslizamento diferencial das faces articulares** (Fig. 37.12: vista de perspectiva superoposterior esquerda) das vértebras uma sobre a outra, em um movimento de rotação.

As faces articulares são *mantidas em um mesmo plano,* oblíquo para baixo e para trás, o que significa que, no momento da rotação para a direita, por exemplo, ocorre simultaneamente uma inclinação: a face da esquerda desliza para cima, enquanto a da direita desliza para baixo. Na altura da região cervical inferior, a inclinação é acompanhada, portanto, obrigatoriamen-

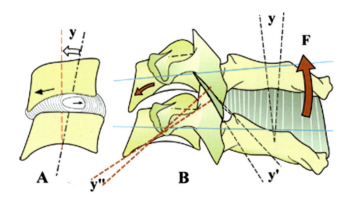

Figura 37.11

37 Características próprias da região cervical da coluna vertebral

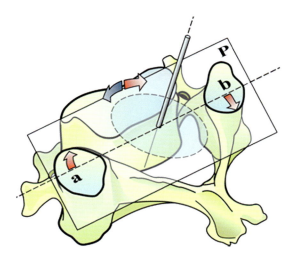

Figura 37.12

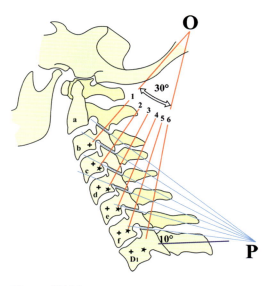

Figura 37.13

te, por uma rotação em volta de um eixo perpendicular no plano **P** situado entre as duas faces. A inclinação é, por conseguinte, sempre um **movimento composto**, associado a uma rotação. Em outros termos, *não existe inclinação pura nem rotação pura*. Veremos, na sequência, toda a importância dessa constatação.

Em uma **radiografia de perfil da região cervical** (Fig. 37.13), se a entrelinha de cada face articular (linhas azuis) for prolongada, constata-se que todas convergem no mesmo ponto **P**, situado atrás da primeira dorsal (**D1**). Por razões de geometria elementar, se agora forem traçados os eixos de rotação segmentários, ou seja, perpendiculares a cada uma das faces articulares (linhas vermelhas), eles convergem também em um ponto **O**, situado atrás e acima da região cervical, em alguma parte na escama do occipital.

Um **diagrama dos corpos vertebrais cervicais no espaço** (Fig. 37.14: vista de perspectiva posterior esquerda) objetiva com perfeição o movimento de rotação automaticamente associado ao movimento de inclinação.

É a partir dessa constatação que um modelo mecânico da região cervical, que lança uma nova luz sobre o funcionamento da região cervical, foi realizado.

No total, no que diz respeito à **unidade funcional integrada** que constitui a região cervical inferior, existe apenas **um movimento puro**: a **flexão-extensão**. Por outro lado, **os movimentos de rotação e inclinação são obrigatoriamente associados**.

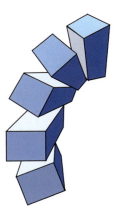

Figura 37.14

Como veremos, é função do **complexo suboccipital** *transformar esse movimento combinado em um movimento puro de rotação ou de inclinação*.

Características da região cervical superior ou complexo articular suboccipital

Considerado em sua totalidade, este complexo articular é o **equivalente de uma esferóidea**, ou seja, dotado de três graus de liberdade.

319

É constituído dos **dois primeiros níveis vertebrais** (Fig. 37.15: vista de perspectiva anterior esquerda):

- articulação **atlantoccipital**;
- articulação **atlantoaxial**.

A associação dessas duas funciona como uma articulação com três eixos e três graus de liberdade.
Esse complexo articular (**2**) tem duas funções:

- de um lado, prolongar os movimentos de flexão e extensão no plano sagital no nível da **região cervical inferior** (1);
- de outro lado, eliminar o componente não desejado da **região cervical inferior** (1), a fim de obter movimentos puros de inclinação ou de rotação.

É, portanto, papel da região suboccipital compensar e anular os componentes não desejados graças a seus 3 graus de liberdade.

As duas vértebras suboccipitais

- A primeira, **C1**, chama-se **atlas**.
- A segunda, **C2**, chama-se **áxis**.

Atlas

O atlas (Fig. 37.16: em um plano *seccionado*), assim chamado por fazer referência ao titã que, na mitologia grega, carrega a Terra nos ombros, não se assemelha de forma alguma com a vértebra típica.

- Para começar, não há **corpo vertebral**. Ele é substituído por duas **massas laterais**, reunidas na frente pelo **arco anterior** e atrás pelo **arco posterior**.
- As **massas laterais**, cilíndricas e ovais, com um grande eixo oblíquo para a frente e para dentro, apresentam sobre suas *faces superiores* uma face articular, *côncava nos dois sentidos*, cujas superfícies são inscritas em uma esfera, que nós precisaremos mais adiante. Suas *faces inferiores* apresentam uma face articular, *ligeiramente convexa de frente para trás*, inscrita em um plano oblíquo para baixo e para fora. Essas

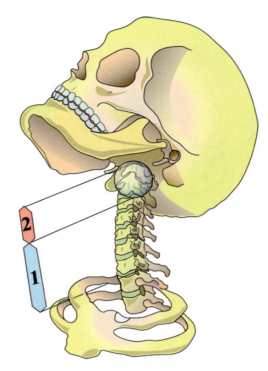

Figura 37.15

Figura 37.16

massas laterais contêm, sobre sua face posterior, um *profundo sulco* ocupado pela **artéria vertebral**.

Em uma **vista superior** (Fig. 37.17), o atlas inscreve-se em uma geometria regular, sobre a qual vai se projetar o "espectro" da *esfera*, cuja superfície apresenta as duas faces superiores.

O **arco anterior**, fino, estreito e frágil, reúne, na frente, as massas laterais. Ele traz na face posterior uma **pequena face articular** oval com um grande eixo vertical.

37 Características próprias da região cervical da coluna vertebral

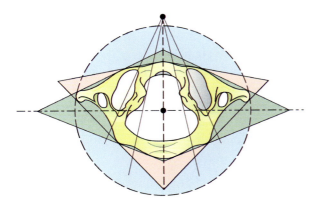

Figura 37.17

O **arco posterior** reúne, atrás, as massas laterais; é fino e achatado, de cima até embaixo, perto de sua inserção sobre as massas laterais, e adensa-se para trás, o que dá origem ao tubérculo posterior **sem pedículo**.

Um **processo transverso**, aberto com um *forame vertebral*, insere-se na face externa das massas laterais, apoiando-se ligeiramente sobre o arco posterior.

Áxis

É mostrado na Figura 37.18, em vista seccionada. Seu nome vem do fato de representar o **pivô**, o eixo de rotação da região suboccipital.

Comporta, na frente, um **corpo vertebral**, de forma paralelepipédica, porém mais alto que aquele de uma vértebra cervical inferior.

Na sua *face superior*, encontra-se no eixo e verticalmente o **dente do áxis**, ligeiramente cilíndrico, unido ao corpo vertebral por uma parte mais retraída. Essa estrutura assemelha-se a um dente, o que explica seu nome.

A parte cilíndrica funciona como *pivô do atlas* e apresenta **duas faces articulares**, uma sobre sua face anterior, outra sobre a posterior.

As **faces articulares superiores** são sustentadas pelo *corpo vertebral* como *ombreiras*. Elas são ligeiramente convexas de frente para trás e seu plano é oblíquo para fora e ligeiramente para baixo. Elas se articulam *com as faces articulares inferiores* de massas laterais do atlas.

O **arco posterior** encontra-se sobre a face posterior do corpo vertebral, na parte superior de sua borda lateral. A face articular superior repousa *parcialmente* em cima.

As **faces articulares inferiores** se situam na *face inferior do arco posterior*, mas projetam-se para a frente em relação às faces articulares superiores.

O **processo espinhoso bífido** é moderadamente saliente e bituberculado.

Em uma **perspectiva anteroexterna** (Fig. 37.19), distingue-se perfeitamente o seguinte:

- o **corpo vertebral** com o "bico" de sua *borda inferior saliente,* que corresponde a um achatamento do corpo de **C3**, e também a **face articular** da borda externa, orientada para baixo e para fora (seta branca), que se articula com a apófise unciforme de **C3**;
- a **face articular anterior do dente do áxis**, convexa nos dois sentidos, enquanto a face posterior do den-

Figura 37.18

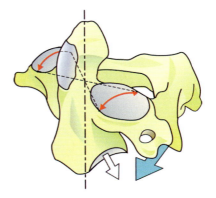

Figura 37.19

321

te do áxis apresenta um profundo *canal transversal*, que corresponde ao *ligamento transverso*;
- atrás do **processo transverso**, aberto com o forame vertebral, situa-se a face articular inferior, com sua face orientada *para baixo e para a frente* (seta azul), para recobrir a face superior de **C3**.

As duas articulações suboccipitais

É preciso considerar sucessivamente os dois níveis:

1. A **articulação atlantoccipital** (Fig. 37.20: em vista de perspectiva superior esquerda). Ela comporta, na realidade, **duas articulações** *simétricas* em relação ao forame occipital e mecanicamente ligadas. Elas são constituídas por:

- **Côndilos do occipital**, com uma face articular oval ou em forma de sola que apresenta duas *curvaturas convexas*.
- As **faces articulares superiores das massas laterais do atlas**, de forma oval e côncava nos dois sentidos: concavidade vertical (linha azul) e horizontal (linha vermelha).
- Essas curvaturas, tanto as dos côndilos como das faces atlantais, inscrevem-se na superfície de uma *esfera virtual* de grande raio (ilustrada em azul claro sobre o atlas), cujo *centro é situado no interior do crânio*, em cima do forame occipital (linha vermelha) e sobre uma vertical bem próxima do eixo desse forame.
- Portanto, pode-se considerar esse nível articular como uma *articulação esferóidea* com dois componentes, duas "sapatas" que emolduram o forame occipital.
- Como toda articulação esferóidea, ela é dotada de *três graus de liberdade*, ou seja:
  – flexão-extensão;
  – inclinação lateral;
  – rotação axial.

Esses movimentos, porém, são de **baixa amplitude**, em razão da fraca movimentação das superfícies articulares, limitada por cápsula e ligamentos curtos e poucos elásticos.

Em um esquema da **articulação atlantoccipital** (Fig. 37.21: vista posterior), vê-se como a **inclinação** para a direita (seta preta) ocasiona a báscula (pontilhado vermelho) dos dois côndilos do occipital sobre as faces articulares superiores do atlas sobre a superfície da esfera virtual.

A **flexão-extensão** (Fig. 37.22: vista lateral de corte parcial) é *automaticamente associada* ao mesmo movimento na articulação atlantoaxial.

Na ocasião da **flexão** na atlantoccipital (**F**), a báscula para a frente do occipital produz um *deslizamento para trás do côndilo do occipital* (seta preta) sobre a face articular superior do atlas. Ao mesmo tempo, *o arco anterior do atlas se abaixa* (seta vermelha) diante do dente (visto em plano de fundo), e o espaço entre os arcos posteriores e o occipital se alarga (setas vermelhas).

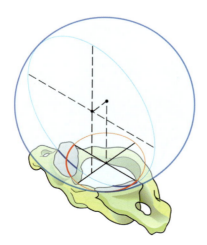

Figura 37.20

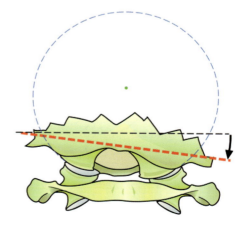

Figura 37.21

37 Características próprias da região cervical da coluna vertebral

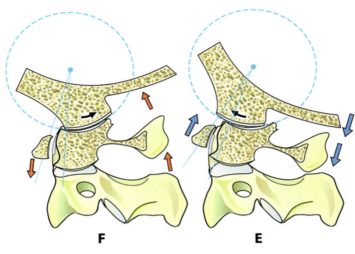

Figura 37.22

Na **extensão** (E), são realizados os movimentos inversos:

- deslizamento para a frente do côndilo do occipital sobre a face articular superior do atlas;
- subida do arco anterior do atlas diante do dente;
- estreitamento dos espaços, para trás.

A **rotação na articulação atlantoccipital** (Fig. 37.23: vista superior) traduz-se em um deslizamento diferencial das faces condilianas occipitais (contorno vermelho) sobre as faces articulares superiores do atlas.

Na rotação para a esquerda, o côndilo direito (linha vermelha) avança enquanto o côndilo esquerdo recua.

No entanto, esse movimento se torna **mais complexo** (Fig. 37.24: vista de perspectiva posterior esquerda em secção parcial) por causa da ação do **ligamento atlantoccipital lateral** (seta verde).

Por exemplo, no momento da rotação para a esquerda (seta cinza), esse ligamento, enrolando-se sobre o dente do áxis, vai *se contrair e projetar o occipital para a esquerda*, o que faz deslizar os côndilos nessa mesma direção (seta branca). Ao mesmo tempo, o lado direito do occipital inclina-se ligeiramente para baixo (seta vermelha grande).

Essa **translação associada à rotação** (Fig. 37.25: vista superior com o áxis em plano de fundo) produz

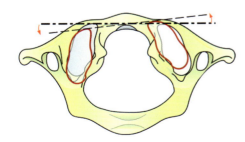

Figura 37.23

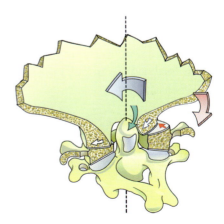

Figura 37.24

323

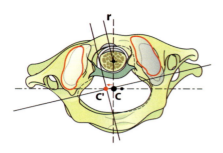

Figura 37.25

uma rotação de mesmo ângulo **r**, mas com um novo centro **C'**, que representa o deslocamento para esquerda do centro **C**.

2. **Articulação atlantoaxial.** Ela comporta três articulações: uma central e duas laterais, mecanicamente ligadas.

- A **articulação central** (Fig. 37.26: vista superior, dente em secção) é realmente axial, centrada pelo **dente** do áxis, bem visível na figura anterior. Esse pivô, em torno do qual gira o atlas, apresenta duas faces articulares sobre suas faces anterior e posterior. Uma **cavidade de recepção osteoligamentar** circunda o dente.
- A **parte óssea** é formada, na frente, pela face posterior do **arco anterior** do atlas, com sua **face articular** côncavo-côncava articulada com a face do dente. As **massas laterais do atlas** constituem as paredes laterais dela.
- A **parte ligamentar** é constituída pelo **ligamento transverso** (em verde), contraído horizontalmente de uma massa lateral à outra e que vai inserir-se na ranhura transversal da face articular posterior do dente.

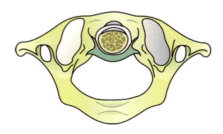

Figura 37.26

Na **rotação** (Fig. 37.27: vista superior), o dente serve, assim, de eixo de rotação para o atlas: a face do arco anterior desliza sobre a do dente, que o **ligamento transverso** mantém estreitamente no interior da cavidade óssea de recepção.

As **duas articulações laterais** são simétricas e articulam as faces inferiores das massas laterais do atlas com as faces superiores do áxis.

Inclinação suboccipital

Neste esquema em corte dos **três primeiros níveis da região cervical** (Fig. 37.28: vista posterior em secção) em **inclinação** para a esquerda, vê-se que a

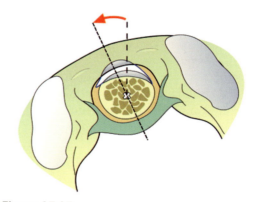

Figura 37.27

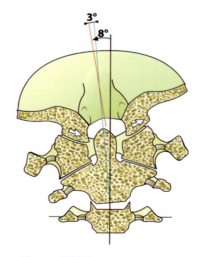

Figura 37.28

dupla entrelinha para baixo e para fora do segundo nível, entre a face articular inferior das massas laterais do atlas e a face articular superior do áxis, fica **imutável** com esse movimento.

A inclinação entre o occipital e a terceira cervical é **de 8°**, dividida entre dois níveis: a **entrelinha atlantoccipital** com **3°**, e os **5°** restantes ficam para o **nível C2-C3**.

Flexão-extensão

No momento da **flexão-extensão** (Fig. 37.29: secção parcial em vista lateral), as massas laterais do atlas, cujas faces articulares inferiores são convexas, **rolam** sobre as faces superiores do áxis como duas rodas que giram uma sobre a outra, o que provoca, por intermédio do atlas, uma flexão-extensão do crânio.

Do lado esquerdo da figura, o esquema da **flexão** (F), mostra a "descida" do arco anterior do atlas sobre a face articular anterior do dente; ao mesmo tempo, a face articular inferior do atlas *rola* **para a frente** (estrela vermelha) sobre a face articular do áxis, cujo arco posterior se distancia daquele do áxis.

Do lado direito da figura, a **extensão** (E) coloca em evidência os movimentos inversos, em particular o rolamento **para trás** da face articular inferior do atlas (recuo da estrela vermelha), ascensão do arco anterior do atlas e aproximação dos arcos posteriores.

Rotação

Esse movimento (Fig. 37.30: secção parcial em vista lateral) entre o atlas e o áxis é acompanhado por um movimento inverso das massas laterais do atlas so-

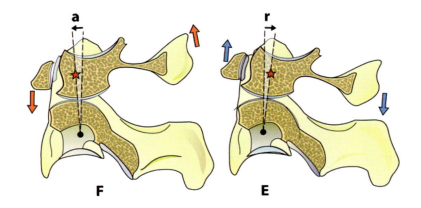

Figura 37.29

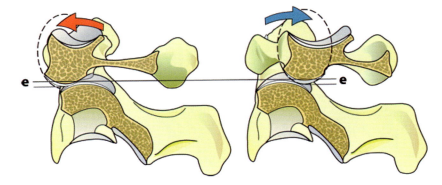

Figura 37.30

bre as ombreiras do áxis. Esse *deslizamento diferencial* das massas laterais do atlas sobre o áxis de um lado é efetuado para a frente e, do outro, para trás. Tendo em vista a *convexidade em forma de quebra-molas* das faces axiais, esse deslizamento, seja ele anterior ou posterior, faz o atlas **descer** ligeiramente em relação ao áxis, de uma determinada altura. Portanto, a rotação do atlas em volta do dente é associada a um movimento de descida em relação ao ponto alto, que corresponde à rotação neutra. Uma rotação associada a um deslocamento segundo o eixo de rotação é, por conseguinte, um *movimento em espiral,* bem curto, aliás.

Importância do ligamento transverso

O **ligamento transverso** (Fig. 37.31: secção parcial em vista lateral) tem, em todos esses movimentos da região suboccipital, um *papel fundamental* e, até mesmo, **vital**. De fato, esse ligamento (em verde), localizado no canal posterior da base do dente, *mantém o atlas sobre o áxis.*

Este esquema mostra bem as oscilações do atlas em volta do centro marcado pela estrela, graças *à resistência do ligamento transverso.*

Sua **ruptura** (Fig. 37.32: vista superior) permite o movimento do atlas para a frente (seta vermelha), o que ocasiona a compressão do eixo nervoso por um mecanismo chamado de "cortador de charuto" e a morte imediata por compressão do bulbo.

Este **esquema de perfil** (Fig. 37.33: vista lateral em secção) mostra como o dente do áxis, que não é

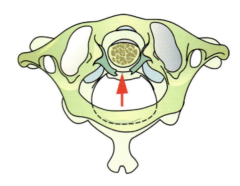

Figura 37.32

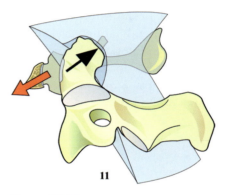

Figura 37.33

mais mantido pelo ligamento transverso, vai *afundar-se* no **bulbo,** ocasionando a morte imediata. Esse mecanismo costuma ser descrito com a expressão *golpe de chicote.*

Ligamentos

Esse sistema articular muito complexo é mantido por um **sistema ligamentar** *bem aprimorado,* que se estende à face anterior da região cervical, ao interior do canal vertebral e, em particular, à face posterior dos corpos vertebrais, e, enfim, à face posterior da própria região cervical. Aqui, somente relembraremos as disposições ligamentares intracanais e posteriores a fim de compreender os problemas de estrutura, e, ao mesmo tempo, a grande vulnerabilidade da região cervical, que é a mais frágil do conjunto da coluna vertebral.

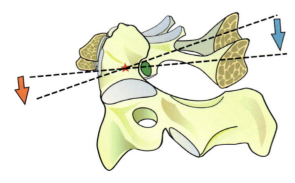

Figura 37.31

37 Características próprias da região cervical da coluna vertebral

Os ligamentos situados em contato com a face posterior dos corpos vertebrais, visíveis sobre a **parede anterior do canal vertebral** e, portanto, após se ter ressecado o arco vertebral posterior, dispõem-se em três planos conforme mostrado a seguir.

Em **contato com as vértebras** (Fig. 37.34: vista posterior em secção parcial), distinguimos os ligamentos do **plano profundo** inseridos no topo do dente do áxis; o ligamento do ápice do áxis, que é vertical, e os dois ligamentos alares, que o emolduram. Também o ligamento transverso, situado embaixo e cujos dois prolongamentos, superior e inferior, foram seccionados e reduzidos para que fosse possível ver os ligamentos precedentes.

O **ligamento cruciforme do atlas** é deixado intacto, no esquema seguinte do **plano médio** (Fig. 37.35: vista posterior em secção parcial) e é formado por:

- **ligamento transverso**, horizontal;
- **ligamento occipitotransverso** em cima;
- **ligamento transversoaxial** embaixo;
- **cápsulas articulares** dos lados;
- **ligamentos atlantoccipitais** laterais.

O **plano superficial** está visível no último esquema (Fig. 37.36: vista posterior em secção parcial) e é constituído por:

Figura 37.35

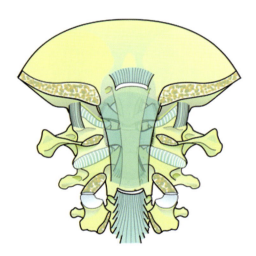

Figura 37.36

- **ligamento occipitoaxial mediano**, prolongado lateralmente pelos **ligamentos occipitoaxiais laterais**, e pelo **ligamento longitudinal posterior**, que tem sua origem no occipital e estende-se sobre toda a extensão da coluna, recobrindo os anteriores.
-

Os ligamentos situados na face anterior da coluna vertebral (Fig. 37.37: vista anterior), sobre o arco anterior do atlas e os corpos vertebrais, são constituídos por:

- **membrana atlantoccipital anterior**, entre o occipital e o arco anterior do atlas;

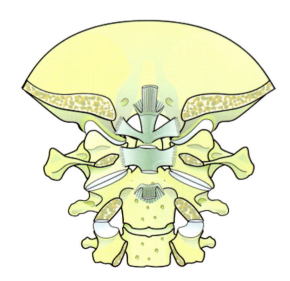

Figura 37.34

327

O que é biomecânica

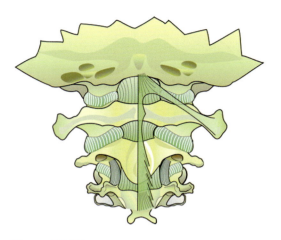

Figura 37.37

- **membrana atlantoaxial anterior**, entre o arco anterior do atlas e o corpo do áxis;
- **cápsulas articulares**;
- **ligamento longitudinal anterior**, que tem sua origem na escama do occipital e estende-se por toda a extensão da coluna vertebral – desde sua origem, ele apresenta uma expansão lateral;
- **ligamento atlantoccipital lateral**, que vai terminar nos processos transversos do atlas.

Os ligamentos situados na face posterior da coluna vertebral (Fig. 37.38: vista posterior com as artérias vertebrais) são constituídos por:
- **membrana atlantoccipital posterior** e **membrana atlantoaxial posterior**, que fecham atrás o canal vertebral e são equivalentes a ligamentos amarelos;
- **ligamento interespinal**, vertical, que se entende entre os processos espinhosos adjacentes em toda a extensão da coluna vertebral;
- **ligamento supraespinal**, duplo atrás;
- **ligamento atlantoccipital anterolateral**, oblíquo para baixo e para fora em direção aos processos transversos do atlas.

Neste esquema, foram ilustradas as **duas artérias vertebrais** brancas da subclávia, que sobem nos forames da artéria vertebral, dispostos nos processos transversos. Nesse trajeto, a artéria vertebral é muito exposta a traumatismos e manobras intempestivas. Ao chegar **acima do processo transverso do atlas**

(Fig. 37.39: vista de perspectiva das duas artérias vertebrais sobre o atlas), cada artéria se flexiona para passar atrás da massa lateral correspondente e penetrar no canal da coluna vertebral, onde, ao unir-se a seu homólogo, forma o **tronco basilar**, que vai irrigar toda a parte posterior do cérebro.

Músculos da região cervical

Os músculos da região cervical são numerosos, pois sustentam e orientam o crânio. Aqui, será apresentada uma descrição sucinta. Eles podem ser classificados em cinco grupos:

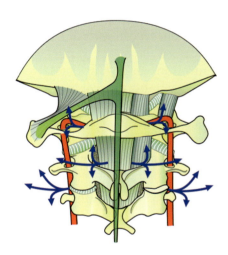

Figura 37.38

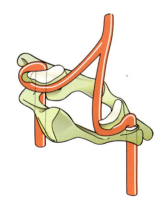

Figura 37.39

37 Características próprias da região cervical da coluna vertebral

1. músculos pré-vertebrais e laterovertebrais;
2. músculos anteriores;
3. músculos da nuca;
4. músculos laterais à distância;
5. músculos do complexo suboccipital.

Todos esses músculos funcionam em estreita relação de **antagonismo-sinergia**.

Músculos pré-vertebrais

Em uma **vista em perspectiva anteroexterna** (Fig. 37.40), distinguem-se os feixes ilustrados em azul e em vermelho do **músculo longo do pescoço**, recoberto pelo **longo da cabeça**, havendo em cima os músculos suboccipitais (ver mais adiante). Lateralmente à coluna, são dispostos em *três planos* os **escalenos anterior, médio e posterior**.

Em **uma vista anterior** (Fig. 37.41), esses músculos são mais visíveis:

- a cada nível, entre os processos transversos, os músculos **intratransversários** anterior (1) e posterior (2), entre os quais passa o *nervo cervical* correspondente;
- os três feixes, superior (3), inferior (4) e médio (5) ao **longo do pescoço**;

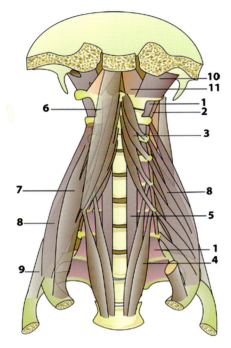

Figura 37.41

- o **longo da cabeça** (6) recobre o feixe superior ao longo do pescoço;
- lateralmente, os três escalenos, o **escaleno anterior** (7), o **médio** (8) e o **posterior** (9);
- no nível suboccipital, o **reto lateral da cabeça** (10) e o **reto anterior da cabeça** (11).

A ação desses músculos laterais (Fig. 37.42: vista de uma das faces) é fácil de entender: eles inclinam a região cervical lateralmente do lado que contraem.

Músculos anteriores

Na frente dos pré-vertebrais, há um segundo grupo de músculos anteriores, **situado à distância** (Fig. 37.43: vista de perfil) da coluna, que compreende os **músculos supra-hióideos e infra-hióideos**, inseridos sobre o **osso hioide**. Esse pequeno osso fica literalmente *suspenso* sob a maxila pelo **milo-hióideo**, que é o *pavimento da boca*, e também, sob o crânio, pelo **digástrico**.

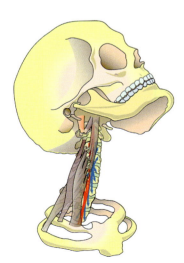

Figura 37.40

329

Quando a mandíbula fica bloqueada contra a maxila pela contração do **temporal** e do **masseter**, o osso hioide pode servir de *ponto de tração* para os infra-hióideos, ou seja, o **omo-hióideo** atrás e o **esterno-hióideo** na frente, que se tornam, assim, **flexores da cabeça sobre o pescoço**.

Músculos da nuca

Eles se dividem, da profundidade à superfície, em **quatro planos** conforme apresentado a seguir.

- O primeiro e o último plano estão desenhados no esquema mostrado na Figura 37.44 (vista posterior).
  - O **plano profundo** comporta os músculos em contato com a coluna (em vermelho): os **interespinais** sobre a linha mediana, e um dos **transversoespinais**. Essa disposição é repetida a cada nível.
  - O **plano superficial** comporta:
    - o **esternocleidomastóideo** (E), do lado esquerdo;
    - o **trapézio** (T), do lado direito, por meio do qual se vê, em transparência, um dos transversoespinais (em azul).

O trapézio forma a camada muscular mais extensa do corpo, após o latíssimo do dorso. Inserido no

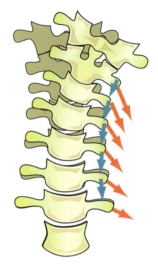

Figura 37.42

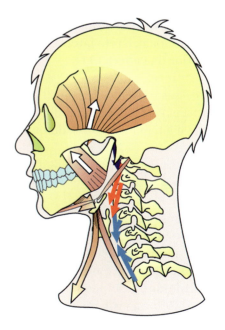

Figura 37.43

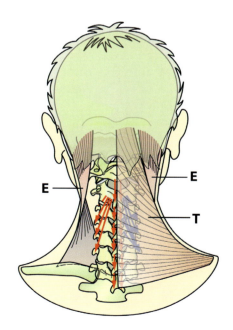

Figura 37.44

37 Características próprias da região cervical da coluna vertebral

occipital, ele recobre, em seguida, *toda a parte posterior da* nuca, fixa-se sobre a *espinha da escápula* e sobre as protuberâncias do occipital na 12ª dorsal.

Sua **contração unilateral** (Fig. 37.45: vista posterior) propicia um *triplo movimento* da cabeça, que é levada em **extensão**, **inclinação** do lado da contração e **rotação** para o lado oposto. Para obter movimentos puros de um ou de outro desses componentes, é preciso trabalhar em *antagonismo-sinergia* com outros grupos musculares.

- **Os planos intermediários** (Fig. 37.46: vista posterior).
  - O **segundo plano** é formado por quatro músculos:
    - o **músculo semiespinal da cabeça** (1), que vai da occipital à quinta vértebra dorsal;
    - o **longuíssimo da cabeça** (2), situado fora do precedente, que para na primeira dorsal;
    - o **longuíssimo do pescoço** (3) duplicado para fora pelo **longuíssimo do tórax** (4).
  - O **terceiro plano** é constituído por:
    - **esplênio da cabeça** (5);
    - **levantador da escápula** (6), antigamente "angular da omoplata".

Músculos laterais do pescoço

Nesse grupo, encontram-se o trapézio, já descrito, e o **esternocleidomastóideo** (Fig. 37.47: vista anterolateral), que deve ser colocado à parte, considerando-se sua obliquidade.

Ele estende-se do crânio, na altura da *apófise mastoide* do rochedo e do *occipital*, ao *manúbrio esternal* e à *clavícula* sobre sua metade interna. É formado por quatro cabeças, e sua ação é complexa, tendo-se em vista o número de articulações sobre as quais ele age.

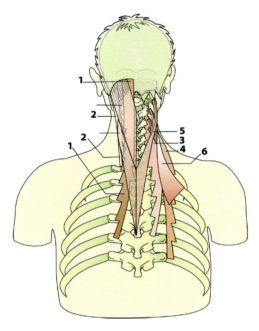

Figura 37.46

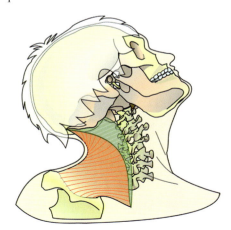

Figura 37.45

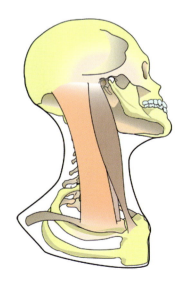

Figura 37.47

331

Dois casos são possíveis.

A **contração unilateral** (Fig. 37.48: vista anterior) do esternocleidomastóideo, supondo-se que a coluna não esteja bloqueada pela contração dos músculos pré-vertebrais. Nesse caso, sua contração ocasiona uma extensão (seta azul), uma inclinação do lado de sua contração (seta vermelha) e uma rotação para o lado oposto.

Essa condição, chamada de torcicolo, pode ser ocasionada, na criança, por um encurtamento patológico desse músculo.

A **contração bilateral e simétrica** do esternocleidomastóideo pode ser realizada nas duas circunstâncias descritas a seguir.

- Com a **região cervical ficando flexível, não reta e não rígida** (Fig. 37.49: vista lateral) pela contração dos músculos pré-vertebrais: ocorre, então, uma **hiperextensão da cabeça** sobre a coluna vertebral e o tronco.
- Com a **região cervical reta e rígida** (Fig. 37.50: vista lateral) pela contração dos músculos pré-vertebrais: a contração bilateral e simétrica dos esternocleidomastóideos ocasiona *uma flexão da cabeça sobre o pescoço e uma flexão do pescoço sobre o tronco*.

A **flexão-extensão da região cervical** (Fig. 37.51: vista esquemática de perfil) depende do estado dos músculos diretamente situados sobre a coluna vertebral.

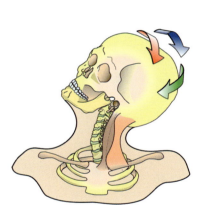

Figura 37.48

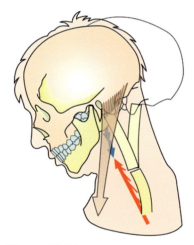

Figura 37.50

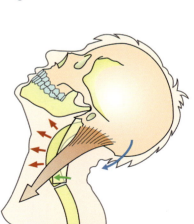

Figura 37.49

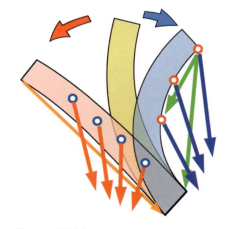

Figura 37.51

- A contração dos *músculos retrovertebrais* (em verde) aumenta a lordose cervical, que é ainda mais exagerada pela contração dos músculos posteriores (em azul), que o levam em **extensão**.
- A contração dos *músculos pré-vertebrais* (em laranja) *endireita* a lordose da região cervical e a torna *rígida*, como um monobloco; os músculos anteriores (em vermelho) podem, então, impulsioná-la para a frente, em **flexão**.

Músculos do complexo suboccipital

O complexo suboccipital é dotado de seus próprios músculos, que lhe garantem uma mobilidade independente, provando seu papel corretor, tal como decorre da concepção extraída do "modelo mecânico" (ver Cap. 38).

Na **face posterior da região suboccipital** (Fig. 37.52: vista posterior), são dispostos *quatro pequenos músculos*:

- reto posterior menor da cabeça (1);
- oblíquo superior da cabeça (2);
- reto posterior maior da cabeça (3);
- oblíquo inferior da cabeça (4).

Esses músculos são todos **extensores do crânio**, sobre a região cervical (Fig. 37.53: vista de perfil).

Na frente, situam-se os músculos **flexores do crânio**, sobre a coluna (Fig. 37.54: vista lateral):

- longo da cabeça (1-2);
- longo do pescoço (3).

A **contração unilateral desses músculos** (Fig. 37.55: vista posterior) ocasiona a **inclinação lateral** do crânio sobre a coluna cervical, movimento efetuado unicamente no nível atlantoccipital.

O músculo oblíquo inferior da cabeça, que se estende do processo transverso do atlas ao espinhoso do áxis, produz a **rotação do atlas sobre o áxis** (Fig. 37.56: vista de perspectiva posterior direita): nesse esquema, o deslocamento angular do plano sagital do atlas é de 12° em relação ao do áxis.

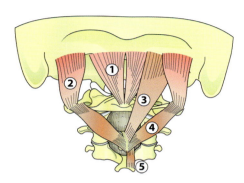

Figura 37.52

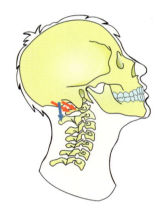

Figura 37.53

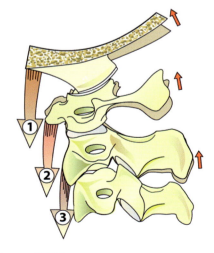

Figura 37.54

O que é biomecânica

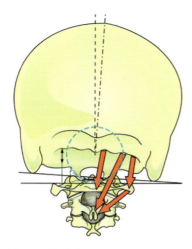

Figura 37.55

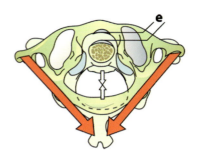

Figura 37.57

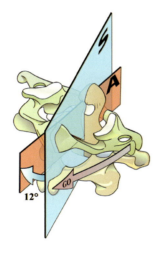

Figura 37.56

Contudo, por sua **contração, os músculos oblíquos inferiores da cabeça** (Fig. 37.57: vista superior) têm um papel de **estabilizadores ativos do atlas** sobre o áxis: se o atlas tende a deslocar-se para a frente, a contração dos dois músculos o **impulsionam para trás**.

Conclusão

Existem, portanto, para a região cervical, **duas partes** cuja anatomia e funcionamento são bem diferentes, como confirmará o modelo mecânico descrito mais adiante.

1. A **região cervical inferior**, formada pelas cinco últimas vértebras cervicais, que realiza dois tipos de movimentos:
   – a **flexão-extensão**, por deslocamento anteroposterior das vértebras;
   – um **movimento composto e unívoco de rotação, inclinação e extensão** por rotação da vértebra sobrejacente em volta de um eixo oblíquo para baixo e para a frente.
2. O **complexo suboccipital**, que compreende o **atlas** e o **áxis**, de estrutura *totalmente diferente* das outras vértebras cervicais, e se une a elas e ao crânio por articulações que realizam *o equivalente a uma esferóidea*. Esse complexo é mobilizado por *pequenos músculos*, cujo objetivo é *ajustar* os movimentos desse complexo, em relação de antagonismo-sinergia, a fim de *fazer aparecer um componente puro* de rotação ou de inclinação, *eliminando os componentes parasitas*.

Podemos comparar esses músculos aos **foguetes verniers**, que *ajustam a posição do satélite* uma vez atingida sua órbita. Efetivamente, quando um satélite artificial, como o **telescópio Hubble** (Fig. 37.58; em esquema), é colocado em sua órbita sob a poeira de seu motor principal (**P**), é preciso ainda **orientá-lo** para que siga a orientação certa no espaço a fim de atingir a direção da estrela a ser explorada: é o papel de **duas duplas** *de pequenos foguetes* chamados de **foguetes verniers** (V), que farão o satélite se movimentar em volta de seu centro de gravidade. Aqui, o foguete

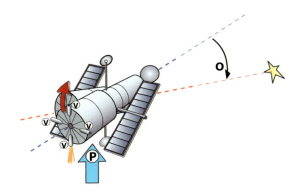

Figura 37.58

de baixo faz movimentar o telescópio em um **ângulo O** para atingir a estrela. A palavra "vernier" significa, nesse contexto, *ajuste fino*, pois vem do nome do engenheiro que criou os paquímetros dotados de uma graduação especial para efeitos de precisão.

É por isso que podemos falar de "**músculos verniers**" a propósito desses pequenos músculos suboccipitais que ajustam a **postura da cabeça** *em relação à região cervical inferior*.

Relações da região cervical com o eixo nervoso

A região cervical suboccipital assegura a transição mecânica entre a base do crânio, na altura do occipital, dotada de dois pontos de apoio, **os côndilos** do occipital, e a coluna vertebral, que, em seu conjunto, comporta **três colunas** (Fig. 37.59: vista esquemática de perfil): neste esquema, vemos a carga dos **dois côndilos occipitais** (seta vermelha grande) "distribuir-se" para a **coluna principal** dos corpos vertebrais na frente (verde-escuro) e as *duas colunas secundárias* formadas pela sobreposição dos processos articulares, atrás dos corpos vertebrais (verde-claro). O áxis é, portanto, o divisor das cargas para as três colunas da *região*, de modo que o peso do crânio é aplicado sobre os *dois côndilos do occipital*. Essa vértebra representa, portanto, uma **grande astúcia mecânica**, pois, *ao mesmo tempo*, garante a **rotação do crânio** sobre a região cervical.

Se for esquematizada essa **transmissão das tensões** (Fig. 37.60: vista de perspectiva esquemática posterior esquerda das três colunas), veem-se as **duas colunas** (c) dos *côndilos* dividirem-se em **três**: a coluna dos **corpos vertebrais** (1), na frente, e as **duas colunas** (2 e 3) dos **processos articulares**, atrás, sistema que enquadra o **eixo nervoso** (s).

As relações entre a região cervical e o eixo nervoso são, portanto, *particularmente estreitas*, e entende-se que uma luxação vertebral nessa região ocasiona uma compressão imediatamente fatal do eixo nervoso **pelo mecanismo chamado de cortador de charuto** (Fig. 37.61: vista de perfil).

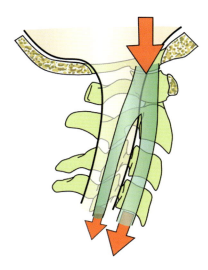

Figura 37.59

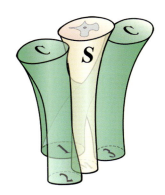

Figura 37.60

335

O que é biomecânica

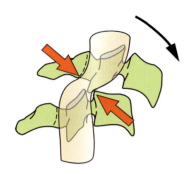

Figura 37.61

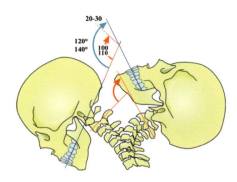

Figura 37.62

Em conclusão, pode-se questionar a necessidade de um **dispositivo tão complicado** como a região suboccipital. Na realidade, é a *única solução possível* para **dividir em três colunas o peso do crânio e do cérebro**, garantindo sempre uma **mobilidade máxima** da cabeça **sem impor tensões exageradas ao eixo nervoso**. Considerando o absurdo, seria possível imaginar nesse nível uma articulação esferóidea parecida com a do quadril ou do ombro?

Como ela poderia ser disposta *em volta do eixo nervoso*? Como não lhe seriam impostas **restrições de alongamento ou de torção**?

A natureza na biomecânica achou soluções que ultrapassam de longe aquelas que o homem poderia ter imaginado.

É possível maravilhar-se diante desse **mecanismo complexo**, realmente astuto, muito aperfeiçoado e, alguns dirão, muito *inteligente*.

Todas essas considerações devem nos fazer pensar também no fato de que a região cervical constitui **a parte mais frágil e mais exposta** do sistema musculoesquelético. O mecanismo de complementaridade entre as duas partes da região cervical é exposto no Capítulo 38, que apresenta uma explicação lógica.

Amplitudes

Flexão-extensão

A medição é efetuada em pé, entre a horizontal e o plano mastigatório (Fig. 37.62), o qual pode ser materializado por um papelão entre os dentes cerrados.

A **flexão**, que aproxima o queixo do esterno, é de 60° a 65°. A **extensão**, o inverso, é de 60° a 65°. A amplitude total de flexão-extensão é, portanto, de 120° a 140° (seta azul), dos quais 20° a 30° são referentes à região suboccipital (seta vermelha).

Inclinação

A inclinação (Fig. 37.63), medida nas mesmas condições, é de 45° de cada lado, dos quais 8° referem-se à região suboccipital, essencialmente na região atlantoccipital.

Rotação

Ocorre pelo plano do nariz em relação ao plano sagital. A rotação extrema da cabeça (Fig. 37.64) em relação à pelve é próxima de 80° a 90°. Desse total, a região cervical conta com 40° a 45°, dos quais 12° e 12° referem-se aos níveis mais elevados. As amplitudes típicas da região cervical só podem ser avaliadas com precisão por *scanner*.

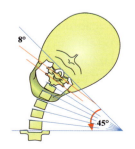

Figura 37.63

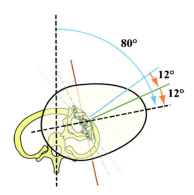

Figura 37.64

Equilíbrio da cabeça

A cabeça fica em **equilíbrio instável** (Fig. 37.65: vista de perfil) sobre uma coluna *também instável*.

A região cervical apresenta, de fato, uma curvatura com concavidade posterior, a **lordose cervical**, cuja **linha** (c) é mais ou menos estendida conforme a curvatura da lordose: se ela se aproximar 98% da extensão da coluna, isso corresponde a uma coluna quase retilínea cuja **flecha** (f), situada na altura de **C4**, é reduzida a quase nada.

Sobre essa coluna, o crânio deve ser mantido de modo que a **direção do olhar** (V), assim como o plano **nasoauricular** (N) e o plano **mastigatório** (M), seja horizontal.

O crânio fica em equilíbrio em volta do **ponto de oscilação** (O) de uma *alavanca do primeiro tipo* cha-

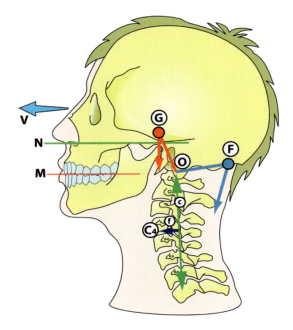

Figura 37.65

mada de *interapoio*, na qual a resistência é o **peso do crânio** (G) aplicado ao centro de gravidade, situado perto da *sela turca*, e na qual a **força** (F) dos músculos da nuca se encontra no occipício. A todo instante, o **tônus** dos músculos da nuca deve equilibrar o peso da cabeça. Quando se cai no sono, o tônus desses músculos diminui e a cabeça tomba para a frente. Tome cuidado para que isso não ocorra ao dirigir!

É o **tônus permanente** dos músculos da nuca que mantém a cabeça em posição normal.

38

Modelo mecânico da região cervical

A concepção desse modelo mecânico da região cervical decorre da constatação de que, tanto do ponto de vista anatômico como do ponto de vista funcional, a região cervical apresenta duas partes (Fig. 38.1: vista em perspectiva anterior direita das duas partes da região cervical). Somente essa constatação permite entender sua fisiologia, de aparência tão complexa. Esse modelo esclarece o **caráter unívoco dos movimentos compostos da região inferior (1) e a complementaridade funcional** que lhe propicia a **região cervical superior (2)**.

Esse modelo foi primeiramente realizado em madeira pelo autor. A ideia inicial desse modelo é o fato de que a inclinação é acompanhada obrigatoriamente de uma rotação. A **orientação das faces articulares** (Fig. 38.2: vista em perspectiva posterior esquerda) explica esse fenômeno: essas faces são *praticamente planas* e as duas estão contidas em **um plano oblíquo embaixo e atrás**, como dito no capítulo anterior.

Nessas faces são possíveis somente dois tipos de movimentos:

- as faces sobrejacentes da vértebra podem **deslizar ao mesmo tempo, no mesmo sentido**, para cima, no momento da flexão, ou para baixo, no momento da extensão;
- ou as faces de vértebras sobrejacentes adotam um **deslizamento diferencial**, o que significa que, de um lado uma "sobe" (f), enquanto, do lado oposto, a outra "desce" (f').

Esse movimento só pode ser efetuado em volta do eixo **u**, **oblíquo para baixo e para a frente**, e situado sobre a mediadora das duas faces. É, portanto, **uma rotação (r)** em volta do eixo **u**; mas, por causa da obliquidade do eixo **u**, ela é acompanhada obrigatoriamente de **inclinação (I)**.

A obliquidade do plano das faces articulares já foi exposta no Capítulo 37, e é importante constatar que,

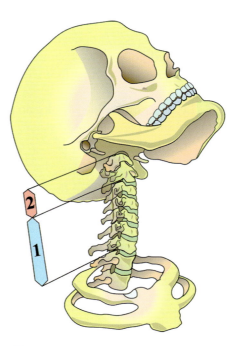

Figura 38.1

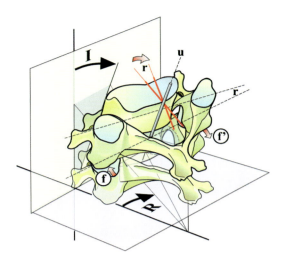

Figura 38.2

quanto mais se eleva para C3, mais essa obliquidade aumenta (Fig. 38.3: coluna esquematizada do rádio cervical inferior), de modo que as direções desses planos convirjam em um ponto P, como, geometricamente, os eixos de rotação perpendiculares em cada um dos planos **convergem em um ponto O**.

Se imaginarmos a região cervical inferior como uma **coluna deformável** (Fig. 38.3), pode-se, situando-a em um triedro ortogonal de referência, reconhecer os três componentes de seu **movimento unívoco**:

- **inclinação** lateral (**L**), em projeção sobre o plano frontal (**F**);
- **rotação** (**R**), em projeção sobre o plano horizontal (**H**);
- **extensão** (**E**), em projeção sobre o plano sagital (**S**).

A partir dessas constatações, o modelo da região cervical, do qual se vê aqui a parte inferior (Fig. 38.4: vista em perspectiva posterior esquerda), apresenta:

- os *planos de deslizamento*, entre cada peça vertebral, são de *obliquidade* crescente, dirigindo-se para cima;
- os *parafusos* que os articulam representam os *eixos oblíquos de rotação* de uma vértebra em relação ao outro, e constata-se que sua direção progressivamente oblíqua as faz *convergir para um ponto situado em cima e atrás*;
- o eixo que atravessa a vértebra superior, que representa o áxis, é o *equivalente do dente* (**d**);
- no modelo visto de perfil, o *ângulo* **E** representa o *componente de extensão*.

O modelo da **região cervical inferior**, em vista superior (Fig. 38.5), mostra os parafusos de articulação, que representam os eixos sucessivos, e, na parte superior, o equivalente do dente. Essa visão do modelo revela o *componente de rotação* (**R**) do movimento composto da região cervical inferior. O modelo mecânico é completado por uma **parte superior** (Fig. 38.6: modelo completo visto em perspectiva anterior direita) que representa o **complexo da região cervical superior**.

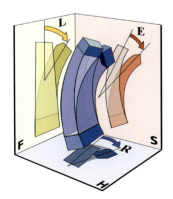

Figura 38.3

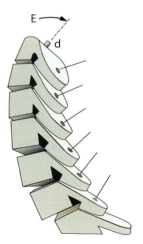

Figura 38.4

339

O que é biomecânica

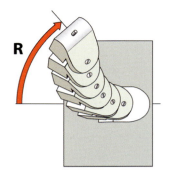

Figura 38.5

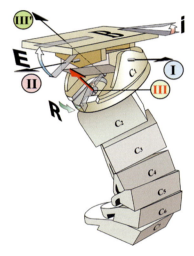

Figura 38.6

Esse conjunto se articula com a parte inferior pelo *parafuso* III, que representa o dente, e o **eixo primário de rotação** (seta vermelha). Ele é apertado de maneira incompleta para deixar algumas possibilidades de oscilação ao planalto circular inferior.

Sobre esse último, fixa-se um parafuso central que representa o **eixo de rotação secundário (III')**, uma segunda peça que suporta o **eixo transversal (I)**, para a *flexão-extensão* (E). Sua rotação é limitada, como a rotação no occipitoaxial, representado por ela. A verdadeira rotação (R) efetua-se em volta do eixo III. Essa segunda peça sustenta, graças ao eixo I, uma *peça intermediária* que tem a função de um **cardã**, pois suporta um **eixo sagital (II)** ortogonal ao eixo I. Nesse eixo sagital I, articula-se a placa B, que representa a base do crânio e pode, então, também *se inclinar lateralmente* (i), em volta desse eixo I.

No total, essa **base (B)** pode efetuar três tipos de movimentos em relação a C3:

- movimentos de **flexão-extensão** em volta do eixo I e também em volta do parafuso III, não totalmente apertado;
- movimentos de **inclinação lateral i** em volta do eixo II;
- movimentos de **rotação** em volta dos eixos III e III'.

Esse conjunto é, portanto, *equivalente a uma esferóidea*, com **3 graus de liberdade**.

O modelo (Fig. 38.7) é completado por dois planos de referência de papelão, que representam a cabeça e ilustram os *planos sagital* e *frontal*, que passam pelas orelhas, solidarizados pela base (B), que representa o *plano horizontal*.

Nesse esquema, o modelo adota uma posição de **inclinação lateral**, obtida graças ao *movimento unívoco combinado de inclinação, rotação e extensão* da região cervical inferior, corrigido, no topo, pelo complexo suboccipital, que, graças a seus 3 graus de liberdade, **anula** os componentes de *extensão* e *rotação*, e **acentua** o componente de *inclinação*. Dessa maneira, a cabeça apresenta uma **inclinação pura**.

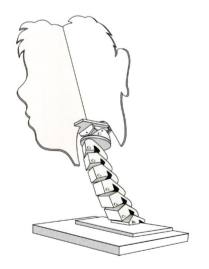

Figura 38.7

38 Modelo mecânico da região cervical

A partir da mesma posição da região cervical inferior, pode-se obter uma posição de **rotação pura** da cabeça compensando, no complexo suboccipital, a inclinação por uma *contrainclinação* e a extensão por uma *flexão*, e *acentuando-se a rotação*.

Esse modelo permite, assim, compreender o **funcionamento integrado** da região cervical inferior e da região suboccipital. É um exemplo de antagonismo-sinergia.

Se for executado, no modelo, um movimento de **rotação pura** (Fig. 38.8), constataremos, nas radiografias da coluna em rotação (Fig. 38.9), que o movimento de inclinação de 25° na região cervical inferior é igual a 25° dos dois lados, tanto no modelo como *na coluna de verdade*.

Isso prova a semelhança do modelo com o mecanismo real da coluna. Ele comporta:

- um suporte;
- a **região cervical inferior** formada por um pedaço de papelão que apresenta cortes parciais a, a' e a" (Fig. 38.10) para dar maior mobilidade e simular, com perfeição, os movimentos combinados de inclinação, rotação e extensão;
- em cima dessa base, é colada uma peça de **perfil da cabeça** com um sistema de três eixos ortogonais (1, 2 e 3) que efetua o equivalente de uma esferóidea.

Esse modelo não se mantém espontaneamente na posição vertical, pois a haste da região cervical inferior é maleável demais para sustentar o peso da cabeça. É algo muito bom, pois, para manter esse modelo na posição correta, é preciso de uma espécie de "tirante" de elástico, e a regulagem desses "tensores", que demanda *muita paciência,* permite entender a **importância** de todos os fatores ligamentares *e musculares* que intervêm na estática e na dinâmica da região cervical.

A região cervical é o segmento **mais móvel** da coluna vertebral, em especial no que diz respeito à rotação. Esse funcionamento mecânico tão particular da região cervical inferior, que combina rotação e inclinação, *diminui as tensões mecânicas* sobre o eixo nervoso da região, que apresenta, nessa altura, o calibre máximo.

Figura 38.8

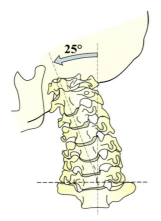

Figura 38.9

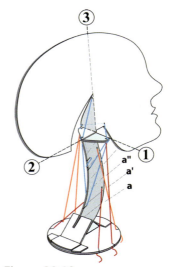

Figura 38.10

39
Cíngulo do membro inferior

O cíngulo do membro inferior assegura *a ligação* do **tronco** com os **membros inferiores**, que é posterior nos quadrúpedes. É a **base** sobre a qual repousa a **estrutura vertebral** (Fig. 39.1), que forma o eixo do tronco, e que sustenta o crânio, o cíngulo do membro superior com os membros superiores e o tórax. Pode, portanto, ser considerado a fundação do tronco e da cabeça. Ele é constituído por três ossos, o **sacro**, osso mediano e ímpar, e os dois **ossos ílios**. Sua estrutura é fundamentalmente distinta daquela do cíngulo do membro superior, o que se explica por sua *função de suporte principal do corpo*. Todos os vertebrados terrestres, a partir do protótipo, possuem um *cíngulo do membro inferior fechado*, em **anel completo**, chamado de *anel pélvico*.

O anel pélvico assegura a junção, o *ponto de ligação, dos membros inferiores*, que sustentam todo o peso do corpo. Esses membros permitem a marcha, a corrida e o salto, em suma, as **funções de locomoção**, daí a grande solidez e estabilidade dessa estrutura, em razão da intensidade das tensões mecânicas que é obrigada a suportar.

Esse anel funciona como elo para o **diafragma pélvico**, que *limita a região baixa da* **cavidade abdominal** e sustenta a *massa das vísceras abdominais*.

Além disso, por razões embriológicas, esse anel é **atravessado pelos condutos digestório, urinário e sexual**, ou seja, é um *canal* pelo qual se efetua um triplo trânsito: a defecação, a micção e, no caso dos mamíferos placentários, **a expulsão do recém-nascido** por meio do *anel pélvico*. O parto se efetua, portanto, através do canal pélvico, pelo períneo, e não acima do púbis, o que facilitaria muito essa operação sujeita a riscos.

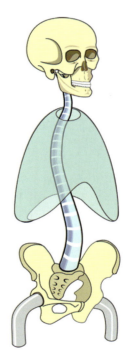

Figura 39.1

Constituição do cíngulo do membro inferior

Os *três componentes constitutivos* são:
1. **Sacro**: osso ímpar e mediano (Fig. 39.2), ligeiramente triangular com ponta inferior, que se prolonga pelo cóccix (não representado) e que comporta *três superfícies articulares*.

39 Cíngulo do membro inferior

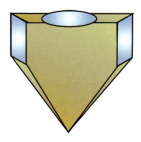

Figura 39.2

– Sobre sua *face superior*, a base do sacro, situa-se a *superfície superior*, ligeiramente circular, a **placa sacral**, que sustenta toda a estrutura da coluna vertebral por intermédio do **espesso disco intervertebral L5-S1**.
– Na parte mais alta de suas *duas bordas laterais*, as **faces auriculares** do sacro articulam-se com o *osso ílio* correspondente.

2. **Ossos ílios**: pares situados lateralmente em relação ao sacro, *completam o anel pélvico*, constituindo, com os dois ossos, três quartos de sua circunferência.

Sua **estrutura** (Fig. 39.3) *é muito especial*. De fato, são formados por duas partes achatadas, a **asa do ílio**, em cima, e o **forame obturado**, embaixo, cujos planos formam, no espaço, um ângulo diedro de cerca de 90°, aberto para dentro.

Esses planos são situados verticalmente e unidos por uma parte *ligeiramente esférica* que comporta, em sua face externa, uma *cavidade articular hemisférica* recoberta de cartilagem, a **fossa do acetábulo**, a qual se articula com a cabeça do fêmur. É nesse ponto que se instala o membro inferior.

3. O **anel pélvico** (Fig. 39.4) propriamente dito é, portanto, formado pela união de três componentes: atrás, sobre a linha mediana, situa-se o **sacro** e, de cada lado, ligados ao sacro pela articulação sacroilíaca, encontram-se os **ossos ílios**; esses dois ossos pares são reunidos, na frente, pela **sínfise púbica**. O conjunto forma um anel ligeiramente oval, cujo *plano geral é oblíquo embaixo e na frente*.

As **articulações** são, portanto, três:
- As duas **sacroilíacas** (Fig. 39.5: os dois ossos foram separados e virados em 180° um em relação ao outro), que apresentam uma superfície auricular sobre cada um dos dois ossos. Essas superfícies, di-

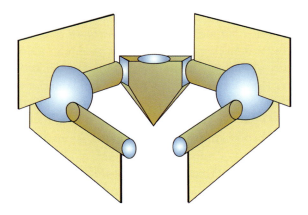

Figura 39.4

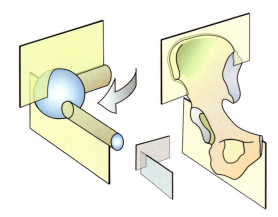

Figura 39.3

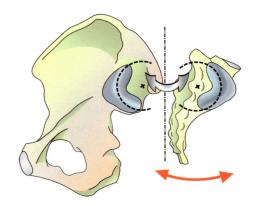

Figura 39.5

O que é biomecânica

fíceis de descrever, são marcadas, no entanto, por um relevo em forma de *trilho circular*. Segundo a descrição de Farabeuf, do lado do sacro esse trilho é "oco", enquanto do lado do ílio é "cheio", ou seja, apresenta uma saliência. Esses relevos "inversamente constituídos" correspondem-se exatamente, de modo que deslizam um em relação ao outro de acordo com um *movimento circular* (seta vermelha dupla) centrado por um ligamento muito potente, o **ligamento axial**, cuja inserção é marcada por uma cruz sobre os dois ossos. Supondo que os ossos ílios estejam fixos, o sacro pode, então, efetuar uma rotação seguindo um movimento chamado de **nutação**, inclinando-se para a frente, de modo semelhante a uma *saudação*, ou de **contranutação**, projetando-se para trás.

- A **sínfise púbica** (Fig. 39.6) é situada na frente, no plano sagital, entre os dois **púbis**, isto é, na parte anterior dos ossos ílios. É uma **articulação cartilagínea** que comporta *superfícies cartilagíneas* e recobre o osso, uma *fibrocartilagem* que preenche o espaço entre as cartilagens, com uma fina *fenda sagital*. Ela é unida por potentes ligamentos: um superior e um inferior chamado de *arqueado do púbis*, que dobra o *arco púbico*, um ligamento posterior, e, na frente, um **fibroso anterior** muito espesso, constituído de *expansões dos músculos abdominais e adutores*. Essa articulação efetua, no momento da marcha, fracos movimentos de *cisalhamento vertical* e, no momento do parto, um discreto movimento de *afastamento*.

Ligamentos do cíngulo do membro inferior

Além dos ligamentos propriamente articulares, o cíngulo do membro inferior comporta potentes ligamentos que unem os ossos ílios ao sacro e às duas últimas vértebras lombares, bem visíveis em uma **vista anterior** (Fig. 39.7: hemipelve direita) e em uma **vista posterior** (Fig. 39.8: pelve inteira). Insistimos, porém, na questão de sua potência, em particular dos *dois ligamentos sacros*:

- o **ligamento sacroespinal**, que se estende da espinha isquiática do osso ílio à parte inferior da borda lateral do sacro e ao cóccix;

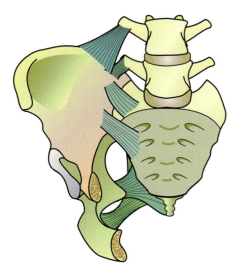

Figura 39.7

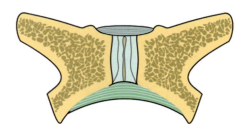

Figura 39.6

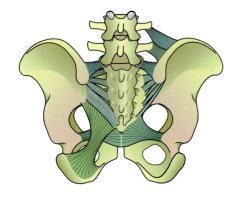

Figura 39.8

- o **ligamento sacrotuberal**, que se estende do ísquio à borda lateral do sacro.

Esses dois ligamentos formam, com a borda posterior do osso ílio, *dois orifícios* muito relevantes em relação ao plano anatômico: a **incisura isquiática maior**, na parte de cima, por onde saem o músculo **piriforme**, as raízes inferiores do **nervo isquiático**, antigamente chamado de *nervo ciático*, e a **artéria glútea**; e a **incisura isquiática menor**, embaixo, por onde saem o músculo **obturador interno** e a **artéria isquiática**.

Funções da pelve
Suporte do peso do corpo

A pelve *sustenta o peso do tronco* pela face superior do sacro, na altura do **disco L5-S1**. No **apoio bipodal simétrico** (Fig. 39.9: vista anterior), essa carga é dividida de cada lado, por meio dos sacroilíacos, na direção do acetábulo, que recebe a cabeça do fêmur. Assim, o peso aplicado sobre o sacro é transmitido aos membros inferiores e ao solo, *por intermédio do cíngulo do membro inferior*. A reação à força de resistência dos membros inferiores é transmitida e equilibrada na frente por meio dos ramos iliopúbicos, na região da sínfise púbica.

Em um **esquema de perfil** (Fig. 39.10: vista de perfil), constata-se que a carga aplicada sobre o sacro tem tendência a fazê-lo se deslocar para a frente, em

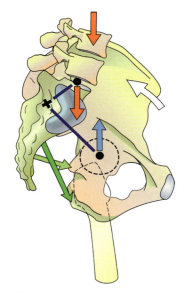

Figura 39.10

um movimento de rotação dos sacroilíacos definido como uma **nutação** (seta vermelha). Essa rotação do sacro em relação aos ossos ílios é imediatamente limitada pela tensão dos ligamentos sacros (em verde). Os ossos ílios sofrem uma força vertical situada atrás do centro do quadril, onde se aplica a força de reação (seta azul) dos membros inferiores. Eles tendem, portanto, a projetar-se para trás (seta branca). Essa retroversão da pelve é limitada, na altura do quadril, pela *tensão dos ligamentos anteriores*.

Em relação ao solo, o sistema fica equilibrado, pois o **centro de gravidade geral do corpo** (**G**) (Fig. 39.11: vista de perfil) em posição vertical, em guarda, localiza-se na pelve, no meio *da linha que une* **S3** *ao púbis*. Nesse ponto, situado *sobre a linha dos centros do quadril*, o peso do corpo é perfeitamente equilibrado sobre os membros inferiores.

Em **apoio unipodal** (Fig. 39.12: vista anterior, lado esquerdo em apoio), a carga sobre a pelve se torna totalmente assimétrica, com um *lado portador*, **carregado**, e *um suspenso*, **descarregado**. A pelve movimenta-se, em seu conjunto, para a parte baixa do lado descarregado, o que ocasiona uma curvatura da coluna vertebral, que se torna convexa desse lado.

O **lado portador** sofre as mesmas tensões vistas anteriormente, com essa rotação inversa dos dois ossos:

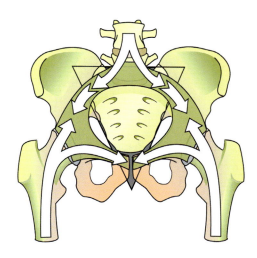

Figura 39.9

O que é biomecânica

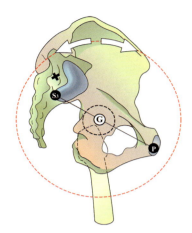

Figura 39.11

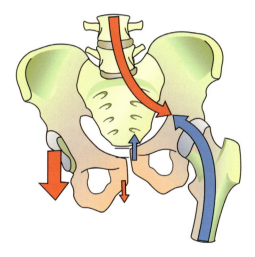

Figura 39.12

Contenção das vísceras abdominais

O cíngulo do membro inferior serve de inserção a duas categorias de músculos:

- os **músculos exteriores e interiores** no próprio cíngulo, que se integram à sua parede e são anexados aos membros inferiores ou à parede abdominal. Neste **esquema** (Fig. 39.13: vista oblíqua anterior esquerda, após ablação do osso ílio esquerdo), todos os músculos saem da pelve para *mobilizar o membro inferior* correspondente:
   – da *fossa ilíaca*, parte o **músculo ilíaco** acompanhado do **psoas**;
   – da *pelve menor*, *cavidade pélvica inferior* situada embaixo do estreito superior, os músculos saem das incisuras isquiáticas: o músculo **piriforme**, acompanhado da *artéria glútea* e do *nervo ciático*, pela **incisura isquiática maior**, e o músculo **obturador interno**, pela **incisura isquiática menor**, acompanhado da artéria isquiática;
- os **músculos inferiores**, que constituem o diafragma inferior do abdome e que asseguram a função de contenção das vísceras abdominais. Fecham, as-

anteversão do sacro e retroversão do osso ílio, movimento limitado pela tensão dos ligamentos sacros.

Por outro lado, do **lado suspenso**, o peso do membro inferior tende a projetar o osso ílio para baixo, o qual se movimenta, então, em *anteversão*, o que ocasiona um **cisalhamento** vertical da sínfise púbica: o púbis, do lado portador, "sobe" (seta azul) em relação àquele do lado suspenso, que "desce" (seta vermelha). Portanto, a sínfise púbica deve ser particularmente sólida, pois é solicitada a cada passo, e quem apresenta algum problema nessa articulação sofre a cada passo, tendo, assim, muita dificuldade para caminhar.

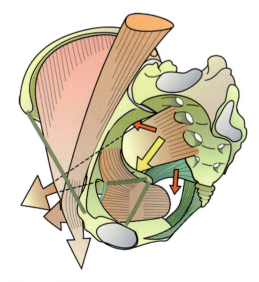

Figura 39.13

sim, a parte inferior da cavidade abdominal, que, em cima, é separada do tórax pelo diafragma. São distribuídos em dois níveis (Fig. 39.14: secção frontal, vista da parte posterior).

No nível superior, constituído por um só músculo, o **levantador do ânus,** com direção oblíqua, bem visível nesse esquema: forma uma dupla inclinação oblíqua para baixo e para dentro, *mantido sobre os músculos* que revestem a parede interna da pelve menor.

Em uma vista em perspectiva inferior (Fig. 39.15: vista oblíqua posteroinferior esquerda), vemos perfeitamente a configuração dessa camada muscular, que, conectando-se à parede interna da pelve menor, forma um recipiente hemisférico, *como uma grande tigela,* que contém as vísceras abdominais e apresenta um orifício posterior, o ânus.

A parte anteroinferior desse domo invertido difere de acordo com o sexo.

No homem, existe, na frente do orifício anal, uma estreita passagem circular para a uretra, conduto de evacuação da bexiga (Fig. 39.16: mesma perspectiva). Essa parede muscular é, portanto, muito resistente ao impulso das vísceras para baixo.

No homem, a uretra é rodeada por um corpo esponjoso (Fig. 39.17), unido sob a sínfise púbica pelos dois corpos cavernosos para formar os corpos eréteis do pênis. Pode-se dizer que, quanto ao plano patológico, o períneo masculino não tem uma história.

Não ocorre o mesmo **nas mulheres** (Fig. 39.18: mesma perspectiva), em que toda a parte situada na frente do orifício anal é interrompida por uma *larga fenda,* a **fenda urogenital,** pela qual passam a *uretra* e também a *vagina* (cinza)*,* conduto que apresenta uma grande dilatação no momento do parto.

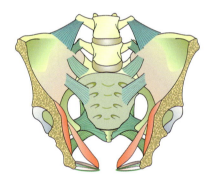

Figura 39.14

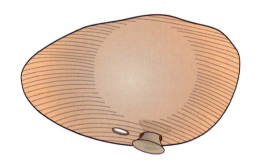

Figura 39.16

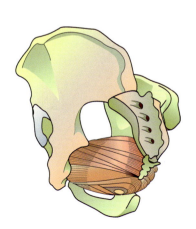

Figura 39.15

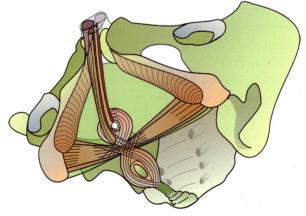

Figura 39.17

O que é biomecânica

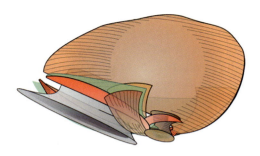

Figura 39.18

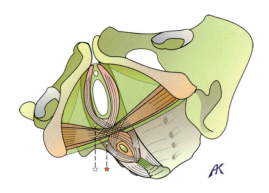

Figura 39.19

A descida dos órgãos abdominais, em particular da bexiga, que se chama **prolapso**, é, portanto, relativamente frequente nas mulheres, ao passo que é inexistente nos homens.

Essa primeira "rede" é completada, *na superfície*, pelo **períneo**, conjunto musculoaponeurótico que se insere sobre os *ramos isquiopúbicos*, caso em que também há diferença de acordo com o sexo.

O **períneo feminino** (Fig. 39.19: mesma perspectiva) comporta, assim, uma fenda urogenital que contém a uretra e a vagina. Nesse esquema, é possível distinguir o ânus, rodeado por seu esfíncter, por músculos e aponeuroses que enquadram o pudendo feminino, rodeado por seu esfíncter, o músculo esfíncter uretrovaginal, e o óstio da uretra. O pudendo feminino é separado do ânus pelo núcleo fibroso central do períneo, entrecruzamento muito cerrado de fibras musculares e aponeurótico que representa a única estrutura resistente do períneo feminino. O ânus e seu esfíncter são ligados ao cóccix pela rafe fibrosa anococcígea. Esses três orifícios são ligados ao esqueleto pélvico pelas fibras transversais, que se entrecruzam com as fibras longitudinais na altura do núcleo fibroso central do períneo.

Em profundidade, visível em transparência por meio da aponeurose perineal, situa-se o feixe mais inferior do levantador do ânus, o pubococcígeo (estrela branca), que dá origem a uma forte expansão (estrela vermelha), cujas fibras vão se misturar àquelas do esfíncter do ânus, o que o caracteriza como um músculo puborretal.

Sobre o períneo feminino, esse músculo e seu contralateral formam a parte mais resistente da fenda urogenital. Para que os detalhes fiquem suficientemente claros, um esquema em que o músculo puborretal foi individualizado (Fig. 39.20: metade direita da pelve vista por dentro) mostra a expansão das fibras que ele envia para trás do esfíncter externo do ânus, as quais se entrelaçam com as fibras deste e com aquelas do músculo contralateral. Essa expansão, que parte do plano mais profundo do períneo, vai, assim, atingir os planos superficiais, materializados, aqui, pelo óstio da vagina, atravessando aquele da aponeurose perineal.

Função de trânsito do cíngulo do membro inferior

Como a extremidade anterior do corpo, nos quadrúpedes, e a *superior*, nos seres humanos, é a área de entrada do organismo, logicamente sua extremidade posterior, ou *inferior nos bípedes*, deve ser a **área de saída**.

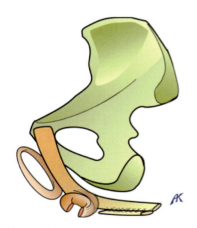

Figura 39.20

39 Cíngulo do membro inferior

O cíngulo do membro inferior representa, portanto, **a saída** do sistema digestório, do sistema urinário e do sistema genital.

As funções de defecação e micção não serão abordadas nesta obra; por outro lado, a parturição, ou parto, função de evacuação do recém-nascido, será mencionada, pois recruta o cíngulo do membro inferior no caso das mulheres.

Nos homens, a pelve é estreita (Fig. 39.21: vista anterior), pois o estreito superior, bem visível no esquema, não tem de garantir o trânsito do feto. Essa pelve estreita típica do homem é uma característica que permite aos arqueólogos diferenciar um esqueleto masculino de um feminino, mesmo após milhares de anos.

Nas mulheres, a pelve é mais larga (Fig. 39.22), ou seja, mais propícia para permitir, no momento do parto, a passagem da cabeça fetal pelo estreito superior. Esse alargamento abrange também as cristas ilíacas, o que faz as mulheres terem o quadril "largo". As articulações do quadril são mais afastadas, o que propicia uma grande obliquidade dos fêmures e, por consequência, um **joelho valgo** mais acentuado. O triângulo circunscrito à pelve se aproxima, na mulher, do *triângulo equilátero,* enquanto, no homem, não passa de um isósceles. No início da gestação, o **útero** se desenvolve **na pelve menor** (Fig. 39.23: vista anterior) e *sua situação coincide* **exatamente** com o **centro de gravidade** (G). O feto fica, portanto, no centro do organismo materno e, como é o ponto mais fixo do corpo, é em volta dele que se efetuam todos os movimentos da mulher que o carrega. À medida que o feto se desenvolve, o **útero, que aumenta muito** (Fig. 39.24: perspectiva anterior direita), vai *exteriorizar-se em relação à pelve* e chega um momento, no fim da

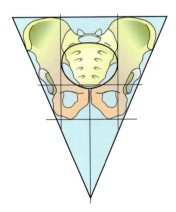

Figura 39.21

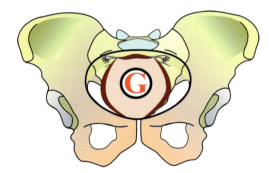

Figura 39.23

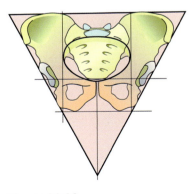

Figura 39.22

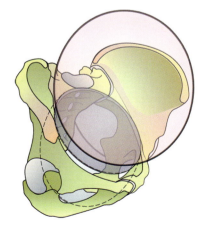

Figura 39.24

gravidez, em que praticamente repousa sobre a sínfise púbica. Para ser evacuado, o feto precisará, portanto, passar obrigatoriamente pelo estreito superior. Não é o útero que ultrapassa o estreito, como poderia dar a entender o esquema, mas a criança, de dentro do útero.

É chamado de **canal do parto** (Fig. 39.25: perspectiva anterior esquerda) o caminho percorrido pelo recém-nascido no nascimento. Essa trajetória absolutamente obrigatória, salvo para quem recorre a uma cirurgia cesariana, é esquematizada aqui por *esse grosso cilindro cinza curvado*.

Devem-se superar, sucessivamente, os três estreitos da cavidade púbica.

Esses **três estreitos** (Fig. 39.26: vista de perspectiva anterior esquerda) são, sucessivamente:

- o **estreito superior** (linha vermelha), que separa as fossas ilíacas internas da pelve menor, ou pelve propriamente dita, é marcado lateralmente pela *linha oblíqua*, que percorre a face interna do osso ílio, atrás pelo *promontório da base do sacro* (ponto vermelho superior) e na frente pela *sínfise púbica* (ponto vermelho inferior). É o primeiro obstáculo a ser superado, com a ajuda do movimento de **contranutação** do sacro;
- o **estreito médio** (linha verde) é delimitado pela *sínfise púbica* na frente, pela *concavidade sacral* atrás e pelas *espinhas isquiáticas* (pontos verdes) lateralmente. Sua superação é facilitada pelo movimento de **nutação**, que veremos mais adiante;
- o **estreito inferior** (linha azul) é superado no momento da expulsão. É delimitado pela borda inferior da *sínfise púbica* na frente, pelo *sacro* e pelo *cóccix* atrás, e pelos *ísquios* na lateral. Essas quatro partes estão marcadas por pontos azuis. Sua superação é facilitada pelo movimento de **nutação**.

O termo nutação já foi utilizado várias vezes, mas o que significa de fato?

É um movimento (Fig. 39.27: vista lateral do sacro) efetuado nas articulações sacroilíacas no qual o *sacro se inclina para a frente* e para baixo (seta vermelha), como em uma *saudação*. Essa rotação efetua-se em volta do ligamento *axial*, marcado com uma cruz preta. Assim, **o promontório da base do sacro avança**, enquanto **o ápice do sacro e o cóccix recuam**.

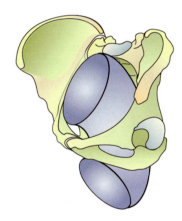

Figura 39.25

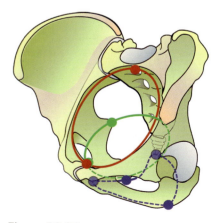

Figura 39.26

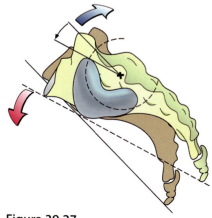

Figura 39.27

Na **nutação** (Fig. 39.28: vista de perfil da pelve), o avanço do promontório diminui o estreito superior, enquanto o estreito inferior aumenta por causa do recuo do ápice do sacro e do cóccix, mas também por causa do distanciamento associado dos ísquios.

O movimento de **contranutação** (Fig. 39.29: vista de perspectiva anterior esquerda) é o inverso, e faz recuar o promontório e avançar o cóccix.

Esse movimento do sacro ocasiona modificações sobre o conjunto da pelve.

A contranutação aumenta o estreito superior, por causa do recuo do promontório sacral, e encolhe o estreito inferior, por causa do avanço do ápice do sacro e do cóccix, assim como da aproximação dos ísquios (setas azuis).

Um **esquema de perfil** (Fig. 39.30) mostra as modificações inversas das constatadas no momento da nutação: alongamento do diâmetro anteroposterior do estreito superior, por *recuo do promontório*, e diminuição do diâmetro anteroposterior do estreito inferior, por *avanço do ápice do sacro e do cóccix*.

Um terceiro fenômeno vai favorecer a superação do estreito superior, o **distanciamento da sínfise púbica** (Fig. 39.31: vista de perspectiva superior esquer-

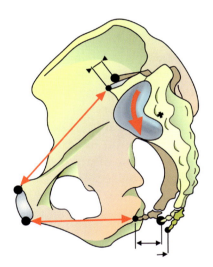
Figura 39.28

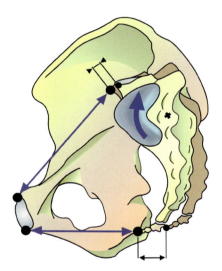
Figura 39.30

Figura 39.29

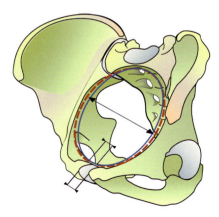
Figura 39.31

da). Sob a influência hormonal de hiper-hidratação dos tecidos fibrosos do fim da gestação, os ligamentos que unem os dois púbis se deixam distender às vezes 10 mm, o que permite o distanciamento dos ossos ílios e o alargamento do estreito superior. Esse fenômeno é nitidamente mais acentuado em algumas espécies de animais.

Sabe-se agora, graças aos trabalhos de **B. de Gasquet**, que a posição adotada pelas parturientes tem o grande papel de facilitar o parto, em particular a **posição dos fêmures**, que intervêm nos movimentos de nutação e contranutação. Com o *scanner* e a ressonância magnética, esse autor evidenciou um aumento de 2 cm do estreito médio por causa da rotação medial dos fêmures, o que facilita a passagem da cabeça do recém-nascido entre as espinhas isquiáticas.

Para resumir a travessia dos estreitos pélvicos pela cabeça fetal, à luz dessas novas noções, pode-se dizer, então, que a expulsão do recém-nascido se efetua em duas fases.

A **primeira fase** é caracterizada pela **descida da cabeça fetal** na pelve menor. Esse fenômeno, que pode acontecer algum tempo antes do parto propriamente dito, comporta dois mecanismos associados:

- o distanciamento da sínfise púbica, também chamado de *diástase*;
- a **contranutação**: esse mecanismo complexo é favorecido, como demonstrou B. de Gasquet, pela *rotação lateral dos fêmures* sobre o quadril flexionado em 90°. O **esquema em perspectiva** (Fig. 39.32: pelve, quadril flexionado em rotação lateral) mostra que essa rotação vai contrair os músculos e os ligamentos *situados acima do quadril*, projetando, assim, as asas ilíacas para fora, o que *aumenta o estreito superior*. Ao mesmo tempo, ela distende os músculos e ligamentos situados *abaixo* do quadril, o que propicia a migração para dentro dos ísquios e, portanto, o encolhimento do estreito inferior.

A **segunda fase** é caracterizada pela transposição da cabeça fetal pelo estreito inferior, com a ajuda do impulso abdominal e da contração do músculo uterino: é a **expulsão**.

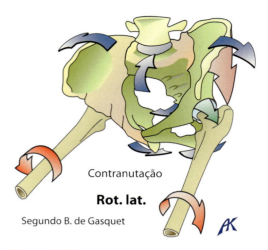

Figura 39.32

No momento do parto, a superação do estreito inferior, fase da **liberação**, é favorecida pela nutação, associada ao **impulso abdominal e à contração do músculo uterino**.

Também no caso da nutação, a **posição dos fêmures** (Fig. 39.33: pelve, quadril flexionado em rotação medial) é determinante. A rotação medial vai distender todos os músculos e ligamentos situados acima do quadril, mas, sobretudo, contrair as estruturas inferiores, o que propicia o afastamento dos ísquios de 15 a 20 mm, logo, o alargamento do estreito inferior e o favorecimento da liberação da cabeça fetal.

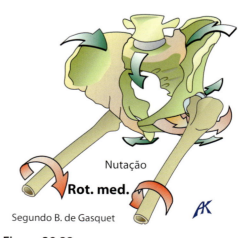

Figura 39.33

Essa verdadeira *oscilação dos ossos ílios* pode ser representada em uma **secção frontal da pelve** (Fig. 39.34: secção frontal em nutação, **N**, e contranutação, **CN**), que mostra claramente o *alargamento do estreito inferior* sob o efeito da *contranutação*.

Uma vista em perspectiva inferior esquerda (Fig. 39.35: períneo em nutação, **N**, e contranutação **CN**) do períneo evidencia o alargamento do diâmetro bi-isquiático sob o efeito da nutação, que favorece a passagem da cabeça fetal.

Se a parturiente for colocada na posição chamada "ginecológica" clássica (Fig. 39.36: posição ginecológica com os fêmures em rotação lateral), que facilita o trabalho e a liberação na **primeira fase** do parto, é preciso, na **segunda fase**, no momento da expulsão, posicionar lateralmente as pernas (Fig. 39.37: posição ginecológica com os fêmures em rotação medial), o que, como vimos, favorece a nutação e, portanto, o alargamento do estreito inferior.

O **impulso abdominal** (Fig. 39.38: vista de perfil da cavidade abdominal) é realizado pela:

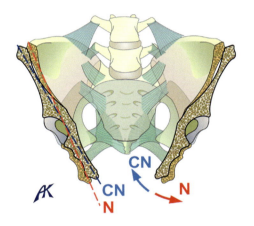

Figura 39.34

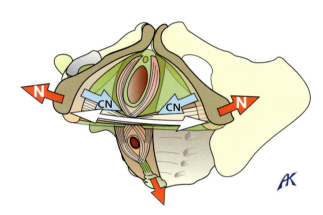

Figura 39.35

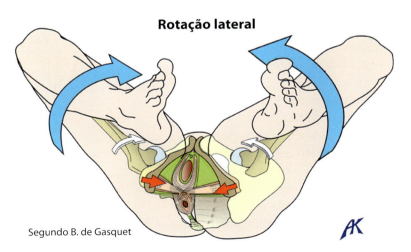

Segundo B. de Gasquet

Figura 39.36

353

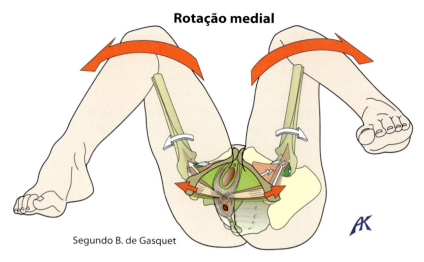

Rotação medial

Segundo B. de Gasquet

Figura 39.37

- **contração do diafragma**, que empurra a massa visceral para baixo, mas pode causar lesões perineais e, a longo prazo, prolapsos;
- bem mais eficaz é a **contração associada dos músculos largos** do abdome, em particular do **transverso**, sobretudo em sua posição inferior, o que reduz o volume da cavidade abdominal.

A **posição em decúbito dorsal** não facilita o impulso do diafragma e dos abdominais.

Por outro lado, a **posição de cócoras,** em que o tronco fica na vertical, posição ancestral adotada por mulheres indígenas para dar à luz, semelhante à posição de "defecação", é bem mais favorável à expulsão. É uma "atitude" ainda empregada por uma *grande parte da humanidade*.

A **posição de cócoras**, em **suspensão pelos braços**, posição **ancestral** que pode até **ser utilizada na natureza** (Fig. 39.39), permite uma melhor atuação do diafragma. A **hiperflexão do quadril associada à rotação medial dos fêmures** (produzida pelo distanciamento dos pés, que estabiliza o agachamento) favorece a **contranutação**, a qual alarga o estreito inferior.

Não se pode perder de vista *que o parto é um* **ato fisiológico** *que, normalmente, ocorre sem problemas* e de modo automático. Desde os primórdios

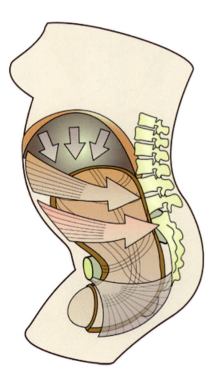

Figura 39.38

da espécie humana, ele permitiu assegurar a sobrevivência da humanidade, e as mulheres, de maneira instintiva, souberam desde o início encontrar a

39 Cíngulo do membro inferior

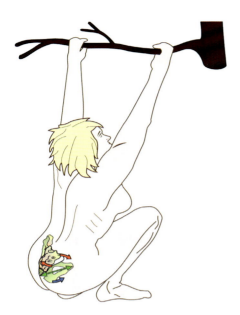

Figura 39.39

posição mais favorável para a expulsão do bebê. É o que propôs **B. de Gasquet**: a livre atitude do parto, a busca pela própria parturiente da posição que lhe é mais favorável, incluindo a suspensão de cócoras, desde que o equipamento da sala de trabalho a torne possível.

Muito rapidamente, as parturientes, no momento de agachar, são ajudadas por *mulheres com experiência,* chamadas **parteiras**. As técnicas modernas permitiram simplesmente tornar esse ato natural um pouco *mais confortável* e principalmente **diminuir a mortalidade perinatal**, que no século XIX ainda era significativa, sobretudo no que se refere à mãe.

40
Cíngulo do membro superior

O modo de ligação do membro superior – membro anterior nos quadrúpedes – com o tronco é muito diferente do modo de ligação do membro inferior com o tronco.

Enquanto o cíngulo do membro inferior é um anel completo, fechado, fixo e bem rígido, **o cíngulo do membro superior** (Fig. 40.1: vista anterior esquerda) é um **anel incompleto**, *aberto, móvel e deformável* sobre um volume também deformável, o tórax, sobre o qual ele fica quase suspenso.

Esse esquema mostra a conexão do cíngulo do membro superior **por um único ponto**, a extremidade interna da clavícula sobre o manúbrio do esterno, na altura da **esternoclavicular**, assim como a *grande mobilidade da escápula*, que também só é articulada *por um ponto*, **o acrômio**, por uma articulação ao mesmo tempo bem móvel, *bem instável* e facilmente luxada, a *acromioclavicular*.

As escápulas deslizam sobre o volume ovoide do tórax, cuja forma e cujo volume são variáveis.

Os movimentos estão esquematizados nessa figura por duas duplas de setas:

- **movimentos verticais** de elevação e de abaixamento da extremidade externa da clavícula;
- **movimentos transversais** da escápula, *combinados com uma rotação* em torno da acromioclavicular.

Esse dispositivo particular é explicado pelo fato de que, nos quadrúpedes, os membros anteriores sustentam uma fração reduzida do peso do corpo: o tórax,

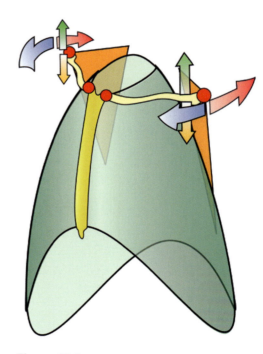

Figura 40.1

o pescoço e a cabeça. Eles têm uma *função mais* **diretiva** *do que de sustentação*.

O cíngulo do membro superior não tem, portanto, necessidade de ser tão sólido e resistente quanto o cíngulo do membro inferior, como se, desde o início da evolução, *se projetassem, nessa arquitetura aberta e menos espessa*, as futuras funções de subir em árvores e de *preensão*.

40 Cíngulo do membro superior

Além disso, o cíngulo do membro superior participa da *estabilidade da região cervical*, servindo de intermediário para o *sistema estabilizador*, um pouco como *uma verga no mastro de um navio*.

Para ilustrar, podemos comparar o cíngulo do membro superior com **o eixo dianteiro de um automóvel** (Fig. 40.2).

Enquanto o eixo traseiro é *fixo* e adere ao chassi, que é apenas motor, o *eixo dianteiro* é articulado por *paralelogramos móveis e deformáveis* que permitem movimentos significativos no sentido vertical, embora as rodas possam efetuar uma rotação de acordo com um eixo vertical para conduzir o veículo, *ficando totalmente suspensas*. Mesma ligação maleável e mesma mobilidade do cíngulo do membro superior.

Situado na raiz do membro superior, assim como o quadril na raiz do inferior, o ombro é **muito mais móvel** que o quadril. Possui, como este, três graus de liberdade (Fig. 40.3: os três eixos principais do ombro) em torno de três eixos *perpendiculares entre si*, mas suas amplitudes são muito maiores, o que se deve, justamente, à constituição do cíngulo do membro superior, que comporta não uma, mas **cinco articulações**, que constituem um **complexo articular** (Fig. 40.4). Na verdade, esse complexo compreende três articulações "*clássicas*", chamadas de sinoviais, com superfícies cartilagíneas e uma cavidade virtual fechada, cercada por uma cápsula e uma sinovial, e duas *falsas articulações*, ditas "de deslizamento", que não são, de forma alguma, sinoviais.

Figura 40.3

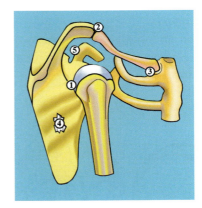

Figura 40.4

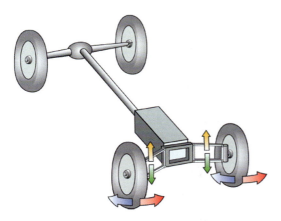

Figura 40.2

1. A articulação do ombro, uma *esferóidea* (como o quadril) dotada de três graus de liberdade, assegura o essencial para a mobilidade. Ela é muito instável e sua luxação é muito frequente.

357

2. A **acromioclavicular**, uma *plana*, também é móvel e articula a extremidade externa da clavícula com a escápula, na altura do acrômio.
3. A **esternoclavicular**, do tipo selar, une a extremidade interna da clavícula com o manúbrio do esterno e com a face superior da primeira cartilagem costal.
4. A **escapulotorácica** é uma *falsa articulação*, com duplo *espaço de deslizamento* de tecido conjuntivo frouxo, situado em cada uma das faces do músculo serrátil anterior, que permite o deslocamento da escápula sobre a parede posteroexterna do tórax.
5. A **subdeltóidea** é também uma falsa articulação, com espaço de deslizamento situado na face profunda do músculo deltoide que engloba os músculos do manguito rotador do ombro.

A **articulação do ombro** é a principal articulação do complexo articular do ombro. Ela comporta **duas superfícies esféricas** (Fig. 40.5: articulação aberta):

- A **cabeça do úmero** (esquema da esquerda), um terço de esfera com 30 mm de raio, orientada para cima, para trás e para dentro, religa-se à extremidade superior do úmero por um colo bem curto, com duas tuberosidades do lado, o *tubérculo maior* e o *tubérculo menor*.
- A **cavidade glenoidal** da escápula (esquema da direita) situa-se no ângulo superoexterno desse osso plano. Sua superfície, menos estendida e menos côncava que a cabeça, é convexa, orientada para a frente, para fora e ligeiramente para cima.

O **lábio glenoidal**, aplicado sobre a borda da cavidade glenoidal, restabelece a concordância dos raios de curvatura entre as duas superfícies. É um anel fibrocartilagíneo, triangular na secção, que apresenta, por isso, três faces:

- uma *face interna*, plana, inserida sobre o rebordo glenoidal;
- uma *face central* ou axial cuja cartilagem, de superfície côncava em contato com a cabeça do úmero, é contínua com aquela da cavidade glenoidal;
- uma *face periférica* cilíndrica que dá inserção à cápsula.

Levando-se em conta que a cabeça do úmero é esférica, seria possível pensar que os movimentos se efetuam em torno do centro da esfera. Contudo, a análise de radiografias sucessivas por Fischer et al. mostrou que há não um, mas uma série de "centros instantâneos" agrupados em "nuvens".

Por exemplo, no caso da flexão-extensão (Fig. 40.6: vista externa), existe uma única nuvem cujos pontos são agrupados em torno do centro da cabeça.

No caso da **rotação longitudinal** do úmero (Fig. 40.7: vista superior), o mesmo acontece, mas, nos dois casos, constata-se que um dos centros sai claramente da "nuvem".

No caso da **abdução** (Fig. 40.8: vista anterior), não existe uma, mas **duas** "*nuvens*", separadas por uma área de descontinuidade: a "nuvem" mais inferior e in-

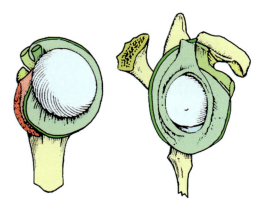

Figura 40.5

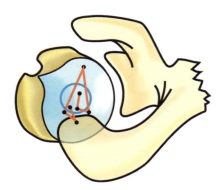

Figura 40.6

40 Cíngulo do membro superior

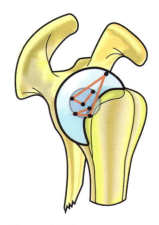

Figura 40.7

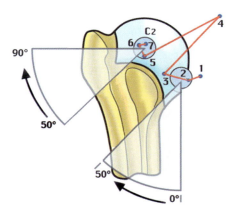

Figura 40.8

Os ligamentos conduzem e limitam os movimentos. Eles dobram e reforçam a cápsula **na frente** (Fig. 40.9: vista anterior), onde são dispostos em forma de Z. Atrás, são menos potentes; na Figura 40.10, nesta vista posterior, observa-se que foram parcialmente ressecados para possibilitar a visualização do interior da articulação: a cabeça do úmero foi tirada e, mesmo considerando seu volume, podemos constatar que os dois ossos são muito afastados. Portanto, os ligamentos e a cápsula não são *capazes* de garantir, sozinhos, a coaptação da articulação.

Coaptação muscular

Na realidade, essa articulação *é mantida essencialmente* **pelos músculos**.

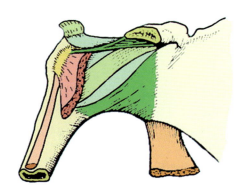

Figura 40.9

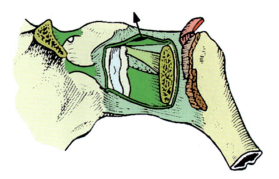

Figura 40.10

terna corresponde ao início da abdução, entre 0° e 50°, enquanto a superior e externa corresponde a seu fim, entre 50° e 90°.

A **cápsula articular e os ligamentos** asseguram a manutenção das superfícies articulares uma diante da outra. A cápsula é uma *bainha fibrosa cilíndrica* cujas duas bordas são inseridas na periferia das superfícies cartilagíneas. Para permitir uma grande amplitude dos movimentos do ombro, ela é suficientemente maleável, possibilitando um distanciamento das superfícies de *1 a 2 cm* no cadáver.

359

O que é biomecânica

A cabeça do úmero, por causa de seu fraco encaixe, é muito mal mantida na cavidade glenoidal, de modo que, sob o peso do membro e das cargas que eventualmente carrega, ela tende não somente a distanciar-se da cavidade glenoidal, mas também *a luxar-se* **para baixo.**

Para manter a cabeça no lugar, os músculos se classificam em **duas categorias** de acordo com sua ação:

- os **músculos transversais** projetam a cabeça para dentro, de modo a posicioná-la na cavidade glenoidal. Esses músculos são periescapulares e situam-se atrás ou na frente da escápula;
- **atrás da escápula** (Fig. 40.11: vista posterior) situam-se, de cima até embaixo, três músculos:
  – **supraespinal** (1), que tem um papel de primeiro plano na abdução;
  – **infraespinal** (3), situado logo abaixo da espinha da escápula;
  – **redondo menor** (4), inserido perto do ângulo inferior desse osso.

Estes dois últimos músculos são *rotadores externos* do úmero.

Na **frente da escápula** (Fig. 40.12: vista anterior), um músculo ocupa toda a face anterior da escápula, o **subescapular** (2), rotador interno. Encontramos, nesse esquema, o **supraespinal** (1) e descobrimos o

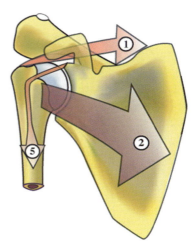

Figura 40.12

tendão da **cabeça longa do bíceps braquial** (5), que é transversal em seu *trajeto intra-articular*.

Os **músculos longitudinais** "erguem" a cabeça, para levá-la ao centro da cavidade glenoidal.

Atrás (Fig. 40.13: vista posterior), na profundidade da **cabeça longa do tríceps braquial** (7), que se fixa sobre o tubérculo infraglenoidal, ele eleva o cotovelo e, portanto, o úmero. A **parte espinal do deltoide** (8 e 8'), potente abdutor do ombro, também ergue o úmero.

Na frente (Fig. 40.14: vista anterior), na profundidade, o **coracobraquial** (6) e a *cabeça curta* do

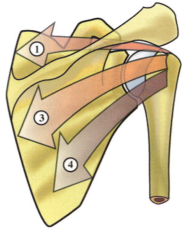

Figura 40.11

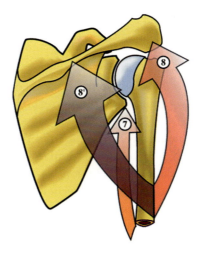

Figura 40.13

bíceps braquial (5') são acompanhados, do lado de fora, pela *cabeça longa* e seu tendão (5). São músculos flexores do ombro e do cotovelo para o bíceps. Na superfície, encontra-se o **peitoral maior** (9), adutor e suspensor do úmero. Para fora e na frente, fica o **deltoide** (8). Em cima, o **supraespinal** (1).

Os **músculos ditos "do manguito rotador"** (Fig. 40.15: vista superior) são transversais e inserem-se sobre a extremidade superior do úmero. São eles: o **supraespinal** (1), o **subescapular** (2), o **infraespinal** (3), o **redondo menor** (4) e o tendão intra-articular da **cabeça longa do bíceps** (5). Sua direção mostra bem que são *coaptadores*.

A cabeça longa do bíceps é um caso particular: seu tendão é coaptador, qualquer que seja o grau de rotação do ombro.

Esse tendão da cabeça longa também é **abdutor** (Fig. 40.16: vista anterior), além de continuar sendo co-

aptador. Esse papel de coaptação é evidente em uma **vista superior** (Fig. 40.17: de cima para baixo, o úmero em rotação medial, rotação neutra e rotação lateral), em que se constata que, em todas as posições de rotação longitudinal do úmero, a porção intra-articular do tendão posiciona a cabeça na cavidade glenoidal justamente no momento em que o bíceps se contrai para levantar uma carga que teria a tendência de projetar o membro superior para baixo.

No total, as duas cabeças do bíceps, potente flexor do cotovelo e supinador, erguem o úmero e impedem a luxação inferior da cabeça do úmero, justamente quando ele se contrai. O bíceps é realmente um músculo "multitarefa"!

A **acromioclavicular** liga a escápula à extremidade externa da clavícula. É uma *plana* bem móvel e vulnerável, e é a articulação luxada com mais frequência.

A **acromioclavicular** (Fig. 40.18: vista posterior, articulação aberta) põe em contato **duas pequenas**

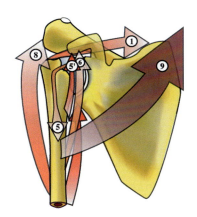

Figura 40.14

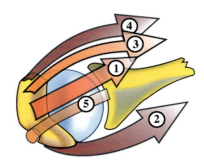

Figura 40.15

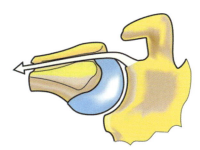

Figura 40.16

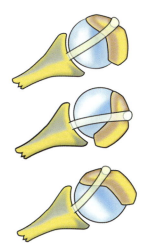

Figura 40.17

superfícies ovalares, planas ou ligeiramente convexas, situadas uma sobre *a borda anterior do acrômio*, o processo coracoide da escápula, e a outra na altura da parte posterior e externa da *extremidade externa da clavícula*. Ela não é *nem um pouco encaixada* e "mantém-se" apenas **graças aos ligamentos**.

Em **secção frontal** (Fig. 40.19: o plano da secção é ilustrado em azul na figura anterior) fica de fato evidente que, em termos mecânicos, essas duas superfícies, ambas ligeiramente convexas, não têm nenhuma razão para ficar em contato. O encaixe é muitas vezes melhorado pela presença de um menisco.

Os ligamentos periarticulares são muito frouxos e incapazes de garantir a coaptação articular. Na verdade, eles são os *dois ligamentos* **conoide** e **trapezoide** (em verde nos dois esquemas), que reúnem o **processo coracoide** na **face inferior da clavícula** e impedem a luxação dessa plana.

Em um **esquema de perfil** (Fig. 40.20), os ligamentos da extremidade externa da clavícula se detalham da seguinte forma:

1. **ligamento superior da acromioclavicular**, pouco resistente, que dobra a cápsula;

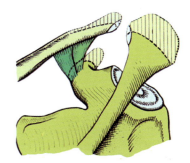

Figura 40.18

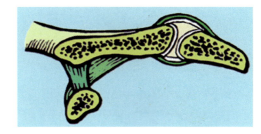

Figura 40.19

Figura 40.20

2. **ligamento conoide**, oblíquo para fora;
3. **ligamento trapezoide**, oblíquo para dentro;
4. **ligamento coracoacromial**, que não exerce nenhuma função sobre a articulação, mas participa da constituição do *arco coracoacromial*, sob o qual passa o músculo *infraespinal*.

Esses dois ligamentos, o conoide e o trapezoide, não apenas são o principal meio de contenção da acromioclavicular, mas também os **freios de sua mobilidade**. É possível vê-los **se contraindo** *para a frente na abertura* (Fig. 40.21: vista superior) do ângulo entre a clavícula e a escápula (seta vermelha) e também se contraindo *para trás* (Fig. 40.22: mesma perspectiva) no fechamento desse ângulos (seta azul).

O **funcionamento da acromioclavicular** (Fig. 40.23: vista externa) é de fato comparável àquele de uma *esferóidea*, com *três eixos* e *três graus de liberdade*, embora se trate de uma articulação plana. Esse é o resultado do "**jogo mecânico**" *considerável* dessa articulação não

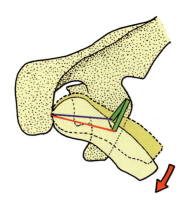

Figura 40.21

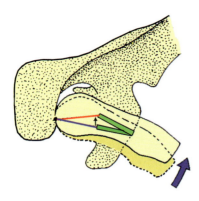

Figura 40.22

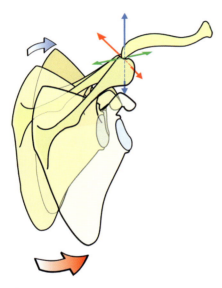

Figura 40.23

É fácil imaginar a mobilidade desse instrumento, utilizado nos campos, antes da era da industrialização, para bater o trigo (Fig. 40.25: debulha do trigo com o mangual), ou seja, para separar os grãos de trigo de sua palha.

Esse instrumento desapareceu totalmente, mas o **princípio de sua mobilidade** continua válido, e a expressão "mobilidade de mangual" ainda é usada em alguns idiomas. Vemos na Figura 40.25 dois camponeses que seguram o mangual, com seu longo cabo e o segmento "batedor" mais curto, que acerta os feixes de trigo com golpes ampliados. Essa operação ancestral foi substituída pela *debulha mecânica*, com a ajuda de *ceifeiras-debulhadoras*.

Esternoclavicular

É uma articulação do **tipo selar**, como descrito no Capítulo 16. Ela possui, portanto, dois eixos (Fig. 40.26: as duas superfícies sobrepostas), funcionando como a articulação carpometacarpal do polegar, à qual se assemelha.

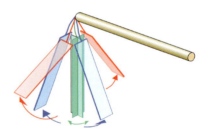

Figura 40.24

Figura 40.25

encaixada. Essa vista em perspectiva anteroexterna da clavícula, na qual a escápula fica "suspensa", mostra os movimentos de abertura e fechamento do ângulo omoclavicular (seta azul) de acordo com o eixo vertical (azul) e os movimentos de báscula anterior e posterior (seta vermelha) em torno do eixo sagital (vermelho).

No total, os movimentos da escápula em relação à clavícula podem ser comparados aos de um **mangual** (Fig. 40.24), em que o segmento móvel fica suspenso do cabo por uma corda.

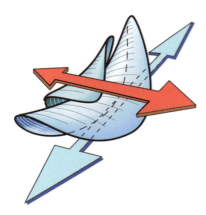

Figura 40.26

Ela dispõe de *duas liberdades*, como aparece neste esquema (Fig. 40.27: perspectiva anteroexterna direita):

- de um lado, são ilustrados os *movimentos horizontais* (h), que deslocam a extremidade externa da clavícula;
- do outro, os *movimentos verticais* (v);
- quanto aos movimentos de rotação (r) da clavícula *sozinha*, eles se devem, em grande parte, à **rotação conjunta** de Mac Conaill, tal como existe nas articulações do tipo selar e tal como foi descrita para a carpometacarpal do polegar.

Escapulotorácica

É uma *falsa articulação* entre a parede posteroexterna da caixa torácica e a face profunda da escápula, revestida do músculo subescapular.

Em relação ao tórax (Fig. 40.28: vista posterior), ela se estende da 10ª à 7ª costela, em posição normal, e sua borda espinal se distancia de 5 a 6 cm da linha dos processos espinhosos.

Um esquema em **secção do tórax** (Fig. 40.29) destaca dois elementos relevantes:

1. De um lado, à *esquerda do esquema*: a separação do espaço escapulotorácico em **dois subespaços** de deslizamento, por causa da presença do músculo **serrátil anterior**:
   – entre o serrátil anterior e a escápula, o espaço **omosserrático**;
   – entre o serrátil anterior e o tórax, o espaço **toracosserrático**.

   Esses dois planos anatômicos são ocupados por **tecido celuloadiposo** com malhas frouxas que permite o deslocamento da escápula, como uma articulação, mas sem articulação no sentido anatômico do termo e, em particular, sem superfícies osteocartilagíneas de deslizamento nem cavidade articular.

2. Do outro lado, à *direita do esquema*: a orientação do plano da escápula, que forma um **ângulo de 30°** com o plano frontal, determina *a orientação*

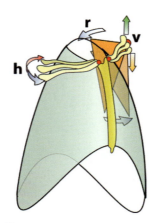

Figura 40.27

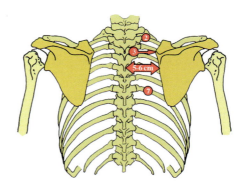

Figura 40.28

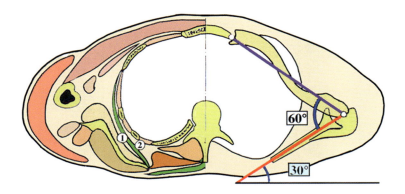

Figura 40.29

da cavidade glenoidal para a **frente** e, consequentemente, a orientação do *plano de abdução fisiológica* do ombro, não coincidindo com o plano frontal. É importante para a orientação do membro superior como um todo, a qual depende da posição das mãos n*o setor de visão estereoscópica*. Essa orientação do plano da escápula é de 60° na posição de referência, mas esse ângulo pode variar **de acordo com os deslocamentos da escápula** (Fig. 40.30: corte torácico):

Na **antepulsão** do ombro (lado esquerdo), ou seja, na projeção do ombro para a frente – e não flexão do braço –, a clavícula (linha vermelha) avança, o que, em consequência, faz o ângulo entre a escápula e a clavícula, o **ângulo escapuloclavicular,** fechar-se em **55°** em relação à sua posição inicial (linha azul, **N**).

Na **retropulsão** do ombro (lado direito), a clavícula "recua" e o ângulo escapuloclavicular "abre-se" em **70°**.

Essas **variações de angulação** se efetuam na *articulação acromioclavicular*.

A amplitude desses **deslocamentos laterais** pode ser visualizada em uma vista posterior (Fig. 40.31). No momento da **antepulsão**, a borda medial da escápula se afasta em 10 a 15 cm de sua posição inicial, enquanto, na **retropulsão,** aproxima-se da linha dos processos espinhosos das vértebras.

Os **músculos motores desses deslocamentos laterais** (Fig. 40.32: secção transversal) estão nitidamente visíveis nesse esquema: do lado direito, estão desenhados aqueles que distanciam a escápula da linha mediana, o serrátil anterior (em vermelho) e a cabeça curta do bíceps (em rosa).

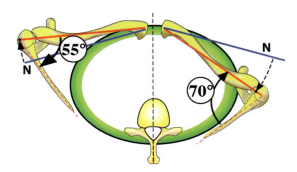

Figura 40.30

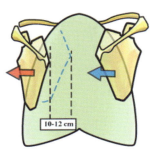

Figura 40.31

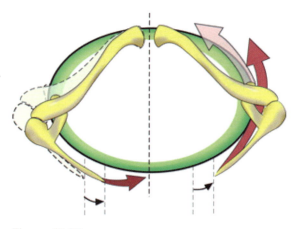

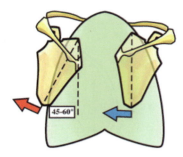

Figura 40.32

Figura 40.34

Subdeltóidea

Do lado esquerdo, o que a aproxima da linha dos processos espinhosos é, essencialmente, a parte transversa do trapézio.

Os **deslocamentos verticais** (Fig. 40.33) têm uma amplitude de 10 a 12 cm.

Na realidade, esses movimentos, sejam eles transversais ou verticais, são acompanhados sempre de um componente de **báscula da escápula** chamado de *movimento "de sino"*.

Entre **as duas posições de báscula extrema** (Fig. 40.34), a amplitude de rotação da escápula, em torno de um eixo perpendicular a seu plano e situado próximo de seu ângulo superior e interno de 45° a 60°.

Também nesse caso, todos esses movimentos se efetuam com a clavícula na altura da articulação acromioclavicular.

É a última articulação do complexo do ombro: é também uma *falsa articulação*. Na secção frontal mostrada na Figura 40.35, encontra-se entre a face profunda do músculo deltoide e a extremidade superior do úmero, sobre a qual se fixam os "músculos do manguito rotador". Esse plano anatômico é ocupado por uma "bolsa sinovial" (em amarelo no esquema) que facilita o deslizamento relativo do músculo no momento da abdução (Fig. 40.36); existe de fato, nesse nível, por causa da **tração do supraespinal** (**1**), um deslocamento para dentro da extremidade superior do úmero em relação à face profunda do **deltoide**, que se contrai (**2**) simultaneamente. Esse deslizamento dos dois elementos anatômicos é favorecido pela presença da *bolsa sinovial* (**b**).

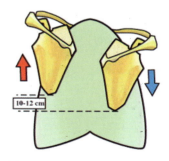

Figura 40.33

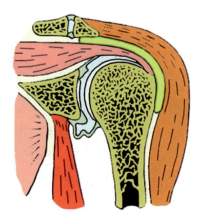

Figura 40.35

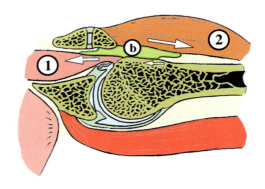

Figura 40.36

No geral, é importante entender que **todas essas articulações atuam ao mesmo tempo** em cada um dos movimentos do ombro considerado como um todo.

Os **músculos motores** são abordados no Capítulo 16.

Para descrever os movimentos do ombro em relação aos **três planos de referência clássicos** (Fig. 40.37), é preciso lembrá-los:

- frontal (**F**) (azul);
- sagital (**S**) (vermelho);
- horizontal (**H**) (azul-claro).

Recorremos, então, às **coordenadas retangulares** para definir a posição do cotovelo (**P**) sobre a esfera centrada pelo ombro: o ponto P se situa na **interseção das coordenadas** x no plano frontal, y no plano sagital e z no plano horizontal.

No entanto, nesse sistema que mostra com precisão a posição do eixo longitudinal do braço, não há nenhuma referência ao grau de rotação do úmero em relação a seu eixo longitudinal.

Podemos, assim, recorrer a uma avaliação em **coordenadas polares** (Fig. 40.38) inspirada na localização de um navio na esfera terrestre. Define-se então:

- **longitude** pelo ângulo α;
- **latitude** pelo ângulo β;
- **direção** pelo ângulo ω.

Esta última informação apresenta a rotação longitudinal do úmero. Assim, com a ajuda de apenas três ângulos, é possível obter todos os elementos da orientação do braço a partir do ombro. Entretanto, esse cálculo, proposto por Merle d'Aubigné e que parece muito lógico, não é utilizado.

Amplitudes articulares do ombro

O **cone de circundução do ombro** (Fig. 40.39: o centro do ombro situado na interseção dos três planos de referência) caracteriza os movimentos extremos, no espaço, do membro superior a partir do ombro. Essa articulação, muito móvel, possui três graus de liberdade. O cone de circundução é limitado, no espaço, por uma trajetória deformada pela presença do tronco, que se apresenta como um obstáculo à adução: o membro superior é obrigado a contornar o tronco, sobretudo

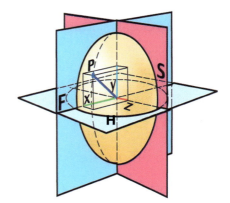

Figura 40.37

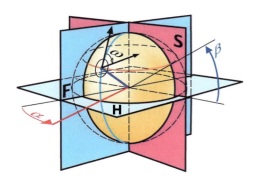

Figura 40.38

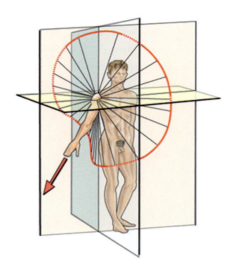

Figura 40.39

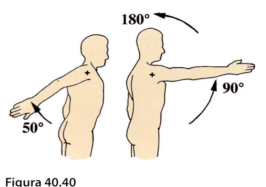

Figura 40.40

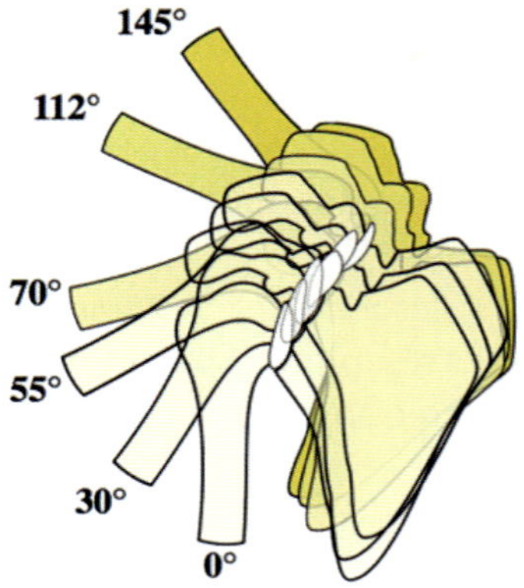

na frente, pois atrás a adução do ombro também é limitada.

A *curva* descrita pela ponta dos dedos (linha vermelha) desenharia normalmente um *cone* cujo eixo é a posição de equilíbrio da articulação (seta vermelha): é *oblíquo para baixo, para a frente e para fora*.

Todos os movimentos do ombro se inscrevem **no interior desse setor cônico de espaço**.

Ele representa todos os pontos acessíveis pela mão sem flexão do cotovelo.

Flexão-extensão

Esse movimento (Fig. 40.40) se efetua a partir da posição de referência do braço na vertical em relação à extensão do corpo:
- a **flexão** atinge 180° quando o membro superior é projetado para a frente;
- a **extensão**, no movimento para trás, atinge 50°.

A flexão, como todos os movimentos do complexo do ombro, é um movimento que envolve todas as suas articulações, em particular a **escapulotorácica**.

Ao longo do movimento da articulação do ombro, é possível ver em radiografias sucessivas (Fig. 40.41: traçados sobrepostos das radiografias) a escápula deslocar-se para cima, efetuando uma rotação sobre seu eixo per-

Figura 40.41

pendicular, situado próximo de seu ângulo superoexterno. Assim, a orientação da cavidade glenoidal se mostra modificada, orientando-se mais diretamente para cima.

As **articulações claviculares** (Fig. 40.42: vista externa) também são envolvidas, pois a clavícula efetua uma rotação sobre seu eixo longitudinal, na altura da articulação *esternoclavicular*: é uma rotação conjunta e, portanto, *automática*, como ocorre em todas as articulações do tipo cardã.

O restante das rotações escapulares efetua-se no nível da *articulação acromioclavicular*, graças a seu jogo mecânico, seguindo o mesmo mecanismo de "mangual", mencionado anteriormente.

Anterretropulsão do ombro

Não se deve confundir esse movimento do cíngulo do membro superior isolado (Fig. 40.43: vista superior) com a flexão, que é um movimento do membro superior.

40 Cíngulo do membro superior

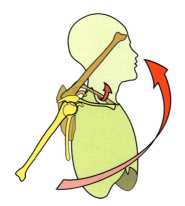

Figura 40.42

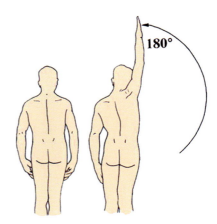

Figura 40.44

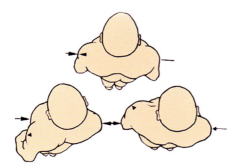

Figura 40.43

A partir da posição de referência:
- a **antepulsão** projeta a região deltóidea, que alguns chamam de "coto do ombro", para a frente;
- a **retropulsão** é o movimento inverso.

Abdução

A partir da posição de referência, a **abdução** (Fig. 40.44: vista posterior) afasta o membro superior do tronco. Ela atinge 180°.

É preciso notar que, a partir da horizontal, ou seja, com a abdução em 90°, o membro superior se aproxima do plano sagital do corpo, não se tratando mais, portanto, de uma abdução no sentido estrito do termo.

Adução

Esse movimento, que aproxima o membro superior do plano de simetria do corpo (Fig. 40.45), não pode ser efetuado a partir da posição de referência, pois é impedido pela *presença do tronco*.

Ele somente é possível se for combinado com uma flexão, atingindo, então, 30°, ou com uma extensão, caso em que é quase nulo.

Contudo, pode sempre ser realizado partindo-se de uma posição de abdução. Fala-se então de "adução relativa".

Flexão-extensão horizontal

Esse movimento se efetua no *plano horizontal*, que passa pelo centro do ombro (Fig. 40.46) a partir de uma posição de referência de *abdução* em 90° no plano frontal.

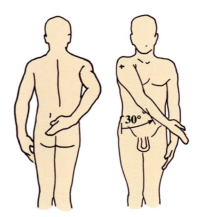

Figura 40.45

369

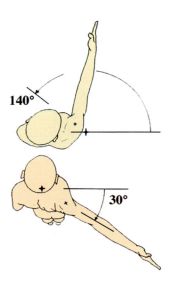

Figura 40.46

A *flexão horizontal* leva o membro superior **para a frente do tórax**; atinge 140°.

A *extensão horizontal* é o movimento inverso, que traz o membro superior **para trás** *do plano frontal*; não ultrapassa 30°.

Rotação longitudinal

Sua medição é realizada na *posição de referência*: *braço junto do corpo, cotovelo flexionado* em ângulo reto (Fig. 40.47) e antebraço no plano sagital.

A **rotação lateral**, com o antebraço direcionado para o lado de fora, é de 80°.

A **rotação medial** é limitada a 30° pela presença do tronco, mas atinge 95° quando a mão passa pelas costas. A rotação total é de 180° a 185°, em duas vezes. É possível verificar a **importância do ombro**, do cotovelo e do punho simultaneamente. Esse **teste do "ponto triplo"** (Fig. 40.48) é descrito no Capítulo 44, e o paradoxo de Codman (Fig. 40.49), próprio da articulação do ombro por causa de sua grande mobilidade, é descrito no Capítulo 22.

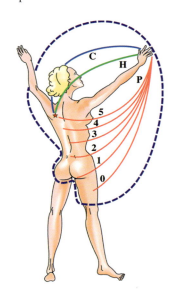

Figura 40.48

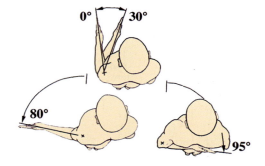

Figura 40.47

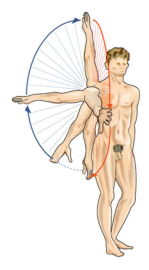

Figura 40.49

41
Biomecânica do carpo

A biomecânica apresenta como uma de suas características o fato de uma superfície articular poder *mudar de forma* ao longo do movimento, o que nunca ocorre no âmbito da mecânica industrial.

Estrutura do carpo

O carpo é formado por oito ossos (Fig. 41.1: vista anterior) dispostos em duas *fileiras*.

A **fileira proximal** compreende, de fora para dentro:

- escafoide;
- semilunar;
- piramidal;
- **pisiforme**, situado na frente do anterior e sem nenhum papel articular.

A **fileira distal** é formada por:

- osso **trapézio**;
- **trapezoide**;
- **capitato** ou grande osso;
- **hamato** ou osso uncinado.

Entre as **duas fileiras**, situa-se a **entrelinha mediocarpal** (vermelha):

- em cima da primeira fileira, a **entrelinha radiocarpal** (azul);
- abaixo do carpo, a **entrelinha carpometacarpal** (verde);

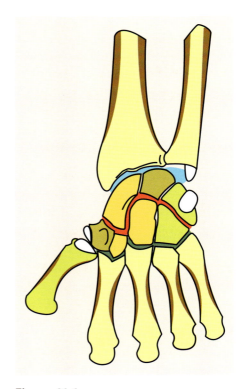

Figura 41.1

- a articulação carpometacarpal do polegar, na base do polegar, é especialmente estudada em relação à oposição do polegar.

Esses ossos mantêm contato estreito um com o outro e podem ser submetidos a deslocamentos relativos, como **nozes em um saco** (Fig. 41.2). Essa imagem

371

O que é biomecânica

Figura 41.2

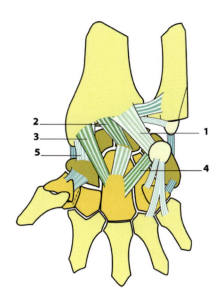

Figura 41.3

permite entender, *a priori*, como o maciço carpal se deforma. Os movimentos dessa deformação do punho são complicados: só começaram a ser entendidos com os trabalhos dos últimos 30 anos, quando se definiu a concepção de **carpo de geometria variável**, que tornou obsoleto o antigo conceito de carpo monobloco, ilógico por natureza, pois sabe-se que, no esqueleto, toda articulação não usada acaba desaparecendo.

Ligação entre os ossos do carpo

Diferentemente do saco de nozes, os ossos do carpo são ligados entre si e com os ossos do antebraço e da mão **por ligamentos** intrínsecos ou extrínsecos. Lembraremos aqui algumas *noções importantes* que encontraremos na descrição dos movimentos elementares.

Os **ligamentos extrínsecos** se organizam sobre as duas faces do carpo:

1. Na **face anterior** (Fig. 41.3), estão os mais importantes:
   - o **radiopiramidal anterior** (1), que forma a faixa anterior da funda do piramidal;
   - o **radiossemilunar anterior** (2), chamado também de freio dianteiro do semilunar;
   - os **dois ramos** (3 e 4) do *ligamento intercarpal palmar*, que controla o semilunar na frente;
   - o **radioescafossemilunar** (5), que, com o ramo externo (3) do ligamento intercarpal palmar, controla a báscula do escafoide.
2. Na **face posterior** (Fig. 41.4), encontram-se:
   - o **radiopiramidal posterior** (1), que forma a faixa posterior da funda do piramidal (ver mais adiante);

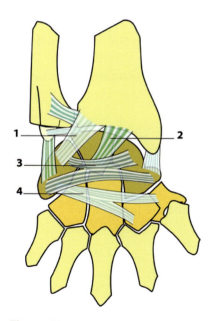

Figura 41.4

   - o **radiossemilunar posterior** (2), chamado também de freio traseiro do semilunar;
   - a faixa transversal da primeira fileira do ligamento intercarpal dorsal (3), estendida do piramidal ao escafoide;

372

– a faixa transversal da segunda fileira do ligamento intercarpal dorsal (4), estendida do piramidal ao trapézio e ao trapezoide. Essas duas faixas, que cercam o carpo atrás, são elementos importantes para sua coesão, impedindo o achatamento do canal carpiano.

Os **ligamentos intrínsecos** ou **intracarpais** reúnem, entre si, os ossos do carpo (Fig. 41.5: vista anterior, ossos afastados).

1. Na **fileira proximal**, os ligamentos são, ao mesmo tempo, *meios interósseos* de **ligação** e **superfícies articulares**, cuja face superior é recoberta de cartilagem contínua com a dos ossos adjacentes, formando a **superfície articular única e contínua** do *côndilo carpal*. Esses ligamentos podem sofrer tensões em torção, mas não em alongamento. São eles:
   – **ligamento escafossemilunar**, de grande importância fisiológica e patológica;
   – **ligamento semilunarpiramidal**, menos frequentemente relacionado.

   Em virtude da flexibilidade desses ligamentos, a face superior do côndilo carpal é uma **superfície deformável**.

2. Na **fileira distal**, os três ligamentos interósseos são curtos e bem cerrados, de modo que ela se deforma muito pouco. Ela é considerada **um suporte** sobre o qual se efetuam os movimentos da fileira proximal.

Superfícies articulares

Entre o antebraço e a mão são interpostas três articulações:

- radiocarpal;
- mediocarpal;
- carpometacarpal.

A articulação **radiocarpal** é a mais importante das três, por ser a mais móvel. Em um esquema da radiocarpal (Fig. 41.6: articulação aberta para a frente com dobradiça posterior), pode-se ver, na **parte superior**, a **glena antebraquial**, formada pela superfície da **glena radial**, do lado de fora, subdividida em duas fossas separadas por uma crista anteroposterior: a *fossa do escafoide*, voltada para fora, e a *fossa do semilunar*, para dentro. Essa superfície é continuada, do lado de dentro, pela **face inferior do ligamento triangular**, que se estende do rádio ao processo estiloide da ulna, e é recoberta de cartilagem. Em geral, existe uma *pequena fenda* anteroposterior na base do ligamento triangular.

O conjunto dessa superfície articular é **côncavo nos dois sentidos**.

Na **parte inferior** do esquema, estão dispostos, de fora para dentro, as superfícies articulares dos três ossos da fileira proximal: o **escafoide**, o **semilunar** e o **piramidal**.

Os ligamentos interósseos fazem dela uma **superfície única, convexa nos dois sentidos**.

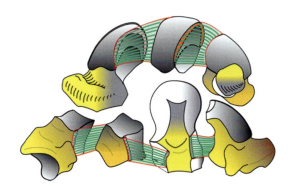

Figura 41.5

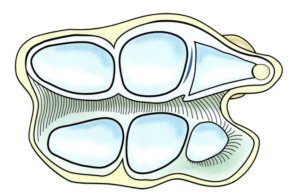

Figura 41.6

O que é biomecânica

A **forma geométrica do côndilo carpal** (Fig. 41.7: vista de perspectiva superior) é **ovoide** e representa, em termos geométricos, um **segmento da superfície periférica de um toro** (ver Cap. 19). Existem, portanto, **duas curvas convexas e irregulares**:

- uma curva de *raio pequeno* (**1**), que corresponde ao *eixo transversal* (**AA'**), em torno do qual se efetuam os movimentos de **flexão-extensão** do punho;
- uma curva de *raio maior* (**2**), que corresponde ao *eixo sagital* (**BB'**), em torno do qual se efetuam os movimentos de **adução-abdução** do punho.

Na realidade, essa superfície somente se aproxima dessa forma geométrica e, além disso, é **deformável**, como veremos mais adiante.

Os **movimentos do punho** (Fig. 41.8: vista de perspectiva anteroexterna), sem exceção, efetuam-se globalmente em torno destes dois eixos:

- em torno do eixo *AA'*, a flexão (1) e a extensão (2) situam-se em um *plano sagital*;
- em torno do eixo *BB'*, a adução (3) e a abdução (4) situam-se em um *plano frontal*.

Esses movimentos, porém, são o resultado de uma **adição de movimentos elementares** de amplitudes diferentes que se realizam *nas três articulações* citadas, em particular na mediocarpal, da qual ainda não falamos.

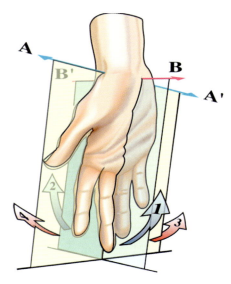

Figura 41.8

Em uma **secção sagital no nível do capitato** (Fig. 41.9), verifica-se que a distribuição das amplitudes elementares é irregular entre a radiocarpal e a mediocarpal:

- a flexão se efetua em **50°** na radiocarpal e em **35°** na mediocarpal;
- a **extensão** se distribui, ao contrário, em **35°** na radiocarpal e **50°** na mediocarpal;
- pode-se verificar também, no esquema central, que o *semilunar* tende a *migrar para a frente* (seta vermelha) em razão da inclinação de **15° a 20°** da glena radial *para cima*;
- essa tendência é *exagerada* no momento da extensão (seta vermelha), mas o semilunar é contido por ligamentos, em particular pelo radiolunar anterior;
- na flexão, o semilunar é perfeitamente *mantido sob a glena*, e é a cabeça do capitato que se torna instável.

É impossível definir, *em termos geométricos*, a forma das superfícies articulares da mediocarpal (Fig. 41.10: articulação aberta para a frente).

Do lado interno, ela se assemelha a uma *condilóidea*, com a cabeça do capitato e a face superior do piramidal, mas, do lado externo, evoca mais uma *plana*, com as duas facetas superiores do trapézio e do trapezoide.

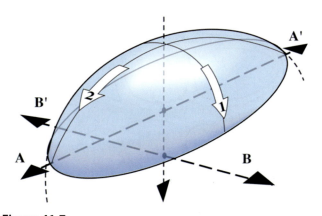

Figura 41.7

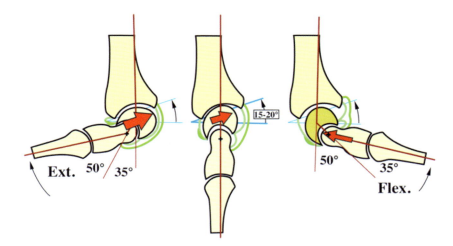

Figura 41.9

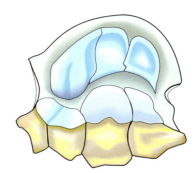

Figura 41.10

No momento dos movimentos de flexão-extensão dos punhos, esses movimentos são acompanhados de **componentes associados** que realizam *movimentos de torção* nessa **mediocarpal** (Fig. 41.11: duas vistas de perspectiva anterior e interna) sob a influência dos ligamentos.

Na **flexão** do punho, a flexão da *fileira distal* é acompanhada de uma **adução + supinação**, enquanto a fileira proximal "gira" em **abdução + pronação**.

A **extensão** da *fileira distal* é acompanhada de uma **abdução + pronação**, enquanto a *fileira proximal* se apresenta em **adução + supinação**.

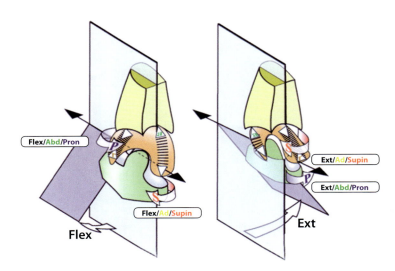

Figura 41.11

O funcionamento bem particular da mediocarpal comporta, portanto, movimentos de **torção composta** de *componentes em três planos*

A articulação **carpometacarpal** (Fig. 41.12: vista anterior) intervém muito pouco nos movimentos do punho. Efetivamente, os três metacarpais medianos são **muito encaixados** nos ossos do carpo e seus ligamentos são bem cerrados, embora *sua mobilidade seja* **quase nula**. A articulação carpometacarpal *pertence, portanto, mais à mão que ao punho*. Isso é verdade para *os dois metacarpais extremos*, que, sozinhos, são **móveis em relação ao carpo**.

Do lado externo, a mobilidade muito significativa do primeiro metacarpal em torno dos *dois eixos* da articulação **carpometacarpal do polegar** tem um papel essencial na **oposição do polegar** (**Op**). Do lado interno, a *mobilidade menos significativa do quinto metacarpal* em torno do eixo oblíquo da articulação que o religa ao hamato permite a **anteoposição** (**A.Op.**) do auricular *na direção do polegar*.

Pesquisas recentes mostraram que o carpo modifica sua forma ao longo dos movimentos, o que permite qualificá-lo como **carpo de geometria variável**.

Essas modificações morfológicas dependem essencialmente da *fileira proximal* do carpo, que compreende o **escafoide** (**E**), o **semilunar** (**S**) e o **piramidal** (**P**) (o pisiforme não intervém) e que constitui o que se convencionou chamar de **segmento intercalado** (Fig. 41.13: vista anterior). Para entender esse mecanismo, é preciso, *primeiro*, estudar os **movimentos elementares** de cada um dos ossos em sua própria coluna, *depois os* **movimentos coordenados** *do conjunto da fileira*.

Mobilidade do escafoide em sua coluna

1. **Em relação ao rádio** (Fig. 41.14: vista lateral), o escafoide efetua movimentos de *flexão* (**F**) e de *extensão* (**E**). Na *posição normal* (**N**), está ligado ao rádio pelos *dois feixes* do ligamento colateral lateral do carpo, o *feixe* **posterior** (**1**) e o **anterior** (**2**).
Na *flexão* (**F**), o feixe posterior se estende, enquanto, na *extensão* (**E**), é o feixe anterior que é alongado. Os dois feixes se estendem na adução.

2. **Em relação à coluna lateral** (Fig. 41.15: vista lateral), o escafoide, que tem a forma de um *feijão*, ocupa o espaço livre deixado entre a glena radial e o trapézio. Esse espaço varia de acordo com as forças aplicadas sobre o escafoide: compressão, para cima, ou tração, para baixo.

É o caso da **abdução** do punho (**A**), que afasta o trapézio para cima (seta vermelha). O escafoide "*se deita*", então, sob o rádio e ocupa um espaço mínimo, medido pela distância *a' b'* reportada em *d'*.

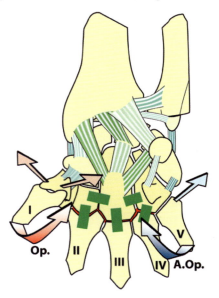

Figura 41.12

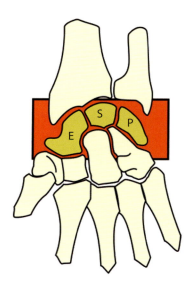

Figura 41.13

41 Biomecânica do carpo

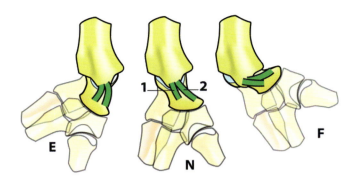

Figura 41.14

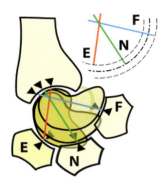

Figura 41.16

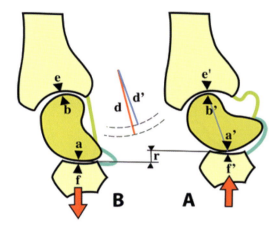

Figura 41.15

Na **adução** (B), ao contrário, a compressão vertical diminui (seta vermelha), o que dá mais lugar ao escafoide, que *"se põe em pé"*, na posição vertical, apresentando *seu maior diâmetro* (*ab*) reportado em *d* para preencher o espaço entre o rádio e o trapézio. Essa noção de **distância útil**, evidenciada por **N. Kuhlmann**, é muito importante para entender a biomecânica do carpo.

Ela se encontra no mecanismo de **flexão-extensão** (Fig. 41.16: vista lateral), em que se verifica que o escafoide apresenta, em *flexão* (F), um diâmetro maior que na *extensão* (E). Isso fica evidente neste esquema, em que os diferentes diâmetros do escafoide são comparados. Por meio da rotação sobre si mesmo, o escafoide tem, assim, um **papel capital** no ajuste da altura da coluna externa dos ossos do carpo, que intervém no mecanismo de *geometria variável* do carpo.

Se, agora, considerarmos os **movimentos do trapézio isolados** (Fig. 41.17: vista lateral do escafoide presente, mas invisível), nota-se que, no momento da flexão-extensão, ele descreve uma trajetória meio *circular* cujo centro (C) é situado no centro do escafoide.

3. **Em relação ao trapézio e ao capitato** (Fig. 41.18: vista anterior), o escafoide é ligado por *dois tipos de ligamentos*:
   – um ligamento transversal, o **radiocapitato**, para o grande osso;
   – *dois ligamentos*, chamados de **freios distais do escafoide**. São eles: o ligamento **escafotrapezial distal** e o **escafotrapezoide distal**. Com efeito, eles *limitam a báscula* do escafoide quando ele "se deita" sob o rádio.

A báscula do escafoide é controlada pelo **ligamento radiocapitato** (Fig. 41.19: vista anterior), que se estende da borda anterior do *processo estiloide do rádio*,

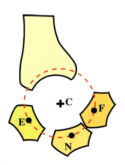

Figura 41.17

377

O que é biomecânica

Figura 41.18

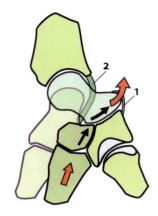

Figura 41.20

Figura 41.19

Figura 41.21

A **contração do palmar longo** (Fig. 41.22: vista lateral), simultânea à dos músculos flexores dos dedos, irá, por um *mecanismo de retorno*, eficazmente levar para trás (seta vermelha) o polo inferior do escafoide e limitar, assim, sua báscula.

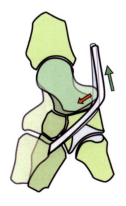

Figura 41.22

na face anterior do capitato, cruzando obliquamente a face anterior do escafoide em sua parte mais estreita.

Ele tem, assim, o *papel de eixo* em torno do qual se efetua a rotação do escafoide (seta azul).

Neste *esquema de perfil externo* (Fig. 41.20), vê-se que o impulso para cima dos dois primeiros metacarpais tende a movimentar o escafoide (seta vermelha) em torno do *ligamento radiocapitato* (**2**). Vê-se também o papel dos *ligamentos distais do escafoide* (**1**) como **freios** dessa báscula por meio do tensionamento.

Outro fator intervém nesse *controle da báscula do escafoide*: trata-se do **tendão do palmar longo**, que passa na frente do escafoide e do trapezoide, sobre os quais é estreitamente mantido por uma **faixa fibrosa** (Fig. 41.21: vista anterior).

378

Mobilidade do semilunar em sua coluna

O **semilunar** dispõe de uma **grande liberdade de movimentos** (Fig. 41.23: vista anterior) sobre a cabeça ovoide do capitato. Ele pode efetuar movimentos de flexão (I) e de **extensão** (II), de **inclinação medial ou lateral** (III), bem como de **rotação lateral** (IV) e **medial** (V).

A mobilidade do semilunar é limitada por suas *conexões ligamentares* com os ossos vizinhos.

No **sentido vertical** (Fig. 41.24: secção sagital), com:

- o **rádio**, proximalmente, pelo *ligamento radiossemilunar anterior* (1) ou "**freio dianteiro** *do semilunar*", na frente, e, atrás, pelo *ligamento radiossemilunar posterior* (2), ou "**freio posterior** do semilunar";
- o **capitato** (grande osso), distalmente, pelo *ligamento* **capitolunar anterior** (4) e o *ligamento* **capitolunar posterior** (5), muito mais fraco;
- atrás do corno posterior do semilunar, a **faixa da primeira fileira do ligamento intercarpal dorsal** (6), estendida transversalmente entre o escafoide e o piramidal, vai inserir-se ali "na passagem".

O papel desses ligamentos no momento da flexão-extensão (Fig. 41.25: secção sagital) é evidente: o *freio dianteiro* (1) limita a extensão (Ext.) e o *freio traseiro* (2) controla a flexão (Flex.).

Mobilidade do piramidal em sua coluna

No **sentido vertical**, o piramidal é ligado ao rádio pela "funda do piramidal", descrita por N. Kuhlmann

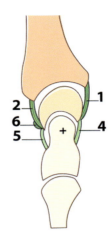

Figura 41.24

(Fig. 41.26: vista de perspectiva posterointerna). Nesse esquema, a cabeça ulnar foi retirada e o pisiforme foi conservado na frente. Veem-se, portanto, as duas faixas da funda, constituída pelo **ligamento radiopiramidal posterior** e pelo **ligamento radiopiramidal anterior**, que vai se fixar sobre o piramidal, como a "pedra na funda".

Essa *funda* tem um papel duplo.

De um lado, um **papel estático** (Fig. 41.27: vista anterior): com efeito, em razão do declive da glena radial *oblíquo para cima e para dentro* de **25° a 30°**, a fileira proximal tem uma tendência natural *a escapar* para dentro (seta vermelha). É preciso uma adução de **30°** para *redirecioná-la para o centro*, sob a glena, e estabilizá-la (seta branca). Na posição de retidão, a funda do piramidal **impede a translação interna** *da fileira proximal e a estabiliza*.

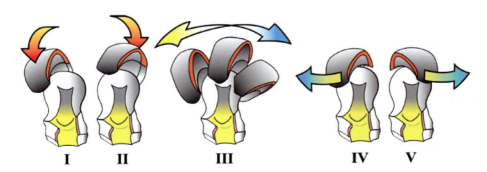

Figura 41.23

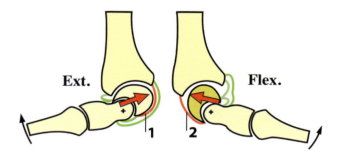

Figura 41.25

Por outro lado, há um **papel dinâmico** nos movimentos do piramidal no carpo. Para entendê-lo, é necessário conhecer a **conformação da faceta superior do hamato** (Fig. 41.28: vista interna), sobre a qual desliza o piramidal.

A superfície dessa faceta é tal que o trajeto do piramidal, guiado pelos ligamentos, só pode ser **helicoidal**, como é sugerido pela trajetória da ponta de seta branca.

Os **movimentos do piramidal** (Fig. 41.29: vista de perfil interna) sobre o hamato são ilustrados neste *esquema*, em que é possível distinguir, atrás, ao fundo, o capitato e o hamato.

Na *posição alta* (A), o piramidal se inclina para a frente (tracejado vermelho) em pronação (rotação medial).

Na *posição baixa* (B), o piramidal "se deita" para trás (tracejado azul) em supinação (rotação lateral). Efetua, assim, uma rotação sobre seu eixo longitudinal.

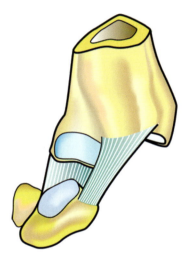

Figura 41.26

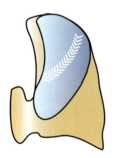

Figura 41.28

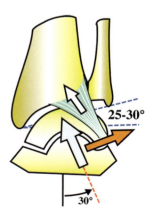

Figura 41.27

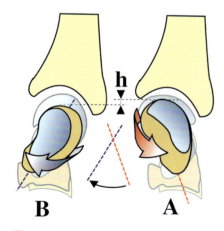

Figura 41.29

Esse movimento de "saudação" é medido pelo *ângulo* que formam as duas linhas tracejadas. Evoca o mesmo movimento efetuado do lado externo pelo escafoide, que, de acordo com os movimentos do carpo, se *endireita* ou se *deita*.

Movimentos coordenados da fileira proximal

Para entender os problemas mecânicos da fileira proximal, é indispensável, antes, pensar na reação natural de cada um dos seus três ossos constituintes **ao impulso vertical ascendente** da fileira distal, causado pelo tônus e pela contração dos potentes músculos que cercam o punho.

1. **Posição natural do escafoide**
   Pressupondo-se que o escafoide *se conectasse unicamente aos ossos de sua coluna* (Fig. 41.30), constata-se no esquema (**A**) que ele estaria "deitado". Como ele é ligado ao semilunar pelo ligamento escafossemilunar, no esquema **B**, o escafoide fica em pé sob a pressão do trapézio (seta vermelha), ocupa naturalmente o espaço disponível, a **distância útil** mínima, efetuando uma *flexão* (**F**) em relação ao rádio, e encontra-se "*deitado*" (**C**), o que tem duas consequências:
   – de um lado, uma *ascensão* do trapézio (**h**);
   – de outro, um *desalinhamento* para a frente da parte distal do carpo (**d**).

2. **Posição natural do semilunar** (Fig. 41.31: secção sagital)
   Normalmente (**A**), o semilunar cobre a cabeça do capitato, perfeitamente alinhado a ele. Nota-se, todavia, que seu corno posterior é menos espesso que o anterior.
   Se perder suas conexões com os ossos vizinhos sob a **pressão ascendente** do capitato e impulsionado pelo metacarpal (seta vermelha), ele vai *ser projetado para a frente* em um movimento de *extensão* (**E**) (em relação à radiocarpal) para interpor seu corno posterior, que representa o mínimo de *distância útil*. Isso provoca uma *ascensão* (**h**) do capitato e seu desalinhamento (**d**) para trás.

3. **Posição natural do piramidal** (Fig. 41.32: secção sagital)
   Normalmente (**A**), o piramidal é *dependente do semilunar*, porém a perda dessa conexão o deixa livre para deslizar sobre a superfície do hamato (**B**), de acordo com a trajetória já definida.
   Constata-se, então, uma *ascensão* (**h**) do hamato (osso uncinado) e seu *desalinhamento* (**d**) para trás. No esquema mostrado na Figura 41.33 (vista de perspectiva superior e posterointerna), são ilustrados os movimentos dos três ossos da fileira proximal do carpo, pressupondo-se que eles tenham perdido toda conexão entre si, *o que nunca acontece*, pois a desconexão ocorre **somente entre dois ossos**. Sob o *impulso vertical ascendente*, constata-se:

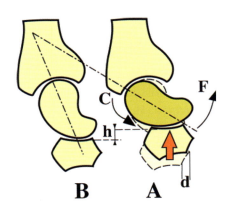

Figura 41.30

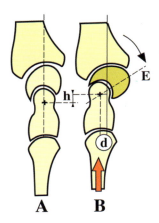

Figura 41.31

O que é biomecânica

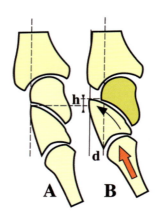

Figura 41.32

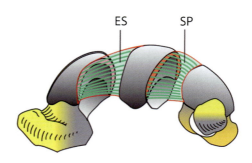

Figura 41.34

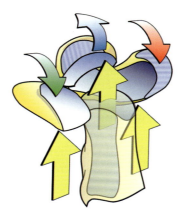

Figura 41.33

- extensão do escafoide (seta vermelha);
- flexão do semilunar (seta azul);
- extensão do piramidal (seta verde).

Essa muito improvável dissociação completa da fileira proximal é evitada graças aos **ligamentos interósseos da fileira proximal** (Fig. 41.34: ligamentos alongados e em transparência). Dois ligamentos unem os três ossos:

- escafossemilunar (**ES**);
- semilunar-piramidal (**SP**).

Eles se inserem sobre as faces adjacentes de cada um dos dois ossos e formam, ao mesmo tempo, um meio de ligação e uma superfície articular, pois sua face superior é recoberta de uma cartilagem *em continuidade* com aquela das facetas ósseas.

Sua flexibilidade permite uma ligeira mobilidade entre cada osso.

O mais importante e mais bem descrito é o **ligamento escafossemilunar** (Fig. 41.35: lado esquerdo, o ligamento; lado direito, as duas posições extremas do semilunar), que se insere sobre a face interna do escafoide, sobre uma zona estreita situada no limite da cartilagem da faceta superoexterna. Tem a forma de um meio cilindro, um pouco mais espesso em sua terça parte posterior, onde se encontra o eixo de torção (esquema da direita), no qual são ilustradas as duas posições extremas, *flexão* (**F**) e *extensão* (**E**) do semilunar em relação ao escafoide, que formam, entre si, um ângulo de oscilação de **30°**. Na realidade, esse ligamento é muito curto: a distância entre os dois ossos é de 2 a 3 mm.

No esquema seguinte (Fig. 41.36: vista lateral externa), são ilustradas as posições relativas da dupla escafossemilunar sob o rádio, em flexão (**A**), em retidão (**B**) e em extensão (**C**). Há uma mobilidade de 30° entre os dois ossos. Um valor superior indica ruptura do ligamento escafossemilunar.

No esquema da **dupla escafossemilunar** mostrado na Figura 41.37 (vista de perspectiva superointerna), encontra-se essa mobilidade relativa em posição de *flexão* (**A**) e de *extensão* (**B**). Supondo-se que o semilunar esteja fixo e o **escafoide móvel**, esse ângulo se encontra entre as duas linhas tracejadas azuis tangentes às duas posições do escafoide.

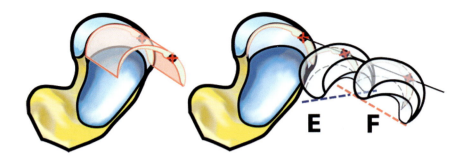

Figura 41.35

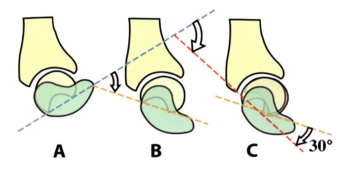

Figura 41.36

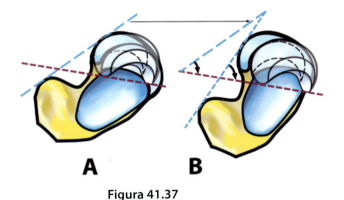

Figura 41.37

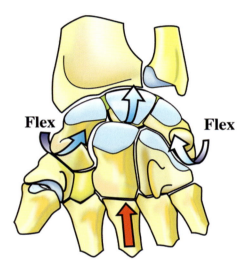

Figura 41.38

Os movimentos do piramidal, explicitados anteriormente, são efetuados da mesma maneira por causa da flexibilidade do ligamento semilunarpiramidal, que tem a mesma estrutura e inserções parecidas. É muito menos envolvido na patologia traumática do punho.

Graças aos ligamentos interósseos, a fileira proximal realiza **movimentos coordenados** (Fig. 41.38: vista anterior), os três ossos efetuam simultaneamente uma extensão ou uma flexão, como no esquema. Somente o semilunar realiza um movimento simples. Os dois ossos extremos apresentam deslocamentos *compostos*:

- para o escafoide, a flexão é acompanhada de uma pronação-adução;
- para o piramidal, associa-se a uma supinação-abdução.

Se compararmos os ossos da *fileira proximal* com **três amigos** que se seguram pelos braços:

- quando eles se inclinam para a frente (Fig. 41.39), são dobrados na região da cintura e, portanto, estão em flexão na mediocarpal e em extensão na radiocarpal;

O que é biomecânica

Figura 41.39

- quando se endireitam (Fig. 41.40), apresentam flexão na radiocarpal e extensão na mediocarpal.

São os movimentos **normais e coordenados** da fileira proximal chamada de intercalada.

Esses meios mnemônicos irão se revelar muito úteis para compreender a patologia traumática do carpo.

A fileira proximal do carpo sofre grandes modificações em sua forma na realização de *movimentos de lateralidade do punho*.

No momento da abdução (Fig. 41.41: vista anterior), a fileira distal, contida do lado de dentro pelo **ligamento colateral medial do carpo** (I), sofre um impulso **para cima e para fora** que reduz o espaço útil do *escafoide* (1). Comprimido entre a dupla trapézio--trapezoide (2) e a *glena radial* (3), ele "se deita" em **flexão**, o que faz aparecer o *ring*, nas radiografias frontais. O *capitato* (4), projetado para

Figura 41.40

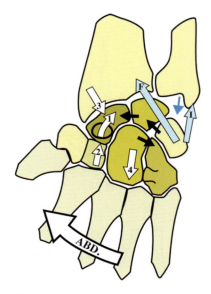

Figura 41.41

baixo, oferece o máximo de espaço ao *semilunar*, que se coloca em **flexão**, tal qual o escafoide, apresentando, assim, sua **espessura máxima** na altura de seu *corno anterior*. O *piramidal*, contido pela *funda do piramidal* (F), impulsiona os dois outros ossos da fileira para fora, mas, sobretudo, projetado para baixo, distancia-se da cabeça ulnar (pequena seta azul) e *desliza para cima em relação ao hamato (osso uncinado)*, ficando, então, em sua **posição alta**.

No total, a fileira proximal **diminuiu sua altura externa e aumentou sua altura interna**.

No momento da adução (Fig. 41.42: vista anterior), a fileira distal, retida pelo **ligamento colateral lateral** (E), sofre um impulso para cima e para dentro que faz deslizar o piramidal para a *posição baixa* sobre o hamato (seta vermelha) e que reduz o espaço entre ele (3) e a cabeça ulnar (4). A diminuição da dupla trapézio-trapezoide (1) propicia o máximo de espaço ao escafoide, o qual se apresenta "**em pé**" em extensão (2). O capitato sofre um impulso para cima que reduz o espaço disponível para o semilunar, que se apresenta em extensão, tal qual o escafoide, oferecendo sua **menor espessura** na altura de seu *corno posterior*.

No total, a fileira proximal **aumentou sua altura externa e diminuiu sua altura interna**.

41 Biomecânica do carpo

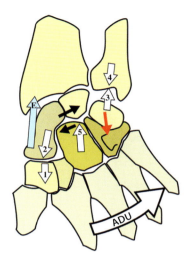

Figura 41.42

Essas modificações são ainda mais bem explicitadas pelo esquema do **carpo em adução** (Fig. 41.43: vista anterior) **com os ligamentos**, que mostra o papel dos ligamentos que projetam o piramidal para baixo e para a frente (três setas azuis), imprimindo-lhe um movimento de *supinação* e *abdução* (seta azul grande) para levá-lo a uma posição baixa. Do lado externo, verifica-se o *endireitamento do escafoide* em extensão (duas setas vermelhas), acompanhado por um duplo componente de *adução* e *pronação* (seta vermelha grande).

Evidentemente, os movimentos elementares são inversos em relação aos da abdução do carpo.

Em **radiografias frontais em abdução-adução**, *a dupla escafossemilunar* (Fig. 41.44: vistas anteriores sobrepostas) sofre uma transformação muito característica:

- na **adução do punho** (cor clara), o escafoide apresenta sua *largura máxima*, enquanto o *semilunar é reduzido* por causa da projeção de seu corno anterior;
- na **abdução do punho** (cor escura), o semilunar, mais volumoso, adquire uma *forma quadrangular*, enquanto o escafoide perde sua altura e apresenta o *ring* dos autores anglófonos, ou seja, o **anel**, que representa *a projeção do tubérculo do escafoide visto de modo enfileirado*. Esses critérios são muito importantes para entender o funcionamento normal do carpo, pois costumam estar *modificados nos casos de* **dissociação escafossemilunar**.

Agora, é possível evidenciar as **modificações morfológicas do carpo**, bem visíveis nas **radiografias frontais** (Fig. 41.45) em adução e abdução.

Em uma **radiografia em adução (A)**, foram desenhados *em verde* os contornos do carpo, sobre os quais foram acrescentados, *em cinza*, os contornos em abdução.

Em uma **radiografia em abdução (B)**, foram desenhados em rosa os contornos do carpo, inseridos sobre os contornos em verde da abdução.

No **esquema C**, esses contornos superpostos foram isolados em suas respectivas posições.

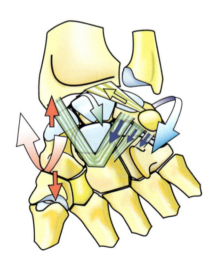

Figura 41.43

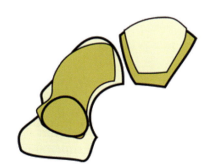

Figura 41.44

O que é biomecânica

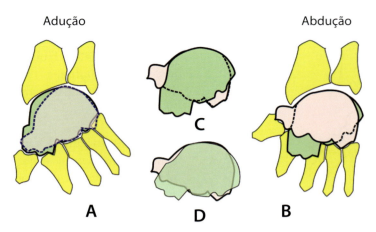

Figura 41.45

Por fim, sobre o **esquema D**, esses contornos sobrepostos foram colocados na posição de retidão, permitindo uma *melhor comparação*.

Constata-se, assim, uma modificação notável desses contornos, que se estendem um na abdução, o outro na adução. Isso permite entender que o carpo de geometria variável traduz as tensões mecânicas aplicadas sobre esses conjuntos de oitos ossículos, que, **graças às ligações ligamentares**, é *bem estruturado*, diferentemente do "saco de nozes" tomado como modelo inicial.

A **patologia traumática do punho** é esclarecida pelas noções anteriores.

Um novo capítulo pode ser escrito sobre o que era impropriamente chamado de "entorse do punho". São lesões que passam muitas vezes despercebidas, pois são rupturas ligamentares intrínsecas, que ocasionam desalinhamento e desequilíbrios no carpo e acabam causando **artroses pós-traumáticas** de tratamento *muito difícil*. É, portanto, de grande interesse fazer o diagnóstico desde a primeira consulta para remediar antes de tudo.

Falamos, aqui, sobre **dissociações intracarpais** por *ruptura ligamentar*.

A **dissociação escafossemilunar** é a mais frequente (Fig. 41.46: perspectiva superointerna):

- o escafoide "se deita" em **flexão** (seta azul);

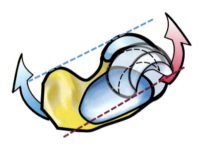

Figura 41.46

- o semilunar se movimenta para a frente (seta vermelha) em um movimento de **extensão** no nível da radiocarpal.

Esse duplo esquema (Fig. 41.47: secções em vista externa) evidencia a dissociação:

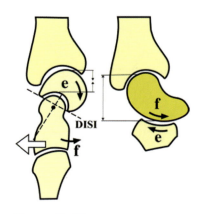

Figura 41.47

- na coluna externa, o escafoide está "deitado" em flexão (f) sob o efeito da compressão vertical;
- na coluna mediana, o semilunar é projetado para a frente, em *extensão* (e) na radiocarpal, sob o efeito da mesma pressão.

Isso traduz a **ruptura do ligamento escafossemilunar**, que dissocia os dois ossos.

Para os autores anglófonos, essa *atitude muito particular* do semilunar leva um nome que é indispensável explicitar, pois agora faz parte da linguagem médica corrente.

No esquema mostrado na Figura 41.48 (vista em perspectiva anteroexterna), o escafoide é ilustrado nas **duas posições patológicas**:

- fala-se de "instabilidade do segmento intercalado dorsal" (**DISI**, *dorsal intercalated segment instability*, na sigla em inglês) quando o *semilunar* é projetado **para a frente**, ou seja, em extensão em relação ao rádio. Essa ideia de instabilidade dorsal corresponde à extensão do semilunar na radiocarpal, o que, em resumo, quer dizer simplesmente "posição em extensão do semilunar", desde que *se relacione essa extensão ao rádio*;
- quanto à **VISI**, é o inverso: trata-se de uma báscula palmar (em inglês *volar intercalated segment instability*), ou flexão na radiocarpal **do semilunar** *em relação ao* rádio.

Para concluir a DISI, podemos relembrar os **três amigos**. Quando os ligamentos estão **intactos** (ver Fig. 41.39), **eles se inclinam juntos**.

No **caso da DISI** (Fig. 41.49), o **rapaz E** (escafoide) não segura mais o braço do **rapaz S** (semilunar), portanto, não se inclina mais com S e P: ele vai para trás, enquanto S e P inclinam-se para a frente por meio de uma *flexão* na região da cintura, ou seja, na mediocarpal, o que corresponde a uma **extensão na radiocarpal**.

Mas então, o que é **VISI**?

Ela corresponde à **ruptura do ligamento semilunar-piramidal**, muito mais rara, que dissocia o *piramidal* dos dois outros ossos da fileira proximal. O *piramidal*, sob a pressão dos dois últimos metacarpais, efetuada pelo *hamato* (osso uncinado), vai deslizar em uma *posição baixa*, da mesma maneira que o escafoide "se deitava" no caso anterior.

Essa dissociação (Fig. 41.50: secções em perspectiva externa) vai permitir que o escafoide se "**deite**" em **flexão (A)**, o que vai ocasionar a **flexão do semilunar na radiocarpal (B)**.

Nossos amigos anglófonos falarão, então, de **VISI**, ou seja, *volar intercalated segment instability*, ou seja, "instabilidade ou inclinação em flexão do semilunar", pois, para eles, *volar* significa palmar.

Em resumo, a **VISI** representa o oposto da **DISI**.

Ela pode, do mesmo modo, ser ilustrada pelos **três amigos** (Fig. 41.51). No caso da VISI, o **rapaz P** não segura mais o braço do **rapaz S** e, nessas condições, vai projetar-se para *a frente*, ao passo que os outros **rapazes**, S e E, vão *para trás*, ou seja, em *extensão* na região da cintura – isto é, na mediocarpal – e em **flexão na radiocarpal**.

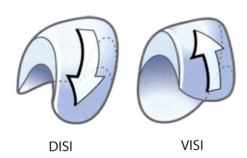

Figura 41.48

Figura 41.49

O que é biomecânica

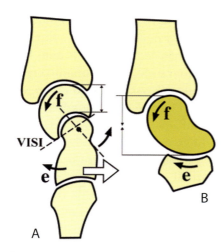

Figura 41.50

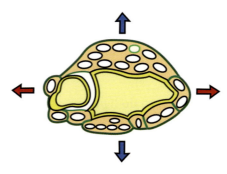

Figura 41.52

- eixo de **flexão-extensão** (setas vermelhas) transversal;
- eixo de **abdução-adução** (setas azuis) sagital.

Os tendões situados *na frente do eixo transversal* são **flexores** do punho (Fig. 41.53: vista externa em flexão). São eles:

- flexor radial do carpo;
- palmar longo;
- flexor ulnar do carpo.

Os músculos extrínsecos dos dedos podem participar.
O abdutor longo do polegar (7), ilustrado na Figura 41.54, é abdutor do polegar e do punho.
Os tendões situados *atrás do eixo transversal* (Fig. 41.55: vista posterior) são **extensores do punho** (Fig. 41.56: vista lateral em extensão). São eles:

- extensor ulnar do carpo;
- extensor radial curto do carpo;
- extensor radial longo do carpo.

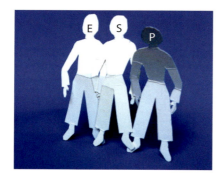

Figura 41.51

Músculos motores do punho

Os oitos ossos do carpo são desprovidos de qualquer inserção tendínea, *com exceção do* **pisiforme**, sobre o qual termina o **flexor ulnar do carpo**. Os tendões dos músculos motores típicos do punho se fixam *sobre os metacarpais*. Eles são ajudados pelos músculos extrínsecos dos dedos, que podem, conforme o caso, reforçar a ação dos músculos próprios do punho.

Em uma **secção transversal do punho** (Fig. 41.52: sobre a secção, a frente está em cima e o lado interno à esquerda) que passa pela extremidade inferior dos dois ossos do antebraço, os **23 tendões** se dividem de acordo com quatro quadrantes determinados pelos **dois eixos principais** do punho:

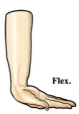

Figura 41.53

41 Biomecânica do carpo

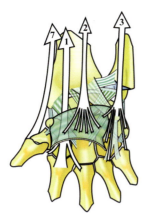

Figura 41.54

Os outros tendões são motores do polegar: o abdutor longo do polegar (7), já visto, o extensor curto do polegar (8) e o extensor longo do polegar (9), que também fazem parte do grupo dos músculos extrínsecos.

Os tendões situados *fora do eixo sagital* (Fig. 41.57: vista lateral) são **abdutores do punho** (Fig. 41.58: vista da região anterior em abdução).

Eles já foram citados nos grupos anteriores:

- flexor radial do carpo;
- extensor radial curto do carpo;
- flexor radial longo do carpo;
- abdutor longo do polegar;
- extensor curto do polegar;
- extensor longo do polegar.

Os músculos extrínsecos do polegar têm participação na abdução do punho.

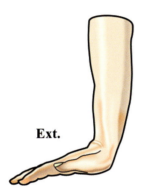

Figura 41.55

Figura 41.57

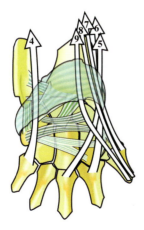

Figura 41.56

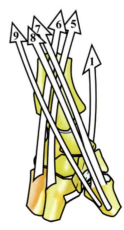

Figura 41.58

389

Os tendões situados *dentro do eixo sagital* (Fig. 41.59: vista medial) são **adutores do punho** (Fig. 41.60: vista da região anterior em adução); eles já foram citados nos grupos anteriores:

- flexor ulnar do carpo;
- abdutor longo do polegar.

O palmar longo, apresentado neste esquema, situa-se precisamente sobre o eixo mediano anterior do punho. É, portanto, unicamente flexor do punho, e não apresenta nenhum componente de adução.

O punho não produz somente movimentos de flexão-extensão e abdução-adução. Ele também é capaz de realizar movimentos de **pronação** e de **supinação** em torno de seu eixo longitudinal. Essa rotação do antebraço sobre seu eixo longitudinal deve ser transmitida para a mão. Assim, a *transmissão da dupla pronossupinação* deve ser estudada, pois é uma disposição mecânica importante.

Transmissão para a mão da dupla de pronossupinação

É preciso conceber mecanicamente o punho como um **cardã** (Fig. 41.61: cardã, modelo mecânico do punho) que transmite a **dupla de pronossupinação**.

Com efeito, como se vê neste esquema, um **cardã** goza da propriedade de *transmitir uma dupla rotação* de seu eixo primário (seta vermelha) a seu eixo secundário (seta azul), *qualquer que seja o ângulo* formado entre os dois eixos. Ele deve essa propriedade aos **dois eixos perpendiculares** (cartucho). É possível encontrar cardãs em toda parte na mecânica de um automóvel. Há *três articulações* desse tipo no sistema musculoesquelético.

A questão que se coloca, então, é: como a **radiocarpal** (Fig. 41.62: perspectiva das duas superfícies deslocadas), articulação condilar também **pouco encaixada**, pode transmitir para a mão a dupla de rotação produzida pelo antebraço? É realmente fácil compreender que, sob o esforço de **pronação** (**P**) ou de **supinação** (**S**), o côndilo carpal só pode "escorregar" sob a glena radial.

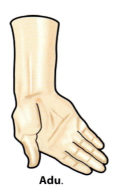

Adu.

Figura 41.59

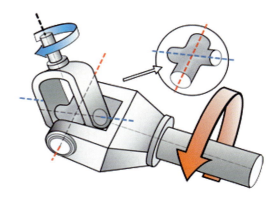

Figura 41.61

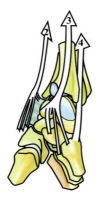

Figura 41.60

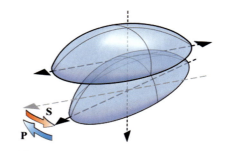

Figura 41.62

Para elucidar esse problema, foi feito um estudo apresentando **secções tomográficas** (Fig. 41.63: o dispositivo experimental) sobre diferentes níveis do punho (aqui, dois planos de secção) no momento de esforços de pronossupinação, em duas situações:

- primeiramente, em **pronossupinação**, segurando simplesmente uma barra fixa, mas **sem contração dos flexores**;
- em seguida, em **esforço de pronossupinação** com **contração máxima dos flexores**.

Quando são feitas secções escanográficas na altura da extremidade inferior de dois ossos e na altura das bases metacarpais **sem contração muscular** (Fig. 41.64: secção superior, os dois ossos, e secção inferior, a base dos metacarpais), a rotação é de 47°30 no nível superior e de 4°30 no nível inferior. A **deriva rotatória** entre os dois níveis é, então, de 43°.

Se forem consideradas agora **as mesmas secções** (Fig. 41.65: secções idênticas), mas **com contração dos músculos flexores** dos dedos, a **deriva rotatória** não passará de 8° (subtraindo-se a *deriva* dos metacarpais daquela dos dois ossos).

Isso significa que a "deriva" *entre os dois ossos do antebraço e a mão* foi **dividida por seis**, o que prova a **importância da contração muscular** na transmissão da dupla de pronossupinação por meio do punho.

Assim, torna-se evidente o **papel da contração muscular**, que se explica quando é levada em consideração a *distribuição dos tendões* (Fig. 41.66: vistas anterior e posterior do punho) passando do antebraço para a mão:

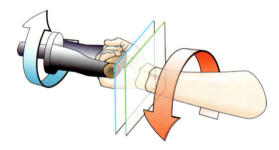

Figura 41.63

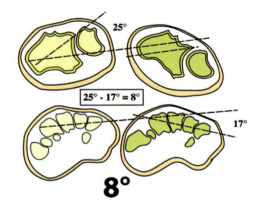

Figura 41.65

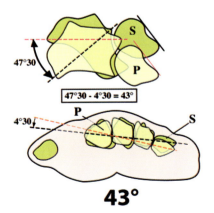

Figura 41.64

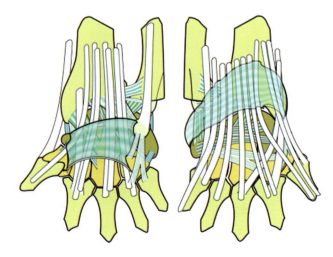

Figura 41.66

o punho é rodeado por um verdadeiro **encarceramento tendíneo** e, no momento de tensão desses tendões, as superfícies articulares, em particular na altura da radiocarpal, são fortemente impulsionadas uma contra a outra.

A contração muscular realiza um "**efeito de embreagem**", exatamente como na embreagem de um automóvel, na caixa de câmbio.

Para que a transmissão da dupla de pronossupinação se efetue corretamente, é necessário, também, que as estruturas do carpo não se deformem demais.

As secções efetuadas na altura da fileira proximal (Fig. 41.67) no momento da pronossupinação **com contração muscular** mostram uma nítida modificação da concavidade desse arco ósseo.

Em uma **secção em supinação** (Fig. 41.68), pode-se ver o papel executado pelos ligamentos anteriores e posteriores do carpo. Esse papel é encontrado nas secções realizadas em pronação (Fig. 41.69).

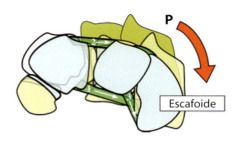

Figura 41.69

Em uma **vista anterior dos ligamentos** (Fig. 41.70: vista anterior do carpo), pode-se constatar que, entre o esforço de supinação da extremidade inferior do rádio (seta vermelha) e a resistência da mão a esse movimento (seta azul), os *ligamentos anteriores* **oblíquos para cima e para fora** resistem com perfeição ao deslocamento do carpo.

Em uma **vista posterior dos ligamentos** (Fig. 41.71: vista posterior do carpo), são **os ligamentos oblíquos para cima e para fora** que resistem à torção entre as forças de pronação do rádio (seta vermelha) e a resistência da mão.

As **bandas ligamentares transversais** (Fig. 41.72: vista posterior do carpo) mantêm a coesão do carpo tanto em pronação (seta azul) como em supinação (seta vermelha).

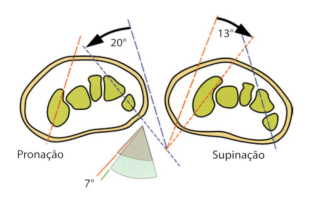

Figura 41.67

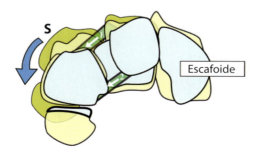

Figura 41.68

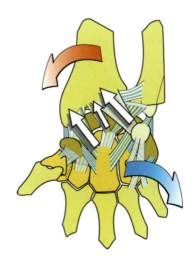

Figura 41.70

41 Biomecânica do carpo

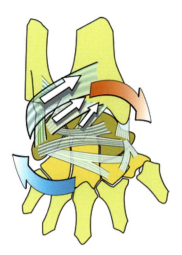

Figura 41.71

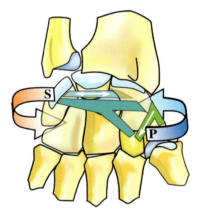

Figura 41.72

Esse mecanismo de transmissão da dupla de pronossupinação entre o *antebraço*, que é **motor**, e a *mão*, que representa a **resistência** (Fig. 41.73: transmissão da dupla motora do antebraço para a mão) foi até aqui *muito pouco estudado*. Há certamente ainda muitos detalhes a serem descobertos graças às explorações radiológicas em 4-D que se aperfeiçoam a cada dia.

Um ponto capital é ainda reconhecido: o "**mecanismo de embreagem**" por *contração dos músculos flexores* dos dedos, que intervêm precisamente quando a mão efetua sua preensão para transmitir um movimento de pronação ou de supinação. Trata-se, nesse caso, de uma coincidência que pode ser considerada providencial, mas que apenas destaca, uma vez mais, o **caráter maravilhoso da biomecânica**.

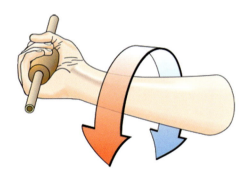

Figura 41.73

393

42
Tarso, cardã assimétrico

O tarso, formado por **seis ossos** articulados entre si por meio de planas, constitui uma *estrutura adaptativa* que, **associada à talocrural**, funciona como um **cardã assimétrico**. É assim classificado porque **seus dois eixos não são ortogonais**.

Ele garante a orientação da arcada plantar em relação às oscilações do terreno.

Consultando o Capítulo 20, é possível compreender as características e o funcionamento do **cardã simétrico** (Fig. 42.1), ou seja, do cardã cujos dois eixos são ortogonais.

Nesse tipo de cardã, os dois eixos da cruzeta central (XX' e YY') formam, entre si, um **ângulo reto**; eles são chamados de **ortogonais**. Não há, portanto, *setor preferencial* nos movimentos em torno desses dois eixos.

Por outro lado, no **cardã assimétrico** (Fig. 42.2), os eixos XX' e ZZ' da cruzeta formam um **ângulo não reto**. O ângulo reto é ilustrado aqui por referência ao eixo YY'.

Assim, os movimentos em relação a esses dois eixos se efetuam nos **setores preferenciais**, o que representa uma grande diferença do tornozelo em relação ao punho.

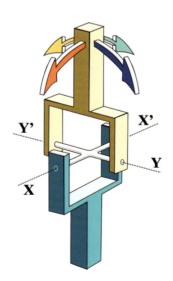

Figura 42.1

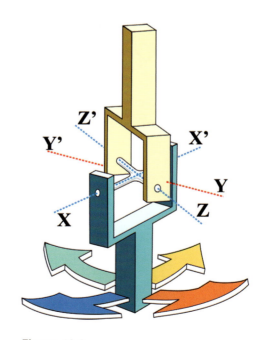

Figura 42.2

Na altura do tornozelo, esse cardã (Fig. 42.3: o cardã assimétrico é visto em transparência) faz a ligação entre o esqueleto da perna (**A**) e o antepé (**B**). Em vez de uma cruzeta, a peça intermediária (**C**) assemelha-se mais a um *tetraedro deformado* cuja *aresta superior* corresponde ao eixo XX' da talocrural, e cuja *aresta inferior* corresponde ao **eixo de Henke (ZZ')**.

O primeiro eixo, **XX'**, **o eixo da talocrural** (Fig. 42.4: vista anterior) é transversal, ligeiramente oblíquo de fora para dentro, de baixo para cima e de trás para a frente.

Quando usado isoladamente, permite os **movimentos de flexão-extensão** (Fig. 42.5: vista de perfil), empregados com frequência para caminhar em terreno plano e liso, e subir e descer escadas.

O segundo eixo, **ZZ'**, eixo global das articulações do tarso posterior, é chamado de **eixo de Henke** (Fig. 42.6: vista anterolateral do tarso posterior) e tem **duas particularidades**.

Primeiramente, é **muito oblíquo** de dentro para fora, de cima para baixo e da frente para trás, "perfurando" o tarso posterior da região medial da cabeça do *tálus* à região lateral da tuberosidade posterior do *calcâneo*.

Além disso, é um eixo **virtual e evolutivo** entre duas posições extremas (azul e vermelha).

Quando os dois eixos do cardã são usados simultaneamente, a orientação da planta do pé sofre modificações significativas.

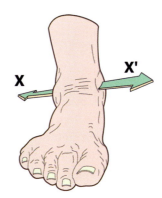

Figura 42.4

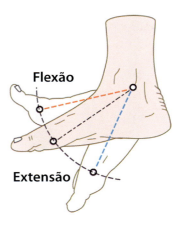

Figura 42.5

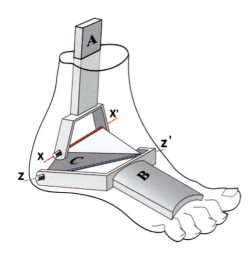

Figura 42.3

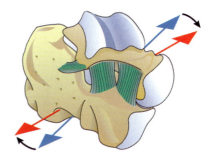

Figura 42.6

Quando o pé é posicionado **para baixo e para dentro**, ele causa uma extensão, uma adução da ponta do pé e uma mudança de orientação da planta do pé, que "olha" para baixo, para trás e para dentro. Esse movimento é definido como uma **inversão** (Fig. 42.7: vista anterior do pé). Pode-se notar que, por causa da assimetria do cardã, é quase impossível posicionar o pé para baixo e *para fora*.

Quando o pé é posicionado **para cima e para dentro**, ele causa uma flexão, uma abdução da ponta do pé e uma mudança de orientação da planta do pé, que "olha" para fora e para a frente.

Esse movimento é definido como uma **eversão** (Fig. 42.8: vista inferolateral do pé).

Também nesse caso pode-se notar que, pela mesma razão que a anterior, é quase impossível posicionar o pé para cima *e para dentro*.

A mudança de orientação da planta do pé lhe permite **melhor se adaptar às irregularidades do terreno**.

Por exemplo, no momento da **marcha lateral em um terreno inclinado** (Fig. 42.9), **o pé a jusante**, aquele situado mais abaixo, apresenta-se **em inversão**, enquanto **o pé a montante** se apoia no chão **em eversão**.

Esses dois mecanismos portanto, se completam com perfeição para obter uma **melhor adaptação** *dos pés a um* **terreno acidentado**: esse é o papel das articulações do tarso posterior, e agora fica fácil compreender por que suas lesões osteoarticulares causam grandes dificuldades para caminhar em qualquer tipo de terreno.

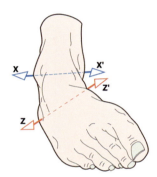

Figura 42.7

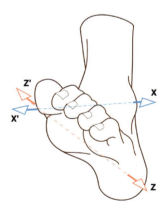

Figura 42.8

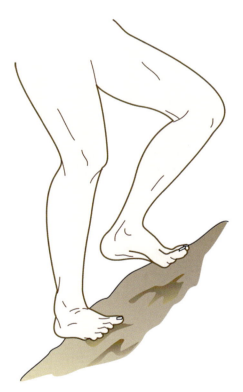

Figura 42.9

43
As grandes funções do sistema musculoesquelético

A análise dos elementos constitutivos do sistema musculoesquelético não basta para entender seu funcionamento; por isso, é recomendável ter uma visão **sintética** de suas **grandes funções**.

Preensão

Na preensão, há a ideia de captura, de *apropriação*.
A preensão na espécie humana é essencialmente garantida pela **mão**, que é o órgão consagrado para essa função. Ela deve isso à sua *configuração*.

A mão possui **cinco dedos**, cujos eixos, de disposição *irradiada*, convergem na **face anterior do punho** (Fig. 43.1).

Entre esses cinco dedos, o mais lateral, o polegar, é *mais curto* que os outros, assumindo a função particular de **oposição**, indispensável para a preensão.

Quando os dedos estão **estendidos**, em contato uns com os outros, seus eixos convergem em um ponto situado além da **extremidade dos dedos** (Fig. 43.2), *muito distante*.

Quando eles estão **flexionados**, seus eixos convergem em um ponto situado no canal do punho (Fig. 43.3: o ponto de convergência é ilustrado por uma estrela).

A mão pode assumir uma **forma côncava, o canal carpal** (Fig. 43.4: os arcos do canal carpal), que permite envolver os objetos graças aos arcos de oposição (linha pontilhada vermelha), que, em um total de quatro, partem todos do polegar.

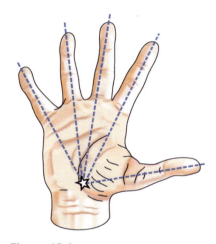

Figura 43.1

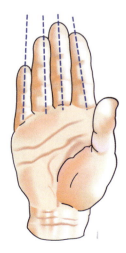

Figura 43.2

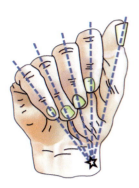

Figura 43.3

Figura 43.5

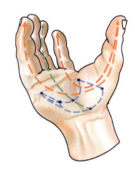

Figura 43.4

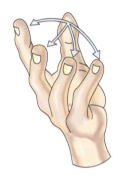

Figura 43.6

Os quatro dedos longos se flexionam "enrolando-se" (Fig. 43.5) seguindo uma "**curva espiral logarítmica**", segundo **J. W. Littler** (1915-2004) na "progressão de **Fibbonacci**".

A posição do polegar, *proximal* e *mais anterior* na margem radial da mão, permite-lhe **ficar de frente** (Fig. 43.6) aos outros quatro dedos e, assim, opor sua polpa às dos outros quatro dedos longos. É essa coincidência pulpar que chamamos de **oposição do polegar**.

A oposição do polegar associa três componentes. Uma *adução*, uma *anteposição* ou *flexão* e, sobretudo, **uma rotação da coluna do polegar** *em seu eixo longitudinal*, todas bem evidenciadas pela **experiência de Charles Sterling Bunnell** (1882-1957) (Fig. 43.7): colando-se um fósforo transversalmente sobre a unha do polegar, constata-se que, entre a posição de mão

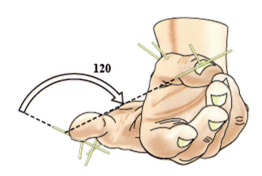

Figura 43.7

espalmada e o polegar em oposição ao mínimo, ela efetuou uma rotação sobre si mesma de 90 a 120°.

Para entender essa rotação longitudinal, é preciso analisar os movimentos produzidos na coluna do polegar (Fig. 43.8: composição da coluna do polegar).

43 As grandes funções do sistema musculoesquelético

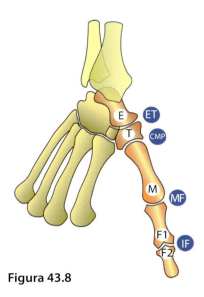

Figura 43.8

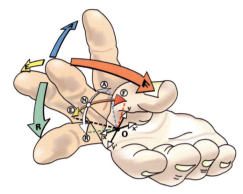

Figura 43.9

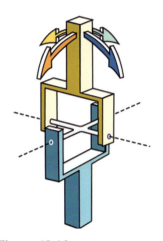

Figura 43.10

Ela comporta cinco ossos:

- escafoide (E);
- trapézio (T);
- primeiro metacarpal (M);
- falange proximal (F1);
- falange distal (F2), pois o polegar comporta apenas duas falanges.

Esses ossos são ligados por **quatro articulações**:

- escafotrapezoidal (ET);
- carpometacarpal do polegar (CMP);
- metacarpofalângica (MF);
- interfalângica (IF).

É na altura da articulação carpometacarpal do polegar que se encontra o máximo de rotação longitudinal.

Os eixos e movimentos da articulação **carpometacarpal do polegar** (Fig. 43.9: os movimentos da carpometacarpal do polegar) são perpendiculares entre si e oblíquos em relação aos planos de referência. Constituem o que, em mecânica, chama-se de **cardã** (Fig. 43.10: esquema de um cardã). Esse tipo de articulação tem a particularidade de produzir uma **rotação longitudinal automática** do segmento móvel quando ela é mobilizada em torno dos dois eixos. É a **rotação conjunta** (Mac Conaill), que constitui a maior parte da rotação da coluna do polegar.

O restante da rotação longitudinal se efetua nas outras duas articulações (Fig. 43.11):

- uma **rotação ativa** de 24° na metacarpofalângica, sob a ação dos músculos da eminência tenar;
- uma **rotação automática** de 7° na interfalângica devida à obliquidade de seu eixo de flexão.

Graças à oposição do polegar aos quatro dedos longos, a mão pode segurar os objetos com movimentos de **pinça** (Fig. 43.12) e de **preensão** (Fig. 43.13: preensão esférica).

As **pinças** só utilizam os dedos, e há vários tipos delas:

399

O que é biomecânica

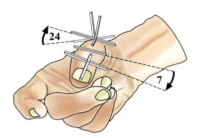

Figura 43.11

Figura 43.12

Figura 43.13

- a **pinça terminal** (Fig. 43.14) é a mais precisa: é chamada de **ungueal**, pois possibilita o contato entre as unhas. Ela permite recolher um alfinete ou extrair um pelo. Demanda o uso dos flexores extrín-

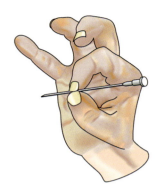

Figura 43.14

secos para realizar um círculo quase perfeito com o polegar e o indicador;
- a **pinça subterminal** (Fig. 43.15) ou pulpar faz as polpas entrarem em ação. Embora sejam menos precisas, elas são mais firmes. Os flexores extrínsecos têm um papel menos importante, mas ainda assim são úteis;
- a **pinça terminolateral** (Fig. 43.16) é a mais firme, pois a polpa do polegar entra em contato com a face lateral do indicador, o qual se apoia sobre os três outros dedos. É a pinça que permite segurar uma **moeda** ou girar uma **chave**;
- a **pinça tridigital** (Fig. 43.17) faz os três primeiros dedos intervirem. Ela permite segurar um lápis, mas também, para a maior parte da humanidade, apresenta a função de **preensão alimentar** (Fig. 43.18) utilizada, na ausência do garfo, para segurar os alimentos e levá-los até a boca;
- a **pinça tetradigital** (Fig. 43.19) é utilizada principalmente por pintores artísticos para segurar um lápis ou um carvão;

Figura 43.15

43 As grandes funções do sistema musculoesquelético

Figura 43.16

Figura 43.17

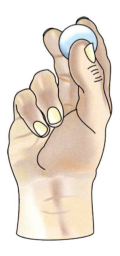

Figura 43.18

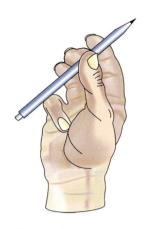

Figura 43.19

- a **pinça interdigital** (Fig. 43.20) é, sobretudo, própria dos fumantes de cigarros, mas, após uma eventual perda do polegar, é um modo de **preensão de substituição** muito utilizado;
- a **pinça pentadigital** (Fig. 43.21) é muito bem adaptada ao desenroscar de **tampas**.

Os movimentos de **preensão** usam a **palma da mão**, além dos dedos. A posição do polegar é *determinante* para a firmeza desse tipo de preensão.

Se o polegar ficar paralelo (Fig. 43.22) ao eixo principal do objeto – neste caso, um cilindro –, a preensão não é fechada e o objeto corre o risco de escapar.

Por outro lado, se o polegar acompanhar **o diâmetro do objeto** (Fig. 43.23), a mão fica **fechada** e o objeto não escapará.

A preensão **cilíndrica** se adapta à direção oblíqua do canal carpal. Quando o cilindro é de pequeno diâmetro, como ao segurar **um cabo** (Fig. 43.24), a preensão é firme. A preensão cilíndrica torna-se incerta quando o polegar não atinge mais a extremidade dos outros dedos.

A **preensão de objetos com cabo em forma de coronha** (Fig. 43.25) leva em conta a obliquidade da face palmar para orientar uma ferramenta em uma direção precisa – aqui um secador – ou para apontar uma arma.

A **preensão esférica** (Fig. 43.26) adapta-se aos objetos não cilíndricos, que são mais bem contidos no interior da palma da mão: a mão pode manter com firmeza uma **bola de bocha**, mas não uma bola de futebol, nem de rúgbi.

401

O que é biomecânica

Figura 43.20

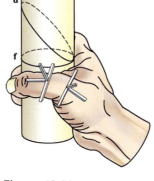

Figura 43.23

Figura 43.21

Figura 43.24

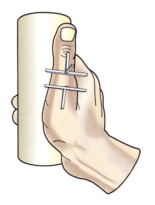

Figura 43.22

Figura 43.25

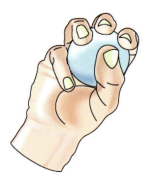

Figura 43.26

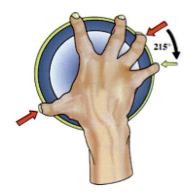

Figura 43.28

A preensão do tipo **direcional** (Fig. 43.27) é orientada pelo indicador, como ao segurar uma **chave de fenda** ou uma batuta de maestro.

A preensão do tipo "aranha" (Fig. 43.28) requer o distanciamento máximo dos dedos, que devem ultrapassar a meia circunferência no seu desenvolvimento para segurar de forma estável, por exemplo, um **pires**.

A preensão com a ação da gravidade (Fig. 43.29) não requer o envolvimento completo do objeto pelos dedos, como, por exemplo, ao **segurar a alça de uma mala**, quando o polegar não é indispensável.

Na **mão-colher** (Fig. 43.30), o fluido é contido na palma da mão, que se torna côncava e que é fechada em sua borda lateral pelo polegar.

É bem evidente que esses tipos de preensão são totalmente *ineficazes e impossíveis na ausência de gravidade*.

Figura 43.29

Figura 43.30

Respiração e tosse

Como fenômeno puramente físico, a respiração consiste em fazer penetrar na **caixa torácica** e tirar dela uma quantidade de ar variável, por meio das vias respiratórias nos pulmões.

Há somente duas maneiras de fazer entrar ar em uma cavidade fechada: forçando sua entrada por meio de uma sobrepressão, ou **aumentando seu volume**, o que cria uma **pressão negativa** dentro dessa cavidade e produz um afluxo de ar para restabelecer a pressão ambiente.

Figura 43.27

403

Essa noção é facilmente demonstrada pela **experiência de Funk** (Fig. 43.31), realizada com a ajuda de um frasco cujo fundo tenha sido substituído por uma **membrana de borracha**. Dentro do frasco foi colocada uma bexiga maleável, religada ao exterior por um tubo que passa no meio de uma tampa hermética.

No estado de repouso (**E**), a bexiga fica vazia e o fundo do frasco permanece plano e esticado entre as paredes do frasco.

Se puxarmos a membrana elástica que constitui o fundo do frasco (esquema **I**), a pressão interna se torna inferior à externa e o ar, ao passar pelo tubo, vai encher a bexiga com um volume exatamente igual àquele do cone formado pela membrana no fundo do frasco. É exatamente o que ocorre na realidade: o frasco representa o tórax, o balão, os pulmões, e o tubo, a traqueia.

A **caixa torácica** (Fig. 43.32: o volume torácico), de forma semiovoide, é capaz de aumentar suas três dimensões, por **dilatação do tórax** ósseo e por **abaixamento do diafragma,** que é, na realidade, uma divisória cuja função é separar a cavidade torácica da cavidade abdominal.

Se o modelo do frasco de Funk permitiu entender o princípio, o **modelo da lanterna** (Fig. 43.33) é mais condizente com a realidade.

É preciso imaginar uma lanterna, não suspensa por seu orifício superior, mas com uma haste rígida grudada em uma das geratrizes do cilindro. Se essa haste for mantida na vertical, os círculos da lanterna se abaixam sob seu peso (**E**), mas, se for efetuada uma tração sobre o círculo superior, todos os círculos se

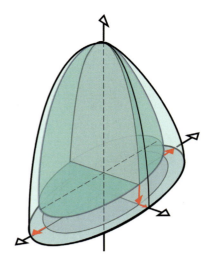

Figura 43.32

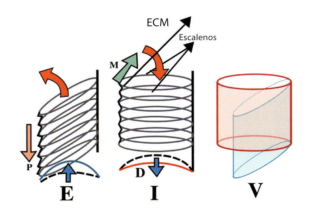

Figura 43.33

endireitam na posição horizontal (**I**), e a lanterna recupera todo o seu volume (**V**).

Eis uma imagem que mostra bem a expiração (**E**), que é um ato *passivo* sob a ação da gravidade (**P**), e da inspiração (**I**), que é um ato *ativo* sob o efeito da tração dos músculos inspiratórios acessórios (**M**), essencialmente o *esternocleidomastóideo* (**ECM**) e os *escalenos*, que impulsionam o orifício superior para cima. Além do mais, o fundo da lanterna, o diafragma (**D**), aumenta de novo o volume, abaixando-se no momento da inspiração.

Serão, portanto, estudadas na sequência as variações de volume do tórax ósseo (a caixa torácica) e o papel do **diafragma** em relação aos músculos abdominais.

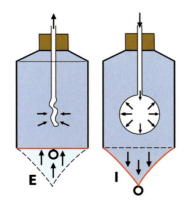

Figura 43.31

Caixa torácica

No momento da inspiração, a caixa torácica se eleva e **aumenta seus três diâmetros**. No esquema de perfil mostrado na Figura 43.34, o tórax, considerado como um **polígono deformável**, eleva-se e deforma-se sobre a coluna vertebral, considerada fixa e rígida, como no modelo da lanterna.

Esse movimento das costelas em relação à coluna é efetuado graças a duas articulações (Fig. 43.35: articulações costais com dois níveis) que possuem um eixo em comum:

- a **articulação costovertebral**, que articula a cabeça costal com os corpos vertebrais;

- a **articulação costotransversária**, que religa o tubérculo costal e o processo transverso da vértebra correspondente. A direção do eixo de mobilidade da costela em relação à coluna é muito diferente de acordo com o nível:
  – para as *costelas superiores*, o eixo 1 (em verde) é quase *transversal*, apesar de que, ao elevar-se, a extremidade da costela se desloca para a frente (**a**), o que *aumenta o diâmetro anteroposterior* do tórax superior.
  – para as *costelas inferiores*, o eixo 2 (em vermelho) é quase *sagital*, apesar de que, ao elevar-se, o corpo da costela se desloca lateralmente (**c**), o que *aumenta o diâmetro transversal* do tórax inferior.
  – para as *costelas médias*, o eixo é oblíquo em 45°, apesar do aumento do diâmetro ser ao mesmo tempo **transversal** (**c**) (Fig. 43.36: esquema frontal) no momento da elevação (**h**) e **anteroposterior**, como mostra também este esquema de perfil (Fig. 43.37).

Os músculos respiratórios determinam o movimento das costelas e se classificam em **inspiratórios e expiratórios** e, nessas duas categorias, distinguem-se os músculos **principais**, que atuam na *respiração*

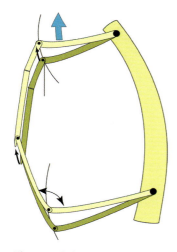

Figura 43.34

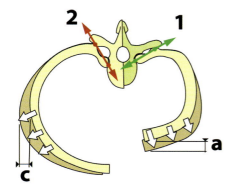

Figura 43.35

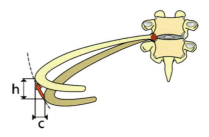

Figura 43.36

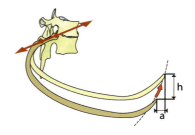

Figura 43.37

normal, e os **acessórios**, usados como "reforço" para a *respiração forçada*.

Os **músculos intercostais** fazem parte, com o diafragma, dos inspiratórios principais. Contraídos **entre duas costelas adjacentes** (Fig. 43.38), formam uma parede muscular que fecha o volume da caixa torácica. Apresentam-se em duas camadas: uma externa (seta branca), cujas fibras musculares são *oblíquas para cima e para dentro*, e outra interna (seta verde), cujas fibras adotam uma direção oblíqua para cima e para fora. O pequeno músculo **intercostal íntimo**, contraído entre a borda superior de uma costela e o processo transverso sobrejacente, tem a mesma ação que o intercostal externo.

O modo de ação dos **intercostais** é perfeitamente explicado pelo **paralelogramo de Hamberger** (Fig. 43.39), em que as costelas (em vermelho) formam os grandes lados. Esse paralelogramo é *deformável*. Por sua direção oblíqua, os intercostais ocupam as diagonais. O esquema E mostra a **ação do intercostal externo** (setas pretas): sua contração encurta a diagonal que ele ocupa, o que deforma o sistema para cima, causando portanto a elevação das costelas e a inspiração. O **intercostal externo é inspiratório**, como o intercostal íntimo. O esquema I mostra o intercostal interno disposto no sentido da outra diagonal: ele tem, portanto, uma ação oposta. O **intercostal interno é expiratório**.

O **diafragma** é uma estrutura **musculoaponeurótica** em forma de cúpula (Fig. 43.40: vista frontal) inserida sobre a margem inferior da caixa torácica. Côn-

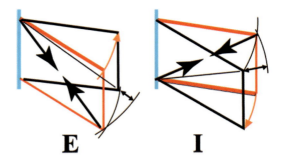

Figura 43.39

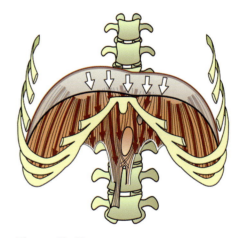

Figura 43.40

cavo para baixo, forma uma tampa móvel entre o tórax e a cavidade abdominal. Quando se contrai apoiando-se sobre as costelas, seu ápice, o **domo frênico, abaixa-se** (área acinzentada com setas brancas), o que *aumenta o diâmetro vertical* da cavidade torácica, empurrando para baixo as vísceras abdominais.

Contudo, por causa da **resistência dos músculos abdominais** (Fig. 43.41: esquema frontal, lado direito), chega um momento em que o centro frênico não pode mais abaixar-se (seta branca central). Ele funciona, então, como *ponto fixo* para as fibras musculares periféricas do diafragma, que assim se tornam *elevadoras das costelas da região baixa* (seta vermelha), o que *aumenta o diâmetro transversal* do tórax. A décima costela, ligada ao esterno, também o eleva, de modo que, no fim do percurso, o *diafragma* **aumentou os três diâmetros** da caixa torácica.

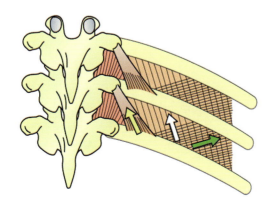

Figura 43.38

43 As grandes funções do sistema musculoesquelético

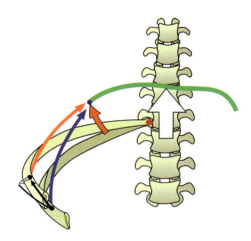

Figura 43.41

Quando o percurso do centro frênico encontra-se limitado pelo tônus dos músculos abdominais, que contêm a massa das vísceras (Fig. 43.42: vista frontal), o diafragma, apoiando-se no centro frênico (**Insp.**), torna-se levantador das costelas inferiores, pelo mecanismo ilustrado no esquema anterior. Por outro lado, quando os abdominais são direcionados para cima (**Exp.**), eles empurram o diafragma para cima, o que determina uma expiração. Existe, portanto, uma *relação de* **antagonismo-sinergia** entre o **diafragma** e os **abdominais** na respiração.

Os **inspiratórios acessórios** entram em ação na *inspiração forçada*. Entre eles encontram-se, por exemplo, os esternocleidomastóideos e os escalenos.

A **depressão intratorácica**, por causa da inspiração (Fig. 43.43), não apenas determina a entrada de ar nos condutos traqueobrônquicos e nos pulmões, como também favorece o **retorno do sangue venoso** *nas cavidades do lado direito do coração*.

A **expiração** é um *fenômeno essencialmente passivo*: é o retorno da caixa torácica à sua posição inicial causado pela *gravidade* e, sobretudo, pela *elasticidade* do sistema. Os únicos músculos que atuam na expiração normal são os intercostais internos, que promovem o abaixamento das costelas.

As **cartilagens costais** têm um papel importante nesse processo (Fig. 43.44), como "barras de torção" na mecânica, pois, no momento da inspiração, são torcidas sobre si mesmas e, quando os músculos inspiratórios relaxam, elas voltam à posição inicial.

Contudo, a **expiração ativa** pode ocorrer em algumas circunstâncias, por exemplo, quando queremos *soprar com força*, tocar um *instrumento musical de sopro*, ou simplesmente *tossir* ou *espirrar*. Ela recruta, então, os músculos **expiratórios acessórios**: alguns, situados na região dorsolombar, são abaixadores das costelas e relativamente de pouca potência. São eles: o músculo longuíssimo, os serráteis posterior e inferior, o quadrado do lombo e a parte baixa da mas-

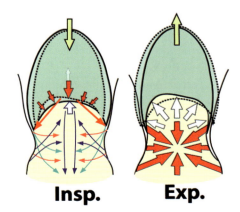

Figura 43.42

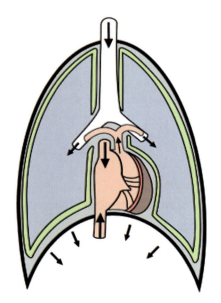

Figura 43.43

407

O que é biomecânica

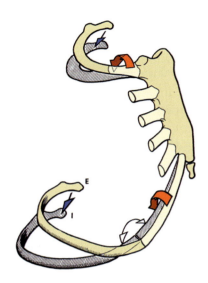

Figura 43.44

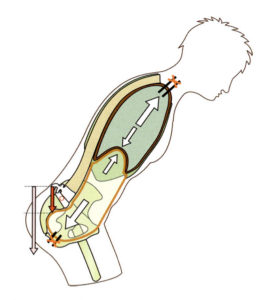

Figura 43.45

sa sacrolombar. Outros, são muito mais potentes: **os abdominais**. De fato, no esquema anterior, é visível que esses músculos, inseridos na parte inferior do tórax, *abaixam a região inferior das costelas*, determinando, assim, a *diminuição dos diâmetros anteroposterior e transversal*. Ao empurrar as vísceras abdominais *para cima*, reduzem também o *diâmetro vertical* da cavidade torácica. Por causa de sua potência, esses músculos são responsáveis pela expiração ativa e pelo **esforço abdominal** (Fig. 43.45: corte sagital do tronco, com glote e esfíncteres *fechados*).

É a transformação do tronco em uma **barra pneumática** que se torna **rígida pela hiperpressão**. Esse resultado é obtido graças a dois fatores:

- de um lado, a contração dos músculos expiratórios, em particular dos **abdominais**;
- por outro lado, o *fechamento de todos os orifícios*, a **glote**, acima, e, na altura do períneo, o **esfíncter anal** e o **esfíncter urinário**. Evidentemente, uma *incontinência* esfincteriana, em particular urinária, sobretudo nas mulheres multíparas, pode comprometer essa manobra.

O esforço abdominal distribui melhor as cargas sustentadas pelos membros superiores, como nos hal-

terofilistas. Ele tem também a vantagem de diminuir as pressões exercidas sobre os discos lombares, em especial o *disco L4-L5*. Por outro lado, não pode ser mantido por muito tempo, pois *obstrui o retorno venoso ao coração*, sobretudo aquele que provém da cabeça, ou seja, do cérebro.

A **tosse** (Fig. 43.46) é produzida pela *abertura brusca da glote*, que libera o ar sob pressão nas vias respiratórias em virtude de um esforço abdominal. Essa descarga brusca de ar permite expulsar – dizemos "expectorar" – o muco ou um corpo intratraqueal estranho. A tosse é uma função extremamente importante para manter a livre circulação de ar nas vias respiratórias.

O **espirro**, por meio de um mecanismo parecido, assegura a liberdade das vias nasais.

A **manobra de Valsalva** (Fig. 43.47) requer também um esforço abdominal, mas o bloqueio situa-se não no nível da glote, e, sim, da *boca e das narinas, que são pinçadas com os dedos*. Ao exercer uma força no nariz, enquanto se deglute, o ar sob pressão vai passar pela **tuba auditiva** (T) a fim de aumentar a pressão na *orelha média* e restabelecer a *igualdade de pressão de um lado e do outro do tímpano*. Essa manobra é usada em **mergulho submarino** e também pelos *viajantes aéreos*, que desembarcam com uma sensação de surdez.

43 As grandes funções do sistema musculoesquelético

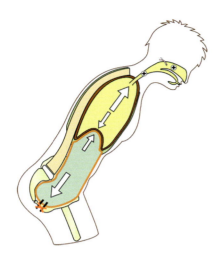

Figura 43.46

Figura 43.48

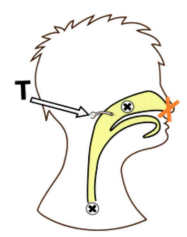

Figura 43.47

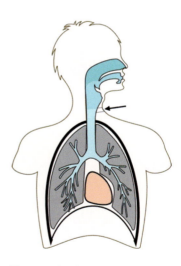

Figura 43.49

As primeiras tentativas dos mergulhadores de respirar no fundo de um rio tiveram consequências catastróficas (Fig. 43.48: mergulhador ligado à superfície por um longo tubo), até que se notasse o "espaço morto".

Recebe esse nome **o volume de ar que não participa das trocas respiratórias**: o espaço morto anatômico (Fig. 43.49: vista frontal da árvore respiratória) representa a totalidade do volume (em azul) das *vias respiratórias superiores* e das *vias traqueobrônquicas*. Para poder inspirar ar fresco, útil para a hematose, é preciso que o volume expirado dos alvéolos pulmonares *seja superior ao do espaço morto*. É uma condição vital, pois, sem isso, o ar do espaço morto se empobrece em oxigênio e se enriquece em gás carbônico, o que leva à asfixia. Um tubo ligado à superfície aumenta perigosamente o espaço morto e causa inevitavelmente a asfixia, a menos que o ar expirado saia pela boca com a ajuda de uma válvula, e não pelo tubo. Essa "experiência" permite compreender bem o espaço morto.

Em caso de **dificuldade respiratória**, o espaço morto pode ser reduzido consideravelmente graças a

409

uma **traqueotomia** (Fig. 43.49, seta preta), um orifício feito cirurgicamente na região supraesternal que permite a comunicação da traqueia com o lado de fora.

A **inalação acidental de um corpo estranho** na traqueia, como uma *bala* ou um pedaço muito grande de *carne*, pode ser tratada de maneira eficaz por qualquer pessoa instruída e apta a praticar a **manobra de Heimlich** (Fig. 43.50). A manobra consiste em posicionar-se *atrás do indivíduo* e abraçá-lo com as mãos cruzadas na altura do *epigástrio* e da *base do tórax*; a pessoa que executa a manobra deve exercer uma **forte compressão** do tronco do indivíduo contra si mesma, o que permite expulsar bruscamente *o ar e o corpo estranho* da traqueia. Sem essa ajuda, o indivíduo *morre por asfixia*, pois seus esforços desesperados para inspirar fazem com que o corpo **estranho avance cada vez mais na traqueia**. Tendo aprendido essa manobra, fica mais **fácil salvar uma vida**.

Marcha

Nos seres humanos, animais bípedes, a marcha é garantida pelos **membros inferiores**, que são, ao mesmo tempo, a sustentação do tronco e a *parte puramente locomotora* do sistema musculoesquelético.

O primeiro a interessar-se realmente pelo movimento e pela locomoção foi o médico fisiologista **Étienne Jules Marey** (1830-1904) que, em 1882, inventou o **fuzil fotográfico** (Fig. 43.51), ancestral de nossas câmeras modernas, que permitiu decompor o movimento em suas fases sucessivas.

Graças a esse novo instrumento, Marey pôde determinar de maneira precisa a posição das duas pernas **durante a marcha** (Fig. 43.52): este gráfico ilustra, de modo esquemático, as **posições sucessivas de uma perna** no momento da execução de um passo completo. Com efeito, a unidade de marcha é **o passo**, que ocorre em **dois momentos**:

- **primeiro momento**: o tempo de **apoio unipedal** é o período em que a perna **portadora** atinge o solo pelo calcanhar, enquanto o corpo, sob a impulsão motora, *passa de trás para a frente no auge da extensão completa dessa perna*. Isso se traduz, no gráfico, pelas oscilações verticais do centro do quadril. Durante esse período, a *outra perna*, que vai deixar o solo, *oscila para a frente*, *flexionando-se* na altura do tornozelo e do joelho, para *passar* na frente da

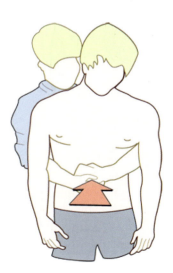

Figura 43.50

Figura 43.51

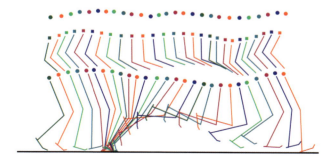

Figura 43.52

perna portadora. A passagem dessa perna oscilante para a frente é indispensável para **evitar a queda**, que começa a partir do momento em que o centro de gravidade do corpo é passado na frente da perna portadora, em posição vertical.

- **segundo momento:** o momento de **apoio bipedal** é o momento em que, atingida sua posição mais anterior, a perna oscilante se estende na altura do joelho para **evitar a queda**, tocando o solo com o **calcanhar**, enquanto o tornozelo permanece momentaneamente flexionado. Os dois pés repousam no solo durante **um tempo relativamente curto**, pois o pé posterior vai deixá-lo assim que efetuar sua **impulsão motora**.

Sendo assim, a marcha não passa de **uma sucessão de quedas evitadas e controladas**. Basta que, por um motivo qualquer, a perna oscilante não chegue a tempo a seu ponto de chegada para que a queda torne-se inevitável.

Como a roda não existe na natureza, as patas e os membros inferiores, no caso dos seres humanos, podem ser considerados **rodas alternativas de raio variável**. Este gráfico (Fig. 43.53) mostra as *posições sucessivas do membro inferior portador* a partir do momento em que atinge o chão (**1**). Os círculos, que têm a cor dos centros correspondentes do quadril, possuem o raio do membro inferior em determinado momento.

Passando para a frente (**2**), o membro inferior portador apresenta seu comprimento máximo: o quadril atinge seu primeiro auge e a roda, que tem **um raio maior**, gira em torno de seu ponto fixo no solo. No entanto, quase de imediato, o joelho *flexiona-se levemente*, para preparar a impulsão motora, e o centro do quadril desce ligeiramente (**3**). O membro inferior portador, que passa na frente de seu ponto de apoio no solo (**4**), *começa a estender o tornozelo*. É então que ele promove sua impulsão motora, pela extensão simultânea do quadril, do joelho e do tornozelo, e pela flexão dos dedos do pé. O centro do quadril atinge seu segundo auge (**5**), mais elevado que o anterior, pois em tal caso o membro portador apresenta seu **comprimento máximo**. A partir do momento em que deixa o chão, esse membro, que era portador, **torna-se oscilante** e *começa a se flexionar*.

Essas **pseudorrodas** são, portanto, bem **alternativas**, na medida em que, tanto uma como a outra, se alternam entre a função portadora e a oscilante e apresentam **raio variável**.

Uma passada (**1**) (Fig. 43.54) é concluída quando o mesmo pé retorna à mesma posição. Ela é composta de dois passos. **Uma curva** (**V**) efetua-se graças à rotação (**a**) do conjunto da perna a partir do quadril.

O contato do pé com o chão é feito de maneira progressiva; é o que chamam de **desenvolvimento do passo** (Fig. 43.55), que se efetua em quatro momentos:

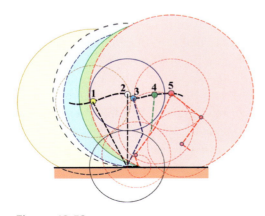

Figura 43.53

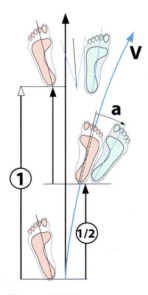

Figura 43.54

O que é biomecânica

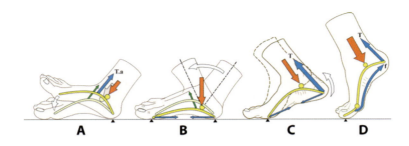

Figura 43.55

- o **contato de entrada** (A), por causa da flexão do tornozelo, direciona primeiro o *calcanhar* com determinada velocidade, o que produz uma *leve frenagem*. Em torno desse ponto de apoio, *o pé "se abate" sobre o chão* e a extensão do tornozelo é amortecida por seus músculos flexores;
- o **contato total da planta do pé** (B) ocorre enquanto a *perna portadora passa de trás para a frente* por meio da flexão do tornozelo. A arcada plantar tem o papel de amortecedor; as estruturas fibrosas e os músculos limitam sua compressão;
- o **início da impulsão motora** (C) é realizado pela extensão do tornozelo sob a ação do **tríceps sural** (T);
- a **impulsão motora final** (D) é feita pela *flexão dos dedos do pé*, em particular do **hálux**, que é somada à extensão do tornozelo executada pelo **tríceps sural** (T).

Como consequência, o **contato do pé sobre o chão** (Fig. 43.56) varia ao longo do passo:

1. primeiramente, o calcanhar;
2. depois, toda a planta do pé e os dedos;
3. em seguida, o antepé e os dedos no momento da impulsão motora;
4. por fim, a parte medial do antepé e os primeiros dedos;
5. e, para terminar, somente o hálux e o segundo dedo.

A eficácia da impulsão motora requer que o peso do corpo seja aplicado sobre o chão. Na ausência de gravidade, a locomoção com a ajuda das pernas é impossível. Ela pode ser feita somente de maneira autô-

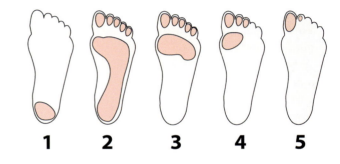

Figura 43.56

noma por reação, ou seja, projetando uma fração da massa do corpo.

As **oscilações da pelve** (Fig. 43.57) durante o passo são verticais e transversais. Nesses esquemas, o centro de gravidade do corpo foi ilustrado por uma pequena esfera vermelha.

A fileira superior (V) mostra as **oscilações verticais**, que passam por seu ponto máximo a *cada passo*. A *curva vermelha* as representa: ela é ilustrada no *volume de referência* embaixo. É mantida em um plano sagital.

A fileira inferior (T) mostra as **oscilações transversais** a *cada passo* por causa do apoio unipedal. A *curva azul* as representa: ela também é ilustrada no volume de referência. Encontra-se em um plano horizontal.

A **curva resultante**, em azul-escuro (Fig. 43.58), é contida em uma superfície "torcida" que gira em torno do eixo de interseção.

As **oscilações da linha dos ombros e da pelve** são inversas. No esquema mostrado na Figura 43.59,

43 As grandes funções do sistema musculoesquelético

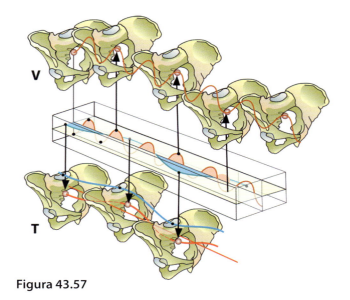

Figura 43.57

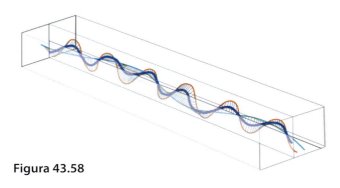

Figura 43.58

foi ilustrada a sucessão das linhas dos ombros (azul) e das linhas da pelve (vermelho), as quais determinam, no espaço, planos "torcidos" que se deformam de maneira oposta. A linha da coluna vertebral sofre as inflexões impostas a ela por essas oscilações.

A **torção da coluna vertebral** (Fig. 43.60) resulta da mudança de direção da linha dos ombros e da pelve, por causa de sua mudança de direção no plano horizontal: enquanto a pelve gira para a esquerda, a linha dos ombros se orienta na direção inversa. Essa torção é representada na Figura 43.60 pelo esquema menor, que evoca uma vela deformando-se com a ação do vento.

A marcha não se reflete apenas no tronco, mas também nos membros superiores, movidos pelo **balanço automático** (Fig. 43.61): em todos os seres humanos, desde que a marcha seja assegurada, os membros superiores são movimentados por uma **flexão diagonal** em relação aos membros inferiores que faz com que o braço esquerdo avance ao mesmo tempo que o membro inferior direito, e vice-versa. Trata-se de uma atividade **inconsciente** desencadeada de maneira automática, independentemente da vontade, mas pode, porém, ser modulada e até mesmo inibida.

A primeira explicação que vem à mente é que se trata de uma lembrança *de nosso estado quadrúpede*, pois a maioria dos animais tem uma *marcha diagonal*.

Isso é ainda mais evidente em uma **vista superior** (Fig. 43.62), em que vemos o braço esquerdo

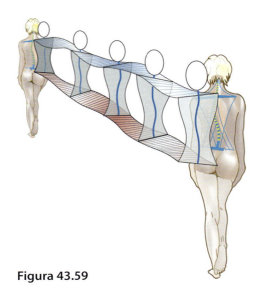

Figura 43.59

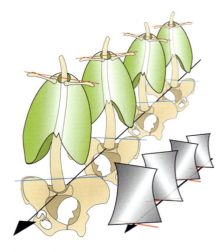

Figura 43.60

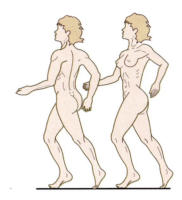

Figura 43.61

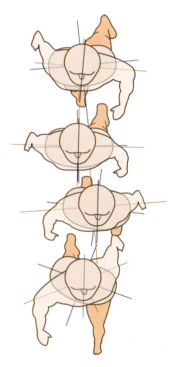

Figura 43.62

avançar enquanto a perna esquerda está em posição posterior, e o braço direito avançar ao mesmo tempo que a perna esquerda.

Alguns animais caminham "**a furta-passo**", ou seja, avançando simultaneamente os membros do mesmo lado. São animais como o camelo, a girafa e o elefante, entre outros. Por adestramento, os cavalos são ensinados a andar a furta-passo. Pode-se imaginar que a marcha de um bípede descenda dessa linhagem.

O problema do balanço dos membros superiores será retomado e desenvolvido no Capítulo 51.

A perna possui uma **grande vantagem** em relação à roda: ela *não precisa de uma estrada* para se deslocar. Ela pode até fazer o que é impossível para a roda: deslocar-se em terreno acidentado, subir um declive escarpado e escalar uma parede rochosa.

A planta do pé pode adaptar sua orientação às irregularidades do terreno graças às articulações do tornozelo e do tarso posterior (ver Cap. 42).

O voo dos pássaros é, assim como a marcha, uma sucessão de quedas, com deslizamentos – o voo plano – que se parecem com o deslocamento de um patinador sobre o gelo.

Assim como **caminhar** é **cair** permanentemente, **voar** é uma queda **sustentada e prolongada**. A gaivota não poderia planar sem a gravidade.

É preciso considerar que todos esses meios de locomoção na terra e no ar necessitam da gravidade. Em um ambiente sem gravidade, é impossível caminhar ou voar. Neste caso, somente a propulsão **por reação** seria possível: para se deslocar, seria necessário o impulso de sua própria massa, mas para onde direcioná-la?

44

Exame hipocrático do sistema musculoesquelético

O que se pode entender por "exame hipocrático do sistema musculoesquelético"?

Trata-se simplesmente de um exame **clínico** praticado com a ajuda dos **cinco sentidos**, nas condições em que se encontrava Hipócrates, o pai da medicina ocidental, em seu Templo de Esculápio na **Ilha de Kos**: *tudo o que se pode fazer sem nenhum instrumento,* nem mesmo um goniômetro. É um exame praticado nos desertos – o Kalahari, por exemplo – ou em locais sem recursos disponíveis. Não há dúvida de que a medicina ainda possa ser praticada nessas condições, mas o interesse desse exame hipocrático é totalmente diverso: fazer entender que, *graças a um* **exame clínico** *bem conduzido,* é possível, na grande maioria dos casos, **estabelecer um diagnóstico** que poderá, na sequência, ser confirmado, precisado ou até redirecionado com a ajuda de radiografia, *scanners,* ressonância magnética e outras tecnologias.

Primeira noção importante: **o centro do corpo** situa-se, como mostra este desenho do arquiteto romano **Vitrúvio**, retomado por **Leonardo da Vinci** (Fig. 44.1), na região do **umbigo**, *omphalos,* em grego. Para os gregos, o *omphalos,* centro do mundo, situava-se em Delfos: eles não estavam errados, pois cada ponto sobre uma esfera **é** o centro de sua superfície.

Portanto, no que diz respeito ao ser humano, não é por acaso o fato de o umbigo ser, no embrião, o ponto de chegada do *cordão umbilical,* pelo qual lhe chega a vida, pois ele é o *centro anatômico* do corpo.

Qualquer parte do sistema musculoesquelético pode ser objeto de um exame hipocrático.

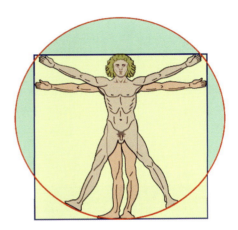

Figura 44.1

Membro superior

Ombro

As amplitudes dos movimentos do ombro podem ser medidas, dentro de determinados limites, sem goniômetro.

Medida analítica das amplitudes

A **abdução** clínica se efetua em um plano frontal paralelo ao plano das costas, que ficam apoiadas contra uma parede vertical. A abdução anatômica verdadeira efetua-se em um plano em flexão de 30° em relação ao plano frontal. Ela se mede com o indivíduo visto de frente:

1. A excursão de **abdução total** é de 180° (Fig. 44.2: vista anterior) entre a posição de referência, membro superior ao longo do corpo, e a amplitude máxima, membro superior na vertical. É possível, sem goniômetro, reproduzir três posições intermediárias, com o cotovelo flexionado.
2. Abdução de 120° (Fig. 44.3: vista anterior), quando a extremidade dos dedos estendidos toca o vértice, o topo do crânio.
3. Abdução de 90° (Fig. 44.4: vista anterior), quando o membro superior fica estendido lateralmente na horizontal.
4. Abdução de 45° (Fig. 44.5: vista anterior), quando a mão se apoia sobre a crista ilíaca.

A **flexão** se efetua, por definição, em um plano sagital perpendicular ao dorsal. Ela se mede com o indivíduo visto de perfil:

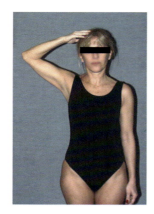

Figura 44.3

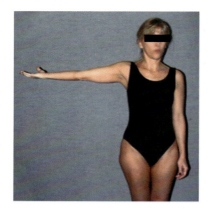

Figura 44.4

Figura 44.2

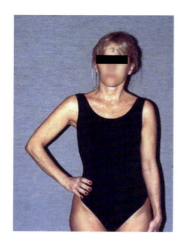

Figura 44.5

1. A excursão de **flexão total** (Fig. 44.6: vista de perfil) entre a posição de referência, membro superior ao longo do corpo, e a amplitude de flexão máxima, membro superior próximo da vertical, é de 170°. Os 10° restantes para atingir a vertical são obtidos por uma extensão da coluna em *hiperlordose*.
2. **Flexão de 120°** (Fig. 44.7: vista de perfil), quando a extremidade dos dedos estendidos, assim como o punho, toca o vértice, o topo do crânio.
3. **Flexão de 90°**, quando o membro superior está estendido horizontalmente na frente do tronco.
4. **Flexão de 45°** (Fig. 44.8: vista de perfil), momento em que a extremidade dos dedos estendidos, com o punho estendido, toca a boca.

Figura 44.8

Figura 44.6

Figura 44.7

A **extensão ativa** (Fig. 44.9: vista de perfil) é de 40° a 50°. Ela é máxima quando é passiva, com o membro superior estendido para trás.

A **rotação longitudinal** do úmero pode ser compreendida facilmente na *posição de referência* (Fig. 44.10: vista superior): braços ao longo do tórax, cotovelo flexionado em ângulo reto e antebraço em plano sagital. A partir dessa posição de referência, a rotação lateral (**RL**) projeta o antebraço para fora em até 30°. A rotação medial é muito rapidamente limitada pela presença do tronco, e é preciso fazer o antebraço passar para trás a fim de esgotar a rotação medial (**RM**) entre 100° e 120°.

Figura 44.9

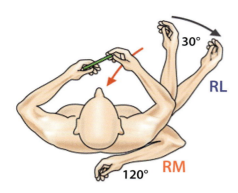

Figura 44.10

Como mensurar a rotação longitudinal do úmero em uma **posição qualquer do braço** no cone de circundução?

A **manobra do "meridiano"** (Fig. 44.11: vista posterior) consiste em conduzir o cotovelo, a partir da posição em que a rotação deve ser mensurada, em direção ao corpo *seguindo o meridiano da esfera centrada sobre o ombro*. Se tomarmos o cuidado de não realizar nenhuma rotação adjunta no momento dessa descida, a posição do antebraço, com o cotovelo flexionado, permite mensurar a rotação longitudinal do úmero tal como ela devia estar na posição inicial.

Medida sintética da função: o triplo ponto

O *Homo sapiens* e também os macacos superiores podem atingir com as mãos *todos os pontos do próprio corpo*, o que lhes dá uma vantagem real em relação às outras espécies animais para a função de **autolimpeza**. Os macacos têm seus piolhos tirados pelos congêneres, o que reforça os *laços sociais dessa espécie*. Na espécie humana, a limpeza por outra pessoa não é indispensável, exceto na primeira infância. Contudo, também pode ser utilizada como *laço social*, sob a forma de *carícias*.

Portanto, cada ponto do corpo pode ser atingido por uma das duas mãos, mas há *um ponto situado sobre a espinha da escápula*, na parte superior do corpo da *escápula* **oposta**, que pode ser atingido apenas pela ponta dos dedos de uma das mãos, a mão contralateral, mas **por três vias diferentes**, motivo pelo qual costuma ser denominado **ponto triplo**.

Dessa constatação, nasceu o **teste do ponto triplo**. Trata-se um **teste global** que avalia não apenas a função do *ombro* e do cotovelo, mas também, em menor grau, do punho.

Nos indivíduos saudáveis, portanto, a mão pode atingir, sobre a face posterior da escápula oposta, **um ponto triplo** por **três vias diferentes** (Fig. 44.12: vista posterior direita). Este esquema ilustra, com uma linha pontilhada, a trajetória da circundução e as três famílias de trajetórias possíveis para se atingir o ponto triplo:

- em azul, a **via anterior contralateral** (**C**), que passa pelo lado oposto da cabeça;
- em verde, a **via anterior homolateral** (**H**), que passa do mesmo lado do ombro;
- em vermelho, a **via posterior** (**P**), diretamente em direção às costas, do mesmo lado.

Os pontos atingidos pela extremidade dos dedos em cada uma dessas vias são demonstrados em cinco estágios, sendo o estágio **5** comum às três vias: é o *ponto triplo*.

A **via anterior contralateral** (Fig. 44.13: vista anterior) começa sobre a boca (**1**), continua sobre a orelha oposta (**2**), depois se direciona para a nuca (**3**), o trapézio (**4**) e, por fim, a escápula (**5**, não mostrada na figura). Ela avalia a **flexão horizontal** ou a adução horizontal.

A **via anterior homolateral** passa pelos mesmos estágios, mas do mesmo lado: a boca (**1**), a orelha (**2**), a nuca (**3**), o trapézio (**4**) e a escápula (**5**). Ela avalia a

Figura 44.11

44 Exame hipocrático do sistema musculoesquelético

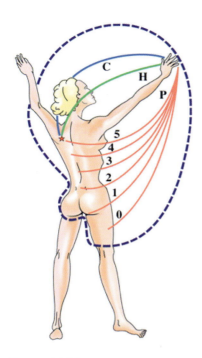

Figura 44.12

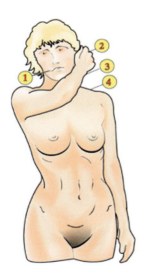

Figura 44.13

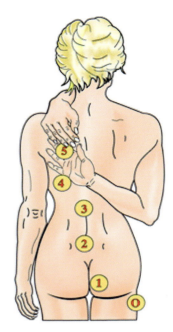

Figura 44.14

gião sacral (**2**), depois a área lombar (**3**), a ponta da escápula (**4**) e, por fim, a escápula (**5**). Ela avalia a **rotação medial**, que atinge seu máximo no ponto triplo. O estágio inicial (**1**) é muito importante: é o mínimo necessário para a *higiene perineal posterior*, que possibilita a **autonomia do indivíduo.** Neste esquema, as vias contralateral e posterior estão combinadas.

O resultado dessa prova depende, claro, da integridade do cotovelo. É, portanto, também um meio de exploração global do membro superior.

Cotovelo

Medida analítica das amplitudes

Sabe-se, atualmente, que a **posição de referência** corresponde à **extensão completa do cotovelo** (Fig. 44.15: vista de perfil), o eixo do antebraço prolongando o do braço. A flexão aproxima a mão e o punho do ombro: ela é contada, positivamente, até a flexão ativa máxima, que atinge 140°. Nessa posição, existe exatamente a largura do punho oposto fechado entre a face anterior do punho e o ombro: é a *manobra do punho*

rotação lateral, que atinge seu máximo no estágio **5**. No esquema mostrado na Figura 44.13, as vias homolateral e posterior estão combinadas.

A **via posterior** (Fig. 44.14: vista posterior) começa na nádega homolateral (**1**), continua sobre a re-

O que é biomecânica

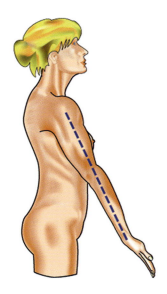

Figura 44.15

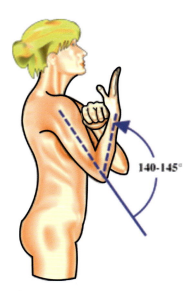

Figura 44.16

fechado (Fig. 44.16: vista de perfil). A flexão passiva é um pouco mais elevada (150°) em razão das possibilidades de achatamento mútuo das massas musculares do braço e do antebraço.

A extensão é contada positivamente apenas quando ultrapassa a posição de referência; é mais comum falar-se, então, de *hiperextensão*. Nos outros casos, trata-se apenas de um *déficit de extensão*, contado negativamente.

Avaliação sintética

Pode-se também avaliar a função do cotovelo de maneira global:

- *Levar a mão à boca* é necessário para a alimentação e supõe uma flexão quase completa.
- *Levar a mão ao períneo posterior* é necessário para a independência individual, pois, sem isso, a **higiene pessoal** íntima é impossível. Essa ação não necessita de uma extensão completa (−15°~20°). Por outro lado, a supinação-flexão do punho é necessária.
- Para alcançar armários altos, colher uma maçã em uma árvore ou pendurar cortinas, com o membro superior em elevação, a **extensão completa do cotovelos** é, por outro lado, indispensável.

Pronossupinação

Medida analítica das amplitudes: a posição de referência

A posição de referência necessita que o cotovelo esteja flexionado em 90° contra o tronco, enquanto a mão permanece **na horizontal em um plano sagital** (Fig. 44.17: vista no eixo do antebraço, com o polegar dirigido para cima). A palma da mão está, portanto, orientada para dentro.

A **pronação completa** (170°~180°) leva a palma da mão a voltar-se para baixo (seta vermelha), mas é importante não afastar o cotovelo do corpo. Na verdade, uma pronação incompleta pode ser compensada pela abdução do ombro.

A **supinação é completa** (180°) quando a palma da mão volta-se diretamente para cima (seta azul). O ombro nunca pode compensar uma supinação insuficiente. Assim, a supinação é indispensável para muitos gestos, como sustentar uma carga e pegar uma moeda, entre outros.

44 Exame hipocrático do sistema musculoesquelético

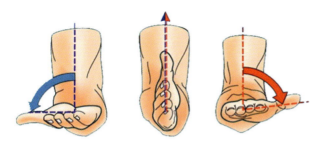

Figura 44.17

Medida sintética da função: Prova do garçom

Para saber se a supinação está sendo realizada de modo completo, deve-se fazer a seguinte pergunta: é possível que o indivíduo *carregue em sua mão estendida* uma bandeja com um **copo cheio de água, sem derrubar**? Uma resposta positiva indica, sem dúvida, uma supinação em 180°. É possível aperfeiçoar essa prova fazendo-o reproduzir exatamente *o gesto do garçom de restaurante*, que vem entregar um copo cheio: ele parte da posição de carregar acima do ombro, com extensão do punho e supinação, para terminar em posição de servir, com retidão do punho e supinação.

O **teste do garçom** (Fig. 44.18: vista lateral), essencialmente *dedicado à análise da supinação, permite* **também** avaliar a força dos suspensores do ombro, em particular do bíceps, músculo biarticular que não só mantém a flexão do cotovelo sob a carga como também exerce um papel coaptador essencial do ombro, ao mesmo tempo nos sentidos transversal e longitudinal, como um verdadeiro coaptador completo dessa articulação.

Punho

Medida analítica das amplitudes

A partir da posição de referência em retidão, as amplitudes do punho são bem conhecidas, mas no que diz respeito à flexão e sobretudo à extensão passivas é útil usar como apoio uma mesa ou uma parede que sirvam de planos de referência para medir o ângulo formado pelo antebraço.

Pode-se também opor as duas mãos, uma contra a outra:

- seja **pelas palmas** (Fig. 44.19), o que permite avaliar a extensão do punho e, particularmente, um déficit de amplitude de um em relação ao outro;
- seja pelas **suas faces dorsais** (Fig. 44.20), para mensurar a flexão do punho e, também nesse caso, verificar uma desigualdade de flexão entre os dois punhos.

Figura 44.19

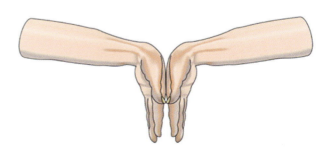

Figura 44.20

Figura 44.18

421

A **medida sintética** da função pode utilizar a prova do garçom, em que, na posição inicial acima do ombro, o punho fica em extensão e supinação e, na posição final, de "servir", o punho se encontra em retidão e supinação.

Mão

Medida analítica das amplitudes

Dedo por dedo, utiliza-se um *goniômetro*, que é muito útil para acompanhar a progressão de uma reeducação.

Medidas sintéticas

Permitem avaliar, de maneira válida, a função por meio de várias provas.

Teste de oposição total (TOT)
(Fig. 44.21: vista anterior da mão)

Nesse teste, é a própria mão que serve de referência como **escala de oposição** para se avaliar os movimentos de oposição do polegar, bem difíceis de mensurar com um goniômetro.

Esse teste é baseado no fato de que a extremidade do polegar pode **percorrer, de maneira sucessiva,** as polpas dos outros dedos, descrevendo a **grande trajetória de oposição**.

Contam-se 10° nessa escala, partindo-se da face lateral de F1 do indicador (estágio 0) à *prega palmar inferior* (estágio 10), passando-se pela face lateral de F3 do indicador (estágio 2) e sua extremidade (estágio 3); a extremidade do dedo médio (estágio 4), do anular (estágio 5), do mínimo (estágio 6), depois sobre a face palmar do mínimo, a *prega da IFD* (estágio 7), a *prega da IFP* (estágio 8) e a *prega digitopalmar* (estágio 9), para terminar na *prega palmar inferior* (estágio 10), que corresponde a uma anteposição máxima da carpometacarpal do polegar e a uma flexão máxima das três articulações do polegar. É a **oposição normal e máxima**. Trata-se evidentemente de um teste que avalia a oposição em sua **globalidade**, examinando não somente as amplitudes da carpometacarpal do polegar, mas também da metacarpofalângica e da interfalângica. Esse teste é agora proposto e reconhecido pela Federação Internacional de Cirurgia da Mão.

Escala de contraoposição

Esse método é inspirado no anterior, em princípio, mas é a **mão oposta** que serve como **sistema de referência** (Fig. 44.22): a mão a ser examinada é *posta na horizontal*, sobre uma mesa, com o polegar afastado. A mão oposta é colocada *sobre sua margem ulnar*, perto do polegar da outra mão. Um esforço de elevação ativa do polegar a ser examinado o faz levantar da mesa, mais ou menos alto diante das metacarpofalângicas da outra mão. A pontuação é 0 se não houver nenhuma elevação, 1 se o polegar atingir o nível do mínimo, 2 se

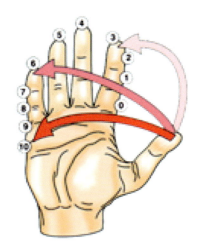

Figura 44.21

Figura 44.22

atingir aquele do anular; é raro que atinja a altura do dedo médio (3). Essa prova avalia não somente a mobilidade articular da carpometacarpal do polegar, mas também a *eficácia do extensor longo do polegar*, pois é possível ver desenhar-se um "cordão" sob a pele no momento da contraoposição máxima.

Escala de flexão-extensão dos dedos longos

Essa prova avalia a **flexão** coletiva ou individual dos dedos longos, em uma escala constituída pelo polegar em oposição.

O resultado é o seguinte:

- grau 0, se a extremidade dos dedos não atingir a extremidade do polegar;
- grau 1 (Fig. 44.23), quando a extremidade de F2 pode ser tocada; com exceção das preensões de grande volume, a flexão torna-se utilizável somente nas pinças, ou seja, quando o polegar entra em contato com os outros dedos;
- grau 2 (Fig. 44.24), se a prega da IF for tocada neste esquema; o teste é efetuado com o indicador, mas é possível fazê-lo com os outros dedos;
- grau 3 (Fig. 44.25), se a extremidade do osso dos dedos atingir a prega da MF; o dedo mínimo, normalmente, não pode atingir a dobra de flexão da MF;
- grau 4 (Fig. 44.26), se atingir a eminência tenar; o dedo mínimo, normalmente, pode atingir a eminência tenar;
- grau 5 (Fig. 44.27), quando atinge a prega palmar inferior; os quatro dedos longos podem atingir a prega palmar inferior.

Pode-se também estabelecer **uma escala** para avaliar a **extensão** coletiva ou individual dos dedos longos. O **plano de uma mesa** constitui o ponto de referência.

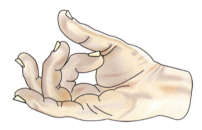

Figura 44.25

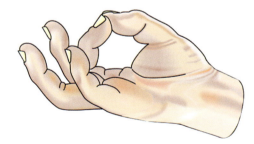

Figura 44.23

Figura 44.26

Figura 44.24

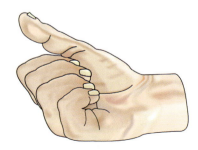

Figura 44.27

Ela é avaliada em seis estágios, de 0 a 5:

1. A melhor extensão possível, estimada em **5** (Fig. 44.28), é quando se posiciona a mão na horizontal sobre a mesa e todas as falanges entram em contato com o móvel.
2. Uma extensão um pouco pior, estimada em **4** (Fig. 44.29), caracteriza-se pelo contato somente das polpas dos dedos, enquanto as outras falanges perdem o contato com a mesa.
3. Uma extensão nitidamente diminuída, estimada em **3** (Fig. 44.30), apresenta-se quando o contato com a mesa é realizado somente pelas extremidades das unhas.
4. Uma extensão ainda mais nitidamente deficitária, estimada em **2** (Fig. 44.31), caracteriza-se por um início de báscula, em direção ao plano da mesa, da face dorsal das falanges distais.
5. Uma extensão nula das interfalângicas, estimada em **1** (Fig. 44.32), pode ser reconhecida pelo fato de a face dorsal das falanges distais entrar em contato com a mesa.
6. Por fim, uma extensão nula das três articulações, estimada em **0** (Fig. 44.33), é caracterizada pelo contato da face dorsal das falanges mediais com o plano da mesa.

Essa avaliação pode ser aplicada em todos os dedos simultaneamente, com graus diversos para cada um dos dedos, ou para um dedo considerado de maneira isolada.

É possível realizar uma avaliação por apreciações funcionais, como das ações de preensão e pinça.

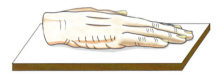
Figura 44.28

Figura 44.29

Figura 44.30

Figura 44.31

Figura 44.32

Figura 44.33

Preensão

Preensão refere-se a ações manuais *que fazem intervir a palma da mão.*

Distinguem-se entre ações de preensão fechadas e não fechadas. A preensão é fechada quando os dedos cercam o objeto por completo. Ela é muito mais firme que a não fechada.

Há dois tipos de preensão com toda a palma da mão: cilíndrica e esférica.

Preensão cilíndrica

A preensão **cilíndrica** possui diâmetro decrescente:

44 Exame hipocrático do sistema musculoesquelético

- **Copo grande** (Fig. 44.34) (diâmetro de 80 mm). É uma preensão não fechada por causa do grande diâmetro do cilindro e, portanto, é instável.
- **Cabo de ferramenta grande** (Fig. 44.35): furadeira (diâmetro de 40 mm). Essa preensão corresponde a **2** na escala de flexão.
- **Cabo de uma ferramenta: martelo** (Fig. 44.36) (diâmetro de 35 mm). Essa preensão corresponde a **3** na escala de flexão.
- **Tubo de ensaio** ou proveta (Fig. 44.37) (diâmetro de 30 mm). Essa preensão corresponde a **4** na escala de flexão.
- **Lápis** (Fig. 44.38) (diâmetro de 8 mm). Essa preensão corresponde a **5–** na escala de flexão.
- **Agulha de tricô** (Fig. 44.39) (diâmetro de 3 mm). Essa preensão corresponde a **5+** na escala de flexão.

Figura 44.34

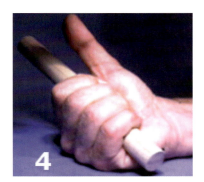
Figura 44.37

Figura 44.35

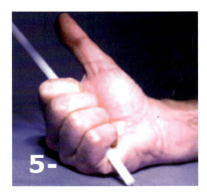
Figura 44.38

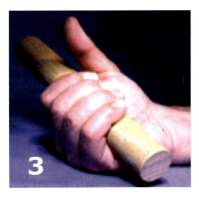
Figura 44.36

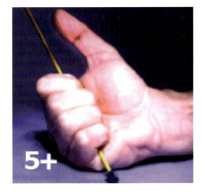
Figura 44.39

O que é biomecânica

Para cada um desses tipos de preensão, o resultado é levado em conta somente se for *impossível puxar o objeto*, de modo a avaliar a força de cerramento. Isso é de particular importância no caso da *preensão de agulha de tricotar* de 3 mm, pois, se pudermos pegá-la, isso quer dizer que não somente a flexão dos dedos é completa, mas também que *a força de flexão dos dedos é* **conservada**.

Preensão esférica

Esse tipo de preensão envolve um objeto redondo com os dedos e a palma da mão. As ações podem ser fechadas de modo mais ou menos completo de acordo com o tamanho do objeto.

- Quando o objeto é volumoso, como uma **laranja grande** (Fig. 44.40), a preensão é **pentadigital** e palmar, mas não é fechada.
- Um objeto menor, como um **ovo** (Fig. 44.41), pode ser segurado entre quatro dedos; trata-se da **preensão tetradigital**, que é fechada pelo dedo anular.

- Por fim, uma esfera de pequeno tamanho, como uma **noz** ou uma **bola de pingue-pongue** (Fig. 44.42), pode ser perfeitamente mantida com apenas três dedos, sem a ajuda da palma da mão. É a **preensão tridigital**.

Pinças

As pinças são um tipo de ação manual que *só utiliza os dedos*. Elas podem ser efetuadas entre o polegar e cada um dos dedos longos.

- **Pinça ungueal** (PU) (Fig. 44.43): um objeto muito fino, como um **alfinete**, pode ser segurado pela borda das duas unhas, o que supõe a eficácia do flexor profundo do dedo longo e do flexor longo do polegar.

Figura 44.40

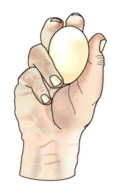

Figura 44.41

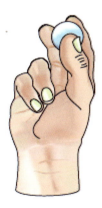

Figura 44.42

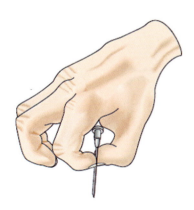

Figura 44.43

- **Pulpoterminal** (PT) (Fig. 44.44), que opõe a extremidade das polpas: um pouco menos fina, mas requer os mesmos músculos.
- **Pulpopulpar** (PP) (Fig. 44.45), possível mesmo na ausência desses músculos. Bastam o flexor superficial do indicador e o abdutor curto do polegar.
- **Pulpolateral** (Fig. 44.46): preensão mais utilizada para segurar uma **moeda**.

Preensão com ação

É o caso em que a **mão age sobre si mesma** sem o auxílio da outra. São inúmeras e utilizadas com muita frequência no dia a dia. Elas demonstram a agilidade e a coordenação necessárias para, por exemplo, acender um isqueiro (Fig. 44.47), lançar uma bola de gude (Fig. 44.48), fazer girar um pequeno pião (Fig. 44.49) e comer utilizando *hashis* (Fig. 44.50).

Figura 44.44

Figura 44.45

Figura 44.46

Figura 44.47

Figura 44.48

Figura 44.49

Figura 44.50

Provas de integridade dos três nervos principais da mão

- *Integridade do mediano* (Fig. 44.51)
  Flexão completa dos dedos e do polegar: **fechamento do punho**, polegar em direção à palma da mão.
- *Integridade do radial* (Fig. 44.52)
  Extensão e espaçamento das articulações metacarpofalângicas dos dedos longos (setas vermelhas) e extensão e espaçamento do polegar (setas azuis).
- Integridade do nervo ulnar
  Esse exame comporta três testes:

Extensão das interfalângicas (Fig. 44.53)

Distanciamento-aproximação dos dedos longos sob a ação dos músculos intrínsecos da mão, comandados pelo ramo profundo do nervo ulnar.

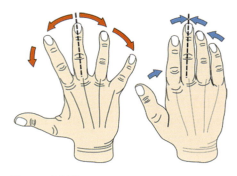

Figura 44.53

Teste de Froment (Fig. 44.54)

Consiste em segurar, com firmeza, uma folha de papel com a ajuda da pinça pulpar, entre o polegar e o indicador: normalmente sob a ação do adutor do polegar, comandado pelo ulnar, a articulação metacarpofalângica do polegar é estabilizada em retidão ou hiperextensão (traços azuis); as polpas dos dois dedos se confrontam com firmeza e seguram o papel. Em caso de déficit ulnar, o flexor longo do polegar compensa a insuficiência do adutor, o que leva à flexão da interfalângica do polegar (traços vermelhos); isso não impede que o papel escape, pois o contato entre as polpas é diminuído, só efetuando-se por suas extremidades.

Teste de falha do gancho ulnar (Fig. 44.55)

Esse teste (A. Kapandji, 1999) permite ver a diferença entre paralisia ulnar alta e baixa, em relação ao canal de Guyon.

Figura 44.51

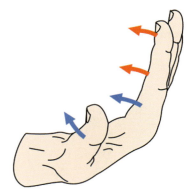

Figura 44.52

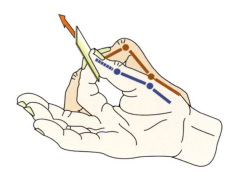

Figura 44.54

44 Exame hipocrático do sistema musculoesquelético

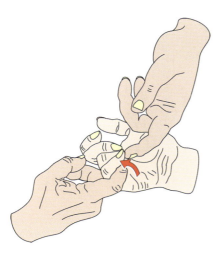

Figura 44.55

Ela consiste na *impossibilidade de "desenganchar"* os dois últimos dedos flexionados sobre o indicador do examinador. Quando é possível estender um dos dedos por completo ou mesmo ligeiramente, isso indica uma *paralisia* **ulnar alta**; esse sinal *não se manifesta nas paralisias ulnares baixas no canal de Guyon*. Com efeito, o nervo motor do flexor profundo do mínimo e do anular solta-se do tronco do nervo na parte proximal do antebraço. Esse sinal permite, assim, dissociar dois tipos de paralisias ulnares: quando existem os dois, trata-se de uma lesão troncular alta; quando o sinal de Froment aparece sozinho, a lesão troncular é baixa, embaixo da região mediana do antebraço, com interrupção axonal verossímil na altura do canal de Guyon.

Membro inferior

Quadril

As amplitudes dos movimentos do quadril, assim como no caso do ombro, podem ser medidas, dentro de certos limites, sem o uso de goniômetro.

Na posição em pé

- A **flexão** é de 90° quando a coxa está na horizontal, o que se consegue facilmente **posicionando-se o pé sobre uma cadeira** (Fig. 44.56), desde que a altura do assento situe-se por volta da altura do joelho. A consequência é que, nessa posição, o joelho também é flexionado a 90°.
- A **flexão** atinge 145° (Fig. 44.57) quando a coxa é posta passivamente em contato com o tronco graças à ação dos braços.
- A **extensão** (Fig. 44.58), medida em relação ao tronco, é de 30° quando o indivíduo puxa a perna para trás.
- A **abdução** (Fig. 44.59) é simultânea e simétrica nos dois lados do quadril, na posição em pé. É efetivamente impossível nessa posição mobilizar um lado do quadril isoladamente. A amplitude é normalmente de 45° para cada lado do quadril, mas alguns indivíduos treinados podem realizar o espacato, com uma abdução próxima a 90° para cada lado do quadril.

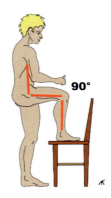

Figura 44.56

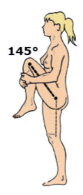

Figura 44.57

429

O que é biomecânica

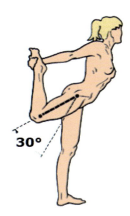

Figura 44.58

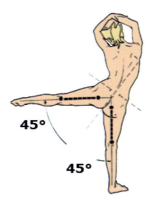

Figura 44.59

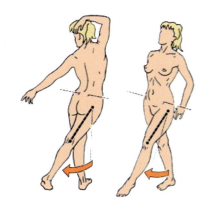

Figura 44.60

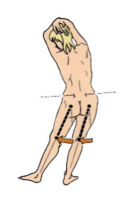

Figura 44.61

Figura 44.62

- A **adução** é dificultada pela presença do outro membro inferior. No entanto, é possível efetuar uma **adução combinada** (Fig. 44.60) com uma flexão ou uma extensão de um dos lados do quadril.
- A **adução** de um lado do quadril também pode ser **associada** a uma *abdução* do outro lado (Fig. 44.61).
- A **adução** também pode ser combinada com uma *flexão* **na posição sentada** (Fig. 44.62). É uma posição muito instável do quadril em que um choque sobre o joelho pode causar uma luxação da região posterior do quadril, com fratura do lábio do acetábulo.
- A **rotação longitudinal** lateral e medial do quadril pode ser avaliada na posição em pé (Fig. 44.63)

44 Exame hipocrático do sistema musculoesquelético

Figura 44.63

graças ao bloqueio absoluto do joelho em extensão: toda rotação do membro inferior se efetua no quadril. A rotação no quadril pode ser mensurada com o desvio do pé para fora, no caso da rotação lateral, e para dentro, no caso da rotação medial. Ela é de **45°** para a rotação lateral (mas pode ultrapassar muito esse número no caso das dançarinas de balé clássico) e de **30°** para a rotação medial.

Na posição deitada

A **rotação longitudinal** do quadril pode ser avaliada na posição em pé, em que o joelho apresenta-se travado em extensão, pelo desvio da ponta do pé para fora ou para dentro. Contudo, a medida é bem mais precisa se o exame for praticado em *decúbito ventral* (Fig. 44.64). Pode-se então avaliar as amplitudes da **rotação lateral**, trazendo a perna para fora (seta azul), e da **rotação medial,** trazendo a perna para dentro (seta vermelha). A lateral é *duas vezes mais ampla* que a medial.

Joelho

O joelho pode ser examinado, nas melhores condições, em decúbito dorsal (deitado de costas), e na posição sentada.

Em decúbito dorsal

Com o indivíduo deitado de costas, com as duas pernas estendidas lado a lado, o examinador faz o calcanhar da perna examinada percorrer a perna oposta.

- A **flexão do joelho** é de **45°** (Fig. 44.65) quando o calcanhar é posicionado sobre o tornozelo oposto. O *quadril* é flexionado em 30°.
- A **flexão do joelho** é de **90°** (Fig. 44.66) quando o calcanhar é posicionado no meio da perna oposta, enquanto a flexão do quadril é de 60°.
- A **flexão do joelho** é de **120°** (Fig. 44.67) quando o calcanhar é posicionado sobre a margem superior da patela oposta, enquanto a do quadril é de 85° a 90°.
- A flexão do joelho atinge **165°** (Fig. 44.68) quando o calcanhar encontra-se no meio da coxa, enquanto o quadril é flexionado a 120°.

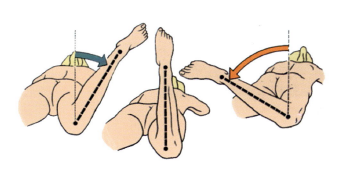

Figura 44.64

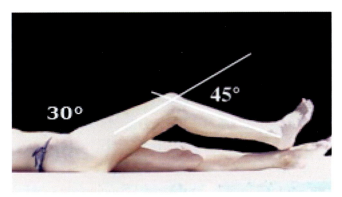

Figura 44.65

O que é biomecânica

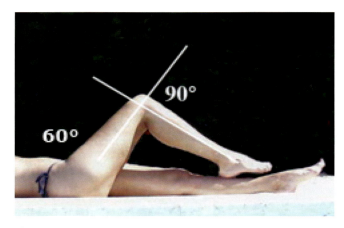

Figura 44.66

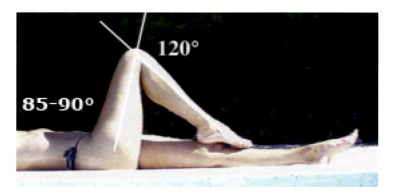

Figura 44.67

Figura 44.68

Na posição sentada em uma cadeira

Nessa posição, quando as costas se apoiam no encosto em toda a sua altura, a flexão do quadril é próxima de 90°, assim como a do joelho.

Quando o **indivíduo não pode se sentar no fundo da cadeira** (Fig. 44.69), isso traduz um déficit de flexão do quadril que o obriga a sentar-se somente na ponta da cadeira.

Quando ele se senta "**no fundo**" **da cadeira** (Fig. 44.70), a flexão do joelho atinge 80°.

A **rotação lateral e medial** do joelho somente pode ser avaliada se o joelho estiver flexionado, pois, em extensão completa, ele fica bloqueado. Por isso é possível mensurar essas amplitudes com o indivíduo sentado na cadeira.

A **rotação medial** sobre o joelho flexionado é de 30° (Fig. 44.71).

A **rotação lateral** sobre o joelho flexionado é de 40° (Fig. 44.72).

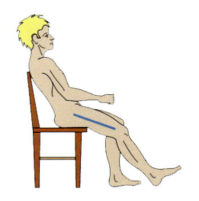

Figura 44.69

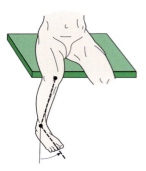

Figura 44.71

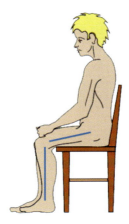

Figura 44.70

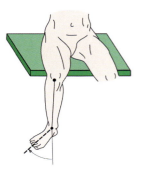

Figura 44.72

- Em **decúbito ventral**, a **rotação axial passiva** do joelho é fácil de ser medida segurando o pé com as duas mãos e induzindo movimentos de rotação.
- A **rotação medial** se mede levando a ponta do pé direcionada para dentro. Ela é de 30° a 35° (Fig. 44.73).
- A **rotação lateral** se mede levando a ponta do pé direcionada para fora. Ela é de 30° a 35° (Fig. 44.74).

Tornozelo e pé

Os mesmos métodos de exame hipocrático podem ser aplicados ao tornozelo e ao pé.

O **tornozelo** ou **articulação tibiotarsal** (Fig. 44.75) pode efetuar os seguintes movimentos:

- **extensão** (área em vermelho), que estende o pé em relação à perna, ou seja, tende a colocar o pé no prolongamento da perna;
- **flexão** (área em azul), que aproxima a face dorsal do pé da face anterior da perna.

Esses movimentos são bem definidos há muito tempo, e é **impróprio** nomeá-los como flexão *dorsal* e flexão *plantar*, pois, por definição, a extensão *alonga* o membro, e a flexão o *encurta*.

A **posição de referência**, chamada de **zero**, é realizada quando o plano da zona de apoio do pé, a **planta do pé**, está *perpendicular ao eixo da perna*. Essa posição corresponde à posição em pé.

A **amplitude de flexão** normal é de 20°. A hiperflexão aumenta essa amplitude em 10° (área em azul-claro).

A **amplitude de extensão** normal é de 30°. A hiperextensão aumenta essa amplitude em 20° (área em rosa).

Para medir esses ângulos, pode-se facilmente dispensar o goniômetro, recorrendo à **trigonometria**.

Ao posicionar uma prancha sobre o último degrau de uma escada (Fig. 44.76), ela adota uma inclinação

Figura 44.73

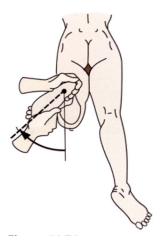

Figura 44.74

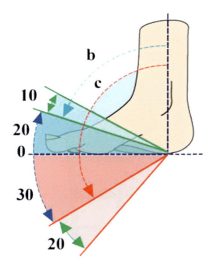

Figura 44.75

44 Exame hipocrático do sistema musculoesquelético

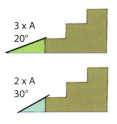

Figura 44.76

que depende de seu comprimento entre o apoio sobre o solo e o apoio sobre a beira do degrau:

- Se esse comprimento for **três vezes** a altura do degrau, o ângulo de inclinação da prancha é de **20°**. Isso é matematicamente certo.
- Se esse comprimento for **duas vezes** a altura do degrau, o ângulo de inclinação da prancha será de **30°**.

É muito fácil confeccionar uma prancha marcada, em sua face inferior, com uma ranhura transversal representando cada uma dessas distâncias.

Pode-se, então, pedir ao paciente para posicionar o pé sobre uma dessas pranchas para descobrir, de imediato, as amplitudes de flexão-extensão do tornozelo.

No esquema sintético mostrado na Figura 44.77, no qual é possível verificar as duas medidas em separado, vê-se a medida de uma *extensão de 30°* do tornozelo direito e de uma flexão de 30° do tornozelo esquerdo.

Esse dispositivo simples pode ser utilizado em qualquer sala de exame. Pode-se até estabelecer, com um pouco de engenhosidade e graças ao mesmo princípio, inclinações diferentes. Por exemplo, pode-se realizar um plano com **10°** de inclinação empregando-se uma prancha de comprimento equivalente a **6,5** vezes a altura do degrau, ou de **15°** com uma relação de **3,8**. Isso não custa praticamente nada, e funciona. Não há sequer a necessidade de ser um especialista para construir esses planos inclinados.

Planta do pé ou articulações do tarso posterior

Esse complexo articular do retropé permite a orientação lateral da planta do pé, tanto *para o exterior*, por meio do movimento de **eversão**, como para o *interior*, pela **inversão**. Esses movimentos são indispensáveis para a **adaptação do pé a terrenos acidentados**.

Neste **terreno inclinado** (Fig. 44.78), o pé esquerdo fica em *eversão*, e o direito em *inversão*. Pode-se avaliar o grau de eversão ou inversão de um pé pedindo-se ao indivíduo para manter-se em pé sobre um declive calibrado, como definido anteriormente. Trata-se aqui de um método muito mais preciso que

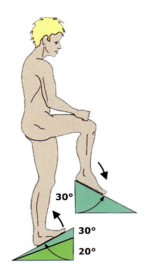

Figura 44.77

Figura 44.78

435

os propostos pelo exame clínico clássico com a ajuda de um goniômetro. Além disso, aproximando-se da realidade, ele é perfeitamente funcional.

Coluna vertebral

As amplitudes da coluna vertebral são difíceis de serem avaliadas por um exame clínico, *mesmo com a ajuda de um goniômetro*.

É possível, porém, ter uma ideia global da flexibilidade da coluna vertebral com a ajuda de manobras simples.

A **flexão total** (Fig. 44.79: vista de perfil) é medida pedindo-se ao indivíduo para tocar o chão com a ponta dos dedos sem flexionar os joelhos.

Os indivíduos saudáveis conseguem fazer isso, o que prova uma grande flexibilidade da coluna, mas, a partir de determinada idade, medimos a distância (h) que separa os dedos do chão e a distância (d) dos dedos às pernas. Outro método consiste na medição, com a ajuda de uma fita métrica, das distâncias S1-C7 e S'1-C'7, entre o processo espinhoso da primeira vértebra sacral e o da sétima dorsal, na posição ereta e na flexão máxima. A distância S'1-C'7 é maior em relação a S1-C7 quanto maior for a flexão.

A **extensão da coluna** (Fig. 44.80: vista de perfil) é medida pedindo-se ao indivíduo que se incline para trás, sem cair. Pode-se então avaliar:

- o **ângulo r** entre a vertical elevada acima do trocanter maior e a linha esticada deste último ponto à margem lateral do acrômio;
- o **ângulo e** entre a horizontal e a linha do plano mastigatório, que se pode materializar por um papelão cerrado entre os dentes.

A **inclinação da coluna** (Fig. 44.81: vista posterior) é medida pedindo-se ao indivíduo que se incline ao máximo para um lado. Pode-se então avaliar:

- o **ângulo d** entre a vertical elevada do topo da prega interglútea e a linha que parte desse ponto em direção ao processo espinhoso de C7;
- o **ângulo t** entre a vertical e o eixo mediano da cabeça, que avalia a inclinação total;
- o **nível n** atingido pela extremidade dos dedos na face lateral da coxa; quanto mais baixos estiverem os dedos, maior será a inclinação.

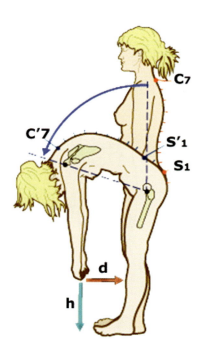

Figura 44.79

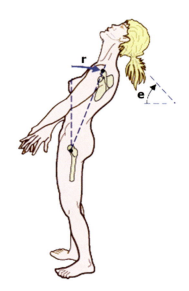

Figura 44.80

44 Exame hipocrático do sistema musculoesquelético

Figura 44.81

A **rotação da coluna** (Fig. 44.82: vista superior) é mais difícil de avaliar, pois é preciso considerar um ponto de vista acima da cabeça. Pode-se então observar:

- o **ângulo E** de rotação da linha dos ombros;
- o **ângulo Tn** de rotação total, medido entre o plano sagital do corpo e aquele da cabeça, que passa pelo nariz;
- o **ângulo Ta** de rotação total entre o plano frontal do corpo e o plano frontal biauricular.

A **região cervical da coluna** pode ser objeto de *medidas específicas*.

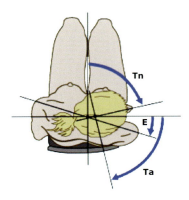

Figura 44.82

A **flexão-extensão cervical** é medida de perfil (Fig. 44.83: vista de perfil):

- a **extensão** (seta azul) se mede pelo ângulo formado entre a horizontal e o plano mastigatório, materializado por um papelão;
- a **flexão** (seta vermelha) é medida da mesma maneira.

A **inclinação cervical** é medida com o indivíduo visto de frente (Fig. 44.84): ela é avaliada pelo ângulo formado (seta azul) entre a linha biacromial e a linha dos olhos ou o plano mastigatório.

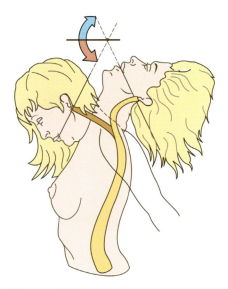

Figura 44.83

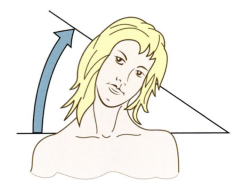

Figura 44.84

Quanto à **rotação**, ela já foi citada a propósito da rotação da coluna vertebral em seu conjunto.

De um ponto de vista acima da cabeça, com o paciente sentado em uma cadeira baixa (Fig. 44.85), a rotação da cabeça é medida em relação ao plano sagital ou em relação ao plano dos ombros.

Conclusão

Esses testes clínicos fazem parte de uma **abordagem hipocrática** que permite avaliar com precisão a função osteoarticular e muscular **sem a ajuda de nenhum instrumento** desde o início do exame. Eles **devem servir de base** para qualquer exame clínico a fim de estabelecer, no mínimo, um **pré-diagnóstico**, que os grandes clínicos denominam *"intuição diagnóstica"*.

Essa exposição dos métodos chamados de hipocráticos tem como objetivo **recolocar em evidência o exame clínico**, que tem a tendência de ser subestimado e negligenciado em proveito dos exames complementares.

É evidente que, em nossa época, esse tipo de exame hipocrático sozinho **não pode ser suficiente**, que deve ser seguido de um *exame clínico completo* dispondo de todos os recursos da tecnologia moderna, e que os **exames complementares continuam indispensáveis**. Sim, mas **quais**?

O interesse do exame clínico preliminar é permitir escolher os próximos exames de maneira precisa e prescrever apenas aqueles **absolutamente necessários**, por questões de **custo**, **risco eventual** para o paciente, e, também, por **questões ecológicas**.

Admite-se que, na avaliação do sistema musculoesquelético, exames radiológicos possam mostrar-se indispensáveis, em particular aqueles que levam à visualização da coluna em sua totalidade e, mais especialmente, a região cervical, mas **isso não exclui, em nenhum** caso, o exame clínico *preliminar*.

Por outro lado, é preciso pensar duas vezes antes de pedir um exame já feito.

Toda essa exposição tem um só objetivo: **recolocar em perspectiva o bom desenvolvimento da conduta diagnóstica**.

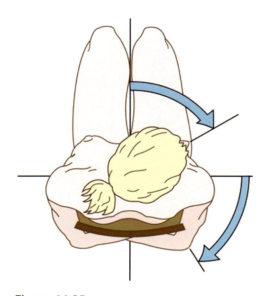

Figura 44.85

45
Por que o zeugopódio apresenta dois ossos?

Esse título aparentemente estranho esconde uma questão simples: por que o **segmento intermediário** dos membros dos vertebrados possui dois ossos?

Em todos os tetrápodes, o segmento intermediário de cada um de seus quatro membros comporta **dois ossos**: é por isso que os designamos zeugopódios, pois, em grego antigo, *zeugos* significa *dupla*, então, dupla de ossos. Esse dispositivo é parte integrante do **protótipo dos tetrápodes**, *desde o início de sua aparição em nosso planeta*.

Fica, assim, a questão a respeito da necessidade por esses dois ossos em todos os vertebrados terrestres e, no decorrer da evolução, em diferentes espécies.

Por fim, de maneira clara, qual é a utilidade desse segmento com dois ossos em nós, seres humanos? Isso significa perguntar: por que o antebraço apresenta dois ossos? E quanto à perna?

Para responder essa questão, é válido começar com uma visita a um museu de História Natural.

É evidente que o animal terrestre mais próximo de nossos ancestrais tetrápodes é o **crocodilo** (Fig. 45.1). Um sáurio é um **réptil com patas**. As serpentes, *ofídios*, são também répteis nos quais as patas desapareceram: *são, portanto, a exceção dos vertebrados terrestres*.

No entanto, o crocodilo não é o único réptil a possuir patas: há também os **lagartos** e as **tartarugas**. A característica das patas de todos esses animais é que elas são articuladas **perpendicularmente** ao corpo e possuem dois ossos, no caso do zeugopódio quadrúpede, que **são fixos um em relação ao outro** (Fig. 45.2: pata posterior do crocodilo). A marcha comporta o avanço e o recuo da pata, por rotação em torno do *eixo vertical* do ombro e do quadril. Nessas condições, o que lhes serve de mãos e pés está sempre orientado para a frente em cerca de 10° a 15°, o que significa que a rotação axial de seu antebraço é totalmente inútil. Portanto, os dois ossos não são usados.

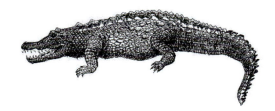

Figura 45.1

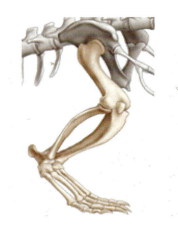

Figura 45.2

Nas **aves** (Fig. 45.3: esqueleto de uma ave), os dois ossos do antebraço têm grande utilidade para o *arqueamento* da asa. Por outro lado, na altura das patas, os dois ossos não têm nenhuma necessidade.

A situação começa a diversificar-se com os **mamíferos**.

Por que o antebraço apresenta dois ossos?

É uma questão que parece legítima: por que essa **aparente** *complicação* de dois ossos no antebraço e na perna?

Para responder a essa questão, *é preciso cogitar um raciocínio absurdo e elaborar* uma **biomecânica fictícia**.

A completa eficácia da mão depende de sua **sustentação logística**, o membro superior, que comporta, da raiz à sua extremidade, **7 graus de liberdade** (Fig. 45.4: os sete eixos de mobilidade articular próprios do membro superior):

- para o ombro, **3 graus de liberdade**, pois ele assegura a *orientação* do membro em todas as direções do espaço;
- para o cotovelo, **1 grau de liberdade**: é uma articulação de **aproximação** que regula o comprimento do membro;
- para o punho, **3 graus de liberdade**, pois é ele que assegura a *apresentação* da mão em relação aos objetos que ela deve segurar, e, para essa função, a *rotação longitudinal,* o terceiro grau de liberdade é *absolutamente* **indispensável**.

Seria possível, portanto, partir da hipótese de que existe apenas um osso no antebraço, a "**radiulna**" (Fig.

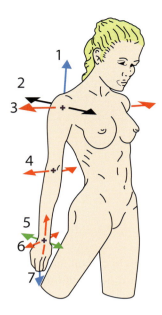

Figura 45.4

45.5: a radiulna fictícia), e que o *punho é uma esferóidea*, uma articulação baseada em uma **esfera**.

Nessa eventualidade, há **duas soluções** (Fig. 45.6: as duas montagens possíveis), considerando que a esfera seja distal, pertencente ao carpo, ou proximal, fazendo parte da radiulna.

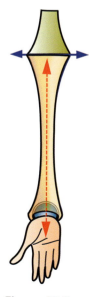

Figura 45.3

Figura 45.5

45 Por que o zeugopódio apresenta dois ossos?

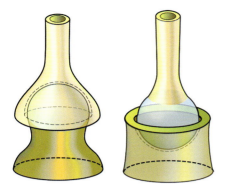

Figura 45.6

Essa hipótese implica **dificuldades funcionais e mecânicas** quase intransponíveis no momento da rotação da mão em relação ao antebraço.

Haveria, por exemplo, dificuldades **com os nervos e vasos** (Fig. 45.7: esquema que mostra a rotação dos vasos), os quais, na altura do punho, são distorcidos nos movimentos de rotação. O esquema mostra como os vasos são obrigados a enrolar-se sobre a articulação e a ficar, assim, distendidos no momento dos movimentos.

Do mesmo modo, haveria dificuldades com **os tendões** (Fig. 45.8: a torção dos tendões cria um efeito de encurtamento relativo), pelo fato de os movimentos de rotação provocarem, na região do punho, um trajeto em *espiral curta*, que modifica de forma permanente seu comprimento relativo e, portanto, seu grau de tensão, além de lhes impor ajustamentos permanentes para obter movimentos precisos.

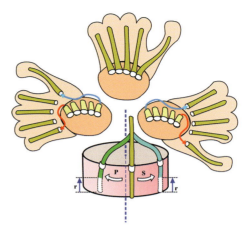

Figura 45.8

Os mesmos problemas de ajustamento do comprimento, ou seja, da contração dos tendões, apresentam-se para os **movimentos de lateralidade** (Fig. 45.9: distorção dos tendões nos movimentos de lateralidade) no *punho esfereóideo*: todo movimento de lateralidade, aqui uma abdução, modifica o trajeto do tendão e seu grau de tensão, o que requer um reajuste permanente de sua contração em função do movimento.

Existe, para isso, uma *solução teórica*, que consiste em **posicionar os músculos motores dos dedos no interior da mão** (Fig. 45.10: mão contendo os músculos dos dedos), como mostram estes esquemas em que uma mão "transformada" se situa, de frente e de perfil, entre mãos normais. Verifica-se que essa migração dos motores dos dedos, do antebraço para a mão, gera um aumento considerável do volume da mão.

Figura 45.7

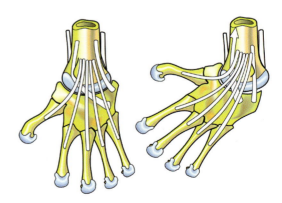

Figura 45.9

441

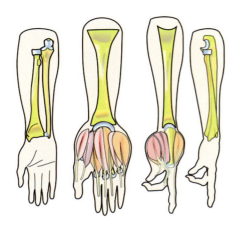

Figura 45.10

Essa transformação dos músculos extrínsecos em **músculos intrínsecos** terá **duas consequências temíveis** (Fig. 45.11: secções de mão normal, **N**, e mão transformada, **T**):

- Primeiramente, a palma da mão, que normalmente é *côncava* (**N**), *torna-se* **convexa** na mão transformada (**T**): ela é ocupada por músculos flexores potentes e volumosos. Resultado: a mão perderá toda a capacidade de segurar objetos volumosos e não terá mais *volume de recepção disponível*.
- Em seguida, como a mão tornou-se muito mais pesada, o deslocamento das massas musculares em direção à extremidade do membro vai fazer o centro de gravidade do membro superior migrar para sua extremidade distal, o que vai requerer um reforço dos músculos da raiz do membro e, aos poucos, modificações arquiteturais em todo o corpo.

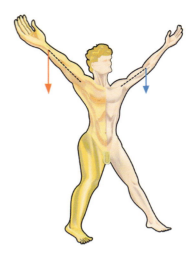

Figura 45.12

No **homem de mão grande** ilustrado na Figura 45.12 (um homem *assimétrico*), constata-se a repercussão da modificação somente da mão direita em comparação com o lado esquerdo, que teria permanecido intacto. Até mesmo as estruturas do membro inferior devem ser reforçadas.

Não seria mais possível reconhecer a forma humana (Fig. 45.13).

Como a necessidade se impõe como lei, *foi preciso achar outra solução*. Por exemplo, **acrescentar um osso no antebraço**!

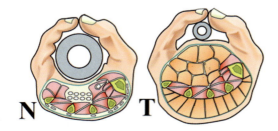

Figura 45.11

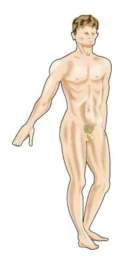

Figura 45.13

45 Por que o zeugopódio apresenta dois ossos?

No entanto, como dispor esses dois ossos?

Logicamente, existem *algumas soluções* (Fig. 45.14):

- *Um em seguida do outro*, "em série", como diriam os eletricistas: uma articulação de rotação longitudinal no meio do antebraço? Nem um pouco sólido: solução descartada.
- *Um diante do outro*, de maneira simétrica; mas como articular a extremidade superior com o cotovelo? Para a frente ou para trás? Se o rádio for situado na frente, como impedir o *impulso precoce* da cabeça do rádio, que seria responsável por limitar a flexão? Opção nada prática: descartada.
- Dispô-los **lado a lado**, por exemplo, o *rádio para dentro da ulna*; mas, assim, a extremidade inferior do rádio passa em posição lateral no momento da pronação, e o polegar, que é um dedo radial, torna-se também lateral em pronação? Nem um pouco funcional; solução descartada.
- Última possibilidade: **o rádio para fora da ulna**. O polegar passa em posição medial em pronação e *pode segurar os objetos por cima*? Essa, sim, é uma solução *prática*: **adotada**!

O rádio que gira em torno da ulna em pronação leva com ele os **vasos** (Fig. 45.15: sem torção significativa dos vasos); desse modo, os nervos não sofrem torções exageradas.

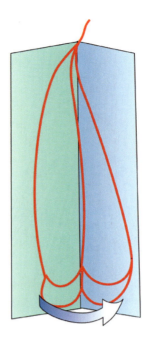

Figura 45.15

O rádio, que leva consigo os flexores dos dedos, também os propulsiona, *sem modificação de comprimento*. Assim, é possível "instalar" músculos potentes, volumosos e pesados, na altura do antebraço.

Tornam-se, então, **extrínsecos**: é possível ver os extensores dos dedos, que passam no punho (Fig. 45.16: tendões extrínsecos na face dorsal do punho), do antebraço à mão, em túneis e bainhas.

Desse modo, não há mais problema para a região da mão, e o centro de gravidade se encontra próximo à raiz do membro, solução mais econômica no plano energético. Somente persistem na mão os músculos **intrínsecos**, para os movimentos de pouca potência, lateralidade e extensão, para as **regulagens e a coordenação**, portanto, músculos de pouco volume e de pouco peso.

Genial! Esse é realmente o caso em que essa palavra pode ser empregada.

Pode-se, então, fazer a seguinte **pergunta**: como adquirimos essa disposição anatômica?

Tudo indica que ela tenha aparecido há mais de *300 milhões de anos*, quando os peixes, *mais especificamente os dipneustas*, tendo adquirido pulmões, puseram-se a conquistar as terras emersas.

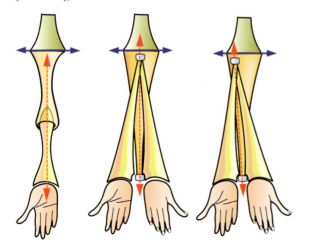

Figura 45.14

O que é biomecânica

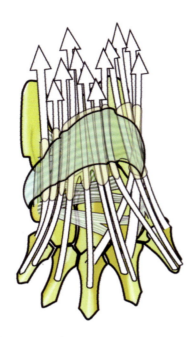

Figura 45.16

Suas nadadeiras, que comportavam apenas raios da raiz à extremidade, simplificaram-se, reduzindo o número de raios e apresentando três segmentos:

- o **estilopódio** constitui o primeiro segmento do membro: comporta somente um raio;
- o **zeugopódio**, ou segmento intermediário, é o segundo: comporta, como seu nome indica, dois ossos, o rádio e a ulna;
- o **autopódio** é o segmento terminal, ou seja, mão ou pé.

A característica desses "primeiros conquistadores dos continentes emersos" é que seu zeugopódio apresentou, desde o início, **dois ossos**, e seu autopódio, **cinco raios**.

Este esquema demonstra a **transformação progressiva de uma nadadeira** (Fig. 45.17: diferenciação dos três segmentos) de peixe em membro de tetrápode.

O **tetrápode** em questão é o ancestral *crossopterígio* de todos os vertebrados.

Temos aqui uma representação do esqueleto de **ictiostega** (Fig. 45.18), que mostra, sem dúvida, a existência de dois ossos sobre o segmento intermediário dos quatro membros.

Esse dispositivo anatômico parece não ter encontrado **nenhuma utilidade imediata**. Basta ver a maneira de andar de um lagarto ou um crocodilo para convencer-se disso: eles precisam de apenas 2 graus de liberdade no punho para andar.

Por que essa particularidade estrutural *se perpetuou durante 300 milhões de anos*, na "reserva da biomecânica", até finalmente ser utilizada nos mamíferos e, em particular, nos macacos e nos seres humanos?

Cada um encontrará uma explicação que melhor lhe convenha:

- O *grande arquiteto*, que estabeleceu o plano do protótipo dos vertebrados. Ele incomoda muito os

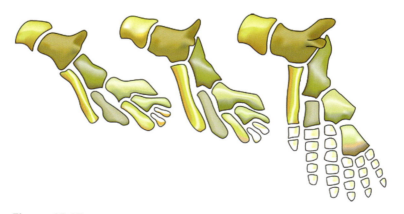

Figura 45.17

45 Por que o zeugopódio apresenta dois ossos?

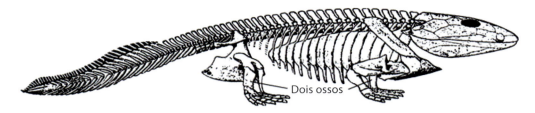

Figura 45.18

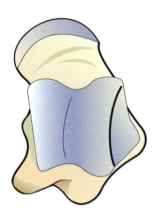

Figura 45.19

materialistas, mas é preciso não confundi-lo com o Deus das religiões.
- O *acaso*, associado à sua cúmplice, a *necessidade*. Esse acaso, de tão poderoso e onipresente, adquire um *status* quase divino.

A questão continua aberta, como muitas outras, aliás. Cabe a cada um encontrar uma resposta de acordo com seu sistema filosófico.

E por que a perna apresenta dois ossos?

É a segunda questão, a propósito do zeugopódio.

Nós vimos que desde o nosso ancestral tetrápode, o ictiostega, o esqueleto do segmento intermediário dos membros possui dois ossos e entendemos sua utilidade na altura do antebraço.

Há uma utilidade para esse dispositivo na perna?

A *resposta é* **afirmativa**. Essa estrutura anatômica permite a adaptação da *pinça bimaleolar* para o funcionamento muito particular da articulação talocrural, como mostraram os trabalhos de **Pol Lecoeur**.

De fato, *graças à mobilidade da fíbula*, que se perpetuou há 300 milhões de anos, a pinça bimaleolar pode, em qualquer posição do tornozelo, *realizar sua adaptação com* **comprimento variável** *da tróclea do tálus*.

Para entender a utilidade desse mecanismo, é preciso voltar à *anatomia da tróclea do tálus* (Fig. 45.19: vista superior). Neste esquema, pode-se verificar que a face superior da tróclea do tálus é maior na frente que atrás.

É necessário, portanto, que o distanciamento dos maléolos seja variável, pois a distância entre os maléolos é maior no momento da flexão – a qual recruta a parte anterior da tróclea – do que em extensão, a qual recruta sua parte posterior (Fig. 45.20: características geométricas da tróclea do lado direito): essa variação (**e**) se deve à **obliquidade** *do plano que contém a face*

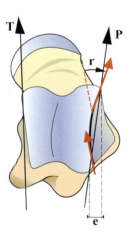

Figura 45.20

445

maleolar lateral da tróclea. Contudo, também é possível constatar uma curva (linha vermelha) dessa face, que vai impor um movimento de **rotação do maléolo lateral** *sobre seu eixo longitudinal*.

O movimento do maléolo lateral no momento de flexão-extensão do tornozelo apresenta dois componentes:

- translação lateral;
- rotação sobre seu eixo longitudinal.

Um modelo mecânico teórico (Fig. 45.21: o meio cilindro articulado com um arco em duas posições) permite compreender o processo de distanciamento e aproximação dos maléolos: a pinça bimaleolar está ilustrada por um arco cujas hastes, que podem se distanciar ou se aproximar, cerram um meio cilindro mais largo na frente que atrás.

Na *posição* **posterior** (**E**), que corresponde à **extensão** do tornozelo, os ramos do arco apresentam seu distanciamento mínimo (setas azuis), enquanto, na *posição* **anterior** (**F**), que corresponde à **flexão** do tornozelo, o distanciamento é máximo. Para que o tornozelo funcione normalmente, é imperativo que a pinça bimaleolar esteja, em todas as posições, perfeitamente adaptada à tróclea do tálus.

Pode-se, então, questionar o motivo dessa complicação.

Ela é facilmente compreendida ao se comparar as superfícies das partes anterior e posterior da tróclea do tálus (Fig. 45.22: em vermelho, a parte anterior; em

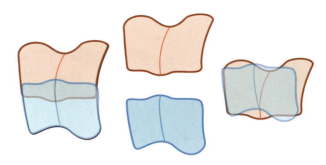

Figura 45.22

azul, a posterior). A face superior da tróclea do tálus, à esquerda, foi dividida em duas metades, a anterior e a posterior. No meio da figura, elas são separadas, e à direita são sobrepostas. Assim, parece evidente que a parte anterior (em vermelho), que ultrapassa a posterior, é **nitidamente mais estendida** *que a posterior*.

Entende-se então o interesse de tal dispositivo:

- É quando o tornozelo encontra-se flexionado que a pressão entre a tróclea do tálus e a face articular inferior da tíbia é máxima, por causa da contração brusca do tríceps sural, para dar a **impulsão motora**: daí o interesse de uma superfície de contato *máximo*.
- Por outro lado, quando a ponta do pé deixa o chão, *com o tornozelo estendido*, a pressão articular diminui consideravelmente, e uma grande superfície de contato entre o tálus e a tíbia não é mais necessária.

Na prática, como esse ajuste é realizado pela pinça bimaleolar?

Justamente pela presença de **dois ossos na perna**, articulados pelas *articulações tibiofibulares superior e inferior*.

Isso fica nítido em **duas vistas da pinça bimaleolar** (Fig. 45.23: vistas inferiores), com o tálus e o pé retirados da imagem:

- O esquema de cima mostra o estado da pinça bimaleolar no momento da *extensão do tornozelo*: a distância é mínima (**n'**), e o eixo anteroposterior do maléolo (linha vermelha, **nn'**) dirige-se para a frente e **para fora**.

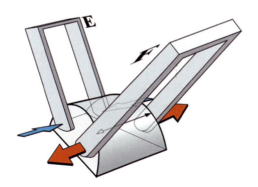

Figura 45.21

45 Por que o zeugopódio apresenta dois ossos?

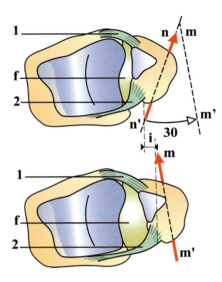

Figura 45.23

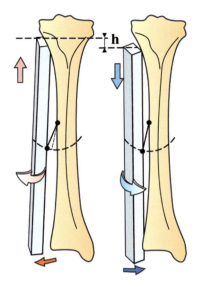

Figura 45.24

- O esquema de baixo corresponde à posição de *flexão do tornozelo*: a distância é máxima, aumentada em *i*, e o eixo anteroposterior do maléolo (linha vermelha, *mm'*) é agora oblíquo para a frente e para **dentro**, antes de sofrer uma **rotação de 30°**.

Esses movimentos são possibilitados graças ao *tipo muito particular* da **articulação tibiofibular inferior**: uma **sindesmose**. Não há *superfícies cartilagíneas*: as extremidades ósseas ficam separadas por um espaço preenchido por uma *prega sinovial* (**f**). O ligamento anterior (**1**) tem o papel de *dobradiça*, enquanto o ligamento posterior (**2**) pode alongar-se por *modificação de sua obliquidade*. Veem-se aqui, também, mecanismos muito engenhosos.

Esse movimento com dois componentes no tornozelo vai mover um *terceiro componente* na região da fíbula, em sua totalidade.

Em uma **vista dos dois ossos da perna** (Fig. 45.24: vista anterior), com a fíbula estilizada sob a forma de uma *régua escolar*, dois esquemas revelam os movimentos com três componentes da fíbula:

- O da **direita** corresponde a um tornozelo em **extensão**: os maléolos *são aproximados* (pequena seta azul), a fíbula fica em *posição baixa* (seta azul vertical) e *rotação medial* (pequena seta azul transversal).
- A modificação aparece no esquema da **esquerda**, que corresponde a um tornozelo em **flexão**: não somente o maléolo lateral se *distanciou* (pequena seta vermelha), mas também efetuou, como vimos anteriormente, uma *rotação lateral* de 30° e sofreu uma **ascensão** (**h**).

Qual é o motivo dessa ascensão? Permitir o distanciamento do maléolo lateral, possibilitado pela *mudança de obliquidade* do ligamento *tibiofibular anterior*. E essa ascensão global da fíbula é possibilitada, por sua vez, pela *obliquidade das fibras da membrana interóssea* e, também, graças ao jogo da *articulação tibiofibular superior*, uma plana **mecanicamente ligada** à inferior.

Tudo isso explica apenas os movimentos passivos. Na realidade, a adaptação de distanciamento da pinça bimaleolar é um *fenômeno* ativo, como mostrou **Pol Lecoeur** em *sua tese*.

A **inserção do tibial posterior** (Fig. 45.25: vista posterior) é realizada sobre os dois ossos da perna: quando se contrai, ele **aproxima os dois ossos** (Fig. 45.26: secção transversal).

447

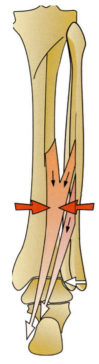

Figura 45.25

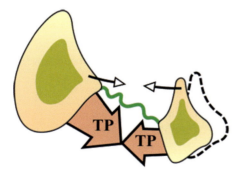

Figura 45.26

A contração do flexor longo do hálux, que se insere apenas na fíbula, tem o mesmo efeito, por causa de sua obliquidade.

Assim, o tibial posterior e o flexor longo do hálux são *extensores do tornozelo*.

Pode-se considerar como muito engenhoso o feito desses dois músculos, que, pelo *simples fato de sua inserção*, realizam **ao mesmo tempo** *a extensão do tornozelo e a aproximação dos maléolos*.

Em suma, esses dois ossos, predispostos *desde o início da evolução* na região do **zeugopódio** dos quatro membros, foram usados de maneira muito diferente, evidenciando um mecanismo engenhoso e econômico:

- No *membro superior* (ou anterior) esse dispositivo permite a rotação longitudinal, a **pronação** do **autopódio**, isto é, da mão, graças às duas articulações do tipo sinovial, as radiulnares proximal e distal.
- No *membro inferior* (ou posterior), esses dois ossos são utilizados não para permitir a rotação do pé, que se realiza com o joelho flexionado, ou do quadril com o joelho estendido, mas para assegurar a **resistência às tensões funcionais do tornozelo** no momento propulsor da marcha.

46
Por que a mão apresenta cinco dedos?

Aquele que faz uma pergunta pode passar por tolo por cinco minutos.
Aquele que não faz nenhuma pergunta permanecerá tolo para sempre.
Provérbio chinês

Pode-se questionar por que a mão apresenta cinco dedos, e não quatro, seis ou até mais? Estamos tão acostumados a nossa mão com cinco dedos que *essa questão parece totalmente* **inadequada**. No entanto, para tentar compreender a utilidade dos cinco dedos, pode-se, de início, estudar as consequências das **amputações digitais** e, na sequência, levantar hipóteses que poderiam ser qualificadas como **biomecânica fictícia**.

Para isso, é preciso fazer um esforço de imaginação, mas é possível, às vezes, encontrar exemplos na realidade. Imaginemos uma mão com um número de dedos diferente de cinco.

Mão com um dedo

A mão **gancho** (Fig. 46.1), parecida com uma prótese primitiva, como a do Capitão Gancho dos romances infantis, só é capaz de enganchar-se para se suspender ou agarrar um objeto, munido ou não de alça. Isso parece rudimentar, mas *já é muito útil*! Com força suficiente nesse dedo único, é possível efetuar uma preensão por **enrolamento**.

A situação é diferente quando o *dedo que resta é o polegar* (Fig. 46.2). *É difícil fazer um gancho com ele*, mas, se existir uma comissura bem profunda, ela pode ser utilizada para uma **preensão comissural**. Esse caso de "polegar restante" justifica uma operação de *enxerto ósseo* revestido de pele ou até *transferência digital* a fim de **reconstituir uma pinça** *com a ajuda de outro dedo*.

Mão com dois dedos

Uma mão **bidáctila** que comporte o *polegar* (Fig. 46.3) e um dedo longo, por exemplo, o indicador, apresenta mais possibilidades: além do **gancho** do indicador, ela permite uma boa **pinça**, desde que o dedo longo restante esteja bem orientado. Algumas vezes, é necessário fazer uma *osteotomia de rotação* para reo-

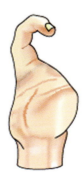

Figura 46.1

449

O que é biomecânica

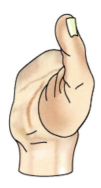

Figura 46.2

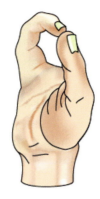

Figura 46.3

rientar a polpa do dedo para a frente daquela do polegar. É, então, possível restabelecer uma pinça fina por **oposição terminal** ou uma pinça mais firme por **oposição pulpar**, isto é, por oposição de polpa com polpa, como no sinal de Froment.

Se a mão com dois dedos comportar somente dois dedos longos, trata-se de uma mão gancho *um pouco mais potente*.

Mão com três dedos

Uma mão que comporte os três primeiros dedos é capaz de uma preensão tridigital, ou **tridáctila** (Fig. 46.4), que é firme e precisa, como a usada na **escrita**. É também um modo de preensão muito utilizado para a alimentação, a **preensão alimentar** por excelência, utilizada por dois terços da humanidade. Ela também

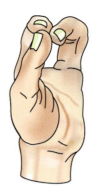

Figura 46.4

pode efetuar o movimento de punho fechado envolvendo o objeto na palma da mão.

A **mão tridáctila sem polegar** (Fig. 46.5) pode efetuar somente preensão em **gancho** e **preensão palmar não fechada**, pela ausência de polegar.

Mão com quatro dedos

As mãos **tetradáctilas** podem ser classificadas em duas categorias, de acordo com a existência ou ausência de um polegar.

A *mão tetradáctila* **sem o polegar** é parecida com a anterior. Ela existe nos macacos do gênero *Ateles*, que, por compensação, utilizam uma *calda preênsil* para se pendurar nas árvores.

Figura 46.5

450

Nos seres humanos, esse tipo de mão, mais forte, já que possui quatro dedos longos, é capaz de realizar um **gancho reforçado**, como para segurar a alça de uma mala.

A mão *tetradáctila* **com um polegar** (Fig. 46.6) é uma solução cirúrgica comum em caso de amputação de um dos dois últimos dedos.

A **perda do mínimo** pode muito bem passar despercebida se o cirurgião tiver ressecado parcialmente o quinto metacarpal a fim de *remodelar a margem ulnar da mão*.

Por outro lado, em caso de **perda do anular** (Fig. 46.7), o que pode acontecer por arrancamento do dedo que leva uma aliança – o "**dedo da aliança**" –, para preencher o espaço entre o terceiro e o quinto raio, o cirurgião deve *ressecar o quarto metacarpal* para poder aproximar o quinto do terceiro. Obtém-se, assim, uma *mão de aspecto normal* em que só se nota algo se for observada de perto.

A mão com quatro dedos é perfeitamente funcional; em relação à mão dita "normal", com cinco dedos, *falta-lhe somente um pouco de força de aperto* na preensão com o punho fechado, ou seja, a preensão em plena palma da mão. Por causa da ausência do quarto dedo longo, essa preensão é desprovida também de um pouco de estabilidade lateral. Colocadas de lado essas duas insuficiências, é uma mão quase normal.

Essa mão com quatro dedos existe *nos desenhos animados*, sem ser notada: é a **mão do Mickey** (Fig. 46.8), que é mais simples de desenhar.

Abordemos agora as **mãos fictícias**.

Mão com cinco dedos, dentre eles dois polegares

É uma mão **simétrica** (Fig. 46.9), com os dois polegares dispostos lateralmente, um radial e um ulnar.

Figura 46.6

Figura 46.8

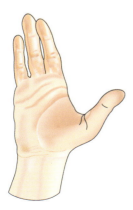

Figura 46.7

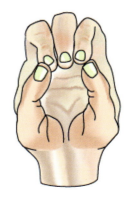

Figura 46.9

A mão perde, nesse caso, a vantagem da **obliquidade do canal palmar**, que permite a *orientação dos cabos de ferramentas*. Trata-se, portanto, de uma complicação inútil que sucumbe à "navalha de Ockham".

Mão com três dedos, dentre eles dois polegares

É também uma **mão simétrica** (Fig. 46.10), com os dois polegares dispostos lateralmente: as mesmas críticas da mão pentadáctila com dois polegares lhe podem ser atribuídas.

Mão com seis dedos ou mais

Essa mão com seis dedos comporta duas variantes:

- A mão com **quatro dedos longos e dois polegares** também é uma mão simétrica que recebe a mesma crítica que as anteriores: cai sob o golpe da "navalha de Ockham".
- Pode ser o caso, também, de uma mão com **cinco dedos longos e um polegar radial**: ela encontra a assimetria do canal carpal. Do mesmo modo, há nesse caso uma complicação inútil, pois há **dedos demais**. Mesma sanção: navalha de Ockham.

Então, e quanto à nossa mão de cinco dedos?

Mão com cinco dedos

A mão com cinco dedos, **pentadáctila** (Fig. 46.11), tal como existe nos macacos e nos seres humanos, é a **mais simples compatível com o máximo de função**. Ela pode realizar **pinças** de precisão ou de força, **tipos de preensão** que integram a palma da mão, assim como "**preensão com ação**". Ela comporta exatamente o número de dedos necessário e suficiente. É o exemplo perfeito do princípio da economia de Guilherme de Ockham.

Mão com cinco dedos, mas um polegar com três falanges

Antes de deixar definitivamente a ficção, podemos refletir sobre uma mão que apresente somente a anomalia de um **polegar um pouco mais longo** (Fig. 46.12). Esse polegar com três falanges *existe no catálogo das anomalias congênitas*: à primeira vista, a mão parece de fato normal, mas um exame mais atento mostra que a extremidade do polegar se situa no nível da margem lateral da *falange média do dedo indicador*, ao passo que, normalmente, ela não ultrapassa o meio da falange proximal. Quanto ao uso, esse polegar não **traz nenhuma vantagem suplementar**: a complicação trazida por essa falange distal é, portanto, inútil. Mesmo veredicto: a problemática cai sob a "navalha".

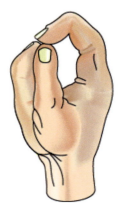

Figura 46.10

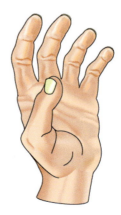

Figura 46.11

46 Por que a mão apresenta cinco dedos?

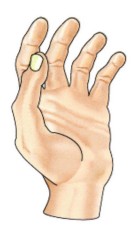

Figura 46.12

Origem da mão com cinco dedos

De onde os **vertebrados terrestres** adquiriram cinco dedos em suas patas?

A resposta vem da **evolução**: essa característica foi adquirida no momento da *passagem do peixe para o tetrápode*.

A história dos cinco dedos começa no fim do século XIX. Em 1892, o paleontólogo americano **Edward Drinker Cope (1840-1897)** foi o primeiro a descrever os ossos da nadadeira do *Eusthenopteron* e seus equivalentes ósseos no esqueleto dos membros dos tetrápodes.

Na sequência, o professor **Erik Jarvik (1907-1998)**, paleontólogo sueco, consagrou cerca de 60 anos de sua vida a estudar esse peixe do período devoniano (cerca de 350 milhões de anos atrás), conhecido pelo nome de **ictiostega**, sobre o qual descobriu *duas características* importantes:

- os dois ossos no zeugopódio;
- os cinco dedos nos quatro membros.

Na realidade, essa segunda característica era *hipotética*, pois, naquela época, *ainda não haviam encontrado um esqueleto* **completo** *em disposição* **anatômica**.

Esse protótipo de vertebrados foi durante muito tempo considerado o *arquétipo dos vertebrados* pelo paleontólogo britânico **Richard Owen (1804-1892)**. As coisas pareciam claras, afinal, para ele, esse arquétipo possuía cinco dedos.

Contudo, a descoberta de novos fósseis provocou um verdadeiro rebuliço, pois o paleontólogo sueco **Günnar Save-Söderbergh (1910-1948)** encontrou, no leste da Groenlândia, **ictiostegas com sete dedos** (Fig. 46.13) e **acantostegas com oito dedos** (Fig. 46.14). Outros esqueletos possuíam seis dedos, **como se a natureza tivesse hesitado** em relação ao número definitivo e ideal de dedos.

Os descendentes dessas espécies se desenvolveram *na multiplicidade*, mas, ao longo da evolução

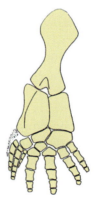

Figura 46.13

Figura 46.14

453

que ocorreu em milhões de anos, como se a natureza estivesse envolvida em um **experimento da evolução**, *assistiu-se, em definitivo, a uma estabilização* no número de **cinco dedos**, mantido como o *dispositivo mais favorável*, provavelmente sob o ângulo da *eficácia* – o **número de dedos necessários e suficientes** –, evidenciando o **princípio da economia**, conhecido também como "navalha de Ockham", em homenagem a seu "inventor", **Guilherme de Ockham** (ver Cap. 12).

Voltamos, então, à questão **desse bravo ictiostega com cinco dedos**, peixe saído do mar, que se tornou tetrápode e *representa* **definitivamente** *o protótipo dos vertebrados*.

Os cinco dedos estão presentes em nossos distantes ancestrais **crossopterígios**. São, como vimos, o resultado de uma redução do número de raios da nadadeira do peixe a somente **cinco**, na altura do **autopódio** – o segmento distal – de cada membro.

O esquema (Fig. 46.15, segundo Jarvik: três níveis da nadadeira à pata) mostra a transformação progressiva de uma nadadeira de peixe em membro de tetrápode.

O ancestral em questão era o já mencionado **ictiostega** (Fig. 46.16, segundo Jarvik), que, como explicado, apresenta cinco dedos em cada uma de suas patas, assim como dois ossos no segmento intermediário, o zeugopódio (ver Cap. 45).

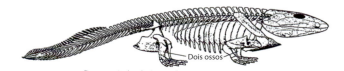

Figura 46.16

Na sequência da evolução, esses cinco dedos tiveram um destino diverso.

Entre os **répteis**, as **serpentes** perderam seus membros e, consequentemente, seus dedos, enquanto os **crocodilos** e **lagartos** os conservaram, assim como os **batráquios**.

Nas **aves**, o número de dedos se modificou bastante, primeiramente *no membro superior, que se transformou em asa*, mas também no membro inferior, que sofreu uma **redução para dois dedos** – no avestruz –, **três dedos** – na gaivota – ou, com mais frequência, **quatro dedos**, na maioria delas, com um "polegar" posterior e três dedos anteriores, o que lhes possibilita se **segurar nos galhos**, como a **pata do corvo** (Fig. 46.17).

Contudo, em nenhuma espécie encontrou-se mais de cinco dedos depois do veredicto do ictiostega.

Aqui, mais uma vez, é possível confirmar a validade da navalha de Ockham.

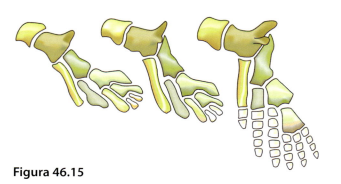

Figura 46.15

Figura 46.17

47
Esquema corporal

O esquema corporal é apenas uma parte da **imagem de si** que cada pessoa tem em sua consciência. Mesmo os animais têm um esquema corporal para deslocar-se em seu meio ambiente. Nos seres humanos, há *duas partes* nessa **imagem cerebral**:

- uma **parte puramente física**, que é o esquema corporal propriamente dito: a *consciência de seu corpo* e do **sistema musculoesquelético**, *que é sua estrutura*;
- uma **parte exclusivamente moral**, que é a imagem que se faz de *sua própria personalidade*: essa imagem **é o eu**. Ela concerne à psicologia ou até à psiquiatria. Ela existe uma vez que é *perceptível pelo outro*, e torna-se então a **imagem do eu vista pelo outro**. Essa imagem moral é muito importante para cada indivíduo, a ponto de, em certas filosofias ou religiões, ser chamada de **alma**. Isso à parte, **voltemos ao mundo físico**.

O esquema corporal é a **representação cerebral da porção de espaço ocupada pelo corpo de cada indivíduo** em relação ao meio ambiente. É uma *imagem virtual* de todo o corpo e de cada uma de suas partes.

A superfície cutânea é **a fronteira que delimita o interior do indivíduo** (Fig. 47.1: ilustração da Mayo Clinic), isto é, sua pessoa em relação ao exterior, o espaço que não pertence ao corpo, contendo ou não outros indivíduos. Essa definição de espaço exterior é, *a priori*, neutra. Cabe aos órgãos dos sentidos informar

Figura 47.1

o indivíduo para que ele possa definir se esse espaço é neutro, benéfico ou portador de ameaças.

A constituição e a permanência do esquema corporal são **algumas das funções fundamentais do sistema nervoso central**.

No cérebro, a imagem do esquema corporal representa **a consciência do corpo** de maneira ao mesmo tempo *global e elementar*: é a *sede do* **eu**.

A consciência do esquema corporal necessita do **estado de vigília**. Ela é útil à *preservação da integridade corporal* pela projeção das sensações e da dor em pontos do esquema corporal, como **lâmpadas indicadoras em um painel de instrumentos de nosso corpo**. A ausência de dor caracteriza o estado de **euforia**. A dor é o "cão de guarda" da integridade corporal, e a sensibilidade cutânea uma verdadeira "**polícia das fronteiras**". A dor, a picada, o prurido e a queimadura são **alarmes** provenientes da periferia corporal. Esses *alertas à agressão* incitam reflexos de defesa e devem ser levados em conta pelo eu. Em alguns casos, é possível suprimi-los com **analgésicos**.

Por outro lado, os contatos e as **carícias** são *gratificações do eu*, afagos que são de grande importância na *vida afetiva* da pessoa. Algumas áreas do corpo, chamadas de **zonas erógenas**, são particularmente sensíveis a esses afagos e desencadeiam reações específicas.

Essa consciência desaparece durante **o sono**, mas pode-se pensar que o esquema corporal "forma um conjunto com a cama", pois **só dormimos bem em nossa própria cama**. O que ocorre com o esquema corporal nos sonhos? Pode sofrer grandes alterações sob a influência de uma imaginação desenfreada.

O esquema corporal pode sofrer **alterações** nos estados de consciência degradada, como a **embriaguez** ou sob a influência de **narcóticos**. A perda de consciência do corpo pode ser *programada* tanto pela **anestesia geral** como pela **anestesia locorregional**, que permitem intervir cirurgicamente sobre estruturas anatômicas sem desencadear a dor na origem de reações de defesa. O paciente *abandona, então, seu esquema corporal nas mãos do cirurgião*, o que implica uma **real confiança**.

Esquema corporal projetado

Essa imagem que o homem faz de seu corpo em seu próprio cérebro pode ser representada pelos artistas, pintores e escultores, em duas ou três dimensões, na **pintura** (Fig. 47.2: *A criação de Adão*, afresco de Michelangelo no teto da Capela Sistina) e na **escultura**. É o que se pode denominar *"esquema corporal projetado"*. Essa representação pode ser fiel e realista, na arte clássica, tal como se ensina nas Escolas de Belas Artes, ou sofrer transformações, deformações e anamorfoses na arte moderna ou surrealista.

Figura 47.2

Constituição do esquema corporal

O esquema corporal deve começar a constituir-se **in utero** (Fig. 47.3: estado fetal), como provam as ultrassonografias em que é possível ver claramente o feto sugando o polegar. No entanto, esse processo está longe de ser concluído no nascimento, e os psicólogos infantis explicam que a criança descobre progressivamente seu corpo até a idade de 1 ano. Esse conhecimento vai passar por vários estágios: oral, anal e, depois, em relação ao exterior. Durante toda a primeira infância, a observação de seu próprio corpo, mas também a **observação do outro**, de onde vem a importância do contato social, vão permitir-lhe completar e aperfeiçoar seu esquema corporal.

Integração do esquema corporal ao meio ambiente

Tendo concluído o conhecimento de seu corpo, a criança vai aprender a utilizá-lo em relação a si mesma e, principalmente, em *relação ao meio ambiente*.

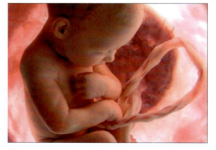

Figura 47.3

47 Esquema corporal

O evento fundamental é a **conquista da verticalidade e da marcha**.

Para assumir a referência de posição do esquema corporal em relação ao espaço, três tipos de captadores sensoriais são indispensáveis:

- Os **pés** informam sobre os pontos de apoio sobre o chão. A **arcada plantar** (Fig. 47.4: os receptores sensíveis à pressão da planta dos pés) em sua zona de apoio é dotada de um número muito significativo de captadores sensitivos chamados de **barossensíveis** (estrelas vermelhas), que informam o cérebro sobre a intensidade do peso que os pés sustentam nas diferentes fases da marcha. O peso principal é exercido sobre os três pontos de apoio da arcada plantar (cruzes brancas), mas, no momento do tempo anterior do passo, a pressão exerce-se sobre a polpa dos dedos do pé (cruzes vermelhas).
- O **sistema labiríntico** fornece a referência permanente com a vertical. Esse importante aparelho sensorial (Fig. 47.5), que depende da orelha interna, fornece ao cérebro dois tipos de informações:
  - por um lado, a posição da cabeça *em relação à* **vertical**, graças ao utrículo e ao sáculo;
  - por outro lado, a importância das **acelerações lineares** da cabeça e do corpo, nas três direções do espaço, assim como das **acelerações rotatórias**, graças aos canais semicirculares.
- A **visão**, que examina a *linha do horizonte*, entra em relações funcionais com o sistema labiríntico, o que permite corroborar as informações sobre a *verticalidade* e as *acelerações lineares* ou *rotatórias*.

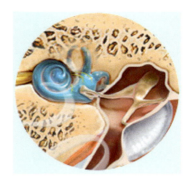

Figura 47.5

Como evoluímos em um espaço tridimensional, a visão tridimensional, ou **estereoscopia**, nos é indispensável para conseguir avaliar a *profundidade do espaço*. Ela é determinada pela **posição frontal dos olhos** (Fig. 47.6: o cérebro e a estereoscopia), que nos permite a **telemetria** e, assim, determinar a distância dos objetos. O toque, associado à estereoscopia, permite também determinar o volume e a forma dos objetos, a **estereognosia**.

Como é a visão estereoscópica nos animais como as aves, cujos *olhos são dispostos lateralmente*? Todos já devem ter visto uma galinha virar a cabeça em direção ao grão que ela vai comer. As **aves de rapina**, como a *águia* e o *abutre*, são as únicas aves com a vantagem de uma visão estereoscópica graças a *seus olhos virados para a frente*, o que lhes permite localizar suas presas em alta altitude para mergulhar sobre elas.

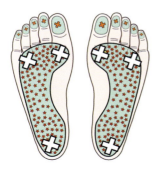

Figura 47.4

Figura 47.6

457

Nos deslocamentos, a **visão** nos fornece a referência com os objetos que nos cercam e também com a linha do horizonte, para manter nossa posição vertical. Em um navio em mar agitado, *a referência visual ao horizonte* é indispensável para evitar o enjoo induzido pelas informações incoerentes dos labirintos.

Esquema corporal estático

O esquema corporal é primeiramente *estático*: tem a função de reconhecer a todo momento a posição de seus membros e dos segmentos de membros. Por exemplo, "minha coxa direita está flexionada, enquanto meu joelho direito está estendido; é o inverso para o lado esquerdo". Todas as informações são fornecidas pela **sensibilidade proprioceptiva**, que informa sobre a posição das articulações e o grau de contração dos músculos, mas também sobre **as tensões cutâneas**, cuja informação, como mostrou o cirurgião de mão sueco **Erik Möberg** (1905-1993), parece fundamental para conhecer a posição dos membros em relação ao tronco. As informações são transmitidas ao hemisfério oposto do cérebro na altura da **circunvolução parietal ascendente** (Fig. 47.7: vista seccionada), em que ocupam uma superfície proporcional à sua importância funcional. A imagem cortical representa o que foi convencionado chamar de *homúnculo de Penfield*, em homenagem ao neurologista que o elaborou. Notamos que, por causa de sua importância funcional, algumas áreas são **super-representadas**, como **a mão, a face e a boca**, em detrimento de outras, como o tronco e os membros.

Se imaginarmos esse **homúnculo em relevo** (Fig. 47.8), as duas mãos são *enormes* em relação ao resto do corpo, o que traduz bem a importância das mãos no funcionamento do sistema musculoesquelético. A boca, os lábios e a língua têm também um papel primordial, sobretudo no plano sensorial.

No entanto, **o esquema corporal de nossa consciência** não é afetado por essas deformações: é, na verdade, bem preciso no que diz respeito às formas, às dimensões e às distâncias.

Seu conhecimento é **imediato, permanente e intuitivo**, a ponto de, quando um inseto nos pica, a reação ser *imediata e perfeitamente adaptada*: a mão vai *exatamente na direção do ponto da picada*, mas o inseto já foi embora! Por que ele sempre escapa? Porque a conexão de seus circuitos mecânicos é mais curta que nos seres humanos, o que diminui o tempo da transmissão das informações.

Existe, a propósito, um teste simples utilizado no decorrer de um exame neurológico padrão: é a **prova dos dedos sobre o nariz** com o paciente de olhos fechados.

Esse **esquema corporal estático** é modificado a cada instante em nossa consciência, segundo nossas **diferentes posições** (Fig. 47.9: silhuetas em diferentes posições), que refletem exatamente a posição relativa de cada segmento de nosso corpo, a posição do corpo no espaço.

Assim, o esquema corporal *permite também que as mãos atinjam precisamente qualquer ponto do corpo* com o objetivo **de proteção, defesa** ou **limpeza**.

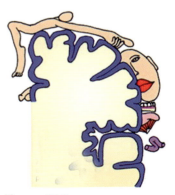

Figura 47.7

Figura 47.8

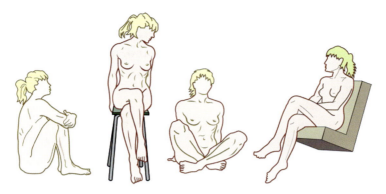

Figura 47.9

Desse ponto de vista, *o homem tem uma vantagem* em relação aos animais, pois nenhum ponto de seu corpo é inacessível à mão, incluindo, na região dorsal, o ponto mais difícil de ser atingido, sobre a escápula oposta: esse ponto singular, que é chamado de ponto triplo, é acessível à mão oposta por três vias diferentes (ver o teste do ponto triplo no Cap. 44).

Esquema corporal dinâmico e evolutivo

O esquema corporal é também obrigatoriamente *evolutivo e dinâmico*. Para realizar a menor das ações, *o cérebro deve ser informado a todo instante* de qualquer modificação do esquema corporal em relação ao meio ambiente na região de cada segmento: a **posição**, a **velocidade**, a **inércia** e a **aceleração**, como no esquema de uma pessoa em movimento (Fig. 47.10).

É a partir do esquema corporal que o cérebro dirige a ação: para segurar um objeto, o esquema corporal deve modificar-se de modo a entrar em contato com o objeto por, **ao menos, três pontos**: a condição dos três pontos é determinante para segurar o objeto com firmeza e impedir sua rotação.

As mudanças de posições são avaliadas não somente pelas contrações musculares, mas também pelo sistema labiríntico, que informa sobre as acelerações em relação aos três planos do espaço. Isso é fundamental para as profissões de risco e para os esportistas, nos quais o esquema corporal dinâmico apresenta uma importância maior, como no caso da **patinadora no gelo** mostrada na Figura 47.11, cujo cérebro, a cada fração de segundo, deve dar ordens apropriadas aos diferentes grupos musculares para **restabelecer um equilíbrio na instabilidade permanente**.

Existe, portanto, para o esquema corporal dinâmico, todo um catálogo de **rotinas associadas** a fim de adaptar o comportamento em cada situação do meio ambiente.

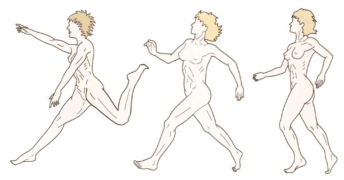

Figura 47.10

O que é biomecânica

Figura 47.11

Papel da gravidade

A consciência da posição do corpo no espaço depende fundamentalmente da **gravidade**, indispensável para o menor deslocamento que seja. Ela possui um grande papel na orientação do esquema corporal. Primeiramente, em relação ao solo, na *posição em pé*, são os *captores sensitivos da planta dos pés*, mencionados anteriormente, que informam o cérebro sobre o contato com o chão e a *distribuição do peso do corpo* sobre o chão. Em seguida, na **posição sentada** (Fig. 47.12), ao dirigir um veículo, automóvel ou avião, são os receptores sensitivos da região das nádegas que fornecem a noção do peso do corpo e das *acelerações verticais* (setas vermelhas). São os receptores sensitivos das costas, em contato com o encosto, que fornecem informações sobre as *acelerações horizontais* (setas verdes).

Figura 47.12

Esquema corporal na ausência de gravidade

Contudo, atualmente, o homem pode deparar-se com a **desconexão total do esquema corporal em relação à gravidade** nas **estações espaciais** (Fig. 47.13): a **ausência de gravidade** e de verticalidade impõe uma reeducação do sistema musculoesquelético para adaptar o esquema corporal ao meio ambiente espacial. Na cabine espacial, os deslocamentos requerem um **reaprendizado** dos movimentos a serem efetuados para avançar com eficácia e sem traumatismo levando-se em conta **a inércia e não mais o peso**. Quando os primeiros astronautas caminharam sobre a Lua, com **gravidade reduzida**, precisaram aprender a controlar seus músculos locomotores para não começar a saltitar. Talvez, um dia, seja preciso adaptar-se a uma **gravidade aumentada** em outros planetas. Só para lembrar, em Júpiter, a gravidade é quase duas vezes e meia a da Terra, embora as chances de o homem caminhar nesse planeta sejam mínimas, por ser um planeta gasoso.

Perturbações do esquema corporal

O esquema corporal, que, por causa da experiência, é validado até a extremidade dos dedos e que levou muito tempo para completar-se e afirmar-se desde os primeiros anos de vida, *pode ser comprometido por* **amputações**: em geral, é preciso um longo tempo para o amputado *poder observar a perda de um membro* ou de um segmento do membro; por isso, algumas vezes, neuromas de amputação determinam dores intoleráveis projetadas no **membro fantasma** (Fig. 47.14).

Figura 47.13

47 Esquema corporal

Figura 47.14

A *amputação do esquema corporal* não necessariamente é de origem acidental, mas pode ser de **causa neurológica**, como por exemplo por:

- perda da sensibilidade proprioceptiva;
- acidente vascular cerebral.

Existe também um processo inverso, a **integração no esquema corporal de membros transplantados**, em particular de **mãos transplantadas**, operação que tende a tornar-se habitual e a ser realizada com sucesso. Nesse caso, a dificuldade é a **aceitação de um membro estranho** no esquema corporal.

A **anestesia locorregional** equivale a uma *amputação temporária*.

O esquema corporal é também útil na *não atividade*, ou seja, no momento do *adormecimento*. Na verdade, cada um possui sua própria **posição de adormecimento**, portanto, é preciso coincidir seu esquema corporal com essa posição específica para conseguir adormecer.

Utilidade do esquema corporal

O esquema corporal é indispensável para todo ser humano poder se deslocar em seu meio ambiente, mas a precisão do esquema corporal é ainda mais **indispensável para os esportistas**. Alguns, como os **saltadores em altura** (Fig. 47.15: saltadora olímpica em salto Fosbury), devem saber se seu corpo vai conseguir passar por cima da barra graças às inflexões que executam. Isso vale também para outros esportes, como o *tênis*, a *patinação no gelo*, o *salto em distância*, entre outros. É um exemplo em que o cérebro prevê estratégias para adaptar as modificações do esquema corporal em função das ações a serem efetuadas em relação ao meio ambiente. Antes de começar sua corrida para saltar, o atleta **repassa mentalmente** seu programa de salto, definindo a evolução de seu esquema corporal ao longo dessa prova.

A adaptação do esquema corporal ao meio ambiente requer uma **cartografia do espaço** baseada **na visão**. Nos lugares mais familiares, essa cartografia já existe, o que explica o fato de podermos nos deslocar com mais facilidade em nossa própria casa do que em lugares desconhecidos. Isso é particularmente verdadeiro no caso de um indivíduo que se desloca à noite em um quarto escuro para chegar ao banheiro. Isso somente é possível quando já se conhece o lugar, o que permite ter em mente a *planta do quarto*.

Em locais desconhecidos, **a audição** pode, até certo ponto, substituir a visão. A localização das fontes sonoras é efetuada graças à **recepção biauricular** (Fig. 47.16: a chegada deslocada das ondas sonoras): a *defasagem* (**d**) das ondas sonoras permite determinar o lado para o qual a cabeça deve girar para *olhar* de frente o ponto de onde vem o som.

Figura 47.15

461

O que é biomecânica

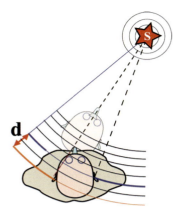

Figura 47.16

Figura 47.17

Essa compensação da visão pela audição é muito desenvolvida nos deficientes visuais. Não é impossível que, com o hábito de perceber o eco dos barulhos sobre os obstáculos, ajam da mesma maneira que um radar, como os morcegos.

Cartografia do meio ambiente

A partir do momento em que o indivíduo se desloca, ele deve, a todo instante, elaborar em sua consciência, graças à cartografia da configuração espacial com a ajuda da marcação visual e sonora, um **programa de deslocamento** que integre a posição de seu esquema corporal em relação aos diferentes obstáculos. Essa exploração do espaço com os **órgãos sensoriais** deve ser permanente, dinâmica e evolutiva para *evitar as colisões* prejudiciais à integridade corporal.

Os engenheiros da computação militar, inspirando-se em **rotinas cerebrais** do deslocamento de um homem em um terreno acidentado, estabeleceram programas de trajetórias dos **mísseis de cruzeiro** (Fig. 47.17: trajetória autoguiada de um míssil de cruzeiro), que, voando a baixa altitude para evitar a detecção por radar, distinguem-se sobre os relevos do solo em relação à carta geográfica fornecida em sua memória para atingir seus objetivos e evitar as defesas. Esses programas servem agora de base para a **programação dos robôs humanoides**, cujo computador central deve resolver os mesmos problemas que um ser humano ao deslocar-se em um meio ambiente acidentado.

Papel da cabeça e do pescoço

Os principais captadores sensoriais, como a visão e a audição, são sustentados pela cabeça, que tem a função de uma **plataforma móvel** graças ao pescoço. Eles podem, assim, orientar-se no espaço como um *radar de vigilância*. Os vertebrados mais favorecidos desse ponto de vista são as *girafas*, e os mais desfavorecidos, os *peixes*.

Extensão do esquema corporal

O esquema corporal de base pode ser **estendido** com o uso de instrumentos ou dispositivos comuns. Essa é uma **noção nova**. Tal integração ocorre em dois níveis:

- No **nível corporal**, ou anatômico, a ferramenta, o instrumento ou o dispositivo tornam-se, na imagem cerebral, uma parte, uma *adição ao esquema corporal*. Depois de determinado tempo de uso, a ferramenta torna-se o prolongamento da mão, como o martelo no caso do ferreiro.
- No **nível funcional**, os programas de funcionamento (rotinas) integram a ferramenta, o instrumento ou o dispositivo à ação que o cérebro realiza com essa adição. Como diz o provérbio: "O bater do ferro é que faz o ferreiro", no sentido de que ocorreu o **aprendizado** que, em seguida, deve ser mantido pelo uso ou pelo **treinamento**, como as escalas e os exercícios cotidianos que os pianistas fazem.

Pode-se, assim, dar exemplos de extensões do esquema corporal *para diferentes usos*:

- **Extensão do esquema corporal nos condutores de um veículo**: ao dirigir **um automóvel** pela primeira vez, não é raro deixar um lado do carro desalinhado no momento da manobra de baliza. Na sequência, quando se adquire prática, ou seja, quando ela está integrada a nosso esquema corporal estendido, pode-se efetuá-la com maestria, quase sem pensar na ação. É preciso, então, que o esquema corporal **aumente o volume do veículo** (Fig. 47.18: a periferia do veículo), não somente em relação às laterais, mas também à parte traseira.
- A conscientização das dimensões e da obstrução do veículo é muito mais difícil e significativa quando se trata de um veículo de **grande porte**, como um caminhão, ou até um veículo muito longo que pode ter dificuldades para fazer curvas.

O problema do veículo **semirreboque** (Fig. 47.19) é muito particular por causa da articulação entre o caminhão-trator e o reboque, a qual requer uma **inversão das condutas intuitivas** para as manobras, em particular para estacionar.

É preciso também ser capaz de localizar, sem pensar e sem controle visual, todos os comandos de direção na cabine, exatamente como conseguimos posicionar o dedo indicador precisamente sobre o nariz, o que implica uma **integração do lugar de pilotagem**.

Essa adaptação intuitiva, para pilotos de avião, é desenvolvida pelos simuladores de voo.

Para os músicos

Em virtude da extensão do esquema corporal a um instrumento de música, para os músicos ocorre um fenômeno indispensável:
- um **pianista** pode tocar sem olhar o teclado a partir do momento em que o integrou a seu esquema corporal. Esse fato pode ser confirmado ao ver qualquer solista tocar em um concerto; o **teclado** torna-se então *parte integrante do esquema corporal do pianista*. O solista de um concerto geralmente não tem a possibilidade de transportar seu instrumento, por isso é também muito difícil escolher um piano entre os que lhe são oferecidos: ele ensaia em vários deles. Além da *sonoridade*, o *modo de tocar* intervém em suas preferências: o modo como a nota é emitida sob a pressão dos dedos é um critério determinante. Outros pontos de integração são **o pedal** e **o assento**, que o artista tem sempre o cuidado de regular pessoalmente, pois sua potência ao pressionar as teclas depende da altura adequada.

A história da música guardou a lembrança excepcional do jovem **Wolfgang Amadeus Mozart**, criança prodígio apresentada por Leopold, seu pai, em todas as cortes da Europa. Esse jovem músico tinha integrado tão bem o teclado em seu esquema corporal que podia tocar até de **olhos vendados** (Fig. 47.20: mãos

Figura 47.18

Figura 47.19

postas normalmente sobre o teclado). Melhor ainda, ele podia tocar *deitado sob o teclado, de barriga para cima,* com os braços elevados. A integração do teclado ao esquema corporal do jovem garoto era ainda mais estreita, pois, nessa posição sua mão direita tocava a mão esquerda, e vice-versa, e, o que é ainda mais extraordinário, por causa de sua posição, suas mãos se apresentavam em supinação sobre as teclas, enquanto, em posição normal, as mãos ficam em pronação. A consequência não salta imediatamente aos olhos, mas isso significa que os dois polegares ficam *na posição lateral em relação aos dedos longos* (Fig. 47.21: posição invertida das mãos quando *o pianista está deitado sob o teclado*). Claramente, nessa posição, não somente as mãos são intercambiadas, mas também *os dedos são invertidos.* Eis a maneira mais clara de provar a integração do teclado ao esquema corporal estendido do jovem Wolfgang.

Um violinista pode e deve colocar seu dedo sobre a corda a *um micrômetro* de distância para tocar a nota certa, pois o violino que ele toca há anos entrou em seu esquema corporal, como um *esquema corporal associado*. Sem dúvida, um violinista leva mais tempo para integrar o violino a seu esquema corporal do que leva um pianista para integrar seu teclado, pois é preciso **voltar a tocar a nota correta** toda vez e com sua *cadência* e seu *vibrato* determinados pelo modo de apoio da polpa digital. Cada nota na **escala** se situa em um ponto muito preciso gravado no esquema corporal estendido do cérebro do violinista. Contudo, para ele, não há somente *a integração do cabo* do violino em sua mão esquerda, mas também a do *arco* em sua mão direita. Um violinista nunca olha para as próprias mãos, em particular para a direita.

É preciso ver a destreza com que os grandes violinistas, como **Yehudi Menuhin** e **Anne-Sophie Mutter** (Fig. 47.22: Anne-Sophie Mutter, solista de concerto), tocam em concertos com os olhos fechados. Além do mais, o violinista integra **seu** *violino pessoal*: o violino de Anne-Sophie é um *Stradivarius*, um dos mais reputados, do qual restam apenas 400 exemplares dos cerca de mil criados por esse *luthier* genial.

O violinista desenvolve como que um *elo de sensualidade* com seu violino, por isso tem tanta dificul-

Figura 47.20

Figura 47.21

Figura 47.22

dade para integrar-se com um *violino de passagem*, do mesmo modo que a *perda ou roubo de seu violino* pode perturbá-lo em grande medida.

Para um solista de concerto que integrou bem seu instrumento, tocar uma nota correta com um de seus dedos não é algo mais difícil que tocar a orelha ou colocar o dedo sobre a ponta do nariz.

Ao tocar, os **acordeonistas** *não conseguem ver seus dedos*. O acordeão é chamado de "piano de pobre": enquanto o teclado do piano fica à vista do pianista, o do acordeão não é visível para o acordeonista. Ele é, portanto, obrigado a **tocar as notas sem vê-las** (Fig. 47.23), o que supõe uma integração perfeita do instrumento ao esquema corporal. Os acordeonistas fundem-se realmente com seu instrumento, pois, além de tocar as notas com as duas mãos, devem controlar o *fluxo de ar* com o fole, o que demanda um grande esforço físico.

Entre os **violonistas**, podemos citar **Django Reinhardt**, violonista cigano célebre e virtuoso, embora só dispusesse de **três dedos válidos na mão esquerda** (Fig. 47.24). Ele soube integrá-los a seu violão de uma maneira notável por meio de seu esquema corporal estendido e adquiriu um reconhecimento internacional.

Um compositor intitulou uma de suas canções como: "*J'ai la guitare qui me démange*" ["Tenho um violão que me coça"]. Esse título demonstra que o instrumento faz parte de seu corpo, já que, de maneira figurada, causa-lhe um prurido.

No caso dos **flautistas**, as notas são pré-formadas no instrumento. Para tocar, é preciso fechar alguns buracos pressionando as chaves. A **flauta transversal** (Fig. 47.25) é mantida lateralmente, à direita, e os lábios têm um papel determinante na criação do som. Eles constituem a *interface* com o instrumento.

Para os flautistas também a integração do instrumento tem um valor quase sentimental, e os flautistas renomados, que geralmente tocam no mundo inteiro, não poderiam se separar de sua flauta pessoal.

Ao contrário dos flautistas, os **clarinetistas** tocam um *instrumento simétrico* no eixo da boca que entra em contato por uma boquilha munida de **palheta**. As vibrações dessa lamela entram em ressonância

Figura 47.23

Figura 47.24

em função do comprimento do tubo, determinado por chaves sobre as quais agem os dedos das duas mãos. As notas também são pré-formadas. O instrumento se integra ao esquema corporal pela boca e pelas duas mãos.

Os **cornetistas, trompistas ou trompetistas** (Fig. 47.26) sopram em um **bocal simples**, com os lábios contraídos pelos músculos *bucinadores*. As vibrações dos lábios dependem, portanto, de sua contração, e o som emitido entra em ressonância em função do comprimento do tubo, que pode variar graças ao movimento dos pistões. O instrumento se integra, portanto, ao esquema corporal por intermédio dos *lábios*, que funcionam como interface, enquanto as *mãos* se integram sobre os pistões.

O que é biomecânica

Figura 47.25

Figura 47.26

A integração do instrumento ao esquema corporal é provada no nível do córtex cerebral. Em laboratórios de pesquisa, uma tomografia por emissão de pósitrons revela as **zonas funcionais do cérebro** (Fig. 47.27: com a tomografia, as áreas do cérebro que trabalham ficam claras) no caso de um pianista tocando algo de improviso: é possível verificar uma atividade das *áreas frontais*, sede da afetividade e da imaginação.

Os **cantores** são um caso à parte, afinal, *não precisam integrar o instrumento a seu esquema corporal*, pois já o trazem em **si mesmos**.

Para os deficientes visuais

No caso dos **deficientes visuais**, no momento de um deslocamento em um meio ambiente desconhecido, o esquema corporal apresenta uma **importância vital**. Além de seu esquema corporal de base, o indivíduo privado da visão deve possuir um esquema corporal estendido, **em que a bengala torna-se uma extensão da mão** (Fig. 47.28).

Essa integração pela reconstituição do meio ambiente e a integração do esquema corporal simples e estendido é uma **questão de sobrevivência**: a todo instante, o deficiente visual deve fazer uma representação cerebral precisa de seu meio ambiente e do trajeto que deve adotar. A dificuldade do homem é a mesma do míssil de cruzeiro nesse caso. Atualmente, existem **bengalas eletrônicas** que, graças a feixes infravermelhos ou laser, são capazes de detectar obstáculos que uma simples bengala não pode revelar. Elas também se integram ao esquema corporal do deficiente.

O **cão-guia** (Fig. 47.29) pode fazer de maneira muito melhor esse trabalho para seu dono: reconhecer o meio ambiente e os perigos presentes que escapam à detecção da bengala, e estabelecer um trajeto desviando dos obstáculos. Em suma, o cachorro tem a função de "completar" o esquema corporal do deficiente.

O cão-guia é um bom **exemplo de um animal que completa o esquema corporal de um homem**, mas há também os **cavaleiros**, que se tornam um só com sua montaria, transformando-se praticamente em centauros. Na história, conhecemos o famoso cavalo de *Alexandre, o Grande*, chamado *Bucéfalo*, cuja perda lhe causou grande sofrimento.

Para pessoas que sofreram amputação

Extensão do esquema corporal a uma prótese

No caso de pessoas que sofreram amputação, existe um verdadeiro problema de integração da prótese ao esquema corporal. Quantas próteses aperfeiçoadas terminam *encostadas*? Com frequência, são as

47 Esquema corporal

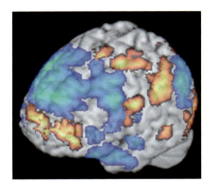

Figura 47.27

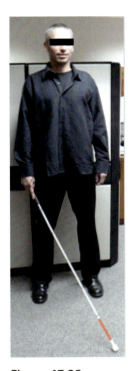

Figura 47.28

Figura 47.29

O ideal é que as próteses sejam *ao mesmo tempo anatômicas e funcionais*: é o objetivo que buscam atingir todos os centros de pesquisa de próteses. Com o desenvolvimento da robótica, esse ideal parece cada vez mais acessível.

Próteses funcionais

A mais elementar das próteses funcionais é **o gancho**, usado pelo capitão de mesmo nome. Ela só permite a execução de uma única ação, segurar um objeto que possa ser enganchado. O gancho é puramente *passivo*.

Para segurar, é necessária **uma pinça**. Nesse caso, portanto, a prótese é *ativa*. Na prótese mais simples, a força de preensão pode ser obtida por um movimento de distanciamento dos ombros, mas será notada a falta de uma informação: *o retorno de informação sobre o cerramento*, pois, se a força não for dosada, o objeto, como um ovo, pode ser quebrado.

A integração de uma prótese ao esquema corporal depende, portanto, de dois fatores: *o comando* e *o retorno de informações*.

O **comando** das *próteses mioelétricas* (Fig. 47.30) repousa, em seu princípio, sobre o conjunto, por meio dos eletrodos de sua superfície, dos *potenciais de ação*

próteses de uso simples as mais facilmente integradas ao esquema corporal.

Existem dois tipos de próteses:

- próteses **funcionais**;
- próteses **sociais**, chamadas também *"de passeio"*.

467

de determinados nervos motores ou músculos sobre o coto de amputação. Corretamente interpretados no **computador da prótese**, esses sinais vão desencadear ações específicas em seu nível.

O **retorno de informações** pode ser obtido por sensores situados na ponta dos dedos ou na mão protética, que enviam sinais para o computador da prótese. Esse princípio sedutor é, no entanto, difícil de ser aplicado, porque é preciso *interpretar as informações* dos sensores em função da fragilidade e do peso do objeto. Na prática, o retorno de informações continua sendo um problema não resolvido. Portanto, a integração ao esquema corporal das próteses motorizadas é somente parcial.

Por outro lado, algumas **próteses passivas** funcionam perfeitamente: é o caso das **próteses de perna de fibras de carbono** (Fig. 47.31), que permitiram, graças à sua elasticidade, que alguns atletas participassem de *competições de atletismo*. É possível afirmar, então, que esse tipo de prótese pode ser perfeitamente integrado ao esquema corporal.

As **próteses sociais**, chamadas também próteses *de vida social* ou, ainda, *de passeio*, são utilizadas pelas pessoas que sofreram amputação com o objetivo de não evidenciar sua deficiência. Esse tipo de prótese *quase* atinge a *perfeição* no plano estético, de tão realistas que são. Corretamente fixadas, não são incômodas, mas mostram-se pouco eficazes no plano funcional, por serem desprovidas de sensibilidade. Pode-se dizer, todavia, que, no plano estético, são perfeitamente integradas ao esquema corporal.

Para os cirurgiões

Uma menção particular pode ser feita em relação aos **cirurgiões**, que também partilham com seus instrumentos um esquema corporal estendido: eles devem, a todo momento, adaptá-lo ao meio ambiente, que, no que lhes diz respeito, é a *anatomia normal* ou *patológica* de seus pacientes.

O esquema corporal estendido é ainda mais complexo **no caso dos cirurgiões modernos** (Fig. 47.32: o olhar não é dirigido para as mãos), que atualmente

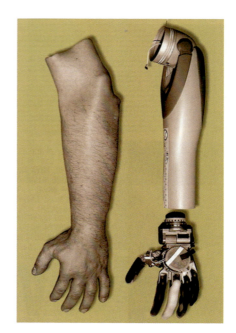

Figura 47.30

Figura 47.31

utilizam a **endoscopia**. Podemos chamar essa nova cirurgia de cirurgia por **interposição midiática**, pois os gestos não são mais executados pelas mãos sob o controle direto da visão, mas por intermédio de um **monitor** que projeta uma imagem do campo operatório. Os movimentos das mãos do médico devem ser *completamente desconectados* daqueles do uso habitual por causa da não concordância entre a direção do olhar e a situação do objeto com o qual trabalham.

O **microscópio cirúrgico** (Fig. 47.33) é utilizado para a cirurgia da mão no momento de microssuturas nervosas ou vasculares, para a oftalmologia e para a cirurgia otorrinolaringológica. A **microcirurgia** apresenta um problema parecido: a imagem do campo operatório, vista no microscópio, não se situa na direção do olhar para as mãos. O cirurgião deve, portanto, adquirir **outras rotinas**, contrárias às adquiridas anteriormente: os gestos das mãos não são mais pensados em relação à direção das mãos, o que requer um remanejamento do esquema corporal no meio ambiente determinado. Por causa da mudança de escala pelo aumento do microscópio, o deslocamento dos instrumentos e, por conseguinte, de suas mãos, deve ser **multiplicado**.

Para a **microcirurgia intracelular**, as ações **no interior da célula** (Fig. 47.34: uma micropipeta furando uma parede celular) podem ser feitas somente por intermédio de um **micromanipulador** que intercala

Figura 47.33

um dispositivo mecânico no esquema corporal estendido: vê-se aqui a representação digitalizada da penetração de uma pipeta em uma célula que se deforma sob a pressão antes de ceder.

Essas técnicas são o objeto de estudo de uma nova ciência: a **nanotecnologia**.

A adaptação do cirurgião ou do biólogo a essas novas técnicas operatórias por visão interposta, que requerem uma **reorganização do esquema corporal**, pode levar vários meses ou até anos.

A **cirurgia assistida por computador** é uma técnica em pleno desenvolvimento que se insere cada vez mais nos domínios da cirurgia. O princípio é simples e atrativo: exames pré-operatórios do esqueleto por tomografia e ressonância magnética estabelecem uma representação espacial da região a ser operada, a qual, na sequência, é inserida na memória do computador sob forma de uma matriz 3-D.

No início da operação, **referenciais eletrônicos** são implantados em pontos predeterminados do esqueleto. Um **localizador** (Fig. 47.35) estabelece uma localização espacial precisa desses dispositivos, o que permite integrá-los **à matriz 3-D do local a ser operado**. Com a intervenção assim preparada, é possível introduzir no computador o **programa de um ato bem preciso**, como escavar o acetábulo ósseo de um lado do quadril e inserir ali um acetábulo protético exatamente **no eixo** do acetábulo anatômico.

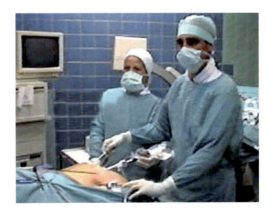

Figura 47.32

O que é biomecânica

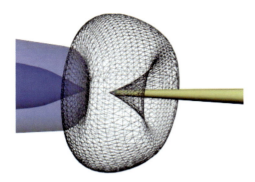

Figura 47.34

Figura 47.35

A precisão desse ato é bem superior à de um **operador humano** e é por isso que esse tipo de cirurgia encontrou aplicações *em vários setores*. Além da cirurgia do **quadril protético**, é possível fazer secções para as *próteses de joelho* de maneira extremamente precisa a fim de corrigir os desvios patológicos dessa articulação. No nível da coluna vertebral, torna-se possível inserir parafusos pediculares, reduzindo a zero o risco de falso percurso. Pode-se também colocar um disco intervertebral protético com uma grande precisão.

Os **neurocirurgiões** podem realizar *operações estereotáxicas robotizadas* (Fig. 47.36) no cérebro, levando em conta a anatomia e as localizações cerebrais.

Essa cirurgia assistida por computador constitui, portanto, um **real progresso** em relação à **precisão** do gesto cirúrgico e à **diminuição do risco de erro** técnico. No entanto, *a relação do cirurgião com seu paciente é completamente modificada*. A ferramenta cirúrgica para os atos mais importantes lhe escapa, a menos que ele a integre a seu esquema corporal.

A longo prazo, ocorre a transformação do cirurgião, como pessoa implicada no tratamento de seu paciente, **em um técnico** que monitora um processo informático-mecânico que não o envolve diretamente. Deve-se considerar essa evolução irreversível como uma *perversão tecnológica* ou como um *progresso* que protege o paciente da falibilidade de seu cirurgião? A cirurgia, que era antigamente uma arte, marcada pelo contato humano do médico com o paciente, **corre o risco de tornar-se uma técnica desumanizada**. O progresso não para.

A **telecirurgia** foi objeto de experiências em que o ato operatório pode se desenvolver a milhares de quilômetros do operador, que controla seus gestos por meio de uma televisão. Falta-lhe o **retorno de informações** sobre seus gestos, ou seja, a resistência sentida no momento de uma ação sobre um objeto, informação importante que permite dosar a força empregada para a realização de um ato.

Um problema idêntico se impõe atualmente para os **pilotos de aviões de linha** equipados com *pilota-*

Figura 47.36

gem assistida, em que o *retorno de informação* sobre os comandos é fundamental para reagir a eventos inesperados.

Na telemanipulação

O homem utiliza habitualmente **telemanipuladores** por meio de uma aparelhagem ou sob *controle direto da visão*, como a telemanipulação em **meio radioativo nas centrais nucleares** (Fig. 47.37: braços telemanipuladores) ou, ainda, pela interposição de uma tela, chamada de **monitor**, que mostra uma ação totalmente *desconectada da linha do olhar*, como é o caso das intervenções cirúrgicas por endoscopia. Também nesse caso, a adaptação do esquema corporal a essas novas condições de uso das mãos requer um aprendizado mais ou menos longo antes de se obter a precisão dos gestos.

Os **braços telemanipuladores** também são utilizados nos submarinos de grande profundidade.

Na telepilotagem

Por fim, com a **pilotagem** de aviões **a longa distância**, como no caso dos **drones**, o **operador** apenas dispõe de informações visuais por intermédio de uma *tela de vídeo* (Fig. 47.38) que transmite a imagem de uma *câmera embarcada* de seu meio ambiente, enquanto os pilotos de *modelos reduzidos* conservam a visão direta de sua maquete. O piloto de drones é também privado das informações cinestésicas que informam todo condutor de veículo de sua posição no espaço e de suas acelerações. O mais surpreendente é que alguns drones podem ser pilotados a 18.000 km de distância. Dessa maneira, os pilotos não são mais expostos: eles são poupados.

A dificuldade é ainda maior para os **operadores de naves espaciais**, que manobram a grande distância em outros planetas: é preciso integrar o tempo de transmissão das informações e das ordens, o que cria uma **defasagem temporal** relevante entre um evento imprevisto e a reação apropriada. É por isso que esses dispositivos móveis a grande distância possuem um mínimo de *reflexos de base* enquanto os pilotos de *modelos*

Figura 47.37

Figura 47.38

reduzidos conservam a visão direta do móvel pilotado, o que lhes permite reagir imediatamente em um evento desestabilizador.

Para os artesãos

Extensão do esquema corporal a ferramentas profissionais

Para os **artesãos**, como um **marceneiro**, um **soprador de vidro** ou um **luthier**, é a mesma coisa, o que explica a ligação quase visceral dos artesãos com suas ferramentas de trabalho e a *transmissão de cada* *uma delas por herança* a seus descendentes ou a seu discípulo preferido.

Sendo assim, cada ser humano transporta em si não apenas seu *esquema corporal próprio*, mas também um número maior ou menor de *esquemas corporais estendidos e associados*, que vão se *integrar automaticamente* com sua rotina específica ao esquema corporal próprio assim que entrar em contato com o objeto associado.

É evidente que, para o esquema corporal estendido, rotinas específicas são necessárias para cada tipo de extensão. Por exemplo, a rotina de extensão relacionada a seu carro pessoal não é a mesma que a rotina para dirigir um semirreboque. Existe, assim, uma rotina para o violinista e para o pianista, por exemplo, que podemos chamar de **aprendizado**.

Para o cirurgião que trabalha com um monitor televisual enquanto realiza uma cirurgia endoscópica, o aprendizado para adquirir as rotinas específicas pode ser longo e depende das capacidades de representação espacial do profissional. O aprendizado não permite a fixação definitiva das rotinas, de modo que elas devem, em seguida, ser *sustentadas e reativadas por uma utilização permanente*, caso contrário se apagam. Disso vem a **necessidade de exercícios de treino**, bem conhecidos por esportistas e músicos, que permitem não somente a estabilização das rotinas, mas também seu **aperfeiçoamento**.

Os **usuários assíduos de computador** também têm com sua máquina uma extensão corporal e até afetiva: eles perdem a paciência diante do menor distúrbio de funcionamento e sentem-se "amputados" na ocorrência de alguma pane.

Para os usuários de **computadores**, a integração é dupla: *física* para o *teclado* e *intelectual* para as operações lógicas.

Integração do instrumento no psiquismo

A integração ao psiquismo corporal foi prevista há muito tempo com a expressão popular: *"Ele e seu instrumento eram um só"*.

O mestre arqueiro assegura a seu aluno que ele somente atingirá seu alvo e o auge de sua arte quando puder identificar-se com a flecha que lança. Nas **artes marciais**, também existe uma extensão do esquema corporal.

Pierre Amoyal, violinista célebre cujo *Stradivarius* foi roubado, afirmou que havia se sentido amputado de uma parte do próprio corpo, o que prova até que ponto esse violino fazia parte dele próprio. **Anne-Sophie Mutter**, que também usa um Stradivarius, afirma que seu violino é um prolongamento de sua alma e que mantém, como todos os outros violinistas, uma relação afetiva e quase carnal com seu instrumento.

E podemos, nesse tema, citar **Lamartine**:

Objetos inanimados, tendes uma alma
que se une à nossa alma e a obriga a amar?

A *alma do instrumento* é a **comunicação afetiva** que se estabelece entre a realidade do objeto e o ser afetivo do homem com o qual está ligado.

Citamos violinistas famosos que acariciam seus violinos e os chamam por um nome. Alguns chegam a entrar em depressão após a perda ou o roubo de seu instrumento querido.

Integração do instrumento ao território

Uma questão se coloca: quais são as relações entre o esquema corporal e o *território*? O território é, como se sabe, a porção de espaço que cada indivíduo reivindica e defende sob o domínio do **instinto de território**, que é **o mais fundamental** de todos os instintos, aquele que domina todos os outros (poder, riqueza, sexo). É possível que ele seja uma **extensão social do esquema corporal**?

Pode haver, em algumas ocasiões, uma fusão, ou uma **confusão, entre o esquema corporal estendido e o território**. Por exemplo, quando se analisa *o comportamento de um condutor agressivo* ao volante de seu carro, verifica-se que, em caso de conflito ou acidente, o carro, que já fazia parte do esquema corporal estendido, faz também parte do território. Ele defende sua carroceria como *seu território, como se fosse seu próprio corpo*.

É o caso também de um artesão ou de um artista que foi despojado de seus instrumentos: eles faziam parte de si próprio e ele se sente violado, assim como o célebre personagem Harpagon[*], de quem roubaram a caixa.

Do mesmo modo que existe para o homem um **território intelectual**, além de seu território geográfico, pode-se questionar sobre a existência de *um esquema corporal intelectual? Um território intelectual?*

O esquema corporal pode ter seu reflexo no campo afetivo. Esse **esquema corporal estendido ao afetivo** ganha uma grande importância nas relações sentimentais e, principalmente, sexuais: no ato amoroso, o esquema corporal afetivo, **estendido ao eu**, transborda e engloba aquele do outro para **explodir** durante uma fração de segundo no momento do orgasmo.

Definitivamente, a aquisição dessa *noção nova* de **esquema corporal estendido** pode melhorar a compreensão do funcionamento do sistema musculoesquelético e permitir novos tipos de utilização, bem como a compreensão de inúmeras situações.

---

[*] N.T.: Harpagon, um velho muito rico que guarda todo o seu dinheiro em uma caixa, é um dos personagens da peça teatral *O avarento*, escrita pelo francês Jean-Baptiste Poquelin, mais conhecido como Molière.

48

A autorreparação do sistema musculoesquelético

Comecemos por **uma parábola**: imagine um trator cujo eixo de transmissão foi rompido. **A ruptura se situa bem no meio** (Fig. 48.1: a seta indica a ruptura), mas, por sorte, a haste do eixo não foi deslocada: as duas extremidades da ruptura continuaram *em contato*.

O trator fica parado na garagem e, três semanas mais tarde, constata-se a maravilha: o eixo se reparou sozinho. Vê-se apenas a "solda", mas, como o espessamento encontra-se no meio do eixo, não atrapalha em nada e o trator pode voltar ao serviço.

Mais um *conto fantástico*, pois *os tratores não se reparam sozinhos, mas os ossos sim*!

O sistema musculoesquelético é "protegido" por um *mecanismo latente* de **autorreparação** que atua a partir do momento em que se produz uma ruptura de continuidade em um osso, denominada **fratura**.

Autorreparação esquelética

O tecido ósseo, assim como todos os outros tecidos que compõem o corpo humano – e, desse ponto de vista, não difere daquele dos outros animais –, é **capaz de reparar-se sozinho**, sem nenhuma intervenção exterior. Trata-se de uma **condição de sobrevivência do indivíduo**, bem como da espécie, uma vez que a sobrevivência do indivíduo é uma das condições da sobrevivência da espécie.

Figura 48.1

Estrutura do osso

Antes de explicar por qual mecanismo ocorre a autorreparação, é preciso relembrar brevemente a *constituição* de uma peça esquelética.

Todo osso comporta dois tipos de **tecido ósseo** (Fig. 48.2: corte em perspectiva de tecido ósseo corticoesponjoso):

- **o osso compacto** (lado esquerdo do esquema) é formado por colunas longitudinais, centradas por um **canal de Havers** (Fig. 48.3: corte que mostra a distribuição dos vasos no osso), contendo os microvasos. As paredes do canal são formadas por camadas sucessivas de substância óssea fundamental, que contém células ósseas, os **osteócitos**;

474

48 A autorreparação do sistema musculoesquelético

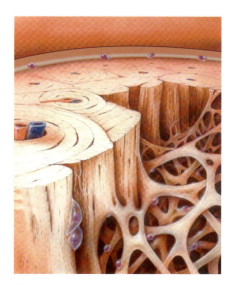

Figura 48.2

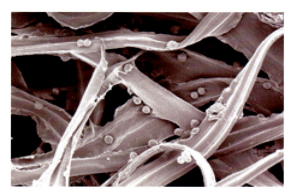

Figura 48.4

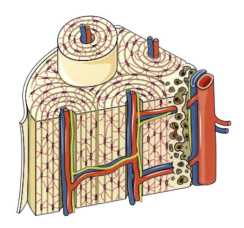

Figura 48.3

- **o osso esponjoso** (Fig. 48.4: vista com grande aumento), de estrutura alveolar, forma numerosas cavidades cheias de medula óssea vermelha, *hematopoiética*.

O osso compacto forma a periferia dos ossos esponjosos, o **cortical**, assim como as **diáfises tubulares** dos ossos longos. No centro dessa diáfise, situa-se o **canal medular**, que contém a **medula amarela**, constituída essencialmente de *gordura*, que não tem nenhuma função produtora de glóbulos vermelhos. Na periferia das diáfises e dos corticais, situa-se uma membrana fibrosa, o **periósteo**, cuja face profunda, em contato com o osso, é **osteogênica**, ou seja, produtora de ossos.

Fatores da reparação óssea

É preciso saber que o tecido ósseo distribuiu ao longo de toda sua estrutura "operários" capazes e prontos para agir em caso de acidente, reconstruindo e reformando o edifício feito de osteócitos, dispostos nos canais de Havers e nas trabéculas ósseas do tecido esponjoso.

Os **osteoblastos** (Fig. 48.5: corte cortical externo que mostra o periósteo em vermelho) são esses operários prontos para agir, elementos osteogênicos precursores dispostos na face profunda do periósteo, recobrindo todas as cavidades do osso esponjoso. Provenientes das células mesenquimatosas indiferenciadas, eles elaboram fibras de colágeno e de substância osteoide, o substrato do osso. Cada um desses osteoblastos é capaz de rodear-se de uma matriz calcificada em uma cavidade chamada **osteoplasta**, transformando-se, assim, em **osteócito**.

Os **osteócitos** (Fig. 48.6: corte que mostra sua disposição em camadas concêntricas) são, portanto, os fatores indispensáveis da construção e da reconstrução óssea. São dotados de **numerosos prolongamentos** (Fig. 48.7: dois osteócitos) alojados nos canalículos da matriz óssea e que se constituem em rede com aqueles dos osteócitos vizinhos.

475

Figura 48.5

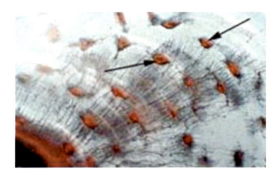

Figura 48.6

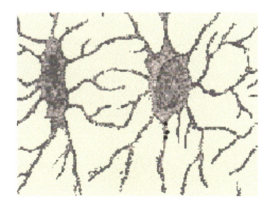

Figura 48.7

Os **osteoclastos** são operários de demolição, pois *antes de construir, algumas vezes é preciso demolir*. Existem, portanto, células especializadas nessa tarefa: *células gigantes multinucleadas* semelhantes aos *fagócitos*, aliás, o que de fato são. Eles induzem a **osteoclasia**, ou seja, a reabsorção da substância fundamental, agindo sobre o metabolismo fosfocálcico. São os agentes da **apoptose**, a *morte celular programada*, que *literalmente esculpe* as estruturas ósseas para lhes devolver uma forma e uma **estrutura planificada**.

As **células de revestimento** têm uma grande função no metabolismo dos osteócitos. Como seu nome indica, são dispostas em finas camadas na superfície do osso compacto e se ligam à rede dos osteócitos, aos quais fornecem o cálcio extraído no líquido extracelular e os capilares.

A **matriz óssea**, ou substância fundamental, comporta *três constituintes*:

- o **colágeno**, de tipo I, é o suporte proteico da matriz;
- a **substância osteoide** é composta de 90% de colágeno, não calcificado no início. Elas apresentam proteínas não colágenas, glicoproteínas, peptídios, hidratos de carbono e lipídios, mas, sobretudo, *glicosaminoglicanos sulfatados* que carregam **sais de cálcio**;
- os **sais minerais**, que representam 70% do peso do osso seco: carbonatos e fosfatos de cálcio, que formam cristais próximos da **hidroxiapatita**.

Dois tipos de ossificação relacionam-se com o desenvolvimento dos ossos:

- a **ossificação endoconjuntiva** (Fig. 48.8: corte subperiostal), diretamente a partir do tecido conjuntivo (em cima e à esquerda), colonizado pelos osteoblastos, que formam, inicialmente, uma margem osteoide (no centro) a partir da qual todo o conjuntivo vai ser investido;
- a **ossificação endocondral** (Fig. 48.9), a partir de uma *maquete cartilagínea* colonizada pelos osteoblastos a partir de "pontos de ossificação". Os osteo-

48 A autorreparação do sistema musculoesquelético

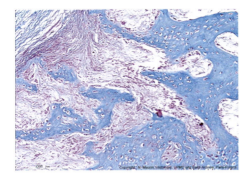

Figura 48.8

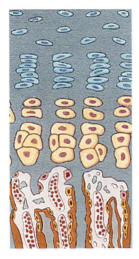

Figura 48.9

Agentes da reconstrução

Uma vista sinóptica dos atores da reconstrução óssea (Fig. 48.10: corte em perspectiva) mostra: os **monócitos** (1), vindos dos capilares, que vão se transformar em **pré-osteoclastos** (2) e, depois, em **osteoclastos** (3), agentes de desconstrução do osso que não respondem ao plano.

Os **pré-osteoblastos** (4) se transformam em **osteoblastos** (5), agentes de construção óssea que vão se integrar ao osso na forma de células fixas, os **osteócitos** (6). Os **macrofágos** (7) são os percussores dos osteoclastos e, por fim, as **células de revestimento** (8) se posicionam por último na superfície do osso esponjoso e do osso compacto novamente criado (**C**), sobreposto às camadas mais antigas (**B** e **A**) para garantir a transferência do cálcio.

Os diferentes estágios da reparação óssea

A reparação de uma lesão do esqueleto evolui em **três fases**, descritas a seguir.

Fase inflamatória

A ruptura do osso ocasiona a formação imediata de **hematoma perifractural** (Fig. 48.11: hematoma inicial), que evolui em até três semanas após o traumatismo. Sob a influência de mediadores, entre os quais

blastos acabarão por substituir todos os condrócitos e substituirão a substância cartilagínea por uma matriz óssea.

Renovação permanente do osso

Em condições normais, o esqueleto adulto se renova permanentemente em 10% por ano graças aos *osteoclastos*, que reabsorvem a matriz óssea, e aos *osteoblastos*, que sintetizam uma nova matriz óssea. O **equilíbrio permanente** entre destruição e formação óssea é regulado por um sistema complexo de interações entre células ósseas, *hormônios* e fatores de crescimento, as citocinas.

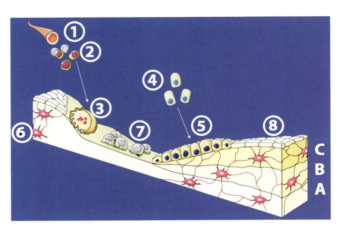

Figura 48.10

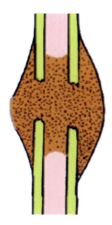

Figura 48.11

prostaglandinas, células da inflamação, linfócitos, monócitos e polinucleares, os macrófagos vão ocupar esse hematoma.

Fase de reparação

Desde o primeiro momento (Fig. 48.12: penetração dos fibroblastos), o hematoma perifractural vai ser colonizado por **fibroblastos** e, na sequência, por **osteoblastos** provenientes da medula óssea. As células conjuntivas ocupam o espaço interfragmentar, enquanto uma rede vascular muito densa invade toda essa estrutura. Assim se forma um **calo conjuntivo** entre as duas extremidades ósseas, cujas células sofrem uma metaplasia cartilagínea, criando um *tecido osteoide pouco calcificado*. Esse osso novo, chamado de **calo ósseo**, vai restabelecer a continuidade mecânica ainda pouco sólida entre os fragmentos por ser, inicialmente, cartilagíneo.

Fase de remodelagem óssea

De três semanas a três meses após o traumatismo, se a estabilidade do local da fratura estiver garantida, o calo se calcifica, formando um **verdadeiro calo ósseo** (Fig. 48.13), ou seja, mecanicamente sólido, em três lugares:

- o calo periósteo de Ollier, na periferia;
- o calo medular, no centro;
- o calo cortical, interfragmentário.

Ao mesmo tempo começa a **remodelagem óssea**, que consiste na **recriação das trabéculas ósseas** (Fig. 48.14) sob a ação de tensões mecânicas. Na verdade, elas representam as linhas de resistência do osso a essas tensões. Elas podem, em determinada medida, sobretudo nas crianças, compensar ligeiras angulações e, mais raramente, fracas rotações. No caso ideal, as extremidades ósseas permanecem em contato uma com a outra, quando não houve angulação ou rotação entre os eixos fragmentares e, principalmente, quando a fratura foi **imobilizada de maneira absoluta**. É papel do cirurgião ortopédico *reduzir a fratura*, restabelecendo o *contato interfragmentário*, *realinhando os fragmentos* e *imobilizando o local* da fratura durante um período suficiente. A experiência mostra que determinada *compressão* em um local de fratura acelera a consolidação.

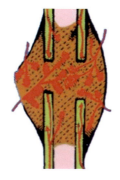

Figura 48.12

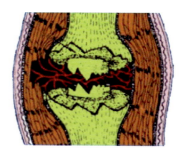

Figura 48.13

48 A autorreparação do sistema musculoesquelético

Figura 48.14

Uma **consolidação óssea prefeita** (Fig. 48.15: o calo após a consolidação perfeita) propicia a reconstituição de um osso sólido, de forma anatômica, cuja cavidade medular se formou novamente e que somente aparece por causa de um discreto espessamento dos corticais.

Se as condições ideais não forem atendidas, por exemplo, se a imobilização não tiver sido estrita, é possível verificar um **atraso de consolidação** ou até uma **pseudoartrose**, que é uma "não consolidação" *definitiva*.

Às vezes, é difícil estabelecer *a diferença* entre um simples "atraso de consolidação", que requer um mero *prolongamento da imobilização*, e uma "pseudoartrose", que vai necessitar de uma **ação cirúrgica** para "recomeçar a consolidação".

Uma consolidação efetuada em **posição anormal** por causa de uma *má redução inicial* ou de uma *imo-bilização ineficaz* constitui um **calo vicioso** que, em razão dos *desalinhamentos* que provoca, pode causar, em longo prazo, graves lesões articulares, que levam a uma **artrose pós-traumática**.

O sistema musculoesquelético é, portanto, capaz de efetuar uma autorreparação em caso de fratura que pode, em certa medida, reconstituir a forma normal de uma peça esquelética. Por outro lado, com o avanço da idade, a reconstrução óssea não pode mais compensar sua destruição, e o desgaste passa a ganhar vantagem (Fig. 48.16: cortes de osso, normal, **A**, osteoporótico, **B**): é a **osteoporose senil**. A osteoporose pode também ser consequência de uma *acamação* prolongada, de uma *imobilização* por gesso ou de uma *longa temporada em local com ausência de gravidade*. É para evitar essa osteoporose que os astronautas são submetidos a várias horas de exercícios físicos por dia nas *estações espaciais*.

É graças à **plasticidade do esqueleto infantil** que o cirurgião ortopédico pode endireitar a curva de um osso ou de uma espinha, impondo-lhe uma pressão permanente. É um exemplo de **cronocirurgia**, ou seja, de uma cirurgia que se desenvolve e adquire seus efeitos ao longo do tempo. Para dizer a verdade, *toda cirurgia do sistema musculoesquelético só tem efeitos com o passar do tempo*.

Figura 48.15

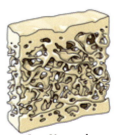

A. Normal

B. Osteoporose

Figura 48.16

O que é biomecânica

Autorreparação das cartilagens articulares

A cartilagem não se repara da mesma maneira que o osso, pois não comporta *vasos nem nervos*, exceto no **pericôndrio**, membrana conjuntiva que cerca a cartilagem em determinados lugares, como no pavilhão da orelha. A **substância fundamental** é composta por *sulfato de crondroitina* e é rica em *glicosaminoglicanos*, substância muito hidrófila. Ela comporta **fibras colágenas e elásticas**. Esses diferentes componentes se constituem em forma de **rede fibrilar** (Fig. 48.17), em que vemos filamentos de glicosaminoglicanos (**GAG**) se ligarem a eixos de proteínas (**P**), os quais, por sua vez, se ligam a fibras de ácido hialurônico (**H**).

As células cartilagíneas desenvolvem-se a partir de uma **camada basal** (Fig. 48.18) formada de *condroblastos* que se dividem em **condrócitos**, os quais formam algumas cadeias que se distanciam da camada basal (setas).

É a multiplicação das células basais que reconstitui a cartilagem **a partir da profundidade**. Na superfície, a cartilagem é nutrida apenas pelo *líquido sinovial*, que também tem propriedades *lubrificantes*.

A reparação da cartilagem na superfície, no caso de articulações lesionadas, efetua-se por aposição de **fibrocartilagem** (Fig. 48.19), mais rica em fibras colágenas, porém menos elástica. *Sua elasticidade e suas propriedades de deslizamento são muito inferiores* àquelas da cartilagem hialina de primeira geração.

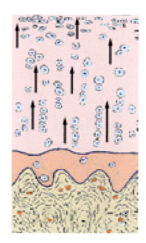

Figura 48.18

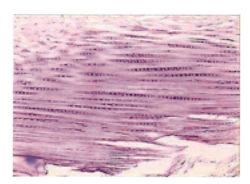

Figura 48.19

É por isso que a redução das fraturas articulares deve ser extremamente precisa: deve ser *milimétrica*. A menor defasagem, o menor "tropeço", pode dar origem a uma **artrose pós-traumática**.

Atualmente, desenvolvem-se tentativas terapêuticas de desacelerar a evolução para artrose por meio de injeção intra-articular de *ácido hialaurônico*. Outras pesquisas seguem baseadas em *células-troncos* ou *transplantes de cartilagem* autóloga ou heteróloga.

Compensação do desgaste

As superfícies articulares são, *como em toda articulação mecânica*, submetidas ao desgaste, mas, além disso, em biomecânica, existe um **jogo mecânico na construção**, enquanto, em mecânica industrial, o jogo é banido, pois o desgaste é proporcional ao jogo. Por outro

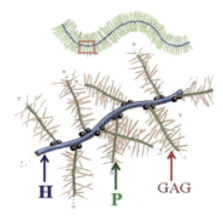

Figura 48.17

lado, em biomecânica, um jogo normal e relativamente significativo oferece **graus de liberdade suplementares**. Esse fator suplementar de **desgaste é compensado permanentemente pela reconstrução** cartilagínea efetuada pela profundidade. Esse mecanismo somente é favorável até certa idade: quando a reconstrução se torna menos ativa por causa do envelhecimento, a deficiência de reconstrução cartilagínea ocasiona uma **artrose degenerativa** prejudicial ao funcionamento da articulação.

Naturalmente, é graças à possibilidade de reconstrução que o jogo mecânico é uma vantagem.

As articulações que comportam um *jogo mecânico máximo* e que são submetidas a um *funcionamento intensivo*, como a **acromioclavicular**, são atingidas antes pela artrose degenerativa. Na ressonância magnética mostrada na Figura 48.20, vemos perfeitamente a irregularidade da entrelinha. As articulações mais *encaixadas* resistem por mais tempo, salvo se forem submetidas a **tensões anormais** devidas a um vício arquitetural, por exemplo, uma *displasia*, como no caso do quadril ou da "articulação patelofemoral", ou a um **desalinhamento**, como o joelho desalinhado por um joelho varo ou valgo. Uma articulação que poderia ser qualificada como "miraculosa" é a temporomandibular, porque ela apenas **excepcionalmente** é atingida por uma artrose, a qual atrapalharia a mastigação e, portanto, a alimentação, que pode comprometer a sobrevivência.

Autorreparação dos músculos

As feridas, as rupturas e os estiramentos musculares ocorrem após *esforços musculares muito violentos* ou, em não atletas, após um *alongamento imprevisto de um segmento de membro*. Pode tratar-se de *ruptura das fibras no corpo do músculo* ou de *estiramento na junção miotendínea ou mioaponeurótica*. Essas lesões são capazes de se reparar, graças a um processo bem longo.

Evolução da ruptura

A ruptura das fibras ocasiona a constituição imediata de um **hematoma** mais ou menos volumoso. Com muita rapidez, ele será invadido por **macrófagos** e polinucleares que vão eliminar, **fagocitar**, as fibras musculares responsáveis pela necrose. A **regeneração muscular** *é resumida com clareza* **no esquema** mostrado na Figura 48.21 (segundo o prof. **Daniel Balas**, Faculdade de Medicina de Nice): ela parte de *células-satélites* (**S**) situadas *na periferia das fibras musculares normais* (linha A). Essas células de pequeno tamanho, relativamente indiferenciadas, ficam, por assim dizer, "na reserva", pois vão desconectar-se do

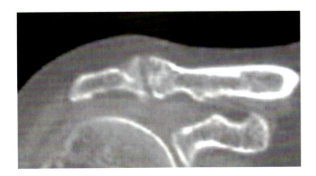

Figura 48.20

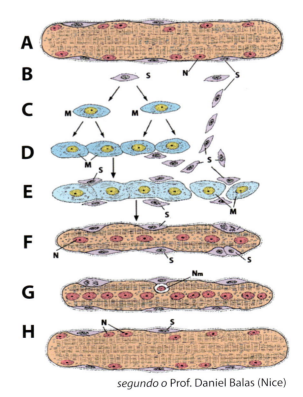

segundo o Prof. Daniel Balas (Nice)

Figura 48.21

suporte (linha **B**) e dar origem a **mioblastos** (linha **C**) que colonizam o hematoma e, na sequência, alinham-se (linha **D**) para fundir-se e transformar-se em uma grande célula polinucleada (linha **E**) que constitui o **miotubo** (linha **F**), com uma disposição central dos núcleos e periférica das miofibrilas. Esses miotubos evoluem, em seguida (linha **G**), por migração dos núcleos (**Mn**) para a periferia, transformando-se, assim, em **fibra muscular estriada**, com miofibrilas centrais e alinhadas, e núcleo periférico (linha **H**). Em resumo, o músculo se reconstitui com novas fibras musculares estriadas, a partir de células-satélites presentes no músculo normal.

Esse processo requer um significativo aporte de oxigênio, uma **hipervascularização**, indispensável à reconstrução muscular.

A imobilização absoluta não é desejável. Na verdade, uma **mobilização precoce** é benéfica, pois, ainda que corra o risco de agravar o hematoma inicial, aumenta o número de células inflamatórias, acelera a reabsorção hemática e provoca uma regeneração muscular mais significativa. Além disso, ela **orienta as fibras musculares** no sentido longitudinal da tração muscular. Assim, pode-se atingir o ideal: encontrar um músculo contrátil, elástico e, o mais importante, de comprimento apropriado a seu encurtamento no momento da contração, pois um músculo muito longo perde sua eficiência.

Um bom resultado somente pode ser obtido graças a uma *reeducação relativamente precoce*, com sessões de *alongamento*.

Em caso de **secção** franca de um músculo, no momento de um ferimento ou de acidente, uma **sutura cirúrgica** permite obter uma cicatrização mais rápida.

Um caso particular é constituído pelo **miocárdio**. É um tecido muscular especial, um sincício (Fig. 48.22: vista de corte de músculo cardíaco), cujas células estriadas são anastomosadas entre si para formar uma rede. Esse tecido miocárdico não se regenera como o músculo estriado, mas dá lugar a uma **cicatriz fibrosa** que perde todo o poder contrátil. A **sobrevivência após um infarto do miocárdio** depende, portanto, estreitamente *da importância da necrose inicial*: se a área necrosada ultrapassar determinado limiar, a

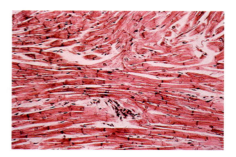

Figura 48.22

parte contrátil residual não basta mais para garantir a circulação. Se a sobrevivência for possível, a função cardíaca continua diminuída pela perda funcional da cicatriz fibrosa. No corte transversal do coração mostrado na Figura 48.23, a parte necrosada, mais escura, representa uma porção limitada da parede posterior do ventrículo esquerdo.

Longe das agressões e dos traumatismos, o músculo pode sofrer uma regressão funcional: a **amiotrofia**, ou atrofia muscular, que é uma lesão grave. Ela acompanha, em geral, o *envelhecimento*: é a **amiotrofia senil**, que pode ser a causa de quedas com fraturas ou de confinamento em *cadeira de rodas*. Ela pode também acontecer após uma *acamação* prolongada, uma *imobilização* por gesso e, no caso da exploração espacial, por uma *temporada longa em local sem gravidade*, o que explica a necessidade de os astronautas seguirem um treinamento cotidiano.

De maneira mais banal, uma simples imobilização do joelho provoca, muito rápida e automaticamente, uma **amiotrofia do quadríceps** que *demorará muito a ser recuperada*, após várias sessões de reeducação.

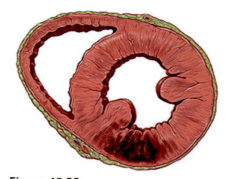

Figura 48.23

Autorreparação dos tendões

As rupturas tendíneas são *relativamente frequentes*. Elas acontecem:

- **após esforço** por contração muscular violenta na altura do **tendão do calcâneo** (Fig. 48.24: distância tendínea após a ruptura), do tendão do músculo quadríceps femoral ou do tendão da patela;
- após **hiperflexão por choque** sobre a extremidade de um dedo que rompe o extensor com sua inserção sobre a falange distal – é o "dedo em martelo";
- por **esforço exagerado** sobre os flexores, como no caso dos dedos dos alpinistas ou dos jogadores de rúgbi – é o "dedo em gatilho" ou "dedo de Jersey";
- ou por **degenerescência** do tendão do músculo supraespinal no ombro.

A reparação espontânea das desinserções é possível, mas se acompanha da formação de um calo tendíneo com um alongamento que compromete a função muscular.

Excepcionalmente, uma ruptura do tendão do calcâneo *na junta miotendínea pode reparar-se* **espontaneamente** com resultados aceitáveis.

As rupturas em pleno corpo do tendão não podem reparar-se espontaneamente: precisam ser operadas.

Quanto às secções tendíneas por ferramenta cortante, elas necessitam **sempre** de uma estrutura cirúrgica. O sucesso dessa operação requer condições específicas:

- uma **sutura** por pontos situados na *periferia do tendão* que esteja perfeitamente voltada às superfícies de secção;
- uma **ausência total de tensão** na altura da sutura, o que leva a realizar pontos especiais no interior do tendão a fim de neutralizar a tração decorrente do tônus muscular;
- uma **vascularização correta** das extremidades tendíneas, o que explica a diferença de taxas de sucesso segundo as regiões que levam a sutura:
  – há áreas perfeitamente vascularizadas, como a palma da mão, em que os tendões são envolvidos por bainhas sinoviais;
  – há outras, como o canal digital, em que o aporte vascular depende de finos vasos carregados pelos **vínculos tendíneos** (Fig. 48.25: flexores no canal digital), que é preciso absolutamente respeitar.
- essa cirurgia deve ser perfeitamente atraumática a fim de apresentar o mínimo de prejuízo possível sobre os tendões e seu aporte arterial;
- a bainha e as polias devem ser **reparadas**;
- a sutura deve ser **mecânica e duravelmente sólida** (Fig. 48.26: tipo de sutura tendínea) a fim de autorizar um cerzido precoce e controlado para evitar as aderências do canal tendíneo às paredes do túnel. Essa solidez inicial é obtida pelo "ponto de apoio" (1ª linha). Depois, uma sobrecostura periférica é realizada. Em determinados casos, a ruptura de um tendão da mão, como o do extensor longo do polegar, pode ser compensada por uma transposição do extensor do indicador, que dá um excelente resulta-

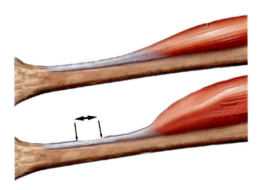

Figura 48.24

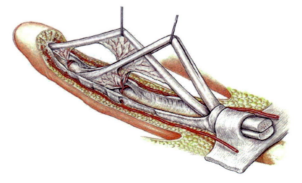

Figura 48.25

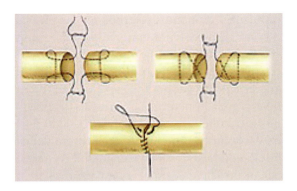

Figura 48.26

do, enquanto a sutura do tendão rompido é impossível e, em todo caso, fadada ao fracasso.

Por vezes, é necessário recorrer a transplantes tendíneos, que têm maior chance de sucesso quando a parte a ser transplantada é extraída com sua atmosfera conjuntiva portadora dos vasos.

No geral, a cirurgia reparadora dos tendões é **difícil e cheia de riscos**, exposta a **rupturas secundárias** ou **bloqueio por sínfise tendínea** (aderências).

Autorreparação dos nervos

Para entender os mecanismos de autorreparação dos nervos, é preciso fazer uma breve **revisão da anatomia microscópica** dessas estruturas.

Para simplificar, os nervos são como cabos elétricos, constituídos por um feixe de condutores, fios de cobre rodeados, cada um deles, por uma bainha isolante para evitar a difusão da corrente elétrica e os curtos-circuitos.

Um *nervo* é, da mesma maneira, constituído por *fibras nervosas*, reunidas e protegidas, **como um cabo** (Fig. 48.27: corte de um nervo), em uma atmosfera conjuntiva, o paraneuro (**P**), que chamamos também de *neurilema*; o próprio nervo é envolvido por uma bainha conjuntiva, o *epineuro* (**E**). As *fibras nervosas* (**F**) são agrupadas em feixes cercados pelo *perineuro* (**pn**), que representa contingentes definidos com precisão. Nos feixes, cada *fibra nervosa* (**F**) é separada das outras por um tecido conjuntivo, o *endoneuro* (**e**), no qual circulam *vasos* (**V**).

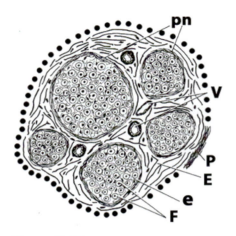

Figura 48.27

Cada **fibra nervosa** (Fig. 48.28: vista esquemática de uma célula nervosa) é constituída por um *axônio* (**A**), prolongamento fino e muito longo de uma célula nervosa, o *motoneurônio* (**N**), situado no corno anterior da medula espinal, no que diz respeito aos nervos periféricos. Esses corpos celulares formam a substância cinzenta e são interconectados com seus vizinhos por uma "cabeleira" de filamentos, os *dendritos* (**D**), em contato por sinapses. O prolongamento axônico, que pode medir mais de 1 metro de comprimento, representa o condutor, cercado por um isolante formado pelas *células de Schwann* (**S**), que se sucedem de forma alinhada sobre o axônio, separadas uma da outra por um estreitamento, o *nó de Ranvier* (**R**), na altura do qual o axônio é desprovido de proteção.

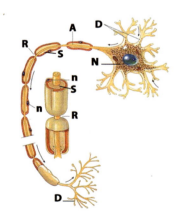

Figura 48.28

A **estrutura dessas células de Schwann** (Fig. 48.29: como a célula de Schwann envolve o axônio) é muito particular: se partirmos da posição inicial (**A**), em que o axônio está em contato com a célula de Schwann, ele vai primeiramente se invaginar na célula formando um *mesaxônio* (**M**), depois a célula de Schwann vai *girar em torno* do axônio (**C**), formando, a partir do *mesaxônio externo* (**ME**), um laminado espiralado, o *mesaxônio interno* (**MI**). As células de Schwann são muito carregadas de **mielina**, um tipo de *lipídio* que constitui "o isolante".

As dimensões de um axônio são realmente fenomenais:

- seu diâmetro varia de 5 a 120 micrômetros – 1 micrômetro equivale a 1 milésimo de milímetro –, o que significa que poderíamos encontrar dez axônios em um fio de cabelo;
- seu **comprimento** pode ultrapassar 1 **metro** no caso de um neurônio situado na medula lombar e que comanda um músculo do pé;
- a **relação** entre o diâmetro e o comprimento desse filamento vivo é de 1/20.000, o que explica sua extrema fragilidade e toda a importância que adquirem as células da glia de sustentação do *tecido nervoso*, que asseguram, ao mesmo tempo, um *papel nutricional*;
- as fibras nervosas são, portanto, de **extrema fragilidade**, tanto quanto **fibras de vidro**, de modo que o **menor alongamento pode rompê-las**.

Transmissão do influxo nervoso

O influxo nervoso é um sinal originado no corpo celular do neurônio que se propaga com a velocidade de **50 m/s** ao longo do axônio (Fig. 48.30: esquema da transmissão axônica) até seu fim na região dos dendritos terminais, na placa motora de um músculo. A natureza desse influxo (**I**) é psicoquímica: ele se traduz pelo deslocamento sobre o axônio (**A**) de uma onda de despolarização (esquema superior, **I**) que "salta" de um nó de Ranvier (**R**) na sequência (**d**). A despolarização consiste na passagem da negatividade elétrica da superfície do axônio, em relação a seu interior.

A passagem do influxo depende da **integridade da bainha de mielina** e, portanto, das células de Schwann (**S**). Se, a partir de um ponto do axônio (esquema inferior, **II**), as células de Schwann forem lesadas (**L**) ou destruídas, o influxo nervoso não passa mais (dupla de setas pretas).

Lesões dos nervos periféricos

As lesões nervosas dos nervos periféricos podem ser consecutivas a dois tipos de lesão traumática: lesão crônica por compressão contínua ou lesão aguda por traumatismo.

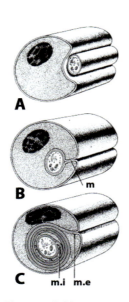

Figura 48.29

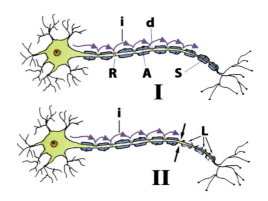

Figura 48.30

485

Há diversos exemplos de **lesão crônica** por **compressão contínua** de um tronco nervoso por formação anatômica ou patológica, sendo os mais frequentes:
- compressão do mediano na altura do canal carpal;
- compressão do nervo ulnar no cotovelo.

Essa agressão do nervo se dá pela *compressão de seus vasos alimentadores*: a **isquemia** resultante ocasiona uma degeneração das bainhas de Schwann e dos axônios em decorrência da compressão, *com paralisia e atrofia muscular*. Os sinais de alerta são as **parestesias** no território do nervo em questão. O diagnóstico e, principalmente, a gravidade da lesão podem ser apurados por um **exame elétrico**.

O tratamento consiste, claro, na **interrupção da compressão** o mais rápido possível, pois a duração da recuperação funcional depende disso: é o caso das ciáticas paralisantes e da compressão crônica da raiz motora, que ocasiona degeneração axônica da região lombar até o pé. A recuperação da motricidade e a cicatrização da atrofia muscular serão mais tardias se a interrupção da compressão radicular tiver sido adiada.

No caso da **lesão aguda** por **traumatismo**, desde Herbert J. Seddon (1887-1964) distinguem-se **três níveis de gravidade**:

1. **Neurapraxia**. É o nível mínimo, por traumatismo moderado que não tenha ocasionado lesão anatômica. A condução nervosa **torna-se mais lenta ou é abolida transitoriamente** – é o "estupor nervoso" – na altura da área traumatizada, mas fica normal a montante e a *jusante*. Espontaneamente, em algumas horas ou semanas a recuperação estará completa.
2. **Axonotmese**. Essa denominação significa que os **axônios estão lesados** em sua *bainha neural, mantida intacta*. A **regeneração dos axônios** (Fig. 48.31: períodos sucessivos) poderá desenvolver-se a partir da extremidade central, como mostra este esquema:
   A. Em um *axônio intacto* no início.
   B. Em decorrência de um traumatismo marcado pelas *setas duplas*.
   C. O axônio é rompido: sua ponta superior se retrata até o nó de Ranvier mais próximo enquanto, na extremidade inferior, começa a **degeneração**

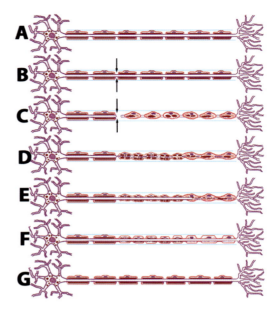

Figura 48.31

walleriana: a **mielina** se degrada e seus resíduos são fagocitados por **macrofágos**.
D. No interior do **endoneuro**, tubo formado pela lâmina basal, vindo da matriz extracelular e que separa o axônio das outras fibras nervosas, alongando-se as células de Schwann formam um *feixe contínuo*, a **banda de Büngner**.
E. Esse feixe secreta substâncias que ativam a **progressão do axônio**. A progressão do neurônio a partir da extremidade proximal começa a partir da 48ª hora, com a busca dos tubos neurais. Após ter encontrado uma bainha, o crescimento progride na proporção de **1 milímetro por dia**.
F. As células da banda de Büngner começam então a *se individualizar*, preparando, assim, a formação de **novos nós de Ranvier**, ao mesmo tempo em que sintetizam a mielina.
G. Com a **reconstrução da bainha de Schwann** concluída, o axônio reocupa suas ramificações distais, mas volta a reconstituir a **placa motora** e compensar a **amiotrofia**.

Esse processo é **muito longo**, algumas vezes leva meses e pode demorar até 1 ano ou 18 meses em razão da lentidão do crescimento axônico.

Esse caso é o **mais favorável ao crescimento axônico**, pois a **continuidade dos tubos neurais** não foi rompida.

Essa regeneração é muito mais aleatória no caso seguinte.

3. **Neurotmese**. O próprio nervo é **seccionado**. Todas as partes constitutivas do nervo são interrompidas e **nenhuma regeneração espontânea** é possível, pois:
   – as extremidades nervosas **se retraem** por causa de sua elasticidade;
   – o **tecido fibroso cicatricial** vai se interpor entre elas;
   – os axônios da extremidade proximal vão se proliferar de maneira anárquica, formando uma espécie de pelota desorganizada – uma imagem: **um pacote de espaguete todo quebrado** –, tumor nervoso chamado de **neuroma de amputação**, sensível ao menor contato, que desencadeia violentas dores de tipo elétrico, as *parestesias*;
   – as células da glia da extremidade distal vão proliferar-se e formar um tumor, chamado de **glioma**. A totalidade da extremidade distal do nervo vai ser a sede de uma degeneração walleriana, mas não há axônio para reabitar os tubos neurais.

A recuperação nervosa **depende de um ato cirúrgico**: a **sutura nervosa**.

Essa técnica fez grandes progressos graças à **microcirurgia** e à criação de um material adaptado, em particular *de agulhas com fios de sutura extremamente finos*.

Ela atende a algumas situações bastante críticas:

- **manipulações atraumáticas** das extremidades nervosas, consideradas como mais frágeis que das *fibras ópticas*;
- **determinação precisa dos nervos**, em relação aos tendões, e dos **feixes** no interior dos nervos, pois, em um nervo misto, suturar uma extremidade proximal motora a uma extremidade distal sensitiva equivale a uma *perda axonal catastrófica*.

A **sutura de grande precisão** deve conectar-se *para restabelecer os feixes* por uma *sutura* **epineural** cujo fio pode penetrar nos septos interfasciculares. Contudo, é indispensável restabelecer a continuidade da bainha conjuntiva do nervo por uma *sutura* **perineural** efetuada por pontos que atinjam somente a bainha (Fig. 48.32).

Uma nova técnica está atualmente em processo de experimentação: a **entubação** da sutura em um material orgânico ou sintético reabsorvível, com o objetivo de *conter e orientar o crescimento axonal* no interior do tubo.

As suturas nervosas devem ser efetuadas sem **nenhuma tensão**, pois a menor tensão conduz ao **fracasso**. É a razão pela qual o cirurgião pode ser levado a realizar **enxertos nervosos** e até **enxertos fasciculares** (Fig. 48.33) com a ajuda de partes extraídas do próprio indivíduo, nas dependências de nervos sensitivos de importância secundária.

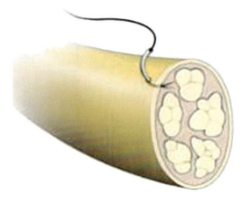

Figura 48.32

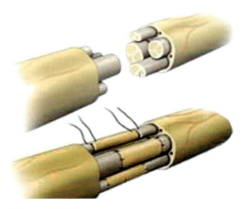

Figura 48.33

O que é biomecânica

Capacidade de adaptação do sistema musculoesquelético

Além da simples faculdade de autorreparação, o sistema musculoesquelético é capaz de **adaptar-se a esforços** maiores do que lhe são exigidos: é a grande diferença entre as máquinas da mecânica industrial e a biomecânica do sistema musculoesquelético.

Para bem sustentar essa diferença, utilizaremos a **parábola do caminhão**, em que o diretor da empresa de transporte fala: "este é um caminhão sem potência, mas se *eu o sobrecarregar um pouco mais todo dia*, pode ser que seu motor responda cada vez melhor e que seja capaz de levar uma carga com o dobro do peso daquela que podia levar há três meses. Então, não seria preciso comprar outro mais potente".

Esse diretor toma seus sonhos como realidade: **nenhum motor de caminhão é capaz de adaptar-se ao esforço** exigido. Na prática habitual, colocados de lado alguns trabalhos de menor eficácia, sua potência continua a mesma. E ele deverá comprar outro mais potente!

O sistema musculoesquelético, por outro lado, é completamente capaz disso.

Os exemplos são abundantes nesse domínio. Vejamos aqui alguns:

- Com o treinamento podemos fazer com que um **halterofilista levante** pesos cada vez mais pesados. O problema é saber até onde ir.
- Do mesmo modo, é possível **aumentar a altura ou o comprimento do salto** de um atleta treinado. Mas, novamente, até que ponto?
- Pode-se, também, **prolongar a resistência de um campeão de tênis**, que se torna capaz de ganhar jogos após 4 ou 5 horas de uma partida acirrada.

A adaptabilidade dos atletas é bem conhecida por treinadores esportivos que sabem aumentar *progressivamente* os esforços exigidos, o que propicia o aumento de volume dos músculos e, consequentemente, de sua potência, pela multiplicação dos feixes musculares. A progressividade do treinamento permite *evitar os estiramentos e as rupturas musculares sob o esforço*.

Existem, também, métodos para desenvolver o volume dos músculos, como nos **fisiculturistas**, mas com um objetivo estético, e não para desempenho. Ao mesmo tempo que a potência muscular, **a estrutura óssea é reforçada** para resistir ao aumento das cargas.

Além disso, é uma das características espetaculares do sistema musculoesquelético *utilizadas desde a Antiguidade na ocasião dos* **Jogos Olímpicos**.

Condições da autorreparação dos organismos vivos e do sistema musculoesquelético em particular

É graças à sua **estrutura celular** que o sistema musculoesquelético pode autorreparar-se, ao contrário das mecânicas industriais, que possuem uma **estrutura modular**. De fato, quando uma peça é utilizada em um aparelho mecânico, é preciso substituí-la **por inteiro**, o que define essa **estrutura modular**. Ao inverso, quando um osso é fraturado, um mecanismo celular lhe permite reparar-se, pois cada órgão é um **conjunto estruturado de unidades elementares**, constituído de **células** (Fig. 48.34: a complexidade da célula), verdadeiras "unidades do ser vivo", ou ainda "tijolos do ser vivo", próprios desse órgão, que provêm das *células-troncos*. A reconstrução do órgão é realizada pela multiplicação das células, *cada uma delas dispon-*

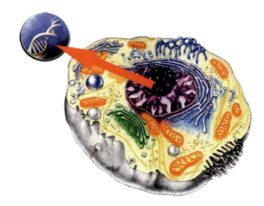

Figura 48.34

488

do **do plano** do conjunto e, sobretudo, da **vontade** *de multiplicar-se*. Essa faculdade ilustra a **natureza holística dos seres vivos**.

Assim, quando uma **superfície articular** sofre um desgaste, células cartilagíneas recém-nascidas na profundidade substituem aquelas postas fora de uso: somente a **estrutura celular** pode realizar tal proeza, tal milagre!

No entanto, o cirurgião ortopédico se comporta como mecânico, já que substitui em bloco uma articulação defeituosa: *ele entra, então, em uma* **lógica modular**.

Essa faculdade de autorreparação das estruturas vivas as separa fundamentalmente das criações mecânicas do homem, cuja tendência natural as leva à destruição final. Esse retorno ao caos segue a dura **lei da entropia**: *nunca veremos um robô humanoide se autorreparar*. Por outro lado, as estruturas vivas, até determinado ponto de sua existência, lutam contra essa atração para o caos: Elas se opõem à entropia.* A vida, que é uma luta constante contra o caos, pode, portanto, definir-se como "neguentropia", ou seja, a **negação da entropia**. No esquema da Figura 48.35 (oposição entre entropia e neguentropia), o retângulo de cima representa o universo estruturado que contém a vida, e o de baixo um universo desorganizado, sem nenhuma estrutura, resultado da entropia (seta vermelha). A vida (seta azul) resulta de um processo permanente de estruturação: ela se opõe à entropia e pode, portanto, ser qualificada de "neguentropia".

Consequentemente, o organismo vivo representa um **estado de equilíbrio permanente e instável** entre a degradação e a reconstrução. Essa ideia estava já presente nas filosofias orientais desenvolvidas por **Lao-Tsé** sob a forma do **yin-yang** (Fig. 48.36: o símbolo), imagem simbólica na qual dois princípios **complementares e opostos** se equilibram permanentemente, como o claro e o escuro, o bem e o mal, a vida e a morte.

Conclusões para o cirurgião

Ao considerar essa faculdade de autorreparação sob a tensão do movimento, o cirurgião ortopédico deve chegar a esta importante dedução: **toda parte do sistema musculoesquelético que não funciona é fadada à degeneração, à decrepitude**.

Quando um membro não é utilizado, *quando ele não é mais submetido às tensões mecânicas, o osso se descalcifica e torna-se frágil*. Quando uma articulação é imobilizada, a retração dos ligamentos articulares e a aderência entre as estruturas da cápsula sinovial reduzem e *bloqueiam a articulação*, a cartilagem comprimida permanentemente no mesmo lugar se atrofia e se ulcera. Por não serem mais solicitados, *os músculos se atrofiam e perdem sua potência*. O bloqueio de uma ar-

---

* Entropia: Seguindo as "Leis da Termodinâmica" de Nicolas Léonard Sadi Carnot (1796-1832), a noção de entropia foi proposta por Rudolf Julius Emmanuel Clausius (1822-1888).

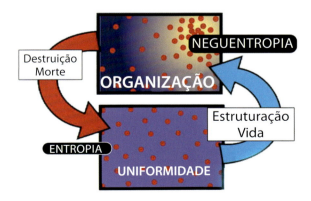

Figura 48.35

Figura 48.36

ticulação, *mesmo temporário*, é uma **catástrofe funcional**, e serão precisos *meses de reeducação* na sequência para recuperar as amplitudes articulares e a potência dos músculos.

Isso é particularmente verdadeiro no caso do joelho, em que a recuperação do quadríceps leva o mesmo número de meses quanto foram os dias de imobilização.

O ideal é, portanto, nunca interromper o funcionamento do sistema musculoesquelético, ou, se necessário, pelo menor tempo possível. **Nada de parada, mesmo que momentânea**.

Por isso é preciso privilegiar o tratamento das fraturas por **osteossínteses não seguidas de gesso**: a osteossíntese deve bastar! É preciso dizer, ainda, que **o sistema musculoesquelético é feito para se locomover!**

A reparação do sistema musculoesquelético depende também do **ambiente social**. Com efeito, o sistema musculoesquelético tem as mesmas faculdades de reparação no animal. No entanto, **durante o período de reparação, o animal não pode atender às próprias necessidades**: uma **andorinha** cuja asa foi quebrada não pode mais voar para alimentar-se, *o que a condena à morte*, mesmo se sua fratura puder se consolidar.

Um **leopardo** atingido por uma lesão vertebral não pode mais correr para capturar suas presas. Ele não tem segurança social!

Há animais que praticam *uma determinada forma de ajuda mútua*, como os elefantes e os golfinhos. As **sociedades humanas**, mesmo primitivas, praticam a ajuda mútua, o que permite a sobrevivência do ferido, dando-lhe tempo de reparar seu sistema musculoesquelético. As sociedades modernas instauraram um sistema de ajuda mútua muito eficaz, mas muito custoso, que permite aos deficientes físicos conquistar o pleno uso de seu sistema musculoesquelético. O médico e o cirurgião devem favorecer na cura a melhor **relação qualidade-preço**, já que é assim que, agora, qualificamos a **excelência**.

Renovação celular

É preciso se render à evidência: **como um rio que corre, nosso organismo nunca é duas vezes o mesmo**.

Ele não apenas é capaz de reparar-se, mas também de **renovar-se**, **reconstruir-se** muito rapidamente, de modo que faz-se necessário conscientizar-se de que, **a partir de determinada idade**, nosso organismo não comporta mais nenhuma célula adquirida em seu nascimento, salvo, talvez as células-troncos dos órgãos genitais. Cada uma de nossas células morre, submetida à **apoptose**, *a morte programada* à qual nada pode escapar. Ela é imediatamente substituída por uma nova. Até **nossos preciosos neurônios** se renovam – sabemos atualmente – a um ritmo mais lento. Na duração de uma vida, **todas as nossas células foram renovadas milhares de vezes.** Então, como podemos continuar **parecidos com nós mesmos**, continuar os mesmos, ainda que com alguma evolução?

Primeiramente, em termos morfológicos, cada célula nova **se conforma ao plano** inscrito em seu genoma para reconstituir a forma e a estrutura. Cada um dos novos neurônios deve posicionar-se nas **redes constituídas**, que são o **penhor de nossa personalidade**. Sabe-se atualmente que um novo neurônio sobrevive apenas se for utilizado e estabelecer ligações com outros nas redes.

Para ilustrar isso, **nosso organismo é parecido com uma imensa sociedade de 100 bilhões de empresas** (Fig. 48.37: organograma do *megatrust* de nosso organismo), mais exatamente de um *megatrust* **de empresas multinacionais** agrupadas em *holdings*, um para cada tecido e cada sistema. Essas empresas permanecem submetidas a suas próprias leis, porém coordenadas, no topo, pela **empresa do sistema nervoso central**, de dois bilhões de membros. Como em uma empresa civil ou comercial, os membros e sócios desaparecem e são **substituídos por outros**, mas o **conselho de administração mantém a linha**, a execução da **razão social**: sobrevi-

48 A autorreparação do sistema musculoesquelético

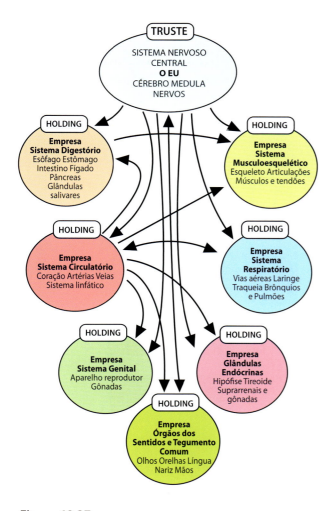

Figura 48.37

ver e reproduzir-se. E o **presidente, diretor-geral** – onde se situa então? –, também é substituído por um mais jovem, que assegura a perenidade do eu e dos objetivos fixados no início, tudo evoluindo dentro de determinados limites.

Essa ideia de empresa, que pode parecer *louca*, ilustra perfeitamente o **conceito holístico** das estruturas vivas e, em suma, dos seres vivos.

Fica então uma pergunta, que sem dúvida ficará por muito tempo sem resposta: as células de um organismo vivo, de nosso organismo em particular, na qualidade de membros dessa megaempresa, **têm uma consciência**, uma microconsciência, elementar, clara?

49
O que são os fractais?

A noção de fractais é atualmente indispensável para compreender alguns aspectos da biologia e da biomecânica. Graças a um matemático franco-americano de origem polonesa, **Benoit Mandelbrot** (1924), conhecemos agora esses objetos matemáticos de *dimensões intermediárias* que apresentam um grande interesse para a biologia, denominados fractais.

O que são os fractais?

Lembremos inicialmente da **ideia de dimensões** (ver Cap. 7: Nós somos seres quadridimensionais):

- Um ponto não tem dimensão: sua dimensão é zero.
- Uma linha, seja ela reta ou sinuosa tem dimensão um.
- Uma figura traçada sobre um plano, um quadrado, por exemplo, tem dimensão dois.

Um volume que ocupa o espaço, um cubo, por exemplo, tem dimensão três.

Em nosso universo, não existe uma quarta dimensão de espaço. Por outro lado, o tempo é uma **quarta dimensão, mas não de espaço**.

Três ilustrações (Fig. 49.1) permitem compreender o que é uma dimensão fractal.

Em um **quadrado A** de lado **um**, se traçarmos uma diagonal, seu comprimento é igual a √2, e representa o limite de contato, **a fronteira** *entre as duas metades do quadrado*: a dimensão – e não o comprimento – dessa diagonal é de 1.

Se, agora, essa diagonal se dobrar sobre si mesma seguindo um grande número de meandros **B**, seu

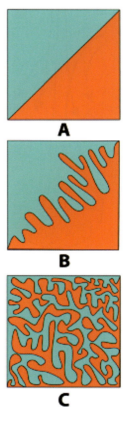

Figura 49.1

comprimento irá aumentar e obteremos a "**Curva de Peano**". Sua dimensão não será *mais realmente* um, mas 1+x, desde que x continue inferior a um. Diz-se que essa linha dobrada sobre si mesma é "**fractal**", isto é, ela passou a ter *uma dimensão* **fracionária** entre 1

492

e 2, por exemplo, 1,35. Nessas condições, *a linha que permite as trocas entre as duas partes do quadrado foi* **consideravelmente aumentada**.

Se essa linha *se dobrar ainda mais sobre si mesma* **C**, e se apertar até cobrir *quase completamente* o quadrado, essa dimensão "fractal" pode até mesmo *se aproximar* de **2**, pois é impossível que essa curva atinja seu limite e ocupe todos os pontos do plano; ela poderá, digamos, atingir a dimensão 1,99, mas nunca 2.

As *possibilidades de troca* entre as duas partes do quadrado serão ainda maiores, até chegar praticamente ao máximo. Compreende-se assim todo o **interesse das dimensões fractais nos processos biológicos**.

A mesma coisa ocorre nas três dimensões: o **novelo de fio** (Fig. 49.2) se aproxima da dimensão 3, sem nunca atingi-la.

Outro exemplo: em um **volume cúbico** (Fig. 49.3), se colocarmos um plano de separação entre as duas partes do cubo A, essa divisória tem uma dimensão **2**. Se agora, nessa divisória, imprimirmos *numerosas invaginações* em "**dedos de luvas**", essa divisória tomará uma dimensão intermediária entre 2 e 3. No caso da figura B, poderíamos estimá-la em **2,25** por exemplo. Mas se os "dedos de luvas" se transformassem em longos filamentos e invadissem a parte superior do cubo, a dimensão fractal dessa superfície de separação poderia se aproximar de 3, sem nunca atingi-la.

Aqui também compreendemos que, ao aumentar a superfície de separação entre os dois meios, *as trocas serão* **aumentadas de modo considerável**.

Na natureza, existem muitos exemplos de superfícies fractais.

Assim, no nível da **mucosa do intestino delgado** (Fig. 49.4), as vilosidades intestinais se apresentam exatamente como evaginações "em dedos de luva" que formam uma espécie de tapete "aveludado" que absorve os nutrientes líquidos em uma enorme superfície de contato.

Vistas na superfície, essas vilosidades (Fig. 49.5) estão organizadas em dobras que evocam as outras estruturas capazes de multiplicar as superfícies de contato, como as circunvoluções cerebrais.

Observamos as mesmas formas, semelhantes a circunvoluções, em certas espécies de **corais** (Fig. 49.6). Além disso, no fundo do mar, **todas as estruturas são fractais**: é lá que observamos mais os fractais.

Encontramos também, no nível do **córtex cerebral** (Fig. 49.7), as circunvoluções, que são também uma

Figura 49.2

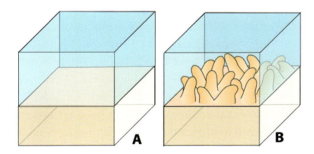

Figura 49.3

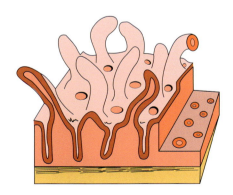

Figura 49.4

493

O que é biomecânica

Figura 49.5

Figura 49.6

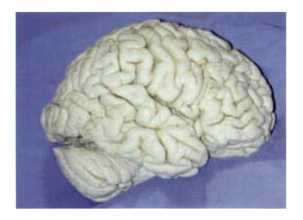

Figura 49.7

maneira de **aumentar a superfície cortical** onde se situam justamente as células denominadas "**corticais**", que percebem as sensações ou dão as ordens motoras.

Pode-se imaginar o aumento considerável de superfície do córtex graças às circunvoluções, em comparação a um córtex "plano". É isso que constatamos nas *atrofias cerebrais*, que causam um "retardamento constitucional". A estrutura fractal do córtex cerebral nos vertebrados superiores, em particular no homem, é uma *grande conquista da evolução*.

Uma outra característica dos fractais é "a autossimilaridade das estruturas em todas as escalas", o que se poderia chamar também de "**homotetia interna**". Um exemplo muito comum desse tipo de homotetia é fornecido pelas "**bonecas russas**", encaixadas umas dentro das outras.

Outro exemplo conhecido é o do contorno das **costas marítimas** (Fig. 49.8) cujos detalhes estruturais se reproduzem de modo idêntico, qualquer que seja a escala da carta. À medida que nos aproximamos da costa, os detalhes permanecem e se tornam mais precisos, permanecendo o mesmo tipo de contorno, embora o comprimento real da linha costeira aumente quando a escala se aproxime de 1/1. No limite, o comprimento da costa **tende ao infinito**, como *é o caso de todos os fractais*.

Podemos reproduzir o mesmo fenômeno fazendo evoluir figuras geométricas, como o triângulo equilátero, para uma forma complexa e recortada que chamamos de **curva de Koch** (Fig. 49.9). Basta colocar lado a lado um triângulo cuja base seja um terço da do triângulo de partida no meio de cada segmento de reta. Depois de quatro *iterações*, obtemos a famosa curva.

Essa operação no plano pode ser repetida também no espaço e assim obtemos um volume composto denominado **pirâmide de Sierpinski** (Fig. 49.10).

Essa ramificação em ramos é também uma característica das formas fractais da natureza. Assim, uma **árvore** (Fig. 49.11) é uma forma fractal tão comum e evidente que, até o surgimento da teoria de Mandelbrot, ninguém a havia reconhecido como tal!

A vantagem das formas ramificadas é, igualmente, multiplicar as superfícies de contato, as superfícies de troca biológica. Para uma árvore, é a multiplicação da superfície das folhas.

49 O que são os fractais?

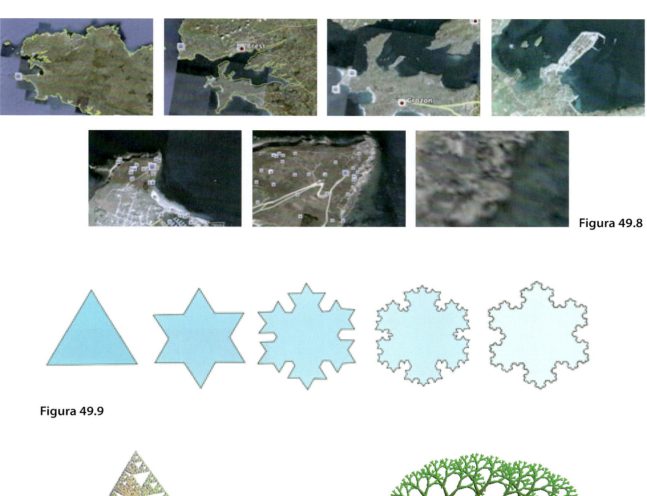

Figura 49.8

Figura 49.9

Figura 49.10

Figura 49.11

Essa estrutura fractal é encontrada em dobro nos **pulmões** (Fig. 49.12).

É vista primeiramente no nível da ramificação da árvore brônquica, que se divide em bronquíolos cada vez mais finos, até o bronquíolo que ventila um grupo de alvéolos pulmonares. Além disso, a própria estrutura dos alvéolos é fractal, reproduzindo a estrutura que podemos criar artificialmente com bolhas de sabão, soprando com um canudo em um meio copo de água com sabão. Também aqui, essa estrutura fractal

495

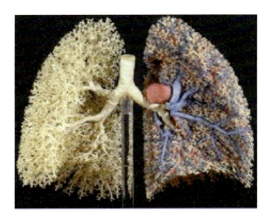

Figura 49.12

multiplica as superfícies de troca. E se observarmos bem essas bolhas de sabão, constatamos que, sem cessar, as separações desaparecem e que a reorganização das bolhas restantes é feita em detrimento da superfície total dos alvéolos. Vemos aqui um processo patológico conhecido sob o nome de enfisema pulmonar: com a idade, e sobretudo nos fumantes, as paredes interalveolares desaparecem, o que reduz drasticamente a superfície de hematose, que foi calculada como 100 m^2 em um adulto normal.

Além da utilidade biológica das estruturas fractais, seu interesse matemático é considerável e leva a aplicações práticas. Os matemáticos conhecem equações que produzem ao infinito magníficas **figuras fractais** (Fig. 49.13), e fantásticas volutas (Fig. 49.14), que permitem reencontrar a beleza na matemática e maravilhas em toda parte!

Agora, dizemos que os fractais estão por toda parte na natureza. Podemos dizer que "**tudo é fractal na natureza**", e isso é ainda mais evidente no mundo submarinho, em que os corais são uma ilustração viva dos fractais.

Figura 49.13

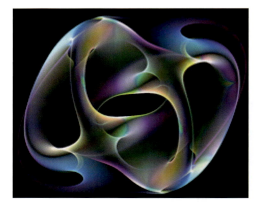

Figura 49.14

Os fractais reencontram *uma ordem oculta no caos* e no ruído, porque a irregularidade aparente do caos é envolvente. É preciso saber encontrar os fractais no caos aparente.

50
O centro de gravidade

Nós somos obrigados a constatar: não somos "espíritos puros". O corpo, por ser material, inclui uma massa e, juntamente, um peso, com os quais o sistema musculoesquelético deve lidar. Portanto, é necessário falar **dos** *centros de gravidade* e **do** centro de gravidade.

Para começar, o que chamamos de "**centro de gravidade**"?

É a Arquimedes (287-212 a.C.) que devemos a noção de centro de gravidade.

Essa é uma noção física ligada a todo *corpo material* que tem um **peso**:

É o ponto virtual onde se concentra a totalidade do peso desse corpo. Na ilustração da Figura 50.1 (centro de gravidade de um sólido qualquer), uma pera repousa todo seu peso (seta) sobre um plano sólido: esse peso é aplicado a seu próprio centro de gravidade (estrela).

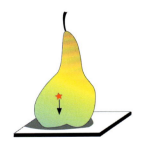

Figura 50.1

Lembremos que o peso de um corpo físico depende da intensidade da gravidade, quantificada pelo *vetor g*: na Terra, $g = 9,81$.

Ao contrário, na Lua, $g = 1,6$, o que significa que o mesmo objeto não pesa mais do que um sexto em relação a seu peso na Terra. Pois, segundo a fórmula conhecida, o peso p é igual à massa m multiplicada por g, a constante da gravidade.

Por outro lado, o que não muda é sua **massa**, isto é, a *resistência* **oposta a toda aceleração** ou, em outras palavras, sua **inércia**: o esforço que deve ser realizado para deslocá-lo continua o mesmo, embora ele pese menos.

Assim, o **baricentro** representa o **ponto virtual** em que se acha concentrada a **totalidade da massa desse corpo**.

O baricentro *coincide geometricamente* com o centro de gravidade, o que significa que na *imponderabilidade* um astronauta *perde seu centro de gravidade, mas* **conserva seu baricentro** *no mesmo lugar*.

Essas noções devem ser *levadas em conta na biomecânica*, pois nosso corpo apresenta **um peso e uma massa**. Elas passaram a ter uma grande importância desde que o homem tornou-se capaz de enviar objetos e até mesmo seres humanos para o espaço extraterrestre.

Como se pode determinar a **posição do centro de gravidade**?

O que é biomecânica

É *muito simples*, pelo menos **na aparência**. Basta "suspender" o objeto por **três pontos diferentes** (Fig. 50.2: a pera suspensa): o centro de gravidade dessa pera se encontra na *interseção das três verticais que partem dos pontos de suspensão*. Para esse objeto, nesse caso a pera, o centro está situado *no interior*, em um ponto difícil de localizar sem destruir a fruta.

No caso dos corpos geométricos, essa determinação é muito mais fácil, em especial para os objetos planos:

Para um **quadrado** (Fig. 50.3), o centro de gravidade (estrela) se situa no *cruzamento das* **diagonais**, que *representam o centro do quadrado*.

No caso de um **círculo** (Fig. 50.4), é ainda mais fácil: o centro de gravidade está situado no **centro** do círculo, que é seu centro geométrico.

Isso se torna ainda mais difícil para um **triângulo** (Fig. 50.5). Seu centro de gravidade se situa no *ponto de convergência das mediatrizes* (linhas vermelhas) dos três lados. A mesma determinação pode ser efetuada para os polígonos regulares. No caso dos polígonos irregulares, isso se torna mais difícil.

No caso dos sólidos regulares, a determinação do centro de gravidade é relativamente fácil.

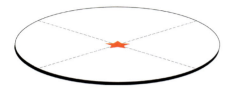

Figura 50.4

Figura 50.5

Aqui, para a **esfera** (Fig. 50.6), o centro de gravidade situa-se em seu centro geométrico. O mesmo ocorre com o **cubo**, em que o centro geométrico está situado no cruzamento das diagonais.

No caso de uma **pirâmide não regular** (Fig. 50.7), é preciso primeiramente encontrar o ponto de convergência das mediatrizes para cada uma de suas faces. É traçando a perpendicular a partir de cada um

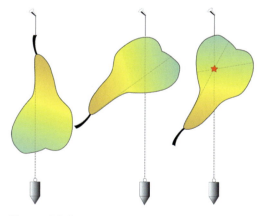

Figura 50.2

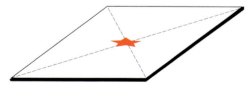

Figura 50.3

Figura 50.6

498

50 O centro de gravidade

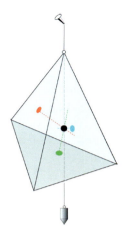

Figura 50.7

desses pontos que se pode situar o centro de gravidade da pirâmide no local em que as linhas se cruzam. Mas ela também pode ser suspensa por três de seus vértices.

Como se pode situar o centro de gravidade comum de um sólido composto, isto é, associando de modo rígido e indeformável dois sólidos de pesos diferentes?

Encontramos aqui a Lei das alavancas de primeira classe, formulada por Arquimedes (ver Cap. 30).

Suponhamos duas esferas S1 e S2 (Fig. 50.8) de pesos diferentes P1 e P2, ligados por uma barra indeformável AB, cujo peso será negligenciado. O conjunto terá um peso total de P1 + P2, mas onde se situará o centro de gravidade desse conjunto? Como o conjunto

é simétrico em relação à barra, esse centro estará situado **na linha** AB que une as duas esferas e que se confunde com a barra, mas *em qual nível?*

A resposta é dada pela Lei das alavancas de primeira classe: esse ponto O divide a linha AB em dois segmentos OA e OB inversamente proporcionais aos pesos P1 e P2.

É fácil construir geometricamente a posição do ponto O, invertendo duplamente os vetores P1 e P2. Na ilustração, construímos

$$P1 = p1 \text{ e } P2 = p2 = p'2$$

Basta então juntar a extremidade dos vetores p1 e p'2 para obter o ponto O que comprova a igualdade:

$$OA \times P1 = OB \times P2$$

Pode-se, portanto, suspender esse conjunto pelo ponto O sem provocar desequilíbrio. Esse ponto O é, portanto, o **centro de gravidade do conjunto composto** P1 + P2.

Esse método é aplicável todas as vezes que for necessário **tomar várias massas em conjunto**: os centros de gravidade são, primeiramente, associados dois a dois, e os centros resultantes também são associados dois a dois, até que haja apenas um.

Se esse processo foi detalhado, isso ocorreu para explicar as alterações de posição do centro de gravidade comum que intervêm quando as massas são móveis entre si, isto é, **quando o volume é deformável**, como é o caso do corpo humano.

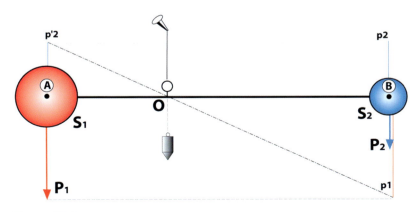

Figura 50.8

O que é biomecânica

Suponhamos que o conjunto precedente seja associado a uma massa móvel (Fig. 50.9). Ao redor dessas duas massas anteriores que têm um centro de gravidade comum A, onde se acha concentrado o peso $P1$, se desloca em uma trajetória circular uma massa B de peso $P2$, que vai ocupar a posição B'.

Pela mesma construção anterior, podemos definir o centro de gravidade O e o centro de gravidade O' das duas posições da massa B. Sobre esses dois centros, cuja posição variou notavelmente, aplica-se o peso $P3$, que é a soma de $P1 + P2$.

Deduzimos que, nos **volumes deformáveis**, os centros de gravidade são **centros instantâneos** que se deslocam permanentemente em relação ao volume.

Essa noção poderá ser utilizada no que diz respeito ao **centro de gravidade do corpo humano** (Fig. 50.10: os centros de gravidade segmentares e global na silhueta humana); deveríamos dizer *os* centros de gravidade, pois existem **centros de gravidade segmentares** que são vistos aqui em uma *posição estática*, próxima do "*sentido*" e que se associam, segundo as modalidades que acabamos de ver, para terminar por constituir um centro de gravidade G para *o conjunto do corpo*. Assim:

- Para os **membros inferiores**, o centro de gravidade da coxa C e o da perna e do pé J formam o centro do membro inferior I, situado um pouco acima do joelho.
- Para os **membros superiores**, o centro de gravidade do braço B e o do antebraço A formam o centro do membro superior S, situado um pouco acima do cotovelo.
- Como a posição do corpo é *simétrica*, o centro comum dos membros se encontra *no plano sagital*: para os superiores **MS** e os inferiores **MI**. O centro de gravidade comum dos quatro membros M se situa no nível do púbis.
- O centro de gravidade da cabeça se situa no nível da sela turca (pequeno círculo branco), mas consideramos mais frequentemente o centro comum da cabeça e do pescoço $T.C$ situado no nível **C3** (terceira vértebra cervical).
- O do tronco, tomado isoladamente Tr, situa-se no nível do xifoide, e o centro comum $T.T$ para tronco, cabeça e pescoço, no nível de $D9$.
- Enfim, se associarmos o centro $T.T$ do conjunto tronco, cabeça e pescoço, com o centro dos quatro

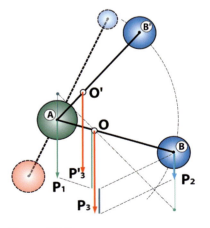

Figura 50.9

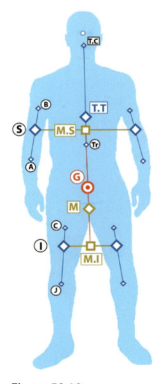

Figura 50.10

membros *M*, obteremos o **centro geral do corpo** *G* (**CGC**) que corresponde à **totalidade** do corpo, **nessa posição** próxima de "sentido". Ele se situa no **meio da pelve** no nível de S3, na proporção de 45/55 *da altura total do corpo* partindo-se do alto do crânio.

É em torno desse *CGC G* que se desloca e vira o corpo: esse é, portanto, **o ponto mais estável de todo organismo**, e é interessante constatar que, na pelve feminina, a **gestação** se desenvolve no útero, que assume a **gravidez**: o *aumento progressivo do peso* se situa assim no *melhor lugar possível*, o local do centro de gravidade. Na Figura 50.11, podemos constatar que o centro de gravidade do útero grávido se projeta sempre *acima da abertura superior da pelve* e não "ultrapassa" na frente a sínfise púbica. Se compusermos esse peso suplementar com o centro de gravidade geral (estrela vermelha), constatamos que ele desloca pouco para o alto o centro de gravidade total da gestante, pois a massa do útero grávido é substancialmente menor do que a da mãe. No entanto, a atitude habitualmente um pouco inclinada para trás das grávidas equilibra o leve deslocamento para a frente do centro de gravidade mãe-bebê.

Em um homem **na posição em pé estática** (Fig. 50.12: homem em pé entre duas construções, com alicerce à esquerda e sem alicerce à direita), a vertical abaixada a partir do centro de gravidade global *G* se projeta no polígono de sustentação (retângulo verde). É uma condição do *equilíbrio bípede*. Mas essa posição é **muito instável**, como se um arquiteto louco tivesse colocado uma construção de 120 andares diretamente sobre o solo, *sem nenhum alicerce* (à direita), e ainda por cima uma construção de forma piramidal invertida, mais larga no topo do que na base. Se a projeção do centro de gravidade sobre o solo "cai" fora desse polígono, ocorre uma queda. Todas as construções são ancoradas no solo por *alicerces* (à esquerda) proporcionalmente mais profundas quando a construção é mais alta.

A posição "apoiada sobre uma das pernas" é chamada de **praxiteliana** (Fig. 50.13: ilustração da estátua "*Efebo da maratona*" vista de costas) porque inspirou o escultor grego antigo **Praxíteles** (400 a.C.-326 a.C.). Antes desse escultor, os seres humanos eram repre-

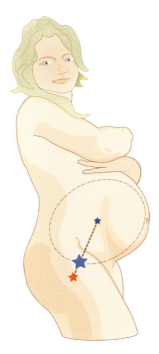

Figura 50.11

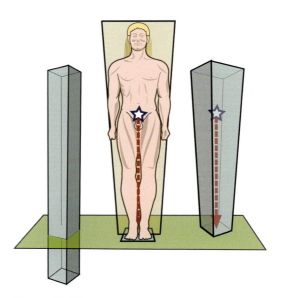

Figura 50.12

O que é biomecânica

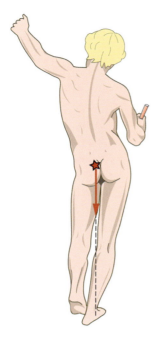

Figura 50.13

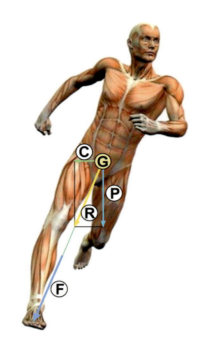

Figura 50.14

sentados em pé, em apoio simétrico, como nos *Kouros*. A nova atitude inclui um apoio sobre *um único membro sustentador*, enquanto o outro permanece sem carga. Isso provoca um *deslocamento da pelve* do lado do membro sustentador a fim de fazer "cair" a vertical do centro de gravidade sobre a área de apoio do pé que sustenta o peso. Simultaneamente, a pelve se inclina do lado oposto, o que induz curvas compensadoras da coluna e uma *báscula do cíngulo do membro superior* no sentido oposto ao da pelve. A partir dessa inovação genial de Praxíteles, essa nova atitude deu a graça da vida às estátuas de todo o mundo.

No caso de um **corredor em curva** (Fig. 50.14), o peso P, aplicado ao centro de gravidade geral G, deve ser composto com a força centrífuga C, de onde surge uma nova direção da resultante R. É essa força F que deve "cair" no ponto de apoio do pé de sustentação sobre o solo, mas o atrito do pé ou do calçado sobre o solo deve impedir a "derrapagem" para o exterior da curva. Ocorre a mesma coisa com um condutor de veículo de duas rodas.

A posição do CGC não é, no entanto, **imutável**, pois o corpo é deformável no espaço e suscetível a grandes variações. Esse centro global está, portanto, *em deslocamento permanente ao redor de sua posição de origem*.

Dependendo da posição dos membros, ele pode se deslocar **para o interior da pelve** ou mesmo **sair do volume corporal**.

Por exemplo, se os *quatro membros estiverem em hiperextensão*, como em um **salto** (Fig. 50.15):

- o *centro comum dos membros inferiores* passa *atrás do plano dorsal*;
- o mesmo ocorre com o *centro comum dos membros superiores*;
- o centro comum dos quatro membros fica *situado muito atrás* e sai do volume corporal;
- o CGC (estrela de contorno vermelho) se desloca para trás e se situa na superfície posterior do volume corporal.

O deslocamento inverso ocorre quando os quatro membros estão flexionados, o que é muito mais frequente, por exemplo quando **se anda apoiado nos quatro membros** (Fig. 50.16):

50 O centro de gravidade

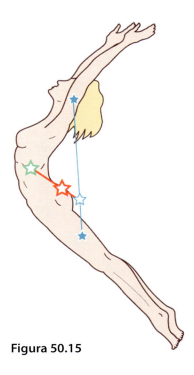

Figura 50.15

faz "subir" o centro comum dos quatro membros (grande estrela azul), embora o *CGC* (estrela de contorno vermelho) saia da pelve e situe-se acima da base do sacro.

Na **posição sentada no chão** (Fig. 50.18), com os membros superiores ao longo do tronco e os membros inferiores dobrados, o *CGC* (estrela de contorno vermelho) *sobe para a região epigástrica*, e além disso se desloca para a frente, tendendo a sair do volume corporal, pois o centro comum dos membros inferiores (estrela branca com contorno azul) se projeta para a frente do tronco.

Se o corpo estiver em movimento, por exemplo, durante a **marcha** (Fig. 50.19), o *CGC* irá oscilar ao redor de sua posição de equilíbrio, no interior do volume corporal, *porém permanecendo no interior da pelve*.

- o *centro de gravidade comum dos quatro membros* se projeta *na frente* do volume corporal (estrela azul);
- o *CGC* (estrela de contorno vermelho) sai do volume corporal, na frente da região epigástrica.

Na posição chamada de *grand écart* (Fig. 50.17), o centro comum dos membros inferiores (estrela branca com contorno azul) se aproxima do tronco, o que

Figura 50.17

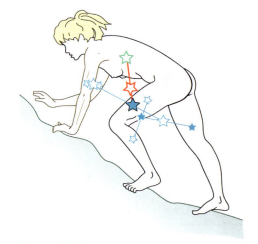

Figura 50.16

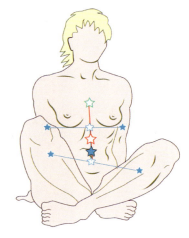

Figura 50.18

503

O que é biomecânica

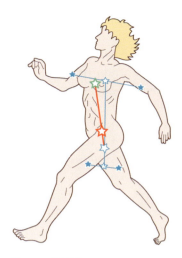

Figura 50.19

Vemos que o *balanço diagonal* dos membros superiores, em relação aos membros inferiores, fará oscilar os centros comuns dos membros superiores e inferiores (estrela pequena branca com contorno azul) muito perto do eixo do corpo, pois os membros têm o mesmo peso global. Assim, o centro comum dos quatro membros (estrela grande branca de contorno azul) oscila pouco em posição baixa, o que provoca apenas uma pequena oscilação do CGC (estrela branca de contorno vermelho).

Para a campeã olímpica **Tia Hellebaut**, que superou a barra de 2,05 m, isto é, mais alta do que sua própria altura, o problema consiste em fazer passar seu CGC acima da barra, sem tocá-la com as nádegas. Só a *técnica* **Fosbury** permite tal explosão: o corpo "se enrola" literalmente ao redor da barra e, como mostra a ilustração feita a partir de uma **fotografia estroboscópica** (Fig. 50.20: a trajetória do CGC está em vermelho), o conjunto do corpo "gira" em volta do CGC e passa sobre a barra graças à elevação em flexão dos membros inferiores, que, simultaneamente, desloca para o alto o centro comum dos membros inferiores e transmite o impulso suplementar necessário. O saltador chega ao solo com as costas, e sua queda é amortecida por um colchão elástico.

A partir da construção de centros de gravidade parciais dos membros (círculos azuis) e dos membros inferiores e superiores (círculos verdes), pode-se situar os centros de gravidade comum dos membros e do tronco (círculo vermelho) para enfim localizar o centro de gravidade do corpo (estrela vermelha), a fim de analisar seus deslocamentos durante os movimentos.

Assim, sobre a **silhueta de bailarina sentada** mostrada na Figura 50.21, colocando-se um membro inferior em *flexão extrema*, constatamos que o CG comum dos membros inferiores se desloca para o alto, o mesmo ocorrendo com o dos membros superiores, o que leva para o alto o CG comum dos quatro membros. Quando ele é composto com o CG do tronco (círculo vermelho), constatamos que o CGC "saiu" da pelve onde se encontra normalmente (estrela rosa) para se situar (estrela vermelha) na região epigástrica. Quanto movimento **no interior** do volume corporal!

A Figura 50.22 mostra o mesmo exercício com a silhueta de uma **mulher correndo**. O CG comum dos membros inferiores "sobe" um pouco, em decorrência da flexão do quadril, mas continua abaixo do tronco. Por outro lado, o CG comum dos membros superiores se desloca para a frente e "sai" do tronco, o que produz

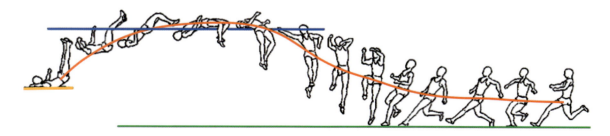

Figura 50.20

50 O centro de gravidade

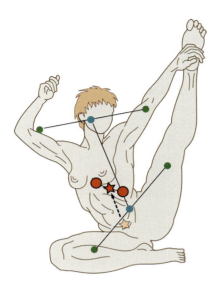

Figura 50.21

Figura 50.23

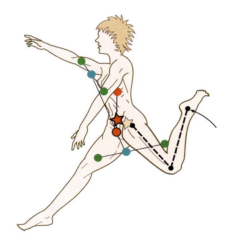

Figura 50.22

um deslocamento do CGC para o alto e para a frente, continuando entretanto no interior do volume corporal.

Durante esses movimentos, o CGC pode ser animado com um impulso que provoca um desequilíbrio, como é o caso do **jogador de boliche** (Fig. 50.23), cujo CGC, já em desequilíbrio em relação ao polígono de sustentação, representado unicamente pelo pé esquerdo, é desequilibrado pelo impulso comunicado à bola que acabou de lançar. A queda para a direita ocorrerá inevitavelmente se ele não mover rapidamente a perna direita para restabelecer o polígono de sustentação e seu equilíbrio.

Observemos agora o caso dos equilibristas. Nada é mais instável do que **seu equilíbrio ao andarem na corda bamba**: eles andam sobre um cabo, que também está suscetível a oscilações laterais (quando o cabo é longo demais, ele pode ser estabilizado por cabos laterais de sustentação), e **seu polígono de sustentação se reduz a uma superfície extremamente frágil**, quase pontual, representada pelo contato dos dois pés sobre o cabo. Não é possível nenhuma oscilação lateral com separação dos pés, pois eles estão obrigatoriamente alinhados no cabo.

Essa instabilidade é "catastrófica" no sentido que lhe dão os físicos, pois se a vertical abaixada do centro de gravidade do corpo do equilibrista não cair exatamente na minúscula zona de apoio haverá uma *queda incontrolável*.

Quantos equilibristas já não pagaram com a vida esse desafio às leis do equilíbrio?

Uma dia, no entanto, *um deles, mais astucioso*, descobriu um meio simples para compensar o desequilíbrio antes que ele provocasse a queda: basta **segurar à distância de um braço uma barra transversal** (Fig. 50.24) bastante longa.

505

O que é biomecânica

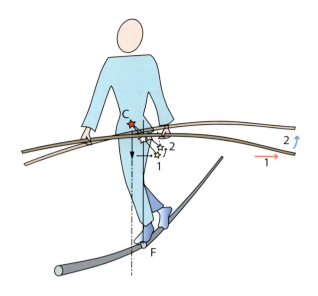

Figura 50.24

O centro de gravidade situado no centro dessa barra, segurada à distância de um braço, se encontra naturalmente colocado **abaixo do centro de gravidade do corpo** C. Basta portanto um leve deslocamento lateral da barra 1 do lado oposto ao desequilíbrio para trazer o centro de gravidade composto (estrela branca) acima da área de apoio F.

Um outro equilibrista esperto descobriu, talvez por acaso, que seria mais fácil se usasse uma **barra ligeiramente curva**. De fato, a curva da barra *desloca seu centro de gravidade abaixo dela*, ainda mais se sua curva for mais pronunciada. O resultado é o *abaixamento do centro de gravidade composto*.

Existe, por fim, um terceiro meio de deslocar esse centro de gravidade composto, que é simplesmente **inclinar a barra 2**, o que, por um movimento mínimo dos braços, afasta um pouco mais o centro de gravidade da barra e, portanto, do centro de gravidade composto (estrela branca, situada sobre a linha C-2 e oculta pela barra). A lei da composição dos centros de gravidade explica, portanto, a utilidade desse acessório, mas não é por isso que qualquer pessoa vai tentar andar sobre um *cabo estendido entre dois arranha-céus*!

Vemos portanto que, conhecendo os centros de gravidade segmentares e a lei da composição das alavancas de primeira classe, é fácil estabelecer os centros de gravidade de uma figura e situar seu **centro de gravidade central**.

51
O balanço dos membros superiores na marcha e na corrida

Não se pode falar da **marcha bípede do homem** sem evocar o problema do "balanço automático dos membros superiores".

É fácil constatar isso em nós mesmos: em qualquer velocidade de marcha, os braços, sem que prestemos a menor atenção, realizam movimentos automáticos de balanço que partem dos ombros. Colocam-se então duas questões:

Como **explicar** esse mecanismo?

Qual é a sua **utilidade**?

Aristóteles fez as mesmas perguntas, mas nós temos mais recursos para tentar respondê-las.

Parece fácil responder à primeira pergunta:

Durante a **marcha normal** (Fig. 51.1: dois passos), o membro superior esquerdo avança enquanto a perna direita se coloca à frente para impedir a queda para a frente. No passo seguinte, o avanço do membro superior direito é simultâneo ao da perna esquerda.

Esse mecanismo pode ser superposto à **marcha diagonal** da maioria dos quadrúpedes, como o **cavalo**. Na Figura 51.2, observa-se que o cavalo avança simultaneamente a perna anterior esquerda e a posterior direita, enquanto seu peso repousa sobre a anterior direita e a posterior esquerda, o que define perfeitamente a marcha diagonal dos quadrúpedes e corresponde ao balanço diagonal dos membros superiores durante a marcha humana.

Entretanto, alguns quadrúpedes têm uma *marcha diferente*, na qual os membros móveis se situam alternadamente de cada lado. Dizemos que eles andam "**a trote**". Eles são pouco numerosos: o elefante, o camelo, o urso, o ocapi, o lobo guará e **a girafa** (Fig. 51.3) se deslocam desse modo.

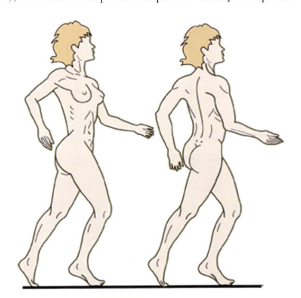

Figura 51.1

Figura 51.2

507

O que é biomecânica

Figura 51.3

Na verdade, quando analisamos um vídeo da marcha da girafa, constatamos que a pata traseira se apoia primeiro e, depois, enquanto a dianteira direita avança para se apoiar, a traseira esquerda se levanta: é um apoio diagonal. Então, a pata dianteira direita se apoia e o ciclo recomeça do outro lado. Este é, portanto, sob uma outra aparência, *um ciclo diagonal modificado no tempo*. Ocorre a mesma coisa no caso do elefante em que a perda de apoio total de um lado provocaria um *desequilíbrio* difícil de compensar, por causa da massa do animal.

Podemos então perguntar: em que "o trote" auxilia a corrida e a marcha em animais de tamanhos tão diferentes? Pergunta secundária: será que balançaríamos os braços do mesmo modo se nossos ancestrais longínquos tivessem "trotado"? Essas são só especulações sem resposta.

Como o homem "descende" de quadrúpedes que usam a marcha diagonal, é fácil encontrar uma explicação pela **filogenia**: todos os mecanismos e programas estão disponíveis; basta adaptá-los.

Há dois milhões e meio de anos os indivíduos da espécie Homo andam sobre duas pernas, balançando os braços. *Se não houvesse uma vantagem, esse comportamento teria desaparecido há muito tempo!*

É preciso, portanto, explicar e compreender por que esse mecanismo se perpetuou no homem, esse bípede tão especial.

Uma constatação inicial é que a **musculatura do cíngulo do membro superior e dos braços é muito desenvolvida** nos corredores e praticantes da marcha atlética: ela desempenha, portanto, um papel essencial.

Origem central do balanço dos membros superiores

O "programa" do balanço está gravado no nível **dos núcleos da base** (Fig. 51.4) do cérebro. Seu bom funcionamento depende da *transmissão sináptica que*, neste caso, se deve ao déficit de um neurotransmissor essencialmente a dopamina.

A **doença de Parkinson** é provocada por um déficit de dopamina (Fig. 51.5) que origina problemas na *transmissão sináptica*.

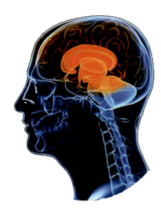

Figura 51.4

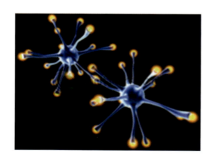

Figura 51.5

51 O balanço dos membros superiores na marcha e na corrida

Esse distúrbio se caracteriza por diversos sinais:

- tremor não intencional, isto é, que **desaparece durante uma ação voluntária**;
- perda das expressões faciais, produzindo uma face "congelada";
- e também **perda do balanço automático** dos membros superiores (Fig. 51.6: atitude característica do paciente com doença de Parkinson): os braços permanecem parados ao longo do corpo e a pessoa anda inclinada para a frente.

É perfeitamente possível **andar de modo voluntário sem balanço** dos membros superiores (Fig. 51.7: marcha sem balanço), mas *esse andar não é normal* e se torna lento e penoso. Nessa ilustração foram marcados os centros de gravidade parciais dos membros inferiores (círculo vermelho), o *CG* comum aos membros inferiores (quadrado vermelho), o *CG* global do corpo (estrela verde) e o *CG* comum aos membros superiores. A linha que une os *CG* comuns aos membros superiores e inferiores se projeta sobre o *CG* global do corpo.

Não existe, portanto, **nenhum deslocamento para a frente** desse *CG* global e, portanto, nenhum desequilíbrio anterior em potencial.

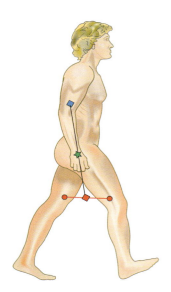

Figura 51.7

O impulso motor é dado somente pela extensão do tornozelo posterior e é isso que determina seu avanço, e assim a queda para a frente é **necessária à marcha**.

Se representarmos agora uma **marcha com balanço normal** (Fig. 51.8: marcha com balanço moderado), a mesma construção dos *CG* mostra que a

Figura 51.6

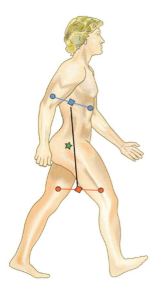

Figura 51.8

509

linha que une os *CG* comuns aos membros superiores e inferiores se projeta à frente do *CG* global do corpo. Portanto, o balanço dos membros superiores *aumenta o desequilíbrio para a frente* e se soma ao provocado pelo impulso motor do pé de trás.

Durante a **marcha com balanço exagerado** (Fig. 51.9: balanço mais marcado), o avanço do braço terá dois efeitos:

- por um lado, **acentua o desequilíbrio para a frente**, marcado pelo deslocamento mais claro para a frente da linha que une os *CG* comuns aos membros superiores e inferiores e;
- por outro lado, aplica um **impulso motor** sobre o tórax, em virtude da energia comunicada pelo braço à frente.

Quando o passo se acelera, a **marcha com cotovelos flexionados** (Fig. 51.10: balanço dos cotovelos flexionados) substitui a marcha com os membros superiores em extensão. O *CG parcial dos membros superiores* se desloca, como é visível nas ilustrações parciais: unindo os *CG* do braço e do antebraço (círculo azul), o *CG* parcial do membro superior, que estava situado (quadrado azul claro) logo abaixo do cotovelo, se move para cima,

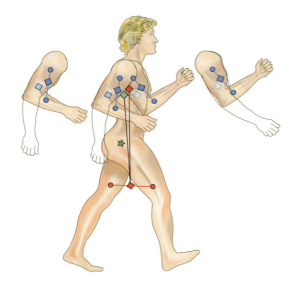

Figura 51.10

em razão da flexão do cotovelo, e *para a frente*, em razão do avanço do antebraço.

Na *ilustração do conjunto*, essa nova posição dos *CG* parciais dos membros superiores provoca um deslocamento **para cima e para a frente** do *CG* **comum** aos membros superiores (quadrado vermelho), portanto, também um *avanço da linha que une os CG parciais* dos membros superiores e inferiores, e daí um avanço do centro de gravidade global do corpo, o que tem como consequência acentuar a tendência a queda do corpo para a frente, impedida pela perna anterior. O **impulso** para a frente dado ao antebraço aumenta ainda mais o impulso dado pela perna posterior.

Isso equivale a "**pisar no acelerador**" no ritmo da marcha.

Essa marcha com "cotovelos flexionados" é a atitude assumida pelos corredores de fundo, das **provas de longa distância**.

Até esse ponto, apenas as ações no plano sagital, o plano da marcha, foram visualizadas.

E o que se passa no **plano horizontal**?

Em uma **vista superior de um passo** (Fig. 51.11), o avanço do corpo se efetua a partir do pé de trás (duas ilustrações à esquerda) até o apoio do pé da frente (três ilustrações à direita), quando o corpo retoma a vertical.

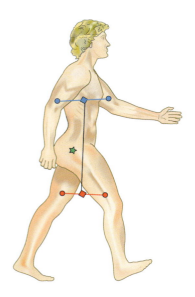

Figura 51.9

51 O balanço dos membros superiores na marcha e na corrida

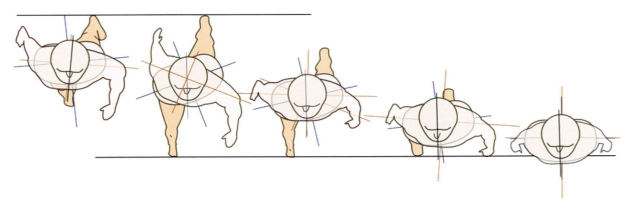

Figura 51.11

Durante esse passo, observamos a **torção inversa do quadril** em relação ao tórax (Fig. 51.12).

A *torção do quadril* é efetuada na diagonal das pernas, isto é, com o avanço do lado do quadril correspondente ao membro inferior que está à frente.

A *torção da linha dos ombros e do tórax* é efetuada no sentido inverso, pois a diagonal dos braços é cruzada em relação à das pernas. Retomamos aqui a **marcha diagonal dos quadrúpedes**, nossos ancestrais longínquos. Essa compensação pelo cruzamento inverso entre o tórax e o quadril permite manter mais facilmente o plano sagital da cabeça e, portanto, a direção do olhar, **no sentido da marcha**.

A **construção do** CG **parcial dos membros superiores** (Fig. 51.13) nesses tempos sucessivos permite constatar que o avanço do braço provoca o deslocamento para a frente e para fora do CG parcial dos membros superiores, que compensa o deslocamento inverso do CG parcial dos membros inferiores. O balanço dos membros superiores **equilibra**, *portanto, o deslocamento em tesoura dos membros inferiores.*

O balanço dos membros superiores não compensa apenas os deslocamentos do CG parcial dos membros

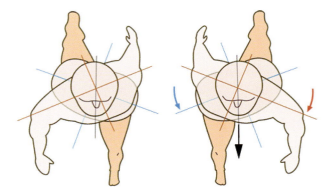

Figura 51.12

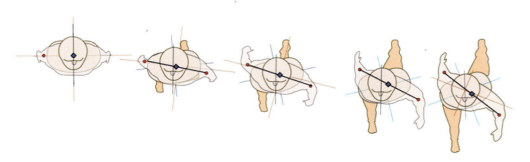

Figura 51.13

511

inferiores; ele tem um *papel dinâmico* na **compensação dos momentos angulares** (Fig. 51.14).

Nessa ilustração, o momento angular do quadril (seta amarela) determinado pelo avanço da perna direita, é compensado *quase que totalmente* pelo momento da rotação dos ombros (seta verde). Esses dois momentos angulares evoluem permanentemente em sentido inverso e se compensam durante o movimento, o que garante a estabilidade do tronco, considerado em seu conjunto.

O balanço dos membros superiores não se efetua sempre com o cotovelo em extensão.

Na marcha rápida, **o balanço com o cotovelo flexionado** (Fig. 51.15) é adotado automaticamente pelo corredor, que *então leva o antebraço* **à frente do tronco**.

Vemos, por comparação com o balanço com o cotovelo estendido (Fig. 51.16, à esquerda), que a flexão do cotovelo e a posição do antebraço diante do tronco levam o CG parcial dos membros superiores **para o plano sagital**, o que *melhora a estabilidade* e *diminui o esforço muscular*.

O balanço com o cotovelo flexionado modifica o **equilíbrio dos momentos angulares** (Fig. 51.16). A compensação dos momentos angulares, que era apenas parcial no caso do balanço com o cotovelo estendido, o é ainda mais por causa da diminuição relativa do momento angular dos ombros em relação ao dos membros inferiores, nos quais as massas são mais importantes.

Essa falta de compensação dos momentos angulares, representada na Figura 51.15 pela seta amarela, se aplica sobre o *pé da frente apoiado*, que, por causa disso, não pode "virar". Essa rotação é efetuada pelo esqueleto dos membros inferiores (seta vermelha) que, para esgotar o excesso de rotação, *"vira" em rotação medial durante o "esmagamento" do arco do pé* no momento do apoio total do pé. Esse movimento será, em seguida, corrigido quando o pé deixar o solo.

Em alguns casos, os dois membros superiores são projetados para a frente, como no **salto em distância** (Fig. 51.17): no meio da fase de "suspensão", quando os pés deixaram o solo (estágios 2-3-4-5), os dois membros superiores são *lançados vigorosamente* **para a frente** e, depois, **para o alto**, o que eleva o CG global do corpo e comunica um impulso suplementar. Antes da

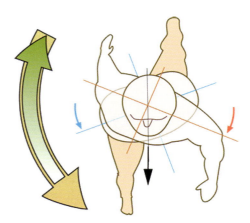

Figura 51.14

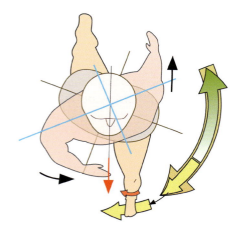

Figura 51.15

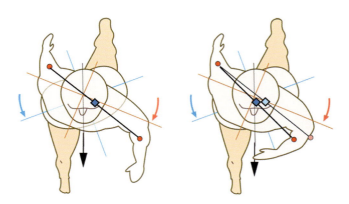

Figura 51.16

51 O balanço dos membros superiores na marcha e na corrida

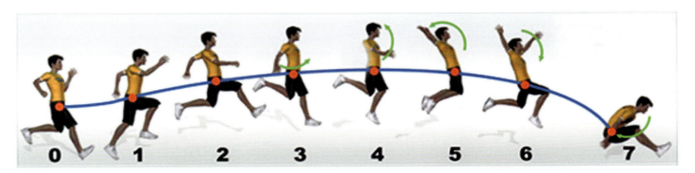

Figura 51.17

chegada ao solo (estágios 6-7), os membros superiores são levados para **baixo e para trás** de maneira a diminuir o impacto. A **trajetória do centro de gravidade geral do corpo** descreve uma **curva contínua**, de tipo **parabólico**, como uma bala de canhão.

A Figura 51.18 mostra a atleta no alto da trajetória, com os membros superiores em elevação máxima, logo antes de serem levados para baixo e para trás.

Quando as **mãos estão ocupadas, carregando uma criança ou objetos** (Fig. 51.19: mulher carregando várias sacolas), o balanço dos membros superiores se torna impossível e a marcha fica **menos fácil**.

É por isso que, seguindo o exemplo das mulheres africanas, as mulheres europeias começaram a carre-

Figura 51.19

gar seus filhos nas costas (Fig. 51.20) o que permite, além do balanço dos braços durante a marcha, o uso das mãos.

Algumas cargas podem, com vantagem, ser carregadas em uma mochila ou uma bolsa no ombro.

As mulheres africanas continuam a ser imbatíveis no costume de **carregar cargas pesadas sobre a cabeça** (Fig. 51.21). Não só os braços podem balançar livremente, mas sua postura é altiva. Elas conservam assim uma *musculatura cervical perfeita*, o que as protege das dores cervicais. Apesar dessas vantagens evidentes, é pouco provável que as mulheres europeias adotem esses hábitos, especialmente no metrô.

Cada um dos exércitos do mundo tem uma maneira de desfilar com ou sem balanço dos braços.

Figura 51.18

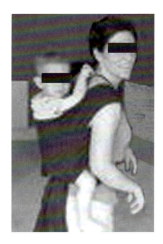

Figura 51.20

Figura 51.22

Figura 51.21

Figura 51.23

Figura 51.24

Alguns **militares não carregam armas** (Fig. 51.22) e desfilam balançando os membros superiores **de modo natural**.

Quando **carregam uma arma** (Fig. 51.23), eles normalmente balançam o membro superior livre.

Algumas **unidades femininas chinesas** (Fig. 51.24) balançam os braços de modo acentuado, o que deve facilitar sua marcha.

No **exército de Togo** (Fig. 51.25), o balanço dos braços é **exagerado**, quase *enfático*, sem nenhuma

51 O balanço dos membros superiores na marcha e na corrida

Figura 51.25

Figura 51.27

necessidade para a facilitação da marcha. Sua ação é puramente **psicológica: impressionar o adversário** eventual demonstrando a determinação de vencer.

As unidades chinesas de **infantaria** (Fig. 51.26) desfilam em "passo de ganso", carregando a bazuca na mão direita, e não balançam o braço esquerdo, o que é uma maneira completamente incômoda e fatigante de marchar.

Enfim, os chineses, muito adeptos do "**passo de ganso**" (Fig. 51.27) fazem suas tropas desfilar *sem nenhum balanço* dos braços, com o cotovelo junto ao corpo, o que representa uma *marcha extremamente cansativa*.

No que diz respeito à patologia, o *desaparecimento do balanço automático* dos membros superiores pode ser observado em lesões neurológicas centrais, como as hemiplegias e, sobretudo a **doença de Parkinson.**

Pesquisadores da Escola de Medicina da Universidade de Washington, de Saint Louis, descobriram que sessões de **dança de tango** (Fig. 51.28) podem melhorar a marcha dos portadores da doença de Parkinson.

Retorno ao modo quadrúpede

Em alguns países montanhosos, como a Suíça ou no sul da Alemanha, ou ainda em países escandinavos, é

Figura 51.26

Figura 51.28

515

frequente encontrar caminhantes que utilizam *dois cajados*, **sem nenhuma necessidade funcional** (Fig. 51.29)

Esses cajados prolongam os membros superiores e, *assim, os transformam em membros anteriores*, proporcionando maior conforto ao andar. É possível que essa prática tenha sido inspirada pela prática do *esqui de fundo*, na qual o uso dos dois bastões de esqui é indispensável para o movimento em terreno plano. O uso de bastões, no esqui de fundo, e de cajados em caminhadas, proporciona um **impulso suplementar** e, ao que tudo indica, mais equilíbrio, o que *melhora o rendimento global da marcha*.

Esse "retorno ao modo quadrúpede", no caso dos cajados e dos bastões, é apenas ocasional. O que dizer, por outro lado, daquela família descoberta por um canal de TV norte-americano, em um local remoto da Anatólia, na qual todos andavam habitualmente sobre os pés e **as mãos**? Seria essa regressão justificada pelo meio acidentado ou por uma anomalia do cromossomo 17 que, segundo alguns, é responsável pela adoção do modo bípede?

Seria incongruente explicar essas anomalias e podemos dizer que, estatisticamente, o **enigma da esfinge** continua válido: o animal humano continuará ainda, por muito tempo, a caminhar de quatro pernas de manhã, duas pernas ao meio-dia e três pernas à noite.

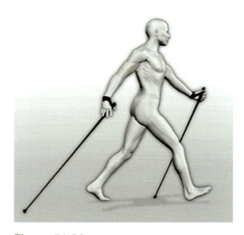

Figura 51.29

Conclusão

O homem é, portanto, um quadrúpede **que passou ao modo bípede** graças ao **balanço dos membros superiores**.

52
Rotinas e algoritmos

Rotina: no *dicionário*, este termo é definido como "**hábito de pensamento**" com uma *conotação pejorativa*, pois supõe que o espírito segue sempre a mesma rota, sem poder sair do caminho habitual. A rotina é, inicialmente, um *conjunto de hábitos de pensamento*: dizemos que "Fulano não sabe sair da rotina".

Em segundo lugar, é um **encadeamento de gestos**, ou seja, ainda aqui é um hábito. A fim de tranquilizar o leitor, é possível revelar que rotinas e algoritmos são, em matemática, uma **sucessão de operações** para chegar a um resultado. O próprio termo vem do nome do matemático, geógrafo e astrônomo persa muçulmano **Al Khwarizmi** (783-850) (Fig. 52.1: extraída de um selo), cujo nome foi latinizado durante a Idade Média como *Algoritmi*.

Portanto, a palavra rotina significa **progresso em um programa pré-determinado e imutável, tendo em vista um resultado determinado**.

Essa palavra, em seguida, foi utilizada em **informática**: é um *fragmento de programa* limitado e que se desenvolve de modo automático, com a finalidade de realizar uma tarefa elementar, e que *se integra em um programa mais amplo*. Todos os que experimentaram a programação em **linguagem Basic** lembram-se dos comandos **GoTo** e **GoSub**. Essa forma de programação existe agora em todos os programas, sob uma forma ou outra. Não resta dúvida de que existem ordens semelhantes na programação da inteligência humana.

Histórico

Esses problemas estão atualmente integrados na "**pesquisa operacional**", ciência que se desenvolveu

Figura 52.1

muito durante a *Segunda Guerra Mundial* a fim de, por exemplo, configurar os comboios de reabastecimento que atravessavam o Atlântico para obter o máximo de eficácia com o mínimo de perdas. Essa pesquisa operacional é utilizada diariamente nas empresas para a *gestão de projetos* e *gestão de exploração*, como por exemplo, o *plano de percurso de um veículo de entregas* em um território determinado.

Essas questões, que vêm de um ramo da matemática avançada, a "**análise combinatória**", são estudadas desde a *antiguidade*, como comprovam os debates entre **Crisipo** e **Hiparco**. Depois deles, matemáticos ilustres se interessaram por isso, como **Pascal** e **Fermat**, e foi **Euler** quem demonstrou que o famoso "**problema de sete pontos de Königsberg**" (Fig. 52.2: esquema teórico dos pontos) – retornar ao ponto de partida depois

517

de ter atravessado *cada ponto uma só vez* – é **insolúvel**. Essas questões são muito atuais, pois estão no cerne do desenvolvimento da **inteligência artificial**, que condiciona o futuro dos **computadores** e da **robótica**.

Tentativa de definição

Uma **rotina** é, portanto, um *encadeamento lógico de ações elementares com um objetivo determinado*. Mas essas ações elementares podem também comportar **sub-rotinas**, por exemplo, **pegar um copo d'água**, que comporta as seguintes ações elementares:

- projetar o membro superior em direção ao copo por abdução anterior do ombro, extensão do cotovelo e do punho;
- preparar a tomada com a extensão dos dedos e abdução do polegar;
- pegar o copo por flexão dos dedos e oposição do polegar, dosando a força de fechamento da mão para impedir que o copo deslize para baixo;
- levantar o copo com uma leve abdução suplementar do ombro.

Esse ato elementar primeiro tem de **ser imaginado** e, depois, **pensado** em **nível cortical**, o que é confirmado pela **tomografia por emissão de pósitrons** (Fig. 52.3). Isto é, pode-se dizer uma decisão **política**, pois ela é tomada *no nível mais alto de consciência*.

Em seguida, essa ordem foi **analisada** em seus **diferentes componentes** e a **sucessão** de contrações musculares elaboradas e coordenadas pelos **centros subcorticais e pelo cerebelo**, que têm o papel de *ministérios*, de **departamentos operacionais**.

Mas esse gesto se integra em uma sequência que também é decidida pelo córtex: o que fazer com esse copo d'água? Uma outra decisão "política" de sub-rotina deve ser tomada pelo córtex:

- ou levá-lo à boca para beber;
- ou simplesmente, deslocá-lo, colocá-lo em outro local ou dá-lo a outra pessoa.

Portanto, uma rotina pode ser constituída, no todo ou em parte, por uma **sequência de sub-rotinas**.

Esse programa linear se desenrola de *"modo encadeado"*, cada sub-rotina sucedendo a anterior de modo harmonioso e sem interrupções.

O segundo imperativo desse programa é que ele deve tender à **otimização**, isto é, o resultado deve ser obtido com o **mínimo de esforço, desgaste, tempo e complexidade**, e aqui encontramos **uma aplicação da lei da economia universal de Ockham**, que governa, em numerosas ocasiões, o funcionamento do sistema musculoesquelético.

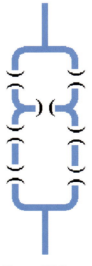

Figura 52.2

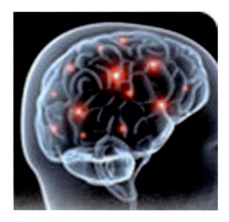

Figura 52.3

No que diz respeito às rotinas que regem o sistema musculoesquelético, elas *não exigem conhecimento de matemática avançada* e, felizmente, são realizadas de **modo intuitivo**. O ideal é realizar **o encadeamento perfeito das ações e gestos sucessivos**. O cérebro humano sabe fazê-lo sem ter de recorrer à "pesquisa operacional": essa é uma *condição de* **sobrevivência**.

No entanto, o mesmo gesto repetido milhares de vezes, como na **esteira de montagem de** *Tempos modernos*, **de Chaplin** (1889-1977) (Fig. 52.4), pode levar à neurose.

A **taylorização** é a *decomposição de uma ação global* de construção de um objeto *em uma longa série de gestos elementares*, de rotinas e de sub-rotinas, a fim de *racionalizar a produção* de uma mercadoria e de fragmentar sua fabricação entre *numerosos agentes substituíveis e intercambiáveis*. A produção moderna das mercadorias baseia-se nessa fragmentação de tarefas que leva à **desumanização da criação**, à neurose e aos conflitos sociais, pois o *homem é fundamentalmente um criador*. Essa fragmentação de tarefas é o contrário da fabricação artesanal, em que o **artesão é o criador** por inteiro de um objeto único, como um **violino** – (Fig. 52.5), fabricado por Stradivarius (1644-1737); esse foi o violino de Yehudi Menuhin (1916-1999).

Podemos distinguir **duas categorias** de rotinas:

- **rotinas imutáveis**: uma cronologia lógica na qual cada ação prepara ou determina uma outra, portanto uma se situa antes da outra; é **impossível modificar** a rotina, pelo menos nas partes lógicas da sequência; ela é governada pela **causalidade**;
- **rotinas modificáveis**: as ações não têm vínculo lógico com as outras e, então, o encadeamento é aleatório; ele pode ser modificado, conservando-se o **critério de otimização.**

Assim, uma ação global pode ser constituída por uma sucessão de rotinas como:

- **dar o nó na gravata**: é uma rotina imutável, pois cada gesto determina o seguinte;
- **assinar um documento**: também aqui, essa rotina é imutável, e ela "forma um bloco", pois é difícil continuar uma assinatura interrompida;
- **colocar os óculos**: uma rotina que depende do tipo de óculos e da personalidade de cada pessoa;
- **mudar as marchas do carro**: é uma das dificuldades do aprendizado da direção de um automóvel, que tende a desaparecer com a generalização das transmissões automáticas;
- a **rotina de adormecer**: para algumas pessoas, é necessária uma fase anterior de leitura e, depois de apagar a luz, colocar-se na **posição de adormecer**, própria de cada pessoa e, em seguida, os pensamentos devem vagar, evitando-se as preocupações;
- as **rotinas de alimentação:**
  - a maior parte da humanidade leva os alimentos à boca **com os dedos**. Uma outra parte importante utiliza **pauzinhos**. Os que utilizam um **garfo e uma faca** devem *aprender* a manejá-los, o que

Figura 52.5

Figura 52.4

depende da aquisição de rotinas. O modo de segurar o garfo pode revelar a origem de um convidado. É também uma questão de cultura;
- existem também rotinas para **mudar o garfo e a faca de mãos** para cortar a carne. Esta é uma rotina utilizada diariamente, pois o garfo e a faca são seguros na mão direita e assim, quando se trata de cortar um pedaço de carne, o garfo deve passar para a mão esquerda para segurar a carne, enquanto a direita a corta. Também aqui, existem diferenças culturais quanto à maneira de segurar o garfo na mão esquerda: as rotinas são diferentes;
- várias rotinas são possíveis para **pegar um copo**, dependendo do tipo de copo e do líquido que ele contém.

- a **rotina de uma mãe, pela manhã**, na qual a sucessão de rotinas, governada pela lógica pode, às vezes, sofrer variações aleatórias.

Rotinas sociais

As rotinas sociais dizem respeito aos **comportamentos em relação aos outros.**

Nelas estão os fundamentos que se referem à **resposta à agressão.**

Três tipos de respostas são possíveis:

- A fuga. A **reação mais simples** *de confronto a uma ameaça é* **afastar-se** pela rotina da corrida, mobilizando todas as suas energias em virtude da descarga de adrenalina.
- O confronto, a luta. A resposta que exige mais energia é **encarar a ameaça** pelo combate, o que requer **determinação**, **coragem**, adrenalina e o conhecimento de algumas *rotinas de combate*.
- A submissão. É menos fatigante e também menos valoroso assumir o comportamento ou a postura de submissão como fazem alguns animais que se deitam de costas, por exemplo, o **gato**.

Mas essa atitude varia entre os animais e, no homem, a submissão se exprime de diversas maneiras: na época moderna, é a atitude de "**mãos ao alto**", mas, classicamente, é uma atitude de **prece** (Fig. 52.6: *Mãos em prece*, de Dürer), com as mãos juntas ou com a **prosternação**, que é a atitude utilizada em algumas religiões para manifestar submissão a Deus.

É preciso notar que as rotinas podem se transformar em **rituais** quando elas assumem uma *conotação religiosa, supersticiosa ou mágica*.

Além desse caso extremo, existem muitas **rotinas sociais** utilizadas permanentemente na vida diária:

- A **saudação**: dependendo da civilização e da cultura, existem inúmeras rotinas de saudação, entre elas o clássico **aperto de mãos** ou a **saudação militar**. Essas rotinas têm o objetivo de desarmar um adversário potencial, mostrando-lhe que não estamos armados e que não temos nenhuma intenção agressiva, além de demonstrar respeito ao superior.
- A **polidez,** cujos gestos são *rotinas de convenção social* destinados a *se fazer aceito ou apreciado pelo outro*. Esses códigos sociais podem ser muito diferentes, dependendo das culturas, mas, como estas, eles tendem a se uniformizar.
- As **carícias** derivam das *rotinas de limpeza* entre os animais que não têm acesso a todo seu corpo para fazer a limpeza sozinhos. Esses gestos significam um presente que é feito ao outro. A carícia, por sua vez, é um sinal de *aceitação*. De modo geral, o contato com o outro, que é em maior ou menor grau praticado dependendo da cultura, é um sinal de interesse e

Figura 52.6

de solidariedade; ele reforça a coesão social e é uma **manifestação de convívio e de sociabilidade**. Em determinadas circunstâncias, a carícia assume uma **conotação sexual**: quando é praticada sobre uma *zona erógena*, ela assume um caráter de convite a uma relação mais íntima.

Rotinas culturais e educativas

Aprendizagem da escrita: a escrita (Fig. 52.7) é um *longo aprendizado* de rotinas e de sub-rotinas para desenhar as letras. Primeiro, é preciso aprender a coleção que constitui o alfabeto e, em seguida, imaginar cada uma internamente antes de traçá-la por meio de ações musculares coordenadas de modo extremamente preciso. O modo como se escreve cada letra é *muito pessoal*, o que traduz a natureza profunda de cada um, reconhecido em uma ciência, a **grafologia**, frequentemente utilizada na área médico-legal. Por princípio, essas rotinas não se apagam no decorrer da vida, mas se modificam com a idade: as letras tendem a diminuir – é a *micrografia* das pessoas idosas – e, sobretudo, tendem a se desorganizar.

Aprendizagem do idioma: as rotinas são adquiridas de modo intuitivo por imitação das palavras da mãe e isso constitui a língua materna. As rotinas, que modulam os movimentos das cordas vocais são, segundo os linguistas, fáceis de fixar nos centros cerebrais antes dos três anos, o que explica que uma criança possa ser facilmente bilíngue com pais de idiomas diferentes. Depois de *cinco ou seis anos,* as rotinas são imperfeitas, o que cria o *sotaque estrangeiro*, que dificilmente desaparece.

Figura 52.7

Rotinas esportivas

O **salto em altura**: saltar em altura "*ao estilo Fosbury*" é uma rotina muito precisa e que exige uma *grande concentração*. Isso é completamente evidente quando o saltador, antes de começar a correr, *repassa o programa mentalmente*.

Os **patinadores de gelo** (Fig. 52.8) utilizam rotinas extremamente precisas, cujo encadeamento tem um rigor extremo, sob pena de queda. Também aqui, são necessárias *inúmeras repetições* para adquiri-las e fixá-las no nível mais alto de perfeição, assim como um treinamento permanente para conservá-las.

Os **esportes de combate**, como o *kung fu*, o judô, o *jiu-jitsu* e até mesmo o *tai chi* consistem em uma sucessão de rotinas perfeitamente "encaixadas".

Entre os **ilusionistas**, as rotinas de manipulação de cartas são extremamente precisas e exigem, como no caso dos músicos e dos atletas, um *treinamento permanente*.

Rotinas entre os músicos

Uma **peça musical tocada de cor** se desenvolve seguindo um enorme programa, composto de rotinas

Figura 52.8

que se sucedem seguindo uma ordem bem precisa, e são elas mesmas constituídas por um número infinito de sub-rotinas para "tocar as notas" em um teclado ou as cordas de um violino. A vantagem da rotina é que ela libera o cérebro para acrescentar o sentimento na interpretação.

O **regente**, que rege sem partitura, também deve seguir um *enorme programa* composto por rotinas e sub-rotinas, mas sua "**escuta analítica**" permite que ele ouça, nessa massa sonora, *cada instrumento individualmente*, e controle sua interpretação. Mas o regente que rege uma obra musical é, acima de tudo, "**habitado**" pelo compositor, e **Léonard Bernstein** (1918-1990) disse: "Mahler, sou eu!". Esse sentimento do intérprete, qualquer que seja ele, vem se impor acima das rotinas e pode modificá-las profundamente.

Rotinas entre os cirurgiões

Dizemos também que as ordens elementares podem formar algoritmos. Esse é um outro modo de dizer que os programas são constituídos por uma sucessão de rotinas que contêm sub-rotinas.

Quando um cirurgião efetua uma **operação cirúrgica** (Fig. 52.9), sua "*partitura*" está em sua mente: ele conhece, por assim dizer, "de cor", a sucessão de seus gestos, mas, como no caso do regente de uma orquestra, ele deve *interpretar sua operação*, isto é, **adaptar sua técnica** ao caso particular de seu paciente, o que exige um "*estado de vigilância máxima e constante*". Essa vigilância ininterrupta deve ser mantida, mesmo durante uma operação banal, pois *a menor desatenção pode levar à catástrofe*.

A vigilância deve ser ainda maior quando – como é inevitável – ele usar pela primeira vez uma *técnica inédita*: é a "*curva de aprendizagem*" que designa a aquisição e a fixação das novas rotinas. O ideal é que essa curva atinja o mais rapidamente possível seu ponto de eficácia e de segurança máximas.

Evolução das rotinas

Aperfeiçoamento das rotinas

Pode ocorrer de **modo racional**, por um tipo de *pesquisa operacional*, individual; é isso que ocorre nos processos industriais.

E também pode ser feito pelo método de "**tentativa e erro**".

O **treinamento** é a norma entre atletas, artesãos e para todas as profissões em geral, e cirurgiões em particular; o aperfeiçoamento ocorre por meio da aprendizagem.

Entre os **músicos**, é imprescindível treinar **escalas**, praticar **exercícios** e realizar **ensaios**.

De modo geral, a necessidade de aprendizagem pode ser um fator de progresso, pois é isso que permite que as rotinas se aperfeiçoem.

O papel da reeducação

A reeducação tem o objetivo não só de restaurar **a força muscular** ou **as amplitudes articulares** perdidas, mas também de restabelecer as **rotinas esquecidas** ou de criar **rotinas de compensação** para *compensar um problema permanente*. Esse é o papel de um *bom reeducador* (cinesioterapeuta): **explicar a rotina** a seu paciente, a fim de que ele adquira a rotina ao mesmo tempo em que recupera a força e a amplitude.

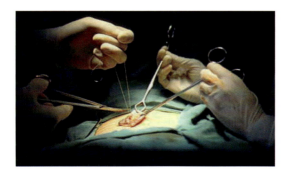

Figura 52.9

Os obstáculos ao desenvolvimento de uma rotina

Todos sabemos por **experiência própria** que, ao dirigir um carro, **praticamente todas as vezes** *em que estamos* **fazendo uma baliza** para estacionar o carro, *um pedestre escolhe esse momento* **para passar atrás** *do carro.*

Isso é um exemplo da **lei de Murphy**, chamada também, de modo mais prosaico, de lei do **aborrecimento máximo**: cada vez que nos propomos a realizar uma ação, um elemento imprevisto vem se opor a ela. É a **antirrotina** por excelência.

Enunciada empiricamente por um engenheiro aeronáutico norte-americano, **Edward Murphy** (1918-1990), em 1948, ela é formulada do seguinte modo: "Se alguma coisa é suscetível de dar errado, então essa coisa terminará infalivelmente por dar errado".

É uma **lei geral** que é encontrada **na eletricidade**, na **Lei de Lens**, que rege a **força contraeletromotriz**, e também em **física nuclear**, em que é preciso vencer uma *forte repulsão* para fazer com que as partículas atômicas de mesma carga se encontrem. Nós a encontramos nas filosofias orientais, em especial em Lao Tsé, para quem o *yin* e o *yang* são ao mesmo tempo complementares e **opostos**.

Essa lei é de tal modo onipresente *que até nos perguntamos como os homens conseguiram enviar um de seus semelhantes à Lua.*

No entanto, podemos encontrar um *lado bom* nessa lei empírica-humorística: na medida em que ela interrompe uma rotina defeituosa, isso cria **uma ocasião de aperfeiçoamento**. O acaso pode quebrar as rotinas, mas existem outros fatores potentes: o lazer, as férias e as paixões, em particular a paixão sentimental.

Algumas **rotinas são imutáveis**: nós as chamamos de **instintos.** Essas rotinas estão gravadas desde o nascimento e não são adquiridas pela experiência.

Podemos compará-las em informática às memórias **ROM, memórias gravadas indeléveis**, enquanto as **RAM** são memórias modificáveis, como comer pães diferentes ou dirigir um modelo específico de carro.

Essas são **rotinas integradas** constitucionalmente no **funcionamento** do sistema musculoesquelético — comparáveis, em informática com as ROM, como *respirar*, *gritar* (o primeiro grito), *mamar, engolir, chorar, urinar, defecar, espirrar, suspirar, copular, etc.*

Os instintos são **rotinas inatas**, que comandam **tipos de comportamento** de ordem mais geral. São exemplos:

- **instinto maternal**, entre os mamíferos, a fêmea, que dá cria, corta o cordão e *amamenta seu recém-nascido*;
- instinto de **conservação**;
- instinto de **reprodução**;
- **instinto territorial**, que é o primeiro e mais incoercível dos instintos sociais, o que determina todos os outros, o poder, a riqueza, a apropriação de um parceiro sexual.

Conclusão

As rotinas são **indispensáveis** ao funcionamento do sistema musculoesquelético. Elas constituem a base de nossas ações diárias sobre as quais se superpõe o imprevisto, o aleatório que exige *reações apropriadas*, determinadas pela imaginação e a experiência e, com certeza, a **inteligência**, cuja meta não explícita é **a sobrevivência do indivíduo**.

53
Os grandes precursores

As civilizações asiáticas souberam conservar o *culto aos ancestrais*. Esse culto, que existia entre os romanos, foi por nós abandonado, o que é uma pena, pois *devemos muito* a esses ancestrais, a quem deveríamos testemunhar com mais frequência nosso reconhecimento por tudo que nos trouxeram. Existem certamente muitos pioneiros em biomecânica, e seria impossível citar todos eles aqui. No entanto, podemos reconhecer sem possibilidade de discussão *três* grandes precursores (Fig. 53.1).

ARQUIMEDES

LEONARDO DA VINCI

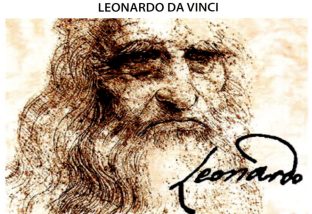

DUCHENNE DE BOLONHA

Figura 53.1

O pioneiro em biomecânica: Arquimedes

Os gregos, que praticavam o culto ao corpo humano, certamente fizeram perguntas sobre seu funcionamento, e é a um grego da Grande Grécia, que habitava Siracusa, na Sicília, **Arquimedes** (287–212 a.C.), que devemos a teoria das alavancas.

Ele era um matemático e também engenheiro que tentou destruir a frota romana com a ajuda de espelhos que refletiam os raios do sol. A ideia era boa, mas os meios não estavam à altura das intenções. Com o laser, ele teria conseguido. Portanto, a cidade foi tomada e seus habitantes massacrados.

Quando um centurião avançou com a espada desembainhada, enquanto ele traçava formas geomé-

Figura 53.2

tricas na areia (Fig. 53.2: a morte de Arquimedes), Arquimedes disse esta frase sublime, que demonstra que ele se interessava mais por suas ideias do que por sua própria vida: "Não desfaça meus círculos!", e morreu. O general romano Marcelo lhe prestou funerais oficiais. Arquimedes teria preferido poder aplicar na prática sua ideia, como ocorreu com Von Braun depois da Segunda Guerra Mundial. Se algum dia você for a Siracusa, poderá constatar que essa cidade perpetua sua memória ao lhe consagrar um espaço. Assim, ela honra seu cidadão mais célebre, aquele que explicou porque os navios flutuam e que graças a uma alavanca pretendia poder levantar o mundo, desde que tivesse um ponto de apoio.

Teoria das alavancas

A **teoria das alavancas** é fundamental para a biomecânica, pois o sistema musculoesquelético é constituído unicamente por uma associação de alavancas ósseas. Antes de tudo, é preciso definir o que entendemos por alavanca. Uma alavanca é um *sólido indeformável*, geralmente *de forma alongada*, sobre o qual é aplicada uma *força*, que permite lutar contra uma *resistência*, graças à rotação desse sólido sobre um ponto de apoio, ou *centro de oscilação*, considerado como *fixo*.

Todos os que deslocam cargas pesadas utilizam alavancas que multiplicam sua força.

Arquimedes estabeleceu definitivamente a **teoria das alavancas**, categorizando-as em *três tipos*, seguindo a disposição relativa dos três pontos de aplicação da força, da resistência e do ponto de apoio:

Alavancas de primeira classe, chamadas de interfixas

O ponto de apoio da alavanca (Fig. 53.3: exemplo de alavanca de primeira classe) está situado entre o ponto de aplicação da força e o da resistência. Existe uma relação matemática que liga a força, a resistência e os braços da alavanca dos dois lados do ponto do apoio. Quando a igualdade é obtida, a alavanca está em equilíbrio. O exemplo, ao nível do sistema musculoesquelético, é o equilíbrio do crânio sobre a coluna cervical: a resistência é o peso da cabeça aplicado ao centro de gravidade, próximo da sela turca; a força é constituída pela contração tônica dos músculos da nuca. O estado de equilíbrio do crânio leva o olhar para o horizonte. Todos sabem que, quando o sono vence, o tônus dos músculos da nuca diminui e a pessoa começa a "pescar", sendo a inclinação da cabeça para a frente limitada pelo contato do queixo com o esterno.

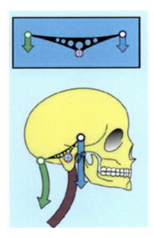

Figura 53.3

Alavancas de segunda classe, chamadas de inter-resistentes

Na alavanca de segunda classe (Fig. 53.4: exemplo de alavanca de segunda classe), o ponto de aplicação da resistência está situado entre o ponto de apoio e o ponto de aplicação da força. Uma relação matemática do mesmo tipo define o equilíbrio da alavanca. O exemplo anatômico é o da extensão do pé, apoiado

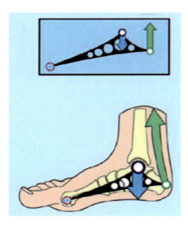

Figura 53.4

sobre a parte anterior do pé, enquanto a força do tríceps sural, aplicada sobre o calcanhar, levanta o peso do corpo aplicado sobre a articulação do tornozelo. É o mesmo tipo de alavanca utilizado para levantar uma caixa pesada: uma barra de ferro é passada sob a borda da caixa e com um esforço relativamente pequeno, um peso elevado pode ser levantado.

Alavancas de terceira classe, chamadas de interpotentes

Na alavanca do terceiro tipo (Fig. 53.5 exemplo de alavanca de terceira classe), o ponto de aplicação da potência está situado entre o ponto de apoio e o ponto de aplicação da resistência.

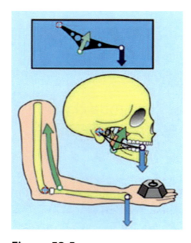

Figura 53.5

Como no caso dos tipos precedentes, uma relação matemática do mesmo tipo define o estado de equilíbrio da alavanca. A flexão do cotovelo pelo bíceps braquial ilustra este tipo de alavanca, mas como a força do bíceps é aplicada na proximidade do cotovelo, ela deve ser maior para levantar um peso situado no nível da mão. Essa disposição produz uma grande amplitude de movimento na extremidade da alavanca. Um segundo exemplo é constituído pela ação do masseter para fechar a mandíbula contra a maxila. Para cortar um alimento com os incisivos é preciso menos força do que para quebrar uma noz entre os maxilares; isso explica por que os molares se situam atrás dos incisivos.

Para mais precisão quanto à teoria matemática das alavancas e das ações musculares, consulte os capítulos correspondentes.

O segundo pioneiro em biomecânica: Leonardo da Vinci

Italiano da Renascença (1462–1519), ele era um *"homem universal"*, um sábio no sentido pleno da palavra e um artista que deixou cadernos repletos de desenhos de invenções, acompanhados de escritos "em espelho", pois ele era canhoto e escrevia da direita para a esquerda. Como engenheiro ele inventou, entre outros, o rolamento de esferas, o pivô sobre esferas, o reversor, o tanque, o submarino, o helicóptero. Foi também um grande arquiteto e engenheiro militar; de fato, ele inventou inúmeras máquinas de guerra, entre elas o tanque. É um dos pintores mais conhecidos; autor de quadros famosos, entre eles *A última ceia* e, sobretudo, a *Monalisa*. Baseando-se no desenho do arquiteto romano Vitrúvio, ele definiu as proporções do corpo humano (Fig. 53.6). Como anatomista, ele foi um dos primeiros a fazer *dissecações anatômicas com cadáveres*, o que ainda era proibido pela Igreja. Ele fez numerosos desenhos que explicam as ações musculares, por exemplo o papel dos músculos escalenos como cabo tensor (Fig. 53.7), os únicos capazes de garantir ao mesmo tempo a flexibilidade e a estabilidade da coluna cervical. Ele também fez experiências para *medir a força muscular*,

53 Os grandes precursores

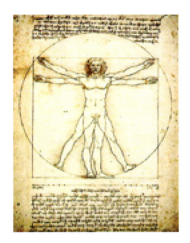

Figura 53.6

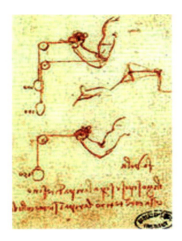

Figura 53.8

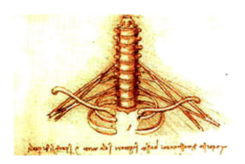

Figura 53.7

por exemplo a força desenvolvida pela contração do bíceps (Fig. 53.8).

Ele foi, em seu tempo, reconhecido como um gênio.

O terceiro pioneiro em biomecânica: Guillaume B. A. Duchenne

Médico francês, trabalhando em Bolonha, ele se chamava simplesmente Duchenne (1806-1876), mas, em razão da notoriedade de seus trabalhos científicos, atualmente o conhecemos sob o nome de **Duchenne de Bolonha**. Ele recebeu o título de nobreza graças a *seu valor científico*. Era um apaixonado.

Ele também era fotógrafo e fez um trabalho considerável nessa área. Realizou inúmeros estudos clínicos e descreveu uma doença neurológica que leva seu nome. Porém, sobretudo, fez um enorme trabalho de experimentação com as ações musculares.

Por *estimulação elétrica seletiva* (Fig. 53.9) em sujeitos vivos e não anestesiados – em 1867 isso ainda era lícito – ele estabeleceu a ação de cada um dos músculos do corpo humano.

Ele se interessou especialmente pela fisiologia dos músculos cutâneos da face, efetuando estimulações elétricas em um sujeito vivo. Ele escreveu suas constatações em uma obra volumosa: *Fisiologia dos movimentos*, com 800 páginas, que representa ainda hoje a **bíblia** das ações musculares (Fig. 53.10). Ela serviu de base a praticamente todos os livros de fisiologia do sistema musculoesquelético, em especial a este.

Figura 53.9

527

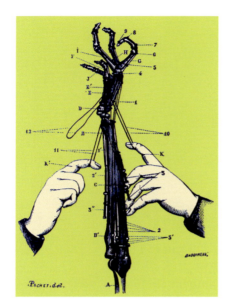

Figura 53.10

Ele foi, em sua época, reconhecido como pioneiro da neurologia, mas apesar de toda sua importância para a compreensão das ações musculares, Duchenne de Bolonha continua desconhecido fora de um pequeno círculo de especialistas e neurologistas. Era urgente reavivar sua memória, pois, como um simples médico em sua cidade, **ele soube dar uma importante contribuição à ciência.**

54
O lugar da vida no mundo físico

A vida em seu conjunto é **um sistema que se opõe** ao mundo físico e não orgânico em que ela se desenvolve. Para compreender essa questão, é preciso voltar ao *segundo princípio da termodinâmica* enunciado por **Sadi Carnot** em 1824. Ele pode ser formulado do seguinte modo: "Todo sistema fechado e isolado, sede de uma agitação aleatória, *tende espontaneamente a se homogeneizar de maneira irreversível."* Dizemos então que *sua entropia aumenta*. Isso significa a igualização dos níveis energéticos e o *desaparecimento de toda organização e de toda possibilidade de troca*. É equivalente a uma *"estabilidade energética irreversível"*. Um exemplo pode ser dado ao se derramar um líquido colorido em um copo de água. A entropia do sistema colorido será máxima quando, depois da mistura, a cor do conteúdo se tornar uniforme, e não poderemos jamais retornar ao estado inicial em que os dois líquidos estão separados. Essa tendência ao *aumento da entropia* condiciona **a irreversibilidade do vetor tempo**.

Esse estado corresponde à impossibilidade de todo movimento e, consequentemente, de toda a vida. É o que se passa quando uma máquina é usada, quebra, e termina por se tornar inútil.

Os **processos vitais**, ao contrário, são dirigidos para uma **organização crescente** da matéria, um aumento constante do *aperfeiçoamento das estruturas*. Nesse sentido, *a vida é uma luta constante contra a tendência natural* dos sistemas *para o caos*. A vida é a construção e a reconstrução das estruturas. Por oposição à entropia, portanto, podemos caracterizá-la como uma *neguentropia*, uma *entropia negativa* (Fig. 54.1).

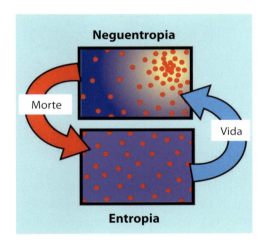

Figura 54.1

A vida aparece assim como um princípio complementar e oposto à morte, tal como simbolizada nas filosofias orientais e pelo filósofo **Lao-Tsé** no que chamamos agora o *símbolo* **do *yin*** e **do *yang*** (Fig. 54.2), que pode também evocar o princípio feminino e o princípio masculino, o quente oposto ao frio, o bem e o mal, e tudo que se opõe em pares.

Desde Carnot, as concepções do caos evoluíram muito. A título de documentação, podemos citar os trabalhos de Edward Lorenz, um físico norte-americano do MIT, especializado em meteorologia, que mesmo o caos pode ser descrito por uma equação (1963) e foi ele quem descobriu os **"atratores estranhos"** ou "atratores de Lorenz" (Fig. 54.3).

O que é biomecânica

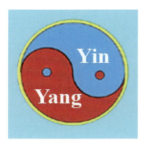

Figura 54.2

Figura 54.3

Lorenz tinha o costume de dizer que o simples batimento de asas de uma borboleta no Brasil poderia modificar o clima na Austrália, o que passou à linguagem corrente com o nome de "efeito borboleta".

O problema inquietante é que mesmo os estados que, à primeira vista, parecem estáveis, como o **sistema solar**, são suscetíveis a evoluir para o caos. Em dado momento, difícil de prever, mas de qualquer modo não antes de vários milhões de anos, o sistema escapa a sua própria norma e evolui para o caos.

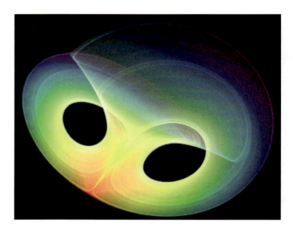

Figura 54.4

Ele constatou, de fato, que se mudarmos, mesmo que de modo mínimo, as **condições iniciais**, se modificarmos um fator na equação, os sistemas aparentemente mais equilibrados podem evoluir para o caos. Ele também constatou, com ajuda de **simulações computadorizadas**, que quaisquer que sejam os valores dados a esses parâmetros e o número de parâmetros modificados, esses "caos possíveis" evoluem todos *para o mesmo estado final*, que ele denominou "**atrator estranho**" e que pode ser representado por uma figura geométrica, o que os matemáticos chamam de *"espaço de fase"*. A primeira figura do atrator estranho tinha a forma de uma borboleta, de onde veio o nome de "borboleta de Lorenz", usado para simbolizar a extrema sensibilidade dos sistemas à modificação das "condições iniciais". A borboleta de Lorenz (Fig. 54.4) também foi estudada, e posteriormente, graças às fórmulas matemáticas e aos computadores, numerosas outras figuras tridimensionais foram descobertas, modificando a natureza de partida do caos, em particular **representações em três dimensões** dos atratores estranhos (Fig. 54.5).

Figura 54.5

55
A vida no universo

Como a biomecânica é a *mecânica dos seres vivos*, o leitor tem o direito de perguntar sobre a "origem da vida no universo".

Por que e como a vida é possível no universo? Em primeiro lugar, porque **nossos átomos nasceram nas galáxias** (Fig. 55.1: NGC 3861s); em segundo lugar, porque o planeta Terra, Sol III para os astrônomos, é muito particular no universo.

Para que a vida, *como a conhecemos*, exista em um planeta, são necessárias condições muito especiais e improváveis:

- Inicialmente, é preciso ter um **planeta sólido**, o que elimina os gigantes gasosos, como Júpiter ou Saturno.
- Em seguida, é necessário que a **distância em relação à sua estrela** esteja dentro de certos limites: perto demais, a temperatura é elevada demais; longe demais, o clima é glacial.
- Deve haver **água em estado líquido**, e é por isso que as condições de temperatura são tão importantes. Mas a água, H_2O, é um composto químico relativamente raro no universo. A pesquisa de água em Marte é determinante para saber se a vida poderia existir nesse planeta.
- Deve haver uma **atmosfera propícia** à biologia do carbono:
  – sem muito gás carbônico;
  – uma proporção elevada de oxigênio, mas ainda assim nem demais, nem pouco;

Figura 55.1

  – não haver gases tóxicos, como o metano ou o ozônio.

Nosso planeta levou milhões de anos para transformar a atmosfera primitiva, rica em carbono, em combustíveis fósseis, graças à **fotossíntese por clorofila**, essa capacidade fantástica que os vegetais possuem para transformar o gás carbônico em oxigênio e em carbono. E o homem, em sua inconsciência criminosa, está liberando todo esse carbono, sob a forma de carvão e de petróleo.

- A gravidade deve ser suficiente para **reter a atmosfera na superfície**.
- Uma **camada de ozônio** teve de se formar na periferia de nossa atmosfera para **bloquear os raios**

ultravioletas emitidos pelo sol, que são agressivos demais para a vida.

- O **eixo de rotação da Terra** deve ser inclinado sobre *o plano da eclíptica*, que é o plano que contém a órbita, a trajetória de nosso planeta ao redor do sol.

Sabemos, desde Isaac Newton (1643-1727) (Fig. 55.2: retrato), que essa órbita é *elíptica* e que o sol está situado sobre um *dos focos* dessa elipse, mas como sua excentricidade é pouco marcada *a órbita é quase circular* e a distância da Terra ao sol varia pouco.

Por outro lado, a inclinação de **23°5** de seu eixo de rotação sobre o plano da eclíptica (Fig. 55.3: a órbita da Terra e sua inclinação) é de grande importância. É por causa dela que existem **estações** em nosso planeta, o que é primordial para o ciclo da vida e para a circulação da atmosfera e das correntes marinhas.

Se existem no universo planetas cujo eixo é perpendicular ao plano de sua eclíptica, esses são planetas sem estações, nos quais o clima é de uma uniformidade aflitiva. Uma situação ainda mais catastrófica seria um eixo contido no plano da eclíptica: o planeta teria então, durante metade do ano, um clima tão tórrido que até fundiria os metais e, durante a outra metade, um gelo próximo do zero absoluto. Portanto, a vida seria totalmente impossível.

Sabemos agora que existem **planetas extrassolares** (Fig. 55.4: exoplaneta detectado pelo método do *trânsito*). No momento em que este livro está sendo escrito, conhecemos mais de **640 exoplanetas** e seu número não para de aumentar: a *sonda Kepler* observou 1202 objetos que podem ser planetas. Os astrônomos também observaram quase *300 sistemas planetares*. Infelizmente, os primeiros exoplanetas descobertos são, quase na totalidade, gigantes gasosos, impróprios para a vida. É fácil compreender que eles sejam as primeiras descobertas em virtude de seu tamanho. Com o desenvolvimento técnico cada vez maior, começamos a prever a descoberta de **raros planetas sólidos**, mas isso não os torna automaticamente propícios à vida: Mercúrio é um planeta sólido, mas é tórrido.

A descoberta desses planetas extrassolares confirma a visão genial de **Giordano Bruno** (1548-1600) (Fig. 55.5: retrato), monge do século XVI que a Inqui-

Figura 55.2

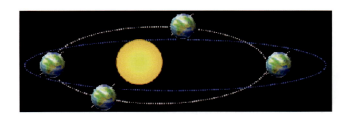

Figura 55.3

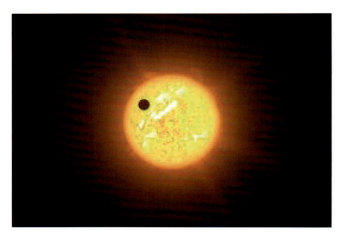

Figura 55.4

55 A vida no universo

Figura 55.5

sição queimou na fogueira porque sustentava a teoria da **pluralidade dos mundos habitados**. Não nos esqueçamos desse profeta que, ao contrário de Galileu, não voltou atrás, pois um dia, talvez próximo, descobriremos no vasto universo um planeta portador de vida; essa é *estatisticamente* uma probabilidade muito grande, tendo em vista o número "astronômico" de galáxias e de estrelas.

Giordano Bruno é um **gênio da humanidade**, mas, como todos os profetas, ele acabou mal, pois os homens são sempre e por princípio opostos à novidade. Não deixemos passar uma ocasião de honrar sua memória, pois *ele pagou muito caro* por suas visões proféticas.

A possibilidade de descobrir outros planetas que possam sustentar a vida coloca alguns problemas:

- Inicialmente, podemos nos questionar sobre os tipos de vida possíveis em ambientes variados. Conhecemos *a vida baseada no carbono e no oxigênio*, tal como existe na Terra. Mas alguns biólogos evocaram a possibilidade de outros sistemas biológicos, baseados, por exemplo na química do *silício*. Esse domínio faz parte de uma ciência recém-nascida, a **exobiologia**. Seja como for, se esses seres com biologia diferente se deslocarem sobre a superfície de seu planeta, eles terão de dispor de um sistema musculoesquelético que segue as mesmas leis que o nosso, isto é, com um sistema de alavancas e de motores. A **gravidade** é indispensável para o deslocamento, mas pode sofrer grandes variações dependendo da massa do planeta: um sistema musculoesquelético em baixa gravidade será *totalmente diferente* de um sistema musculoesquelético em gravidade elevada. Na gravidade, o único modo de propulsão é a reação, modo utilizado na terra, ou ainda mais no mar, pelos sépias e polvos.

- Nossa biologia específica, baseada em carbono e oxigênio, nos impede de permanecer por um tempo longo em qualquer planeta com predomínio químico diferente. Isso significa que, dentre os futuros planetas habitáveis, poucos o serão para o homem, exceto se forem fundamentalmente transformados, operação que os autores de ficção científica chamam de **Terraformação**. Essa operação, concebível na imaginação, é totalmente utópica, pois é irrealizável nas condições atuais.

A pesquisa de vida extraterrestre é o objetivo de programas muito sérios, dentre os quais o *programa SETI*, impulsionado pelo sábio norte-americano Carl Sagan (1934-1996), consistindo no registro permanente de sinais de rádio elétrico que vêm do espaço, para neles buscar *sinais de atividade inteligente*. Infelizmente, até hoje, essa pesquisa se revelou completamente infrutífera.

- Em seguida, colocam-se as questões do transporte e da *emigração*. Nossa estrela mais próxima, **Proxima Centauri**, está situada ao lado de **Alfa do Centauro** (Fig. 55.6: constelações do Cruzeiro do Sul e do Centauro) a *quatro anos-luz*, exatamente a 4,23 anos-luz, ou seja, 39.900.000 km. Como a velocidade da luz é insuperável, pelo menos até agora, a resposta a uma simples mensagem luminosa enviada a um planeta supostamente habitável dessa estrela, chegaria à Terra depois de *oito anos*. O transporte em uma nave espacial, que só pode atingir uma fração ínfima da velocidade da luz, demoraria centenas de anos, o que iria impor a necessidade de uma enorme nave ecológica, onde os passageiros formariam uma *sociedade em evolução*, com todas as incertezas políticas. Essa nave futura já instigou a imaginação dos engenheiros

533

Figura 55.6

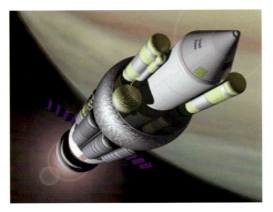

Figura 55.7

da NASA: eles a chamaram "**Orion**" (Fig. 55.7). Porém, *já temos uma nave ecológica* – a Terra –, nosso planeta que vaga pelo espaço, com todos os sistemas de sobrevivência até agora perfeitamente ajustados e equilibrados. Nós somos prisioneiros de nosso planeta, não só pelo espaço, mas **também pelo tempo**. A humanidade é como *um reativo em uma proveta* de laboratório: ela não pode mudar de proveta e se não souber moderar a velocidade da reação, a *proveta pode explodir*.

É preciso se render à evidência: o homem foi "produzido" pela Terra; ele é um filho *da Terra, que é seu berço e será seu túmulo,* antes do previsto – se não souber parar a tempo a degradação de seu ambiente.

Ele não tem um "Plano B", nem solução de mudança.

Os **astrofísicos** pensam atualmente que, para que a vida seja possível no universo, é preciso que estejam reunidas *condições físicas muito improváveis,* que dependem de um número relativamente reduzido de **constantes fundamentais**, como a "**constante cosmológica**" de Einstein ou a "**constante de Hubble**", cuja regulagem relativa muito fina e precisa permitiu o surgimento da vida no universo. No entanto, o detalhamento dessas constantes e a discussão do que elas implicam na estrutura do universo fogem ao escopo deste livro.

Esse "**ajuste fino**" é o resultado de um *acaso excessivamente improvável*. Em outras palavras, isso significa que *uma variação, mesmo pequena,* de uma dessas constantes fundamentais *não teria permitido o surgimento da vida no universo*.

O aparecimento dos elementos pesados e do átomo de carbono, em especial, a partir dos dois constituintes fundamentais, isto é, hidrogênio e hélio, seria muito inexplicável, fora de um acaso que permitisse a associação de três átomos de hélio entre si, possível apenas nas estrelas em formação. Esse conjunto de coincidências que, à primeira vista, são totalmente improváveis e que permitiram o surgimento da vida, é chamado de "**princípio antrópico**", do qual conhecemos três níveis dependendo de permanecermos nas explicações objetivas ou de "derivarmos" para hipóteses metafísicas ainda não verificáveis. Esse "princípio" provocou discussões acirradas que se situam *no limite entre a astrofísica e a metafísica,* onde o acaso pode ser interpretado, em todos os níveis, como a presença de um plano ou de uma intenção que faz suspeitar de uma intervenção divina, que os norte-americanos denominam "**plano inteligente**".

Mas **Fred Hoyle**, que "inventou" a palavra **Big Bang**, também desenvolveu uma "teoria da **criação contínua**".

As últimas tentativas de **unificação do modelo padrão** das partículas elementares baseiam-se na **teoria das cordas**, na qual *uma multidão de universos seria possível* – o que chamamos de "**multiverso**" (Fig. 55.8: desenho artístico). É graças a essa multidão de universos e sob o jogo do puro acaso que se tornaria possível a conjunção de constantes fundamentais "ajustadas", favoráveis ao aparecimento da vida. Esses teóricos, em busca de objetividade, colocam em cena um acaso onipresente e onipotente, que toma assim uma posição de "**Deus** *ex machina*", no qual todos podemos reconhecer Deus, pois ele tem os mesmos atributos! Não há como sair dessa eterna controvérsia, que só pode ser respondida no plano pessoal.

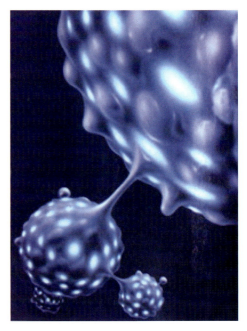

Figura 55.8

56

Apresentação de novas ideias

33 novos conceitos e ideias

1. O teste do "ponto triplo" no exame do ombro
2. O teste do "punho interposto" no exame do cotovelo
3. O atlas, vértebra de divisão das cargas de duas a três colunas
4. As articulações de tipo "selar" ou "toroide", equivalentes ao cardã
5. A embreagem do punho na transmissão da relação de pronossupinação
6. O exame hipocrático do sistema musculoesquelético
7. A "manobra do meridiano" para avaliar a rotação do úmero
8. O imperativo de funcionamento contínuo para o sistema musculoesquelético
9. O contorno hiperbólico da cintura
10. O tarso considerado como um "cardã assimétrico"
11. A explicação da DISI no punho pelos "três parceiros"
12. As duas partes diferentes e complementares da região cervical da coluna
13. Os músculos "escalenos" da coluna sub-occipital na orientação do crânio
14. A "relação de antagonismo-sinergia" dos músculos multiativos
15. A noção de "equilíbrio multifatorial dinâmico"
16. A reabilitação do "losango de Michaelis"
17. A noção de carpo holístico na geometria variável
18. As cartilagens costais consideradas como "barras de torção"
19. A nova avaliação da oposição e da contraoposição do polegar
20. O conceito de "pegada-mais-ação" no exame da mão
21. A nova ideia de "esquema corporal estendido"
22. A diferença entre estrutura modular e estrutura celular
23. O conceito de "célula hólon" do organismo total
24. A vida concebida como "entropia negativa"
25. A inscrição no tempo do sistema musculoesquelético
26. A relatividade do tempo biológico segundo a idade
27. As diferenças de limitação entre os membros superiores e inferiores
28. O papel "autoconformador" dos ligamentos do joelho
29. A explicação do falso paradoxo de Codman
30. O efeito "transistor" dos músculos lumbricais
31. A noção de pré-limitação de determinadas estruturas anatômicas
32. O conceito de "mobilidade em travessão" da articulação acromioclavicular
33. O tensionamento diferencial das fibras ligamentares e musculares

Considerações finais

O que dizer ao final dessa viagem fantástica ao universo do nosso corpo e ao universo como um todo?

Em primeiro lugar que, *paradoxalmente*, bastam algumas ideias simples de **física e de mecânica** para compreender o funcionamento de nosso aparelho musculoesquelético.

Em seguida, que, por nossa estrutura e nosso modo de funcionamento, estamos perfeitamente conectados, eu diria até mesmo *integrados no cosmos*.

As leis da biomecânica são simples e se submetem à *lei da economia universal* de **Guillaume d'Ockham**: o mínimo de meios para o máximo de resultados.

Essas leis são muito inteligentes e refletem a do "grande espírito do universo", que também poderíamos considerar como o "grande computador" do qual nós não seríamos mais que terminais efêmeros em nosso mundo de três dimensões de espaço e mais uma de tempo, depois de Einstein.

Em nosso orgulho prometeico, queremos captar o **derradeiro segredo do universo**, mas, como um gato curioso e intrigado que tenta entender como funciona uma caixa de descarga, **existem coisas que nosso espírito limitado jamais poderá compreender**.

Nós devemos permanecer humildes nesse universo imenso, mas não infinito, onde, como pensava Giordano Bruno, provavelmente não sejamos os únicos seres vivos inteligentes.

A melhor atitude possível para um ser humano responsável diante do universo e perdido em sua imensidade é tentar compreendê-Lo, fazer todos os esforços possíveis para respeitá-Lo e, por fim, perder-se na admiração diante de Sua fantástica e maravilhosa inteligência.
O que nos espera talvez seja ainda mais extraordinário!

Bibliografia

ABOTT, Edwin A. *Planolândia*. Sua alegoria permite imaginar universos com dimensões superiores, denominados "universos com n dimensões".

ANDERSON, Poul. *La patrouille du temps*. Denoel. Romance de ficção científica sobre o "paradoxo temporal".

ASIMOV, Isaac. *Eu, robô*. Ediouro-Sinergia, 2004. Obra que contém as leis da robótica formuladas por Asimov, que protegem o homem contra os robôs humanoides, dotados de inteligência artificial.

BAER, Karl Ernst von. *Über Entwicklungsgeschichte der Tiere*, Bornträger, Königsberg, 1828. Obra que torna o autor *pai da embriologia*.

BALAS, Daniel. *Régénération musculaire,* Nice.

BARJAVEL, René. *Le voyageur imprudent*. Folio France, 1973. Primeiro romance de ficção científica que tratou do *paradoxo temporal*.

BARNETT CH et al. *Synovial joints: their structure and mechanics*. Springfield, CC. Thomas Ed., 1961.

BARNIER, L. *L'analyse des mouvements*. Paris, P.U.F. Ed, 1961.

BASMADJIAN, JV. *Muscles alive: their junction revealed by electromyographs*. Baltimore, Williams & Wilkins, 1979.

BELLUGUE, Paul. *Introduction à l'étude de la forme humaine: anatomie plastique et mécanique*. Paris, Éditions Maloine, 1962. Edição póstuma.

BERTHOZ, A. *Le sens du mouvement*. Paris, Odile Jacob, 1997.

BIESALSKI, N & MAYER, L. *Die physiologische Sehnentransplantation*. Berlim, J. Springer, 1916.

BONNEL, F. *Abrégé d'anatomie fonctionnelle et biomécanique: tome III, membre inférieur*. Sauramps Médical, 2002.

BONNEL, F, et al. *Les laxités chroniques du genou*. Vol. 1, p. 212, Masson, 1984.

BONOLA, A, et al. *La Main*. Padova, Piccin Nuova Libraria, 1988.

BOUISSET, S. *Biomécanique et physiologie des mouvements*. Paris, Masson, 2002.

BRIDGEMAN, GB. *The human machine: the anatomical structure and mechanism of human body*. Vol. 1, p. 143, Nova York, Dover Publication Inc., 1939. Livro de desenhos anatômicos de qualidade.

BRUNO, Giordano. *De l'infinito universo et mondi* (1584).

BUNNEL, Sterling. *Surgery of the hand*. 1.ed., Filadélfia, Lippincott, 1944. 5.ed. revisada por Boyes, 1970.

CAFFINIÈRE, JY. *L'articulation trapézo-métacarpienne: approche biomécanique et appareil ligamentaire*. Arch. dl4nat. Path, 1970, 18: 277-284.

CAFFINIÈRE, JY (de la), PINEAU H. "Approche biomécanique et cotation des mouvements du premier métacarpien". *Chir Orthop*, 1971, 57(l).3-12.

CALAIS-GERMAIN, Blandine. *Anatomia para o movimento – vol.2 : bases de exercícios*. 2.ed., Manole, 2010.

CALDER, Alexander. *Mobile la croix du sud,* 1970, Musée d'Art Moderne Lille Métropole, Villeneuve d'Ascq.

CARDANO, Gerolamo. *De subtililate,* 1552.

CARLSOO, S. "The initiation of the walking". *Acta Anat,* 1966, 65, 1-9.

CARNOT, Nicolas Léonard Sadi. *Réflexions sur la puissance motrice du feu* (1824). Blanchard, 1953.

CAROLI, Alessandro. "Travaux sur la selle trapèzienne", p.175. In : *La Mano,* coautoria com A. Bonola e A. Celli. Padova, Ed. Piccin Nuova Libraria.

CHARNLEY, John. "The role of joint fluid in the tribology of total joint arthroplasty". *Clin Orthop Relat Res,* dezembro de 2004, (429), 17-32.

CHÈZE, L et al. "Étude cinématique in vivo de l'articulation trapézo-métacarpienne". *Chir Main,* 2001, 20, 23-30.

CHÈZE, L & DIMNET, J. "Contribution à l'étude cinématique et dynamique de la marche". In: *La marche humaine et sa pathologie.* p. 56-61, Paris, Masson, 1994.

CODMAN, Ernest Amory. *The shoulder: Rupture of the supraspinatus tendon and other lesions in or about the subacromial bursa.* Boston, Thomas Todd Co., 1934. Enunciado do "paradoxo de Codman".

CUGNOT, Joseph. *Le chariot à feu de M. Cugnot,* Bruno Jacomy, Annie-Claude Martin: Paris, 1992, Nathan/Musée National des Techniques.

DARWIN, Charles. *A origem das espécies.*

DE DONKER, Ê & KOWALSKI, C. *Cinésiologie et rééducation du pied.* Paris, Masson, 1979.

DELMAS, André. *Voies et centres nerveux: initiation à la neurologie,* Masson.

DEMENY, Georges. *Mécanismes et éducation des mouvements.* Paris, Félix-Alcan, 1903.

_____. *Les bases scientifiques de l'éducation physique.* Paris, Félix-Alcan, 1902.

DEMÓCRITO de Abdera. *Teoria atômica.*

DESCAMPS, L. *Le jeu de la hanche.* Tese. Paris, 1950.

DJBAY, HC. Humérus dans la prono-supination. *Rev Méd* Limoges, 1972, 147-150.

DOBYNS, JH et al. "Traumatic instability of the wrist". *Am Acad Orthop.* Surgeons instruction Course Lect. 1975, 24: 182.

DORLOT, JM et al. "Déplacements des insertions des ligaments croisés durant la flexion du genou normal". Supl. II, *Rev Chir Orthop,* 1984, 70, p. 50-53.

DUBOUSSET, J. "Les phénomènes de rotation lors de la préhension au niveau des doigts (sauf le pouce)". *Ann Chir,* 1971, 25(19-20). C. 935-944.

DUCHENNE, GBA (De Bolonha). *Physiologie des mouvements.* 1867, Reedição em fac-simile, Annales de Médecine Physique, Lille, 1959. *Physiology of motion,* tradução de KAPLAN, EB, W.B. Saunders Co., Filadélfia e Londres, 1949.

DÜRER, A. Suas obras como gravurista e pintor, mas também seus trabalhos matemáticos. *A teoria da perspectiva.*

FANCHON, JL. *Guide de mécanique.* Paris, Nathan, 1996.

FEHER, G & SZUNYOGHI, A. *Grand cours d'anatomie artistique.* Cologne, Könemann, 1996. Contém ilustrações magníficas.

FICK, R. *Handbuch der Anatomie und Mechanik der Gelenk.* léna, Gustav Fischer, 1911.

FISCHER, O. *Kinematik organischer Gelenke.* Braunschweig, F. Vierveg & Son, 1907.

FRAIN, P, et al. "Contraintes du genou par dérangement ménisco-ligamentaire: étude de l'articulation condylo-tibiale interne". *Rev Chir Orthop.*

GASQUET, B de. *Ouverture du détroit inférieur et rôle du transverse inférieur.*

_____. *Bien être et maternité.* Albin Michel, 2009.

_____. *Abdominaux arrêtez le massacre.* Marabout, 2009.

_____. *Trouver sa position d'accouchement.* Marabout pratique, 2010.

_____. *Retrouver la forme après bébé.* Marabout pratique, 2010.

GAUSS KF. *A geometria não euclidiana* (sobre o paradoxo de Codmann).

GHYKA, Matila C. *Le nombre d'or.* Vol 1, p. 190, Paris, Gallimard, 1978.

GOULD, SJ. *Comme les huit doigts de la main.* Éditions de Seuil, 1996.

GUIMBERTEAU, JC et al. "Introduction à la connaissance du glissement des structures sous-cutanées humaines" (fevereiro de 2002).

Bibliografia

_____. "Microvascular island flexor tendon: new concept and techniques for flexion tendon salvage surgery". *Plast Reconstruct Surg,* 1993, 92: 888.

_____. "Human allotransplant of a digital flexion tendon system vascularized on the ulnar pedicle: preliminary report and one year follow-up of two cases". *Plast Reconstruct Surg,* 1992, 89:1135.

GUIMBERTEAU, JC. *Promenade sous la peau.* Elsevier, 2004.

_____. *New ideas inhand flexor tendons surgery: the sliding system.* Aquitaine domaine forestier, 2001.

HAMBERGER. *O paralelogramo dos intercostais.*

HARVEY, William. *Exercitatio anatomica de motu cordis et sanguinis in animalibus.*

HENCKE, W. *Handbuch der Anatomie und Mechanik der Gelenke.* Heidelberg, C.F. Wintersche Verlagshandlung, 1863. Anatomia topográfica do homem. Contribuições para a anatomia humana em relação ao movimento.

HILGENREINER, H. "Zur Frühdiagnose der angeborenen Hüftgelenksverrenkung". *Med Klin,* 21 (1935) 1385-1388, 1425-1429.

HUNGERFORD, DS & BARRY, M. "Biomechanics of the patello-femoral joint". *Clin Orthop,* 1979, 144, 9-15.

INMAN, VT, et al. *Human walking.* Londres, William & Wilkins, 1981.

INMAN, VT. *The joints of the ankle.* Baltimore, William & Wilkins, 1976.

JARVIK, Erik. *Basic structure and evolution in vertebrates.* Nova York, Academic Press, 1980.

KAPANDJI, Adalbert. "The knee ligaments as determinants of trochleo-condylar profile". *Med & Biol Illustration,* janeiro de 1967, vol. XVII, n° 1, p. 26-32.

_____. "Cotation clinique de l'opposition et de la contre opposition du pouce". *Ann Chir Main,* 1986, 5(1), 67-73.

_____. "La flexion-pronation de l'interphalangienne du pouce". *Ann Chir,* 1976, 30, 1112, 855-857.

_____. "Pourquoi l'avant-bras comporte-t-il deux os?" *Ann Chir,* 1975, 29(5), 463-470.

_____. "Le membre supérieur, support logistique de la main". *Ann Chir,* 1977, 31(12), 1021-1030.

_____. "La préhension dans la main humaine". *Ann Chir Main,* 1989, 8, 234-241.

_____. "La biomécanique «patate»". *Ann Chir Main,* 1987, 5, 260-263.

_____. "Défaillance du crochet ulnaire". *Ann Chir Main,* 1999.18.4 p. 295-298.

_____. "Vous avez dit Biomécanique? La mécanique floue ou «patate»" *Maîtrise Orthopédique,* n° 64, 1997, p. 1-11.

KAPANDJI AI, et al. "Étude du carpe au scanner à trois dimensions sous contrainte de prono-supination". *Ann Chir Main,* 1991, 10, 36-47.

KAPLAN, EB. *Functional and surgical anatomy of the hand.* 1.ed., 1953. 2.ed., Philadelphia, Lippincott, 1965.

KITAOKA, HB et al. "Kinematics of the arch of the normal foot and ankle under physiologic ankle". *Foot & Ankle Int.* 1995, 16, 492-499.

KUCZYNSKI, K. "Carpometacarpal joint of the human thumb". *J Anat,* 1974, 118, 1, 119-126.

KUHLMANN, N. "Les mécanismes de l'articulation du poignet". *Ann Chir,* 1979, 33, 711-719.

KUHLMANN, N et al. "Déplacements du scaphoïde et du semilunaire au cours des mouvements du poignet". *Ann Chir,* 1978, 38, 543-553.

LANDSMEER, JMF. *Atlas of anatomy of the hand.* Edimburgo, Londres e Nova York: Churchill Livingstone, 1976.

LE CŒUR, Pol. *La pince bi-malléolaire: Physiologie et pathologie du péroné.* Tese. Paris, Louis Arnette, 1938.

LEVENS, AS et al. "Transverse rotation of the segments of the lower extremity in locomotion". *J Bone Jt Surg,* 1948, 30A, 859-872.

LITTLER, JW. "Les principes architecturaux et fonctionnels de l'anatomie de la main". *Rev Chir Orthop,* 1960, 46, 131-138.

_____. "Physiology and dynamic function of the hand". *Surg. Clin.* USA, Lievre J.A. 1960, 40, 256.

LUCAS-DUBRETON, J. *Le monde enchanté de la Renaissance: Jérôme Cardan l'halluciné.* Paris, Fayard, 1954.

MAC CONAILL, MA. "Movements of bone and joints: significance of shape". *J Bone and Joint Surg,* 1953, 35B, 290.

_____. "The geometry and algebra of articular kinematics". *Bio Med*, 1966, Eng. 1, 205-212.

_____. "Studies in the mechanics of the synovial joints: displacement on articular surfaces and significance of saddle joints". *Irish J M Sci*, 1946, 223-235.

_____. *Studies on the anatomy and function of bones and joints.* Nova York, F. Gaynor Evans, 1966.

MAC CONAILL & BASMADJIAN, JV. *Muscles and movements*: a basis for human kinesiology. Baltimore, Williams & Wilkins, 1969.

MAC CONAILL, MA et al. *Synovial joints.* Londres, Longhans, 1962.

MAQUET, PGJ. *Biomechanic of the knee.* Berlim, Springer, 1976.

_____. "Biomécanique de la gonarthrose". *Acta Orthop*, Belg. 1972, 38, 33-54.

_____. "Un traitement biomécanique de l'arthrose fémoro-patellaire – L'avancement du tendon rotulien". *Rev Rhum Mal Osteoartic*, 1963, 30, 779.

MAREY, EJ. *La machine humaine.* Paris, Alcan, 1891.

_____. "Emploi de la chronophotographie pour déterminer la trajectoire des corps en mouvement avec leur vitesse à chaque instant et leurs positions relatives. Application à la mécanique animale". C.R., Académie des Sciences, 7 de agosto de 1882, 267-270.

MAREY, EJ & DEEMENY. *Locomotion humaine*: mécanisme du saut. C.R., Académie des Sciences, 24 de agosto de 1885, 489-494.

MAREY, EJ & PAGES. *La locomotion comparée*: mouvements du membre pelvien chez l'homme, l'éléphant et le cheval. C.R., Académie des Sciences, 18 de julho de 1887, 149-156.

MENSCHIK, A. *Das Konstruktionprinzip des Kniesgelenks, des Hüftgelenks, der Beinläng und der Körpergrosse.* Berlim, Springer, 1987.

_____. "Mechanik des Kniezelenkes". *Z Ortop*. 1974, 112, 481-495.

MERKEL, FS. *Die Anatomie des Menschen.* Plus Éditions, 1913.

_____. *Handbuch der topographischen Anatomie.* Brunswick.

MÖBERG, É. "Criticism and study of methods for examining sensitivity in the hand". *Neurology*, 1962, 12: 8-12.

_____. "Nerve repair in hand surgery: an analysis". *Surg Clin* North America. 1968, 48(5), 985-994.

MOREAUX, A. *Anatomie artistique de l'homme.* Vol. 1, Paris, Maloine, 1959.

MORTON, DJ. *The human foot.* Nova York, Columbia University Press, 1935.

NETTER, FH. *Atlas d'anatomie humaine.* Paris, Masson, 2004.

OWEN, Richard. *O protótipo dos vertebrados.*

ÖZKAYA, N. & NORDIN, M. *Fundamentals in biomechanics,* 2.ed., Springer, 1999.

PERRIN, PH & LESTIENNE, F. *Mécanisme de l'équilibration humaine*: l'équilibration, une fonction sensori-motrice qui assure l'interaction entre posture et mouvement. Paris, Masson, 1994.

POIRIER, P & CHARPY, A. *Traité d'anatomie humaine,* 4.ed., Paris, Masson, 1926.

RASH, PJ & BURKE, RK. *Kinesiology and applied anatomy*: The science of human movement. Vol. 1, p. 589, Filadélfia, Lea & Febiger, 1971.

ROCHER, CH & RIGAUD, A. *Fonctions et bilans articulaires: kinésithérapie & rééducation.* Paris, Masson, 1964.

ROUD, A. *Mécanique des articulations et des muscles de l'homme.* Lausanne, Librairie de l'Université, F. Rouge & Cie, 1913.

ROUVIERE, H. *Anatomie humaine descriptive et topographique.* 4.ed., Paris, Masson, 1948.

SEDDON, Herbert J. *Surgical disorders of the peripheral nerves.* 2.ed. Churchill Livingstone, 1975.

SEGAL, P & JACOB, M. *Le genou.* Vol. 1, p. 262, Paris, Maloine, 1983.

SLOCUM, DB. "Rotatory instability of the knee: its pathogenesis and a clinical test to demonstrate its presence (1968)". *Clinical orthop and rel research*, janeiro de 2007, 454: 5-13.

SOBOTTA, J. *Atlas d'anatomie humaine*: nomenclature anatomique française. Maloine, 1977.

STEINDLER, A. *Kinesiology of the human body.* Springfield, Charles C. Thomas, 1955.

STRASSER, H. *Lehrbuch der Muskel- und Gelenk-mechanik.* Berlim, J. Springer, 1917.

TAILLARD, W & BLANC, Y. "Anatomie et physiologie de la marche". *Encyclop Med Chir*, Appareil Locomoteur 1988 (14010A10), p. 12.

TALEISNIK, J. *The wrist.* p. 441, Nova York, Churchill Livingstone, 1985.

_____. "The ligaments of the wrist". *J Hand Surg*, 1976, 1-2, 110.

TARDIEU, C. "Le centre de gravité et sa trajectoire pendant la marche – Évolution de la locomotion des hommes fossiles". p. 110, Paris, CNRS, 1992 (Col. *Cahiers de Paléoanthropologie*).

TESTUT, L. *Traité d'anatomie humaine.* Paris, Dom Ed., 1921.

TUBIANA, R. *Traité de chirurgie de la main.* Masson, 1980-1997.

_____. *La main anatomie fonctionnelle et examen clinique.* Vol 1, Masson, 1997.

_____. *Pathologie professionnelle des musiciens.* Masson, 2004.

TUBIANA, R & VALENTIN, P. "L'extension des doigts". *Rev Chir Orthop*, 1963, T 49, 543-562.

VANDERVAEL, F. *Analyse des mouvements du corps humain.* Paris, Maloine, 1956.

VIEL, Eric. *Marcha humana, a corrida e o salto.* Manole, 2001.

VIEL, Eric et al. "Analyse tri-dimensionnelle de la marche et de l'appui du pied au sol". *Med Chir Pied*, 1985 (5), 151-160.

WEBER, E & WEBER, W. "*Über die Mechanik der menschlichen Gehwerkzeuge* nebst der Beschreibung eines Versuches über das Heraufallen des Schenkelkopfes im luftverdünnen Raum". *Ann Phys Chem*, 40.

WELKER, H. "Über das Hüftgelenk, nebst Bemerkungen über Gelenke überhaupt". *Zeitschrift für Anatomie und Entwicklungsgeschichte*, Leipzig, 1876, 1.

WIBERG, G. "Rœntgenographic and anatomic studies on the patellar joint". *Acta Orthop Scand*, 1941, 12: 319-410.

WILLIAMS, LISSNER, LE VEAU. *Biomécanique du mouvement humain.* Vigot, 1986.

WINTER, DA. *Biomechanics and motor control of human movements.* Indianapolis, John Wiley & Sons, 1990.

WIRHED, R. *Anatomie et science du geste sportif.* Vigot, 1984.

WOESTYN, J. *Étude du mouvement.* Vol. 2, Paris, Maloine-Prodim, 1977.

ZANCOLLI, EA et al. "Biomechanics of the trapezio-metacarpal joint". *Clin Orthop*, 1987, 220.

Notas biográficas sobre os autores citados

A redação destas notas biográficas me trouxe muito conhecimento. Se ocorrer o mesmo com vocês, não terei perdido meu tempo!

Todos esses homens foram *pioneiros da ciência* e merecem nossa *admiração* e nosso *respeito*.

ABBOTT, Edwin Abbott (1838-1926). Professor e teólogo inglês conhecido sobretudo como autor da sátira matemática, *Planolândia – Um romance de muitas dimensões*, que conta as aventuras de um quadrado cujo *mundo plano* é abalado pela descoberta da intrusão de uma esfera. Sua alegoria permite imaginar os "**universos com n dimensões**".

AL KHWARIZMI (783-850). Muçulmano nascido na Pérsia, sob a dinastia Abássida. Matemático, geógrafo, astrólogo e astrônomo, ele é o **inventor da álgebra**, que introduziu na Europa, assim como os algarismos arábicos, herdados dos indianos. Ele deu origem à palavra "**algoritmo**" – seu nome latinizado é "algoritmi". Ele foi chamado de "o pai da álgebra", junto a Diofanto de Alexandria. De fato, ele foi o primeiro a relacionar de modo sistemático os *métodos de resolução de equações*. Uma cratera da Lua foi batizada em sua honra.

ANDERSON, Poul William (1926-2001). Nascido nos Estados Unidos, de origem dinamarquesa, escritor de ficção científica que se tornou muito famoso nesse gênero literário, recompensado com sete *prêmios Hugo*, três *prêmios Nebula* e o "*Grand Master Award*".

Seu livro *La patrouille du temps* descreve as ações de um *Corpo Constituído*, que tem a tarefa de, por meio de *ações de comando no passado*, impedir alguns *malfeitores temporais* de chegar ao nível de um *ponto nodal* da história, para modificá-la em benefício pessoal. O interesse desse livro é de demonstrar que *cada um de nossos atos cria um universo diferente*, que poderia não ter existido. Essa é a hipótese dos **universos paralelos**.

ARISTÓTELES (384-322 a.C.). Filósofo grego, discípulo de Platão, *professor de Alexandre, o Grande*. Verdadeiro *enciclopedista*, ele se interessou muito pelas *artes* (música, oratória, teatro) e pelas *ciências* (física, biologia, cosmologia). Ele partiu de princípios e fez pesquisas empíricas para comprová-los. Elaborou uma reflexão fundamental sobre a *ética* e sobre a *política* que influenciou o Ocidente por um longo período. Ele é considerado também, junto aos estoicos, como o **inventor da lógica**, com o uso dos *silogismos*. Foi o primeiro a se interessar pela **embriologia** e abriu ovos de galinha em cada um dos dias de incubação. Ele também se interessou pelos **movimentos dos animais**. Até hoje, continua a ser considerado como um **mestre da filosofia ocidental**.

ARQUIMEDES (287-212 a.C.). Grande cientista grego, de Siracusa, na Sicília, que, na época, era parte integrante da Grande Grécia. Físico, matemático e engenheiro, ele é considerado **um dos principais cientistas da antiguidade clássica e o maior matemático de todos os tempos**. Ele foi o primeiro a utilizar o cálculo

Notas biográficas sobre os autores citados

infinitesimal para calcular *o valor de Pi* com uma precisão admirável. Arquimedes também introduziu *a espiral que leva seu nome, o cálculo de volumes,* de superfícies de revolução e um sistema engenhoso para a expressão de números muito elevados. Todos conhecem seu *famoso princípio* no domínio da hidrostática. Ele inventou as engrenagens e a *rosca sem fim*, conhecida como parafuso de Arquimedes. Durante o cerco de Siracusa, ele tentou incendiar os navios romanos utilizando um espelho. Quando a cidade foi tomada, Arquimedes foi morto por um soldado romano que agiu apesar das ordens contrárias. Suas últimas palavras foram: "Acima de tudo, não desfaça meus círculos!". Por sua **Teoria das alavancas**, ele pode ser considerado como um dos **grandes ancestrais da biomecânica**.

ASIMOV, Isaac (1920-1992). Doutor em bioquímica pela Universidade de Colúmbia e, depois, coordenador de curso na Universidade de Boston, ele é mais conhecido por seus romances de ficção científica e seus livros de divulgação científica. Diretor da revista de ficção científica *Astounding Stories*, ele escreveu numerosos livros, em particular sobre **robôs e robótica**. Ele enunciou as famosas **Leis da robótica**, expressas como as *leis morais impostas aos futuros robôs humanoides (Eu, Robô,* 1950): **Primeira lei**: "Um robô não pode ferir um ser humano ou, por omissão, permitir que um ser humano sofra algum mal."; **Segunda lei**: "Um robô deve obedecer às ordens que lhe sejam dadas por seres humanos, exceto nos casos em que tais ordens entrem em conflito com a Primeira lei."; **Terceira lei**: "Um robô deve proteger sua própria existência desde que tal proteção não entre em conflito com a Primeira e/ou Segunda lei.". A **Lei zero** foi acrescentada por outros autores: Um robô não pode fazer mal à humanidade nem, por inação, permitir que ela sofra algum mal. Este autor, por sua inteligência e imaginação, traçou as *vias possíveis do futuro da humanidade*. Uma cratera lunar foi batizada com seu nome, em honra a sua memória.

BAER, Karl Ernst von (1792-1876). Biólogo alemão-báltico. Foi professor assistente na Universidade de Königsberg, depois professor de zoologia e, por fim, de anatomia. Ele foi um dos críticos mais virulentos das teorias darwinianas. Estudou, em especial, o desenvolvimento embrionário dos animais. Por seu livro, *Über Entwicklungsgeschichte der Tiere*, publicado em 1828, ele pode ser considerado como o "**pai da embriologia**".

BARJAVEL, René (1911-1985). Escritor e jornalista francês conhecido principalmente por seus romances futuristas onde se exprime a angústia ressentida diante de uma tecnologia que o homem não mais domina. Dentre os numerosos romances que escreveu, dois merecem atenção especial: *A noite dos tempos* (1968) por sua ambientação poética, e *O viajante imprudente* (1944). Neste último livro, ele formula pela primeira vez o problema do "**paradoxo temporal**", tema que passou a ser usado com muita frequência em ficção científica. *O paradoxo temporal é muito simples*: graças à possibilidade (teórica) de *voltar no tempo*, um homem mata acidentalmente um de seus ascendentes. **Ele ainda continua a existir**? E, se não existe, como ele poderia matar um de seus ascendentes?

BELLUGUE, Paul. Professor de anatomia e de morfologia na École Supérieure des Beaux Arts, em Paris, de 1936 a 1955. Três obras publicadas merecem ser citadas por suas ilustrações:

- *L'anatomie et l'art chez Léonard de Vinci*, palestra proferida em 13 de janeiro de 1953 (brochura, 23 x 16 cm, 26 páginas);
- *Introduction à l'étude de la forme humaine – Anatomie plastique et mécanique*, Ed. Maloine, 1962;
- *A propos d'art de forme et de mouvement*, Paris, Maloine, 1967.

BERTIN, Exupère Joseph (1712-1781). Anatomista francês, conhecido sobretudo pela descrição dos **ligamentos anteriores do quadril**. Seu nome continua também ligado às *Colunas de Bertin*, tecido renal sem valor funcional intercalado entre as Pirâmides de Malpighi, e aos *Ossículos de Bertin* que participam da formação do seio esfenoidal, na base do crânio.

BORELLI, Giovanni Alfonso (1608-1679). Físico e fisiologista napolitano. Ensinou matemática em Messina antes de encontrar Galileu, em Florença, que o nomeou professor de matemática na Universidade de Pisa. Foi **sucessor de Galileu em astronomia** por seus trabalhos sobre os planetas e os satélites de Júpiter, o que o levou a evocar a *"gravitação universal"*, vinte anos antes de Newton. Inventou um *escafandro* que permitia respirar sob a água e desenhou um *submarino*. Em Pisa, ele realizou trabalhos sobre o **funcionamento do sistema musculoesquelético**. Tornou-se famoso ao construir "modelos mecânicos", baseados na teoria das alavancas. Ele chegou a realizar um **modelo mecânico do homem**. Seus trabalhos estão resumidos em seu livro póstumo, *De Motu*, com a ajuda da rainha Cristina, da Suécia. Borelli considerava o sistema musculoesquelético animal como uma "**máquina**", movida pela contração muscular, graças a **princípios de mecânica**. Isso lhe valeu o título de "**pai da biomecânica**".

BRUNO, Giordano (1548-1600). Monge dominicano, de cultura humanista. Na teologia, ele recusou o dogma da Santíssima Trindade, o que o levou a *abandonar a ordem*. Depois de anos de peregrinação, ele foi por um breve tempo o *filósofo titular de Henrique III* e, depois fixou-se em Londres, Oxford, onde era considerado um filósofo, teólogo e cientista **inovador, mas impertinente**. Durante seus trabalhos, ele descobriu as **técnicas mnemônicas**, que constituíram rapidamente uma de suas disciplinas principais. Em física, ele demonstrou que a queda dos corpos depende do *sistema referencial* e não do movimento desse sistema e *anunciou a relatividade* de Einstein. Era um coperniciano *militante*, convencido pela ideia da pluralidade dos mundos habitados; ele declarou que não existia **nenhum centro no universo**, pois este era **infinito**. Ele afirmou que todos os seres vivos, até mesmo o mais ínfimo, *tem uma alma*, que se integra na *grande alma do universo*. Em Veneza, onde se refugiou, foi preso pela Inquisição veneziana, que o liberou, mas foi extraditado pela Cúria romana e lançado nas temíveis masmorras do Santo Ofício. A **Inquisição Romana**, sob a direção do Cardeal Bellarmin, organizou seu processo. Dentre as numerosas acusações, destacamos – *Giordano o fez muito claramente* – a *negação da criação* por Deus, a *rejeição da consubstancialidade de Cristo*, a *negação da Trindade*

e *da virgindade de Maria*, sua crença na *Metempsicose*, na **pluralidade dos mundos habitados** e, por fim, sua **adesão às teses de Copérnico**. Ao final de oito anos de um processo com vários episódios, no qual foi torturado diversas vezes, mas nunca abjurou, ao contrário de Galileu, ele foi **condenado pela Inquisição**, por suas *convicções heréticas e blasfemas*, **a ser queimado vivo na fogueira**, em Roma, em 17 de fevereiro de 1600, na "Piazza del Campo dei fiori", atualmente "Praça do mercado de flores", onde um monumento comemorativo marca o local de seu suplício. Giordano Bruno foi um **herói do pensamento moderno**: suas teorias estão a ponto de serem confirmadas, pois os astrônomos já descobriram, até agora, **mais de quinhentos exoplanetas**, dentre os quais alguns apresentam características que os tornam passíveis de serem *habitados*. Se Galileu foi reabilitado, pelo menos verbalmente, a Igreja ainda não está pronta para prestar justiça a esse grande homem, que soube morrer por suas ideias.

BUCKMINSTER FULLER, Richard (1895-1983). No início, ele teve dificuldade em se adaptar ao ambiente das universidades, mas acabou por obter um doutorado em ciências no Bates College em Lewiston, Maine. Ele tornou-se *arquiteto* e *concebeu muitas invenções*, sendo a mais conhecida o **domo geodésico** que lhe trouxe renome e respeitabilidade. Suas ideias futuristas, com o pintor e escultor Kenneth Snelson, levaram-no a criar a **Tensegridade**, ciência das *estruturas pré-limitadas que compõem sistemas autoequilibrados* (ver Cap. 33). Autor de 28 patentes, reconhecido com numerosos doutorados honoríficos, recebeu em 1970, a medalha de ouro do American Institute of Architects, assim como, em 1983, a "medalha presidencial da liberdade" concedida pelo presidente Ronald Reagan. É o **exemplo de um homem, sem formação específica**, cuja vida começou mal, mas **que terminou por alcançar as maiores honras**, graças a sua inteligência. Ele também pode ser considerado como **um dos primeiros ecologistas** conscientes da fragilidade da Terra, que ele chamava de "**a nave espacial Terra**".

BUNNELL, Sterling (1882-1957). Cirurgião norte-americano, estudou na Universidade da Califórnia,

Notas biográficas sobre os autores citados

em São Francisco, onde trabalhou, inicialmente, com *cirurgias em clínica particular*. Durante a Segunda Guerra Mundial, sua experiência em quase 20.000 operações e sua competência fizeram com que fosse nomeado *consultor geral do exército norte-americano*. Seu livro sobre *A cirurgia da mão* foi referência durante mais de trinta anos. Ele foi o **inspirador e mestre de numerosos pioneiros em cirurgia da mão**. Em 1946, ele foi um dos **fundadores da Sociedade Americana de Cirurgia da Mão**. Ele é considerado o "**pai da cirurgia da mão**" nos EUA.

CALDER, Alexander (1898-1976). Pintor, escultor norte-americano, engenheiro de formação. Instalou-se na França em 1927, onde entrou em contato com os representantes da vanguarda artística parisiense: Mirò, Cocteau, Man Ray, Desnos, Léger, Le Corbusier e Mondrian. Em 1943, o Museum of Modern Art organizou sua primeira retrospectiva. Em 1962, ele instalou seu novo ateliê em Saché, perto de Tours. Morreu de ataque cardíaco em Nova York, no dia da vernissage de uma retrospectiva de sua obra no Whitney Museum of American Art. Ele é *conhecido principalmente por seus móbiles*, **montagens de "objetos" equilibrados em cascata**, uns sobre os outros, animados pelos movimentos do ar, os "**móbiles de Calder**" que simbolizam os "**equilíbrios multifatoriais dinâmicos**" (ver o Cap. 30).

CARDANO, Gerolamo (1501-1576). Sábio italiano da Renascença, matemático, filósofo, astrólogo, inventor e médico. Educado pelo pai, ele demonstrou precocemente o "*espírito mais que divino*" para a matemática e as ciências naturais. Foi aceito como doutor em medicina em Pavia e em Pádua e, depois, eleito reitor da universidade de Pádua aos 25 anos. Em 1571, em Roma, ele recebeu uma pensão do papa Gregório XIII. Foi associado ao Colégio dos médicos de Roma. Morreu em Roma e foi enterrado em Milão. Seu lema era: "**O tempo é minha posse e meu campo**". Na matemática, ele introduziu a teoria das equações algébricas e resolveu as **equações do terceiro grau**, o que permitiu o surgimento dos **números imaginários**, que se tornaram **números complexos**. Ele fez a primeira

exposição do **cálculo das probabilidades**. Em biologia, ele afirmou a existência de uma **transformação das espécies**. Cordano inventou o giroscópio livre e, em especial, a junta de transmissão, "**a articulação em cardã**", que permitiu a *suspensão das bússolas* para preservá-las das oscilações dos navios. O **cardã** agora é correntemente utilizado em mecânica. É dele, em biomecânica, o **modelo das articulações com dois eixos** (ver Cap. 20).

CARNOT, Nicolas Léonard Sadi (1796-1832). Homônimo de seu tio, presidente da república francesa. Politécnico, físico e engenheiro, publicou um único livro, *Réflexions sur la puissance motrice du feu et sur les machines propres à développer cette puissance*, no qual exprimiu, aos 27 anos, o que foi o trabalho de sua vida. Nesse livro, ele lançou as bases de uma disciplina inteiramente nova, a **termodinâmica**. Ele formulou o raciocínio da exposição do **motor térmico** e os princípios básicos segundo os quais todas as centrais energéticas, todos os automóveis e todos os motores à reação são concebidos atualmente. A obra, depois de recebida favoravelmente pela academia de ciências, continuou ignorada até que *Rudolf Clausius* (1850) tirou-a do esquecimento e interessou-se por ela, propondo o termo **entropia** (ver Cap. 48).

CAROLI, Alessandro. Cirurgião da mão e professor de cirurgia da mão na Universidade de Módena. Presidente (1985-1987) da Sociedade Italiana de Cirurgia da Mão, autor de mais de duzentas publicações científicas, dentre elas o livro *La mano*, em coautoria com A. Bonola e L. Celli (Éd. Piccin Padova). Ele realizou um trabalho sobre a "**Topographie des surfaces de la Trapezo-Métacarpienne**". É considerado um dos **pioneiros da cirurgia da mão** (IFSSH 2010).

CHARNLEY, John (1911-1982). Cirurgião ortopedista britânico, fundador do Center for Hip Surgery de Wrightington, na Inglaterra, foi o "*pioneiro da cirurgia de quadril*": inventou a prótese de quadril com *baixo coeficiente de atrito* (1960). Seus trabalhos sobre o atrito nas articulações vivas o levaram a formular uma **Teoria da lubrificação articular chamada de "camadas**

limites" (ver Cap. 16). Recebeu um *título de nobreza outorgado pela Rainha*.

CODMAN, Ernest Amory (1869-1940). Formado em Harvard, ele foi cirurgião do hospital geral de Massachusetts, em Boston, e durante toda a sua vida profissional foi *extremamente motivado pelos problemas de eficácia e de segurança dos cuidados prestados* no hospital, instituindo **critérios de eficácia** que levavam em conta a morbidade e a mortalidade. Introduziu a obrigação de redigir uma **observação médica** para cada paciente. Para ele, a avaliação da *competência dos cirurgiões* era um critério fundamental, o que lhe valeu muita inimizade entre seus colegas. Instituiu a "**equipe médica**" para discutir coletivamente os problemas colocados pelos doentes. Em cirurgia, ele se envolveu muito com a cirurgia dos sarcomas ósseos e na cirurgia do ombro, publicando os **primeiros casos de ruptura do supraespinal**. Enunciou o famoso "**Paradoxo de Codman**" no artigo citado na Bibliografia. (ver Cap. 22).

CUGNOT, Joseph (1725-1804). Engenheiro militar. Inventor do **primeiro veículo autopropulsor**, movido por um *motor a vapor*, um "carro de artilharia" (1770). O primeiro teste, infeliz e definitivo, terminou em um muro, pois ele não tinha freios. O "**carro de artilharia de Cugnot**" foi guardado no arsenal e "esquecido" durante a revolução. Bonaparte, com um interesse passageiro, não teve tempo de concluir o projeto (ver Cap. 6). Veja o funcionamento de uma reconstituição do "carro" no site http://videos.leparisien.fr/video/iLyROoafzV0A.html.

DA VINCI, Leonardo (1452-1519). Era um filho ilegítimo, mas se tornou um **importante personagem da Renascença italiana**. Universalmente reconhecido, em primeiro lugar como pintor, mas também como um homem de *múltiplos talentos*, ao mesmo tempo artista, cientista, engenheiro, inventor, anatomista, pintor, escultor, arquiteto, urbanista, botânico, músico, poeta, filósofo e escritor, e filósofo humanista. *É impossível enumerar aqui a totalidade de seus trabalhos e de seus interesses*, que o tornaram um **homem de espírito universal**. Por suas invenções, ele foi um **precursor** do helicóptero, do *tanque de combate*, do *submarino* e até mesmo do *automóvel*. Suas **criações artísticas, numerosas e famosas**, marcam nossa cultura, como a Monalisa ou o Homem de Vitrúvio. O que nos interessa aqui são seus **trabalhos e descobertas em anatomia e em biomecânica**: ele pôde registrar suas descobertas em **numerosos desenhos** reunidos em seu *Codex Atlanticus* conservado na Bibliothèque Ambrosiana de Milão. Nele descobrimos não só desenhos esplêndidos de dissecções em posições da vida corrente, mas também *desenhos que evocam o uso da* **teoria das alavancas** em ações musculares, desenhos de **vértebras cervicais estilizadas** em uma visão mecânica, músculos escalenos dispostos como os **cabos de um mastro de navio**, esquemas para **medir a força muscular**, enfim, todas as indicações mostrando que Leonardo buscava explicações mecânicas. **A biomecânica deve muito a ele**, pois como provam todas suas invenções de máquinas sua visão de anatomia não era apenas morfológica, mas também **mecânica e funcional**. Podemos assim, com justiça, considerá-lo como um dos "**grandes ancestrais**" da biomecânica (ver Cap. 53), *bem antes de Borelli* que é chamado de "pai da biomecânica".

DAGOBERTO (604-639). Rei dos francos, da dinastia merovíngia, filho de Clotário II. Foi um bom rei, que ampliou o reino franco, anexando a Aquitânia, mas morreu sem herdeiro. É conhecido principalmente pela *canção popular* (1750) que evoca Dagoberto I e seu ministro Eloi... *O bom rei Dagoberto, colocou suas cuecas do avesso*, pois ele era *míope* e *muito distraído*, e tropeçava frequentemente. Foi por causa dessa canção que o **Teorema de Dagoberto** recebeu esse nome: "Para virar uma cueca do avesso, é preciso que ela realize **três rotações no espaço**". Isso *se aplica* a **todas as simetrias no espaço**. (Ver Cap. 11).

DALÍ, Salvador (1904-1989). Pintor, escultor e cenógrafo surrealista espanhol. Meticuloso e obstinado, ele concebia longamente suas telas e as concretizava com uma cuidado que o aproximava de seus mestres clássicos, Rafael ou Vermeer. *Hiéronimus Bosch* foi seu precursor longínquo no que diz respeito *à exuberância da imaginação*. Grande amante da *ficção científica*,

Notas biográficas sobre os autores citados

sua força criativa foi considerável: ele abriu em suas obras o acesso aos *universos paralelos* e à *relatividade do tempo*. Os quadros com "**relógios derretidos**" são exemplos disso (ver Cap. 6).

DARWIN, Charles (1809-1882). Naturalista inglês, seu livro *A origem das espécies* (1859) revolucionou a biologia com sua **nova teoria da evolução** que "varreu" o criacionismo: em alguns estados conservadores dos Estados Unidos, é proibido ensinar a teoria da evolução nas escolas e universidades. Depois de sua viagem de cinco anos ao redor do mundo a bordo do *Beagle*, que lhe permitiu acumular observações que serviram de base para sua reflexão, ele chegou a *novos modos revolucionários de conceber a* **evolução das espécies vivas**, baseando-se em duas ideias: a **divergência das espécies** a partir de um ancestral comum e a **seleção natural**, a competição pela sobrevivência dos indivíduos que eliminam os menos aptos e a luta pela posse das fêmeas que permite que o vencedor se reproduza. Um dos problemas dessa teoria era o aparecimento dos *mutantes*, sobre os quais se realiza a seleção. Esse problema foi, em grande medida, resolvido pela *genética*. O problema não resolvido, que ainda perdura, ainda por muito tempo, é o "do ovo e da galinha". Como de hábito, **a resistência à inovação** foi considerável, em particular nos meios religiosos, mas, perto do final de sua vida, Darwin teve a felicidade de ver sua teoria aceita pela maior parte dos biólogos sérios, o que o reconfortou durante uma velhice doentia.

DELMAS, André (1910-1999). Grande anatomista da faculdade de medicina de Paris. Diretor da École Pratique d'Anatomie, ele foi um educador ímpar, um **diretor respeitado**, um organizador admirável e um pesquisador eficaz. Envolvido especialmente com a **sistematização do sistema nervoso**, ele publicou *Voies et centres nerveux - Initiation à la neurologie*. Ele se interessou também pela embriologia e pela *coluna vertebral*, que foi objeto de publicações. Era apaixonado pela **anatomia funcional**.

DEMENY, Georges (1850-1917). Fotógrafo, inventor e ginasta francês de origem húngara, um dos grandes

esquecidos da história da imagem do final do século XIX, se interessou desde 1880 pelas pesquisas sobre os **movimentos musculares**. Assistente de Marey, ele desenvolveu o *procedimento da* **cronofotografia**, que permite fixar, a partir de um ponto de vista único e com intervalos de tempo iguais, as diversas fases do movimento de um sujeito sobre um fundo negro, à qual damos o nome hoje de **estroboscopia**. Com Hebert, ele é considerado o fundador da **educação física** científica.

DEMÓCRITO, de Abdera (c. 460-370 a.C.) filósofo grego, materialista, discípulo de Leucipo. Aprendeu geometria no Egito e na Pérsia e a astrologia na Índia. Esteve na Etiópia, na Babilônia e até mesmo em Atenas, onde encontrou Sócrates. *Admirador de Pitágoras*, seu saber era reconhecido como imenso. Seu **caráter risonho** tornou-se lendário; o contrário de Heráclito, que era irritável. O materialismo de Demócrito o opõe ao idealismo de Platão. Para Demócrito, como para Leucipo, a natureza é composta por dois princípios: **os átomos** (o pleno) e **o vazio** (o nada). "Nada vem do nada e nada a ele retorna, depois de ser destruído." É a **previsão do princípio de Lavoisier**. Os átomos são *corpúsculos sólidos e indivisíveis, invisíveis*, separados por *intervalos vazios*. Eles são lisos ou ásperos, *aduncos*, recurvados ou redondos e não podem ser modificados em decorrência de sua dureza. Deslocam-se em turbilhão em todo o universo, estão na origem de todos os compostos, aí incluídos o sol e a alma. Eles se movem eternamente no vazio infinito. **O movimento é inseparável da matéria**, *o que anuncia o contínuo com quatro dimensões*. Os átomos entram em colisão e saltam ao acaso, o que anuncia **a agitação térmica e o movimento browniano**. Eles podem se associar, mas não se confundem jamais. Todos os objetos são uma **reunião de átomos** e sua destruição é uma separação, ocorrida porque uma força exterior, mais forte que sua coesão, vem dispersá-los, *o que anuncia os ciclotrons e outras "partículas de colisão"*. É sob a ação dos átomos e do vazio que as coisas aumentam ou se desagregam, o que *anuncia as reações químicas*. O ser não é, portanto, *uno*, mas sim *composto por corpúsculos*. Assim, o ser e o não ser são completamente reais no vazio e são em número infinito, de diferentes grandezas e dispostos de diferentes maneiras no espaço. Alguns desses universos são inteiramente idênticos. Eles são criados e podem perecer. Eles podem aumentar ou desaparecer, colidir uns com os outros e se destruir, como **anuncia Giordano Bruno**. Os mundos são, desse modo, governados por forças cegas: **não existe a providência**. Em alguns universos, encontramos **seres vivos** (ainda *Giordano Bruno*), outros não têm vida nem água. Segundo Demócrito, em alguns desses universos, não existe nem Sol nem Lua e, naqueles que os possuem, eles são de tamanhos diferentes. O universo em seu conjunto se desenvolve até que não possa englobar mais nada, o que anuncia o **universo em expansão**. *A própria alma é composta pelo átomo* e morre sem respiração, portanto, **a alma não é imortal**. Ele estava convencido da geração espontânea das espécies vivas. Para Demócrito existem **duas formas de conhecimento**: o conhecimento **pelos sentidos**, que ele chama de bastardo e obscuro, e o conhecimento **pelo intelecto**, que ele chama de legítimo e verdadeiro. *A razão é o critério do conhecimento legítimo*. Nós só conhecemos a realidade por meio dos sentidos e a verdade ou não existe ou está oculta para nós. "Na realidade, nós nada sabemos, pois **a verdade está no fundo do poço**." O homem, sem temer os deuses, nem a natureza, nem a morte, pode agir sobre a natureza. Assim, ele encontra a tranquilidade da alma. É uma **filosofia hedonista**, muito moderna. Ele escreveu muitos livros sobre todo tipo de assunto, que desapareceram e são conhecidos somente nas citações de outros autores, em especial sobre os *números irracionais*, o volume dos sólidos, a geografia dos polos, o relógio de água, a coragem, a virtude, a felicidade. *"O mundo é um teatro, a vida é uma comédia… você entra, você vê, você sai…"* **Personalidade imensa, precursor em todos os domínios**, ele ainda exerce uma *influência considerável* sobre os cientistas e filósofos de nossa época.

DUCHENNE, Guillaume Benjamin, chamado de **Duchenne de Bolonha** (1806-1875). Médico neurologista francês, ele foi um dos maiores clínicos do século XIX. É considerado o **fundador da neurologia**. Inicialmente, médico generalista em Bolonha, se

estabeleceu em Paris em 1842, onde desenvolveu as *aplicações clínicas da eletricidade*. Embora **sem uma posição hospitalar oficial**, Charcot considerava-o como um "mestre", pois ele impressionava pelo rigor de suas experiências: na experimentação fisiológica, foi o pioneiro da utilização da corrente alternativa que permitia estimular com precisão um único feixe muscular. Desse modo, ele descreveu diversas doenças, dentre as quais uma leva atualmente seu nome: a *miopatia de Duchenne*. Também trabalhou com a *tabes dorsalis* e a *poliomielite*. Ao estimular **eletricamente todos os músculos acessíveis do corpo**, definiu de modo preciso sua ação isolada, em especial, no caso dos *músculos da face*. Inventou um instrumento para retirar amostras de tecido, **biópsias**, do interior do corpo. Com preocupação artística, ele registrou, por meio de fotografias, todas as expressões faciais possíveis. Ele publicou o livro *Bible des Mouvements Musculaires: Physiologie des mouvements* (1867). Com esse número considerável de trabalhos, ele, que no início era apenas um médico generalista provinciano, acabou recebendo uma "*nobreza por mérito*" ao ser chamado de Duchenne *de Bolonha*. Pode ser considerado um dos **grandes precursores da biomecânica** (ver Cap. 53).

DÜRER, Albrecht (1471-1528). Pintor, gravurista e matemático alemão. A princípio, ele foi aprendiz de ourives, a profissão de seu pai, mas este, Albrecht Dürer, o Velho, viu suas qualidades precoces de desenhista e o levou para o ateliê de um pintor. Depois de três anos de aprendizado, ele fez sua viagem de iniciação a Colmar, na Holanda e foi também à Itália, nas cidades de Pávia, Veneza, Mântua e Cremona. Depois de uma segunda viagem à Itália, foi para Nuremberg onde, como pintor da corte, recebeu do imperador Maximiliano de Habsburgo uma pensão com títulos de nobreza. Artista famoso, ele escreveu livros e publicou *Les règles de la peinture* ou o *Traité des proportions du corps humain* (1525). Suas gravuras em madeira e couro o tornaram famoso e serviram de referência para os gravuristas italianos e nórdicos que o seguiram. Ele se interessava pela nova **ciência da perspectiva**, inventou um *perspectógrafo com mira* e publicou **Théorie de l'ombre et de la perspective**. Sua obra matemática

Notas biográficas sobre os autores citados

principal continua sendo *Instructions pour la mesure à la règle e au compas* (1538) para as principais construções geométricas como a espiral de Arquimedes, a espiral logarítmica, a concoide, as epicicloides, o caracol de Pascal, as construções aproximadas dos polígonos regulares de 5, 7, 9, 11 ou 13 lados e as construções de sólidos geométricos. Sua obra considerável, tanto pictórica quanto escrita, testemunha sua sensibilidade humanista "autenticamente alemã" e suas qualidades excepcionais de pintor e gravurista.

EINSTEIN, Albert (1879-1955). Físico mundialmente conhecido por sua teoria da relatividade restrita (1905) e, depois, pela teoria da gravitação ou da *relatividade geral* (1915); **ele revolucionou nossa concepção do universo**. Contribuiu para o desenvolvimento da mecânica quântica e da cosmologia e recebeu o prêmio Nobel de Física (1921) por sua explicação do *efeito fotoelétrico*. Sua famosa equação $E=mc^2$ é conhecida universalmente e todos sabem, em razão de seus trabalhos, que no contínuo espaço-tempo, **o tempo é relativo** (ver Cap. 6). Einstein é um **gênio da humanidade**.

ESCHER, Maurits Cornelis (1898-1972). Pintor e gravurista holandês cuja especialidade eram os desenhos paradoxais, como a água que corre de fontes que se autoalimentam, de **faixas de Mœbius** infinitas, de mãos que se autodesenham. Ele era apaixonado pelas **perspectivas múltiplas** que introduziam mundos estranhos com dimensões suplementares. Ele é interessante, em especial, no que se refere ao **redobramento do plano** (ver Cap. 32).

FERMAT, Pierre de (c. 1600-1665). Jurista e matemático francês que contribuiu por sua correspondência com Blaise Pascal para a elaboração das bases do **cálculo de probabilidades**, uma *matemática do acaso* que intervém em uma ciência nova, a **combinatória** ou *análise combinatória*, que estuda as combinações possíveis em um agrupamento de fatores ou de ações sucessivas (ver Cap. 52). Mas sua principal contribuição diz respeito à *teoria dos números*, por diversos teoremas ou conjeturas nesse domínio: ele está no cerne da "teoria moderna dos números". É famoso por seu "**último teorema de Fermat**" que era apenas uma conjetura e que permaneceu sem solução durante mais de três séculos de pesquisas fervorosas e *só foi solucionado em 1994 por Wiles, matemático inglês*.

FIBONACCI, Leonardo (c. 1175-1250). Também chamado de "Leonardo Pisano", foi um matemático italiano que introduziu os algarismos indo-arábicos, com o zero. Ele tornou-se célebre graças a sua famosa "**série de Fibbonacci**", muito fácil de lembrar: 1 – 1 – 2 – 3 – 5 – 8 – 13 ... cada termo sendo *criado pela soma dos dois que o precedem*. E, a partir do 25º termo, a relação entre dois termos sucessivos é *invariavelmente* a **proporção áurea**: 1,61803. Essa série permite a construção da **espiral logarítmica** que o cirurgião Littler encontrou na flexão dos dedos. Seu trabalho sobre a **teoria dos números** foi ignorado durante sua vida, mas ele foi amplamente reconhecido durante os dois séculos que se seguiram. Seus trabalhos são, desde então, muito utilizados em operações financeiras de mercados e, em especial, em análise técnica.

FREYSSINET, Eugène (1879-1962). Engenheiro de pontes, calçadas e obras públicas, ele inventou, em 1939, o **concreto armado**, *por post-tension*. Descreveu um sistema que compreendia cabos inseridos na *parte baixa da trave*, tensionados por *macacos* e *bloqueados por cones de ancoragem*. O aumento da resistência das traves permite construções em concreto com uma **audácia excepcional**. A **estrutura pré-limitada**, que existe nas estruturas anatômicas, foram depois retomadas na **tensegridade** (ver Cap. 33).

FROMENT, Jules (1878-1946). Médico neurologista francês. Durante a Primeira Guerra Mundial, ele cuidou, em Rennes, de numerosos feridos com lesões nervosas. Quando a guerra terminou, ele publicou, com Babinski, o livro *Hystérie, pithiatisme et troubles nerveux d'ordre réflexe en neurologie de guerre*, que provocou muitas controvérsias. Ele se dedicou muito aos testes neurológicos para diagnósticos das lesões nos nervos. Ele descreveu, particularmente, o "**teste de Froment**" que permite o diagnóstico de uma **paralisia do nervo cubital** (ver Cap. 44).

O que é biomecânica

GALILEU, Galilei (1564-1642). Físico e astrônomo italiano. Filho de um *luthier*, destinado ao sacerdócio, ele o abandonou rapidamente e, por algum tempo, estudou medicina em Pisa, mas estava mais **interessado pela matemática**. Descobriu, sozinho, as *oscilações isócronas* de um lustre suspenso na catedral de Pisa. Retornou a Florença sem diploma, mas absorvido nas obras de Euclides, Platão, Pitágoras e Arquimedes e se dedicou ao **estudo da física**. Foi nomeado para a cátedra de matemática na universidade de Pisa. Depois de fazer experimentos sobre a "**queda dos corpos**", ele publicou seu primeiro livro, *De motu*. Em seguida, foi para Veneza, onde seus ensinamentos de mecânica aplicada, matemática, astronomia e *arquitetura militar* eram muito apreciados. Os trabalhos de Galileu permitiram constatar a *importância do "referencial"* para definir o movimento, o que anuncia a *teoria da relatividade*. Ele aperfeiçoou e fabricou um pantômetro, o **compasso geométrico e militar**, ancestral da régua de cálculo, inventou uma *bomba d'água* e também um termoscópio, o primeiro termômetro. Fez experimentos com **imãs**. Em 1609, a partir de uma luneta holandesa, **ele construiu uma luneta** que tinha **maior capacidade de ampliação** e fornecia **imagens não invertidas**. Fabricou mais de sessenta, mas cedeu os direitos à República de Veneza e foi *nomeado vitaliciamente* para seu cargo em Pádua, com *salário em dobro*. Armado com uma luneta que aumentava vinte vezes, Galileu fez **descobertas surpreendentes** para a época: a *irregularidade da superfície lunar*, a decomposição da Via Láctea em *inumeráveis estrelas*, **quatro satélites de Júpiter** — termo criado por ele —, as **fases de Vênus**, os **anéis de Saturno**, as **manchas solares**... Foi a glória! A imagem de Galileu *nunca havia sido tão elevada*. Infelizmente, tudo o que ele descobriu *reforçou suas convicções copérnicas*, o que o levou a "se expor": os ataques começaram a aumentar, em relação a detalhes, como a **flutuação dos corpos**, ou sobre **pontos de dogma religioso**, o que era mais grave. As coisas se complicaram: Galileu foi convocado a Roma para se defender, mas naquela época ainda não existia **nenhuma prova física** da rotação da Terra sobre si mesma e *em torno do sol*. A controvérsia *desviou-se para o plano teológico* e *a teoria de Copérnico foi condenada pela Inquisição e pelo Papa*:

Galileu só poderia ensinar a teoria de Copérnico como uma hipótese. Durante quatro anos, Galileu, enfraquecido por dores, continuou a trabalhar em sua defesa. Com a autorização do novo Papa Urbano VIII, ele publicou o livro *Saggiatore*, completamente impregnado por ideias novas. As relações com o papa continuaram boas e este o encarregou de escrever *Diálogo sobre os dois maiores sistemas*, mas **sem tomar posição**. No entanto, Galileu não conseguiu se abster de zombar implicitamente dos partidários do geocentrismo. Dessa vez, ele foi "deixado" pelo Papa, que o repreendeu por ter desobedecido à proibição de 1616. A Inquisição "assume": diante da ameaça de tortura, **Galileu cedeu e abjurou** solenemente: foi condenado à *prisão perpétua*, comutada pelo Papa em **prisão domiciliar perpétua**, em sua casa de Florença. A frase famosa: "*Eppure si muove*"* pronunciada "entre dentes" certamente é *apócrifa*, pois ela o teria condenado à fogueira. Em sua casa de Arcetri, ele podia receber visitas que "passavam" seus textos para Estrasburgo e Paris. Desse modo, ele publicou *Discours sur deux sciences nouvelles* a partir do qual nasceu a **dinâmica moderna**. Faleceu em Arcetri, em 8 de janeiro de 1642 e foi enterrado religiosamente na igreja de Santa Croce de Florença. A condenação de Galileu pela igreja não impediu a difusão de suas ideias entre os sábios da Europa e, 76 anos depois, James Bradley, ao descobrir "**a aberração da luz**"**, provou o *deslocamento da Terra em relação às estrelas* e, **portanto, ao Sol**. A teoria de Copérnico estava assim **provada cientificamente** e a igreja foi então obrigada a reconhecer, em meias palavras, seus erros. *Foi preciso esperar por João Paulo II para que Galileu fosse reabilitado*. Por outro lado, ainda esperamos a reabilitação de Giordano Bruno, queimado vivo em uma

---

* "No entanto, ela se move", isto é, ela não é fixa: ela "se desloca" em torno do Sol.

** O fenômeno da *aberração da luz* pode ser observado em relação às estrelas: é a variação de posição da estrela em função do deslocamento do observador, portanto, do deslocamento da Terra. Durante o curso de um ano, conforme a direção da estrela muda em relação à Terra, a posição aparente da estrela descreve uma elipse. Para compreender esse fenômeno, podemos tomar o exemplo da variação da *direção aparente do vento* em função do deslocamento e da direção de um veleiro.

Notas biográficas sobre os autores citados

fogueira em 1600. Defensor ferrenho da concepção copérnica do universo e fundador da mecânica clássica, **Galileu é reconhecido pela humanidade**. Em sua honra, um **asteroide** recebeu o nome de Galileu e o mesmo ocorreu com uma **sonda espacial**.

GAUSS, Johann Carl Friedrich (1777-1855). Matemático, astrônomo e físico alemão de grande talento. Chamado de "**o príncipe dos matemáticos**", ele é considerado como *um dos maiores matemáticos de todos os tempos*. Em 1807, foi nomeado professor de astronomia e diretor do *observatório astronômico de Göttingen*. Em 1831, com *Wilhelm Weber*, ele realiza um estudo sobre o **magnetismo** e estabelece que *as linhas de campo são obrigatoriamente fechadas*. Seu nome foi dado à *unidade de campo magnético*, o **Gauss**. Ele foi igualmente o autor de duas das quatro equações de Maxwell. Em 1810, também descobriu a possibilidade de **geometrias não euclidianas**, mas nunca publicou esse trabalho, que só se tornou *conhecido graças a seu aluno* **Riemann** (ver Cap. 22). Um asteroide da cintura principal foi denominado Gaussia em sua honra.

HARVEY, William (1578-1657). Médico inglês, ele estudou anatomia e fisiologia na Universidade de Pádua. Ao voltar à Inglaterra, trabalhou no Hospital St. Bartholomew, em Londres, e foi membro do Colégio Real de Medicina. Tornou-se médico de *Jacques I da Inglaterra*, de *Carlos I da Inglaterra* e também foi coordenador da faculdade de Merton em Oxford. Praticando a anatomia experimental, descobriu o **mecanismo da circulação sanguínea**. Essa teoria foi muito contestada pelos partidários dos princípios de Aristóteles e de Galeno: o que faltava na época era *o conhecimento dos* **capilares** que fazem a ligação entre artérias e veias. Ele acabou, no entanto, por demonstrar sua teoria com **a experiência do garrote**. É considerado como autor da frase: "*Omne vivum ex ovo*" ou "**Todo ser vivo provém de um ovo**", que resume bem sua teoria da geração, onde encontramos "o ovo e a galinha".

HENKE, Wilhelm Philipp Jakob (1834-1896). Filho de um historiador da igreja, estudou em Tübingen, Marburg, Göttingen e Berlim. Obteve o cargo de *pros-sector em anatomia em Marburg*. Foi, por fim, nomeado professor e diretor da *Escola de Anatomia em Rostock*, em seguida em Praga e, a partir de 1875 até sua morte, em Tübingen. Entre as numerosas publicações, escreveu *Manual de anatomia e mecânica articulares*, *Anatomia topográfica do homem* e *Contribuição à anatomia humana em relação ao movimento* e, com uma inspiração artística, *Relações entre os anatomistas e as belas-artes*. Ele proferiu "Conférences sur la sculpture, le mime et le théâtre" (1892). Sua obra como anatomista demonstra sua pesquisa da **relação entre o funcional e o anatômico**.

HIPÓCRATES (460-370 a.C). Nascido em Kos, foi um médico grego do século de Péricles e é considerado o "**pai da medicina**". Ele, de fato, transformou-a em uma *disciplina distinta da filosofia*. Fez avançar consideravelmente o estudo da **clínica médica**, compilando a soma *dos conhecimentos médicos* das escolas precedentes. Exerceu sua arte no Templo de Esculápio, em Kos, que era ao mesmo tempo *templo e hospital*. Foi o primeiro médico a rejeitar as superstições e as crendices, que atribuíam as doenças a causas sobrenaturais ou divinas. Para ele, as doenças eram consequência de **fatores ambientais**, *alimentação e hábitos de vida*. Nesse sentido, foi **o primeiro ecologista**. Embora nessa época a medicina grega ignorasse praticamente tudo de anatomia e fisiologia humanas, em virtude do tabu da dissecação do corpo humano, a escola hipocrática obteve melhores resultados ao se contentar com diagnósticos gerais e tratamentos sintomáticos ou paliativos. Dava-se ênfase aos cuidados com o paciente e **ao prognóstico** da doença, e não somente a seu diagnóstico. Isso permitiu um grande desenvolvimento da prática clínica. Ela ainda continuou baseada nos "quatro elementos" e na "teoria dos humores", cujo desequilíbrio, a *crise*, fazia surgir a doença. Essa medicina *mais eficaz* levava em consideração *o indivíduo em seu conjunto e seu ambiente*, contando com **o poder curador da natureza**; só era preciso **ajudar a cura**. Hipócrates descreveu sinais clínicos, como *hipocratismo digital*. Ele deu instruções estritas para a *abordagem dos pacientes* e o *modo de examiná-los*. Dedicou-se imensamente à **cirurgia dos ferimentos e das fraturas**; chegou mesmo a fazer **trepanações**, com todo o conhecimento do **cruzamento das vias nervosas**. Tudo isso está reunido em um texto em latim, o *Corpus Hippocraticus*, de setenta volumes, soma de conhecimentos consideráveis para a época, na origem da medicina *como ciência*.

O **juramento de Hipócrates** define as **regras da ética** *da prática médica*, em relação aos pacientes e aos outros médicos: a **deontologia**. Apesar das modificações de alguns detalhes, ele continua a ser **a base do comportamento moral dos médicos de todo o mundo**, que prestam esse juramento no início de suas carreiras. Algumas vezes, na prática moderna da medicina, é difícil ser fiel ao juramento, *diante das limitações administrativas e legais*, mas **nenhum médico pode se negar a fazê-lo**.

HOOKE, Robert (1635-1703). Filho de um pastor. Nomeado em Oxford como assistente de Robert Boyle e demonstrador da Sociedade Real, ele era *responsável pelas experiências* de **demonstração anatômica** em reuniões. Muito interessado nos aparelhos, *aperfeiçoou* **o microscópio** e pôde assim descrever pela primeira vez **a célula biológica** nos vegetais. Ele também construiu o *primeiro telescópio* de espelhos e inventou "*o mecanismo de escape por âncora*" de nossos relógios modernos. Em física, definiu a elasticidade, chamada de "*Lei de Hooke*": o **alongamento é proporcional à força**. Sua **descoberta da célula viva** foi uma *etapa fundamental* na compreensão da vida.

HUBBLE, Edwin Powell (1889-1953). Astrônomo norte-americano. Por seus trabalhos no observatório do Monte Wilson, demonstrou a existência de **outras galáxias** além da nossa Via Láctea. Observando o *desvio para o vermelho* no espectro de diversas galáxias, o *Redshift*, demonstrou que essas se afastavam umas das outras a uma velocidade proporcional a sua distância (*lei de Hubble*). É isso que chamamos também de **expansão do universo**. Em honra a sua importante contribuição para a compreensão do universo, seu nome foi dado ao **telescópio espacial**, com massa de cerca de 11 toneladas, lançado em 1990, em órbita a cerca de *600 quilômetros de altitude*. Graças a sua posição fora da atmosfera terrestre, ele permitiu **descobertas**

fundamentais e absolutamente fantásticas. Hubble, como Einstein, **revolucionou nossa concepção do universo**.

JARVIK, Erik (1907-1998). Paleontologista sueco que teve um grande papel na descoberta dos **fósseis de tetrápodes**, nossos *ancestrais distantes* como animais terrestres. Ele dedicou, em especial, cerca de sessenta anos de sua vida ao estudo do *Eusthenopteron*, o peixe do Período Devoniano (350 milhões de anos) que precedeu os tetrápodes na evolução, e publicou descrições de precisão inigualável. O **Ichtyostega**, o primeiro tetrápode, fez parte dessa família; ele o descreveu com **cinco dedos** nas mãos e *dois ossos* sobre o **zeugópodo** (ver Cap. 46). Mas um de seus colegas, Gunnar Save-Söderbergh também descobriu um Ichtyostega com **sete dedos** e um Acanthostega com **oito dedos**. Foi só muito mais tarde que o número de dedos nas mãos dos tetrápodes *se estabilizou em cinco*. Foi Erik Jarvik que encontrou e descreveu a **cadeia de transição** entre os vertebrados aquáticos e os terrestres (ver Cap. 46).

LANDSMEER, Johan Matthijs Frederik (1919-1999). Professor de anatomia e de embriologia na Universidade de Leyde, na Holanda, dedicou sua vida à pesquisa em anatomia, convencido pela ideia de que existe uma **relação entre a forma e a função**. Deixou um importante conjunto de trabalhos em anatomia comparada e em embriologia. Interessou-se muito pela anatomia da mão, concretizada em seu *Atlas d'anatomie de la main*; aí encontramos, em especial, a descrição do ligamento que ele nomeou, o **ligamento retinacular oblíquo**, que estabelece uma ligação diagonal entre a faixa lateral do extensor e a face palmar da primeira falange; ele *sincroniza a extensão* das duas últimas falanges com a da primeira.

LAO-TSÉ, (meados do século VI a.C.–meados do século V a.C.). Sábio e filósofo chinês, contemporâneo de Confúcio, no período da dinastia Han. É o *pai fundador do* **taoísmo**, escola filosófica cujos princípios se encontram em seu *Tao Te King* (*Livro do caminho e da virtude*) que é, ao mesmo tempo, uma filosofia e uma

Notas biográficas sobre os autores citados

religião chinesas. Não se trata aqui de desenvolver os traços dessa filosofia. Um de seus símbolos é o *Taijitu* – o ato supremo – que mostra a relação entre **o yin e o yang**, isto é, os **dois elementos complementares e opostos** como o positivo e o negativo, a noite e o dia, a escuridão e a luz, o quente e o frio, o masculino e o feminino etc. Esse símbolo assumiu uma grande importância na física moderna: **a ação e a reação**, também em eletricidade na lei de Lenz, bem como em uma *nova lógica do antagonismo dinâmico*, expresso no "terceiro incluído" de Lupasco (ver este nome). Em biomecânica, esse princípio é reencontrado no **antagonismo-sinergia**, no nível muscular (ver Cap. 29).

LAVOISIER, Antoine Laurent de (1743-1794). Químico, filósofo e economista francês. Estudou botânica, astronomia, matemática e direito. Trabalhou no primeiro *mapa geológico* da França e participou dos estudos e desenvolvimento para a criação do **sistema métrico**. Tornou-se *Fermier Général*, ou seja, coletor de impostos, o que lhe permitiu *utilizar a balança mais precisa da Europa* para seus trabalhos de química. No entanto, essa era uma função que implicava riscos, e seus adversários pessoais o estigmatizaram como "*traidor da Revolução*". Vítima de Robespierre, depois de um processo parcial, ele foi **guilhotinado** sem poder terminar uma experiência em andamento, pois um dos juízes lhe disse: "**A República não tem necessidade de sábios nem de químicos**". Esse sábio eminente foi o **fundador da química moderna**. Ele enunciou a primeira versão da **lei da conservação da matéria**, identificou e deu nome ao **oxigênio**. Eliminou definitivamente a teoria flogística e participou da *reforma da nomenclatura química*.

LEUCIPO de Mileto (c. 460-370 a.C). Filósofo pré-socrático, aluno de Zenão de Eleia e de Parmênides, contemporâneo de Empédocles e de Anaxágoras, professor de Demócrito, Leucipo era um pitagórico. Ele é o "**pai do atomismo**", talvez precedido por um homem chamado Mochos, um fenício que conhecemos apenas por alusões. Suas ideias seriam *retomadas por* **Demócrito** e, mais tarde, por **Epicuro**. Leucipo tinha ideias muito modernas: ele estimava que todas as coisas são ilimitadas e se transformam mutuamente umas nas outras e que o universo era, ao mesmo tempo, vazio e repleto de corpos. Para ele, a explicação do universo só precisa de *três palavras*: o pleno, o **vazio** e o **movimento**. Era um materialista puro e absoluto; não há necessidade de deuses em suas ideias. Ele se situa na origem dos quatro elementos que são constituídos apenas por átomos. Com a eliminação dos deuses, o homem se encontra diante de si mesmo e "*a autêntica alegria é o propósito da alma*". Portanto, ele anuncia o **hedonismo**. Sua contribuição é **a ideia, completamente louca, do átomo**. Podemos qualificá-la de "louca", pois *ela ia contra o bom senso* e reconhecia implicitamente que *nossos sentidos são imperfeitos*. Isso é **o gênio**!

LITTLER, J.W. (1915-2004). Cirurgião da mão que obteve uma experiência considerável como cirurgião militar durante a Segunda Guerra Mundial. Trabalhou em Nova York, no Centro Hospitalar St. Luke's-Roosevelt, no qual fundou uma unidade de cirurgia da mão e, em cirurgia plástica, no Hospital Presbiteriano. Foi um dos *fundadores da Sociedade Americana de Cirurgia da Mão*, da qual foi **presidente**. Descreveu **inúmeras técnicas cirúrgicas** nessa especialidade e, em especial, *técnicas de reconstrução*, e na **transferência de ilhotas sensíveis**. Possuía um *dom especial para o desenho*, o que permitiu que ilustrasse suas técnicas com *belos esquemas*. Foi ele que comparou o *enrolamento das falanges digitais* com a "**espiral de Fibbonacci**". William Littler, cirurgião de renome mundial, foi considerado um dos "**pioneiros da cirurgia da mão**" (IFSSH 1986).

LUPASCO, Stéphane (1900-1988). Nascido na Romênia, emigrado para a França, naturalizado francês, ele se tornou **doutor em filosofia** na Sorbonne e publicou duas obras nas quais formalizou e justificou a **noção de "terceiro incluído"** que defendeu contra os lógicos clássicos. A partir da experiência científica e da experiência humana, ele publicou três obras, sendo a última, *Les trois matières*, considerada por alguns como o "**novo discurso do método**", e se tornou membro da Sociedade Francesa de Filosofia. Para ele, a lógica de identidade, também conhecida como clás-

555

sica, não é a única racional. É uma lógica utilizada espontaneamente pelo espírito para pensar a matéria dita "inerte", que a termodinâmica descobriu ser dominada pela **entropia**, a homogeneização. Porém, "*todo sistema comporta* **uma dualidade 'contraditória'**". Por exemplo, se houvesse apenas a atração em um sistema, este desmoronaria sobre si mesmo; se houvesse apenas a repulsão, ele explodiria. Podemos dar um outro exemplo na **definição do fóton**, ao mesmo tempo de *natureza corpuscular e ondulatória*, realidade que os físicos demoraram muito para assimilar, **bloqueados pela lógica do terceiro excluído**. De fato, **o real é contraditório**, tanto no mundo físico subatômico quanto no mundo moral e psicológico. Esse **princípio do antagonismo** é considerado por Lupasco como um postulado fundamental de uma **lógica dinâmica do contraditório**. Nessa lógica, *a negação de um termo potencializa o termo antagonista, e vice-versa*. Passamos da lógica do terceiro excluído, que dominou a filosofia desde Aristóteles até Descartes, *à lógica do terceiro incluído*. Encontramos aqui uma noção que surge *no funcionamento do sistema musculoesquelético*: a **ideia do antagonismo-sinergia** (ver o Cap 29). Longe de ser uma lógica fixa, essa lógica dos contraditórios é **dinâmica e evolutiva**, indispensável para explicar os fenômenos vitais. Esse **princípio de associação e de complementaridade dos contrários** existe há muito tempo na filosofia taoísta, sob a forma do **símbolo do yin e yang**.

MANDELBROT, Benoit (1924-2010). De origem lituana, esse matemático franco-americano, nascido em Varsóvia, emigrou para Paris, onde seu tio era professor de matemática no Collège de France. Iniciou o estudo de matemática e seguiu, na Politécnica, cursos sobre o cálculo das probabilidades. Interessou-se pelas **teorias da informática**. Emigrou para os Estados Unidos e trabalhou na IBM, onde descobriu uma *nova ciência*: a **ciência dos fractais**. Ela se baseia em **dois princípios** relativos aos objetos geométricos:

- o motivo desses objetos **se repete em todas as escalas** de um objeto fractal, ou seja, "*um objeto fractal é tal que cada parte é idêntica ao todo*"! Essa é **a condição da autossimilaridade**. Por exemplo, o

motivo do *contorno das costas em mapas*, do mesmo tipo em todas as escalas;

- as dimensões de um objeto fractal no espaço são *fracionárias*, isto é, **intermediárias às dimensões clássicas**, existentes em nosso espaço tridimensional.

Sistematizando essas duas ideias, Mandelbrot pode reconhecer em nosso universo real **inúmeras estruturas fractais**. Um exemplo permitirá *ilustrar a ideia da dimensão intermediária*: em um cubo, um objeto de três dimensões, se colocarmos uma divisória plana, essa separação será definida por duas dimensões. Se, agora, essa divisória se deformar, com *inúmeras evaginações em dedos de luva*, um pouco como as *vilosidades intestinais*, a dimensão dessa superfície não plana será, por exemplo, arbitrariamente 2,47. Isso **aumenta consideravelmente a superfície de troca** entre os dois volumes do cubo. E é por isso que praticamente "**tudo é fractal na natureza**": as folhas das árvores, os corais submarinos, as vilosidades intestinais, os alvéolos pulmonares, as circunvoluções cerebrais e, também, as nuvens... uma infinidade de coisas! Essa é uma ideia nova, *apaixonante*, que é aplicável a **todos os ramos da biologia**, até mesmo ao sistema musculoesquelético (ver Cap. 49).

MAREY, Étienne Jules (1830-1904). Fisiologista francês. Considerado em sua época como alguém que se *interessava por tudo*; é um **pioneiro da fotografia** e *precursor do cinema*. Depois de estudar medicina em Paris, foi nomeado professor de História Natural no Collège de France, onde instalou um laboratório. Interessado no funcionamento do coração, foi o primeiro, junto a Auguste Chauveau, veterinário, a "**instalar sondas**" *nas cavidades cardíacas*, em cavalos. Inventou o *esfigmógrafo*, que traça a curva do pulso sobre uma faixa de papel. Apaixonado pelo voo dos pássaros, inventou o **fuzil fotográfico**, com o qual batia fotos sucessivas dos pássaros em voo, registros *da marcha do homem* e também de cavalos, o que foi realizado paralelamente por Muybridge, nos Estados Unidos. Ele trouxe assim uma **contribuição capital ao estudo do movimento no homem e nos animais** e, com a invenção do fuzil fotográfico, que precedeu à câmera, ele foi também um **pioneiro do cinema**.

Notas biográficas sobre os autores citados

MERLE D'AUBIGNÉ, Robert (1900-1989). Herdeiro de uma longa linhagem protestante, ele foi um **cirurgião ortopedista renomado**, de grande rigor moral. Depois de longos estágios com o professor Böhler em Viena, com Putti em Bolonha, de ter desempenhado um papel eminente durante a Segunda Guerra Mundial e na resistência francesa e de ter reencontrado na Inglaterra Sir Reginald Watson-Jones, ele foi o **pioneiro da cirurgia ortopédica** na França, fundando inicialmente um centro dedicado a essa especialidade no Hospital Foch e, depois, o **primeiro Service de Chirurgie Orthopédique** (Serviço de Cirurgia Ortopédica) no Hospital Cochin. Formados em seu serviço, inúmeros alunos difundiram suas ideias, seus ensinamentos e seu rigor. Teve um papel importante na **criação da Société Française d'Orthopédie** (Sociedade Francesa de Ortopedia), da qual foi o *primeiro presidente*. Foi nomeado **membro do Instituto**. Fundou um instituto que leva seu nome, para a reeducação funcional e aparelhamento dos portadores de deficiência física. Era também um alpinista e esquiador apaixonado. Deixou **uma marca indelével** na cirurgia ortopédica francesa e na memória de seus alunos.

MICHAELIS, Gustav Adolf (1798-1848). Obstetra alemão nascido em Kiel. Depois de estudar medicina em Göttingen, foi **pioneiro da obstetrícia científica**, inventando a **pelvimetria**, muito antes de ela ser possibilitada pela radiografia. A pelvimetria permite prever as dificuldades de parto para as futuras parturientes, ligadas à estreiteza ou à deformação da pelve. Ele só podia se basear em *parâmetros externos*, dentre os quais o famoso "**losango de Michaelis**". Esse "losango divino" existia desde a antiguidade em todas as esculturas e pinturas, no nível da região sacra (ver Cap. 35). Seguidor de *Semmelweiss*, Michaelis lavava cuidadosamente as mãos antes de cada parto, com um composto clorado, o que fez baixar a mortalidade por febre puerperal, mas não a suprimiu completamente; *depois da morte de sua prima com essa afecção, ele se suicidou.*

MÖBERG, Érik (1905-1993). Cirurgião sueco, professor emérito em cirurgia ortopédica e cirurgia da mão no hospital da universidade Sahlgren, Gotemburgo, Suécia. Érik Möberg lançou, em 1975, *as bases da cirurgia funcional do membro superior* **no tetraplégico proximal**. Devemos a ele uma **técnica operatória de** "*key grip*" ou "pinça termino-lateral passiva", pelo "efeito tenodese", isto é, graças à extensão do punho. Möberg se envolveu muito na exploração da **sensibilidade cutânea**, com o *teste de discriminação de dois pontos estáticos*. Ainda apresentou a ideia de que a consciência da **posição das articulações** também poderia depender da *sensibilidade cutânea*: tensão da pele no lado convexo e relaxamento no lado da flexão.

Por seus trabalhos, Érik Möberg foi uma personalidade importante e foi considerado um dos "**pioneiros da cirurgia da mão**" (IFSSH 1986).

MURPHY, Edward Aloysius (1918-1990). Engenheiro aeroespacial norte-americano. Trabalhou na *segurança de funcionamento de sistemas críticos*. Foi aí que descobriu sua famosa "**lei de Murphy**", cujo enunciado é: "Se alguma coisa *pode* dar errado, então essa coisa terminará *infalivelmente* por dar errado". Na França, ela é chamada comumente de "*loi de l'emmerdement maximum*" (lei da chateação máxima) ou L.E.M.; é também conhecida sob o nome de "*lei do pão com manteiga*" e prova que passamos a manteiga *somente no lado errado do pão*! Sob sua *aparência humorística*, essa lei pode ser elevada a **princípio fundamental do universo**. Sua equivalente em eletricidade tem o nome de "lei de Lenz-Faraday": o movimento de uma barra de metal em um solenoide cria um campo magnético que tende a **se opor a esse movimento**. É a **força contraeletromotora**. Podemos citar inúmeras consequências dessa lei. *Todos podem experimentá-la diariamente ao manobrar seu carro: sempre* um pedestre interrompe o caminho no momento exato. Essa lei, cujo resultado parece sempre negativo, tem na verdade **duas implicações positivas**. Inicialmente, ela pode **levar ao progresso do nível de segurança dos sistemas**, ao impor a pesquisa de todas as eventualidades pouco prováveis, com a finalidade de eliminá-las, em particular graças aos "*saturadores*". É apenas a aplicação do *princípio da precaução*. Em seguida, a **interrupção de uma rotina por um acontecimento**

imprevisto permite, às vezes, que a rotina seja aperfeiçoada. A tirada humorística de Murphy revelou-se assim *perfeitamente justificada*, sobre o plano teórico e também foi *fonte de progresso*. Ele não ganhou o prêmio Nobel! (ver Cap. 52).

MUYBRIDGE, Edward James (1830-1904). Fotógrafo norte-americano de origem britânica. Estudou fotografia na Inglaterra e, depois, emigrou para São Francisco. Na época, a fotografia estava começando a se destacar e ele montou um *estúdio de fotografia itinerante*, graças ao qual fotografou as cercanias de São Francisco, o que o tornou famoso. **A elite californiana contratava-o** *para retratos*. Por meio de um de seus clientes ricos, apaixonado por cavalos de corrida, criador e treinador, ele tomou conhecimento da **polêmica quanto ao galope do cavalo** e do *prêmio prometido* para sua solução. Para ganhar esse concurso, ele dispôs **12 máquinas fotográficas** ao longo de uma pista equestre caiada. Ao acioná-las sucessivamente à distância, graças a fios estendidos, ele obteve os famosos instantâneos que confirmaram a teoria de Marey, com o qual ele passou a colaborar em seguida. Desde o início, se interessou também pelo movimento humano e aperfeiçoou o **zoopraxiscópio**, um projetor que recompõe o movimento. Assim, junto com Marey, que inventou o "fuzil fotográfico", ancestral da câmera, ele se tornou **um dos precursores do cinema**.

NETTER, Frank Henry (1906-1991). Médico e desenhista, *Fellow* da Academia de Medicina de Nova York. Começou seus estudos na Academia Nacional de Desenho e seguiu os estudos de medicina na Universidade de Nova York, embora, na realidade, **fosse um artista nato** e tenha se dedicado **unicamente ao desenho médico**, em especial ao **desenho anatômico**, graças a sua contratação pelos laboratórios CIBA. Sua principal obra foi o *Atlas d'Anatomie de Netter*, que continha 4.000 ilustrações. Seu talento *no desenho anatômico* permitiu que se tornasse membro de diversas sociedades acadêmicas. Desse modo, ele marcou o ensino da anatomia pela clareza e precisão de seus desenhos, que são muitas vezes **verdadeiras obras de arte**.

OCKHAM Guillaume d', ou **Guillaume d'OCCAM** (1285-1347), apelidado de "Doutor invencível" e de "Iniciador venerável". Monge franciscano inglês, filósofo, **lógico e teólogo**, o mais eminente representante da escolástica nominalista. Com estudos brilhantes em Oxford e depois em Paris, Guillaume d'Ockham ensinou algum tempo em Oxford, mas foi convocado a Avignon, onde o Papa João XXII pediu que **explicasse suas posições metafísicas radicais**. Por motivos ainda desconhecidos, ele não foi condenado naquela oportunidade. Guillaume d'Ockham, espírito livre e humanista, sempre teve, como Giordano Bruno, problemas com os papas e acabou por ser excomungado, mas seus escritos filosóficos e teológicos não foram condenados. Ele foi mais longe do que São Tomás de Aquino ao afirmar *a separação da razão e da fé* e pensa que o direito positivo humano *está a serviço dos indivíduos*; portanto, ele coloca o direito do indivíduo *antes* de sua conformidade aos direitos da coletividade. Ele é considerado o fundador do *nominalismo*, filosofia que dá ênfase ao indivíduo em relação ao universal e deu origem ao *positivismo jurídico moderno*, defendendo assim uma **filosofia totalmente separada da teologia**. Participou da *"discussão dos universais"*, que existe desde Aristóteles e pode, de modo simplificado, ser expressa da seguinte forma: "O conceito existe *antes* e *fora* do objeto?", ou seja, "A essência precede a existência?". Foi nessa ocasião que ele instituiu o **"princípio da economia universal"**, mais conhecido sob o nome de *"Navalha de Ockham"*, que é enunciado assim: "não é preciso *multiplicar os seres sem necessidade*", ou também, *"um raciocínio lógico deve se basear* **sobre o mínimo de pressupostos"**. Esse modo de economia de pensamento, de elegância de soluções, é **um dos princípios básicos da lógica e da ciência modernas**. Isso torna Guillaume d'Ockham *um precursor do empirismo*. Ele se aplica não só ao raciocínio lógico, mas também a inúmeros fenômenos naturais bem como a numerosas estruturas, como **o sistema musculoesquelético** (ver Cap. 12). Guillaume d'Ockham morreu de peste na Baviera.

OWEN, Richard (1804-1892). Paleontólogo britânico especialista em anatomia comparada sobre os vertebrados fósseis, em particular **os dinossauros**. Depois de estudar medicina, tornou-se curador do museu do *Royal College of Surgeons* e, depois, **professor de anatomia comparada**. Em seguida, foi nomeado superintendente do departamento de história natural do *Museu Britânico*. Acusado de plágio, foi demitido de suas funções na *Geological Society* e na *Royal Society*. No entanto, realizou **trabalhos consideráveis** no domínio da anatomia comparada dos **primeiros vertebrados terrestres**, propondo uma nova nomenclatura anatômica concisa; foi ele que propôs o "**esqueleto protótipo dos vertebrados terrestres**", que comporta dois ossos no nível do zeugópodo (ver em JARVIK).

PASCAL, Blaise (1623-1662). Matemático, físico, inventor, filósofo, moralista e teólogo francês. Talento precoce, educado pelo pai, ele se destinou às **ciências naturais**, fez trabalhos sobre os fluidos e o vazio. Embora mais conhecido por sua influência **no domínio filosófico**, manifestado em *Pensamentos*, Blaise Pascal contribuiu muito para o progresso da matemática. Ele se interessou pelo *cálculo infinitesimal*, pelos *cicloides* e pelas *sequências de números inteiros*. Usou pela primeira vez o *raciocínio por recorrência*. Publicou um tratado de geometria projetiva, mas o que o tornou famoso foi a **invenção da primeira máquina de calcular**, chamada de "*pascalina*". Também trabalhou no *cálculo de probabilidades* e na **análise combinatória**. Foi um dos **grandes espíritos de seu tempo**.

PASTEUR, Louis (1822-1895). Físico de formação, químico e pioneiro da microbiologia. De família modesta – seu pai era curtidor de peles –, ele obteve seu bacharelado em Besançon e, depois de trabalhar como tutor, foi admitido entre os primeiros na École Normale Supérieure e, mais tarde, no Conservatoire National des Arts et Métiers. Na École Normale, ele estudou química, física e **cristalografia**, tornou-se preparador assistente de química e defendeu em 1847 na faculdade de ciências de Paris suas teses para o doutorado em ciências físicas. Seus trabalhos sobre a **simetria molecular**, nos quais descobriu que *as moléculas orgânicas vivas são* **levógiras**, lhe valeram a medalha Rumford em 1856. Ele foi sucessivamente professor em Dijon, em Estrasburgo, e depois em Lille, onde ensinou química. Trabalhou com a *fermentação da cerveja* e a *fermentação láctica*. Publicou trabalhos *refutando a teoria da geração espontânea*, pelos quais recebeu o prêmio Jecker da Académie des Sciences, onde foi eleito. Por algum tempo foi administrador na École Normale, de onde pediu demissão, mas recebeu uma cátedra na Sorbonne e também a direção de um **laboratório de química fisiológica** na École Normale. Estudou a *transmissão da cólera* e se interessou pelo *bicho da seda*. Continuou a trabalhar, apesar das sequelas decorrentes de uma hemiplegia esquerda. Foi eleito membro da Academia de Medicina e se tornou grande oficial da Legião de Honra. Sua equipe realizou a **vacinação contra o carbúnculo**. O que lhe valeu fama mundial foi a criação de sua **vacina antirrábica**, com vírus atenuados, para salvar o jovem Joseph Meister. Assim, ele é o "**pai da microbiologia**", com seus corolários de *assepsia* e *antissépsia*, introduzidos pelo cirurgião inglês Lister e pelo obstetra húngaro Semmelweiss. O **Instituto Pasteur** foi criado para facilitar e continuar seus trabalhos. Louis Pasteur teria recebido o prêmio Nobel se este já existisse, mas ele pode ser considerado como um **herói da humanidade**.

PENFIELD, Wilder (1891-1976). Neurocirurgião norte-americano. Foi atleta de futebol americano, profissão que lhe permitiu ganhar dinheiro para sustentar seus estudos de medicina em Oxford, na Inglaterra, onde *estudou com Sherrington e Osler*. Voltou aos Estados Unidos, e, após um estágio de dois anos no John Hopkin's Hospital, foi nomeado médico, mas retornou a Oxford onde se tornou estudante de neurofisiologia e *Fellow* em neurologia no National Hospital de Londres. Retornando aos Estados Unidos, foi cirurgião associado na universidade de Colúmbia e no Presbyterian Hospital, onde **conduziu pesquisas em um laboratório de neurocitologia**. Atraído pelo projeto de criar um instituto de pesquisas sobre o funcionamento cerebral, ele emigrou para Montreal, onde, contratado pela Faculdade de Medicina da Universidade MacGill, tornou-se neurocirurgião dos hospitais Royal Victoria e Montréal General. *Especializou-se em epilepsia*. Sua intensa atividade cirúrgica e sua reputação valeram-lhe muitas distinções, inclusive na França. Recebeu o **prêmio Nobel**. Depois de se aposentar do hospital da Universidade MacGill, continuou a dirigir o Instituto de Pesquisas Neurológicas, onde conduziu seus trabalhos por neuroestimulação cortical. Escreveu inúmeras publicações e proferiu palestras. Aos 83 anos, publicou *The Mystery of the Mind*, *que dedicou a* Sir Charles Sherrington. É conhecido como o idealizador do "**homúnculo cerebral**".

PITÁGORAS (c. 580-495 a.C.). Conhecido como matemático, graças a seu *famoso teorema*, Pitágoras foi também, e sobretudo, **um grande filósofo**. Seu pai, Mnesarco, que era cinzelador de anéis, foi avisado de seu nascimento pela pítia, durante uma viagem a Delfos e por isso ele recebeu o nome que significa "anunciado pela Pítia". Pitágoras, que era **muito belo**, começou a vida como **atleta**, aos dezessete anos, nos jogos olímpicos, nos quais **ganhou competições de pugilismo**, na 57ª Olimpíada. Acreditava na **reencarnação** e dizia ser reencarnação de ao menos quatro homens, além de afirmar que se *lembrava de suas vidas anteriores*. Aos dezoito anos, ele deixou Samos, sua ilha natal, e começou sua viagem iniciática junto aos grandes matemáticos e filósofos de seu tempo: percorreu a Fenícia, o Egito, foi **escravo na Babilônia** *durante doze anos*, passou por Creta e, finalmente, chegou a Delfos. Em cada uma dessas cidades, ele foi iniciado em seus mistérios. Depois de um breve retorno a Samos, *foi banido por Polícrates, tirano de Samos* e, finalmente, **fixou-se em Crotona**, cidade da Magna Grécia, situada no sul da Itália. Assumiu aí um papel político e fundou **sua Escola**: uma comunidade, **quase uma seita**, ao mesmo tempo filosófica, científica, política, religiosa e iniciática que se espalhou por diversas cidades da Itália e da Grécia. Deste modo, ele foi o **fundador das sociedades secretas iniciáticas em rede**, nas quais se inspiram todas as sociedades secretas ou semissecretas modernas. Depois de duas guerras de extermínio entre Crotona e Síbaris, ele se refugiou em Metaponto, em uma comunidade pitagórica. Morreu nesse mesmo local aos 85 anos. Sua influência filosófica permaneceu durante toda a antiguidade. Atualmente, ele é considerado **um dos maiores sábios e filósofos da humanidade**. Ele disse:

"**Tudo é número**", ideia muito disseminada entre os cientistas. Ele "**ouvia a música das esferas**" e inventou a "**gama natural**" entre as notas musicais. Acreditava que "**tudo está em harmonia na natureza**" e, como médico, afirmava que a saúde resulta da "*harmonia dos opostos*", o que prefigura a noção de *equilíbrio dinâmico multifatorial*. Pitágoras foi realmente um **grande homem**, uma **honra para a humanidade**.

PRAXÍTELES (c. 400-326 a.C). Esse nome significa "aquele que realiza", "aquele que faz bem". O escultor Cefisódoto, o Velho, admitiu o filho Praxíteles, desde os quinze anos, em seu ateliê. A cortesã **Friné**, com a qual ele mantinha relações pessoais, é considerada a inspiradora de uma das estátuas mais conhecidas da antiguidade: **Afrodite de Cnido**. Praxíteles foi o primeiro a representar o **nu feminino completo**. Essa estátua de Vênus, em *mármore de Paros*, era de tal modo célebre que, segundo Plínio, "muitos viajavam a Cnido para vê-la". De fato, Praxíteles preferia o mármore ao bronze. Chama-se de "**estilo praxiteliano**" um conjunto de características: *graça* e *delicadeza* quase femininas nas estátuas masculinas; *sombreado* de traços do rosto em busca de transições muito suaves; inclusão de árvores na composição, tecidos tratados de modo naturalista; contraste entre a flexibilidade do corpo e o vigor da cabeleira e, sobretudo, um **movimento pronunciado de quadril** que dá *flexibilidade ao corpo* e cria um *caráter erótico na escultura*, enquanto os *kouros* da escultura primitiva grega eram representações rígidas e fixas. No século XVIII, Winckelmann via em Praxíteles o inventor do "belo estilo", caracterizado pela graça. Ao contrário, no início do século XX, ele foi descrito por Bourdelle e Maillol, que declararam: "É pretensioso, é horrível, é esculpido como em um sabão de Marselha", embora tenha trabalhado pela **vida**, a **feminilidade** e a **graça**. Uma **cratera** na superfície de Mercúrio recebeu o nome de Praxíteles.

REMAK, Robert (1815-1865). Embriologista, fisiologista e neurologista alemão. Médico pela Universidade de Berlim. Em **embriologia**, celebrizou-se por afirmar que o desenvolvimento do embrião se efetua em **três camadas** – *ectoderme, mesoderme e endoderme* – e não

Notas biográficas sobre os autores citados

em quatro, como defendia seu predecessor Karl Ernst von Baer. Especializou-se em neurologia, na qual **promoveu a eletroterapia**, que chamava de *"galvanoterapia"*. Assim, ele foi um **precursor de Duchenne de Bolonha** na definição das ações musculares.

RIEMANN, Georg Friedrich Bernhard (1826-1866). Matemático alemão, influente no plano teórico, trouxe uma contribuição importante à análise e à *geometria diferencial*. Inicialmente orientado para o sacerdócio, ele optou pela **matemática**, que estudou primeiro na universidade de Göttingen, onde conheceu Carl Friedrich Gauss, sob cuja orientação redigiu sua tese em relação à **geometria esférica**. Foi então promovido a professor na Universidade de Göttingen em 1857. Devemos a ele trabalhos importantes sobre as integrais que chamamos hoje de *integrais de Riemann*. Depois da morte de Gauss, ele desenvolveu suas concepções sobre a **geometria não euclidiana**, que *abriu caminho para a teoria da relatividade geral*. A geometria não euclidiana intervém na *explicação do paradoxo de Codman* (ver Cap. 22).

ROBERVAL, Gilles Personne de (1602-1675). Matemático e físico francês, famoso em sua época por *seu temperamento irascível*. Realizou numerosos *trabalhos importantes em matemática*. Foi um dos fundadores da Académie Royale des Sciences. Foi o inventor da "**balança de Roberval**" dotada de **pratos que permanecem horizontais** graças a *dois paralelogramos deformáveis*. Essa invenção genial deu-lhe fama mundial.

RZEPPA, Alfred Hans (1885-1965). Engenheiro norte-americano que trabalhava na Ford e inventou o "**cardã homocinético**" ou "junta homocinética" que, em relação à junta inventada por Cardano, transmite a relação de rotação *com o mínimo de solavancos* (ver Cap. 20). Essa junta comporta um hemisfério na extremidade de um eixo, envolvendo uma esfera situada na extremidade de outro eixo. A esfera envolvida contém de seis a oito rolamentos, móveis em suas ranhuras meridianas e que se articulam com ranhuras meridianas semelhantes no interior do hemisfério envolvente. É o equivalente a um **rolamento de esferas** e não cilíndrico. A multiplicação por dois dos eixos virtuais da transmissão torna a transferência da relação *mais contínua*, mas não suprime totalmente os solavancos; para isso, seria necessário uma *infinidade de eixos virtuais* e, assim, uma infinidade de rolamentos intermediários, o que é impossível. Seu *cardã* é uma **bela invenção, no espírito de Gerolamo Cardano**.

SAVE-SÖDERBERGH, Gunnar (1910-1948). Paleontólogo sueco. Recebeu um doutorado honorífico em Uppsala (1942) e foi eleito membro da Academia Real Sueca de Ciências (1948). Participou de uma expedição de três anos ao leste da Groenlândia, de 1931 a 1934, e, em 1936, **relatou fósseis de ictiostega**, a forma mais antiga conhecida de tetrápodes. Ele descobriu, no leste da Groenlândia, ictiostega com **sete dedos** e Acanthostegas com **oito dedos**. Suas pesquisas sobre o *Ichthyostega* foram continuadas por Erik Jarvik. Contribuiu assim de modo eminente para a **caracterização do ancestral tetrápode terrestre dos vertebrados** e, consequentemente, também nosso ancestral longínquo.

SCHWANN, Théodore (1810-1882). Fisiologista alemão, estudou medicina em 1831 na Universidade de Würzburg e depois, em 1833, em Berlim, onde obteve seu diploma em 1834. Em 1839, foi nomeado professor de anatomia na Universidade Católica de Louvain. Descobriu a camada protetora que recobre os axônios e que constitui o que chamamos hoje de "**ganho de Schwann**", constituída por *células com mielinas enroladas em torno do axônio*, que desempenha um papel capital na condução do impulso nervoso e na regeneração do axônio. Podemos considerá-lo como *um dos fundadores da teoria da estrutura celular dos tecidos animais* e da **histologia moderna**. Devemos a ele, de fato, a definição da **célula como unidade básica do ser vivo**, tanto vegetal quanto animal.

SEDDON, Sir Herbert (1903-1977). Cirurgião ortopedista britânico, tornado nobre pela rainha em 1964, presidente da Sociedade Britânica de Ortopedia. Foi chefe de serviço no Hospital de St. Bartholomews, em Londres, e depois em Ann Arbor, Michigan. Foi um **brilhante cirurgião ortopedista**, autor de *trabalhos sobre* **os nervos periféricos** publicados em seu livro

Surgical disorders of the peripheral nerves, que trata dos problemas de traumatismo de nervos. É desse modo que ele é mais conhecido.

SHERRINGTON, Charles (1857-1952). Médico e cientista inglês conhecido por suas importantes contribuições em fisiologia e neurologia. Estudou fisiologia na Universidade de Cambridge. Entrou para a faculdade de medicina do *Hospital de St. Thomas* e, depois, tornou-se professor na Universidade de Liverpool. Foi, por fim, nomeado para a cátedra de fisiologia da Universidade de Oxford e presidente da Royal Society (1920 a 1925). Inventou o termo "**sinapse**". Ele recebeu o **prêmio Nobel de fisiologia e medicina** (1932) com Edgar Douglas Adrian "por suas descobertas sobre as **funções dos neurônios**", em especial a "**lei da inervação recíproca**" (chamada de "lei de Sherrington"), segundo a qual cada excitação de um músculo agonista corresponde a uma *inibição de seu antagonista*, o que está em contradição aparente com o esquema funcional de antagonismo-sinergia (ver Cap. 29).

SNELSON, Kenneth (1927-). Pintor e escultor norte--americano que estudou na Universidade de Oregon e, no ano seguinte, no Black Mountain College de Beria. Frequentou em 1949 a *Académie Montmartre* em Léger. Instalou-se em Nova York em 1960. Com suas **construções espaciais dinâmicas** compostas por *tubos metálicos e cordas estendidas*, ele é considerado um dos grandes escultores abstratos dos Estados Unidos dos anos 1960-1970. Inventou assim **estruturas autoestáveis** baseadas sobre **redes em pré-limitação**. Em parceria com o arquiteto norte-americano Richard Buckminster Fuller, promoveu uma nova ciência, a **tensegridade** (ver Cap. 33).

TUBIANA, Raoul (1915-) **Personalidade emblemática da cirurgia da mão na França**, ele cursou medicina em Paris. Nomeado com dificuldade residente dos Hospitais de Paris, foi convocado e alocado como médico auxiliar durante a guerra. Desmobilizado depois do armistício, continuou a residência em Paris, mas partiu para a Argélia em 1942 para se alistar nas

Forças Francesas Livres. Durante esse período, foi nomeado chefe da equipe cirúrgica móvel e praticou a **traumatologia de guerra**, mas também entrou em contato com cirurgiões ingleses e norte-americanos, em especial com o major *John Converse* que, em seu serviço no Hospital de Alger, o iniciou na **cirurgia plástica**. Após operar na Córsega os feridos da Ilha de Elba e, depois, desembarcar em Toulon, ele seguiu até a capital francesa com o Primeiro Exército e o jovem residente, já muito experiente, foi integrado por R. Merle d'Aubigné, então coronel, ao *Centro de Cirurgia Reparadora do Primeiro Exército*, onde ele reencontrou o major Converse, nomeado consultor. Foi assim que, de modo totalmente natural, Raoul Tubiana foi integrado ao **Serviço de Ortopedia** que o Prof. Merle d'Aubigné criou no *Hospital Cochin*. Por sua experiência em cirurgia traumatológica, plástica, vascular e nervosa, ele se dedicou, nesse Serviço, a uma especialidade completamente nova, a **cirurgia da mão**, na qual introduziu a prática da **microcirurgia**. Foi também encarregado, durante quinze anos, do *Centro de Queimados de Cochin*. Seus **mestres e inspiradores estrangeiros** são famosos: Converse, Putti, Boehler, Seddon, Bunnell, Mac Indoe, Pulvetaft, Kanavel, Kaplan, Littler. A amizade deles possibilitou-lhe uma grande penetração no mundo da cirurgia. É impossível citar aqui seus **numerosos trabalhos e publicações**, individuais ou com seus alunos; mas ele é também autor de diversos livros, entre os quais um livro em *seis volumes* escrito em parceria com outros autores, *Traité de chirurgie de la main*. Entre seus centros de interesse podemos citar: a Doença de Dupuytren, a cirurgia plástica, a patologia da mão **em músicos** – na qual se tornou especialista. Foi o fundador do "**Institut Française de la Main**", *centro cirúrgico privado* que recebe numerosos alunos estrangeiros. Depois, esses alunos levarão seu ensino além das fronteiras da França. É um dos fundadores da **Société Française de Chirurgie Plastique** e também do **G.E.M.** (*Groupe d'Études de la Main*), que reuniu desde sua criação a elite da cirurgia da mão europeia e mundial, sendo os membros estrangeiros quase tão numerosos quanto os franceses. Em seguida, o G.E.M. transformou-se em **Société Française de Chirurgie de la Main**. Dotado de um *grande senso didático*, ele

Notas biográficas sobre os autores citados

declarou: "**Só sou capaz de aprender ao ensinar**". Seu desejo é de que os cirurgiões da mão franceses adquiram "**o espírito de pesquisa**", indispensável para o progresso dessa disciplina, e **que aprendam inglês**! Ele é um dos **fundadores e promotores da cirurgia da mão na França**. Sua reputação é mundial. Ele foi considerado um dos "**pioneiros da cirurgia da mão**" (IFSSH 1986).

VALSALVA, Antonio Maria (1666-1723). Médico anatomista italiano do final do século XVII e início do século XVIII. Depois de estudar medicina na universidade de Bolonha, Antonio Maria Valsalva tornou-se doutor em medicina em 1687. Concentrou então suas pesquisas na **anatomia da orelha**. Inventou o termo "**trompa de Eustáquio**" e descreveu os **seios aórticos de Valsalva** em seus trabalhos póstumos. Seu nome permanece associado à **manobra de Valsalva** e aos *músculos de Valsalva*. A manobra de Valsalva foi descrita pela primeira vez em *De aure humana*, publicado em 1704. Inicialmente, essa técnica foi utilizada para drenar pus, em alguns pacientes, depois de uma miringotomia, operação de incisão no tímpano. Essa manobra permite *equilibrar a pressão entre a orelha externa e a orelha média* e é **muito utilizada em mergulho submarino**.

VÉSALE, Andreas (1514-1564). Anatomista, médico de Brabante, humanista da Renascença. Nascido em uma família de médicos, *sua casa ficava diante do "mont de la Potence"* e desse modo ele estava habituado a ver inúmeros cadáveres e esqueletos limpos pelos pássaros durante sua infância. Na Universidade de Louvain, estudou artes e, depois, medicina. Continuou seus estudos na universidade de Paris. Apaixonado pela anatomia, comprava *os corpos dos enforcados em Montfaucon* e chegava até a furtá-los para dissecá-los em seu laboratório. Na faculdade, substituiu temporariamente o técnico que havia ficado enfermo: diante de seu desempenho, Sylvius, seu diretor, o encarregou das **dissecções bianuais de corpos humanos**. Depois de uma estada em Montpellier, e de um intervalo de três anos no exército, ele retornou a Louvain, onde apresentou sua tese. Emigrou para a Itália,

inicialmente para Pádua e, depois, para Veneza, onde contestavam a proibição de dissecar cadáveres humanos emitida pela Inquisição. *Ao praticar ele mesmo a dissecção diante dos alunos*, iniciou *uma nova maneira de ensinar a anatomia*: a dissecção como principal instrumento de ensino, por meio da observação direta dos estudantes reunidos em volta da mesa. A universidade lhe ofereceu um cargo de assistente em cirurgia e ele foi nomeado doutor em 1537, recebendo, ao mesmo tempo, a **cátedra de cirurgia e de anatomia**. Ensinou também na universidade de Bolonha e na de Pisa. **Seu método de ensino foi revolucionário e rompeu com a prática medieval**. Ele conservou para seus alunos desenhos meticulosos sob a forma de seis grandes quadros anatômicos e os publicou sob o título de *Tabulæ Anatomicae sex*. Continuou seu trabalho com uma versão atualizada do manual anatômico de Galeno: *Institutiones Anatomicae*. Em Veneza, ele obteve todos os cadáveres dos condenados, *após serem executados*. Então, realizou um grande número de esquemas anatômicos detalhados, os primeiros com tanta precisão. Vésale constatou rapidamente **erros nas descrições de Galeno**, pois, por não ter cadáveres humanos, ele dissecava símios, considerados como anatomicamente semelhantes aos seres humanos. Em um novo tratado de anatomia, ele corrigiu duzentos erros da *Opera omnia* de Galeno e confirmou sua hipótese dissecando em Bolonha um cadáver de um símio e um de um homem. Mas alguns continuaram a seguir Galeno e não queriam saber de Vésale. Ao contrário dos autores clássicos e das afirmações de Aristóteles, Vésale notou que o coração tinha quatro cavidades, o fígado tinha dois lobos e que os vasos sanguíneos partiam do coração e não do fígado. Em 1543, Vésale realizou uma dissecção pública do corpo de um assassino famoso de Bâle e doou o esqueleto para a universidade da cidade. O "esqueleto de Bâle" é a preparação anatômica mais antiga do mundo. Depois de quatro anos de trabalho em Bâle, ele publicou sua obra-prima *De humani corporis fabrica* (*Os tecidos do corpo humano*), dedicada a Carlos V, **obra monumental em 7 volumes de 700 páginas**, ilustrada pelos desenhos de um aluno de Ticiano, Jan Van Calcar. O valor das pranchas de desenhos muito detalhados e complexos, e o fato de que os artistas que os fizeram haviam realmente assistido à dissecção, os transformam em **um instantâneo** clássico. Nesse trabalho, Vésale tornou-se também a primeira pessoa a descrever o **mecanismo da respiração**, abrindo assim o caminho para a reanimação. Essa **verdadeira bomba** na história da anatomia apareceu no mesmo ano em que Copérnico publicou *De revolutionibus orbium coelestium*, que iria revolucionar a astronomia. Depois do aparecimento de *La fabrica*, com a revolta dos galenistas, ele fez uma última demonstração pública em Pádua, em dezembro de 1543, e depois, *em um acesso de cólera ou de desânimo, queimou todos os seus documentos científicos, seus livros e seus trabalhos* e **abandonou sua cátedra de professor**. Depois de ter sido o cirurgião da elite, em especial de Carlos V e de Filipe da Espanha, morreu de tifo, *em um terrível estado de pobreza*, com cerca de cinquenta anos, nas costas de Zaquintos, depois de um naufrágio ao retornar de Jerusalém. Vésale era defensor da **anatomia real e inovou o ensino da anatomia**. Ele foi o **homem da revolução anatômica** entre a antiguidade e o mundo moderno.

VITRÚVIO ou Marcus Vitruvius Pollio (90-20 a.C.). Foi um **arquiteto romano** que viveu no século I a.C. Depois de ter sido soldado na Gália, Espanha e Grécia, **construtor de máquinas de guerra**, ele se tornou **arquiteto em Roma**. A única construção atribuída a Vitrúvio é uma basílica, construída em Fanum Fortunae, hoje a cidade moderna de Fano. Essa basílica desapareceu totalmente, mas pensa-se que ela pode ter sido integrada à atual catedral de Fano. Vitrúvio é **autor de um célebre tratado** chamado *De architectura*, escrito no fim de sua vida e dedicado ao imperador Augusto. Ele fala da **construção de aquedutos**, o que demonstra um *grande conhecimento técnico*. Descreveu também o **aquecimento central** por circulação de ar quente, ancestral da climatização moderna. Esse texto influenciou profundamente, desde a Renascença, artistas, pensadores e arquitetos. Vitrúvio é famoso por seu "**Homem de Vitrúvio**", que definiu as *proporções do corpo humano e foi retomado e aperfeiçoado por* **Leonardo da Vinci**, que foi a base de sua difusão.

WEBER, Wilhelm (1804-1891) e Eduard WEBER (1806-1871). Dois irmãos: **Wilhelm**, *físico*, publicou a *Théorie des machines* em Göttingen e trabalhou com Gauss sobre o **campo magnético terrestre**. Eduard, *anatomista*, interessou-se pela **marcha humana** e publicou em Göttingen, em 1836, *Über die Mechanik der Menschlichen Gehwerkzeuge.: Dietrich (Mecânica da locomoção no homem)*. Eles criaram juntos um aparelho giratório, baseado na persistência das imagens na retina, que chamaram de "*brinquedo filosófico*" e ao qual deram o nome de "*zootrope*", primo do "*praxinoscópio*". Eles reconstituíram o caminhar, com um objetivo de pesquisa e também de ensino: fazer andar as **figuras-palito**. Observaram as relações entre velocidade, comprimento e frequência do passo, bem como a inclinação do tronco e os deslocamentos verticais da cabeça. Foram os primeiros a dizer que os membros têm **movimentos pendulares**. Foram também os primeiros a individualizar, na **dinâmica do joelho**, o papel dos ligamentos cruzados que "**obrigam os côndilos a deslizar**". Descreveram a "**rotação automática**" na flexão em 1836. São **pioneiros desconhecidos**.

WILLIS, Thomas (1621-1675). Anatomista inglês. **Precursor da endocrinologia**, descreveu "um fermento que, passando das glândulas genitais no sangue, tinha sob sua dependência o desenvolvimento do sistema piloso, a mudança da voz, os fenômenos menstruais". **Anatomista do cérebro**, ele o tornou a **sede da consciência** e descreveu o **sistema arterial anastomótico** entre as carótidas internas e as vertebrais, o famoso "**hexágono de Willis**".

Palavras-chave

Qualifico estas palavras-chave como "atratores estranhos" porque, pelos mistérios que evocam, elas atraem nossa curiosidade. Quando as "abrimos", como se fossem baús de tesouros, elas liberam qualidades e sentidos insuspeitos.

Ábaco

Em princípio, um ábaco é um *instrumento de cálculo*, como, por exemplo, o ábaco chinês (usa hastes e bolas). Entre os gregos, o mesmo resultado era obtido com pedras dispostas em filas no chão, e é daí que vem o termo "cálculo" (*calculus* significa pedra, em latim). A calculadora substituiu o ábaco, mas ele ainda é muito utilizado na China e no Japão.

O ábaco no qual as pedras são substituídas por números foi, à época das Cruzadas, o veículo de introdução dos algarismos arábicos. O ábaco primitivo foi aperfeiçoado por **Pascal,** que inventou *a primeira máquina de calcular, chamada Pascalina.* Hoje, o ábaco é um *quadro de números,* uma estrutura retangular na qual se estabelecem relações entre diversas variáveis, como nas tábuas de multiplicação ou nas *matrizes.*

Neste livro, não existem ábacos nem fórmulas matemáticas que possam intimidar o leitor à primeira vista.

Análise combinatória

Ciência que analisa as possíveis combinações de um sistema multifatorial, no âmbito do *cálculo de probabilidades,* e também as permutações desse conjunto. O número de combinações possíveis de um conjunto de n elementos é **n**!, que se lê **n** *fatorial de* **n**. Um exemplo simples são as possíveis combinações de quatro ases em um jogo de cartas: 4 ! = 4 x 3 x 2 x 1 = 24... Agora podemos imaginar o número de combinações possíveis entre dois genomas humanos que contêm vários milhares de elementos. É um número verdadeiramente *astronômico!* (ver "Clones"). Compreende-se por que a análise combinatória é uma ciência tão complexa. Um exemplo de análise combinatória usada no cotidiano são os interruptores elétricos do tipo "em paralelo".

Antagonismo-sinergia

Antagonismo significa duas *ações contrárias,* enquanto Sinergia significa *ações de mesmo sentido,* dirigidas para um mesmo fim. Portanto, antagonismo-sinergia parece ser um oxímoro, uma contradição entre os termos, já que a lógica de Aristóteles e de Descartes exclui os contrários: é o princípio do *"terceiro excluído".*

Entretanto, essa lógica é suplantada pela *dialética,* que, em suas três etapas de tese, antítese e síntese, permite o casamento entre os contrários. Todos sabem que, entre o branco e o preto, há toda uma gama de cinzas. Essa nova lógica dos contrários foi retomada por um importante filósofo do século XX, ainda pouco conhecido, chamado **Stéphane Lupasco,** que discorreu sobre as modalidades dessas contradições aparentes no *Princípio do Antagonismo,* e na Noção do *Terceiro Incluído.* Tudo isso para chegarmos à **ideia de que dois músculos antagonistas podem agir em sinergia para resultar em uma ação comum.**

Apoptose

As células de todo organismo vivo são, por definição, coletivamente imortais, pois são programadas para se reproduzirem indefinidamente, segundo uma progressão exponencial, o que levaria à ocupação total do espaço. Felizmente, **cada célula, tomada individualmente, é mortal**, por natureza e por degenerescência, mas algumas delas têm sua morte programada. Essa **morte programada** se denomina **apoptose**. A apoptose é determinada por numerosos fatores externos, ou internos, e é ela que permite a Morfogênese dos organismos. Por exemplo, no embrião humano, a mão é, inicialmente, uma *paleta*, que poderia evoluir para a chamada sindactilia (dedos fundidos entre si). No entanto, em um momento preciso da embriogênese, a *apoptose esculpe, literalmente, os espaços interdigitais.* A apoptose também se aplica aos indivíduos, para dar lugar aos mais jovens. **Esse mecanismo também existe no mundo industrial e comercial**, sob o nome de **obsolescência programada**, que promove a retirada de linha de modelos antigos, substituídos por outros mais aperfeiçoados.

Atlas

Na mitologia grega, Atlas, filho de Cronos, era um dos Titãs que organizaram a revolta contra os deuses do Olimpo. Desgraça aos derrotados: Zeus o condenou a sustentar o Mundo até que alguém quisesse substituí-lo. Hércules quase se deixou apanhar, mas era mais inteligente que Atlas, o qual, por uma razão falaciosa, retomou o Mundo sobre os ombros.

Os primeiros anatomistas eram poetas: eles deram o nome de Atlas à *primeira vértebra cervical*, a que sustenta o crânio, considerado como o mundo, ou, pelo menos, *um* mundo.

Atratores estranhos

O termo é derivado da *Teoria do caos,* um dos avanços marcantes do nosso século XX, juntamente com a Teoria da relatividade. Designa o *estado final* de um sistema caótico, em função de suas condições iniciais. Pode ser objeto de uma representação gráfica de duas ou três dimensões. O primeiro a ser descoberto, por **Edward Lorenz,** tinha a forma de uma borboleta, por

isso foi chamado *"Borboleta de Lorenz"*, e simboliza a tese de que o bater de asas de uma borboleta no Rio de Janeiro pode modificar as condições meteorológicas em Sydney. É uma forma imagética de exprimir a importância das condições iniciais em um sistema caótico. É a *reintrodução do fator aleatório* na explicação da realidade, fator de indeterminação que também invadiu a Física subatômica, na teoria da *Física Quântica*. Agora sabemos criar representações gráficas de atratores estranhos em *três dimensões*, de *estrutura fractal* e de grande beleza. Por isso, eles realmente merecem o nome que têm: *atratores,* porque *atraem* o sistema caótico para um estado final, e *estranhos,* porque são, *a priori*, imprevisíveis e ultrapassam os limites da imaginação humana.

Ao nos revelar uma parte dos segredos do Universo, eles nos ensinam que compreender o mundo em que vivemos é algo que estará sempre **além da nossa imaginação**, como demonstrou **Kurt Gödel** (1906-1978) com seu **teorema da incompletude**: existem verdades matemáticas impossíveis de se demonstrar.

Baricentro

O baricentro é **o** ponto *teórico* onde se concentra toda **a massa** de um sólido. Ele coincide exatamente com o centro de gravidade, que é o ponto teórico e abstrato onde se concentra **o peso** do volume. Existe uma relação de proporcionalidade entre a massa e o peso. Ela é expressa por g, que é a força da gravidade: na Terra, $g = 9,81$; na Lua, $g = 1,6$; e em Júpiter, $g = 25,9$.

Essas duas unidades são, portanto, diferentes. A unidade de massa é o **quilograma** e a unidade de peso é o **newton (N)**. Quando compramos "1 quilo de batatas", na verdade estamos fazendo uma lamentável confusão, mas o fato é que não se pode pedir ao vendedor 10 decinewtons de batatas.

A diferença é importante, pois o peso avalia a força necessária para *erguer* um volume, ou seja, para lutar *contra a gravidade*, enquanto a massa representa o esforço necessário para *deslocar* um volume, ou seja, para lutar *contra a sua inércia*. Em um ambiente sem gravidade, como uma nave espacial, o peso não exerce mais qualquer efeito: *somente a massa é relevante*. Mas, na Terra, precisamos levar em conta ambos, peso e massa: tudo depende da direção e da intensidade da força, mas também devemos levar em conta a *inércia* para *deter o deslocamento.* Enfim, essas duas grandezas que costumam ser confundidas só são *fixas* no caso de um volume *indeformável.* Por outro lado, *se a forma variar,* como no caso do corpo humano, *os centros se deslocam* para o interior ou até para o exterior do volume.

Barra de torção

Os sistemas elásticos geralmente agem por compressão ou estiramento. Uma mola de metal ou um fio elástico, quando submetidos a um estiramento, retornam ao seu comprimento inicial (ver "histerese") quando se relaxa a tração. O mesmo se dá quando uma mola é comprimida.

A barra de torção utiliza a elasticidade sob *tensão rotacional.* Balanças muito sensíveis são construídas com base nesse princípio, mas o uso mais comum é na indústria automobilística, na *suspensão dianteira.* A Natureza, muito engenhosa, utiliza a *elasticidade rotatória das cartilagens costais* para realizar a *expiração passiva,* restituindo a energia acumulada durante a inspiração.

Basic

Quando surgiram os primeiros computadores pessoais, era possível programá-los utilizando uma linguagem elementar, inventada por Bill Gates, chamada *Basic.* O computador era capaz de operações lógicas simples, e podia-se estabelecer uma sequência de operações visando a um resultado simples. Realizavam-se cálculos mais ou menos complexos, e um dos comandos mais utilizados era: "Se... então", que se traduz por: "*se* tal condição se verificar, **então** o computador deve executar a seguinte operação". Essa é a base de todos os programas e, como demonstrou **Pavlov,** é o esquema lógico do "*reflexo condicionado*", base da *inteligência animal* e, hoje, da *inteligência artificial.*

Havia ainda instruções do tipo "Ir para" ou "Ir sob", que remetiam a *linhas de programa* ou *rotinas,* pequenos fragmentos de um programa elementar que resultavam em uma ação precisa.

Foi um **período maravilhoso e enriquecedor,** no qual todos nós podíamos nos considerar "especialistas em informática", já que construíamos nossos próprios programas em linguagem *Basic.* Tenho muita gratidão por meu amigo **Jean Decoulx,** cirurgião em Lille, **meu mestre em informática,** que me deu as primeiras lições, por telefone, durante longas noites. Desde então, novas linguagens foram criadas pelos programadores, e os usuários às vezes se perdem em aplicativos que mais parecem "quebra-cabeças".

Calo

Calo é o nome que se dá à *cicatriz do osso.* O processo de cicatrização e de consolidação óssea é *automático* e acontece sem qualquer intervenção externa. É preferível, no entanto, que a consolidação do osso se faça com *conservação das dimensões e da forma* do osso sadio, ou seja, que existiam *antes* da fratura. Quando isso ocorre, dizemos que o calo é *anatômico.* Se não, trata-se de um *calo vicioso,* ou seja, quer dizer que ele comporta um vício, um defeito, nas dimensões ou na forma. Os defeitos do calo estão claramente descritos e podem se associar entre si; os calos *com encurtamento* são frequentes nas fraturas oblíquas ou espiraladas, em decorrência do tônus muscular. Os calos *com alongamento* são excepcionais, pela mesma razão. Denomina-se *calo em baioneta* uma consolidação em que há deslocamento *lateral* dos fragmentos, com ou sem encurtamento, com ou sem conservação dos eixos. Se o deslocamento lateral for muito importante, a *perda de contato* entre os fragmentos permite um encurtamento significativo. Finalmente, chama-se *calo desalinhado* a consolidação em que os fragmentos sofreram *rotação* um em relação ao outro, em torno de seu eixo longitudinal. Para obter um calo anatômico, o cirurgião precisa *reduzir a fratura,* corrigindo todas as deformidades e imobilizando os fragmentos até que se forme um calo sólido. A consolidação com calo vicioso repercute, obrigatoriamente, no funcionamento das *articulações acima e abaixo da zona de fratura* e, a longo prazo, induz a uma *artrose pós-traumática.*

Caos

Na mitologia grega, Caos é o elemento primordial de onde surgiram Urano, o Céu, e Gaia, a Terra, de cuja união nasceram todos os deuses. **É um símbolo muito forte,** pois significa que do Informe e da Desordem surgiu, graças aos deuses, o Universo, com toda a sua estrutura e organização. Apenas recentemente foi proposta a Teoria do "Caos gerador da Ordem", graças ao "Espírito" que organiza todas as coisas, o "**Logos**" dos gregos, ou seja, **as leis subjacentes à realidade.**

Ainda mais recentemente, a Teoria do caos, proposta por **Edward Lorenz,** demonstrou que um sistema aparentemente estável poderia evoluir para o Caos em razão de *variações das condições iniciais*: é o chamado "efeito borboleta". **O Caos está sempre oculto sob a Ordem e a Regra,** e bastam pequenas modificações das Condições Iniciais para desencadear um retorno ao Caos. Em suma, o que parece estar firmemente estabelecido pelo "Logos" pode ser destruído pelo Acaso, pelo Aleatório. Portanto, o Acaso faz parte do Plano.

Esse é o Universo no qual vivemos.

Cardã

É um modelo de articulação mecânica de dois eixos, perpendiculares entre si ou não, convergentes ou não, que leva o nome de seu inventor, **Gerolamo Cardano.** Há um capítulo inteiro dedicado a esse tema. No início, essa invenção servia apenas para manter suspensa a agulha da bússola, conservando-a na posição horizontal apesar do balanço e da inclinação do navio. Assim, ela contribuiu para o progresso das expedições marítimas de longa distância, e só depois veio a ser usada em mecânica, sobretudo em automobilística.

Catraca

Em Mecânica, a catraca é um *dispositivo antirretorno,* que pode ser aplicado a rodas e a cremalheiras. Trata-se de um pequeno esporão articulado, colocado próximo a uma roda ou a uma barra dentada, e nela introduzido por meio de uma mola, de modo que, quando esse esporão "cai" dentro de um dos entalhes, ele impede o movimento da roda ou da barra para trás. Na época em que ainda existiam poços, a catraca impedia o retorno intempestivo do guincho. Ela também é usada nas barras verticais das comportas de eclusas.

A expressão "**efeito catraca**" designa situações irreversíveis, das quais não há retrocesso. É um processo da memória automática. É por isso que, em uma discussão, nunca se devem *fechar as portas.*

Na medicina, existe pelo menos *um* efeito catraca, que concerne à *obesidade*: já foi demonstrado que o nosso corpo é capaz de criar novas células de gordura, os adipócitos, mas que ele não consegue diminuir a quantidade dessas células. Por isso é *mais difícil emagrecer do que engordar.*

Quando a catraca se encaixa na posição de parada, ela faz um ruído característico: "*clic*". Hoje em dia, esse termo é utilizado universalmente, no verbo *Clicar*, de origem latina e que, no inglês, transformou-se em "*to click*".

Clones

Graças à análise combinatória, as combinações genéticas são tão numerosas, que se estima em mais de nove bilhões o número de seres humanos que já ocupou o planeta desde os primórdios da espécie – e, desde essa *origem* (?), nunca houve duas pessoas *geneticamente idênticas*, exceto os *gêmeos verdadeiros*, ou seja, **homozigotos,** provenientes de uma mesma célula inicial.

Porém, desde que o Homem discípulo de Prometeu descobriu como intervir na criação do ovo, da célula inicial que origina todo indivíduo, passou a ser possível criar *gêmeos idênticos artificiais*: eles se chamam **Clones**! Pode ser um método muito prático na criação de um plantel de bovinos, mas ainda é considerado **eminentemente contestável**, do ponto de vista moral, quando se trata de seres humanos.

Fora do campo da Biologia, chamamos de "clone" objetos fabricados de modo idêntico, mas isso já sabemos fazer há muito tempo, na produção industrial em massa. Precisamos recorrer aos artesãos, como os lutiers, por exemplo, se quisermos *objetos semelhantes, mas não idênticos,* como os violinos **Stradivarius, que são únicos.**

Coaptação

O termo designa a *aproximação* e a *manutenção* em contato de duas superfícies articulares entre si. **Quan**do as superfícies são muito *concordantes*, particularmente no caso de duas *superfícies de revolução* bem encaixadas uma na outra, a coaptação é praticamente perfeita: não existe perda de contato e, por conseguinte, não há *jogo mecânico.* Porém, na realidade, há pouquíssimas superfícies articulares que correspondam *perfeitamente* a superfícies de revolução: é daí que surge o jogo mecânico. A coaptação das articulações é garantida por dois elementos anatômicos: *os ligamentos*, elementos *passivos*, que são faixas fibrosas pouco extensíveis; e *os músculos*, elementos *ativos*, às vezes predominantes, como na articulação do ombro. Certas articulações, as planas, são muito pouco coaptadas e só funcionam **graças ao jogo mecânico.**

Compasso

Todo aluno de escola sabe que um compasso é um instrumento para desenhar círculos. Porém, em linguagem marítima, compasso é um termo derivado do inglês *Compass* e significa *Bússola*. Todo mundo sabe como é constituída uma bússola e que ela foi inventada pelos chineses. O que pouca gente sabe é que ela foi *reinventada no Renascimento*, por um italiano de Positano, na costa amalfitana, chamado **Flavio Gioia,** que aperfeiçoou esse instrumento: ele suspendeu a agulha imantada sobre *um pivô*, em substituição ao sistema original de flutuação sobre um pedaço de cortiça em um recipiente cheio de água. Esse dispositivo trouxe **grandes vantagens** aos navegadores genoveses.

Cosmo

Entre os gregos da Antiguidade, **Kosmos** era o Universo, concebido como um **conjunto harmonioso e fechado em si mesmo**, portanto, um entidade com vida própria, independente de qualquer criador, e que **ilustrava o conceito de imanência:** existência em si, sem limite espacial ou temporal. Para o homem moderno, o *Cosmo* representa simplesmente a ideia de Universo, sem prejulgamento sobre sua natureza, mas os *astrofísicos ainda se questionam sobre a sua curvatura,* seria ele, de fato, fechado em si mesmo, sobre uma hiperesfera – plano, infinito, ilimitado – aberto sobre a superfície hiperbólica de um toro, ou ainda sobre coma superfície espacial dodecaédrica de Poincaré – que se parece com uma *bola de futebol* revestida por doze pentágonos?

Na verdade, ninguém sabe o quer que seja, nada mudou, de fato, no conhecimento sobre a curvatura do cosmo, desde o tempo dos gregos.

Cronos

Na mitologia grega, Cronos é o último dos Titãs. Ele foi engendrado pela união incestuosa entre Gaia, a Mãe-Terra e Urano, o Céu, que era filho dela. É perfeitamente lógico colocar o Tempo como princípio do Universo, porque, para os físicos, o "Big Bang" foi também o começo do Tempo, sem o qual o Universo não pode existir, sendo a base do movimento no interior das dimensões espaciais. O Tempo não é apenas *movimento*, mas também *duração*, sempre limitada dentro do nosso universo. Essa é a razão pela qual os gregos, que haviam compreendido *quase* tudo, diziam que Cronos, assombrado pela profecia de que um de seus filhos iria destroná-lo, devorou-os todos, ou seja, devorou tudo que criou! Somente um de seus filhos, Zeus, escapou a esse destino, graças à mãe, Reia, que o escondeu na gruta de Licto, em Creta, onde foi criado pelas ninfas Adrasteia e Ida, e amamentado pela cabra Amalteia. Para enganar Cronos, Gaia lhe apresentou, como se fosse o filho, uma pedra embrulhada, o que prova que Cronos era estúpido, tinha os dentes fortes e "tinha estômago".

Cúpulas geodésicas

Para começar, uma definição: a geodésica é o caminho mais curto sobre uma esfera, ou *sobre uma superfície*, de modo geral. Equivale a uma reta sobre um plano, *transposta para um espaço curvo.* É por isso que, para ir de Londres a Tóquio, o avião passa próximo ao Polo Norte. Podemos perceber que o termo geodésica tem algo a ver com a esfera, com a Terra, particularmente, porque *geo* vem de Gaia, a Terra. Uma cúpula geodésica reconstitui a superfície arredondada da Terra, pela junção de poliedros regulares. A primeira cúpula geodésica foi construída em 1922 por **Walter Bauersfeld.** Em seguida, um arquiteto americano, **Richard Buckminster Fuller,** criou, a partir de 1940, construções com facetas hexagonais. Existem várias famílias de cúpulas geodésicas que são constituídas por poliedros regulares inscritos dentro de uma esfera. Esse tipo de construção permite montar um espaço de grande volume com uma superfície de revestimento relativamente delicada, o que possibilita criar espaços autoportantes, *sem pilastras no seu interior*, mas, ao mesmo tempo, de grande rigidez: as forças de tensão

O que é biomecânica

e de compressão se distribuem por toda a superfície. Proporcionam, assim, *economia de estrutura e materiais.*

Dragão de Komodo

Réptil, espécie de lagarto gigante, que pertence ao gênero *Varanus*. Vive em algumas ilhas da Oceania, onde aterroriza a população, pois é omnívoro e perfeitamente capaz de devorar uma pessoa. No entanto, é uma espécie protegida, pois está em *vias de extinção*. Sua importância deriva do fato de se assemelhar ao nosso ancestral distante, o tetrápode ictiostega, descendente, por sua vez, de um peixe dipnoico, que possuía tanto brânquias quanto pulmões. Esse venerável *ancestral tetrápode* possuía dois ossos nas pernas e nos antebraços, além de cinco prolongamentos digitais, que surgiram depois de um período de "*aperfeiçoamento*" evolutivo.

Observando a marcha do Dragão – e também dos nossos lagartos – constatamos que seus membros são perpendiculares ao eixo longitudinal do corpo e não situados em um plano paralelo a este, como nos mamíferos. Quando eles caminham, os membros se deslocam por rotação do ombro sobre seu *eixo vertical:* o antebraço pode, então, ficar na mesma posição durante todo o movimento. A pronação do antebraço não é, portanto, nesse nosso ancestral, necessária para orientar a pata na direção desejada de marcha. Isso não ocorre nos mamíferos, cujos membros, durante a marcha, sofrem rotação em torno do eixo *transversal do ombro:* a pronação do antebraço é, portanto, indispensável para orientar a pata na direção desejada de progressão.

Não recomendamos tentar verificar esse aspecto examinando um Dragão de Komodo: existem ótimos vídeos na internet.

Dupla hélice de Watson & Crick

Em 1953, **James Watson** e **Francis Crick** revelaram ao mundo a estrutura do *ADN* (ácido desoxirribonucleico), o que lhes valeu o Prêmio Nobel de Medicina, em 1962. Na verdade, a descoberta só foi possível graças aos estudos de cristalografia de **Rosalind Elsie Franklin,** que morreu quatro anos antes da concessão do Nobel, **e não foi citada** como contribuinte para essa descoberta fundamental. Posteriormente, sua contribuição foi reconhecida por **Maurice Wilkins.** Isso prova que uma descoberta pode ser coletiva, mas que o verdadeiro autor, às vezes, permanece na obscuridade.

Essa molécula complexa encerra a *informação genética,* ou *genoma,* que constitui a *hereditariedade* de cada indivíduo.

A imagem da "Dupla Hélice" já é de domínio público, mas, na verdade, trata-se de uma *escada espiral*, como se pode verificar quando o ADN é desdobrado, já que, em geral, sendo uma molécula muito longa, o ADN costuma ter um arranjo enovelado sobre si mesmo. Os dois "montantes" da escada são formados por uma sequência de moléculas de fosfato de desoxirribose, às quais se ligam os "degraus", ou melhor, dois meios-degraus, que são os *nucleotídeos*, ligados entre si no meio dessa "escada". Os nucleotídeos são constituídos por *apenas quatro bases nitrogenadas:* Adenina, Timina, Citocina e Guanina, que se combinam sempre da mesma maneira: A-T ou T-A e G-C ou C-G. Cada lado da escada provém de um dos pais: eles são *complementares* e *antiparalelos,* ou seja, montados em sentido inverso: "cabeça com pé e vice-versa». Esses quatro nucleotídeos representam o alfabeto que comunica uma mensagem codificada – o *código genético.* Quando são produzidos os *gametas* – óvulos ou espermatozoides – os dois montantes da escada se separam no meio dos degraus, que se recombinarão formando uma nova "escada" no ovo, primeira célula do novo ser.

Efeito chicote

Expressão que designa um movimento brusco e violento que resulta em corte ou secção de um objeto. Em Traumatologia, designa as lesões cervicais decorrentes de acidentes automobilísticos em que *a cabeça da pessoa é violentamente jogada para trás e depois para a frente.* Esse tipo de trauma causa *ruptura do ligamento transversal* da articulação atlantoaxial, resultando em luxação anterior do atlas sobre seu eixo e compressão do bulbo raquidiano, que leva à *morte imediata.* É frequente em acidentes automobilísticos em que o choque é posterior ou frontal.

Elasticidade

A elasticidade é a propriedade mecânica de um corpo ou de uma estrutura que lhe permite *voltar ao seu esta-*

do inicial quando a força que o modificou deixa de ser aplicada. A elasticidade é dita perfeita quando o corpo ou a estrutura retornam *exatamente* ao estado inicial, uma vez retirada a força. Se esse retorno demora, diz-se que há histerese, fenômeno representado pela "curva de histerese".

Um exemplo de elasticidade é a faixa de borracha, que só "trabalha" no alongamento, enquanto uma mola de aço também pode "trabalhar" em compressão.

Também se pode falar em "elasticidade moral". Todos compreendem esse termo, mas, nesse domínio, existe, muitas vezes, o fenômeno da histerese, e também da elasticidade *imperfeita*.

Entropia

Entropia é uma noção extraída das leis da Termodinâmica, estabelecidas em 1824 por **Sadi Carnot.** A segunda lei diz que em um *sistema fechado* a tendência natural é a *equalização dos potenciais* para se alcançar um *estado de estabilidade* no qual não há mais *nenhuma diferença de potencial,* e no qual a *entropia é máxima.* Esse conceito de entropia foi formulado por **Rudolph Clausius** em 1865. É uma *grandeza* que pode ser avaliada por fórmulas.

Da mesma forma, um sistema organizado e estruturado evolui obrigatoriamente e de modo irreversível *para a desorganização e o caos.*

Um exemplo dessa evolução irreversível é dado pelo copo d'água no qual se coloca uma *gota de corante*: depois de algum tempo, o corante se difundiu uniformemente pela água e não há *nenhuma operação* capaz de restabelecer seu estado inicial. Essa é a prova de que, em nosso universo quadridimensional, a dimensão tempo é *linear e unidirecional:* é o vetor Tempo.

Os processos da Vida, também sujeitos ao tempo, são *estruturantes:* eles introduzem *cada vez mais organização.* Por isso podemos dizer que a Vida é o próprio exemplo da *Neguentropia.*

Equilíbrio dinâmico

Equilíbrio evoca imediatamente a *ideia de balança,* ou seja, a *igualdade entre dois fatores.* Quando se coloca sobre os pratos de uma balança pesos idênticos, alcança-se o equilíbrio: é um *equilíbrio estático bifatorial.* Mas podem haver situações em que intervêm três ou mesmo vários fatores. Estamos falando, então, de um equilíbrio *tri ou multifatorial.* É muito frequente, sobretudo em *biologia,* que esses fatores se modifiquem constantemente e que o equilíbrio seja *sempre restabelecido,* graças à modificação de um ou mais fatores. Estamos falando, então, de um *equilíbrio dinâmico multifatorial.* Isso é o que ocorre, quase sempre, no funcionamento do sistema musculoesquelético, em que ações musculares se dão em uma relação de *antagonismo-sinergia,* visando a um resultado final determinado.

Essa noção de equilíbrio dinâmico é certamente utilizada também pelos operadores da *Bolsa de Valores.*

Ergonomia

Esse termo vem do grego, em que *"ergon"* significa *trabalho* e *"nomos" quer dizer a regra.* É uma ciência que surgiu a partir da era industrial e que consiste no *estudo científico das condições de trabalho,* visando à melhora dessas condições e ao aumento da produtividade. Concomitantemente, essa ciência diz respeito às relações entre o homem e a máquina, visando a uma melhor adaptação do homem às suas condições de trabalho.

Vale ressaltar que o estudo ergonômico de uma estação de trabalho segue o princípio da *Navalha de Ockham:* o mínimo de esforço físico e intelectual para obter o máximo de eficácia!

Em Informática, a prática do *Copiar-Colar* segue esse mesmo princípio. Assim também ocorre nos esportes competitivos. São ditos ergonômicos os materiais concebidos para incrementar o trabalho sem aumentar o esforço ou o risco de acidentes.

Esferas de Magdeburgo

As Esferas de Magdeburgo ficaram famosas depois de um experimento realizado em 1654 em Ratisbone, diante do imperador Frederico III, por **Otto Von Guericke,** engenheiro de obras públicas nascido em Magdeburgo. Esse cientista foi o primeiro a construir, em 1650, uma máquina pneumática capaz de produzir vácuo dentro de um recipiente. Graças a dois hemisférios idênticos, perfeitamente ajustados, ele conseguiu realizar um experimento que passou a se chamar "Esfera de Magdeburgo", no qual criou o vácuo dentro dessa esfera cujas metades foram unidas. Duas parelhas de oito cavalos, puxando de cada lado, não conseguiram descolar as metades da esfera, o que comprovou, de modo impressionante, a *força da pressão atmosférica*, resultante do *peso do ar que constitui a atmosfera*. Foi também esse engenheiro quem criou a primeira máquina eletrostática.

Espaço-tempo

Essa é uma noção nova, decorrente dos estudos de **Albert Einstein**. Antes de Einstein, na Física clássica de *Galileu* e *Newton*, o espaço, com suas três dimensões, era totalmente independente do Tempo: eram grandezas consideradas sob a ótica do absoluto. A teoria da *Relatividade Geral* liga o Espaço ao Tempo em um *Continuum Espaço-Tempo,* porque, sem o Tempo, não é possível haver qualquer deslocamento no Espaço. Nesse *Continuum*, as quatro dimensões estão ligadas entre si e podem variar de acordo com o *referencial:* em um referencial que esteja *em movimento relativamente* a outro, *as dimensões mudam,* inclusive o *tempo, que perde seu caráter absoluto.* A relação entre os valores das dimensões em dois referenciais em movimento, um em relação ao outro, depende de uma das *constantes universais,* a **velocidade da luz ("c"),** que é **invariável.** Os físicos teóricos e os matemáticos podem imaginar **espaços de n dimensões**, mas, por enquanto, isso permanece no domínio da ficção científica. No entanto, em nosso Universo de quatro dimensões, conhecemos universos de menos de quatro dimensões. Por exemplo, *duas* dimensões espaciais, a *Pintura* e as *Artes gráficas;* universos de *três* dimensões espaciais, como a *Escultura;* e universos de *duas* dimensões espaciais e *uma* temporal: o *Cinema* e a *Televisão.* De todo modo, no *continuum* de quatro dimensões do universo real, a dimensão Tempo é *única* e *orientada,* por isso dizemos que ela é *vetorial,* porque o tempo só evolui *em um único sentido*: do passado para o futuro. Máquinas do tempo continuam sendo uma utopia.

Esteira rolante do tempo

O Tempo é a **principal dimensão da vida** de todos os seres que habitam nosso planeta. Todo ser vivo, particularmente o ser humano, encontra-se desde o nascimento sobre uma **esteira rolante** que o transporta ao longo da vida, até o fim. Essa esteira, cujo movimento é inexorável, simboliza o **vetor Tempo**, que se desloca e leva o ser vivo com ele em uma só direção, o futuro, até seu desaparecimento final. É uma imagem realista, mas cruel, pois a esteira rolante tem sempre uma "ponta".

Estrutura em balanço (cantiléver)

Alguns argumentos são assim – soltos no ar, não têm lógica nem sustentação. Em mecânica, a estrutura em balanço é uma estrutura que não tem sustentação por nenhum elemento rígido que a impeça de sofrer deformação. Em inglês, temos "*cantiléver*". Um cadafalso, graças à sua *escora oblíqua,* não permite o balanço. Se suprimirmos a escora, a barra horizontal ficará em balanço. As asas do avião estão em balanço relativamente à fuselagem, mas durante o voo, esse balanço desaparece em razão da força de sustentação do ar causada pelo movimento relativo.

Fractal

O termo designa um *corpo geométrico de dimensão fracionária,* intermediária entre as três dimensões espaciais que conhecemos, por exemplo 2,47 (número escolhido ao acaso). Há todo um capítulo dedicado a esse tema, muito importante em Biologia.

Geometria curva

A humanidade viveu muito tempo no mundo de **Euclides,** fundador da Geometria. Ele vivia na Grécia Antiga, como todos os demais filósofos e matemáticos que originaram **os primórdios da cultura europeia.** Para Euclides, o problema era medir os campos, ou seja, as superfícies planas, sobre a Terra – Geo – que, naquela época, era *plana.* Ele enunciou, então, um postulado – algo que **não pode ser demonstrado** – o famoso **Postulado de Euclides**: "Dada uma linha reta e um ponto fora dela, há *uma única* linha que passa pelo ponto e é *paralela* a essa reta." Mas tudo mudou depois que a Terra se tornou "redonda", ou seja, *esférica,* e ainda foi preciso esperar até o século XIX para se perceber isso: o matemático alemão **Gauss** foi o primeiro a levantar, em 1818, a possibilidade de haver "geometrias não euclidianas". Mais tarde, em 1829, o sábio russo **Lobatchevski** provou que era impossível demonstrar o postulado de Euclides e idealizou uma *geometria não euclidiana.* Finalmente, **Riemann,** em 1829, criou a nova geometria das superfícies curvas, dita *geometria curva,* evidentemente não euclidiana, e na qual *não existem mais retas paralelas:* basta olharmos para o mapa-múndi para constatarmos que dois meridianos paralelos ao equador acabam se encontrando nos polos.

Essa nova geometria dos espaços curvos adquiriu grande importância a partir dos estudos de **Einstein** sobre a Relatividade Geral, porque ela **estrutura nossa compreensão moderna do Universo.**

Glena

Em grego antigo, *gléné* significa a pupila do olho. Em anatomia, o termo designa uma *cavidade articular,* côncava nos dois sentidos, porém cujos raios de curvatura são *desiguais.* Em geral, a glena é pouco profunda: por isso, a articulação é instável e precisa de coaptação pelos *ligamentos* e pelos *músculos periarticulares.*

Esse termo existe no vocabulário náutico e significa um *rolamento de corda* em círculos concêntricos, formando um estoque de cordas em desuso. O verbo *glenar* – muito pouco utilizado, a não ser em ambiente náutico – designa essa ação.

Histerese

"Todos os caminhos levam a Roma", diz o provérbio; é possível chegar por um caminho e sair por outro. Podemos dizer que a curva que representa uma ação exercida sobre um substrato elástico e seu retorno à posição de partida descreve uma "histerese", já que os dois lados da curva não se superpõem. Esse é o caso, por exemplo, da elasticidade "imperfeita". Na prática, essa curva significa que o trabalho empregado para realizar a ação é **recuperado com atraso.** No vocabulário atual, trata-se de uma *"memória de forma".*

O fenômeno existe também em outros domínios além da Física, particularmente em Sociologia.

Hólon

Há duas maneiras de se considerar um conjunto formado por elementos constitutivos:

- como *a soma* desses elementos, que representam *partes independentes do todo,* por exemplo no caso dos mosaicos, em que as pequenas pedras coloridas só têm relações de *contiguidade* com o desenho;
- ou como um elemento representativo do todo, em menor escala, que chamamos de *hólon* – do grego *Holos:* o todo – e cuja *síntese* forma o **Todo,** que é, portanto, **mais que a soma das partes.**

Assim, podemos considerar um ser humano como um *hólon da humanidade,* na medida em que um homem ou uma mulher comportam, em seu genoma, todas as informações necessárias para produzir um outro ser humano, um *clone,* sempre considerando que as características e possibilidades da humanidade ultrapassam em muito as de um ser humano.

Da mesma forma, e pelas mesmas razões, *cada célula* do nosso corpo pode ser considerada como um *hólon do nosso indivíduo,* considerado em sua totalidade.

O *Holismo* é uma atitude, para alguns, uma *filosofia,* que consiste em considerar um conjunto em sua globalidade, e que ver esse conjunto como a soma de suas partes é uma "**distorção reducionista**".

Homúnculo

Palavra latina que significa "pequeno homem" ou, ainda, "homem miniatura". O termo aparece nos escritos da *alquimia tradicional* desde os primeiros séculos da Era Cristã. Depois, volta a ser encontrado na *Biologia,* antes do advento do microscópio e da Genética: os antigos fisiologistas acreditavam que o espermatozoide consistia em um homenzinho miniaturizado. Essa ideia foi utilizada pelo neurocirurgião canadense **Wilder Penfield** para materializar, *sobre o córtex cerebral sensório-motor,* as áreas relativas a cada parte do corpo. O homúnculo neurológico de Penfield é totalmente **desproporcional,** porque o tamanho das áreas é proporcional à sua importância funcional, como, por exemplo, a mão, a face e, sobretudo, a língua. Por isso, o homúnculo de Penfield parece uma monstruosidade.

O Homúnculo é também uma representação muito frequente do ser humano na literatura.

Kouros

Um Kouros é, na estatuária grega, a representação de um homem na posição chamada pelos militares de "posição de sentido": de pé, com as costas retas, braços ao longo do corpo. A forma é derivada das estátuas egípcias que representavam os faraós, às vezes marchando, mas cujos membros superiores estão sempre alinhados com o tronco ereto. A escultura grega avançou muito com **Praxíteles**, que representou o corpo humano apoiado sobre um dos pés, ou seja, na chamada posição de "descanso" dos militares.

Liberdade (em mecânica)

Em Mecânica, chamamos "graus de liberdade" a possibilidade de movimentação dentro de um certo tipo de espaço, habitualmente um espaço plano.

Assim, um objeto ou segmento de reta que gira em torno **de um eixo** dispõe de **um grau de liberdade**. Se esse segmento de reta for perpendicular ao eixo, ele se deslocará em um plano e descreverá uma *rotação plana*. Se ele for oblíquo em relação ao eixo, ele se deslocará *sobre a superfície de um cone,* cujo eixo é o de rotação: portanto, ele descreverá uma **rotação cônica**. O modelo mecânico da articulação que só possui um eixo é o da **dobradiça**.

Quando um segmento móvel consegue girar em torno de **dois eixos**, diz-se que ele tem **dois graus de liberdade**. O modelo mecânico de articulação dotada de dois eixos é o **Cardã,** que tem **um grau suplementar de rotação do segmento móvel** sobre seu eixo longitudinal, ao girar sucessiva ou simultaneamente em torno dos dois eixos da articulação: é a **rotação conjunta**, que é **automática**.

Finalmente, nas articulações que têm três eixos, o segmento móvel goza de três graus de liberdade, havendo uma rotação não automática, *voluntária,* em torno do eixo longitudinal do segmento móvel, denominada **rotação adjunta**. O modelo mecânico é a *Rótula,* um tipo de esfera encerrada em uma caixa, que nada tem a ver com a rótula anatômica (patela) do joelho.

A presença de **jogo mecânico** na articulação introduz **graus de liberdade suplementares**. Assim, nas articulações sem eixos definidos, *as planas,* o deslizamento possível nas três direções espaciais adiciona

três graus de liberdade, de modo que essas articulações comportam seis graus de liberdade.

Logística

Inicialmente, a Logística é um *conceito militar,* ensinado na Escola de Guerra: como abastecer um *exército em campanha,* muitas vezes em locais distantes de sua base, com tudo que ele necessita para continuar atuando de forma eficaz e vencer o inimigo. **As necessidades**, nesse caso, são principalmente alimento para os soldados, mas também armas e munições, e, nos exércitos modernos, combustível para os veículos e tanques de guerra.

A falta de apoio logístico foi a causa de várias **derrotas históricas**, como a de **Napoleão nos arredores de Moscou** e a de **Adolph Hitler em Estalingrado**.

Hoje, a logística deixou de ser um termo militar e passou a fazer parte da *sociedade industrial,* onde representa os empreendimentos que garantem o andamento de um *projeto industrial,* como, por exemplo, a construção de uma barragem.

Essa noção encontra aplicação na *Biologia,* particularmente na manutenção das funções de órgãos ou sistemas, como, por exemplo, a *mão,* órgão que efetua a preensão. Situada, como um exército em campanha, longe de sua base, a mão precisa de **suporte logístico, representado pelo membro superior**, que lhe confere sua *posição e sua atitude no espaço, sua nutrição,* por intermédio dos vasos sanguíneos, e seu comando, exercido pelos nervos, que trazem, além disso, as *mensagens,* ou seja, as informações necessárias para a execução das ações.

Vemos, portanto, que a Logística pode se revelar uma **noção muito fecunda no campo da Biologia**.

Manducação

Termo atual que designa o *ato de comer* e que substitui o termo "mastigação", apenas parte do processo. Designa, portanto, a sequência de *preensão, mastigação, salivação* e *deglutição.* A essa sequência se acrescenta um processo psicológico, a **gustação**. No bebê, esse ato que representa seu primeiro contato com o mundo exterior, é a **sucção**. *Manducare* significava, em latim, "movimento da mandíbula"; o termo pode ser encontrado, em textos muito antigos, designando o ato de comer.

Mangual

Mangual ou malho é um antigo **instrumento agrícola** utilizado para *bater os cereais,* a fim de soltar os grãos das espigas e separá-los da cutícula, a membrana protetora que os envolve.

Ele se compõe de *dois bastões de madeira*: o maior, que é o cabo, e o menor, que é o batedor, e que se *articula com o cabo* por meio de um tirante de couro. O batedor tem *três graus de movimento* em relação ao cabo, graças a uma articulação extremamente simples, uma **ligação deformável**. Até há poucos anos, esse instrumento ainda era utilizado para malhar o trigo sobre uma pedra. Dois ou três homens malhavam as hastes do trigo maduro, depois bastava separar os grãos das cascas e da palha. O advento das batedoras mecânicas, e depois das colheitadeiras, eliminou essa prática e também os manguais.

Máquina

Uma máquina se compõe de *peças*, concebidas para *funcionarem juntas focando um resultado.* Ela se opõe, portanto, ao ser vivo, que não resulta de um projeto humano, que é constituído de *órgãos*, formados por *células*, e cujo objetivo *aparente* é simplesmente *existir* e se *reproduzir*. Certos filósofos, como **Descartes,** acreditam que o ser humano se compõe de duas partes: o corpo, considerado uma máquina, e a alma, o espírito, que o governa.

Portanto, certos aspectos de um ser vivo podem ser considerados como os de uma máquina, como é o caso evidente do *sistema musculoesquelético,* que obedece às leis da Mecânica.

Essa concepção filosófica, no mínimo *reducionista*, foi sucedida por uma concepção atual *holística,* segundo a qual o ser vivo é *considerado um TODO que representa mais que a soma de suas partes.*

Móbile de Calder

Alexander Calder (1898-1976) foi um pintor e escultor americano que concebeu esculturas mó-

veis, pela **associação de balanças em equilíbrio**. O princípio é simples: se partimos de uma primeira balança, em equilíbrio, formada por uma haste rígida que sustenta um peso em cada uma de suas duas extremidades, suspensa por um ponto que respeita a *igualdade de momentos* dos dois braços (ver Cap. 30), e substituímos um desses pesos por uma nova balança, também em equilíbrio, *de peso igual ao anterior*, o equilíbrio da balança principal é mantido. Em seguida, podemos substituir o outro peso segundo o mesmo princípio, e assim sucessivamente, até que tenhamos uma *pirâmide de balanças suspensas,* que pode ser ilimitada. O conjunto permanecerá em equilíbrio.

Para Calder, esses *móbiles* eram *esculturas cinéticas,* porque o mais leve sopro de vento as fazia oscilar.

Essa imagem do móbile de Calder é muito **representativa dos equilíbrios biológicos**, que são *multifatoriais* e *muito instáveis*, pois basta que se modifique ligeiramente um dos pesos em qualquer ponto da pirâmide de balanças para precipitar um **desequilíbrio do conjunto. É a catástrofe.**

É também uma imagem da **introdução do caos** em um sistema aparentemente estável, por "modificação das condições iniciais" (ver "Caos").

Navalha de Ockham

Este é o princípio da Navalha de Ockham:

"Todos os pressupostos que não sejam necessários para uma demonstração devem ser suprimidos". Também é conhecido sob a denominação "Lei da parcimônia universal", que se aplica a vários outros campos além do raciocínio lógico, particularmente ao funcionamento do sistema musculoesquelético. Os engenheiros devem sempre levar em conta esse conceito, sem deixar de obedecer às exigências de segurança: isso vale, em especial, para a aeronáutica e a indústria espacial.

Paradoxo

Um paradoxo é uma proposição **cujos termos contraditórios não podem ser explicados**. Dizemos que há um paradoxo quando uma causa produz um efeito inverso ao esperado. Na linguagem corrente, um paradoxo significa uma ideia ou proposição que, à primeira vista, é surpreendente ou chocante, ou seja, *contraria o senso comum*. Um dos paradoxos mais conhecidos é o do "ovo e da galinha" em biologia.

Pixel

Um pixel é um *ponto de cor* em uma imagem. Para obter uma imagem colorida impressa, utilizamos a *quadricromia*, que significa que cada ponto da imagem pode ser, indiferentemente, ciano (azul claro), magenta (vermelho violáceo), amarelo e preto. É o sistema de cores usado também na *informática*. Na tela, a imagem é constituída por um certo número de pixels, com essas quatro cores, cuja conversão é realizada por um algoritmo de transformação. O grau de *definição*, que irá resultar na nitidez de detalhes, será função do número de pixels da superfície da imagem. Essa definição é também um critério de qualidade dos *sistemas de captação das máquinas fotográficas*. Um pixel é sempre *uma parte do conjunto* e não tem significado isoladamente, o que não é o caso do *Hólon* (ver acima).

Potência (em física)

Intuitivamente, todos sabem que a lebre tem mais potência que a tartaruga, já que percorreu o mesmo trajeto com velocidade bem maior. Portanto, é preciso ter mais potência para "subir um lance de escada" em cinco segundos do que em quinze: exatamente três vezes mais potência.

Se o Trabalho, em Física, é função do *deslocamento* de uma massa contra a gravidade ou a inércia, a Potência, em Física, é função do *tempo* necessário para realizar esse Trabalho. Para se desenvolver o triplo de Potência, também é necessário o triplo de energia.

Pré-tensão

Diz-se, de um sistema, que ele está pré-tensionado quando já comporta *uma tensão prévia*, antes de ser submetido a qualquer esforço. O termo é citado no capítulo 33.

Profusão

Geralmente esse termo é usado na expressão "em profusão", ou seja, em abundância, mas também pode significar "sem limite". É sinônimo de **prodigalidade**, mas também, em certos casos, de desperdício. O mesmo acontece com o termo contrário, "parcimônia", que significa economia, mas pode beirar a avareza. Mais comumente, emprega-se a expressão "utilizar com moderação", em vez do termo parcimônia.

Em ciência e em filosofia, a parcimônia é um princípio que consiste em se explicar um fenômeno com base apenas em **um mínimo de causas elementares**: está associado ao conceito da "navalha de Ockham".

ROM e EPROM

Siglas muito conhecidas dos adeptos da Informática. Designam dois tipos de memória. O primeiro, a **ROM** – ou *Read Only Memory* – é a memória pré-instalada e definitiva.

Ela é integrada ao computador durante sua fabricação e serve para realizar funções que não estão sujeitas a modificação durante o uso. Ela permite, por exemplo, a realização de *rotinas funcionais*, como iniciar e encerrar a atividade do computador, alinhar caracteres na tela, e várias outras funções. É uma memória que não pode ser modificada, e que, portanto, é *definitiva*.

O segundo tipo, **EPROM** – *Erasable Programme Read Only Memory* –, é uma memória *não definitiva*, ou seja, pode ser *adquirida* e *modificada* durante seu funcionamento. Por conseguinte, são memórias *evolutivas*, desde que haja intervenção do usuário, podendo ser zeradas e reprogramadas.

No funcionamento do sistema musculoesquelético, **esses dois tipos de memória estão presentes no nível do sistema nervoso central**:

O primeiro tipo, *semelhante à ROM,* diz respeito às *funções básicas*, aos *mecanismos elementares necessários à vida e à sobrevivência*, como a respiração, a deglutição, a tosse, o vômito, a sucção, as funções de eliminação, como micção e defecação, e a cópula. Se considerarmos o comportamento do indivíduo, os *instintos* podem ser comparados à memória do tipo ROM, porque já estão presentes desde o nascimento.

O segundo tipo, *análogo à EPROM,* diz respeito aos *mecanismos adquiridos*, como a marcha, rotina complexa que precisamos *aprender* e que se pode apa-

Rotinas

Agir dentro de uma "rotina" pode significar a repetição interminável da mesma ação, sem variação, portanto, *sem pensar*. Em suma, no plano psicológico, uma rotina significa uma espécie de prisão. Mas vendo o lado positivo desse aspecto, observa-se que as rotinas são muito úteis na vida diária, porque são *programas de comportamento* desencadeados automaticamente quando as circunstâncias são idênticas, o que nos permite reagir com rapidez às situações que exigem adaptação, por exemplo: beber água quando temos sede, manusear os talheres durante a refeição, abrir uma porta, manobrar o carro para estacionar. Os exemplos são inúmeros, a tal ponto que podemos considerar que 90% das nossas atividades se constituem de rotinas. Esses **miniprogramas** têm a vantagem de **dispensarem o controle consciente**, liberando nosso cérebro para reflexões mais elaboradas. Quem não costuma dirigir o carro já pensando em tudo o que precisa fazer durante o dia… mas cuidado: a vigilância deve ser capaz de interromper uma rotina ao menor sinal de perigo. É aí que entra a *Lei de Murphy*; ela **quebra a rotina e, às vezes, contribui para sua melhoria**.

Sesamoide

Todo mundo conhece a famosa expressão *"Abre-te, sésamo"*, que é a ordem para abrir a *caverna de Ali Babá*. Graças a esse conto das Mil e uma Noites, ficamos conhecendo o sésamo, ou gergelim, uma planta da região subsaariana cujos minúsculos grãos enfeitam os pães que comemos.

Os antigos anatomistas, que ainda não estavam obrigados ao uso da Nomenclatura Internacional, podiam dar livre curso ao seu gosto pelas metáforas. Por isso deram o nome de "Sesamoides" aos pequenos ossos, em forma de grãos de gergelim, interpostos em trajetos de tendões. A função desses ossos é *aumentar o momento da contração muscular*, afastando o músculo dos ossos principais. Eles servem de **apoio** ao tendão, em sua linha de tração. No esqueleto da mão e do pé existem vários ossos sesamoides. O **maior osso sesamoide** do corpo é a patela, que desempenha o papel de **cavalete móvel**, aumentando a eficácia de contração do músculo quadríceps, mas, às vezes, esse cavalete não precisa ser móvel com relação ao osso que é mobilizado: é o caso do **olécrano**, que pode ser considerado um **grande osso sesamoide solidário à Ulna**, que ele mobiliza.

Sofisticado

Na origem, o termo guarda uma relação com "sofisma" e "sofistas", filósofos gregos cuja argumentação era falaciosa, enganosa ou pouco confiável. No entanto, seu uso mais corrente designa algo ou alguém que é refinado, elegante, complexo, em alguns contextos, e até mesmo próximo da perfeição.

Sólidos platônicos

Os cinco sólidos ditos "platônicos" são os únicos *regulares* – suas faces são poliedros regulares e iguais – **possíveis** dentro do nosso Espaço de *três dimensões espaciais*. Na verdade, eles foram inventados por **Pitágoras**. São eles:

- **Tetraedro**: quatro faces triangulares equiláteras. É impossível construir um volume com apenas três faces.
- **Hexaedro**: seis faces quadradas, comumente chamado cubo.
- **Octaedro**: oito faces triangulares equiláteras, volume obtido pela união de dois tetraedros
- **Dodecaedro**: doze faces pentagonais (*dodeca* quer dizer "doze" em grego)
- **Icosaedro**: vinte faces triangulares equiláteras (*icosa* = vinte)

Para maior beleza da representação espacial, esses poliedros regulares podem se *associar,* constituindo três famílias, dos chamados poliedros duais:

O Hexaedro e o Octaedro são duais, ou seja, podem se circunscrever mutuamente, ao infinito, para cima e para baixo;

O mesmo ocorre com o Dodecaedro e o Icosaedro.

Quanto ao Tetraedro, ele tem o **privilégio** de poder **se circunscrever a si mesmo**, infinitamente, nos dois sentidos.

O que é biomecânica

É importante ressaltar algumas *impossibilidades*:

- duas faces não compõem um volume: é como a moeda. Não é possível haver uma moeda de três faces. O que ela seria? O símbolo da Trindade?!
- Um volume com cinco faces, e qualquer volume intermediário, também são impossíveis em nosso universo.
- Por outro lado, existem inúmeros exemplos de *sólidos regulares compostos*, ou seja, formados por vários tipos de poliedros regulares. O exemplo mais comum é o de certas *bolas de futebol*, volumes que se compõem de hexágonos e pentágonos.

Superfícies de revolução

Em geometria, uma *superfície de revolução* é a que se cria pela rotação de uma *linha* em torno de um *eixo*. A forma assim criada depende da forma da linha, chamada **geratriz**. Logo, a superfície criada pela rotação de um círculo em torno de um eixo *que passa pelo seu centro* é uma **esfera**, mas *se o eixo não passar pelo centro*, o volume criado será um **toro**, cujo exemplo prático é a *câmara de ar* de um pneu, se o eixo de rotação passar *fora do círculo*. Evidentemente, há um número infinito de superfícies de revolução, porque a forma da geratriz é, também, infinita. Outro exemplo dessa infinidade de superfícies de revolução é um **simples vaso ou cerâmica**, criado pela rotação – revolução – de um **torno**.

Tensegridade

A Tensegridade é uma ciência recente. Há um capítulo especial sobre o tema (Cap. 33).

Tétano

Sabemos que o tétano é uma *doença grave, quase sempre fatal*, que desencadeia crises de contratura muscular extremamente **dolorosas**.

Mas o termo "tetania" é também usado na *fisiologia muscular*. A contração das fibras musculares é desencadeada pelo potencial de ação dos nervos, transmitido pela placa motora. Quando os potenciais de ação se sucedem muito rapidamente e com grande intensidade, eles podem induzir um **estado de contração máxima e sustentada**, denominado **tetania parcial ou completa**.

Toro

Toro é um volume cuja forma se compara à de um anel ou à de uma **câmara de ar** de pneu (ver acima, "Superfícies de revolução").

Trabalho (em física)

Em um meio onde há *gravidade*, o trabalho físico é a quantidade de energia necessária para *deslocar* uma massa *contra a força da gravidade* e a inércia.

Em um meio sem gravidade, como uma nave espacial, o trabalho é *apenas* a luta *contra a inércia*. O esforço exigido dos músculos é claramente menor, por isso eles podem se *atrofiar*. A luta contra essa amiotrofia por meio de exercícios físicos programados é, portanto, **necessária no caso dos astronautas** que passam *muito tempo* em ambientes sem gravidade. Este será certamente um **problema crucial** em uma eventual expedição a Marte.

Vetor

Um vetor é a **expressão matemática de uma força aplicada sobre um ponto determinado**. Graficamente, o vetor é representado por **uma seta** cujo comprimento é proporcional à intensidade da força, cujo ponto de aplicação é marcado por um ponto e cuja orientação é representada pela direção da seta.

Um vetor pode se situar sobre um plano ou no espaço. Ele pode ser decomposto em seus **componentes**, que são **dois, no plano**, pela construção do "paralelogramo de forças"; no **espaço**, os componentes são **três** e o vetor pode ser decomposto pela construção de um paralelepípedo retangular ou romboide, com o vetor representado por uma diagonal *interna* e os componentes pelas diagonais das três faces adjacentes à origem do vetor.

Índice remissivo

A

acaso 60, 445, 523, 534
aceleração linear 457
acropódio 29, 66
algoritmo 517, 522, 544, 576
alongamento 61, 67, 172, 182, 199, 205, 273, 275, 285, 373, 481, 482, 485
ameba 24
aminoácido 9, 30, 193
análise combinatória 517, 551, 559, 565
anel(éis) 65, 342, 356, 385
  do cíngulo do membro inferior 66
  fibrocartilagíneo(s) 77, 78, 98, 358
  fibroso 159-162, 164, 166, 274-275, 286, 288, 297, 316
  osteofibroso 105, 111
  pélvico 12, 342-343
antagonismo-sinergia 32, 146, 200 , 202 , 204 , 221-233, 302 , 329
antrópico 534
apoptose 48, 54-55, 82, 476, 490, 566
arco branquial 52
arquiteto 19, 60, 271, 444, 501, 526
articulações
  planas 69, 79, 81, 96, 111-112, 115, 139, 154-158, 286, 317, 358, 361-363, 374, 394, 447
  selares 74, 81, 84, 114, 119, 120, 123, 128, 139, 358, 363
artrose 71, 76, 154, 386, 479-481
atlas 111-113, 170, 173, 315, 320-328, 333
átomo 13, 531, 534
autopódio 444, 448, 454
áxis 111-113, 170, 173, 315, 320-327, 333, 339
axonotmese 486

B

bainha(s) 443, 483

conjuntiva 484, 487
de mielina 198, 245, 485
de Schwann 486
digitais 254-255
digitocarpais 253-254
digitopalmar 255
do dedo mínimo 255
do reto do abdome 299
dos retos 303
dos tendões 259
fibrosa 108, 359
neural 486
sinovial(is) 249-253, 255-257, 259, 268-270, 483
sinovite 258
tenossinovite 259
vascular 172
balança 222-223, 236-238, 285
  de Roberval 235-236
  "em cascata" 239
  romana (ou dinamômetro) 236-237
balística 199, 209, 221, 228
baricentro 180, 205, 209, 235, 237, 497
basilar 328
basípodo 66
bípede 66-67, 131, 516
bolha 18, 46, 50, 265-267, 495-496
borboleta de Lorenz 530
bússola 120, 125

C

cabeça fetal 349, 352-353
cadeia
  articular 200, 224, 243, 251
    aberta 216
    fechada 216
  de actina 186
  de glicosaminoglicana 70
caixa torácica 3, 65, 143, 165, 279, 304, 308-309, 313, 364, 403-407

campo magnético 184-186
canal carpal 397, 401, 452, 486
caos 7, 489, 566-568, 571, 575
cápsula(s) 77, 82, 99, 132-133, 154, 245, 357
  articular 69-70, 77, 102-103, 107, 132, 140, 167, 169, 287, 311, 327, 359, 362
  fibroelástica(s) 266
  periférica 55
  sinovial 489
captação sensorial 27, 31
captador(es) sensorial(ais) 457, 462
cardã 46, 74, 84, 120, 126-129, 148, 151, 157, 340, 368, 390, 394-396, 399
catraca 568
  mecanismo de 189-191
causalidade 20, 519
cefalização 26-27, 31
cérebro 5, 26-27, 29-31, 33, 37, 45, 47, 53, 56, 65, 200, 262, 276, 306, 328, 335, 408, 455-462, 466, 471, 508, 519, 522
cilindro 4, 25, 61, 73-74, 79, 89, 105, 205, 446
cíngulo 62-63, 159, 240
  do membro inferior 29, 31, 65, 137, 159, 275, 279, 342, 356
  do membro superior 29, 31, 65, 124, 137, 139, 141, 156, 279, 281-282, 308, 348, 356, 502
circundução 41-42, 136, 367, 418
cirurgião 12, 18, 44, 46, 67, 72, 86, 127, 148, 208, 249, 263, 266, 271, 276, 451, 468-470, 472, 479, 487
clone 9, 579
coaptação 77-78, 99, 101, 110, 123, 145-146, 167, 169-170, 175-177, 200, 216, 359, 568
código genético, 75, 570

colágeno 70-71, 167, 244-246, 260, 262, 266-270, 277, 475-476, 480
computador 22, 29, 30-31, 33, 65, 462, 468, 470-472, 567, 576
concordância 76,154, 358, 469
conduto 250, 256
  do tendão 248
  osteofibroso 250-251
congruência 76, 98, 117, 136, 146
consciência 12, 31, 33, 48, 149, 455, 460, 462, 491, 518, 531
contínuo espaço-tempo 551, 572
contranutação 344, 350-354
cordão umbilical, 415
corpúsculo 44
cronocirurgia 479
Cronos 11, 19, 573
cúpulas geodésicas 17
curva
  de histerese 260, 573
  de Kock 494
  de Peano 492
  envolvente 75, 86-87, 101, 305

D

déficit 192
diáfise(s) 54, 61-62, 69, 85
  femoral 131
    distal 85
  umeral 144-145
  tubular(es) 475
dimensões 19, 21-22, 25-28, 41, 44, 65, 93, 187, 192, 415, 469, 508, 556
diplódoco 13
diplopia 153
disco(s) 184
  de Merkel 44
  embrionário didérmico 50
  hérnia de 297
  intervertebral(ais) 53, 63, 69, 158-163, 165-166, 273-275, 283, 285-286, 288, 295-296, 311, 316-317
    L5-S1 294, 297, 343, 345
    protético 471
  lombar 165
    L4-L5 408
DISI 387
dodecaedro 16, 265

E

eclíptica 532
elasticidade 43, 64, 71, 186, 201, 242, 244, 246, 259, 271, 310, 407, 468, 480, 487
  intrínseca 244
eletroímã de pistão 184
embreagem 392-393
enantiomorfas 15
encaixe 76, 78, 81, 119, 132, 140, 174-175, 360, 362

endoesqueleto 58-60
enigma da esfinge 516
entorse 69, 78, 168, 200, 386
entropia 7, 489, 529, 537, 547, 556, 571
epífise 62, 69, 92-96, 105, 107-109, 116, 248, 253, 256
equilíbrio 3, 48, 213, 221-223, 231, 235-239, 253, 263, 336, 368, 459, 477, 489, 499, 501, 504-505, 516, 525
  dinâmico 32, 200, 221-222, 226, 232, 239, 273
    bifatorial 233
    multifatorial 223, 233
    trifatorial 222, 233
  evolutivo 232
equilibrista 505
ergonômico 151, 226
esfíncter(es) 348, 408
  do ânus 348, 408
  perineais 276
  uretrovaginal 348
  urinário 408
espondilólise 298
espondilolistese 298
estilopódio 29, 66, 444
estímulo 198
estreito(s) 66, 350, 517
  inferior 350, 352-354
  médio 350-352
  superior 346, 349-352
estroboscopia 549
estrutura modular 7, 23, 488
estrutura não modular 8
ética 9, 561, 567
Eu 42
eversão 396, 435
exobiologia 533
exoesqueleto 58-60

F

fenda urogenital 347-348
fibras
  colágenas 70-71, 167, 480
  elásticas 71, 167, 261
filamento(s)
  de actina 184-187, 190, 194
  de glicosaminoglicanos 480
  de miosina 184-187, 190, 194
filogenia 281
filósofo 263, 529
força(s) 130, 376
  de cisalhamento 69, 71
  mecânica(s) 67
fotossíntese 531
fractal(is) 19, 47, 264, 268, 277, 492-496
funda do piramidal 372, 379, 384

G

gástrula 24
genoma 9, 29, 75, 82, 86, 565, 570, 573

geometria 73-74, 100, 151, 263, 319, 320
  curva 149
  da polia 94
  do sistema musculoesquelético 32
  dos ligamentos 75-76
  espacial 17
  não euclidiana 149
geratriz 73, 89, 404, 578
gestação 82, 349
  externa 28
gínglimo ou dobradiça (articulação) 41, 58, 81, 83, 89, 91, 109, 186-189, 305, 373, 447
ginoide 22, 323
globo ocular 152
glote 200, 225, 276, 305, 408
gônadas 5, 28
goteira
  bicipital 144, 256
  cárpica 253
  do osso hioide 214
  neural 25, 52-53
  óssea 252
  vertebral 298-300
gradiente 55
gravidade 3, 193, 209, 227, 403, 460, 479, 531, 533, 566
  centro(s) de 33, 209-210, 240, 345, 349, 411-413, 497-506, 525
  força da 61, 193, 199-200, 202, 209

H

helicoidal(is) 195, 196, 380
  trajetória 113, 162
hérnia(s)
  de disco 162, 297
  de Schmorl 165
  intraesponjosas 165
  muscular 182
hiperboloide de revolução 119, 304-305
holograma 10
hólon 7, 10

I

icosaedro 15-17
ictiostega 28, 444-445, 453, 561, 570
imanência 569
incisura radial 105-106
inércia 3, 32, 187, 199, 205, 209, 216, 227, 260, 459, 497, 566-567, 576, 578
inversão 129, 281, 396, 435, 463

J

jogo mecânico 3, 32, 76-77, 81, 121, 124, 154-155, 317, 363

L

lactação 49, 57
lagarto 9, 28, 264, 439, 444, 454, 570

Índice remissivo

ligamentos extrínsecos 372
ligamentos intrínsecos 372
lógica modular 489
logos 568
losango 276, 282
  de Michaelis 307
lubrificação hidrodinâmica 72

M
macrovacúolo 269-270
mamífero(s) 28-31, 49, 52, 342, 440, 444, 523
manguito 138, 143, 170, 247, 257, 358, 361, 366
manobra 146, 147, 248, 328, 408, 436, 463
  de Codman 148, 151
  de Heimlich 410
  de Valsalva 305-306
  do punho fechado 419
marsupiais 49
medula
  espinal 29, 62, 280, 286, 316, 484
  gordurosa 62
  lombar 485
  óssea 19, 261-262, 478
    amarela (diafisária) 62
    hematopoiética 63
    subjacente 71
    vermelha (epifisária) 48, 62, 475
membrana
  atlantoccipital
    anterior 327
    posterior 328
  basal 44
  conjuntiva 480
  de borracha 404
  fibrosa 478
  interóssea 447
    do antebraço 109-110
  pelúcida 50
  pré-sináptica 294
  sinovial 69, 107
mergulhadores 306, 409
meridiano 149-150, 418
metamerização 26, 52-53
metâmero 26
metapódio 29, 66
microvacúolo 266-269, 277
migração 39, 50, 57, 162, 165, 194-195, 267, 281, 297, 317, 352, 441, 482
miotubo 193, 482
móbile de Calder 222, 239
modelo mecânico 338-341
mórula 24, 50
motor linear 33, 181-182
movimentos em gaveta 177
multiverso 535
músculos extrínsecos 222, 231, 389, 400, 442-443

do globo ocular 152
dos dedos 388,
músculos intrínsecos 222, 231, 372, 428, 442
músculos posturais 282

N
necessidade(s) 60, 445
  mecânicas 169
neguentropia 7, 489, 529, 570
neurapraxia 486
neurotmese 487
nó(s) 186, 187-189
  de Ranvier 484-486
  primitivo 51
noosfera 30
notocorda 51-53, 160
núcleo
  celular 50
  pulposo 160-166, 274-275, 285-286, 288, 297, 316-317
nutação 344-345, 350-354

O
oposição 41-42, 91, 128, 130-132, 184, 207, 231, 256, 382, 409-410, 434-435, 462, 535, 537
oscilação 187, 235, 353, 504-505, 525
  movimento de 73
  ponto de 336
  vertical 113
ossificação 53, 250, 285, 476
  endocondral 54
  endoconjuntiva 476
  intramembranosa 55

P
paquímetro 335
parábola 7, 22-23, 488
  de revolução 119
paradoxo de Codman 42, 120, 147-153, 370, 537, 548, 561
paramécio 24
parcimônia 575-576
peixe(s) 24, 28, 47, 49, 196, 264, 443-444, 453-454, 462, 554, 570
  ágnatos 52-53
períneo 342, 347-348, 353, 408
pinça 35, 41, 59, 399, 423-424, 426, 449-451, 468
  bimaleolar 94, 445-447
  interdigital 401
  pentadigital 401
  pulpar 428
  subterminal 400
  terminal 400
  terminolateral 400
  tetradigital 400
  tridigital 400
  ungueal 426

pioneiro 72, 524-528
placas tectônicas, 68
pluralidade 546
polaridade 72, 184
  anteroposterior 26
  craniocaudal 25
  dorsoventral 26
  vertical 26
polia 73, 90, 94-96, 248-259, 483
poliedro(s) 18, 264, 569, 577-578
  irregular(es) 16-17
  regular(es) 15-17
postura 198-202, 520
potencial 509, 571, 578
  de ação 187-188, 194, 468
  de desenvolvimento 56
preenchimento 70, 262
  dinâmico
  do espaço 263-264, 268-269
  do plano 263-264
  do volume corporal 263
  estático 265
preensão 41, 66-67, 247, 356, 397, 401, 425, 449, 468, 574
pressão(ões) 7, 78, 113, 160-166, 168, 172, 244, 249, 260, 262, 264-269, 272-277, 285, 295, 300, 305, 479
  mecânica(s) 61-62, 246, 284
princípio
  antrópico 534
  da economia 46, 452, 454, 518
  da tensegridade 272
  do antagonismo 230
profusão 7, 31, 46-47, 576
protensão 162-164, 267, 273
prótese(s) 86, 467, 547
  articular(es) 1, 8
  de joelho 88, 470
  esférica 46
  funcionais 468
  ligamentar(es) 179
  personalizada 46
  sociais 468
protótipo 342
  dos tetrápodes 439
  dos vertebrados 24-31, 444, 453-454
Proxima Centauri 533

R
redshift 554
reflexo miotático 203
relatividade 11-12, 537, 546, 549, 551-552, 561, 566, 572-573
réptil 28, 31, 49, 439, 454, 570
resultante 210, 215, 218-220, 412, 502
revolução
  celular 30
  eixo de 73-74
  hiperboloide de 304
  placentária 31

sólido de 72
superfícies de 32, 73, 119
robô 7, 22-23, 489, 462, 545
robótica 23, 468, 518, 545
rotina 459, 469, 472, 517-523, 558, 567, 576-577
ruptura(s)
da articulação sinovial 69
das fibras 482
do ligamento da cabeça do fêmur 131, 172
do ligamento escafossemilunar 387
do osso 477
do tendão do bíceps 247, 256
do tendão do calcâneo 249
do tendão do extensor dos dedos 247
do tendão do extensor longo do polegar 248
do tendão do flexor profundo dos dedos 248
ligamentares intrínsecas 386
tendínea 247, 483

S
sela turca 337, 500, 525
seleção natural 47, 549
sensor(es) 202, 468
simetria 34-38, 40-41, 119, 128, 221, 369, 548, 559
sinapse 194, 202, 212, 500, 562
sinartrose 68
sincício 181
sindesmose 94-95, 447
sínfise 68, 81, 208, 249
púbica 65, 68, 81, 159, 301, 343-346, 350-352, 501
tendínea 258, 484
sinovial(ais)
articulações 32, 69-70, 81, 84

biaxiais 114-129
triaxiais 130-147
uniaxiais 89-113
bainhas 249-251, 253-257, 259, 268
bolsa 366
cavidade 82, 254
derrame 70
espaço 69-70
líquido 69-72, 254
membrana 69
sistema extrínseco 249
sistema musculoesquelético 5-6, 22
funções 397-414
geometria 32
solenoide 184-185, 557
somito 30, 52-53, 55
sulco(s)
intertubercular 140-141, 144, 247, 256
lombar 307
maleolar lateral 256-257
tendíneos 255
transversal 111, 173
sutura 65, 482-487
após deslizamento 259
cranianas 68, 81
tendíneas 254

T
taoísmo 554
taylorização 519
teclado 178, 292, 463-465, 472, 522
tendões extrínsecos 443
tensão(ões) 28, 121, 134, 160, 200, 243, 335-336, 345, 448, 481, 489, 567, 569, 576
mecânica(s) 341-342, 386, 478
mínima permanente 62
teorema 1, 219-220, 548, 551, 560, 566
de Dagoberto 15

terminais sensitivos 44
termodinâmica 20, 489, 529, 547, 556, 571
tetrápode 28, 439, 444-445, 453-454, 554, 561, 570
tomografia 466, 518
tônus 62, 206-207, 337, 381, 407, 525, 567
muscular 198, 202
postural 200-203
residual 201-202
torção 167, 172-173, 211, 336, 373, 382, 413, 511, 537, 567
toro 18, 114, 119, 374, 569, 578
torque 3
trofismo 71, 198, 249, 263
túnel do carpo 252-255

U
umbigo 303
útero 49-50, 66, 349, 501

V
vascularização
extrínseca 249
intrínseca 249
vetor 3, 20, 209, 215-221, 235-239, 264, 497, 499, 578
VISI 387
vontade 7, 9, 31, 49, 413, 489

Y
yin-yang 489, 523, 529, 555-556

Z
zeugopódio, 96, 111, 439-448, 453-454